EMPRESA, MERCADO E TECNOLOGIA

ANA FRAZÃO
ANGELO GAMBA PRATA DE CARVALHO
Coordenadores

EMPRESA, MERCADO E TECNOLOGIA

Belo Horizonte
FÓRUM
CONHECIMENTO JURÍDICO
2019

© 2019 Editora Fórum Ltda.

É proibida a reprodução total ou parcial desta obra, por qualquer meio eletrônico, inclusive por processos xerográficos, sem autorização expressa do Editor.

Conselho Editorial

Adilson Abreu Dallari
Alécia Paolucci Nogueira Bicalho
Alexandre Coutinho Pagliarini
André Ramos Tavares
Carlos Ayres Britto
Carlos Mário da Silva Velloso
Cármen Lúcia Antunes Rocha
Cesar Augusto Guimarães Pereira
Clovis Beznos
Cristiana Fortini
Dinorá Adelaide Musetti Grotti
Diogo de Figueiredo Moreira Neto (in memoriam)
Egon Bockmann Moreira
Emerson Gabardo
Fabrício Motta
Fernando Rossi
Flávio Henrique Unes Pereira
Floriano de Azevedo Marques Neto
Gustavo Justino de Oliveira
Inês Virgínia Prado Soares
Jorge Ulisses Jacoby Fernandes
Juarez Freitas
Luciano Ferraz
Lúcio Delfino
Marcia Carla Pereira Ribeiro
Márcio Cammarosano
Marcos Ehrhardt Jr.
Maria Sylvia Zanella Di Pietro
Ney José de Freitas
Oswaldo Othon de Pontes Saraiva Filho
Paulo Modesto
Romeu Felipe Bacellar Filho
Sérgio Guerra
Walber de Moura Agra

FÓRUM
CONHECIMENTO JURÍDICO

Luís Cláudio Rodrigues Ferreira
Presidente e Editor

Coordenação editorial: Leonardo Eustáquio Siqueira Araújo
Aline Sobreira de Oliveira

Av. Afonso Pena, 2770 – 15º andar – Savassi – CEP 30130-012
Belo Horizonte – Minas Gerais – Tel.: (31) 2121.4900 / 2121.4949
www.editoraforum.com.br – editoraforum@editoraforum.com.br

Técnica. Empenho. Zelo. Esses foram alguns dos cuidados aplicados na edição desta obra. No entanto, podem ocorrer erros de impressão, digitação ou mesmo restar alguma dúvida conceitual. Caso se constate algo assim, solicitamos a gentileza de nos comunicar através do e-mail editorial@editoraforum.com.br para que possamos esclarecer, no que couber. A sua contribuição é muito importante para mantermos a excelência editorial. A Editora Fórum agradece a sua contribuição.

Dados Internacionais de Catalogação na Publicação (CIP) de acordo com a AACR2

E55	Empresa, mercado e tecnologia / Ana Frazão, Angelo Gamba Prata de Carvalho (Coord.).– Belo Horizonte : Fórum, 2019.
	384p.; 17 cm x 24 cm
	ISBN: 978-85-450-0659-6
	1. Direito Econômico. 2. Direito Empresarial. 3. Direito Digital. I. Frazão, Ana. II. Carvalho, Angelo Gamba Prata de. III. Título.
	CDD 341.378
	CDU 346

Elaborado por Daniela Lopes Duarte - CRB-6/3500

Informação bibliográfica deste livro, conforme a NBR 6023:2018 da Associação Brasileira de Normas Técnicas (ABNT):

FRAZÃO, Ana; CARVALHO, Angelo Gamba Prata de (Coord.). *Empresa, mercado e tecnologia*. Belo Horizonte: Fórum, 2019. 384p. ISBN 978-85-450-0659-6.

SUMÁRIO

APRESENTAÇÃO
ANA FRAZÃO 13

PARTE I
O PAPEL DO DIREITO NA CONFORMAÇÃO E REGULAÇÃO DA EMPRESA E DOS MERCADOS

SOCIOLOGIA DO PODER NAS REDES CONTRATUAIS
ANGELO GAMBA PRATA DE CARVALHO 17
I   Introdução: fragmentos sobre poder e responsabilidade 17
II   A sociologia do poder como ferramenta para o estudo da organização da atividade econômica 20
III   O fenômeno das redes contratuais e os desafios impostos à dogmática jurídica 29
IV   A sociologia do poder como instrumento para a aferição da responsabilidade nas redes contratuais 38
IV.1 Poder e autoridade nas *networks*: dependência econômica e o risco do controle externo 40
IV.2 Responsabilidade interna dos membros da rede 42
IV.3 Responsabilidade externa dos membros da rede 44
V   Conclusão 45
      Referências 46

MERCADORIAS FICTÍCIAS, DIGNIDADE E PREÇO. REFLEXÕES SOBRE DIREITO E MERCADO NO SÉCULO XXI
JOÃO PAULO DE FARIA SANTOS 51
I   Introdução 51
II   O caminho da Sociologia clássica para a nova Sociologia econômica 52
III   O mercado para o Direito, um breve escorço jurídico-constitucional 56
IV   A tese de Karl Polanyi e sua efetivação ao longo do século XX 59
V   A resposta jurídico-democrática à autorregulação do mercado: surgimento, apogeu e crise do Estado de Bem-Estar 61

VI	As especificidades do caso brasileiro na mercantilização neoliberal pós Constituição de 1988	64
VII	Considerações finais	67
	Referências	68

A RELAÇÃO ENTRE PODER ECONÔMICO E PODER POLÍTICO NO PROCESSO ELEITORAL. ANÁLISE DOS FUNDAMENTOS JURÍDICOS DOS MODELOS BRASILEIRO E NORTE-AMERICANO DE PARTICIPAÇÃO DE EMPRESAS NO PROCESSO ELEITORAL

RAPHAEL CARVALHO DA SILVA		71
I	Introdução	71
II	A relação entre poder econômico e poder político	73
II.1	Fundamentos jurídicos	73
II.2	Modelos teóricos de regulação do financiamento de campanhas	77
III	O posicionamento da suprema corte dos Estados Unidos	80
IV	O julgamento da ADI nº 4.650 (2015) pelo STF	83
V	Considerações finais	87
	Referências	88

O PROCESSO DECISÓRIO NA ERA DO *"BIG DATA"*. ÉTICA DE PROTEÇÃO DE DADOS E RESPONSABILIDADE SOCIAL EMPRESARIAL

MARIA CRISTINE BRANCO LINDOSO		91
I	Introdução	91
II	*Softwares,* processamento de dados em massa, *big data* e *data mining*	91
III	Conflitos no uso das novas tecnologias	94
III.1	Correlações estatísticas e discriminação	95
IV	*Corporate social responsibility* e ética no tratamento de dados	99
V	Conclusão	104
	Referências	104

PARTE II
EMPRESA, PODER ECONÔMICO E ATIVIDADE ECONÔMICA EM SUAS DIMENSÕES ORGANIZACIONAIS E FUNCIONAIS

A SUBCAPITALIZAÇÃO SOCIETÁRIA COMO FUNDAMENTO DA DESCONSIDERAÇÃO DA PERSONALIDADE JURÍDICA

MARIANA ROCHA TOMAZ		109
I	Introdução	109
II	O capital social	110
II.1	Capital social e patrimônio	110

II.2	Funções do capital social	112
III	O capital social e a limitação da responsabilidade	114
III.1	Histórico de surgimento da limitação da responsabilidade	114
III.2	A limitação da responsabilidade e a socialização do risco	115
III.3	O capital social como contrapartida à limitação da responsabilidade	118
III.4	Os parâmetros da adequada capitalização	118
IV	Subcapitalização e responsabilidade	121
IV.1	Subcapitalização material	121
IV.2	Subcapitalização nominal	123
IV.3	A teoria da desconsideração da personalidade jurídica	124
IV.4	A subcapitalização como fundamento da desconsideração da personalidade jurídica	128
IV.5	Solução para a subcapitalização	131
IV.6.	Momento de imputação da responsabilidade	131
IV.7	Sujeito ativo: a análise dos credores	131
V	Conclusão	134
	Referências	135

FUNDOS DE INVESTIMENTOS E REPERCUSSÕES SOCIETÁRIAS ATUAIS. A RESPONSABILIDADE DOS ADMINISTRADORES, GESTORES, COTISTAS E CUSTODIANTES E OS DESAFIOS ORIUNDOS DO CONTROLE EXTERNO, DO *BOARD INTERLOCKING* E DA INFLUÊNCIA DOMINANTE DE COTISTAS
MARCELO H. G. RIVERA M. SANTOS 137

I	Introdução	137
II	Da natureza jurídica dos fundos de investimentos	138
II.1	Fundos de investimentos – natureza jurídica de condomínios	139
II.2	Fundos de investimentos – natureza jurídica de sociedades	141
II.3	Fundos de investimentos – natureza jurídica de sociedade com características e regime jurídicos próprios, instituídos por normas regulamentadoras especiais	143
III	Das responsabilidades daqueles agentes que atuam no contexto do fundo de investimento	144
III.1	Da responsabilidade do administrador do fundo de investimento	145
III.2	Da responsabilidade do gestor do fundo de investimento	148
III.3	Da responsabilidade do custodiante do fundo de investimento	149
III.4	Da responsabilidade do cotista do fundo de investimento	150
IV	Algumas repercussões societárias atuais dos fundos de investimentos	151
IV.1	Controle externo exercido por fundo de investimento	151
IV.2	O desafio do *board interlocking*	152
IV.3	Influência dominante e relevante de cotistas	153
V	Conclusões	153
	Referências	155

INVESTIDORES INSTITUCIONAIS E A SOCIOLOGIA ECONÔMICA: NOVAS FERRAMENTAS PARA O DIREITO ANTITRUSTE?
MÔNICA TIEMY FUJIMOTO 157

I	Introdução	157
II	O problema dos investidores institucionais	158
III	A Sociologia como ferramenta para o Direito Concorrencial	162
IV	A concepção de controle de Fligstein	165
V	A atuação dos investidores institucionais nas empresas investidas	169
VI	Conclusão	174
	Referências	175

PARTE III
EMPRESA, TECNOLOGIA, COMUNICAÇÃO E MERCADO

BIG DATA, PLATAFORMAS DIGITAIS E PRINCIPAIS IMPACTOS SOBRE O DIREITO DA CONCORRÊNCIA
ANA FRAZÃO 181

I	Introdução	181
II	Os impactos concorrenciais dos dados e dos algoritmos	181
III	O poder das plataformas digitais e suas repercussões sobre o Direito da Concorrência	183
IV	O Direito da Concorrência diante dos desafios gerados pela economia movida a dados	187
V	*Big data* e importantes riscos concorrenciais já mapeados no âmbito do controle de estruturas e do controle de condutas	190
VI	Necessárias adaptações da metodologia antitruste	193
VII	Considerações finais	197
	Referências	197

GIGANTES DA INTERNET. NOVAS FORMAS DE PODER EMPRESARIAL E DESAFIOS PARA O DIREITO ANTITRUSTE
THALES DE MELO E LEMOS 201

I	Introdução	201
II	Poder muito além do econômico	202
III	Desafios para o antitruste	205
III.1	Plataformas digitais e efeitos de rede	207
III.2	*Big Data*, privacidade e vantagens competitivas	211
IV	Conclusão	214
	Referências	215

PLATAFORMAS DIGITAIS. REPERCUSSÕES EM TERMOS DE CONDUTAS ANTICOMPETITIVAS DISCRIMINATÓRIAS
FERNANDA GARCIA MACHADO 217

I	Introdução	217
II	Plataformas digitais: conceito, vantagens e desafios	219
II.1	Interdependência entre agentes e os efeitos de rede	220
II.2	Ferramental antitruste aplicável às plataformas: o que muda?	223
III	Plataformas digitais e condutas anticompetitivas discriminatórias	225
III.1	*Margin squeeze* e condutas discriminatórias	226
III.2	Condutas discriminatórias no contexto de plataformas digitais integradas verticalmente	227
III.3	Regulação de plataformas digitais: discussões sobre alguns princípios norteadores	230
IV	Considerações finais	231
	Referências	232

IMPLICAÇÕES DO *BIG DATA* NA ANÁLISE DE ATOS DE CONCENTRAÇÃO. UMA BREVE ANÁLISE DO CASO FACEBOOK/WHATSAPP
HELOISA MEIRELLES BETTIOL 235

	Introdução	235
I	*Big Data* e mercados digitais	237
I.1	Conceito de *Big Data*	237
I.1.1	Volume	238
I.1.2	Velocidade	238
I.1.3	Variedade	239
I.1.4	Valor	240
I.2	Dados são a nova moeda para a transformação digital	240
I.3	O ecossistema das plataformas digitais	241
I.4	O efeito de rede	242
II	Implicações	243
II.1	Identificação do mercado relevante	245
II.2	Poder de mercado	246
II.3	Barreiras à entrada e rivalidade efetiva	247
III	Análise do caso Facebook/WhatsApp	249
III.1	Breve introdução sobre o caso	249
III.2	Reflexões sobre o caso	250
	Conclusão	252
	Referências	252

REPERCUSSÕES CONCORRENCIAIS DAS *DISTRIBUTED LEGDER TECHNOLOGIES (DLTS)*
LEVI BORGES DE OLIVEIRA VERÍSSIMO 255
I	Introdução	255
II	*Distributed Ledger Techonologies*: conceito, características e tipos	256
II.1	Conceito e características	256
II.2	*Blockchain* pública e privada (ou por permissão)	257
III	A influência competitiva das DLTs	259
III.1	Controle de estruturas: novos modelos de organização empresarial (DAOs e DACs) e o Direito da Concorrência	260
III.2	Controle de condutas: perspectivas	262
IV	DLT como ferramenta regulatória	264
V	Conclusões	265
	Referências	266

ALGORITMOS, INTELIGÊNCIA ARTIFICIAL, MERCADOS. DESAFIOS AO ARCABOUÇO JURÍDICO
CARLOS EDUARDO GOETTENAUER 269

I	Introdução	269
II	Algoritmos, inteligência artificial e *machine learning*	271
II.1	Algoritmos	271
II.2	Inteligência artificial e *machine learning*	272
III	O caráter problemático da inteligência artificial	274
III.1	Imprevisibilidade	275
III.2	Incontrolabilidade	276
III.3	Distributividade	276
IV	O uso de algoritmos em atividades econômicas	277
IV.1	*Credit Scoring* e perfilamento social	278
IV.2	Algoritmos de precificação	280
V	O regime jurídico da inteligência artificial	281
V.1	A responsabilidade dos algoritmos de inteligência artificial	281
V.2	Colhendo os frutos do trabalho intelectual artificial	283
VI	Conclusão	284
	Referências	284

O PAPEL DO ESTADO NO DESENVOLVIMENTO TECNOLÓGICO. DO FOMENTO ESTATAL À REGULAÇÃO
LUCAS PEREIRA BAGGIO 287

I	Introdução	287
II	O papel do Estado no fomento ao desenvolvimento tecnológico	288
II.1	Aspectos gerais da discussão: qual o papel do Estado na sociedade contemporânea?	288

II.2	Entre o Estado subsidiário e o Estado empreendedor	289
II.3	A opção brasileira consolidada na Constituição Federal	294
III	O papel do Estado na regulação da inovação	298
III.1	Contextualização necessária: entre a mudança tecnológica e a segurança jurídica e social	298
III.2	Alguns desafios para a regulação da inovação tecnológica	300
III.3	Alguns limites materiais e temporais à regulação estatal da inovação tecnológica	302
IV	Considerações finais	305
	Referências	306

REPERCUSSÕES CONCORRENCIAIS DA INTERNET DAS COISAS
MARCELO CESAR GUIMARÃES 309

I	Introdução	309
II	A internet das coisas no contexto da Quarta Revolução Industrial	310
III	O direito da concorrência na economia digital	313
IV	IoT e o controle de estruturas	315
V	IoT e o controle de condutas	320
V.1	Condutas colusivas	320
V.2	Condutas unilaterais: discriminação comportamental de preços	321
VI	IoT e regulação	327
VI.1	Aspectos gerais	327
VI.2	IoT e o regime de responsabilidade concorrencial	328
VII	Considerações finais	331
	Referências	331

O USO DE ACORDOS DE COMPENSAÇÃO *(OFFSET)* COMO INSTRUMENTOS DE INOVAÇÃO TECNOLÓGICA EM UM CONTEXTO DE ESTADO EMPREENDEDOR
RONALDO BACH DA GRAÇA 335

I	Introdução	335
II	O Estado empreendedor como modelo de inovação	336
III	A tripla hélice da inovação	338
IV	Chutando a escada	341
V	Da imitação à inovação	342
VI	O *offset* como proposta	344
VII	O capitalismo de laços: risco de tudo o que envolve dinheiro público	346
VIII	Teorias libertárias: o contraponto	349
IX	Conclusão	351
	Referências	353

INOVAÇÃO PREDATÓRIA: UM NOVO OLHAR DO DIREITO DA CONCORRÊNCIA SOBRE AS INOVAÇÕES NA NOVA ECONOMIA
PAULA BAQUEIRO 355
       Introdução 355
I   Inovação, competição e antitruste: repensando as interações 356
II   Inovação predatória: desafios, preocupações e possibilidades......................... 361
II.2   Inovação predatória? Compreendendo o termo e delineando um conceito 362
II.2.1 Desafios iniciais para lidar com o fenômeno 363
II.3   A necessidade de um conceito jurídico próprio 364
II.4   Casos na jurisprudência norte-americana 368
II.4.1 *California Computer Prods, Inc. v. IBM Corp.* 369
II.4.2 *Caldera, Inc. v. Microsoft Corporation* 370
II.4.3 *Intel Corporation* 371
II.5   Apontamentos preliminares 373
II.6   Proposição: estruturação de uma regra da razão especializada 374
       Conclusão 381
       Referências 382

SOBRE OS AUTORES... 383

APRESENTAÇÃO

É com muita alegria que apresento o livro Empresa, Mercado e Tecnologia, resultado do esforço conjunto de pesquisa desenvolvido por mim e pelos alunos de graduação, mestrado e doutorado da Faculdade de Direito da Universidade de Brasília que frequentam o GECEM – Grupo de Estudo e Pesquisa Constituição, Empresa e Mercado –ou que cursaram minha disciplina da pós-graduação – Arquitetura Jurídica dos Mercados – nos primeiros semestres de 2017 e 2018.

Como fica claro pelo próprio nome, o objetivo do Grupo de Pesquisa é compreender as complexas relações entre o Direito e a Economia, bem como o papel do primeiro na viabilização e organização da atividade econômica, especialmente no que diz respeito à conformação das empresas e dos mercados.

Para isso, o grupo há anos tem como eixo fundamental a preocupação com a arquitetura jurídica dos mercados a partir de uma perspectiva inter e transdisciplinar, com forte foco em uma visão integrada dos diversos ramos jurídicos – com especial atenção para o diálogo entre Direito Público e Direito Privado –, bem como nos ensinamentos das Ciências Sociais, especialmente da Economia e da Sociologia Econômica.

A ideia das nossas pesquisas é entender a lógica dos fenômenos econômicos, como também as consequências práticas da regulação jurídica. Mesmo no que diz respeito à economia, procuramos trabalhar com posturas que possam ir além da ortodoxia dominante, buscando formas mais abertas e flexíveis para a compreensão do fenômeno econômico, bem como tentando conciliar a análise consequencialista com outros juízos e racionalidades fundamentais para o discurso jurídico.

A presente obra foi pensada a partir da reunião dos artigos de diversos autores em torno dos três principais eixos que estruturam o GECEM. O primeiro deles, denominado "O papel do Direito na conformação e regulação da empresa e dos mercados", busca refletir sobre o papel do Direito na estruturação do poder econômico a nível macroscópico, procurando investigar os meandros das relações entre agentes econômicos e de que maneira o raciocínio jurídico e os mecanismos com os quais conta o ordenamento podem ser operacionalizados para promover os princípios constitucionais da ordem econômica.

Trata-se de eixo com forte viés transdisciplinar, o que pode ser observado por todos os artigos que o compõem, que procuram estudar os seus objetos a partir de um enfoque jurídico, ético, político, sociológico e econômico. Daí termos como resultados os interessantes estudos de Angelo Gamba Prata de Carvalho sobre a sociologia do poder nas redes contratuais, de João Paulo de Faria Santos sobre mercadorias fictícias, dignidade e preço, de Raphael Carvalho da Silva sobre a relação entre poder econômico e poder político no processo eleitoral, e de Maria Cristine Branco Lindoso sobre o processo decisório na era do *big data* sob a perspectiva da ética de proteção de dados.

O segundo eixo, chamado "Empresa, poder econômico e atividade econômica em suas dimensões organizacionais e funcionais", procura analisar as diversas formas de organização do poder econômico e as maneiras pelas quais a regulação jurídica e a autorregulação podem ser empregadas para a administração de riscos e responsabilidades. Nesse eixo, reunimos tanto estudos com maior preocupação pragmática, como é o caso dos artigos de Mariana Rocha Tomaz sobre subcapitalização societária como fundamento da desconsideração da personalidade jurídica e de Marcelo Rivera sobre fundos de investimento, como também estudos que procurem abordar temas de relevante impacto organizacional sob um viés transdisciplinar, como é o caso do artigo de Mônica Fujimoto sobre investidores institucionais sob a ótica da sociologia econômica.

Por fim, o terceiro eixo, "Empresa, tecnologia, comunicação e mercado", vem apresentar os desafios a serem enfrentados pelo Direito com o advento das tecnologias da informação e comunicação e sobretudo com o crescimento do fenômeno da economia compartilhada. Diante do fato de ser um tema de extrema atualidade, foi aquele que reuniu o maior número de artigos, incluindo o meu, cujo tema são as repercussões concorrenciais do *big data* e das plataformas digitais.

A questão concorrencial acabou atraindo a atenção de muitos pesquisadores, tendo como resultado o artigo de Thales Lemos sobre gigantes da internet, em que também procura abordar a questão concorrencial de forma mais abrangente, sendo bastante complementar ao meu. Outros artigos bem complementares, mas com abordagens mais específicas, são os de Fernanda Garcia Machado, que também trata das plataformas digitais, mas com o foco nas condutas discriminatórias, e de Heloísa Meirelles Bettiol, que enfatiza as implicações do *big data* no caso dos atos de concentração.

Ainda merecem destaque os artigos de Levi Veríssimo, que trata do *blockchain* e de suas repercussões concorrenciais, e de Carlos Eduardo Goettenauer, sobre algoritmos, inteligência artificial e mercados.

Mas não foi só no âmbito concorrencial que as discussões sobre tecnologia foram analisadas. O importante papel do Estado foi o fio condutor dos artigos de Lucas Baggio sobre o papel do Estado no desenvolvimento tecnológico e de Ronaldo Bach da Graça sobre os acordos de compensação como instrumentos de inovação tecnológica. Por fim, Paula Baqueiro, ao tratar do fenômeno da inovação predatória, aborda as possibilidades de uso estratégico (e anticompetitivo) do desenvolvimento tecnológico.

Como o leitor poderá observar, a tônica dos artigos é provocar e lançar discussões e questões importantes, muito mais do que buscar respostas prontas, que, no mais das vezes, são simplificações incompatíveis com a complexidade dos assuntos que ora são discutidos. Trata-se de proposta conjunta de abrir fronteiras para a necessária reflexão sobre as perspectivas da regulação jurídica diante de uma atividade econômica cada vez mais complexa e sofisticada.

Brasília, 25 de novembro de 2018.

Ana Frazão
Professora de Direito Civil, Comercial e Econômico da UnB.
Líder do GECEM.

PARTE I

O PAPEL DO DIREITO NA CONFORMAÇÃO E REGULAÇÃO DA EMPRESA E DOS MERCADOS

SOCIOLOGIA DO PODER NAS REDES CONTRATUAIS

ANGELO GAMBA PRATA DE CARVALHO

I Introdução: fragmentos sobre poder e responsabilidade

Considerando seu papel fundamental de instrumentalizar os anseios de redução dos custos de operação do sistema econômico, a organização da atividade econômica se encontra em constante transformação. Naturalmente, não se pode pressupor que a empresa constituída na atualidade vá ser gerida da mesma maneira que as empresas familiares que dominavam as economias europeias no período anterior à Revolução Industrial, da mesma maneira que não parece razoável que se entenda que uma sociedade voltada à mineração de bauxita se assemelhe a uma plataforma digital de relacionamentos.

Naturalmente, a evolução das formas jurídicas deve ser pautada pela transformação social e econômica, de sorte que modelos de negócio antigos baseados na certeza da separação patrimonial perfeita fornecida por alguns tipos societários passam a ser gradativamente substituídos por formas contratuais capazes de conferir agilidade e flexibilidade a operações econômicas complexas, possibilitando a estruturação de relação cooperativa muito mais eficiente do que a estruturação hierárquica de empresas. Em outras palavras, a compreensão do sentido de "empresa" e "empresário" está pouquíssimo associada à adoção de determinada forma societária ou de um método de trabalho ou outro, mas sobretudo à intensidade e ao conteúdo das relações travadas entre agentes econômicos para a estruturação de suas atividades.

Se Rathenau[1] já observava, no âmbito das sociedades comerciais alemãs, a ressignificação de formas jurídicas antigas para comportar mudanças fundamentais na natureza das instâncias decisórias desses entes – por exemplo, com o protagonismo adquirido pelos gestores profissionais (porta-vozes da organização enquanto agente econômico autônomo) com relação ao acionista-controlador (até então entendido como um agente econômico separado da própria sociedade) – com maior razão se pode verificar

---

[1] RATHENAU, Walther. Do sistema acionário – uma análise negocial. *Revista de direito mercantil, industrial, econômico e financeiro*, v. 41, n. 129, p. 199-223, out./dez. 2002.

mudanças fundamentais na organização da atividade econômica na realidade atual, fortemente condicionada pela informatização, pela desverticalização e pelo que Fernando Araújo[2] denominou de "explosão da contratualização dos processos produtivos".

Diante dessas radicais transformações pelas quais passou e tem passado a estruturação da atividade econômica, dificilmente se pode afirmar que se trata de fenômeno puramente jurídico, uma vez que suas características de fato social inclusive saltam muito mais aos olhos, revelando situações jamais imaginadas pela letra da lei. Não é por outro motivo que, tendo em vista a grande complexidade da estrutura hierárquica e das relações de subordinação das sociedades por ações, Herbert Wiedemann[3] chamou as companhias de "pequenos estados de direito", uma vez que não somente devem servir à organização do poder econômico, como também à satisfação de interesses muitas vezes distintos do acionista controlador, dos minoritários e da própria companhia.

Não se está aqui a sugerir, por óbvio, que o Direito seria mero servo do mercado ou das relações econômicas, sendo imperiosa uma visão crítica acerca do poder empresarial e de sua tradução em estruturas jurídicas.[4] Não obstante, é inafastável a conclusão segundo a qual o Direito – e especialmente o Direito Empresarial – caminha lado a lado com o poder econômico, servindo suas formas à conformação dos anseios e arroubos dos agentes aos imperativos de defesa dos diversos interesses que permeiam os entes empresariais, assim buscando a consecução dos objetivos constitucionais relacionados à ordem econômica.[5]

É nesse sentido que se afirma que o objetivo mais central do Direito Societário é a garantia da correspondência entre poder e responsabilidade, de sorte que o sujeito que exerce poder econômico deverá arcar com as consequências jurídicas desse fato social quanto aos diversos afetados por suas atividades,[6] com vistas a proporcionar segurança e coerência às trocas econômicas. É por esse motivo que, segundo Rachel Sztajn[7], o papel do jurista é o de delinear e esclarecer o âmbito de aplicação das normas destinadas a regular as relações entre agentes econômicos para que, "no exercício de atividades econômicas, atendam às especificidades e, sobretudo, às necessidades do tráfico negocial, das operações repetidas e igualmente estruturadas realizadas em mercados".

Contudo, apesar de ser eloquente o argumento de que o Direito Empresarial deve se preocupar com a identificação do sujeito que exerce poder e das formas pelas quais o

---

[2] ARAÚJO, Fernando. *Teoria econômica do contrato*. Coimbra: Almedina, 2007. p. 244-245.

[3] WIEDEMANN, Herbert. Excerto do "Direito Societário I – Fundamentos". *In:* FRANÇA, Erasmo Valladão Azevedo e Novaes. *Direito societário contemporâneo I*. São Paulo: Quartier Latin, 2009. p. 15.

[4] FORGIONI, Paula. *A evolução do Direito Comercial brasileiro*: da mercancia ao mercado. São Paulo: Revista dos Tribunais, 2009. p. 22. Calixto Salomão Filho (*Teoria crítico-estruturalista do direito comercial*. São Paulo: Marcial Pons, 2015. p. 7-8) defende a importância de uma visão crítica do Direito Comercial: "A visão crítica não aceita tratar o direito comercial exclusivamente como instrumento de defesa dos interesses do empresário. Vê ao contrário na transformação da empresa, na disciplina dos mercados, elementos estruturais para a transformação de um sistema, que mantido nas bases econômicas e jurídicas em que atualmente se encontra, dá claros sinais físicos (meio ambiente) e sociais (desigualdade e exclusão) de esgotamento".

[5] Ver: VAZ, Isabel. Aspectos da constituição econômica na ordem constitucional em vigor. *In:* MACIEL, Adhemar Ferreira *et al*. *Estudos de direito constitucional*: homenagem ao professor Ricardo Arnaldo Malheiros Fiuza. Belo Horizonte: Del Rey, 2009; GRAU, Eros Roberto. *A ordem econômica na Constituição de 1988*. São Paulo: Malheiros, 2010. p. 58-89.

[6] COMPARATO, Fábio Konder; SALOMÃO FILHO, Calixto. *O poder de controle na sociedade anônima*. 4. ed. Rio de Janeiro: Forense, 2005. p. 433.

[7] SZTAJN, Rachel. *Teoria jurídica da empresa*. São Paulo: Atlas, 2004.

faz, para que sejam então atribuídas as devidas responsabilidades, pouco se fala sobre os métodos a serem empregados e os dilemas a serem enfrentados nessa tarefa. Tal tarefa se torna especialmente árdua a partir do momento em que os agentes econômicos se organizam por formas jurídicas que se distanciam daquelas tradicionalmente conhecidas pelo Direito Societário ou o Direito Contratual, mas que unem características de ambas as áreas, as chamadas formas híbridas, que mediante relações contratuais cooperativas de longo prazo misturam elementos de mercado e hierarquia ao conjugar esforços de agentes econômicos com interesses contrapostos.[8]

É por esse motivo que em seu clássico artigo *Sociologia do poder na sociedade anônima* o Professor José Alexandre Tavares Guerreiro procurou demonstrar o descompasso existente entre a forma jurídica da sociedade anônima e a realidade econômica da empresa moderna, caracterizada como agente econômico dotado de uma considerável parcela de poder: "poder sobre outros participantes do mercado de bens e serviços, poder sobre a própria estabilidade dos mercados e poder sobre os próprios rumos do controle oficial da economia".[9] Não obstante, como observa o autor, a regulação jurídica que se debruça sobre o poder econômico "ainda caminha pelos cômodos rumos do formalismo, ignorando, às vezes de forma inexplicável, que os conflitos verdadeiros se travam nos bastidores da cena".[10] Ainda segundo o Professor Guerreiro, "o poder é um fato que se oculta e esconde, fato refratário à luz e dissimulado por estruturas jurídicas armadas justamente para organizá-lo do ponto de vista formal, mas que terminam por subtraí-lo à incidência da normatividade".[11]

É imprescindível, pois, que o estudo da organização da atividade econômica esteja atento não somente às formas jurídicas empregadas pelos agentes econômicos, mas antes de tudo pelos arranjos de poder que têm lugar nesses espaços, sob pena de se autorizar a instalação de verdadeira "irresponsabilidade organizada".[12] Nesse sentido, o advento de novas formas de organização da atividade econômica não pode servir de pretexto para afastar a incidência de normas cogentes, sendo imprescindível que se faça valer a máxima do Direito Societário segundo a qual a todo exercício de poder deve corresponder parcela de responsabilidade. Urge, portanto, que se analise a realidade dos fatos não sob a perspectiva das formas jurídicas, mas por intermédio de uma lente eminentemente sociológica, que permite identificar as dinâmicas de poder, controle e dominação capazes de moldar o comportamento dos agentes e do mercado.

Na medida em que servem à estruturação de verdadeiros entes econômicos complexos – isto é, compostos por um intrincado conjunto de relações jurídicas interdependentes –, as redes contratuais levantam relevantes preocupações no que diz respeito ao regime jurídico aplicável, nomeadamente quanto ao regime de responsabilidade interna e externa de seus integrantes. Dessa maneira, ao passo que diversos autores pretendem construir uma dogmática jurídica preocupada em definir as redes contratuais

---

[8] PRATA DE CARVALHO, Angelo Gamba. Os contratos híbridos como formas de organização jurídica do poder econômico: aspectos dogmáticos e a postura do CADE no caso Monsanto. (Monografia). Brasília: Universidade de Brasília, 2017.
[9] GUERREIRO, José Alexandre Tavares. Sociologia do poder na sociedade anônima. *Revista de direito mercantil, industrial, econômico e financeiro*, v. 29, n. 77, p. 50-56, jan./mar. 1990. p. 51.
[10] GUERREIRO, Op. cit., p. 51.
[11] GUERREIRO, Op. cit., p. 51.
[12] Ver: TEUBNER, Gunther. *Networks as connected contracts* [edição eletrônica]. Oxford: Hart Publishing, 2011.

e distingui-las de outras formas de organização da atividade econômica – como os grupos econômicos, as sociedades, os contratos híbridos, dentre outras –, não parece razoável pressupor que tal fenômeno seja exclusivamente jurídico. Pelo contrário, é fundamental perquirir as suas bases sociológicas, sob pena não apenas de construir-se uma dogmática jurídica natimorta, mas sobretudo de ser completamente ineficaz na conformação dos diversos interesses afetados por entes econômicos dessa espécie.

Com estas preocupações no horizonte, o presente trabalho pretende buscar na teoria sociológica – e, mais especificamente, na sociologia econômica – as bases iniciais para o tratamento do problema do poder (e da responsabilidade) no âmbito das redes contratuais. Para tanto, inicialmente se exporá o sentido de "sociologia do poder" adotado neste estudo, com vistas a evidenciar o seu papel fundamental na análise da organização da atividade econômica, que deve estar preocupada com diversos outros elementos além do exclusivamente jurídico. Em seguida, este trabalho cuidará da noção de rede contratual enquanto ente econômico, de maneira a demonstrar como a sociologia do poder pode traduzir-se em ferramenta relevante para a compreensão da estrutura desses complexos de agentes econômicos. Por fim, pretende-se articular essas discussões com o já mencionado problema fundamental do Direito Societário: o equilíbrio adequado entre poder e responsabilidade, de maneira a verificar em que medida tal noção pode ser transportada para o fenômeno das redes contratuais e para a sua dogmática em construção.

II A sociologia do poder como ferramenta para o estudo da organização da atividade econômica

As Ciências Sociais há muito já demonstraram que variações das formas materiais de agrupamentos humanos afetam fundamentalmente a natureza e a composição de seu substrato, repercutindo sobre os diferentes modos de atividade coletiva.[13] Em outras palavras, a aglutinação de sujeitos é condicionada por uma série de fatores morais, econômicos, jurídicos, dentre outros elementos, sendo necessário analisar aspectos contextuais para que se compreenda mais adequadamente a ordem (jurídica) ali estabelecida.

Dessa maneira, afasta-se a concepção dogmática tradicional segundo a qual o Direito tem a vocação de abarcar tudo e todos, sem quaisquer subsídios de outros ramos do conhecimento. Na verdade, como intuiu Carbonnier,[14] pretende-se demonstrar o que a dogmática jurídica consiste no resultado de uma série de tensões entre direito e não direito, o que permite que as compreensões jurídicas transitem de ambientes "menos jurídicos" – e, portanto, fortemente permeados por interesses e anseios mais comumente vinculados a searas como a política ou a economia – a contextos "mais jurídicos", nos quais mais facilmente se poderão manejar conceitos comumente relacionados à dogmática jurídica clássica – sempre informados e alimentados pelo contexto social em que se aplicam.

---

[13] Ver: MAUSS, Marcel. Ensaio sobre as variações sazonais das sociedades esquimós. *In*: MAUSS, Marcel. *Sociologia e antropologia*. São Paulo: Cosac Naify, 2003.
[14] CARBONNIER, Jean. *Flexible droit*: pour une sociologie du droit sans rigueur. Paris: LGDJ, 2001. p. 25-27.

É preciso, pois, que as transformações do sistema capitalista – e, por conseguinte, das formas de organização da atividade econômica – sejam visualizadas a partir de uma perspectiva multidisciplinar que não deixe de levar em consideração a análise do meio social em prol de análises puramente jurídicas e econômicas. Basta notar que a continuidade da marcha do sistema capitalista e de suas instituições econômicas depende consideravelmente do poder de adaptação dos agentes econômicos, tendo em vista o intenso dinamismo do ambiente em que transitam, de sorte que o fenômeno econômico de modo algum pode ser retratado de maneira estática, na medida em que responde diretamente às necessidades advindas de fatores como o aumento populacional e o avanço das tecnologias.[15]

Não obstante, a análise do capitalismo e de suas instituições a partir de abordagens puramente econômicas não é suficiente para retratar suas principais características, a saber: a descentralização, a mercantilização e a acumulação,[16] elementos que se articulam de maneiras fundamentalmente distintas a depender do contexto em que se desenvolvem. Para além desses elementos, ainda que não seja traço essencial do capitalismo, verifica-se uma forte tendência de organização da atividade econômica por intermédio de empresas, unidades de decisão e de ação por meio das quais agentes individuais se organizam hierarquicamente para a exploração despersonalizada de suas atividades.[17] No entanto, mesmo as corporações foram, ao longo do tempo, ressignificadas para que deixassem de ser apenas instrumentos legais de organização das transações dos indivíduos para constituírem instituições sociais de organização da vida econômica, agregando à propriedade dos meios de produção uma série de deveres e responsabilidades que, a partir de certo momento, levará à segregação entre propriedade e controle.[18]

Portanto, é essencial perceber que a atividade econômica exige segurança e estabilidade das relações jurídicas, de maneira a atender satisfatoriamente as necessidades sociais e a criar riquezas.[19] Por essa razão, segundo Rachel Sztajn,[20] o papel do jurista é o de delinear e esclarecer o âmbito de aplicação das normas destinadas a regular as relações entre agentes econômicos para que, "no exercício de atividades econômicas, atendam às especificidades e, sobretudo, às necessidades do tráfico negocial, das operações repetidas e igualmente estruturadas realizadas em mercados". Em sentido semelhante, assevera Fligstein[21] que o dinamismo dos mercados somente se operacionaliza em razão de

---

[15] SCHUMPETER, Joseph A. *Capitalismo, socialismo e democracia*. Rio de Janeiro: Fundo de Cultura, 1961. p. 108; POLANYI, Karl. *The great transformation*: the political and economic origins of our time. Boston: Beacon Press, 2001.

[16] KOCKA, Jürgen. *Capitalism*: a short history. Princeton: Princeton University Press, 2014. p. 21. Tal posição se justifica pelo fato de atores individuais e coletivos agirem economicamente de maneira autônoma em razão de direitos que assim os permitam. Em segundo lugar, tem-se que os mercados se apresentam como mecanismos eficientes de alocação de coordenação de recursos, motivo pelo qual a mercantilização ocupa posição central no modo de produção, inclusive no que tange ao trabalho. Por fim, o capital desempenha protagonismo no sistema, apresentando-se como meio e fim nas operações econômicas e, assim, impulsionando os agentes no sentido da inovação e do crescimento.

[17] KOCKA, *Op. cit.*, p. 21-22.

[18] BERLE, Adolf; MEANS, Gardiner. *The modern corporation and private property*. New York: The Macmillan Company, 1933. p. 1.

[19] SZTAJN, Rachel. *Teoria jurídica da empresa*. São Paulo: Atlas, 2004. p. 10.

[20] SZTAJN, *Op. cit.*, 2004, p. 10-11.

[21] FLIGSTEIN, Neil. *The architecture of markets*: An economic sociology of twenty-first-century capitalist societies. Princeton: Princeton University Press, 2001. p. 8-10. No mesmo sentido, vale mencionar a opinião de Natalino Irti

extenso esforço de organização social, verificado especialmente na existência de regras que garantam seu funcionamento e estabilidade.[22]

A observação do mercado a partir das abstrações que são próprias da análise econômica ortodoxa produz, dessa maneira, uma série de distorções que fazem das abordagens econômicas tradicionais verdadeiras abordagens "antissociológicas", assim produzindo cenários capazes de ser, ao mesmo tempo, universalmente aplicáveis a situações abstratas e completamente descompassados com as mais simples das situações concretas.[23] Não é por outra razão que, nas palavras de John Kenneth Galbraith, a maior falha nos pressupostos neoclássicos é o fato de ignorarem completamente o poder nas relações econômicas.[24] De outro lado, em que pese a função da regulação jurídica de ferramenta de acomodação de inovações imprevistas pelo sistema ao fornecer quadro normativo capaz de conferir segurança aos agentes envolvidos e também a terceiros,[25] o elemento *poder* é dificilmente apreendido por ferramentas cognitivas puramente jurídicas.

Por essa razão, ainda que se esperem do Direito respostas ágeis a problemas emergentes da prática econômica, não se pode atribuir às regras jurídicas toda a responsabilidade pela tradução de fatos em normas.[26] Na verdade, o tratamento jurídico de determinada questão fática depende de conceituação teórica prévia, tendo em vista que, conforme pontuou Druey, o Direito se posiciona entre a vontade das partes envolvidas e a vontade política de regular tal relação.[27] Assim, não se pode querer atribuir ao Direito uma elasticidade que seus conceitos jamais terão.[28] Não é por outro motivo que diversos autores se posicionam pela necessidade de "borrar" fronteiras entre conceitos e áreas do conhecimento.[29] É o caso, por exemplo, de Philip Selznick, que preleciona que os

---

(A ordem jurídica do mercado. *Revista de direito mercantil, industrial, econômico e financeiro*, v. 46, n. 145, p. 44-49, jan./mar. 2007. p. 46-47): "Atrás da antítese entre lei natural da economia – neutras, absolutas e objetivas – e leis históricas – dependentes do querer humano – sempre se agita a luta política, sempre se confrontam ideologias ou visões da sociedade. Conflito entre uma e outra política, e não entre política e a-política neutralidade. Quando se afirma que o direito determina a economia, e o mercado se resolve no estatuto de normas, não se propõe um ou outro regime de trocas, uma ou outra disciplina da propriedade, mas somente se recorda o elementar pressuposto de todas as estruturas: a vontade política, traduzida em instituições jurídicas".

[22] Ainda mais recentemente, o contexto econômico passou por importante transformação com a intensificação do comércio eletrônico, possibilitado pelo advento das tecnologias da informação e da expansão da sociedade de rede. Nesse contexto, ganham relevância empresas eletrônicas que revolucionam modelos de negócios e criam novos mercados por intermédio de maneiras inovadoras de efetuar "operações-chave de administração, financiamento, inovação, produção, distribuição, vendas, relações com empregados e relações com clientes [...] seja qual for o tipo de conexão entre as dimensões virtuais e físicas da firma" (CASTELLS, Manuel. *A galáxia da internet*: reflexões sobre a internet, os negócios e a sociedade. Rio de Janeiro: Zahar, 2003. p. 57).

[23] Ver: LIE, John. Sociology of markets. *Annual Review of Sociology*. v. 23, p. 341-360, 1997. Interessante exemplo de pesquisa empírica que demonstra o descompasso da teoria econômica com a realidade dos mercados pode ser visto na pesquisa empírica empreendida por Abolafia ao entrevistar operadores de Wall Street e identificar seus padrões de comportamento: ABOLAFIA, Mitchel Y. Making markets: opportunism and restraint on Wall Street. *In*: BIGGART, Nicole Woolsey. *Economic sociology*. Malden: Blackwell, 2002.

[24] GALBRAITH, John Kenneth. Power and the useful Economist. *American Economic Review*, v. 63, n. 1, p. 1-11, mar. 1973.

[25] ARMOUR, John; HANSMANN, Henry; KRAAKMAN, Reinier. What is corporate law? *In*: KRAAKMAN, Reinier et al. *The Anatomy of Corporate Law*: A Comparative and Functional Approach. Oxford: Oxford University Press, 2004. p. 23.

[26] DRUEY, *Op. cit.*, p. 94.

[27] DRUEY, *Op. cit.*, p. 94.

[28] DRUEY, *Op. cit.*, p. 94.

[29] TEUBNER, Gunther. Hybrid laws: constitutionalizing private governance networks. *In*: KAGAN, Robert; WINSTON, Kenneth. *Legality and community*. Berkeley: Berkeley Public Policy Press, 2002.

princípios da governança pública devem, em certa medida, ser transportados também à governança privada, uma vez que organizações privadas lidam com fenômenos que, se não idênticos, são extremamente semelhantes àqueles com os quais deve lidar a gestão pública, como a existência de hierarquias, de administração de recursos, de integração de objetivos e valores, de relações sociais e, permeando todas essas searas, o poder.[30]

Nesse sentido, as próprias definições de *empresa* e de *poder empresarial* alteraram-se de forma profunda ao longo do século XX e, com maior razão, no século XXI, tendo sido revisadas tanto no que tange à sua moldura conceitual quanto às suas características internas, de maneira que é possível identificar não somente forma organizacional empresarial, mas também efeitos econômicos de integração hierárquica em formas jurídicas essencialmente distintas da sociedade.[31] Daí o surgimento de novas categorias dogmáticas para a compreensão da atividade econômica hoje, como é o caso dos contratos híbridos[32] e, como se verá mais adiante, das redes contratuais.

A partir desse quadro, cresce não somente a importância de abordagens mais normativas e ligadas à Nova Economia Institucional como a de Williamson,[33] ao falar sobre formas híbridas posicionadas entre empresa e mercado, mas também elementos classicamente associados à chamada Sociologia Econômica, que se contrapõem a enfoques mais economicistas ao propor que uma análise sofisticada da ação econômica necessariamente requer que se considere o seu imbricamento (*embeddedness*) com estruturas sociais.[34] Importa, nesse ponto, fixar uma diferença fundamental entre as duas abordagens – ambas essenciais à compreensão do fenômeno das redes contratuais –: ao passo que a abordagem de Williamson pretende atribuir a mecanismos de governança e ao exercício de autoridade hierárquica[35] a superação das dificuldades causadas pela racionalidade limitada e pelo oportunismo, a Sociologia Econômica preleciona que existem outros mecanismos sociais, culturais e comportamentais que constantemente

---

[30] SELZNICK, Philip. *Law, society and industrial justice*. New York: Russell Sage, 1969.

[31] Ver: PEDERSEN, Jesper Strandgaard; DOBBIN, Frank. The social invention of collective actors: on the rise of the organization. *American behavioral scientist*, v. 40, n. 4, p. 431-443, fev. 1997, p. 439.

[32] PRATA DE CARVALHO, Angelo Gamba. *Os contratos híbridos como formas de organização jurídica do poder econômico*: aspectos dogmáticos e a postura do CADE no caso Monsanto (Monografia). Brasília: Universidade de Brasília, 2017.

[33] WILLIAMSON, Oliver. *The economic institutions of capitalism*: firms, markets, relational contracting. New York: The Free Press, 1985.

[34] GRANOVETTER, Mark. Economic action and social structures: the problem of embeddedness. *American journal of sociology*, v. 91, n. 3, p. 481-510, nov. 1985.

[35] O conceito de "autoridade" a que se refere esta passagem não consiste no simples exercício de poder, mas na forma de organização atribuída às hierarquias nas abordagens inspiradas na Nova Economia Institucional e, mais especificamente, nas ideias de Ronald Coase. A questão central enfrentada por Coase em seu artigo clássico *The nature of the firm* foi justamente a de compreender a razão pela qual os agentes econômicos tendem a organizar suas atividades em "firmas" (COASE, Ronald. *The firm, the market and the law* [edição eletrônica]. Chicago: The University of Chicago Press, 1988. p. 390). A existência de entes empresariais evidencia o fato de que determinados indivíduos optam por deixar de transacionar no mercado para receber retorno menor por suas operações ao agir sob a autoridade de outrem (COASE, Ronald. The nature of the firm. *Economia*: New Series, v. 4, n. 16, p. 386-405, nov. 1937. p. 390). A percepção desse estado de coisas aponta, assim, para a conclusão fundamental de Coase: a de que, tendo em vista que existem custos de utilização do mecanismo de preços – especialmente na negociação e na conclusão de contratos para cada operação de troca, o que requer a agregação de informações suficientes para a percepção das condições do mercado –, a formação de uma organização que conte com autoridade para alocar recursos reduz esses custos (COASE, *Op. cit.*, 1937, p. 390-392). Compreensão distinta pode ser encontrada em: HAMILTON, Gary G.; BIGGART, Nicole Woolsey. Market, culture, and authority: a comparative analysis of management and organization in the Far East. *In*: GRANOVETTER, Mark; SWEDBERG. *The sociology of economic life*. Boulder: Westview Press, 1992.

impulsionam e constrangem a ação dos agentes econômicos.[36] Daí o motivo pelo qual as formas hierárquicas nem sempre são a opção de agentes econômicos que operam em mercados complexos, que participam de relações sustentáveis a longo prazo por outros mecanismos.

Para além de ter raízes profundamente sociológicas e entremeadas pela política, o fenômeno do poder é questão pouco explorada pela doutrina jurídica de Direito Privado contemporânea, com estudos que, no mais das vezes, ou remetem ou partem da obra seminal de Fábio Konder Comparato[37] para reconstruir e reinterpretar conceitos jurídico-dogmáticos já positivados. Não obstante, o poder não é e não deve ser preocupação exclusivamente vinculada ao Direito Público, que desde seus primeiros rudimentos já se preocupava com a limitação do poder do Estado em face dos particulares. Pelo contrário, há muito já afirmou Cesare Massimo Bianca que o Direito Privado igualmente conhece o fenômeno da autoridade, o que confirma em grande medida a crise em que se encontra a vetusta distinção entre Direito Público e Direito Privado.[38]

É certo, nesse sentido, que o advento do Estado Social – e mesmo, em período posterior, do ordoliberalismo – produziu um movimento e publicização do Direito Privado em nome da promoção do interesse público e dos direitos fundamentais.[39] Entretanto, em que pese a influência e a força do Direito Público ao limitar a autonomia privada com normas imperativas e de ordem pública, não se pode deixar de notar – novamente segundo Bianca – que o Direito Privado consiste fundamentalmente na articulação entre a liberdade de expressão da personalidade moral e o poder de regular os próprios interesses.[40] Significa dizer que o exercício do poder reside nas bases mais fundamentais do Direito Privado e que, para além de estruturar a noção de "poder jurídico" enquanto a possibilidade de um dado sujeito alterar a realidade ao produzir efeitos jurídicos relevantes,[41] antes de tudo estrutura o exercício do poder substancial – isto é, real – que permeia relações jurídicas e sociais, assim entendido como a prerrogativa de um sujeito intervir unilateralmente na esfera jurídica alheia.[42]

O exercício do poder, dessa maneira, diz respeito a fenômeno extremamente complexo, que, porém, merece ser analisado e estudado para que se possa compreender as próprias estruturas sociais e as instituições jurídicas que as conformam. Nesse sentido, a análise do exercício de poder no âmbito das organizações requer um aprofundamento teórico significativo, na medida em que o dinamismo do meio econômico exige a constante transformação do ambiente em que transitam os agentes. Daí a importância da distinção entre poder episódico – empregado pontualmente para a realização de finalidades específicas, porém sempre advindo de uma estrutura de autoridade capaz de canalizar

---

[36] GRANOVETTER, *Op. cit.*, p. 496-497. Ver também: HIRSCHMAN, Albert O. *The passions and the interests*: political arguments for capitalism before its triumph. Princeton: Princeton University Press, 2013.

[37] COMPARATO; SALOMÃO FILHO, *Op. cit.*

[38] BIANCA, Cesare Massimo. *Le autorità private*. Nápoles: Jovene, 1977. p. 83.

[39] GRONDONA, Mauro. Poteri dei privati, fonti e transformazioni del diritto: alla ricerca di un nuovo ordine concettuale. *In:* SIRENA, Pietro; ZOPPINI, Andrea. *I poteri privati e il diritto della regolazione*. Roma: RomaTRE Press, 2018. Nesse sentido: BOBBIO, Norberto. Sulla funzione promozionale del diritto. *Rivista trimestrale di diritto e procedura civile*, 1969; TEPEDINO, Gustavo. Marchas e contramarchas da constitucionalização do direito civil: a interpretação do direito privado à luz da Constituição da República. *(Syn)Thesis*, v. 5, n. 1, p. 15-21, 2012.

[40] BIANCA, *Op. cit.*, p. 88-90.

[41] Ver: GAILLARD, Emmanuel. *Le pouvoir en droit privé*. Paris: Economica, 1985.

[42] MOTTO, Alessandro. *Poteri sostanziali e tutela giurisdizionale*. Torino: Giappichelli, 2012.

este poder – e poder dispositivo – que concerne às tendências comportamentais dos indivíduos, evidenciando a natureza eminentemente maleável do poder a depender do contexto[43] –, ambos essenciais para a compreensão do poder empresarial e de sua sustentação ao longo do tempo.

Vale lembrar, nesse ponto, que, segundo a tradição weberiana, a estruturação de organizações sociais envolve minimamente um conjunto de padrões de atividade que – ao menos idealmente – estejam funcionalmente interligados aos seus propósitos, de maneira a evidenciar um sistema de relações mais ou menos formais que permitam identificar a distância ou proximidade entre agentes.[44] Nesse sentido, a organização "burocrática" weberiana – isto é, pautada por um padrão uniforme de comportamento – exige que os sujeitos abarcados sejam guiados por forças que os vinculem aos seus deveres, nomeadamente o sentimento de que suas próprias autonomia, autoridade e competência sejam metodicamente limitadas para o desempenho das atividades rotineiras das quais depende a eficácia da estrutura social em que se inserem.[45] Significa dizer que as relações sociais e econômicas não somente se encontram diuturnamente entremeadas por relações de poder, como também este poder é muito mais sutil do que explícito.[46] Reforça-se, desse modo, a necessidade de estudo cuidadoso do poder e de seu impacto sobre as

---

[43] Ver: CLEGG, Stewart R. *Frameworks of power*. Londres: Sage Publications, 1997.

[44] MERTON, Robert K. Bureaucratic structure and personality. *Social forces*. v. 18, n. 4, p. 560-568, maio 1940. Trata-se do que Mannheim denominou por "organizações racionais", em contraposição à irracionalidade sistêmica da sociedade contemporânea, que acaba por produzir as crises culturais e políticas da atualidade – isto é, do início do século XX. Ver: MANNHEIM, Karl. *Man and society in an age of reconstruction*: studies in modern social structure. Londres: Routledge & Kegan Paul, 1923.

[45] MERTON, *Op. cit.*, p. 562. Importa notar que o próprio Weber não deixa de perceber que a aquisição da forma de organização burocrática foi gradual e evolutiva, e não um mero dado. Dessa forma, verificou-se um paulatino progresso da organização burocrática a partir dos primeiros rudimentos do capitalismo e da economia monetária. Assim, verifica-se uma série de vantagens na organização formal e burocrática, notadamente em virtude da possibilidade de ordenação de atividades mediante a organização disciplinada e hierárquica de subordinados: "A razão decisiva para o progresso da organização burocrática foi sempre a superioridade puramente técnica sobre qualquer outra forma de organização. O mecanismo burocrático plenamente desenvolvido compara-se às outras organizações exatamente da mesma forma pela qual a máquina se compara aos modos não-mecânicos de produção. Precisão, velocidade, clareza, conhecimento dos arquivos, continuidade, discrição, unidade, subordinação rigorosa, redução do atrito e dos custos de material e pessoal — são levados ao ponto ótimo na administração rigorosamente burocrática, especialmente em sua forma monocrática. Em comparação com todas as formas colegiadas, honoríficas e avocacionais de administração, a burocracia treinada é superior, em todos esses pontos. E no que se relaciona com tarefas complicadas, o trabalho burocrático assalariado não só é mais preciso, mas, em última análise, frequentemente mais barato do que até mesmo o serviço honorífico não-remunerado formalmente" (WEBER, Max. *Ensaios de sociologia*. Rio de Janeiro: Guanabara/Koogan, 1982. p. 249). Ver também: RITZER, George. Professionalization, bureaucratization and rationalization: the views of Max Weber. *Social forces*, v. 53, n. 4, p. 627-634, jun. 1975. Importa, ainda, perceber que os fenômenos identificados pela tradição weberiana não se afastam muito das estratégias mais contemporâneas das ciências da Administração para a estruturação de organizações complexas. Ver: GALBRAITH, Jay. *Designing complex organizations*. Reading: Addison-Wesley, 1973.

[46] Nos termos de Walther Benjamin, trata-se muito mais de *Macht* (poder) do que de *Gewalt* (violência), conceito comumente associado, a título de exemplo, ao poder político. Ver: BENJAMIN, Walther. Critique of violence. In: BENJAMIN, Walther. *Reflections*: essays, aphorisms, autobiographical writings. New York: Schocken Books, 1978. Não se está, por óbvio, transportando indiscriminadamente as categorias de análise de Benjamin para o presente trabalho sem qualquer esforço crítico, da mesma forma que não se adota este expediente para a totalidade da obra de Hannah Arendt sobre violência e poder político, na medida em que o que se pretende reconstruir é a noção de poder enquanto fenômeno geral, sendo assim possível transportar – com as devidas adaptações – unidades de análise tradicionalmente associadas ao poder político ao exercício do poder econômico e, mais especificamente, ao fenômeno do controle empresarial. Para articulação mais sofisticada das visões supramencionadas, ver: FISCHER-LESCANO, Andreas. A 'just and non-violent force'? Critique of law in world society. *Law and critique*, v. 26, n. 3, p. 267-280, nov. 2015.

esferas jurídicas de terceiros a partir de um ponto de vista interdisciplinar que, como se desenvolverá na sequência, permita a aplicação do adequado regime de responsabilidade.

Naturalmente, a análise sociológica e filosófica identificará o poder nas suas mais variadas facetas e gradações, muitas vezes traçando tipologias que forneçam ferramentas mais efetivas no estudo de cenários reais. Daí a comum distinção entre "poder", "autoridade", "força", "violência",[47] dentre outras expressões. Nesse sentido, pode-se igualmente indagar se, num primeiro momento, tais distinções podem ser transportadas da política – e mesmo do Direito Público – à análise do poder econômico e, em seguida, em que medida tais conceitos operacionais podem ser utilizados pelo Direito. De acordo com Hannah Arendt,[48] *poder* corresponde à habilidade humana não apenas de agir, mas de agir em concerto, isto é, de atuar enquanto componente de um grupo que molda as próprias características de seus integrantes,[49] em contraposição à *força (strength)* – fenômeno fundamentalmente associado a um indivíduo singular – e à *violência* – essencialmente instrumental.[50] Destaca-se, ainda, a figura da *autoridade*, associada ao reconhecimento inquestionável daqueles que devem obedecer – sem a necessidade de coerção ou persuasão.[51]

À visão de Hannah Arendt – de que o poder consistiria na possibilidade de um grupo de sujeitos concordar com um plano de ação comum[52] – contrapõe-se a noção weberiana de que o poder nada mais é do que a possibilidade de um dado sujeito fazer valer sua vontade sobre o comportamento de outrem.[53] Observe-se, nesse ponto, que

---

[47] BENJAMIN, *Op. cit.*

[48] ARENDT, Hannah. *On violence*. San Diego: HBJ, 1969. p. 44.

[49] Significa dizer que, nas palavras de Bernstein, para Hannah Arendt, poder não é um fenômeno puramente hierárquico, no sentido de que significaria necessariamente o controle ou a dominação sobre outro indivíduo ou grupo. Pelo contrário, trata-se de um conceito horizontal que surge e cresce quando indivíduos agem em concerto e buscam persuadir uns aos outros, tratando-os como seus semelhantes (BERNSTEIN, Richard J. Hannah Arendt's reflections on violence and power. *IRIS: European journal of philosophy and public debate*. p. 3-30, nov. 2011. p. 10). Tal definição, por conseguinte, afasta-se bastante da noção de poder adotada por Foucault, ao entender o poder necessariamente como *sujeição*, sugerindo inclusive que o estudo do poder parta das estratégias fundamentais de resistência dos sujeitos em face do poder que sobre eles é exercido (FOUCAULT, Michel. The subject and power. *Critical inquiry*, v. 8, n. 4, p. 777-795, 1982. Para uma sistematização de outros pontos de vista sobre o poder na teoria sociológica, ver: BURT, Ronald S. Power in a social topology. *Social Science Research*, v. 6, n. 1, p. 1-83, 1977.

[50] Importa, nesse ponto, ressaltar a cada vez mais abundante bibliografia destinada ao tratamento da questão do poder e da violência do Direito a partir de uma perspectiva de gênero, no intuito de identificar e problematizar espaços privados de exercício do poder, bem como sua relação com a esfera pública. Ver, por todas: GIOLO, Orsetta. Oltre la critica. Appunti per una contemporanea teoria femminista del diritto. *Diritto e questione publiche*, v. 15, n. 2, p. 63-81, 2015; DEGELIND, Simone; ROQUE, Mehera San. Unjust enrichment: a feminist critique of enrichment. *Sydney law review*, v. 36, n. 1, p. 69-98, abr. 2014; THOMPSON, Sharon. *Prenuptial agreements and the presumption of free choice*: issues of power in theory and practice. Oxford: Hart Publishing, 2017.

[51] ARENDT, *Op. cit.*, p. 44-45. Conceito semelhante é o da *regra de reconhecimento* de Hart, norma jurídica abstrata segundo a qual todos os agentes sujeitos ao ordenamento – e que, portanto, o reconhecem – devem respeitar o Direito. Ver: HART, H. L. A. *The concept of law*. Oxford: Oxford University Press, 1994.

[52] Tratar-se-ia, portanto, de um modelo "comunicativo" de poder, conforme pontuou Habermas. Ver: HABERMAS, Jürgen. Hannah Arendt's Communications Concept of Power. *Social research*, v. 44, n. 1, p. 3-24, 1977. Importa notar que o conceito de poder de Hannah Arendt é acolhido por Habermas para a construção da sua *Teoria do Agir Comunicativo*, enquanto poder "positivo" que contribuiria para a comunicação, em contraposição ao "poder administrativo", que teria o condão de levar à colonização do mundo da vida pelo sistema, no jargão habermasiano. Ver, portanto: HABERMAS, Jürgen. *Teoria do agir comunicativo*. São Paulo: Martins Fontes, 2012.

[53] WEBER, Max. *Economia e sociedade*. Brasília: UnB, 2015. v. II. p. 188. O conceito de poder para Weber, portanto, abarca a própria noção de dominação: "Por 'dominação' compreenderemos, então, aqui, uma situação de fato, em que uma vontade manifesta ('mandado') do 'dominador' ou dos 'dominadores' quer influenciar as ações de outras pessoas (do 'dominado' ou dos 'dominados'), e de fato as influencia de tal modo que estas ações, num

o poder para Weber não advém de um acordo, mas antes de tudo do conflito entre sujeitos, estabelecendo-se a despeito da resistência alheia.[54] Em outras palavras, o poder consiste na afirmação da vontade de uma elite poderosa, seja ela política, cultural, econômica ou de outra espécie, cujos instrumentos estarão fortemente relacionados às características do sistema político em que se desenvolvem.[55] Não se pode supor, porém, que o poder para Weber se resume à coerção desordenada; pelo contrário, trata-se de elemento fundamental para o desenvolvimento de estruturas sociais.[56] Nesse sentido, apesar de partir de uma relação aparentemente conflituosa, o poder é capaz de moldar o comportamento econômico e, antes de tudo, conduzir mudanças institucionais capazes de alterar os sentidos compartilhados por determinado grupo, assim expressando sua fundamental importância também na estruturação das organizações sociais, políticas e econômicas.[57]

Não obstante, conforme pontua Habermas, o modelo de ação teleológico proposto por Weber teria como única alternativa à coerção exercida por um sujeito sobre o outro o livre consentimento entre os participantes.[58] Contudo, tal modelo concede aos agentes apenas a opção pela busca de seu próprio sucesso, de sorte que admitiria um processo de consenso apenas na medida em que permitiria aos agentes alcançarem seus objetivos próprios – e não um objetivo comum.[59] Nesse sentido, o modelo proposto por Hannah Arendt seria mais adequado à estruturação de um programa comum (e comunicativo) de exercício do poder, tendo por finalidade a ação em concerto em busca de um fim comum.

Nesse ponto, pode-se adiantar uma das grandes preocupações da teoria das organizações ao buscar explicar fenômenos empresariais grupais: a possibilidade de se considerar um conjunto de agentes econômicos autônomos – cada qual com seus interesses (e egoísmos) particulares – uma única forma organizacional.[60] Parece razoável, nesse ponto, pressupor que, da mesma forma que não se pode entender o poder como um fenômeno uniforme, necessitando de arcabouços teóricos múltiplos para que se compreenda sua real extensão, é possível aproximar determinadas formas organizacionais coletivas de teorias do poder particulares. Dessa forma, dentre os vários tipos de organizações empresariais coletivas – ou de empresas plurissocietárias, como aduz Engrácia Antunes[61] –, a análise sociológica do poder pode partir de paradigmas distintos. A título de exemplo, a estrutura formal organizacional de um grupo de sociedades – orientado por uma direção unitária – parece requerer muito mais a

---

grau socialmente relevante, se realizam como se os dominados tivessem feito do próprio conteúdo do mandado a máxima de suas ações ('obediência')" (WEBER, *Op. cit.*, v. II, p. 191). Em sentido semelhante: DAHL, Robert A. The concept of power. *Behavioral Science*, v. 2, n. 3, p. 201-215, jul. 1957.

[54] LUKES, Steven. *Power*: a radical view. New York: Palgrave Macmillan, 2005. p. 26.
[55] Ver: MILLS, Charles Wright. *The power elite*. Oxford: Oxford University Press, 2000.
[56] HALL, John A.; MALESEVIC, Sinisa. The political sociology of power. *In*: HAUGAARD, Mark; RYN, Kevin. *Political power*: the development of the field. Opladen: Barbara Budrich, 2012.
[57] Ver: DOBBIN, Frank. Comparative and historical approaches to economic sociology. *In*: SMELSER, Neil J.; SWEDBERG, Richard. *The handbook of economic sociology*. Princeton: Princeton University Press, 2005. p. 30-33.
[58] HABERMAS, *Op. cit.*, 1977, p. 4.
[59] HABERMAS, *Op. cit.*, 1977, p. 4.
[60] GRANOVETTER, Mark. Business groups and social organization. *In*: SMELSER, Neil J.; SWEDBERG, Richard. *The handbook of economic sociology*. Princeton: Princeton University Press, 2005. p. 433.
[61] ANTUNES, José Engrácia. Estrutura e responsabilidade da empresa: o moderno paradoxo regulatório. *Revista DireitoGV*, v. 1, n. 2, p. 29-68, jun./dez. 2005.

governança de um acordo comum (ao estilo da noção arendtiana de poder) do que a gestão de um conflito entre um agente dominante e outros que lhe fazem resistência; de outro lado, redes contratuais híbridas – a serem mais aprofundadamente expostas a seguir – devem lidar justamente com a tensão exposta por Weber, na medida em que consistem em organizações coletivas de entes autônomos constantemente sujeitos à autoridade episódica alheia que, porém, se legitima por pautar-se por um interesse geral, ainda que muitas vezes se oponha aos interesses particulares dos componentes da rede.

Nesse sentido, pode-se ressaltar, ainda, mais uma definição de poder: aquela exposta por Talcott Parsons, ao definir o fenômeno do poder como a capacidade de um sistema social de mobilizar recursos para atingir objetivos coletivos.[62] Assim, conforme pontua Habermas, Parsons replica a nível sistêmico o sentido que Weber buscou em sua teoria da ação,[63] chegando à conclusão próxima da que Mancur Olson atingiu ao aduzir que organizações nada mais são do que instrumentos destinados a alcançar os objetivos de seus membros.[64] Em outras palavras, a depender do nível de análise que se busca – e da abrangência do fenômeno que se está estudando –, pode-se buscar subsídios de uma ou de outra teoria do poder para que se compreenda a forma de estruturação dos agentes econômicos. Dando continuidade ao exemplo traçado, a partir do momento em que se entende que uma rede contratual consiste em um sistema mais ou menos ordenado de agentes econômicos unidos em torno de um vínculo funcional que justifique a sua união pode ser considerada, *grosso modo*, um sistema de ação econômica, as relações de coordenação ali traçadas – independentemente das hipóteses de exercício de poder episódico por um membro sobre o outro e das alterações operadas nessas mesmas relações – representam o efetivo exercício de poder naquele ambiente, o que exigirá (como se verá a seguir) uma necessária reflexão sobre a responsabilização desses agentes.

A própria possibilidade de se definir o poder como controle, dominação, influência ou mesmo sujeição[65] já permite verificar que se trata de fenômeno de natureza múltipla, verificável contextualmente nos mais variados âmbitos sociais. Não é por outra razão que o conceito jurídico de "poder de controle" é definido não somente em termo da propriedade acionária ou ainda da detenção de posições relevantes na gestão societária, mas também a partir da possibilidade de influência relevante por outros meios como, por exemplo, contratos, dando origem ao ainda pouco explorado fenômeno do controle externo.[66] Pode-se, ainda, ir mais além para afirmar que as noções de direção unitária

---

[62] PARSONS, Talcott. *Structure and process in modern societies*. New York: The Free Press, 1965. Em outra ocasião, aduziu Parsons: "5. Authority. – Authority is an institutionally recognized right to influence the actions of others, regardless of their immediate personal attitudes to the direction of influence. It is exercised by the incumbent of an office or other socially defined status such as that of parent, doctor, prophet. The kind and degree of authority exercised is clearly one of the most important bases of the differential valuation of individuals. 6. Power. – It is useful to consider a sixth residual category of 'power'. For this purpose a person possesses power only in so far as his ability to influence others and his ability to achieve or to secure possessions are not institutionally sanctioned. Persons who have power in this sense, however, often do in practice secure a certain kind of direct recognition. Furthermore, power may be, and generally is, used to acquire legitimated status and symbols of recognition" (PARSONS, Talcott. *Essays in sociological theory*. Glencoe: The Free Press, 1954. p. 76).

[63] HABERMAS, *Op. cit.*, 1977, p. 5.

[64] OLSON, Mancur. *The logic of collective action*: public goods and the theory of groups. Cambridge: Harvard University Press, 1971. p. 6.

[65] CARROLL, Berenice A. Peace research: the cult of power. *The journal of conflict resolution*, v. 16, n. 4, p. 585-616, dez. 1972.

[66] COMPARATO; SALOMÃO FILHO, *Op. cit.*

e influência significativa – próprias dos grupos societários – nada mais são do que a manifestação grupal do fenômeno do poder de controle, motivo pelo qual a sua verificação necessariamente requer a adequada atribuição de responsabilidades.[67]

Em síntese, conforme assinala Manuel Castells, o poder nada mais é do que a capacidade relacional que permite que certos atores sociais assimetricamente influenciem as decisões de outros atores em favor de suas vontades, interesses e valores, o que pode ocorrer pelos mais diversos meios – seja a coerção, seja a construção coletiva de um sentido de consenso – e, por conseguinte, consiste em fenômeno de natureza plural e que não resulta de um simples processo causal linear.[68] Daí a magnitude do desafio que é lidar com relações de poder no âmbito das redes contratuais, fenômeno social e econômico que tem desafiado em grande medida a reflexão jurídica ensimesmada e aberto portas para o desenvolvimento de uma dogmática multidisciplinar, que busca alimentar o direito com elementos sociológicos e econômicos ao introduzir no raciocínio jurídico a noção de poder enquanto unidade de análise relevante. Nesse sentido, a seção a seguir tem por objetivo conectar as reflexões ora traçadas com o fenômeno das redes contratuais e a teoria jurídica recentemente desenvolvida nessa seara.

III O fenômeno das redes contratuais e os desafios impostos à dogmática jurídica

As bases fundamentais da teoria das organizações indicam que a apreensão adequada das múltiplas dimensões do comportamento organizacional exige tanto a análise de estruturas formais como elementos não racionais, a exemplo dos já mencionados aspectos reputacionais e relacionais que permeiam grande parte das relações empresariais.[69] Além disso, é necessário que se verifique um sistema minimamente estável de coordenação – e, adicione-se, de cooperação[70] – que forneça, de um lado, um sistema de ação estruturado – isto é, uma estrutura mais ou menos formal de delegação e controle

---

[67] FRAZÃO, Ana. Grupos societários no direito do trabalho e a reforma trabalhista. *Revista do TST*, v. 83, n. 4, out./dez. 2017.

[68] CASTELLS, Manuel. A sociology of power: my intellectual journey. *The annual review of sociology*, v. 42, n. 1, p. 1-19, 2016.

[69] SELZNICK, Philip. Foundations of the theory of organization. *American Sociological Review*, v. 13, n. 1, p. 25-35, fev. 1948. Ver também: CYERT, Richard M.; MARCH, James G. *A behavioral theory of the firm*. New Jersey: Prentice Hall, 1963.

[70] Na medida em que as relações contratuais se estendem por alongados períodos de tempo, para além das cláusulas que vinculam as partes, a confiança exerce importante papel para a gestão dos interesses e para a garantia do cumprimento das obrigações assumidas pelas partes. A possibilidade de uma parte prever determinada atitude de seu parceiro comercial pode, nesse sentido, servir de importante mecanismo de redução de custos de transação (FORGIONI, Paula. *Teoria geral dos contratos empresariais*. 2. ed. São Paulo: Revista dos Tribunais, 2011. p. 95). Observe-se, porém, que não se está aqui falando em confiança pessoal, mas no que Williamson denominou "confiança institucional" (WILLIAMSON, Oliver. Calculativeness, trust, and economic organization. *Journal of law and economics*. v. 36, n. 1, p. 453-486, abr. 1993. p. 485-486). Ou seja, a confiança terá papel decisivo para orientar relações mais eficientes na medida em que se referir ao respeito às normas previstas pelos agentes no negócio celebrado e à experiência em sua aplicação. É claro, assim, que contratos com essas características deverão conter cláusulas especiais para a governança dessas relações, instaurando meios de controle da observância às normas de conduta prescritas (BROUSSEAU, Éric. Les contrats dans la coordination interentreprises: Les enseignements de quelques travaux récents d'économie appliquée. In: GAUDEAUX, Andreani; NAUD, D. *L'enterprise, lieu de nouveaux contrats?* Paris: L'Harmattan, 1996).

que delineie os próprios contornos da estrutura social e econômica em questão, de modo a garantir a sua interação com o mercado e seus agentes – e, de outro, um sistema formal que abarque a organização em questão, fornecendo o ambiente institucional que indicará as normas e pressões que constrangerão o comportamento dos sujeitos.[71]

Com essas premissas no horizonte, importa perceber que, para além dos negócios empresariais de natureza híbrida, isto é, que mediante instrumentos contratuais de longo prazo inauguram verdadeiras estruturas organizacionais – assim se posicionando entre empresa e mercado –, relações comerciais dificilmente se realizarão de maneira isolada, uma vez que, ao menos em regra, se dão em ambiente de livre concorrência no qual diversos agentes em busca de lucro procurarão maximizar seus ganhos e, à luz do que já foi exposto, reduzir custos de transação. Por esse motivo, a inserção do fenômeno dos contratos híbridos no contexto da economia de mercado dá origem a estruturas ainda mais complexas: as redes contratuais ou *networks*.

De acordo com Hugh Collins,[72] as *networks* são conjuntos de empresas independentes que celebram contratos inter-relacionados estruturados de maneira a conferir às partes vários dos benefícios próprios da coordenação oriunda da integração vertical, ainda que jamais se tenha criado negócio integrado único como uma empresa ou parceria. Na verdade, como se verá no decorrer deste capítulo, as *networks* se caracterizam não por vínculos formais, mas por liames funcionais entre relações contratuais autônomas. As *networks*, da mesma forma que os contratos híbridos, não se amoldam perfeitamente a quaisquer categorias do Direito Contratual ou do Direito Societário.[73] Porém, no caso das *networks*, isso ocorre pelo fato de essas estruturas gerarem expectativas e incentivos invisíveis ao Direito Contratual[74] ao buscarem extrair dos contratos bilaterais o seu potencial de correção e interação entre suas partes componentes, de maneira a criar verdadeira estrutura multilateral composta de vínculos bilaterais.

É nesse ponto que reside a diferença entre as *networks* e os contratos híbridos, na medida em que não se está falando em desintegração empresarial mediante a dispersão do poder econômico em negócios especializados, mas na obtenção das características da integração vertical por meio da coligação contratual.[75] Não há, nas *networks*, qualquer instrumento jurídico por meio do qual seja possível consolidar o risco e alocar a responsabilidade.[76] Todavia, as redes contratuais igualmente não se resumem a um emaranhado de relações contratuais – ou meros contratos conexos, como se verá a seguir –, mas constituem atores empresariais *sui generis* ou, em outras palavras, "coletivos policorporativos" com especial capacidade de ação conjunta a partir dos diversos núcleos desse cipoal de contratos.[77]

---

[71] SELZNICK, *Op. cit.*, 1948.
[72] COLLINS, *Op. cit.*, 2011, p. 1.
[73] TEUBNER, *Op. cit.*, 2009, p. 15.
[74] AMSTUTZ, Marc. The constitution of contractual networks. *In*: AMSTUTZ, Marc; TEUBNER, Gunther. *Networks*: Legal issues of multilateral cooperation. Oxford: Hart Publishing, 2009. p. 309.
[75] COLLINS, *Op. cit.*, 2011, p. 1.
[76] COLLINS, *Op. cit.*, 2011, p. 10.
[77] TEUBNER, Gunther. The many-headed Hydra: networks as higher order collective actors. *In*: MCCAHERY, Joseph; PICCIOTTO, Sol; SCOTT, Colin. *Corporate control and accountability*: changing structures and the dynamics of regulation. Oxford: Clarendon Press, 1993. p. 43.

É essa complexidade que leva autores como Gunther Teubner a sustentar que as *networks* são fundadas em paradoxos. Os dois paradoxos essenciais às *networks* são designados pelo autor por duas expressões latinas: *unitas multiplex* e *coincidentia oppositorum*. A noção de *unitas multiplex* se refere à característica das *networks* de se constituir como ente unitário advindo da coordenação de centros de ação autônomos, de maneira a originar não um ente análogo à pessoa jurídica, mas um agregado de sujeitos estruturado de maneira policêntrica.[78] O segundo paradoxo fundamental das *networks* – *coincidentia oppositorum* – diz respeito ao fato de que os integrantes da coletividade apresentam interesses contrapostos e contraditórios – podendo até ser concorrentes em um dado mercado –, porém a necessidade de responder às demandas do ambiente negocial produz incentivos para a cooperação, de sorte a fomentar a coordenação entre esses atores.[79]

O fenômeno das *networks* tem se tornado cada vez mais comum na medida em que a globalização da economia e a massificação das tecnologias da informação tornaram possível uma maior e mais facilitada interação entre agentes empresariais. É o que se verifica nas empresas virtuais, no âmbito das quais são estabelecidas relações de coordenação hierárquica potencializadas pela velocidade da comunicação da internet e pelas redes sociais, atribuindo novos contornos à cooperação empresarial.[80] Certo é que as redes contratuais, como se verá a seguir, no mais das vezes se estabelecem em virtude de contratos travados entre sociedades, porém estruturas como a internet e laços reputacionais entre integrantes de um determinado mercado são capazes de criar sinergias próprias das *networks* mesmo sem vínculos obrigacionais formais, conforme indica Rodrigo Octávio Broglia Mendes.[81]

É nesse sentido que autores como Andreas Borchardt diferenciam "redes latentes" de "redes estratégicas", sendo as primeiras caracterizadas pela existência de diversos parceiros de negócio em potencial que, embora não interajam entre si a todo momento, apresentam número indefinido e inúmeras competências postas à disposição dos agentes econômicos, de maneira a compor verdadeira "matéria bruta para novas relações cooperativas" (*Brutsätte für neue Kooperationen*).[82] As chamadas redes estratégicas, por sua vez, consistem em verdadeiras estruturas de incentivos criadas a partir da possibilidade de obtenção de eficiências oriundas da correlação entre relações contratuais autônomas. É o que ocorre, por exemplo, nas redes de franquias, nas quais os franqueados, independentes e muitas vezes concorrentes, obtêm insumos de maneira uniforme de um mesmo franqueador, porém o compartilhamento de atributos como

---

[78] TEUBNER, Gunther "Unitas multiplex": a organização do grupo de empresas como exemplo. *Revista DireitoGV*, v. 1, n. 2, p. 77-110, jun./dez. 2005. p. 97.
[79] TEUBNER, *Op. cit.*, 2009, p. 18.
[80] MENDES, Rodrigo Octávio Broglia. A empresa em rede: a empresa virtual como mote para reflexão no Direito Comercial. *Revista do advogado*, v. 32, n. 115, p. 125-135, abr. 2017. p. 134.
[81] "A empresa virtual, nessa perspectiva, passa a criar condições para ser trabalhada juridicamente. É possível compreender uma rede de diversas empresas societárias que celebram contratos entre si para, da conexão desses contratos, permitir o desenvolvimento de uma determinada atividade empresarial. Contudo, é bem possível – e a internet torna isso efetivamente possível – que essa atividade seja desenvolvida sem que todas as empresas societárias participantes da rede possuam, entre si, contratos celebrados – como acontece, por exemplo, entre os franqueados" (MENDES, *Op. cit.*, p. 134).
[82] BORCHARDT, Andreas. *Koordinationsinstrumente in virtuellen Unternehmen*: Eine empirische Untersuchung anhand lose gekoppelter Systeme. Wiesbaden: Deutscher Universitäts-Verlag, 2006. p. 20-21.

marca, nome e reputação faz com que os franqueados sintam os efeitos dos sucessos e fracassos dos diversos membros da rede, de modo que será de rigor a orientação de todos não ao sucesso individual, mas ao sucesso da rede como um todo.[83]

Importa adiantar que o objetivo do presente trabalho não é traçar tipologia detalhada das redes contratuais, mas delinear o arcabouço teórico-dogmático mínimo para a melhor compreensão e operacionalização jurídica dessas estruturas. Porém, é interessante trazer à discussão a classificação traçada por Teubner[84] ao afirmar que as *networks* se diferenciam de acordo com sua posição na cadeia de produção de riquezas, sendo possível relacionar determinados tipos de redes a certos problemas econômicos e jurídicos particulares, a saber: (i) redes de inovação destinadas a facilitar a pesquisa e o desenvolvimento comum de novas tecnologias, caracterizadas por não se resumirem a funções econômicas, mas sobretudo por se referirem a finalidades científicas; (ii) redes de fornecimento, referentes às relações verticais entre empresas focais (centros das redes) e fornecedores de componentes para a fabricação de bens; (iii) redes de produção que abarcam processos de coprodução horizontal no âmbito das quais concorrentes combinam sua capacidade produtiva com vistas a maximizar seu alcance geográfico, destacando-se as empresas virtuais; (iv) redes de distribuição, compostas por relações verticais entre fabricantes, distribuidores, canais de venda e usuários finais, destacando-se as redes de franquias; (v) redes de clientes, que incorporam clientes no processo produtivo; e (vi) redes de criação de riqueza caracterizadas por amalgamar diversas etapas produtivas em uma espécie de quase-integração contratual, o que ocorre, por exemplo, na formação de padrões setoriais.

Por mais completa que possa parecer a tipologia de Teubner, não se pode desconsiderar que a criatividade negocial pode repentinamente superar qualquer esforço de sistematização, razão pela qual não haveria que se falar na exaustão casuística do tema. Certo é que cada uma dessas modalidades de redes contratuais necessitará de uma estrutura de governança específica, arquitetada de acordo com as demandas da operação econômica subjacente aos negócios jurídicos celebrados. Contudo, considerando a dificuldade de inserção das *networks* nas categorias jurídicas conhecidas e estabilizadas pela prática, faz-se necessário o desenvolvimento de bases dogmáticas capazes de sustentar tal fenômeno econômico. A grande dificuldade, como já se adiantou, é a de construir tais bases dogmáticas de maneira a adequadamente retratar os contornos reais desse fenômeno, que, por sua própria natureza, é maleável e se encontra em constante transformação.

No estudo já clássico de Buxbaum[85] sobre as redes contratuais, chegou-se à conclusão de que as *networks* não são conceitos jurídicos. De acordo com o autor, as redes contratuais se realizam quando um dado setor requer estruturas que nem mercados nem empresas podem proporcionar a partir de seus mecanismos tradicionais. É esse também o ponto de partida de Teubner[86] ao propor que o estudo desse fenômeno

---

[83] Ver: BÖHNER, Reinhard. Asset-sharing in Franchisenetzwerken: Pflicht zur Weitergabe von Einkaufsvorteilen. *Kritische Vierteljahresschrift für Gesetzgebung und Rechtswissenschaft*, v. 89, n. 2-3, p. 227-252, 2006.
[84] TEUBNER, Gunther. *Networks as connected contracts*. Oxford: Hart Publishing, 2011. p. 98-100.
[85] BUXBAUM, Richard. Is "network" a legal concept? *Journal of institutional and theoretical economics*, v. 149, n. 4, p. 698-705, dez. 1993.
[86] TEUBNER, *Op. cit.*, 2009, p. 13-18.

dificilmente poderá ser apreendido exclusivamente pelo Direito, sendo necessário o recurso a economistas, sociólogos, entre outros cientistas sociais.

Por esse motivo, ensina Teubner[87] que o Direito deve adquirir atributos interdisciplinares capazes de transformá-lo em "jurisprudência sociológica". Somente assim o Direito assumirá seu papel central no processo de "desparadoxização" social das *networks*, decodificando os arranjos institucionais produzidos por agentes econômicos com vistas a produzir estruturas procedimentais capazes de canalizar internamente a natureza híbrida dessas redes.[88] No entanto, não se pode esquecer que qualquer fato social "é percebido de acordo com a compreensão cultural da sociedade em determinado momento histórico, e assim também é valorado pelo direito",[89] de sorte que "Todo fato social – porque potencialmente relevante para o direito, e porque moldado pela valoração (social decorrente) do elemento normativo (o qual, ao mesmo tempo, é construído na historicidade evolutiva da sociedade), é fato jurídico".[90]

Partindo do pressuposto de que o método jurídico-dogmático traz importantes contribuições para a compreensão de fenômenos econômicos, Stefan Grundmann[91] procura delinear os primeiros traços de uma dogmática das redes contratuais (*Dogmatik der Vertragsnetze*). Segundo Grundmann, o desafio inicial para a compreensão teórica das operações econômicas que resultam nas redes contratuais é a análise das reivindicações diretas dos diversos contratos individuais encontrados ao longo da cadeia que resulta na rede, com vistas a potencializar a eficiência da rede sobre essas relações singulares. Além disso, Grundmann destaca a relevância da compreensão da influência de um contrato sobre o outro, concentrando a análise nas cláusulas gerais que os conectam e, assim, servem como "portais" (*Einfallstore*) para efeitos em cadeia que influirão de maneira holística sobre a rede. Por fim, o autor ressalta o papel central dos meios de acesso à rede, através dos quais as partes de contratos individuais poderão obter informações sobre os demais agentes envolvidos e, assim, conhecer o interesse em direção ao qual tenderão as atividades da rede naquelas circunstâncias.

O desenvolvimento conceitual das *networks* enquanto nova categoria dogmática requer, portanto, que sejam destacadas as suas peculiaridades diante de figuras jurídicas já conhecidas e cujas características não se amoldam aos pressupostos fáticos das redes contratuais. Em primeiro lugar, seria possível sustentar que redes contratuais consistiriam em contratos ou operações econômicas complexas,[92] tendo em vista as características dos já mencionados contratos híbridos e mesmo a existência de figuras como o contrato plurilateral. Não obstante, a semelhança das *networks* com relação aos contratos híbridos é simplesmente, na verdade, que ambos os fenômenos são formas híbridas de organização da atividade econômica, sendo que o último diz respeito a uma relação singular que não se coaduna com os ditames do intercâmbio ou da sociedade, ao passo que os primeiros

---

[87] TEUBNER, *Op. cit.*, 2009, p. 13-18.
[88] TEUBNER, *Op. cit.*, 2009, p. 13-18.
[89] TEPEDINO, Gustavo. Esboço de uma classificação funcional dos atos jurídicos. *Revista brasileira de direito civil*, v. 1, p. 8-37, jul./set. 2014. p. 14.
[90] TEPEDINO, *Op. cit.*, p. 14.
[91] GRUNDMANN, Stefan. Die Dogmatik der Vertragsnetze. *Archiv für die civilistische Praxis*. v. 207, p. 718-767, dez. 2007. p. 766-767.
[92] Ver: GABRIELLI, Enrico. *Il contratto e l'operazione economica*. Milão: Giuffrè, 2013.

consistem em um conjunto de relações jurídicas que apresentam comportamento harmônico, o que igualmente não se amolda às categorias dogmáticas clássicas.

De outro lado, igualmente não parece adequado supor que as redes contratuais consistiriam em contatos plurilaterais que, tais como a sociedade, serviriam à união de diversos agentes convergindo para um fim comum. Importa, porém, notar que redes contratuais não são mecanismos de gestão formalizada de uma determinada relação econômica, mas consistem na própria relação econômica, que requer mecanismos de gestão adequados à sua natureza peculiar. Assim, embora possa parecer satisfatório compreender as *networks* como contratos plurilaterais, mesmo em razão de se tratar de mecanismo interessante para a gestão e a institucionalização das obrigações impostas aos integrantes da rede, mecanismos dessa espécie ainda deixam por preencher a lacuna dogmática que faz surgirem tantas dúvidas.

Certo é que a formalização das obrigações – aqui entendidas como os mecanismos de governança da relação de longo prazo a ser firmada pelas partes, como ocorre com os contratos híbridos – pode ser interessante para garantir maior segurança às partes e a terceiros. No entanto, tendo em vista as já expostas considerações segundo as quais as redes contratuais sequer seriam conceitos jurídicos,[93] dada sua profunda raiz sociológica, não se pode reduzir tal conceito a instrumento formal. Vale lembrar, nesse sentido, que a criação de uma *network* prescinde inclusive da existência de relações contratuais entre seus integrantes, podendo se formar pela facilidade de comunicação e mesmo por estruturas sociais reputacionais.[94] Desse modo, verifica-se que a forma contratual – com todos os temperamentos aqui apresentados – é ferramenta analítica poderosa, porém insuficiente para encapsular o fenômeno das *networks*.

Da mesma maneira, não parece razoável supor que as redes contratuais são empresa comum, uma vez que, conforme assevera Gunther Teubner,[95] as *networks* encontram sua dimensão organizativa justamente no paradoxo da busca simultânea do interesse coletivo e do interesse individual, lembrando que os integrantes da rede poderão conservar interesses contrapostos. Nesse ponto, cabe indagar em que medida as *networks* não deveriam ser, de fato, consideradas negócios associativos, na medida em que têm como premissa o fato de que seus integrantes trabalham para finalidade comum em benefício de todos. Aqui, é interessante o ponto de vista de Wiedemann e Schultz,[96] para quem finalidades individuais e coletivas sempre estarão sobrepostas nas *networks*, sendo possível identificar qual interesse será priorizado no caso concreto para, assim, melhor compreender a dinâmica da rede. O interesse comum da rede, nesse sentido, se forma em razão do dever de cooperação que se faz imprescindível para a própria manutenção da rede e, por conseguinte, para a consecução do fim comum da *network*.[97]

---

[93] BUXBAUM, *Op. cit.*

[94] O trabalho de Lisa Bernstein (*Op. cit.*) é exemplo interessante para a compreensão desse fenômeno.

[95] TEUBNER, *Op. cit.*, 2011, p. 118.

[96] WIEDEMANN, Herbert; SCHULTZ, Oliver. Grenzen der Bindung bei langfristigen Kooperationen. *Zeitschrift für Wirtschaftrecht*, p. 1-12, 1999.

[97] WELLENHOFER, Marina. Drittwirkung von Schutzpflichten im Netz. In: SCHLIESKY, Utz et al. *Schutzpflichten und Drittwirkung im Internet*: Das Grundgesetz im digitalen Zeitalter. Baden: Nomos, 2014. A cooperação, portanto, não é critério suficiente para distinguir contratos híbridos – em que a cooperação é intensa, mas não se traduz em empresa comum com identidade de propósitos – do intercâmbio, da sociedade ou dos contratos associativos, nos quais a cooperação corresponde à prestação principal da avença (FRAZÃO, Ana. Joint ventures contratuais. *Revista de Informação Legislativa*, v. 52, n. 207, p. 187-211, 2015. p. 195). Na verdade, conforme aduz

Apesar da centralidade da noção de fim comum às *networks*, é necessário distinguir, de acordo com a lição de Teubner,[98] "fim comum" de "fim unitário", uma vez que interesses individuais e coletivos se fazem presentes a um só tempo. É justamente a presença simultânea de interesses individuais e interesse comum que dificulta a aplicação direta dos preceitos de Direito Societário à espécie, ressaltando característica essencial das *networks*. Nesse sentido, a adoção de modelo "quase-societário" igualmente não parece adequada, na medida em que, em primeiro lugar, não há compartilhamento de áleas e tampouco distribuição de lucros. Para mais além, considerando que contratos associativos não necessariamente conterão as cláusulas essenciais do contrato de sociedade,[99] tem-se que, nas *networks*, não há qualquer membro que possa tomar decisões pelos outros.[100] Desse modo, por mais que exista fim comum, não há empresa comum – elemento definidor dos contratos associativos – e tampouco direção unitária – elemento que é determinante para a configuração de grupo societário.

Contudo, também não se afigura adequado imputar às redes contratuais a classificação de grupo econômico. É certo que a união de entes empresariais autônomos para um fim comum, elemento definidor das *networks*, não é exclusividade deste conceito pouco explorado pelos ordenamentos jurídicos ao redor do mundo. Pelo contrário, trata-se de definição que se aproxima em grande medida da ideia de grupo econômico, que se verifica em diversas searas do Direito. Esclarece Teubner[101] que, da mesma forma que ocorre com as *networks*, as normas disciplinadoras dos grupos econômicos são marcadas pela tensão entre relações individuais compostas por empresas independentes e organizações unitárias complexas. Tal contradição, aponta o autor, se verifica principalmente na compreensão segundo a qual grupos econômicos são "empresas policorporativas".[102]

Importa notar, aqui, que a importância da disciplina dos grupos econômicos para as *networks* não se refere diretamente à possibilidade teórica de equiparar um fenômeno ao outro, mas sim de as *networks*, pelo fato de não disporem de disciplina específica e também por suas características, serem consideradas grupos de fato. Verdade seja dita que, ainda que se pretenda traçar distinções teóricas entre as duas figuras, a linha que as separa é tênue, razão pela qual as *networks* deverão contar com estrutura obrigacional transparente e que afaste a possibilidade de se cogitar em direção unitária.[103] Não

---

Ana Frazão (*Op. cit.*, 2015, p. 195), "o que distingue os contratos associativos dos demais contratos híbridos e mesmo dos contratos de troca não é propriamente a existência de cooperação, mas sim o grau e o tipo desta". A distinção entre os contratos associativos e o fenômeno das *networks* fica mais clara a partir das categorias traçadas por Engrácia Antunes (ANTUNES, *Op. cit.*, 2011, p. 389-391), que diferencia cooperação associativa, característica de vínculos aptos a criar empresa comum, como é o caso da sociedade; da cooperação auxiliar, que se verifica em contratos como o de agência, no qual a colaboração entre as partes se dá de maneira intensa, porém não traduz empresa comum. Por esse motivo, tem-se que o que caracteriza o contrato associativo não é a mera existência de cooperação, mas a verificação de uma espécie qualificada de cooperação que seja apta a conduzir à "execução de um fim comum a partir de uma estrutura organizacional para tal" (FRAZÃO, *Op. cit.*, 2015, p. 197).

[98] TEUBNER, *Op. cit.*, 2011, p. 122.
[99] Ver: FRAZÃO, *Op. cit.*, 2015b.
[100] GRUNDMANN, *Op. cit.*, p. 727-729.
[101] TEUBNER, *Op. cit.*, 2011, p. 133.
[102] TEUBNER, *Op. cit.*, 2011, p. 133.
[103] Segundo Ana Frazão (*Op. cit.*, 2015), o critério da direção econômica unitária, visto a partir de um conjunto de estratégias baseadas na existência de uma política geral do grupo, diz respeito a poder de fato que se projeta sobre as mais diversas áreas estratégicas de atuação das sociedades agrupadas, dentre as quais a comercial, a laboral,

obstante, há uma diferença fundamental entre grupos econômicos e redes contratuais: as empresas integrantes das *networks* mantêm sua autonomia financeira, suas áleas, seus riscos. O que se cria nas *networks* é, na verdade, uma estrutura de incentivos que oriente os integrantes a um fim comum, o que se dá não pela direção econômica unitária, mas pelo reconhecimento de cada uma das sociedades integrantes de que a busca pelo fim comum contribui para o sucesso individual dos entes societários.

Por fim, resta diferenciar as redes contratuais dos contratos coligados, instituto polissêmico que, no sentido específico que se aproxima das *networks*, diria respeito ao nexo contratual independente de lei ou estipulação que pressupõe dois ou mais contratos interligados por um articulado e estável nexo econômico, funcional e sistemático que se destina à oferta de produtos e serviços ao mercado.[104] É justamente no instituto dos contratos conexos, segundo sua compreensão pelo Direito alemão, que Gunther Teubner pretende desenvolver a ideia de *networks* conforme compreendida neste trabalho. Partindo das premissas básicas de que o Direito Societário não apresenta instrumental adequado ao tratamento das *networks* e que o Direito Contratual, embora igualmente não seja capaz de regular diretamente tal fenômeno, fornece categorias mais aptas a sistematizar tal fenômeno, pelo fato de acomodarem de maneira mais satisfatória os interesses individuais a serem protegidos, o autor sustenta a necessidade de criação de um "direito da organização contratual" que incorpore elementos organizacionais – isto é, relacionais e multilaterais – à teoria contratual.[105]

Teubner[106] não deixa de admitir, contudo, as dificuldades aqui já expostas no que se refere aos contratos conexos, instituto abrangente que agrega vínculos funcionais bastante distintos do fenômeno das *networks*. Segundo o autor, endereçar a ideia de unidade econômica simultânea a interesses contrapostos requer a generalização da noção de reciprocidade contida no conceito de contratos conexos por meio de sua definição como "relação jurídica entre o contrato individual e uma ordem privada extracontratual espontânea". Extrapola-se, pois, a noção de sinalagma, porém não se lhe descarta.

Certo é que os contratos conexos oferecem subsídios importantes para a compreensão das *networks*, uma vez que chegam a alterar a própria concepção tradicional de Direito Contratual fundada na ideia de sinalagma. No entanto, mesmo autores que defendem a aplicação da teoria dos contratos conexos às *networks* entendem que ela necessita ser alterada para abarcar o caráter fundamentalmente institucional das redes contratuais, agregando os diversos elementos daí decorrentes, a exemplo da conciliação

---

a produtiva, a de controle, dentre outras. Nesse sentido, Engrácia Antunes (The governance of corporate groups. *In:* ARAUJO, Danilo; WARDE JR., Walfrido (Org.). *Os grupos de sociedades*: organização e exercício da empresa. São Paulo: Saraiva, 2012. p. 55) procura apresentar elementos por meio dos quais é possível compreender a direção unitária, a saber: (i) a existência de filosofia geral comum ao grupo; (ii) estrutura geral comum; (iii) objetivos e estratégias comuns; (iv) política geral de funcionamento do grupo em áreas como *marketing*, produtos, finanças e pessoal; e (v) supervisão sobre essas operações. Embora todos esses elementos – em grande medida presentes nas *networks* – sejam úteis na identificação de grupos econômicos, podendo implicar distintos graus de integração entre as sociedades participantes, o elemento mais característico da direção unitária de qualquer grupo é a unidade da política financeira, o que permite "centralizar as decisões relacionadas à afetação de lucros distribuíveis, à constituição de reservas, às prioridades de investimento, à concessão de créditos e, sobretudo, às fontes de financiamento" (FRAZÃO, *Op. cit.*, 2015).

[104] LEONARDO, Rodrigo Xavier. Os contratos coligados. *In:* BRANDELLI, Leonardo. *Estudos em homenagem à Professora Véra Maria Jacob de Fradera*. Porto Alegre: Lejus, 2013.

[105] TUBNER, *Op. cit.*, 2011, p. 145.

[106] TUBNER, *Op. cit.*, 2011, p. 145-175.

entre interesses individuais e interesses da rede, da responsabilização interna dos membros da rede, da responsabilização externa da própria rede, dos deveres atribuídos a cada um dos integrantes, dentre outras preocupações que não são próprias das redes contratuais. Tendo em vista esses problemas, não parece suficiente argumentar que as redes contratuais consistiriam em generalização de uma categoria já existente no âmbito da teoria dos contratos conexos, ao passo que elas consistem, na verdade, em conceito que congrega e extrapola elementos de diversos outros institutos relevantes e que, ainda assim, não encontra em quaisquer deles disciplina jurídica adequada.

Ao mesmo tempo em que se diferenciam e não encontram regulação adequada em quaisquer das categorias previamente expostas, as redes contratuais retiram de cada uma delas noções que compõem sua estruturação. Basta lembrar que as redes contratuais se caracterizam por cooperação semelhante àquela observada na forma corporativa, produzindo inclusive efeitos análogos aos da integração vertical. No entanto, a unidade institucional formada pelas *networks* é constantemente confrontada com a autonomia de seus integrantes, paradoxo já comentado por meio da expressão *unitas multiplex*. Nesse sentido, reduzir as redes contratuais a um único contrato plurilateral seria redução demasiada e incapaz de dar forma ao todo unitário a ser estruturado, porém os princípios do Direito Contratual contribuem em substancial medida para o esclarecimento dos deveres dos integrantes da rede. Urge, na verdade, que se desenvolva um estrutural multidisciplinar capaz de apreender adequadamente a dinâmica das relações de poder levadas a cabo no âmbito dessas redes.

Tendo em vista essas considerações, diversos autores, especialmente no Direito alemão, têm se dedicado ao esforço do desenvolvimento de uma dogmática jurídica capaz de dar vazão às demandas oriundas da prática negocial no que tange às redes contratuais. É o caso de Mattias Rohe,[107] que procura traçar uma tipologia das *networks* a partir de suas diversas formas de estruturação, distinguindo redes contratuais hierárquicas das redes de coordenação. Pode-se, também, retirar de trabalhos mais específicos, como o de Wernhard Möschel,[108] voltado às redes de operadoras de cartões de crédito, características que podem ser generalizadas para o fenômeno das *networks* como um todo, de modo a conferir maior segurança especialmente às formas de responsabilização de seus membros. Por fim, há autores como os já mencionados Stefan Grundmann[109] e Gunther Teubner,[110] que empreendem admirável esforço de sistematização e de estruturação do quadro dogmático aplicável às redes contratuais.

Nesse sentido, a análise da literatura disponível tem demonstrado que a grande dificuldade na estruturação das redes contratuais enquanto categorias dogmáticas autônomas reside na responsabilização interna e externa dos agentes que a compõem, questão largamente estudada pelos autores supramencionados a partir de análises que congregam, em larga medida, elementos jurídicos a análises sociológicas das relações travadas com e pelas *networks*. O que se defende neste trabalho, porém, é que somente será possível construir tal categoria a partir do momento em que se adotar o

---

[107] ROHE, Mattias. *Netzverträge*: Rechtsprobleme komplexer Vertragsverbindungen. Tübingen: Mohr Siebeck, 1998.
[108] MÖSCHEL, Wernhard. Dogmatische Strukturen des bargeldlosen Zahlungsverkehrs. *Archiv für die civilistische praxis*, v. 186, n. 1/2, p. 187-236, 1986.
[109] GRUNDMANN, *Op. cit.*
[110] TEUBNER, *Op. cit.*, 2011.

poder como unidade de análise central, de maneira a atribuir de maneira adequada as responsabilidades àqueles que exercem o poder. Para tanto, é necessário articular as categorias expostas na seção anterior com os aspectos jurídicos das redes contratuais, como se intentará na próxima seção.

IV A sociologia do poder como instrumento para a aferição da responsabilidade nas redes contratuais

Conforme se afirmou anteriormente, os paradoxos que fundamentalmente estruturam as redes contratuais desafiam o instrumental analítico disponível justamente pelo fato de a dogmática contratual ou societária existente não ser capaz de endereçar adequadamente as demandas dessas formas organizativas *sui generis*. A compreensão teórica da existência desses fenômenos para o mundo jurídico, contudo, não é suficiente para operacionalizar seu funcionamento. Para a afirmação de sua autonomia, é necessário que se construam os mecanismos pelos quais será assegurada a adequada correlação entre poder e responsabilidade, com especial atenção para as dinâmicas de poder travadas no interior dessas estruturas.

O que se pretende demonstrar, aqui, é que o poder, enquanto fato social tendente a orientar o comportamento de um agente ou de determinado grupo de agentes por anseios que extrapolam sua esfera interna – seja o poder entendido como relação de sujeição, como resultante de um consenso formado comunicativamente ou como produto da canalização de esforços comuns num sistema operativamente fechado e cognitivamente aberto –, necessariamente deve corresponder à responsabilização do titular de seu exercício. No entanto, igualmente já se demonstrou que o poder se manifesta de maneiras distintas, podendo consistir em exercícios meramente episódicos ou apresentar-se como uma força permanente à disposição de seu detentor. Dessa maneira, ao se analisar conjuntos complexos de agentes econômicos no âmbito do qual se verifica exercício de poder – que pode tanto ser centralizado (gerando uma situação relativamente mais simples em termos de responsabilização) quanto descentralizado e episódico –, é fundamental contar com instrumental adequado a compreender o poder em suas mais variadas dimensões para que, então, se lhe atribuam os efeitos jurídicos correspondentes.

Como já se adiantou, é imprescindível o tratamento jurídico do fenômeno do poder a partir de uma perspectiva sociológica, uma vez que visões puramente econômicas têm produzido profundas distorções e mesmo disfunções na regulação jurídica da atividade econômica. Daí a procedência das preocupações de Teubner quanto à possibilidade de noções como a de interesse público, justiça e solidariedade serem substituídas nos sistemas jurídicos modernos por um ideal de eficiência econômica em virtude da implementação de um sistema baseado na teoria dos custos de transação, dos direitos de propriedade, da escolha pública, das instituições ou da análise econômica do Direito.[111] Assinala o autor, nesse sentido, que a racionalidade interna do mercado e das organizações se identifica com a própria natureza da sociedade moderna, o que resulta de uma mudança de paradigma que parece substituir os valores políticos e

---

[111] TEUBNER, Gunther. *Constitutional fragments*: societal constitutionalism and globalization. Oxford: Oxford University Press, 2012. p. 34.

jurídicos que antes estruturavam a sociedade como um todo.[112] Urge, por conseguinte, que se elabore um modelo jurídico que permita que os direitos fundamentais – e, mais especificamente, os direitos das partes vulneráveis e protegidas pela legislação cogente – tenham efetividade que não se resuma àquela admitida pelo mercado e pela economia.[113] Dessas maneiras, não pode a lógica econômica restar aprisionada em sua própria ótica e apenas perceber a mudança social no tom monocórdio da economia.

Não é por outro motivo que muitos autores propõem que a função central do Direito nas sociedades modernas é desenvolver mecanismos de controle do risco, nomeadamente mediante o desenvolvimento de sistemas mais sofisticados de responsabilização ao passo que a sociedade se transforma e se complexifica.[114] É claro, nesse ponto, que o risco é inerente a qualquer exercício da atividade econômica[115] e consiste na própria justificativa dos lucros da atividade empresarial, porém é necessário que o ordenamento disponha de formas jurídicas capazes de comportar e adequadamente distribuir riscos e responsabilidades para que, de um lado, não sejam frustrados projetos econômicos relevantes e, de outro, não sejam prejudicados os direitos de terceiros e de partes vulneráveis.

Certo é que todo tipo de comportamento coletivo tem por objetivo resolver algum problema, traduzindo-se como uma mobilização mais ou menos institucionalizada de ação no sentido de modificar uma ou mais tensões sociais a partir de uma reconstituição generalizada de um componente de ação.[116] É preciso, porém, que a coesão entre os integrantes desse complexo de ação coletiva seja mantida pela estratégia mais adequada ao mercado em questão, seja ela a integração vertical ou, dentre outras inúmeras hipóteses, como se está a tratar, a coligação contratual. Desse modo, é fundamental a gestão das forças que de fato mantêm as relações de interdependência entre os agentes que compõem um dado aglomerado econômico,[117] o que naturalmente se dará mediante o estabelecimento de relações internas de poder.

De outro lado, uma vez instaurada a rede contratual, assim entendida como agente econômico complexo capaz de atuar em mercados com efeitos semelhantes àqueles obtidos da integração vertical, é possível refletir sobre a responsabilização externa dos integrantes da rede. Nesse ponto, cabe notar que o desafio é ainda maior, uma vez que nem sempre será possível – como sói ocorrer em redes de franquias, sempre afluentes de um franqueador – determinar com facilidade qual o agente que exerce poder econômico. É imprescindível, nesse ponto, obter meios de identificação das relações de poder e de distribuição de responsabilidades no âmbito da rede, sob pena de legitimar-se verdadeira irresponsabilidade desorganizada, situação extremamente preocupante sobretudo diante de searas de regulação cogente.

---

[112] TEUBNER, *Op. cit.*, 2012, p. 34.
[113] TEUBNER, *Op. cit.*, 2012, p. 34.
[114] Ver, por todos: PRIEST, George L. The new legal structure of risk control. *Daedalus*, v. 119, n. 4, p. 207-227, 1990. No Brasil, tais transformações já eram visualizadas pela doutrina civilista clássica: GOMES, Orlando. Culpa X Risco. *Revista de direito civil contemporâneo*, v. 4, n. 11, p. 349-358, abr./jun. 2017; GOMES, Orlando. *Transformações gerais do direito das obrigações*. São Paulo: Revista dos Tribunais, 1967.
[115] Não se descarta, por óbvio, a possibilidade de o risco ser ressignificado e tratado de maneira diversa a depender do setor que se analisa. Ver, nesse sentido: ALABRESE, Mariagrazia. *Riflessioni sul tema del rischio nel diritto agrario*. Pisa: ETS, 2009.
[116] Nesse sentido: SMELSER, Neil. *Theory of collective behavior*. New York: The Free Press, 1962. p. 71.
[117] PFEFFER, Jeffrey; SALANCIK, Gerald R. *The external control of organizations*: a resource dependence perspective. Stanford: Stanford Business Classics, 2003. p. 113-115.

Nesse sentido, a presente seção tem por intuito expor as formas pelas quais o poder pode servir de subsídio para a construção de um regime de responsabilidade mais adequado, que tenha por base não somente a letra fria da lei, mas que, na ausência do conforto dos códigos, se alimente do conhecimento oriundo das Ciências Sociais como um todo.

IV.1 Poder e autoridade nas *networks*: dependência econômica e o risco do controle externo

Por mais que redes contratuais sejam "entes multicorporativos" por excelência, contando com diversos centros de tomada de decisão, é fundamental que conte com estruturas de governança aptas a ordenar a produção dos efeitos desejados. Certo é que as redes contratuais se apresentam nos mais diversos formatos, podendo ou não contar com um ente central que exerça algum tipo de autoridade, como sói ocorrer em redes de franquia e em vários empreendimentos de transferência de tecnologia.[118] A autoridade, importa notar, é mecanismo de governança distinto da hierarquia, que qualifica os contratos de sociedade.

Segundo Ménard,[119] a relação hierárquica é fundada em assimetrias não negociáveis e na capacidade de comandar sujeitos subordinados. A autoridade, por outro lado, consiste na delegação, por entidades juridicamente distintas, do poder de decisão sobre uma classe de ações que lhes caberiam. Dessa maneira, a autoridade representa instrumento de governança por meio do qual se poderá influenciar o comportamento dos integrantes da *network*. É a autoridade que, congregando lealdade e liderança, será capaz de instaurar e manter a ordem privada que regulará a relação entre as entidades autônomas.

Importa, nesse ponto, estabelecer um novo vocabulário para a dogmática das redes contratuais no que tange ao exercício do poder por seus membros. A autoridade, portanto, é o exercício de poder por excelência no âmbito interno às *networks*, apresentando-se como versão mitigada do poder de controle tradicional que, a depender da conformação da rede contratual e da configuração das relações de poder em seu interior, poderá traduzir-se em verdadeiro controle externo.

A existência de autoridade, por conseguinte, importará na verificação de algum grau de subordinação. Por mais preservada que permaneça a autonomia das partes, o desenrolar da relação poderá firmar as bases de verdadeira relação de dependência econômica que poderá justificar adaptações e a solução de eventuais conflitos.[120] Não há, porém, nenhum pecado nisso: nem sempre redes de franquia, redes de distribuição ou outros tipos de redes contratuais serão estabelecidos por partes materialmente equiparadas. Na verdade, é usual que relações como essas tenham suas condições estabelecidas por uma empresa central com a qual os outros integrantes da rede manterão relação de dependência em maior ou menor grau.[121]

---

[118] GRUNDMANN, *Op. cit.*, p. 723.

[119] MÉNARD, Claude. Le pilotage des formes organisationelles hybrides. *Révue economique*, v. 48, n. 3, p. 741-750, maio 1997. p. 743-748.

[120] MÉNARD, *Op. cit.*, 2004, p. 353.

[121] COLLINS, Hugh. Legal regulation of dependent entrepreneurs: comment. *Journal of institutional and theoretical economics*, v. 152, n. 1, p. 263-270, mar. 1996. p. 266.

A dependência econômica, portanto, não constitui, por si só, disfunção das redes contratuais, que por sua própria natureza apresentam algum grau de interdependência de seus membros. Nesse ponto, existe forte tendência de criação do que Schanze[122] denominou por "dupla estrutura de agência", isto é, uma relação de interdependência que garantiria a cada uma das partes a apropriação das rendas oriundas de seus próprios interesses que, embora convergentes, são autônomos. Tal situação de fato somente passa a ser preocupante, porém, na medida em que se aproxima da situação de controle externo. A hipótese de controle externo, ensina Ana Frazão,[123] pode ocorrer em qualquer contrato, porém encontra nas relações de longo prazo campo mais fértil para seu desenvolvimento. No controle externo, o poder de dominação será exercido *ab extra*, ou seja, por controlador que não será sequer integrante de órgão social da empresa controlada.[124] Ocorre que, existindo controle externo, fica caracterizado grupo contratual que, por conseguinte, consistirá em ato de concentração a ser submetido ao controle prévio do CADE, nos termos do artigo 90 da Lei nº 12.529/2011.[125] Assim, descaracteriza-se a forma da *network* e perdem-se os efeitos por meio dela almejados.

Segundo Ana Frazão, "há de se ter cautela para não fazer generalizações excessivas que possam comprometer as diferentes formas pelas quais os agentes empresariais alocam e gerenciam os riscos do negócio".[126] Ainda que aqui se pretenda defender a autonomia das *networks* como forma jurídica peculiar, não se pode deixar de considerar a possibilidade de controle externo e concentração econômica – especialmente pelo exercício de direção unitária – no tratamento de tal conceito, devendo as relações de autoridade estarem pautadas pela transparência e pela não interferência nas esferas de autonomia das partes integrantes da rede.

A governança das relações de autoridade no âmbito das redes contratuais, portanto, deve constituir preocupação central dos agentes econômicos integrantes de tais vínculos, implementando-se mediante cláusulas capazes tanto de endereçar os interesses dos membros da rede – mantendo, pois, sua autonomia – quanto de preservar a existência de um interesse coletivo da rede, evitando sua substituição pelo interesse individual de um membro central.

Observe-se, nesse ponto, que o controle externo nada mais é do que o exercício do poder em termos weberianos, ou seja, a possibilidade de instrumentalizar outro sujeito para que determinados fins sejam alcançados. Tratar-se-ia, portanto, de verdadeira disfunção das redes contratuais que ensejaria a responsabilização em uma série de searas, nomeadamente no Direito da Concorrência. De outro lado, o exercício do poder enquanto autoridade oriunda de um projeto conjunto e de finalidades compartilhadas, ainda que se mantenham interesses contrapostos – à moda do que Hannah Arendt chamou de poder comunicativo – consistiria no eixo principal para a estruturação harmônica de uma *network*, que de modo algum geraria preocupações quanto ao exercício de controle externo, porém certamente produziria riscos de colusão – questão a ser contornada pelo

---

[122] SCHANZE, Erich. Symbiotic arrangements. *Journal of institutional and theoretical economics*, v. 149, n. 4, p. 691-697, dez. 1993.
[123] FRAZÃO, *Op. cit.*, 2017, p. 233.
[124] COMPARATO; SALOMÃO FILHO, *Op. cit.*, p. 87.
[125] FRAZÃO, *Op. cit.*, 2017, p. 233.
[126] FRAZÃO, *Op. cit.*, 2017, p. 235.

planejamento e transparência das ações da rede – e de responsabilização em virtude do exercício de influência significativa. Resta, portanto, dissertar sobre o *modus operandi* da responsabilização interna e externa nas *networks*.

IV.2 Responsabilidade interna dos membros da rede

Já se adiantou que a estruturação de redes contratuais projeta importantes efeitos sobre a interpretação e integração das relações jurídicas, de modo a acentuar e expandir deveres de lealdade que, antes adstritos aos limites da relatividade contratual, passam a alcançar todos os integrantes do sistema instaurado. Igualmente já se sinalizou que, nas *networks*, por mais que se preserve a autonomia das partes, produz-se algum grau de interdependência na medida em que os êxitos, os fracassos e mesmo a inércia de cada uma das partes projetam efeitos sobre toda a rede. Exemplos notáveis são os problemas do *free riding* – quando determinados sujeitos se aproveitam das eficiências decorrentes dos esforços de outros sem contribuir eles próprios para o sucesso dos elementos compartilhados da rede, como é o caso da marca nas redes de franquia – e da agência[127] – verificável quando ocorrem conflitos entre os interesses do membro central da rede e dos demais integrantes.

Se no caso da agência o risco a ser prevenido é da desnaturação da *network*, na medida em que o membro principal acaba por solapar a autonomia das partes em virtude de assimetrias de informação e, assim, muitas vezes produzir situações de controle externo, o *free riding* constitui problema de consistência da própria rede. Novamente, é útil o exemplo das redes de franquia, que se apresentam ao seu público consumidor como um todo homogêneo, produzindo expectativas de que todos os sujeitos operando sob aquela marca fornecerão um mesmo padrão de qualidade ao longo de toda a rede. No entanto, se algum dos integrantes da rede resolve reduzir custos e entregar produtos de menor qualidade, a avaliação negativa do consumidor prejudicará não somente o franqueado, mas todos os franqueados e especialmente o franqueador.[128] É por essa razão que as cláusulas de governança – sobretudo as que permitem a fiscalização dos franqueados e a eventual imposição de sanções internas – se fazem tão importantes nesses arranjos. Em cláusulas como essas, é possível estabelecer obrigações de promoção de determinados valores, de proteção aos membros da rede e mesmo de performance, todas elas no intuito de proteger os integrantes da rede do *free riding* e mesmo de salvaguardá-los contra eventual ação oportunista do membro central.[129]

Importa notar que a responsabilidade interna dos membros da rede não se resume à reparação por quebra de deveres contratuais, questão facilmente – ao menos em tese – resolvida em eventual ação do franqueador contra o franqueado, o que se verifica facilmente na jurisprudência.[130] No entanto, conforme aduz Teubner,[131] a fraqueza da

---

[127] JENSEN; MECKLING, *Op. cit.*
[128] KLEIN, Benjamin; SAFT, Lester E. The law and economics of franchise tying contracts. *The journal of law & economics*, v. 28, n. 2, p. 345-361, maio 1985.
[129] TEUBNER, *Op. cit.*, p. 227.
[130] Nesse sentido: TJSP, 1ª Câmara Reservada de Direito Empresarial, A. I. 2098005-33.2017.8.26.0000, Rel. Des. Cesar Ciampolini, Data de Julgamento: 19.07.2017, Data de Publicação: 25.07.2017.
[131] TEUBNER, *Op. cit.*, p. 208.

fiscalização centralizada é bastante óbvia, na medida em que nem sempre o franqueador pode estar interessado na manutenção dos padrões de qualidade, seja em razão de lógica econômica, seja em virtude de relações espúrias que guarde com o *free rider*. No entanto, o que se pretende sustentar é que os prejuízos sofridos pelos demais membros da rede – e, portanto, alheios à relação entre *free rider* e membro central – também constituem base razoável para eventual ação de responsabilização.[132]

A intensificação dos deveres de lealdade nas *networks* e a incisiva participação da função social dos contratos – especialmente em seu corolário na doutrina do terceiro cúmplice – produz, nesses sistemas, especiais deveres para com os demais membros da rede, o que decorre inclusive do postulado do *neminem laedere* e da lógica de justiça distributiva que se deve instaurar nesses arranjos cooperativos, de sorte que diversos comportamentos perfeitamente legítimos para agentes econômicos isolados se tornam ilícitos no âmbito das *networks*.[133]

Nesse sentido, tem-se que a legitimidade dos membros das *networks* para fiscalizarem e procederem à responsabilização uns dos outros decorre não somente de deveres contratuais expressos, mas dos deveres de conduta oriundos da boa-fé objetiva que são maximizados por esses sistemas. Assim, na insuficiência de mecanismos contratuais de fiscalização e controle, é perfeitamente possível que se cogite de ação de responsabilidade contra os integrantes da rede, que têm a obrigação de manter hígida sua estrutura, bem como contra o membro central, que jamais poderá abusar de seu poder ao discriminar alguns membros em detrimento de outros.[134]

Naturalmente, é preciso que a aplicação da boa-fé objetiva atinja tanto as relações entre os integrantes da rede quanto entre os integrantes e a rede como ente autônomo, sendo escalonada a depender da relação estudada conforme sua relevância para a manutenção da estrutura.[135] Dessa maneira, a partir da leitura dos deveres de diligência e lealdade vigentes em cada estrutura de rede, pode-se cogitar de modelo de apreensão de responsabilidades que adequadamente contemple as várias manifestações de poder episódio no âmbito de redes complexas, verificando quais atos de exercício de poder são significativos ou não para o encaminhamento do interesse da rede – e, por conseguinte, o compartilhamento da responsabilidade –, isolando-se os atos puramente individuais e atribuindo-se-lhes as responsabilidades cabíveis.

---

[132] Sobre o paralelo entre responsabilidade contratual e responsabilidade delitual – e eventuais aproximações necessárias à efetividade dessas noções –, ver: PICKER, Eduard. Vertragliche und deliktische Schadenshaftung – Überlegungen zu einer Neustrukturierung der Haftungssysteme. *JuristenZeitung*, v. 42, n. 22, p. 1041-1058, nov. 1987.

[133] MÖSCHEL, *Op. cit.*, p. 224-225. Conforme já intuiu Ripert (*Op. cit.*, p. 198-224), determinados deveres morais penetram no mundo jurídico e adquirem força normativa, sendo a responsabilidade civil nada mais do que a determinação e a sanção legal da responsabilidade moral.

[134] A respeito da eficácia horizontal dos direitos fundamentais nas *networks*, ver: WELLENHOFER, *Op. cit.*

[135] Nesse sentido: "Na determinação dos concretos modos de exercício jurídico, a boa-fé há de ser considerada – quanto à intensidade e às formas de suas manifestações – em face da diversidade atinente à espécie de sociedade, muito embora incida – juntamente com o dever de lealdade, que da boa-fé descende – sobre todas as sociedades, não apenas nas sociedades de pessoas. Está, igualmente, nas sociedades anônimas e na sociedade limitada. Sua intensidade mais se liga à estrutura real do que ao tipo societário ideal (ou formal), apresentando uma orientação bivalente: entre os sócios e entre estes e a sociedade" (MARTINS-COSTA, Judith. *A boa-fé no direito privado*: critérios para a sua aplicação. São Paulo: Saraiva, 2018. p. 315).

IV.3 Responsabilidade externa dos membros da rede

Não se discute que cada membro singular da rede terá de arcar com suas responsabilidades para com terceiros que com ele se relacionarem. Porém, seria possível cogitar de uma responsabilidade coletiva dos integrantes da rede? Será que as diversas "colisões contratuais" que se dão no âmbito das redes, isto é, contradições entre obrigações internas e externas, serão adequadamente endereçadas pela compreensão da rede tão somente como uma cadeia de contratos bilaterais inter-relacionados?[136] Certo é que a jurisprudência brasileira já tem dado conta de diversas demandas de terceiros – especialmente vulneráveis – mediante instrumentos como a responsabilidade solidária dos integrantes das cadeias de consumo[137] – assim alcançando o franqueador por obrigações do franqueado – e a figura do grupo econômico, já comentada neste estudo. Porém, tais soluções não são as mais adequadas se o que se pretende é estabelecer um modelo teórico-dogmático que conceba as redes contratuais como figuras jurídicas autônomas.

Por conseguinte, é imprescindível que sejam construídos mecanismos de responsabilização das *networks*, sob pena de tais estruturas servirem tão somente ao propósito de manutenção de arranjos de "irresponsabilidade organizada" ("*Organisierte Unverantwortlichkeit*"), com seus integrantes constantemente procurando escapar da responsabilização sob a alegação ao mesmo tempo em que declaradamente se inserem em uma complexa estrutura de incentivos econômicos e eficiências.[138] É por essa razão que, à luz do que foi exposto até aqui, fazem-se necessários esforços legislativos de reconhecimento e regulação das *networks*, de sorte a preservar a autonomia privada, porém garantindo a segurança jurídica e a adequada correlação entre poder e responsabilidade.

Ausente o reconhecimento legislativo das *networks*, resta pensar em soluções com os instrumentos analíticos atualmente disponíveis, nomeadamente aqueles voltados à identificação do poder. Ao menos *a priori*, não parece razoável considerar a *network* como um todo unitário capaz de responder às investidas de terceiros, colocando-se como espécie de *holding*. Pelo contrário, a solução para a responsabilização dos membros da *network* perante terceiros deve ser encontrada na preservação da autonomia das partes. Não se pode ignorar, nesse intuito, que redes contratuais serão mais ou menos descentralizadas, de sorte que, nas formas centralizadas, parece razoável buscar a responsabilização solidária do membro central, como sói ocorrer em redes de franquias.[139]

Contudo, como regra geral, propõe-se que a "irresponsabilidade organizada" seja substituída por mecanismos internos às *networks* que permitam socializar os danos eventualmente suportados por algum de seus integrantes em virtude de ação de responsabilidade. Assim, da mesma maneira que os integrantes das redes compartilham sinergias em virtude de sua relação cooperativa, nada mais justo do que a repartição equânime dos encargos atribuídos a algum dos membros, o que igualmente evitará que

---

[136] TEUBNER, *Op. cit.*, p. 258. Sobre as "colisões contratuais", ver: AMSTUTZ, *Op. cit.*

[137] TJPR, 8ª Câmara Cível, Ap. cív. 8487447, Rel. Des. José Laurindo de Souza Netto, Data de Julgamento: 20.09.2012, Data de Publicação: 29.09.2012; TJSP, 32ª Câmara de Direito Privado, Ap. cív. 10037629720058260562, Rel. Des. Luis Fernando Nishi, Data de Julgamento: 13.08.2015, Data de Publicação: 13.08.2015.

[138] TEUBNER, Gunther. *Netzwerk als Vertragsverbund*: Virtuelle Unternehmen, Franchising, just-in-time in sozialwissenschaftlicher und juristicher Sicht. Baden: Nomos Verlagsgesellschaft, 2004. p. 204.

[139] TEUBNER, *Op. cit.*, 2004, p. 211.

as dificuldades operacionais decorrentes do pagamento de eventual reparação gerem reflexos sobre a reputação da rede como um todo.[140]

Além disso, é fundamental que a análise das redes contratuais seja capaz de identificar os múltiplos momentos de exercício de poder episódico, para que, mediante a verificação da frequência e da intensidade destes momentos, seja possível verificar quando e como se pode atribuir a responsabilidade a um agente específico ou, ainda, se é razoável estender a responsabilidade a todos os integrantes da rede. Não se pode, nesse sentido, deixar de notar que a difusão e descentralização da operacionalização do modelo de negócios da *network* podem ser verdadeira estratégia de fortalecimento dos agentes, que com maior facilidade exercerão sua autonomia ao arrepio da regulação cogente.

Por conseguinte, obtém-se maior transparência nas relações com terceiros – que estarão lidando com um agente autônomo, e não com uma coletividade indefinida – e os integrantes da *network* encontram guarida em seus parceiros de negócios, mitigando-se os riscos das atividades. O que deve ficar claro, nesse ponto, é que, independentemente da complexidade dos arranjos contratuais a serem adotados, as redes contratuais perderão todo seu propósito jurídico-econômico a partir do momento que servirem tão somente como mecanismos de evasão à regulação cogente, que desconstituirá o mais complexo dos arranjos para garantir a primazia da realidade sobre a forma.

V Conclusão

O desafio proposto inicialmente pelo Professor José Alexandre Tavares Guerreiro está longe de ser finalmente superado. Ainda que, ao longo desses anos, tenham sido explorados com maior profundidade os meandros do exercício do poder no âmbito da sociedade anônima, os recônditos ocultos do poder no âmbito da organização da atividade econômica somente aumentaram em quantidade e em complexidade, acompanhando a tendência natural do ambiente de negócios de moldar-se conforme os ditames sociais, econômicos e jurídicos.

O que se pretendeu neste trabalho, por óbvio, não foi sistematizar uma nova teoria do poder para o Direito Privado. Pelo contrário, o intuito deste trabalho foi mostrar novas possibilidades de abordagem do fenômeno jurídico, nomeadamente das redes contratuais, que tanto têm levantado indagações entre teóricos do Direito e das Ciências Sociais como um todo ao redor do mundo. É preciso afastar, portanto, a visão ingênua de que fenômenos com repercussões jurídicas podem ser tratados tão somente com estruturas jurídicas. O Direito, na verdade, é o último ramo do conhecimento que será capaz de apreender os movimentos dos agentes econômicos, muito mais ágeis que o olhar atento do legislador, do regulador ou de qualquer aplicador do Direito.

A perspectiva de que uma sociologia do poder das redes contratuais possa servir de subsídio para o desenvolvimento de uma dogmática jurídica capaz de compreender o fenômeno econômico – e, mais especificamente, as novas formas de organização da atividade econômica – é bastante animadora. No entanto, é preciso também afastar paixões por métodos e teorias específicas, uma vez que o grande objetivo desse

---

[140] Nesse sentido: GRUNDMANN, *Op. cit.*, p. 752-755.

empreendimento não é a construção de artefatos teoréticos sofisticados, mas sim instrumentais metodológicos capazes de apreender o fenômeno jurídico de maneira mais adequada.

Referências

ABOLAFIA, Mitchel Y. Making markets: opportunism and restraint on Wall Street. *In:* BIGGART, Nicole Woolsey. *Economic sociology.* Malden: Blackwell, 2002.

ALABRESE, Mariagrazia. *Riflessioni sul tema del rischio nel diritto agrario.* Pisa: ETS, 2009.

AMSTUTZ, Marc. The constitution of contractual networks. *In:* AMSTUTZ, Marc; TEUBNER, Gunther. *Networks*: Legal issues of multilateral cooperation. Oxford: Hart Publishing, 2009.

ANTUNES, José Engrácia. Estrutura e responsabilidade da empresa: o moderno paradoxo regulatório. *Revista Direito GV*, v. 1, n. 2, p. 29-68, jun./dez. 2005.

ANTUNES, José Engrácia. The governance of corporate groups. *In:* ARAUJO, Danilo; WARDE JR., Walfrido (Org.). *Os grupos de sociedades*: organização e exercício da empresa. São Paulo: Saraiva, 2012.

ARAÚJO, Fernando. *Teoria econômica do contrato.* Coimbra: Almedina, 2007.

ARENDT, Hannah. *On violence.* San Diego: HBJ, 1969.

ARMOUR, John; HANSMANN, Henry; KRAAKMAN, Reinier. What is corporate law? *In:* KRAAKMAN, Reinier et al. *The Anatomy of Corporate Law*: A Comparative and Functional Approach. Oxford: Oxford University Press, 2004.

BENJAMIN, Walther. Critique of violence. *In:* BENJAMIN, Walther. *Reflections*: essays, aphorisms, autobiographical writings. New York: Schocken Books, 1978.

BERLE, Adolf; MEANS, Gardiner. *The modern corporation and private property.* New York: The Macmillan Company, 1933.

BERNSTEIN, Richard J. Hannah Arendt's reflections on violence and power. *IRIS: European journal of philosophy and public debate.* p. 3-30, nov. 2011.

BIANCA, Cesare Massimo. *Le autorità private.* Nápoles: Jovene, 1977.

BOBBIO, Norberto. Sulla funzione promozionale del diritto. *Rivista trimestrale di diritto e procedura civile*, 1969.

BÖHNER, Reinhard. Asset-sharing in Franchisenetzwerken: Pflicht zur Weitergabe von Einkaufsvorteilen. *Kritische Vierteljahresschrift für Gesetzgebung und Rechtswissenschaft*, v. 89, n. 2-3, p. 227-252, 2006.

BORCHARDT, Andreas. *Koordinationsinstrumente in virtuellen Unternehmen*: Eine empirische Untersuchung anhand lose gekoppelter Systeme. Wiesbaden: Deutscher Universitäts-Verlag, 2006.

BROUSSEAU, Éric. Les contrats dans la coordination interentreprises: Les enseignements de quelques travaux récents d'économie appliquée. *In:* GAUDEAUX, Andreani; NAUD, D. *L'enterprise, lieu de nouveaux contrats?* Paris: L'Harmattan, 1996.

BURT, Ronald S. Power in a social topology. *Social Science Research*, v. 6, n. 1, p. 1-83, 1977.

BUXBAUM, Richard. Is "network" a legal concept? *Journal of institutional and theoretical economics*, v. 149, n. 4, p. 698-705, dez. 1993.

CARBONNIER, Jean. *Flexible droit*: pour une sociologie du droit sans rigueur. Paris: LGDJ, 2001.

CARROLL, Berenice A. Peace research: the cult of power. *The journal of conflict resolution*, v. 16, n. 4, p. 585-616, dez. 1972.

CASTELLS, Manuel. *A galáxia da internet*: reflexões sobre a internet, os negócios e a sociedade. Rio de Janeiro: Zahar, 2003.

CASTELLS, Manuel. A sociology of power: my intellectual journey. *The annual review of sociology*, v. 42, n. 1, p. 1-19, 2016.

CLEGG, Stewart R. *Frameworks of power*. Londres: Sage Publications, 1997.

COASE, Ronald. *The firm, the market and the law* [edição eletrônica]. Chicago: The University of Chicago Press, 1988.

COASE, Ronald. The nature of the firm. *Economia*: New Series. v. 4, n. 16, p. 386-405, nov. 1937.

COLLINS, Hugh. Legal regulation of dependent entrepreneurs: comment. *Journal of institutional and theoretical economics*, v. 152, n. 1, p. 263-270, mar. 1996.

COMPARATO, Fábio Konder; SALOMÃO FILHO, Calixto. *O poder de controle na sociedade anônima*. 4. ed. Rio de Janeiro: Forense, 2005.

CYERT, Richard M.; MARCH, James G. *A behavioral theory of the firm*. New Jersey: Prentice Hall, 1963.

DAHL, Robert A. The concept of power. *Behavioral Science*, v. 2, n. 3, p. 201-215, jul. 1957.

DEGELIND, Simone; ROQUE, Mehera San. Unjust enrichment: a feminist critique of enrichment. *Sydney law review*, v. 36, n. 1, p. 69-98, abr. 2014.

DOBBIN, Frank. Comparative and historical approaches to economic sociology. *In:* SMELSER, Neil J.; SWEDBERG, Richard. *The handbook of economic sociology*. Princeton: Princeton University Press, 2005.

FISCHER-LESCANO, Andreas. A 'just and non-violent force'? Critique of law in world society. *Law and critique*, v. 26, n. 3, p. 267-280, nov. 2015.

FLIGSTEIN, Neil. *The architecture of markets*: An economic sociology of twenty-first-century capitalist societies. Princeton: Princeton University Press, 2001.

FORGIONI, Paula. *A evolução do Direito Comercial brasileiro*: da mercancia ao mercado. São Paulo: Revista dos Tribunais, 2009.

FOUCAULT, Michel. The subject and power. *Critical inquiry*, v. 8, n. 4, p. 777-795, 1982

FRAZÃO, Ana. Grupos societários no direito do trabalho e a reforma trabalhista. *Revista do TST*, v. 83, n. 4, out./dez. 2017.

FRAZÃO, Ana. Joint ventures contratuais. *Revista de Informação Legislativa*, v. 52, n. 207, p. 187-211, 2015.

GABRIELLI, Enrico. *Il contratto e l'operazione economica*. Milão: Giuffrè, 2013.

GAILLARD, Emmanuel. *Le pouvoir en droit privé*. Paris: Economica, 1985.

GALBRAITH, Jay. *Designing complex organizations*. Reading: Addison-Wesley, 1973.

GALBRAITH, John Kenneth. Power and the useful Economist. *American Economic Review*, v. 63, n. 1, p. 1-11, mar. 1973.

GIOLO, Orsetta. Oltre la critica. Appunti per una contemporanea teoria femminista del diritto. *Diritto e questione publiche*, v. 15, n. 2, p. 63-81, 2015.

GOMES, Orlando. Culpa X Risco. *Revista de direito civil contemporâneo*, v. 4, n. 11, p. 349-358, abr./jun. 2017.

GOMES, Orlando. *Transformações gerais do direito das obrigações*. São Paulo: Revista dos Tribunais, 1967.

GRANOVETTER, Mark. Business groups and social organization. *In:* SMELSER, Neil J.; SWEDBERG, Richard. *The handbook of economic sociology*. Princeton: Princeton University Press, 2005.

GRANOVETTER, Mark. Economic action and social structures: the problem of embeddedness. *American journal of sociology*, v. 91, n. 3, p. 481-510, nov. 1985.

GRAU, Eros Roberto. *A ordem econômica na Constituição de 1988*. São Paulo: Malheiros, 2010.

GRONDONA, Mauro. Poteri dei privati, fonti e transformazioni del diritto: alla ricerca di un nuovo ordine concettuale. *In:* SIRENA, Pietro; ZOPPINI, Andrea. *I poteri privati e il diritto della regolazione*. Roma: RomaTRE Press, 2018.

GRUNDMANN, Stefan. Die Dogmatik der Vertragsnetze. *Archiv für die civilistische Praxis*, v. 207, p. 718-767, dez. 2007.

GUERREIRO, José Alexandre Tavares. Sociologia do poder na sociedade anônima. *Revista de direito mercantil, industrial, econômico e financeiro*, v. 29, n. 77, p. 50-56, jan./mar. 1990.

HABERMAS, Jürgen. Hannah Arendt's Communications Concept of Power. *Social research*, v. 44, n. 1, p. 3-24, 1977.

HABERMAS, Jürgen. *Teoria do agir comunicativo*. São Paulo: Martins Fontes, 2012.

HALL, John A.; MALESEVIC, Sinisa. The political sociology of power. *In:* HAUGAARD, Mark; RYN, Kevin. *Political power*: the development of the field. Opladen: Barbara Budrich, 2012.

HAMILTON, Gary G.; BIGGART, Nicole Woolsey. Market, culture, and authority: a comparative analysis of management and organization in the Far East. *In:* GRANOVETTER, Mark; SWEDBERG. *The sociology of economic life*. Boulder: Westview Press, 1992.

HART, H. L. A. *The concept of law*. Oxford: Oxford University Press, 1994.

HIRSCHMAN, Albert O. *The passions and the interests*: political arguments for capitalism before its triumph. Princeton: Princeton University Press, 2013.

IRTI, Natalino Irti. A ordem jurídica do mercado. *Revista de direito mercantil, industrial, econômico e financeiro*, v. 46, n. 145, p. 44-49, jan./mar. 2007.

KLEIN, Benjamin; SAFT, Lester E. The law and economics of franchise tying contracts. *The journal of law & economics*, v. 28, n. 2, p. 345-361, maio 1985.

KOCKA, Jürgen. *Capitalism*: a short history. Princeton: Princeton University Press, 2014.

LEONARDO, Rodrigo Xavier. Os contratos coligados. *In:* BRANDELLI, Leonardo. *Estudos em homenagem à Professora Véra Maria Jacob de Fradera*. Porto Alegre: Lejus, 2013.

LIE, John. Sociology of markets. *Annual Review of Sociology*, v. 23, p. 341-360, 1997.

LUKES, Steven. *Power*: a radical view. New York: Palgrave Macmillan, 2005.

MANNHEIM, Karl. *Man and society in an age of reconstruction*: studies in modern social structure. Londres: Routledge & Kegan Paul, 1923.

MARTINS-COSTA, Judith. *A boa-fé no direito privado*: critérios para a sua aplicação. São Paulo: Saraiva, 2018.

MAUSS, Marcel. Ensaio sobre as variações sazonais das sociedades esquimós. *In:* MAUSS, Marcel. *Sociologia e antropologia*. São Paulo: Cosac Naify, 2003.

MÉNARD, Claude. Le pilotage des formes organisationelles hybrides. *Révue economique*, v. 48, n. 3, p. 741-750, maio 1997.

MENDES, Rodrigo Octávio Broglia. A empresa em rede: a empresa virtual como mote para reflexão no Direito Comercial. *Revista do advogado*, v. 32, n. 115, p. 125-135, abr. 2017.

MERTON, Robert K. Bureaucratic structure and personality. *Social forces*, v. 18, n. 4, p. 560-568, maio 1940.

MILLS, Charles Wright. *The power elite*. Oxford: Oxford University Press, 2000.

MÖSCHEL, Wernhard. Dogmatische Strukturen des bargeldlosen Zahlungsverkehrs. *Archiv für die civilistische praxis*, v. 186, n. 1/2, p. 187-236, 1986.

MOTTO, Alessandro. *Poteri sostanziali e tutela giurisdizionale*. Torino: Giappichelli, 2012.

OLSON, Mancur. *The logic of collective action*: publicgoods and the theory of groups. Cambridge: Harvard University Press, 1971.

PARSONS, Talcott. *Essays in sociological theory*. Glencoe: The Free Press, 1954.

PARSONS, Talcott. *Structure and process in modern societies*. New York: The Free Press, 1965.

PEDERSEN, Jesper Strandgaard; DOBBIN, Frank. The social invention of collective actors: on the rise of the organization. *American behavioral scientist*, v. 40, n. 4, p. 431-443, fev. 1997.

PFEFFER, Jeffrey; SALANCIK, Gerald R. *The external control of organizations*: a resource dependence perspective. Stanford: Stanford Business Classics, 2003.

PICKER, Eduard. Vertragliche und deliktische Schadenshaftung – Überlegungen zu einer Neustrukturierung der Haftungssysteme. *JuristenZeitung*, v. 42, n. 22, p. 1041-1058, nov. 1987.

POLANYI, Karl. *The great transformation*: the political and economic origins of our time. Boston: Beacon Press, 2001.

PRATA DE CARVALHO, Angelo Gamba. *Os contratos híbridos como formas de organização jurídica do poder econômico*: aspectos dogmáticos e a postura do CADE no caso Monsanto. (Monografia). Brasília: Universidade de Brasília, 2017.

PRIEST, George L. The new legal structure of risk control. *Daedalus*, v. 119, n. 4, p. 207-227, 1990.

RATHENAU, Walther. Do sistema acionário – uma análise negocial. *Revista de direito mercantil, industrial, econômico e financeiro*, v. 41, n. 129, p. 199-223, out./dez. 2002.

RITZER, George. Professionalization, bureaucratization and rationalization: the views of Max Weber. *Social forces*, v. 53, n. 4, p. 627-634, jun. 1975.

ROHE, Mattias. *Netzverträge*: Rechtsprobleme komplexer Vertragsverbindungen. Tübingen: Mohr Siebeck, 1998.

SALOMÃO FILHO, Calixto. *Teoria crítico-estruturalista do direito comercial*. São Paulo: Marcial Pons, 2015.

SCHANZE, Erich. Symbiotic arrangements. *Journal of institutional and theoretical economics*, v. 149, n. 4, p. 691-697, dez. 1993.

SCHUMPETER, Joseph A. *Capitalismo, socialismo e democracia*. Rio de Janeiro: Fundo de Cultura, 1961.

SELZNICK, Philip. Foundations of the theory of organization. *American Sociological Review*, v. 13, n. 1, p. 25-35, fev. 1948.

SELZNICK, Philip. *Law, society and industrial justice*. New York: Russell Sage, 1969.

SMELSER, Neil. *Theory of collective behavior*. New York: The Free Press, 1962.

SZTAJN, Rachel. *Teoria jurídica da empresa*. São Paulo: Atlas, 2004.

TEPEDINO, Gustavo. Esboço de uma classificação funcional dos atos jurídicos. *Revista Brasileira de Direito Civil*, v. 1, p. 8-37, jul./set. 2014.

TEPEDINO, Gustavo. Marchas e contramarchas da constitucionalização do direito civil: a interpretação do direito privado à luz da Constituição da República. *(Syn)Thesis*, v. 5, n. 1, p. 15-21, 2012.

TEUBNER, Gunther "Unitas multiplex": a organização do grupo de empresas como exemplo. *Revista Direito GV*, v. 1, n. 2, p. 77-110, jun./dez. 2005.

TEUBNER, Gunther. *Constitutional fragments*: societal constitutionalism and globalization. Oxford: Oxford University Press, 2012.

TEUBNER, Gunther. Hybrid laws: constitutionalizing private governance networks. *In*: KAGAN, Robert; WINSTON, Kenneth. *Legality and community*. Berkeley: Berkeley Public Policy Press, 2002.

TEUBNER, Gunther. Networks as connected contracts [edição eletrônica]. Oxford: Hart Publishing, 2011.

TEUBNER, Gunther. *Networks as connected contracts*. Oxford: Hart Publishing, 2011.

TEUBNER, Gunther. *Netzwerk als Vertragsverbund*: Virtuelle Unternehmen, Franchising, just-in-time in sozialwissenschaftlicher und juristicher Sicht. Baden: Nomos Verlagsgesellschaft, 2004.

TEUBNER, Gunther. The many-headed Hydra: networks as higher order collective actors. *In*: MCCAHERY, Joseph; PICCIOTTO, Sol; SCOTT, Colin. *Corporate control and accountability*: changing structures and the dynamics of regulation. Oxford: Clarendon Press, 1993.

THOMPSON, Sharon. *Prenuptial agreements and the presumption of free choice*: issues of power in theory and practice. Oxford: Hart Publishing, 2017.

VAZ, Isabel. Aspectos da constituição econômica na ordem constitucional em vigor. *In*: MACIEL, Adhemar Ferreira *et al*. *Estudos de direito constitucional*: homenagem ao professor Ricardo Arnaldo Malheiros Fiuza. Belo Horizonte: Del Rey, 2009.

WEBER, Max. *Economia e sociedade*. Brasília: UnB, 2015.

WEBER, Max. *Ensaios de sociologia*. Rio de Janeiro: Guanabara/Koogan, 1982.

WELLENHOFER, Marina. Drittwirkung von Schutzpflichten im Netz. *In:* SCHLIESKY, Utz *et al. Schutzpflichten und Drittwirkung im Internet*: Das Grundgesetz im digitalen Zeitalter. Baden: Nomos, 2014.

WIEDEMANN, Herbert. Excerto do Direito Societário I – Fundamentos. *In:* FRANÇA, Erasmo Valladão Azevedo e Novaes. *Direito societário contemporâneo I*. São Paulo: Quartier Latin, 2009.

WIEDEMANN, Herbert; SCHULTZ, Oliver. Grenzen der Bindung bei langfristigen Kooperationen. *Zeitschrift für Wirtschaftrecht*, 1999.

WILLIAMSON, Oliver. Calculativeness, trust, and economic organization. *Journal of law and economics*, v. 36, n. 1, p. 453-486, abr. 1993.

WILLIAMSON, Oliver. *The economic institutions of capitalism*: firms, markets, relational contracting. New York: The Free Press, 1985.

Informação bibliográfica deste texto, conforme a NBR 6023:2018 da Associação Brasileira de Normas Técnicas (ABNT):

CARVALHO, Angelo Gamba Prata de. Sociologia do poder nas redes contratuais. *In:* FRAZÃO, Ana; CARVALHO, Angelo Gamba Prata de (Coord.). *Empresa, mercado e tecnologia*. Belo Horizonte: Fórum, 2019. p. 17-50. ISBN 978-85-450-0659-6.

MERCADORIAS FICTÍCIAS, DIGNIDADE E PREÇO. REFLEXÕES SOBRE DIREITO E MERCADO NO SÉCULO XXI

JOÃO PAULO DE FARIA SANTOS

I Introdução

Em nosso século, a figura pouco definida do chamado "mercado" encabeça a lista de temas candentes, por vezes visto como o grande indutor de desenvolvimento, por vezes como a fonte de toda crueldade. Considerado tomador de decisão global, está inserido no centro de relevantes debates.

O pensamento científico, há muito, analisa essa figura de maneira interdisciplinar. Apesar de a teoria econômica vir tentando monopolizar os estudos do ente "mercado", outros campos do saber seguem preocupados com sua categorização e seus efeitos no futuro da sociedade. Por ora, nos debruçaremos sobre os interesses despertados em dois campos das ciências humanas: o Direito e a Sociologia.

A Sociologia inscreve em sua história, desde o século XIX, uma atenção com o que seria e como se refletiria no seio social o chamado mercado. Dissecando-o de forma analítica estavam os "pais fundadores": Durkheim, Marx e Weber. Cada um deles inseriu a economia e suas trocas infinitas no centro de suas análises e, de um modo ou de outro, via o fenômeno econômico sempre dentro do fenômeno social.

Esse artigo tentará recuperar brevemente a contribuição de cada um deles e a força impulsionadora que se reflete em torno dos debates que chegam até a nova Sociologia econômica de Mark Granovetter ou a Sociologia econômica crítica de Pierre Bourdieu.

Diversamente, o Direito nunca teve uma preocupação crítica com o conceito de mercado. A gravitação jurídica dava-se entre a ojeriza ao mercado como algo basicamente ilícito ou indigno (Tomás de Aquino e Kant) e a euforia de sua total viabilização, por meio, primeiro, do Direito Civil e Comercial e, depois, pelo Direito Econômico e Empresarial. Nesse último enfoque, o seu tratamento era sempre de uma contingência, um dado, e nunca como um artefacto social sempre aprimorado ou aprimorável.[1]

---

[1] BOURDIEU, Pierre. *As Estruturas Sociais da Economia*. Lisboa: Campo das Letras, 2006.

A nossa Constituição Federal de 1988, por exemplo, cita o termo "mercado" somente seis vezes, sendo que, em metade delas, para se referir especificamente a "mercado de trabalho". As três referências restantes podem nos dar espaço para construir uma teoria que trabalhe o mercado como constructo jurídico, capaz de concretizar – ou arrasar – princípios e objetivos constitucional-democráticos.

A proposta deste artigo é, assim, com base nos esforços da Sociologia econômica, debater o que é o mercado para o Direito e quais são as limitações intransponíveis à sua "autorregulação", mesmo – e, às vezes, exatamente por isso – diante de um sistema econômico capitalista. Abordaremos o caso brasileiro, lançando um olhar crítico sobre construções e desconstruções do texto constitucional vigente no que diz respeito à regulação do mercado.

Um dos autores que mais poderão nos ajudar nessa busca é o antropólogo, filósofo, sociólogo e economista austro-húngaro Karl Polanyi, com suas ideias de mercadorias fictícias que, desreguladas, destruiriam a sociedade em um "moinho satânico". A busca por entender por que são relevantes para o mercado e, ao mesmo tempo, imprescindíveis à sociedade, abrirá o espaço necessário para o debate sobre o papel do Direito relacionado à economia de mercado. Polanyi, mesmo escrevendo nos anos 1940, segue atual na medida em que há um novo projeto de desregulamentação em curso, cujos efeitos sociais talvez devam ser denunciados pela teoria jurídica.

II O caminho da Sociologia clássica para a nova Sociologia econômica

Conforme afirmamos na introdução, o nascimento da Sociologia teve, no centro de suas preocupações, a economia e o mercado. Primeiro, o próprio Émile Durkheim, em obra clássica de 1893,[2] ao fazer referência à diversificação social característica da modernidade, insere nesse movimento uma tendência a cada vez maiores e mais complexas trocas no mercado. Mais do que Durkheim, o seu discípulo Marcel Mauss vai se dedicar a entender as trocas em diferentes sociedades, por meio do intercâmbio e da "dádiva", e o seu papel na estruturação social como um todo.[3]

Já Karl Marx, por vezes criticado por ser excessivamente "economicista" em sua análise social, talvez se definisse mais como economista político do que como sociólogo, mesmo que seus seguidores no século XX pensassem o oposto. Em sua extensa e complexa obra, traz conceitos socioeconômicos fundamentais, como a ideia de que a base (infraestrutura) da sociedade está em sua forma de produção e reprodução, que se estrutura de determinada maneira de acordo com as instâncias de poder presentes, conceito que ele chama de relações de produção.

Essas relações de produção organizam as forças produtivas de forma desigual e exploratória, mas não são vistas como relações de poder e força e sim naturalizadas por meio de um falseamento da realidade que as tornam obscuras e naturalizadas, o que Marx chamou de ideologia.[4]

---

[2] DURKHEIM, Émile. *Da Divisão do Trabalho Social*. São Paulo: Martins Fontes, 1999.
[3] MAUSS, Marcel. *Ensaio sobre a Dádiva*. São Paulo: Cosac Naify, 2013.
[4] MARX, Karl. *O Capital*: Crítica da Economia Política. Livro I: O processo de produção do capital. São Paulo: Boitempo, 2013.

Quem mais aprofunda os debates sobre economia e mercado nos prolegômenos da sociologia é Max Weber, que tem uma obra extensa, postumamente publicada, na qual analisa diversos institutos econômicos.[5] Entre as inúmeras contribuições de Weber, gostaríamos de destacar duas, relevantes para este artigo: o conceito de ação social e o conceito de ordem.

A ideia de ação social é de extrema relevância para o posterior embate entre economia e sociologia. Para Weber, o ser humano não age socialmente apenas de forma racional, mas também de forma afetiva ou tradicional. E, mesmo quando age racionalmente, o faz não somente de maneira objetiva, instrumental, voltando meios para fins de ganho pessoal, mas também orientado por valores, modo que ele chamou de ação racional valorativa. Ou seja, classifica-se também como ação racional aquela ação altruísta pautada em cosmovisões específicas, desde que concatene meios e valores.

Já sobre a ordem, Weber acredita que as ações humanas em sociedade, ao se repetirem com o tempo, se objetificam, superando os sujeitos producentes e se transformando em costumes e práticas que, ao ganharem qualquer tipo de sanção ou ameaça de sanção, são institucionalizadas em ordens. Uma dessas ordens principais analisadas por Weber é o ordenamento jurídico.

Durante o século XX, o caminho dos sociólogos permaneceu fiel a tais "pais fundadores" e seguiu utilizando o método histórico-comparativo em uma análise sempre aberta do fato social, como um todo social, mas também histórico e político. O método da sociologia se utilizava de narrativas históricas permeadas de análises de ordens e atos sociais de determinadas sociedades, entendendo cada arranjo social como irrepetível.

Entretanto, ao lado da sociologia, surge outro campo de pesquisa no qual diversos axiomas passam a ser construídos com base em uma noção abstrata e utópica de sociedade, na qual os homens seriam absolutamente racionais e buscariam, a todo e qualquer custo, a maximização de seus lucros pessoais (a figura famigerada do *"homo economicus"*). A sociedade seria, assim, a consolidação de um longo processo de concorrência perfeita e absolutamente informada, realizada pela "mão invisível" do mercado. Esse campo teórico, ao longo de pesquisas que partiam desses pressupostos como dados, sem maior necessidade de confrontação empírica, seguiu uma peculiar interpretação de Adam Smith – ao ignorar o contexto valorativo e localizado da obra dele[6] –, formando o que ficou conhecido como teoria econômica clássica e, depois, neoclássica.

O distanciamento dessa análise axiomática da realidade, a partir de leis universais abstratas (chamadas agora de leis econômicas), fazia a teoria econômica se separar cada vez mais do método sociológico indutivo, que buscava fatos sempre como princípios da análise social. Durante boa parte do século XX, tais saberes mais do que se digladiaram, se ignoraram, com a economia se matematizando e buscando uma normatização que

---

[5] WEBER, Max. *Economia e Sociedade*: fundamentos da sociologia compreensiva. Brasília: Editora UnB, 2000.
[6] O próprio Adam Smith escreve, para além de "A Riqueza das Nações", uma obra sobre valores, fundamental, segundo ele mesmo, para sua interpretação social, chamada "Teoria dos Sentimentos Morais". Ele mesmo era renomado como filósofo moral à sua época e demonstrava, ainda, grandes preocupações com a intervenção do Estado em obras públicas, por exemplo, e ainda com o salário dos trabalhadores. Essa leitura complexa de Adam Smith – e a crítica da interpretação rasa da economia ortodoxa – é feita com maestria por Amartya Sem, em seu artigo "Rational Fool's; A Critique of the Behavioral Foundations of Economic Theory", de 1977, ou mesmo em "Adam Smith's prudence. Theory and Reality in Development", ambos relacionados nas referências bibliográficas, ao final deste artigo.

a aproximasse das ciências exatas, e a Sociologia continuando seu caminho de sempre, sob o método histórico-comparativo.[7]

No final dos anos 1980 e início dos anos 1990, com a chegada de inúmeros governos posteriormente chamados de neoliberais (Pinochet, Thatcher e Reagan), que tinham como plataforma principal uma desregulamentação jurídica da economia, o pensamento econômico acadêmico tentou voos mais altos, em uma espécie de imperialismo epistemológico que passou a desejar analisar outros campos do saber a partir de seus pressupostos e axiomas. É dessa época a difusão do trabalho, por exemplo, de Richard Posner,[8] da Análise Econômica do Direito, que pretendia entender também a ciência jurídica a partir de um cálculo de custos e benefícios.

É nesse contexto que surge o artigo fundador da escola da Nova Sociologia Econômica, em 1985, publicado no *American Journal of Sociology*.[9] Nele, Mark Granovetter passa a realizar um contra-ataque sociológico, no qual sustenta que nem mesmo as instituições econômicas principais, como empresas e mercados, poderiam ser corretamente analisadas em suas tomadas de decisão sem o método sociológico e sem a análise de suas ações como ações sociais, a partir de redes sociais e sempre imersas dentro da sociedade que as rodeava. Era o conceito-base de *embeddedness*, buscado na teoria de Karl Polanyi, segundo o qual a economia deveria ser entendida como submersa no social.

Os próprios mercados seriam construções sociais e, assim, ininteligíveis dentro do conceito dominante da economia de *homo economicus*, por ser uma visão subsocializada do ser humano. Algo que Marx chamou de *robisonada*,[10] ou seja, tentar entender o ser humano como se vivesse isolado em uma ilha deserta e não imerso, desde o primeiro suspiro de vida, em uma sociedade estruturada e complexa.

O texto de Granovetter, assim como seus trabalhos posteriores, são muito frutíferos nas ciências sociais, na medida em que inauguram uma nova linha de pesquisa sociológica. Linha essa que não mais procurava estudar a sociedade e sua relação com a economia como um todo, mas – partindo do conceito de Polanyi de que a economia já estava, toda, imersa no social – buscava analisar de que forma, especificamente, se colocava essa imersão, tendo por foco instituições econômicas chave. Por isso, constata-se a onipresença, na Nova Sociologia Econômica, da categoria "redes sociais" e, ainda, a sua inédita utilização por diversos economistas, como Oliver Williamson ou Douglass North,[11] que agregavam a suas teses econômicas argumentos baseados na inserção das decisões econômicas em alguns aspectos sociais relevantes.

Todavia, ao lado do sucesso, a nova sociologia econômica baseada nas teses de Granovetter também foi alvo de críticas. Principalmente, era recorrente a reprimenda de que não se tinha uma teoria ou mesmo bases teóricas muito claras na nova sociologia econômica, bastava o estudo de instituições econômicas para se filiar à corrente.

---

[7] Como é exemplo a obra sociológica de Charles Wright Mills, "A Elite do Poder", de 1956, editada no Brasil pela primeira vez em 1962, arrolada em nossas referências bibliográficas, ao final do artigo.

[8] POSNER, Richard. *Economic Analysis of Law*. 9. ed. New York: Wolter Kluwer Law & Bussiness, 2014.

[9] GRANOVETTER, Mark. Economic Action and Social Structure: The Problem of Embeddedness. *In: American Journal of Sociology*, vol. 91, n. 3, Nov, 1985, Publicado por The University of Chicago Press. p. 481-510.

[10] MARX, Karl. *Grundrisse*: Manuscritos econômicos de 1857-1858. Esboços da crítica da economia política. São Paulo: Boitempo, 2011.

[11] SWEDBERG, Richard. Sociologia Econômica: Hoje e Amanhã. *In: Tempo Social. Revista de Sociologia da USP*, v. 16, n. 2, p. 7-34, nov. 2004.

Ou seja, bastava analisar de que forma redes sociais, instituições, poder social ou político, ou mesmo costumes sociais influenciavam determinado mercado ou empresa para que se tivesse a consideração de uma pesquisa como inserida na linha "teórica". As bases do debate não estavam postas e nem mesmo eram consideradas relevantes naquele momento. Ainda, pesava a acusação de que Granovetter e sua teoria do *embeddedness* não teria sido absolutamente fiel aos conceitos de Polanyi na sua tese de enraizamento da economia na sociedade.[12] Enquanto Granovetter era especialmente relacional e interacionista (daí a relevância das redes sociais), Polanyi tratava de macrofenômenos e debatia algo que Granovetter ignorava: o risco histórico do desenraizamento econômico como projeto político-ideológico da sociedade de mercado colocado em curso nos séculos XIX e início do século XX.

É a partir daí que alguns sociólogos econômicos buscam uma sistematização um pouco distinta de Granovetter, ao defender uma sociologia econômica crítica, ou seja, que coloque em xeque a teoria econômica como modelo científico, ao passo que se construa uma tese estrutural sobre a economia e a sociedade.

De todas essas críticas, as mais relevantes seriam as formuladas por Neil Fligstein e Pierre Bourdieu. Os dois convergem em diversos pontos, mesmo que Bourdieu pareça menos disposto à conciliação do que Fligstein.

Fligstein,[13] primeiramente, tenta articular uma teoria geral para a Nova Sociologia Econômica. Mesmo crítico, exalta pontos de pesquisa de Granovetter e sua ousadia de iniciar a escola teórica. Conceitua seu ponto de vista como uma "abordagem político-cultural" que tem como pressuposto a ideia de que mercados reais precisam de uma infraestrutura social e estatal. E essa estrutura – na qual o poder é relevante – exige tempo e esforço, inclusive consciente, para a construção de mercados, ofertas e demandas. Por isso não existe uma forma global de economia de mercado: os capitalismos são radicalmente nacionais e por isso radicalmente diferentes. Além disso, entender que a estrutura de mercado se inaugura e se consolida pelo Estado e pelo poder implica assumir que esse poder seja inerente à própria economia, gerando necessariamente empresas dominantes (ligadas ao *status quo*) e desafiantes (oriundas da mudança).

Os pontos de Fligstein vão ao encontro das grandes teses de Bourdieu,[14] que pretende construir uma "economia sociológica". Tal abordagem parte da noção de que as premissas da economia dominante são equivocadas e subsocializadas. Não haveria, portanto, sentido em seguir aportando categorias e pesquisas sociológicas para aprimorar um pensamento econômico que jamais explicaria satisfatoriamente a ação econômica como ação social, não porque faltem à teoria econômica aportes sociológicos específicos, mas porque seus equívocos se encontram no seu ponto de partida, sendo, assim, congênitos e insanáveis.

A ruptura de Bourdieu preza por uma teoria dos campos sociais, segundo a qual a sociedade se forma em campos específicos de distribuição desigual de capital, conceito que Bourdieu revoluciona, ao entender a noção de capital não só financeiro,

---

[12] KURTULUS, Gemici. Karl Polanyi and the antinomies of embeddedness. *In*: *Socio-Economic Review*, n. 6. p. 5-33, 2008. Oxford: Oxford University Press and the Society for the Advancement of Socio-Economics, 2007.
[13] FLIGSTEIN, Neil. *The Architecture of Markets*: An Economic Sociology of Twenty-first-century capitalist societies. Princeton and Oxford: Princeton University Prewss, 2001.
[14] BOURDIEU, Pierre. Le champs économique. *In*: *Actes de la Recherche en Sciences Sociales*, p. 48-66, 1997.

mas também social, cultural e simbólico. Com base nisso, analisa que, em cada um dos campos surgem crenças e *habitus* específicos, a partir de experiências que funcionam para escalar e "ganhar capital" dentro de um campo específico. Justamente por isso, surge a ideia de "verdade aparente" da economia, pois os economistas, ao reproduzirem *habitus*, ganham espaço e capital dentro daquele campo específico que traduz um comportamento razoável – motivado dentro do campo específico –, mas que, de forma alguma, pode ser chamado de racional (como categoria universal de correição).

Além das críticas delineadas, a partir de 2003, a Sociologia econômica tenta se abrir para novos temas sociais de interesse econômico que eram praticamente ignorados nas pesquisas iniciais dos anos 1980 e 1990. A Sociologia das finanças, por exemplo, surge como um tema candente, na medida em que o mundo econômico global passa por uma transição para a dominação do capital financeiro, que, antes acessório, torna-se determinante e "auditor" da economia produtiva real. Tal tema será analisado com mais vagar, inclusive sob o enfoque brasileiro, em nosso último tópico. Este, entre outros temas – como estratificação e riqueza, tecnologia ou gênero –, foi ampliado como objetos de estudo novos e um que nos interessa mais fortemente neste artigo é o início do interesse da Sociologia econômica pelo Direito e pelas instituições jurídicas.

III O mercado para o Direito, um breve escorço jurídico-constitucional

O interesse da sociologia econômica pelas instituições jurídicas acaba marcando uma mudança de todo o pensamento sociológico sobre o Direito. Enquanto a Sociologia jurídica clássica parte de um estudo da relação do Direito com a sociedade como um todo, a Sociologia econômica se interessa por instituições jurídicas específicas e em sua relação com a economia e o mercado.

Na tentativa de conduzir uma interpretação do Direito nacional que possa incluir o marco teórico contemporâneo da sociologia econômica, interessa uma análise tópica da Constituição Brasileira, na sua positivação do termo mercado. Como já mencionado, são seis ocorrências diretas, sendo que metade delas faz referência a "mercado de trabalho".

Mercado de trabalho é um tema recorrente da Sociologia econômica, e que também se coloca como um antigo interesse do Direito, havendo, portanto, um longo caminho de desenvolvimento concreto de sua regulação jurídica.

Com relação às demais referências, a mais conhecida é a do art. 173, §4º,[15] que fala sobre a dominação dos mercados como abuso do poder econômico a ser reprimido pela lei. A fim de entendermos o que representa o mercado para o Direito, esse artigo é muito importante, pois estabelece regras democráticas para impedir o abuso de poder econômico que advenha da dominação de mercados específicos. Rompe-se, assim, com o parâmetro econômico clássico de que haveria uma paridade de armas "natural e invisível" no mercado, aproximando-se dos conceitos já vistos de distribuição desigual de capitais (Bourdieu) e de empresas dominantes e desafiantes (Fligstein).

Dessa forma, o art. 173, §4º, trata a economia como submersa na sociedade, e não o contrário, explicitando o papel do Direito de manter as regras de acesso ao mercado, para evitar exatamente uma dominação antissocial específica. Apesar de sua

---

[15] Art. 173. A lei reprimirá o abuso do poder econômico que vise à dominação dos mercados.

relevância, não nos aprofundaremos no tema neste texto, em razão da extensa bibliografia existente, em especial relacionada à lei antitruste vigente (Lei nº 12.529/11) e ao Conselho Administrativo de Defesa Econômica.

Menos pesquisadas seriam as outras referências constitucionais, e é sobre elas que recairá nossa atenção. São elas: o art. 219[16] e o art. 50 do Ato de Disposições Constitucionais Transitórias.[17] Mesmo menos pesquisados, esses dois tópicos serão relevantes para afirmar a contribuição da Sociologia econômica para uma hermenêutica constitucionalmente concretizadora.

Primeiramente, o art. 219 traduz uma exaltação do mercado interno – patrimônio nacional – e sua necessária condução para viabilização do desenvolvimento, objetivo fundamental da República (art. 3º, II, da CF/88). Tal valoração do mercado interno denota uma aproximação à determinada teoria econômica heterodoxa que vicejou com força tanto no Brasil como na América Latina como um todo, seja a partir do pensamento Cepalino, seja sob o desenvolvimentismo propagado por Celso Furtado ou Caio Prado Jr. ou mesmo teorias sociológicas dos anos 1970, reunidas sob a alcunha de "teorias da dependência".[18]

A ideia motriz dessas teorias era a de que a inserção capitalista brasileira era ainda colonial, ou seja, estabelecia uma apropriação externa do capital nacional ao se relegar a um papel de importador de manufaturas e exportador de matérias-primas no desenho do capitalismo internacional. Assim, o desenvolvimento do mercado interno seria a única possibilidade de viabilizar um capitalismo brasileiro pujante. A frase de Caio Prado sintetiza, brevemente, todo esse pensamento: "A questão do mercado interno envolve necessariamente, logo que aprofundada, toda a problemática socioeconômica brasileira".[19]

Tal pensamento foi formulado também por outros grandes economistas, como Celso Furtado, sempre na ideia de autonomia dos centros de decisão nacionais, ou seja, o desenvolvimento seria sempre um fenômeno necessariamente endógeno:

> Para desenvolver-se é necessário individualizar-se concomitantemente. Em outras palavras, a individualização não é simples consequência do desenvolvimento. É fato autônomo. Atribui-se, assim, grande importância à autonomia na capacidade de decisão, sem a qual não pode haver uma autêntica política de desenvolvimento. A sincronia entre os verdadeiros interesses do desenvolvimento e as decisões tem como pré-requisito a superação da economia 'reflexa', isto é, exige a individualização do sistema econômico. Essa ideologia transformou a conquista dos centros de decisão em objetivo fundamental. E, como o principal centro de decisões é o Estado, atribui a este papel básico na consecução do desenvolvimento.[20]

---

[16] Art. 219. O mercado interno integra o patrimônio nacional e será incentivado de modo a viabilizar o desenvolvimento cultural e socioeconômico, o bem-estar da população e a autonomia tecnológica do País, nos termos da lei federal.

[17] Art. 50. A Lei agrícola a ser promulgada no prazo de um ano disporá sobre objetivos e instrumentos de política agrícola, prioridades, planejamento de safras, comercialização, abastecimento interno, mercado externo e instituição de crédito fundiário.

[18] Por todos: CARDOSO, Fernando Henrique; FALETTO, Enzo. *Dependência e desenvolvimento na América Latina*. Rio de Janeiro: Zahar, 1970 e MARINI, Ruy Mauro. Dialética da Dependência. In: TRASPADINI, Roberta; STÉDILE, João Pedro (Org.). *Ruy Mauro Marini*: Vida e Obra. São Paulo: Expressão Popular, 2005.

[19] PRADO JR., Caio. *A Revolução Brasileira*. Rio de Janeiro: Companhia das Letras, 242.

[20] FURTADO, Celso. *Desenvolvimento e Subdesenvolvimento*. 5. ed. Rio de Janeiro: Contraponto/Centro Internacional Celso Furtado de Políticas para o Desenvolvimento, 2009. p. 216.

É importante lembrar que o desenvolvimento do mercado interno brasileiro, ao longo do século XX, foi um projeto iniciado e, rapidamente, descontinuado, sendo abandonado em favor de projetos considerados mais estratégicos: exportar para grandes mercados globais, em geral o mercado dos Estados Unidos. Essa tendência – não só brasileira, mas latino-americana – é marcante ao analisarmos o exato oposto ocorrido no Leste Asiático, que insistiu na construção desse mercado interno por meio de projetos de democratização da terra rural, em uma sociedade à época majoritariamente agrária.[21]

A América Latina, diferentemente, não teve a precedência de uma reforma agrária, tendo tido um crescimento muito significativo nos anos 1960 e 1970, mas que não se sustentou, devido à limitação de mercado interno e à instabilidade social e política, que, por sua vez, gerou contínuas rupturas. No caso brasileiro, essa ruptura ocorre em 1964 e 1968, especialmente pela crise em torno da reforma agrária, que passa a ser vista como ideológica e afastada da agenda política pela ditadura militar de então.

É esse resgate do mercado interno que a Constituinte de 1986-87 resolveu plasmar no texto constitucional do art. 219. Dessa forma, o Brasil faz parte de um seleto grupo de países que fez opções constitucionais por uma determinada escola econômica. Como afirma Bercovici, a CF/88 "transformou fins sociais e econômicos em jurídicos".[22]

Assim, o ordenamento jurídico-constitucional, aqui, tem contornos diferentes e deveria ensejar, sob o ponto de vista da força normativa da Constituição, a inconstitucionalidade de qualquer política econômica que ignorasse esses pressupostos teóricos, ou seja, ignorasse a precedência do mercado interno como motor do desenvolvimento econômico.

Interessante perceber ainda que mercado interno talvez seja um outro nome para aquilo que Karl Polanyi – cuja obra será analisada em tópico específico – denomina organização produtiva, cuja proteção, via regulação do dinheiro, é imprescindível para a existência de uma sociedade.

Caminhando para o último artigo constitucional a que nos referimos, este, mesmo localizado no tópico transitório do texto (ADCT), faz referência a uma política agrícola a ser estabelecida por lei ordinária. Tal regulamentação foi realizada na Lei nº 8.171/91, que normatiza a criação/indução de um mercado específico (agrícola) voltado, antes, para o abastecimento interno e, depois, para o mercado externo. Integra-se, dessa forma, o mercado agrícola ao art. 219, tendo por base a precedência da segurança alimentar (Lei nº 11.346/06) com relação à exportação, a fim de gerar renda a agricultores, com créditos públicos e safras planejadas.

Nessa toada, pode-se entender melhor o que significa o mercado para o Direito brasileiro, na medida em que a Constituição não o coloca, de nenhuma forma, sob a perspectiva da autorregulação, mesmo que adote, indubitavelmente, uma economia de mercado.

A Constituição define sim o modelo capitalista para o Brasil, mas rejeita a autorregulação. Tem-se, em seus dispositivos, a clara necessidade de ampla intervenção do Estado, para garantir: 1) o próprio capitalismo como sistema, contra os efeitos autodestrutivos do mercado (leis antitruste e jornada de trabalho), 2) a infraestrutura necessária a

---

[21] MORAES, Reginaldo. *As cidades cercam os campos*: estudos sobre o projeto nacional e desenvolvimento agrário na era da economia globalizada. São Paulo: Editora UNESP e Brasília: NEAD, 2008.

[22] BERCOVICI, Gilberto. *Direito Econômico do Petróleo e dos Recursos Minerais*. São Paulo: Quartier Latin, 2011. p. 209.

ele (transportes, comunicação e política aduaneira) e 3) as condições para sua reprodução social (bem-estar social em saúde e educação, entre outros).[23]

Em resumo, o mercado é visto constitucionalmente como uma instituição jurídica, uma vez que a ordem econômica constitucional está comprometida com a preservação do capitalismo. Tal argumento pode ser ratificado inclusive pelo texto do art. 174, que prescreve a necessidade de planejar e realizar, por meio de fomento, subsídios e créditos, uma política econômica – e agrícola – que seja obrigatória para o poder público e indicativa para o setor privado.

Enfim, a Constituição é, portanto, de uma evidência solar ao retirar da livre disposição do mercado o trabalho (regulando-o em diversos dispositivos), a terra (na política agrícola de fomento ao mercado interno) e, ainda, o próprio dinheiro (com a instituição do Banco Central pelo art. 164). E é nesse ponto que a Sociologia econômica poderá ajudar a construir uma interpretação constitucional sistêmica que concretize tais princípios. Para isso, passamos à análise de uma das obras clássicas da Sociologia econômica, escrita em 1944, pelo já citado Karl Polanyi.

IV A tese de Karl Polanyi e sua efetivação ao longo do século XX

Em sua obra "A Grande Transformação",[24] Karl Polanyi faz uma digressão histórica dos fundamentos do mercado contemporâneo e sua saga no mundo, especialmente na Inglaterra. A grande tese de Polanyi é a de que a formação da sociedade de mercado foi um longuíssimo processo, iniciado nos cercamentos ingleses do século XVIII, e que termina com uma avalanche de desarticulação social, no início do século XX. Em sua fase final, o mercador já não mais vendia os itens que excediam a sustentação produtiva do tecido social e sim comprava matéria-prima (natureza) e trabalho (homens) de uma sociedade que viveria para isso, transformando sua substância natural e humana em meras mercadorias.

O mercado tem historicamente um papel incidental na economia de uma sociedade, que tende a buscar, como prioridade de sua produção, não a troca, mas a própria sobrevivência. Contemporaneamente, todavia, surge uma centralidade inédita de um antes desconhecido mercado "autorregulável", agora um projeto possível, no qual toda a produção serve à troca e, por isso, todos os rendimentos sociais seriam oriundos da renda.

Esse projeto teria o condão de transformar em mercadorias aquilo que nunca foi assim considerado, precificando a vida como um todo. Nesse contexto, o trabalho se resumiria a um salário, à terra, a um aluguel e o dinheiro, a juros, não podendo mais ser regulados no seio de um tecido social.

É sob o império da não regulação que se constroem, para Polanyi, as mercadorias fictícias: a terra, o trabalho e o dinheiro. Entretanto, no curso desse projeto de autorregulação, há uma resistência social inerente, que não admite tamanha redução da atividade humana, da natureza e da organização produtiva de uma determinada sociedade, especialmente quando seus efeitos nefastos começam a ser sentidos.

---

[23] GRAU, Eros. *A Ordem Econômica na Constituição Federal de 1988*. 17. ed. São Paulo: Malheiros, 2015.
[24] POLANYI, Karl. *A grande transformação*: as origens da nossa época. Rio de Janeiro: Elsevier, 2000.

A transformação da atividade humana em mercadoria-trabalho-salário passa a gerar a instrumentalização física, psicológica e moral do ser humano, e os efeitos de abandono e transtorno social ("vício, perversão, crime e fome" diz Polanyi[25]) são amplamente percebidos.

A terra, uma vez reduzida à matéria-prima da indústria, se minimiza enquanto natureza, gerando uma vida sem paisagens e sem arredores, com rios poluídos e, a um inafastável médio prazo, destruída em seu poder de produção de alimentos e das mesmas matérias-primas.

Por fim, o dinheiro, reduzido a um juro flutuante autorregulável, passa a liquidar periodicamente empresas (o que nossa Constituição chamou de mercado interno), tanto pela falta quanto pelo excesso, inviabilizando, a longo prazo, qualquer organização produtiva socialmente relevante.

É a partir desses pontos que a regulação jurídica, extirpada por esse projeto, passa a ser imprescindível para impedir a transformação da sociedade em um mero apêndice do mercado.

A narrativa de Polanyi perpassa regulações jurídicas históricas relevantes, como a *Speenhamland Law* de 1795, que garantia a todos o "direito de viver", estabelecendo uma renda mínima fixada a partir do preço do pão. Isso impediu, por quase quarenta anos, a formação de um mercado de trabalho competitivo e autorregulável. Todavia, a grande "virada" acontece quando, a partir de 1820, o credo liberal se sustenta em três dogmas: 1) o mercado de trabalho (o trabalho deve encontrar seu preço no mercado); 2) o padrão-ouro (a criação do dinheiro deve se sujeitar a um mecanismo automático) e 3) o livre-comércio (os bens devem fluir de país a país, sem empecilhos ou privilégios).

Importante lembrar que "livre-comércio" era um termo muito mais ideológico que real, na medida em que fora totalmente imposto pelo Estado a uma sociedade sempre reticente a suas reais vantagens: "Um intervencionismo contínuo, controlado e organizado de forma centralizada abria caminho para o liberalismo".[26]

Como consequência dessa ação deliberada do Estado – construindo os três dogmas pelo uso consciente do Executivo mediante uma polícia controlada pelo governo –, surgem restrições espontâneas ao *laissez-faire*. Restrições que ficaram mais recorrentes após a década de 1920, auge liberal no qual nenhum sofrimento e nenhuma violação de soberania era sacrifício demasiado para a recuperação da integridade flutuante da mercadoria-dinheiro.

O repúdio de diversos países a dívidas internacionais e o abandono do padrão-ouro pela Grã-Bretanha, pelos Estados Unidos e, depois, pela França, na década de 1930, já indicavam uma opção pelo protecionismo nacional e social, ou seja, pela regulação jurídica forte no lugar das teses de livre-comércio.

Assim, o papel do Direito foi de um quase espontâneo "contramovimento" ao liberalismo econômico. Esse papel, defendemos, é próprio do jurídico, uma vez que as fundações de um Direito nacional residem na efetividade real de sua soberania. Nesse sentido, a reação contra o liberalismo do final do século XIX e início do século XX marca, na verdade, uma reação da sociedade em busca de seu direito, que consagre valores

---

[25] POLANYI, Karl. *Op. cit.*
[26] POLANY, Karl. *Op. cit.*

e a própria natureza da organização social e do território existente, contra um vácuo cultural que desenraizava pessoas de seu estilo de vida e de seus próprios padrões morais, inclusive.

Nas palavras de R.G. Hawtrey:

> Em contraste com os povos nômades, o cultivador se incumbe de aperfeiçoamentos determinados para um lugar particular. Sem esses aperfeiçoamentos, a vida humana continuaria a ser elementar e pouco diferente da dos animais. E quão grande foi o papel dessas benfeitorias na história! Terras limpas e cultivadas, casas, meios de comunicação, fábricas, tudo permanente e irremovível ligando a comunidade humana à localidade em que se situa. Isso não pode ser improvisado, têm que ser construído gradualmente, por gerações e a comunidade não pode sacrificar isso e começar de novo em outro lugar. Daí o caracter territorial da soberania que impregna nossas concepções políticas.[27]

As respostas da sociedade, à época analisada por Polanyi (1944), são organizadas por ele em duas grandes formas: 1) proteção nacional nos moldes fascistas: reforma do mercado extinguindo todas as instituições democráticas e reeducação do indivíduo a partir de uma religião política que negava a fraternidade universal, ou 2) proteção social de caráter socialista: ruptura radical com o passado imediato, subordinando o mercado a uma sociedade democrática.

Fundamental neste ponto é explicar que a concepção socialista de Polanyi é muito mais ampla do que a média.[28] Ou seja, esse autor não reduz a sua ideia de solução dos trabalhadores a noções filossoviéticas ou leninistas, nem mesmo a Marx. Busca outras referências mais abertas e democráticas, especialmente, Robert Owen.

Dessa forma, não há como excluir do processo de transcendência do mercado a tradição socialista social-democrata, seja da República de Weimar, seja dos austro-marxistas, relembrando Karl Renner.[29] Tampouco se pode excluir a lógica destes de que o Direito Econômico poderia, de forma parlamentar e a partir de uma reforma constitucional e do Judiciário, regular fortemente o mercado e, assim, superar o projeto de autorregulação, preservando o controle mínimo dos meios de produção de forma democrática e ativa.

V A resposta jurídico-democrática à autorregulação do mercado: surgimento, apogeu e crise do Estado de Bem-Estar

A social-democracia nascente dos anos 1910 e 1920 (Alemanha e Áustria), posteriormente derrubada por movimentos fascistas, impôs uma nova lógica jurídica, para além das autoritárias saídas fascistas e filossoviéticas. De acordo com aquela, era o Estado de Direito que deveria regular o mercado, transformando-o novamente em apêndice da sociedade e preservando, assim, o trabalho, a terra e o dinheiro em seu enraizamento

---

[27] HAWTREY Apud POLANY, Karl. Op. cit.
[28] POLANYI, Karl. Op. cit.
[29] RENNER, Karl. The institutions of private law and their social functions. Londres: Routledge e Kegal Paul Limited, 1949.

social, contra investidas liberais. Em outras palavras, o Direito passava a ser a via civilizatória que regularia o mercado, sem, no entanto, sucumbir a tentações autoritárias.

Contudo, é especialmente no pós-guerra, na consolidação do *Welfare State* europeu, que se pode dizer que a profecia de Polanyi da sociedade de mercado sendo substituída por um modelo jurídico não autoritário se cumpre: o Direito do Trabalho, a função social da propriedade e a regulação econômica por bancos centrais fortes passam a exercer um papel central. O Direito – especialmente o Direito Civil crítico[30] e os novos campos do Direito do Trabalho e do Direito Econômico – assume um protagonismo inédito e imprescindível.

Toda essa lógica jurídica reverbera em constituições econômicas promulgadas sob um Estado Social preocupado não somente com os abusos governamentais, mas também com o poder privado das empresas e dos mercados. Como já afirmamos, esse Estado é legatário de uma sociedade que contra-atacou o mercado e se comprometeu, após a tragédia da Segunda Guerra Mundial, a não mais possibilitar a degradação social causada pela criação das três mercadorias fictícias de Polanyi.

Por mais de trinta anos, esse consenso jurídico foi amplamente respeitado e buscado por nações em todo o mundo, o que possibilitou um dos períodos de maior crescimento sustentável e coexistência pacífica da história moderna, especialmente nos países centrais.

Entretanto, primeiro no Chile de Pinochet com os seus *Chicago Boys* (1974-1990)[31] e depois sob os governos Thatcher (1979-1990) e Reagan (1981-1989), um processo de "desregulamentação" jurídica e, novamente, autorregulação dos mercados, aos poucos, se impôs.

Os governos supracitados, posteriormente chamados de pioneiros do neoliberalismo, tiveram o auge de suas gestões nos anos 1970 e 1980 e, por isso, não influenciaram suficientemente a Assembleia Nacional Constituinte Brasileira de 1987. Assim, nosso texto constitucional vigente é marcadamente legatário de uma visão que pretendia reproduzir o modelo de *Welfare State* europeu, no qual o capitalismo como sistema e modelo constitucionalmente escolhido prescreve uma economia social de mercado, rejeitando uma autorregulação da economia e buscando um modelo de bem-estar.

Tal proposta constitucional leva em conta a necessidade ampla de intervenção do Estado na economia, para garantir, como já vimos, o próprio modelo econômico capitalista contra os efeitos autodestrutivos do mercado (leis antitruste e jornada de trabalho), assegurando infraestrutura (transportes e comunicação, além de política aduaneira) e condições necessárias para sua reprodução social (bem-estar social em saúde e educação, entre outros).

O mercado é, assim, uma instituição eminentemente jurídica – nas palavras de Eros Grau, a "ordem econômica capitalista está comprometida com a preservação do

---

[30] FACHIN, Luiz Edson. *Teoria Crítica do Direito Civil*. 3. ed. Rio de Janeiro: Renovar, 2012.

[31] *Chicago Boys* foi o nome pelo qual ficou conhecido um grupo de economistas chilenos liberais que formulou a política econômica do governo Pinochet, baseada em privatizações e em redução dos investimentos públicos. O nome é oriundo do fato de a totalidade do estudo de pós-graduação desses economistas ter se dado na Universidade de Chicago, sob a orientação de professores como Milton Friedman e Arnold Harberger. Alguns economistas argentinos que formularam políticas econômicas na última ditadura daquele país (1976-1983) e com a mesma trajetória acadêmica também são considerados *Chicago Boys*.

capitalismo"[32] –, ou seja, deve ser necessariamente formatado e regulado para preservar o tecido social, nos moldes descritos por Polanyi. A Constituição Federal de 1988, por isso, traz uma preocupação intensa com o fortalecimento regulatório do trabalho, da terra e do dinheiro, como bases de um Estado soberano, que queira preservar o próprio destino como próprio.

Dessa forma, o mercado de trabalho, como já vimos, contempla 50% das citações à palavra mercado na Constituição e traz, em linhas macro, a proteção ao trabalhador, de modo a impedir que esse se reduza a uma mera mercadoria com preço flutuante. A melhor hermenêutica nos faz entender que o mercado de trabalho deve ser interpretado diversamente do mercado como um todo, tratando-o sempre sob a perspectiva da proteção do trabalhador e da dignidade humana.

Já em relação à terra, o debate constituinte plasmou no texto dois capítulos inteiros (Capítulo II da Política Urbana e Capítulo III da Política Fundiária e da Reforma Agrária) para regular pormenorizadamente a terra urbana e rural, nos moldes europeus inaugurados na social-democracia de Weimar, da função social da propriedade.

E, por fim, sobre o dinheiro, há um debate intenso que resultou em uma normatização constitucional do Banco Central (art. 164) e em um outro capítulo inteiro (Capítulo IV do Sistema Financeiro Nacional) dedicado à temática. Oportuno é o momento para analisar que esse capítulo foi praticamente extirpado da Constituição (restando somente o *caput* do art. 192) em 2003, no advento da Emenda Constitucional nº 40.

Essa emenda é marcante por ir contra, quinze anos depois, o consenso em torno das limitações necessárias sobre as três mercadorias fictícias citadas por Polanyi, que, no campo jurídico-constitucional brasileiro eram basilares e intransponíveis até então. Como já afirmamos, nossa Constituinte foi legatária da tradição do *Welfare State*, ou seja, trazia como norma essa forma de desenvolvimento econômico e social, sucesso quase inquestionável à época.

No caso, o texto revogado, dentre outros assuntos, abordava especificamente o polêmico teto sobre os juros de 12% ao ano, configurando a cobrança acima desse patamar como crime de usura. Basicamente, impunha um limite à mercadoria dinheiro, a fim de evitar uma sociedade de mercado autorregulável, condizente com o pensamento de Polanyi e com a social-democracia europeia.

O fim desse limite, pela Emenda Constitucional que revogou o texto, traz a clareza de que um outro patamar de debate começou a se inaugurar no Brasil. Dizemos começou porque outros limites – na ordem infraconstitucional, no caso – antes igualmente intransponíveis, como a mercantilização do trabalho, da terra ou do dinheiro, também acabaram sendo igualmente ultrapassados ou correm risco recorrente de serem. É o caso da chamada "Reforma Trabalhista" consubstanciada na Lei nº 13.467/2017, recentemente confirmada em sua constitucionalidade por placar apertado no julgamento da ADI nº 5.766-DF, ou mesmo a recente aceleração da tramitação do PL nº 4.059/17, na Câmara Federal, que flexibiliza regras consolidadas há quase cinquenta anos (Lei nº 5.079/71) contra a compra e arrendamento de terras rurais por estrangeiros no Brasil.

Analisar sociologicamente tais mudanças jurídicas é fundamental para se entender o Direito e a Economia em nosso país. O que se percebe é que tais mudanças

---

[32] GRAU, Eros. *Op. cit.*

desregulamentadoras modificam um paradigma jurídico que, como vimos, remonta ao período do pós-Segunda Guerra Mundial. Todavia, conforme também vimos na menção ao caso chileno, estadunidense ou inglês, não se trata de um fenômeno particularmente brasileiro e sim uma tendência global.

Wolfgang Streeck[33] tenta aplicar as teses de Polanyi à contemporaneidade do século XXI. É ele que expõe a tese, descrita anteriormente, de que a teoria de Polanyi foi confirmada pelo mundo do pós-guerra, que se estruturou em um "capitalismo avançado". Especialmente a Europa Ocidental, por três décadas, não se inibiu em regulamentar de forma rigorosa e largamente protetiva o trabalho, a terra e o dinheiro. Ou seja, a não transformação em mercadorias desses três aspectos sociais eram pressupostos de um mundo que tinha enfrentado no fascismo uma chance real de esfacelamento.

E ainda segue Streeck afirmando que, após os anos 1970, começa-se um longo período de desestruturação desse acordo de um capitalismo social, sempre mediado por grandes grupos de pressão, especialmente sindicatos de trabalhadores.

Por isso, analisa-se um ponto de viragem na "mercantilização" do dinheiro, feito nos Estados Unidos, quando por uma agressiva desregulamentação da indústria financeira naquele país, contínua desde os anos 1980, atraiu-se capital de todo o mundo. Na crise de 2008, o resultado de desagregação social decorrente passou a ser visível a todos.

VI As especificidades do caso brasileiro na mercantilização neoliberal pós Constituição de 1988

Até aqui, tratamos do caso brasileiro em um paralelismo entre o nosso movimento constitucional e o movimento mundial da regulamentação dos mercados e do apogeu do Estado de Bem-Estar. Interessa-nos, agora, uma análise de como a crise desse *Welfare State* e a concomitante desregulamentação da economia repercutiram no mundo jurídico nacional, já no século XXI. É a Emenda Constitucional nº 40 de 2003 que nos insere, de vez, nesse mesmo caminho, de uma nova mercantilização do dinheiro, que o transforma novamente, em mercadoria fictícia.

Essa nacionalização do fenômeno global já foi estudada pela sociologia econômica brasileira, especialmente por Roberto Grün.[34] Esse autor analisa a transição para o governo do Partido dos Trabalhadores em 2002-3, vendo-a como início da hegemonia de um domínio financeiro sobre o capital produtivo. Seria ali o primeiro grande trunfo de uma abertura ampla para o capital internacional, com o objetivo de proteger, a todo custo, o lucro do mercado de capitais.

A base dessa hegemonia financeira é a ideologia de uma "governança corporativa" técnica, transparente e focada nos resultados a curto prazo (lucros para acionistas) que acabou se impondo também em nosso país sobre a já antiquada noção de empresas construídas a longo prazo, com nichos de mercado específicos, focadas na melhoria técnica e em uma noção de orgulho regional (conhecida como modelo nipônico dos anos 1970 e 1980).

---

[33] STREECK, Wolfgang. *How Will Capitalism End? Essays on a Failing System*. Londres/Nova Iorque: Verso, 2016.
[34] GRÜN, Roberto. A Sociologia das Finanças e a Nova Geografia do Poder no Brasil. *In: Tempo Social, Revista de Sociologia da USP*, São Paulo, v. 16, n. 2, p. 151-176, 2004.

O que descreve Grün é que o próprio movimento sindical, recém-elevado à chefia do executivo nacional, estaria de acordo com tais mudanças, na medida em que a sua própria representação laboral em inúmeros fundos de pensão já se guiava por esses valores (no caso, os acionistas seriam os "operários poupadores").

Nas palavras de Grün, a narração desse pacto entre setores que pareceriam antagonistas, mas que viram, como nunca, interesses em comum:

> A partir daquela janela, os lulistas desenvolveram contatos com vários setores do mercado de capitais, culminando com a célebre visita de Lula à Bovespa, quando foi firmada uma espécie de pacto (cf. Murphy, 2002). A partir daí a questão da governança corporativa ganhou outra roupagem. Estávamos diante de um tema excelente para realizar a ponte entre os dois setores. Encampando a defesa do caráter sagrado das poupanças dos operários, Lula e seu séquito avocavam a bandeira que aparentemente interessava apenas a setores do mercado de capitais. Situação curiosa, mas também um ardil da razão: por meio da governança corporativa os lulistas juravam fidelidade ao capitalismo e, ainda mais, na sua versão mais moderna e legitimada pelos fazedores de opinião. Do seu lado, os financistas que dependiam da vitalidade do mercado de poupanças internas encontravam no grupo um aliado inesperado na luta de vida ou morte que travavam contra os setores mais internacionalizados do mundo dos investimentos, os quais, nos últimos tempos, direcionavam cada vez mais as aplicações de seus clientes para fora do país.[35]

Contudo, a desregulamentação trazida pela hegemonia do mercado financeiro não transforma por completo o dinheiro em mercadoria. Há, ainda, a necessidade do enfraquecimento da própria autoridade reguladora do dinheiro.

Um dos fenômenos regulatórios que o próprio Polanyi via como contramovimento social de resistência era a implementação de Bancos Centrais que impediriam o fluxo monetário de se tornar incerto e, assim, possibilitariam uma sobrevivência das sociedades em sua época de análise, o início do século XX.

Já no século XXI, após a desregulamentação do mercado financeiro, o neoliberalismo passa a tratar como próximo passo da "governança corporativa" a sua consolidação não somente no sistema financeiro privado, como estamos analisando, mas também nos próprios Bancos Centrais Públicos, que, a partir de uma série de metas objetivas, poderiam se desvencilhar de pressões sociais que impedem o aprofundamento ainda maior da autorregulação das finanças.

A tese central, ancorada na experiência estadunidense, é conhecida e difundida como "autonomia dos Bancos Centrais", para que esses, uma vez separados da "política", possam ser regidos por normas técnicas de uma economia neoclássica matematizada, que não consegue diferenciar de forma significativa uma economia nacional dos padrões de uma economia doméstica.[36] Em outras palavras, os interesses populares concernentes ao Banco Central e à regulamentação monetária e cambial aparecem como "problemas", para utilizar o jargão dos especialistas tecnocratas.[37]

Nesse ponto, não teve sucesso o pacto governamental entre o sistema financeiro e o Partido dos Trabalhadores. Pelo contrário, na mais acirrada corrida presidencial desde a redemocratização, em 2014, a campanha publicitária mais famosa da candidata

---

[35] GRÜN, Roberto. *Op. cit.* p. 165.
[36] CARVALHO, Laura. *Valsa Brasileira*: do boom ao caos econômico. São Paulo: Editora Todavia, 2018.
[37] STREECK, Wolfgang. *Op. cit.*

à reeleição Dilma Rousseff fazia alusão a uma "temível" proposta da então candidata favorita Marina Silva, que, com economistas liberais de ponta, como Eduardo Giannetti, propunha explicitamente a autonomia do Banco Central em seu programa de governo.

Importante reconhecer que, a essa altura, o próprio pacto governamental supracitado já estava muito fragilizado. Isso se intensificou especialmente em 2012, após um titubeio no tripé macroeconômico em relação à taxa de juros, quando o governo diminuiu – "atecnicamente", do ponto de vista dos analistas do mercado financeiro –, tanto a taxa SELIC quanto o valor cobrado pelos principais bancos públicos.

Aliás, é bom lembrar que Dilma, diferentemente de Lula, não tinha um passado sindical e nem compromissos com os então sindicalistas que haviam operado os fundos de pensão antes de 2002 e, aos poucos, passaram, conforme analisou Grün, a reverberar as ideias de "governança corporativa".

Essa digressão histórica é fundamental porque, mesmo que formalmente a autonomia do Banco Central nunca tenha sido consolidada pela gestão Lula (2003-2010), materialmente, as regulamentações financeiras eram absolutamente distantes das pressões políticas, com um respeito canônico ao que ficou conhecido como tripé macroeconômico (câmbio flutuante, metas de inflação e superávit primário). Tais regulamentações eram tratadas como assuntos apolíticos, delegados à atuação independente de um conhecido *player* do mercado financeiro global, Henrique Meirelles, presidente do Banco Central desde a primeira hora do novo governo, sem nenhuma ligação com a centro-esquerda brasileira, pelo contrário, acabara de ser eleito deputado federal pelo PSDB, partido que se manteve na oposição por todo o período dos governos Lula e Dilma.

Dessa forma, a agenda da mercantilização do dinheiro foi resolvida com a desregulamentação financeira e a autonomia "material" – mas não formal – do Banco Central. Já no tocante às agendas de autorregulação do trabalho e da terra, nem a gestão Lula (2003-2010), nem a gestão Dilma (2010-2016) se esforçaram para sua consolidação.

Entretanto, com somente a agenda da mercantilização do dinheiro em curso, consequências importantes na organização produtiva nacional se fizeram sentir. O Brasil, com taxas de lucros cada vez maiores para as instituições financeiras, passou por um processo de desindustrialização recorde,[38] tendo, em 2018, índices percentuais mais baixos do que à época da República Velha, anterior à modernização varguista.

No entanto, como o próprio Streeck afirma, a segunda mercadoria em vias de autorregulação hoje no mundo é o trabalho. E esta, como já afirmamos, conseguiu um passo estratégico de mercantilização com a Lei nº 13.467/2017, já na gestão Temer (2016-2018).

A flexibilização trabalhista e a privatização dos riscos do emprego são consequências, segundo Streeck, da separação entre capitalismo e democracia após a crise do bem-estar social europeu. Os sindicatos perdem força, ou mesmo nem chegam a existir, em novas indústrias ou empresas (como a Uber, por exemplo),[39] fazendo desaparecer a consciência de classe dos trabalhadores e, ainda, seu poder de pressão em um cenário sem mediadores relevantes.

---

[38] CHANG, Ho-Joon. O Brasil está experimentando uma das maiores desindustrializações da história da economia. Entrevista ao *El País*, 15 jan. 2018. Disponível em: https://brasil.elpais.com/brasil/2018/01/05/economia/1515177346_780498.html.

[39] STREECK, Wolfgang. *Op. cit.*

Por fim, temos a desterritorialização completa com a transformação da natureza em pura mercadoria, seja no avanço dos mercados sobre bens antes considerados intocáveis, como água, florestas e biodiversidade, seja, especialmente, sobre a própria terra fundiária nacional, sobre a qual repousa a própria noção de soberania. O governo Temer tentou, assim, inserir na agenda o PL nº 4.059/17, para que as aspirações globais de ganhos a curto prazo com preços de terras possam se plasmar em nosso território com a flexibilização das regras de aquisição e arrendamento de terras rurais por estrangeiros.

VII Considerações finais

Cada vez mais, uma distopia de Polanyi parece rondar o futuro, no qual qualquer mediação social que possa resistir (governo, estados, fronteiras, sindicatos ou quaisquer outras forças moderadoras) se enfraquecerá a um ponto de se tornar inútil e, assim, novamente, a sociedade como conhecemos volta a correr perigo. Ou como o próprio Streeck afirma, o próprio capitalismo correrá perigo, pois não conseguirá preencher de forma eficaz sua necessidade de trabalhadores, de consumidores, de recursos naturais e de organizações produtivas minimamente estáveis, tendendo assim – não por inimigos externos, mas por causas endógenas – a um derradeiro fim.

Esse fim não será a utopia de um socialismo – inexistente enquanto projeto global nos dias atuais –, mas um fim que gerará uma sociedade sub-socializada, um interregno neofeudal, no qual a cooperação humana se dará sempre *a posteriori* e *ad hoc* em relação a quebras econômicas cada vez mais intensas e violências coletivas cada vez mais frequentes, sendo a vida somente guiada pelo medo, pela ganância e por interesses elementares de sobrevivência individual.

E, nesse mundo trágico previsto por Streeck (e que, profeticamente, vem se consolidando em todo o planeta), o Direito terá um lugar mínimo, praticamente desnecessário, já que as mediações já não mais existirão e os indivíduos, sem a sociedade organizada, terão somente eles mesmos para confiar, com todo arranjo social baseado na racionalidade instrumental weberiana, no seu conceito restrito e estratégico, sem nenhuma relação com valores, conforme começamos esse artigo explicando. E, como também vimos na obra weberiana, dessa reiteração de ações sociais só uma ordem jurídica extremamente frágil e transitória poderá emergir.

Ou, talvez, ainda exista tempo de voltar à nossa digressão sobre o Direito Constitucional brasileiro vigente e levar a sério a opção constitucional por um mercado que não seja autorregulável, descrito na ordem econômica da CF/88 e, assim, possa se preservar a organização econômica nacional (regulando o dinheiro), o próprio ser humano (regulando o trabalho) e a natureza (regulando a terra).

Talvez esses enunciados constitucionais sejam mais sábios que imaginávamos e mereçam mais atenção e respeito.

A saída da catástrofe passa por uma garantia cotidiana da segurança jurídica constitucional, não tida como um conceito formal que se abstrai do mundo, mas sim como segurança jurídica real, que preserva a própria estabilidade mínima garantidora de uma sociabilidade condizente com as expectativas de cada ser humano, inclusive econômicas, demarcando minimamente aquilo que tem preço e aquilo que não tem, a fim de preservar a própria e central dignidade humana. Ao fim e ao cabo, um olhar atento sobre a Constituição denota um programa fundamental de política econômica em que as vinculações[40] entre o sistema econômico, a ordem jurídica e as relações políticas não se separam e nem se combatem, mas sim formam uma visão integrada de um sistema social necessariamente holístico.

Referências

BERCOVICI, Gilberto. *Direito Econômico do Petróleo e dos Recursos Minerais*. São Paulo: Quartier Latin, 2011.

BOURDIEU, Pierre. *As Estruturas Sociais da Economia*. Lisboa: Campo das Letras, 2006.

BOURDIEU, Pierre. Le champs économique. *In: Actes de la Recherche en Sciences Sociales*, 119, p. 48-66, 1997.

CARDOSO, Fernando Henrique; FALETTO, Enzo. *Dependência e desenvolvimento na América Latina*. Rio de Janeiro: Zahar, 1970.

CARVALHO, Laura. *Valsa Brasileira*: do boom ao caos econômico. São Paulo: Editora Todavia, 2018.

DURKHEIM, Émile. *Da Divisão do Trabalho Social*. 2. ed. São Paulo: Martins Fontes, 1999.

FACHIN, Luiz Edson. *Teoria Crítica do Direito Civil*. 3. ed. Rio de Janeiro: Renovar, 2012.

FLIGSTEIN, Neil. *The Architecture of Markets*: An Economic Sociology of Twenty-first-century capitalist societies. Princeton and Oxford: Princeton University Prewss, 2001.

FURTADO, Celso. *Desenvolvimento e Subdesenvolvimento*. 5. ed. Rio de Janeiro: Contraponto/Centro Internacional Celso Furtado de Políticas para o Desenvolvimento, 2009.

GRANOVETTER, Mark. Economic Action and Social Structure: The Problem of Embeddedness. *In: American Journal of Sociology*, vol. 91, n. 3, Nov. 1985, Publicado por The University of Chicago Press.

GRAU, Eros. *A Ordem Econômica na Constituição Federal de 1988*. 17. ed. São Paulo: Malheiros, 2015.

GRÜN, Roberto. A Sociologia das Finanças e a Nova Geografia do Poder no Brasil. *In: Tempo Social, Revista de Sociologia da USP*, São Paulo, v. 16, n. 2, p. 151-176, 2004.

KURTULUS, Gemici. Karl Polanyi and the antinomies of embeddedness. *In: Socio-Economic Review*, Oxford: Oxford University Press and the Society for the Advancement of Socio-Economics, n. 6, p. 5-33, 2008.

MARINI, Ruy Mauro. Dialética da Dependência. *In*: TRASPADINI, Roberta; STÉDILE, João Pedro (Org.). *Ruy Mauro Marini*: Vida e Obra. São Paulo: Expressão Popular, 2005.

MOREIRA, Vital. *Economia e Constituição*: Para o Conceito de Constituição Econômica. 2. ed. Coimbra: Coimbra Editora, 1979.

MARX, Karl. *Grundrisse*: Manuscritos econômicos de 1857-1858. Esboços da crítica da economia política. São Paulo: Boitempo, 2011.

MARX, Karl. *O Capital*: Crítica da Economia Política. Livro I: O processo de produção do capital. São Paulo: Boitempo, 2013.

MAUSS, Marcel. *Ensaio sobre a Dádiva*. São Paulo: Cosac Naify, 2013.

MORAES, Reginaldo. *As cidades cercam os campos*: estudos sobre o projeto nacional e desenvolvimento agrário na era da economia globalizada. São Paulo: Editora UNESP e Brasília: NEAD, 2008.

PRADO JR., Caio. *A Revolução Brasileira*. Rio de Janeiro: Companhia das Letras, 242.

POLANYI, Karl. *A grande transformação*: as origens da nossa época. Rio de Janeiro: Elsevier, 2000.

POSNER, Richard. *Economic Analysis of Law*. 9. ed. New York: Wolter Kluwer Law & Bussiness, 2014.

---

[40] MOREIRA, Vital. *Economia e Constituição*: para o Conceito de Constituição Econômica. 2. ed. Coimbra: Coimbra Editora, 1979. p. 117-129.

RENNER, Karl. *The institutions of private law and their social functions*. Londres: Routledge e Kegal Paul Limited, 1949.

SEN, Amartya. *Adam Smith's prudence*. Theory and Reality in Development. London: Palgrave Macmillan, 1986.

SEN, Amartya. Rational fools: A critique of the behavioral foundations of economic theory. *Philosophy & Public Affairs*, v. 1 p. 317-344, 1977.

STREECK, Wolfgang. *How Will Capitalism End? Essays on a Failing System*. Londres/Nova Iorque: Verso, 2016.

SWEDBERG, Richard. Sociologia Econômica: Hoje e Amanhã. *In: Tempo Social. Revista de Sociologia da USP*, v. 16, n. 2, p. 7-34, nov. 2004.

WEBER, Max. *Economia e Sociedade: fundamentos da sociologia compreensiva*. Brasília: Editora UnB, 2000.

WRIGHT MILLS, Charles. *A Elite do Poder*. 4. ed. Rio de Janeiro: Zahar, 1981.

Informação bibliográfica deste texto, conforme a NBR 6023:2018 da Associação Brasileira de Normas Técnicas (ABNT):

SANTOS, João Paulo de Faria. Mercadorias fictícias, dignidade e preço. Reflexões sobre Direito e mercado no século XXI. In: FRAZÃO, Ana; CARVALHO, Angelo Gamba Prata de (Coord.). *Empresa, mercado e tecnologia*. Belo Horizonte: Fórum, 2019. p. 51-69. ISBN 978-85-450-0659-6.

A RELAÇÃO ENTRE PODER ECONÔMICO E PODER POLÍTICO NO PROCESSO ELEITORAL. ANÁLISE DOS FUNDAMENTOS JURÍDICOS DOS MODELOS BRASILEIRO E NORTE-AMERICANO DE PARTICIPAÇÃO DE EMPRESAS NO PROCESSO ELEITORAL

RAPHAEL CARVALHO DA SILVA

I Introdução

Nas últimas décadas, os fundamentos e as consequências da influência do financiamento de campanhas eleitorais por empresas no processo político têm sido amplamente discutidos pelos parlamentos e cortes constitucionais de diversas democracias contemporâneas. Dois fatores diretamente relacionados contribuem para esse fenômeno: (i) a sucessiva divulgação de escândalos de corrupção que envolvem, direta ou indiretamente, doações ilegais de corporações a candidatos e partidos políticos e; (ii) a crescente provocação feita ao Poder Judiciário para delimitar a constitucionalidade das regras de financiamento de campanhas eleitorais.

Nos Estados Unidos, por exemplo, o escândalo de *Watergate* deflagrou um amplo debate, ainda nos anos 1970, sobre os riscos de captura do poder político pelo poder econômico, que teve desfecho com a emblemática decisão da Suprema Corte no caso *Bucley v. Valeo* em 1976. No Brasil, essa discussão intensificou-se na última década, sob forte influência do julgamento da Ação Penal 470 (Mensalão) pelo Supremo Tribunal Federal em 2008 e, mais recentemente, dos processos judiciais relacionados à *Operação Lava Jato*.

Nesse contexto de proliferação de casos de corrupção relacionados com a arrecadação e gastos de recursos para campanhas eleitorais, ampliou-se significativamente o espaço de protagonismo do Poder Judiciário na definição de regras de financiamento das eleições. Prova disso é que, na história constitucional recente dos Estados Unidos, poucos casos receberam tanta atenção como o julgamento de *Citizens United v. FEC* ocorrido em 2010.[1] Nessa ocasião, a Suprema Corte dos Estados Unidos declarou que a

---

[1] De acordo com Daniel Weiner, poucas decisões recentes da Suprema Corte dos Estados Unidos repercutiram tanto como o caso *Citizens United v. FEC* (2010): "Few modern Supreme Court decisions have received as much

utilização de recursos empresariais para a veiculação de conteúdo político no período eleitoral é assegurada constitucionalmente como garantia à liberdade de expressão. No Brasil, o modelo de financiamento de campanhas eleitorais também foi objeto de recente apreciação pelo Supremo Tribunal Federal, que, no âmbito da Ação Direta de Inconstitucionalidade (ADI) 4.650 – DF, em 2015, impugnou dispositivos legais que permitiam o financiamento de campanhas eleitorais por pessoas jurídicas.

No campo teórico, a relação entre poder empresarial e poder político tem sido debatida em múltiplas perspectivas. No Brasil, a discussão jurídica orienta-se a partir da reflexão sobre a compatibilidade de doações eleitorais por pessoas jurídicas com os princípios constitucionais da igualdade, da república e da democracia.[2] Já no contexto norte-americano, esse debate está estruturado entre concepções que sustentam, de um lado, a necessidade de proteger o processo eleitoral de relações de troca de favores entre candidatos e empresas doadoras e, de outro, o direito de financiamento de propagandas eleitorais por empresas como garantia constitucional de liberdade de expressão.[3]

Diante dessa complexidade interpretativa, este artigo se propõe a analisar a relação entre poder empresarial e poder político nos sistemas brasileiro e norte-americano de regulação do financiamento de campanhas eleitorais. Essa escolha justifica-se tanto pela relevância política e jurídica dos debates sobre o financiamento empresarial de campanhas eleitorais para a agenda pública das democracias contemporâneas[4] quanto pela atualidade dos novos paradigmas de regulação de doações eleitorais construídos pelas cortes constitucionais brasileira[5] e norte-americana.[6]

Mais especificamente, este artigo busca analisar as premissas teóricas predominantes nas recentes manifestações do STF e da Suprema Corte dos Estados Unidos sobre

---

public attention, or backlash. Justice Ruth Bader Ginsburg called it the worst ruling of the current Court, saying "[i]f there was one decision I would overrule, it would be Citizens United". Sixteen state legislatures and almost 600 cities, towns, villages, and other organizations have voted to support a constitutional amendment to overturn the ruling". Cf. WEINER, Daniel I, Citizens United Five Years Later, New York: [s.n.], 2015, p. 1.

[2] Na Ação Direita de Inconstitucionalidade nº 4.650, o Conselho Federal da OAB argumentou que os dispositivos legislativos que permitiam contribuições eleitorais por parte de pessoas jurídicas violavam os princípios constitucionais da igualdade, da democracia e da República.

[3] Enquanto as discussões sobre os riscos de captura do poder político pelo poder empresarial remontam a *Buckley v. Valeo* (1976), a tese do financiamento empresarial como forma de liberdade de expressão consolidou-se no bojo de *Citizens United v. FEC* (2010).

[4] No Brasil, pouco antes do julgamento da ADI nº 4.650, em que o Supremo Tribunal Federal considerou inconstitucionais os dispositivos das Leis nº 9.504/1997 e nº 9.096/1995, que autorizavam as contribuições de pessoas jurídicas às campanhas eleitorais, a Câmara dos Deputados havia acabado de deliberar sobre a autorização do financiamento empresarial de campanhas, manifestada na aprovação do Projeto de Lei nº 5.735/13, no dia 10 de setembro de 2015. Nos Estados Unidos, depois do caso *Citizens United v FEC* (2010), que definiu o modelo norte-americano de financiamento de campanhas, o tema voltou ao debate em 2014, com o caso McCutcheon v. FEC, em que a Suprema Corte flexibilizou os limites até então existentes de doações por pessoas físicas. Na Espanha, a discussão legislativa avançou para o campo do Direito Penal, com a introdução, em 2015, do delito de financiamento ilegal de partidos políticos no Código Penal espanhol. Para referências sobre a criminalização do "caixa-dois" no Direito espanhol conferir MARTIN, Antonio M. Javato, El delito de financiación ilegal de los partidos políticos (arts . 304 bis y 304 ter CP). Aspectos dogmáticos , político criminales y de derecho comparado, *Revista Electrónica de Ciencia Penal y Criminologia*, v. 26, p. 1-41, 2017.

[5] O julgamento da ADI nº 4.650 representou uma mudança substancial no modelo de financiamento de campanhas eleitorais no Brasil adotado desde 1988, até então marcado pela forte presença de doações empresariais, que passaram a ser proibidas a partir de 2015.

[6] Com o caso Citizens United v FEC (2010), a Suprema Corte dos Estados Unidos abriu um precedente histórico ao declarar, pela primeira vez na história constitucional norte-americana, que corporações têm direito a gastar recursos ilimitados em campanhas eleitorais em decorrência da liberdade de expressão protegida constitucionalmente pela primeira emenda.

a possibilidade de financiamento de atividades políticas por pessoas jurídicas em período eleitoral, esboçadas na ADI 4.650 – DF (2015) e no caso *Citizens United v. FEC* (2010).

Ao final da investigação, espera-se demonstrar o antagonismo dos fundamentos teóricos que predominaram na decisão do STF – que se baseou nos princípios republicano, democrático e da igualdade política – e da Suprema Corte dos EUA – em que prevaleceu a ideia de liberdade de expressão em detrimento da igualdade política.

Estruturalmente, este trabalho organiza-se em três seções, além desta introdução e das considerações finais. Na próxima seção, delimitam-se os pressupostos teóricos presentes na literatura especializada que aborda a relação entre poder empresarial e poder político e apresentam-se algumas propostas, discutidas atualmente pela literatura especializada, de regulação da influência do poder econômico no processo eleitoral. Nas seções III e IV são analisados, respectivamente, os fundamentos teóricos predominantes nas decisões da Suprema Corte dos Estados Unidos – *Citizens United v. FEC* – e do Supremo Tribunal Federal – ADI nº 4.650 – sobre financiamento de campanhas eleitorais por pessoas jurídicas. E, nas considerações finais, propõe-se uma síntese conclusiva que evidencia a divergência dos fundamentos jurídicos predominantes em cada caso.

II A relação entre poder econômico e poder político

II.1 Fundamentos jurídicos

Os debates contemporâneos que problematizam a relação entre poder econômico e poder político devem considerar como ponto de partida o fato de que os mercados não são espaços construídos espontaneamente pelas interações entre os agentes econômicos, mas sim construções sociais, políticas e jurídicas.

Essa percepção de que o mercado não existe de forma natural e independente das instituições, sobretudo do Direito, é bastante explorada por Cass Sunstein, segundo o qual "a ideia de *laissez-faire* e de uma economia que se desenvolveu e progrediu sem qualquer participação relevante do Estado é completamente irreal, ou, uma grotesca e má descrição da realidade".[7]

Nessa mesma direção crítica à concepção neoclássica de mercados eficientes, Neil Fligstein propõe modelo sociológico segundo o qual as relações sociais das empresas entre si e dessas com o Estado são fundamentais para compreender o funcionamento dos mercados. Nessa perspectiva, o autor sustenta que a formação, a estabilidade e as mudanças no funcionamento dos mercados derivam diretamente das relações das empresas entre si e com o governo, que, por sua vez, materializam-se em entendimentos, regras e leis que regulam o funcionamento dos mercados.[8]

Contudo, Fligstein adverte que essas regras de funcionamento dos mercados não são criadas independentemente dos interesses econômicos e, diante disso, destaca a importância de analisar quais interesses são dominantes nesse processo de regulação dos mercados pelo Estado:

---

[7] SUNSTEIN, Cass R. *Free markets and social justice*. Oxford: Oxford University Press, 1999, p. 5.
[8] FLIGSTEIN, Neil. *The architecture of markets*: an economic sociology of twenty-first-century càpitalist societies. Princeton: Princeton University Press, 2001, p. 13.

What about power? Rules are not created innocently or without taking into account "interests". (...) In order to get analytic leverage on real systems of rules and power, it is necessary do think systematically about how government capacity and the relative power of government officials, capitalists, and workers figure into the construction of new market rules to define the forms of economic activity that exist in a given society.[9]

A partir desse reconhecimento dos mercados como construções sociais, políticas e jurídicas, torna-se fundamental ampliar as reflexões sobre a relação entre poder econômico e poder político. E, entre as possíveis interações entre poder econômico e poder político, o financiamento empresarial de campanhas eleitorais coloca-se como um dos temas mais discutidos recentemente pela comunidade jurídica.[10]

No campo teórico, Cass Sunstein reconhece que alguma regulação das finanças corporativas relacionadas às eleições é amplamente justificável em tese, pois não é razoável admitir que disparidades econômicas sejam convertidas em disparidades políticas. De acordo com o autor, uma democracia consolidada deve ser capaz de distinguir os processos mercantis de compra e vendas de bens e serviços do processo político de votação e deliberação.[11]

Sunstein identifica ao menos três interesses a serem protegidos pela regulação da influência econômica das corporações no processo eleitoral: (i) a proteção do processo eleitoral de trocas de vantagens entre doadores e candidatos; (ii) a promoção da igualdade política; e (iii) a garantia de um processo de deliberação política baseado em argumentos.

Em relação à corrupção decorrente da troca de vantagens entre doadores e candidatos, Sunstein argumenta que essa permuta ocorre quando os doadores oferecem recursos financeiros na expectativa de favores políticos futuros.[12] Na perspectiva do autor, a compra de influência política pelos doadores é uma forma de corrupção recorrente na história política dos Estados Unidos.

O segundo interesse utilizado por Sunstein para fundamentar alguma regulação das finanças corporativas em período eleitoral envolve a igualdade política.[13] Aqui, o argumento é construído a partir da premissa de que a influência dos eleitores no processo político deve ser a mesma, independentemente de riquezas acumuladas na esfera econômica. Por isso, considera problemática a hipótese em que eleitores ou corporações bem-sucedidas economicamente consigam traduzir recursos econômicos em influência política por meio de doações vultosas de recursos financeiros a seus candidatos de preferência, violando o princípio constitucional de "uma pessoa um voto". Dessa forma, alinha-se ao entendimento de que limites em gastos de campanha são normalmente associados à proteção da igualdade política.

Já o terceiro interesse apontado por Cass Sunstein é uma espécie de generalização dos dois primeiros: leis sobre finanças de campanhas podem promover, em última

---

[9] *Ibid.*, p. 28.
[10] Susan-Ackerman destaca que, nos países desenvolvidos, as principais interações entre poder econômico e poder político manifestam-se por meio de doações de recursos empresariais para campanhas eleitorais (objeto deste artigo) e de atividades de *lobby*. Já nos países menos desenvolvidos, essas relações envolvem, com mais frequência, o pagamento e recebimento de subornos e *gifts*. ROSE-ACKERMAN, Susan. *Corruption and government*: causes, consequences, and reform. Cambridge: Cambridge University Press, 1999, p. 363-378.
[11] SUNSTEIN, Cass R. Political Equality and Unintended Consequences. *Columbia Law Review*, v. 94, p. 1.390, 1994.
[12] *Ibid.*, p. 1.391.
[13] *Ibid.*, p. 1.392.

instância, a deliberação política e o processo decisório baseado em argumentos.[14] De acordo com esse entendimento, a doação de quantidades excessivas de recursos a candidatos pode comprometer esse objetivo deliberativo, levando os candidatos eleitos a votarem de acordo com as preferências pré-estabelecidas dos doadores, e não com base nas discussões e deliberações com os demais membros do Legislativo.

Coerente com a ideia de que a política deve funcionar com base nos princípios de igualdade e deliberação, enquanto que o mercado opera com base em princípios distintos, Sunstein[15] admite que doações financeiras podem, efetivamente, funcionar como contribuições à deliberação social, na medida em que muitas pessoas doam recursos com o objetivo de promover a discussão de posições em que são favoráveis. Reconhece, dessa forma, que um sistema sem limites de contribuições financeiras pode favorecer candidatos que conseguem atrair recursos sem necessariamente favorecer interesses específicos. Ressalva, contudo, que essa fundamentação não é suficiente para estruturar um sistema de completa desregulação das finanças eleitorais.

Nesse debate, merece destaque também a reflexão proposta por John Rawls sobre as possibilidades de regulação das doações eleitorais como forma de proteção do valor da liberdade como igualdade política. Em relação às propostas que buscam limitar a influência econômica no processo político, Rawls admite algum grau de regulação das liberdades de expressão e de imprensa, desde que não direcionadas à essência desses valores fundamentais, uma vez que essas liberdades não são mais absolutas do que a liberdade de igualdade política:

> These adjustments cannot be rejected simply because they infringe on the freedoms of speech and of the press; these liberties are no more absolute than the political liberties with their guaranteed fair value. 2 1 In adjusting these basic liberties one aim is to enable legislators and political parties to be independent of large concentrations of private economic and social power in a private-property democracy, and of government control and bureaucratic power in a liberal socialist regime. This is to further the conditions of deliberative democracy and to set the stage for the exercise of public reason, an aim which (as we saw in §44) justice as fairness shares with civic republicanism.[16]

Em obra mais recente, com o contundente título de *"Republic, Lost. How Money corrupts congress – and a plan to stop it"*, Lawrence Lessig descreve a existência de uma perversa engenharia de influência política que tem como objetivo principal o enriquecimento e favorecimento de corporações com mais acesso e influência em relação ao poder político.[17]

Lawrece Lessig desenvolve o raciocínio de que essa "economia de influência" das corporações em relação ao governo ofende um dos alicerces centrais dos regimes democráticos, que é a credibilidade e confiança dos cidadãos em relação ao processo público. Isso porque os políticos tendem a ser considerados menos confiáveis quando apoiam a tramitação de projetos que favorecem diretamente os interesses de seus

---

[14] *Ibid.*
[15] *Ibid.*, p. 1.393.
[16] RAWLS, John. *Justice as fairness*: a restatement. Cambridge: Harvard University Press, 2001, p. 150.
[17] LESSIG, Lawrence. *Republic, Lost*: How Money Corrupts Congress – and a Plan to Stop It. New York: Twelve, 2011, p. 7.

financiadores,[18] o que pode representar simbolicamente uma quebra de confiança semelhante à observada no caso de pesquisas científicas financiadas por corporações diretamente interessadas nos resultados publicados.

Lessig aponta, ainda, como efeito deletério da crescente dependência dos partidos políticos em relação aos grandes financiadores, o deslocamento dos programas políticos dos dois principais partidos norte-americanos, com o objetivo de aumentar suas respectivas capacidades de arrecadação de recursos financeiros. Em relação às propostas de desenvolvimento macroeconômico, Lessig chega a afirmar que não existem mais diferenças significativas entre os dois partidos, que, dependentes do apoio das grandes corporações, transformam-se em um mesmo partido: o partido do dinheiro.[19]

De acordo com Lessig, a crescente pressão pela arrecadação de recursos financeiros para campanhas eleitorais não condiciona apenas a atuação eleitoral dos partidos políticos, mas influencia, também, o processo de elaboração legislativa no Congresso.[20] Nesse ponto, o autor dá o exemplo do Senador Max Baucus, Presidente da Comissão de Finanças do Senado e um dos parlamentares mais influentes à época do debate sobre o programa de saúde proposto pelo Presidente Obama, cuja campanha eleitoral havia sido fortemente financiada pelas indústrias de saúde e de seguros de saúde, o que, por sua vez, colocou sob forte desconfiança a participação do senador naquele processo político.

No Brasil, críticas semelhantes à influência do poder econômico no processo eleitoral foram elaboradas por Daniel Sarmento e Aline Osório. Em artigo intitulado *"Uma mistura tóxica: política, dinheiro e financiamento das eleições"*, os autores defendem a limitação da influência do dinheiro sobre a política como uma das principais tarefas para o constitucionalismo brasileiro contemporâneo.[21]

Para fundamentar essa afirmação, argumentam que a Constituição de 1988 estabeleceu os princípios da democracia, da igualdade política e da República como moldura constitucional para elaboração de critérios de doações privadas a campanhas e partidos políticos e que qualquer desvio em relação a essas diretrizes deve ser considerado inconstitucional.[22]

A partir de tais princípios – democracia, igualdade e República – a Constituição de 1988 fornece três diretrizes básicas para a regulação do processo político-eleitoral. As regras do jogo devem: (i) garantir aos eleitores a igualdade do valor do voto e a igual possibilidade de influenciarem o resultado das eleições e a atuação dos representantes eleitos; (ii) assegurar aos candidatos e partidos a paridade de armas na disputa por cargos políticos; e (iii) buscar impedir a criação de relações espúrias entre o poder econômico e o poder político, combatendo a corrupção.

Adotando essa moldura constitucional como paradigma, Daniel Sarmento e Aline Osório concluem que o modelo de financiamento de campanhas até então vigente no Brasil materializava pretensões diametralmente opostas às buscadas pelo constituinte originário, pois além de violar a igualdade do valor do voto entres os

---

[18] *Ibid.*, p. 29.
[19] *Ibid.*, p. 96.
[20] *Ibid.*, p. 99.
[21] SARMENTO, Daniel; OSORIO, Aline. Uma Mistura Tóxica: política, dinheiro e o financiamento das eleições. *In: Jurisdição Constitucional e Política*. Rio de Janeiro: Forense, 2015, p. 674.
[22] *Ibid.*, p. 676.

cidadãos e a paridade de armas entre os candidatos, criava um ambiente favorável ao desenvolvimento de relações espúrias e pouco republicanas entre doadores e candidatos. Tratava-se, portanto, de um modelo de financiamento eleitoral que não cabia na moldura constitucional.

Os autores enfrentam, ainda, as ideias de que a limitação ao financiamento eleitoral ofende (i) o direito fundamental à liberdade de expressão dos doadores e (2) a liberdade econômica dos doadores.

O argumento da liberdade de expressão é contestado por dados empíricos das eleições brasileiras que demonstram que as principais empresas que financiavam campanhas eleitorais doavam recursos para partidos políticos e candidatos rivais, o que, por si só, já descaracterizaria qualquer pretensão ideológica ou programática a digna de proteção pelo direito fundamental à liberdade de expressão. Neste pormenor, os autores descrevem os padrões de doações corporativas como ações pragmáticas, e não programáticas, que traduziriam estratégias de negócios e não discursos propriamente ditos.[23]

Já a crítica albergada na ideia de liberdade econômica dos doadores é descaracterizada com base no argumento de que a restrição às doações eleitorais é uma limitação mínima e eventual, não relacionada à atividade econômica finalística dos doadores, já que não os impede de exercerem seus ofícios econômicos livremente. Ponderam, ainda, que a liberdade econômica não é considerada um fim em si pelo nosso ordenamento constitucional, devendo harmonizar-se com princípios de maior valoração social, como a justiça social e a democracia.

Do apanhado teórico sucintamente revisitado até aqui, percebe-se que os riscos da influência do poder econômico no poder político apresentam-se como um problema de natureza multidimensional que, dependendo da perspectiva analítica adotada, demanda soluções jurídicas diferenciadas. Em continuidade ao enredo desenvolvido até aqui, a seção a seguir apresenta as possibilidades de regulação jurídica da participação de corporações no processo eleitoral mais discutidas atualmente pela literatura especializada.

II.2 Modelos teóricos de regulação do financiamento de campanhas

Em obra de referência sobre a relação entre corrupção e governo, Susan Rose-Ackerman pondera que todas as doações provenientes de agentes econômicos influentes – inclusive as legais – dão azo a preocupações sobre favoritismos futuros, na medida em que os grupos econômicos que financiam campanhas eleitorais o fazem na expectativa de conquistar a simpatia dos políticos e, oportunamente, influenciar o processo legislativo.[24]

A partir dessa premissa, a autora afirma que um dos desafios das democracias contemporâneas é encontrar um modelo capaz de financiar as campanhas políticas – que são inevitavelmente onerosas – sem encorajar a "compra" dos candidatos pelos doadores. E, entre as possíveis opções, defende que devem ser evitadas soluções restritivas ao financiamento empresarial de campanhas eleitorais que tenham como efeito indesejado a estruturação de um sistema paralelo de doações ilegais.[25]

---

[23] Ibid., p. 690.
[24] ROSE-ACKERMAN, *Corruption and governmen* : causes, consequences, and reform. p. 347.
[25] Ibid., p. 361.

Nesse esforço, a autora propõe, de forma genérica, quatro iniciativas voltadas a combater a influência indevida do poder econômico no processo eleitoral: (i) a diminuição dos custos de campanha decorrente da redução da duração das campanhas eleitorais;[26] (ii) a ampliação da transparência de informações relativas aos doadores e valores recebidos por cada candidato;[27] (iii) a definição de limites de doações e/ou de gastos relacionados a campanhas eleitorais; e (iv) a utilização de recursos públicos como alternativas aos recursos privados.[28]

Em perspectiva distinta, Lawrence Lessig propõe a estruturação de um modelo de financiamento público baseado em pequenas contribuições individuais oriundas de *vouchers* de U$50,00 alocados pelos cidadãos durante o processo de declaração de imposto de renda.[29]

Na proposta de Lessig, os primeiros U$50,00 de cada contribuição tributária seriam transformados em um *"voucher da democracia"*, que poderia ser suplementado com recursos próprios do eleitor até o montante de U$100,00 e alocado entre os candidatos de sua preferência. Nesse modelo, somente poderiam ter acesso a esses recursos os candidatos que optassem por receber recursos exclusivamente dos *vouchers* da democracia e de contribuições individuais de até U$100,00 e, consequentemente, abrissem mão de recursos provenientes dos PACs e dos partidos políticos.[30]

Ainda sobre a proposta de *vouchers* da democracia elaborada por Lessig, deve-se destacar que seria um modelo de adesão voluntária por parte dos candidatos. Segundo o professor de Harvard, a voluntariedade do sistema afastaria questionamentos perante a Suprema Corte sobre o limite de contribuições U$100,00 desenhado na proposta. Além disso, Lessig sustenta que esse plano atribui autonomia ao eleitor, impedindo que seus recursos contribuam para a eleição de candidatos e propostas que não sejam de sua preferência.

E, por fim, Lawrence Lessig sublinha que esse modelo seria capaz de injetar uma enorme quantidade de recursos para o financiamento de campanhas eleitorais. Conforme os cálculos do autor, se todos os eleitores registrados participassem do sistema, a cada ciclo eleitoral haveria um total de U$6 bilhões disponíveis para o financiamento de diversas candidaturas.

No Brasil, uma das principais referências constitucionais ao debate sobre reforma política é o artigo *"A Reforma Política: uma proposta de sistema de governo, eleitoral e partidário*

---

[26] No Brasil, a Lei nº 13.165/2015, conhecida como minirreforma eleitoral, reduziu o tempo das campanhas eleitorais de 90 para 45 dias.

[27] De acordo com essa perspectiva, a divulgação das fontes financiadoras dos candidatos permitiria que os cidadãos optassem por não votar em candidaturas dependentes de recursos financeiros provenientes de grandes corporações e que pudessem minar a independência do candidato ao longo do mandato. Susan-Ackerman reconhece, contudo, que essa proposta é recomendável apenas para sistemas eleitorais altamente competitivos e com eleitores informados e que não vinculam o voto a vantagens pessoais. Cf. ROSE-ACKERMAN, *Corruption and government*: causes, consequences, and reform, p. 361-362.

[28] Sobre essa proposta, Susan-Ackerman destaca que os opositores do financiamento público alertam para os riscos de que esse modelo proteja os candidatos à reeleição ("incumbentes") e os partidos com maior representação política no Congresso. Cf. *Ibid.*, p. 366.

[29] A proposta é apresentada com detalhes no capítulo 15, intitulado *"Reforms that would reform"*, da referida obra. Cf. LESSIG, *Republic, Lost*: How Money Corrupts Congress – and a Plan to Stop It, p. 251-305.

[30] Aqui, o autor aponta que os candidatos passariam mais tempo conversando e interagindo com eleitores individuais do que com grandes financiadores, o que, em última instância, é compreendido como um aprimoramento democrático do processo eleitoral. Cf. *Ibid.*, p. 265.

para o Brasil", de autoria de Luís Roberto Barroso, publicado em 2006. No tocante ao financiamento de campanhas, Barroso destaca como objetivos centrais da reforma política a redução da influência do poder econômico no processo eleitoral, por meio das seguintes propostas: (i) redução dos custos das campanhas; (ii) limitação dos gastos; e (iii) o estabelecimento de um sistema de financiamento público.[31]

Nesse particular, Barroso apresenta como vantagens de um sistema de financiamento exclusivamente público das campanhas eleitorais: (i) a maior igualdade da disputa eleitoral; e (2) a redução da influência dos agentes econômicos na arena parlamentar.[32] Considerando que os grandes partidos políticos têm mais acesso a doações financeiras de pessoas jurídicas, a restrição a esse tipo de expediente reduziria o hiato orçamentário até então existente entre os partidos grandes e os partidos pequenos, promovendo, assim, maior igualdade na disputa eleitoral. Já a redução da influência dos agentes econômicos na arena parlamentar decorreria do fato de que as doações empresariais, que são motivadas pelas expectativas de representação dos interesses corporativos pelos candidatos apoiados, deixariam de existir em um sistema público de financiamento eleitoral.

Em estudo sobre os resultados das políticas de regulação do financiamento de campanhas eleitorais, Pippa Norris e Andrea Abel van Es argumentam que a análise sobre a eficiência de qualquer proposta de regulação depende, em última instância, dos padrões normativos considerados apropriados em dado contexto político, econômico e social.[33] Nesse sentido, aponta que a avaliação do sucesso ou fracasso de políticas regulatórias nessa seara requer a consideração de indicadores baseados nas premissas normativas vigentes em determinado contexto.

Em uma perspectiva ampliada, as autoras identificam quatro princípios ou valores que podem ser utilizados como referência para avaliar o impacto de reformas relacionadas ao financiamento de campanhas eleitorais: (i) a equidade da competição partidária; (ii) a integridade do processo político; (iii) a transparência e publicidade das finanças eleitorais; e (iv) as oportunidades para participação inclusiva. A importância atribuída a cada um desses princípios normativos é que irá definir qual combinação de políticas regulatórias é a mais adequada para cada sistema político.

Da análise de sistemas regulatórios adotados por diversos países, Pippa Norris e Andrea Abel van Es identificaram que as reformas legislativas mais comuns foram no sentido de fortalecer os mecanismos de transparência das finanças eleitorais e ampliar as fontes públicas de financiamento.

A partir de um modelo econométrico em que figuram como variáveis dependentes índices de percepção de corrupção, abstenção eleitoral e competição partidária, as pesquisadoras concluem que as restrições legais ao financiamento de campanhas têm impacto limitado no que diz respeito à equidade, à inclusão política e às percepções de corrupção e confiança dos eleitores no processo eleitoral:

---

[31] BARROSO, Luís Roberto. *Reforma Política*: uma proposta de sistema de governo, eleitoral e partidário para o Brasil. Rio de Janeiro: [s.n.], 2006, p. 4.
[32] *Ibid.*, p. 100.
[33] NORRIS, Pippa; ABEL VAN ES, Andrea. Does Regulation Work? *In*: *Checkbook elections?:* political finance in comparative perspective. New York: Oxford University Press, 2016, p. 237.

The rhetorical claims of proponents often suggest that formal reforms of money in politics will greatly strengthen democratic governance, such as by restoring public confidence in the political process or stamping out practices of vote-buying and bribery. Nevertheless the comparative analysis of the available evidence was unable to establish that the degree of state regulation has any significant impact, positive or negative, on longer-term societal and political conditions, including by strengthening political party competition, increasing voter turn-out, or reducing corruption.[34]

Como justificativa para esses resultados, sugerem que a imposição de limites legais, por si só, não tem o condão de alcançar os resultados pretendidos, que vão depender diretamente da capacidade estatal – sobretudo do Poder Judiciário – e da cultura política subjacente ao cumprimento dos mandamentos legais. Nesse particular, advertem que reformas legais voltadas à promoção da competição política e da redução da corrupção eleitoral devem ser avaliadas em uma perspectiva de longo prazo e que, no curto prazo, os esforços do poder público e da sociedade devem ser concentrados na maximização das possibilidades de *enforcement* das novas regulações.[35]

III O posicionamento da suprema corte dos Estados Unidos

A primeira proibição à participação de corporações no processo eleitoral remonta ao *Tillman Act* de 1907, que proibia doações diretas de empresas a candidatos. Desde então, a legislação aprovada pelo Congresso Nacional tem restringido ainda mais as possibilidades de influência das corporações nas eleições. Com o *Taft-Harley Act* de 1947, o Poder Legislativo proibiu que corporações e sindicatos realizassem gastos eleitorais independentes – ou não coordenados com candidatos e/ou campanhas – com recursos próprios. Nessa mesma esteira, o Congresso Nacional, no ano de 2002, aprovou importante legislação conhecida como *Bipartisan Campaign Reform Act* (BCRA), que reforçou as proibições à participação de corporações e sindicatos no processo eleitoral, sobretudo no tocante à propaganda eleitoral nos trinta dias que antecedem as eleições.

Até o julgamento do caso *Citizen United v. FEC*, em 2003, proibições dessa natureza foram consideradas constitucionais pela Suprema Corte em três importantes casos: (1) *Buckley v. Valeo*, em 1979; (2) *Austin v. Michigan State Chamber of Commerce*, em 1990; e (3) *McConell v. FEC*, em 2003.

Em *Buckley v. Valeo* (1979), por exemplo, a Corte declarou a inconstitucionalidade de limites a gastos independentes de candidatos e cidadãos, por violação ao direito à liberdade de expressão, mas reconheceu a constitucionalidade dessa restrição imposta às corporações e sindicatos.

No caso *Austin v. Michigan State Chamber of Commerce*, a Suprema Corte enfrentou novamente a compatibilidade das proibições de gastos eleitorais independentes e realizados com recursos próprios por corporações e sindicatos com o direito constitucional à livre expressão consagrado pela primeira emenda à Constituição norte-americana. Nessa ocasião, a Corte reafirmou a constitucionalidade dessas restrições, sob o

---

[34] NORRIS, Pippa; ABEL VAN ES, Andrea. The Lesson for Political Finance Reform. *In*: Checkbook elections?: political finance in comparative perspective. New York: Oxford University Press, 2016, p. 257.

[35] *Ibid.*, p. 264.

fundamento de que a capacidade financeira de corporações e sindicatos influenciarem desproporcionalmente o processo eleitoral configurava-se como um interesse público suficiente para restringir a liberdade de expressão desses entes.

Já em *McConell v. FEC* (2003), a Suprema Corte destacou que as proibições impostas pelo *Bipartisan Campaign Reform Act* (2002) aos gastos eleitorais independentes não violavam a liberdade de expressão das corporações e sindicatos, na medida em que seus discursos e preferências políticas poderiam ser manifestados por meio de comitês de ação política – conhecidos como *Political Action Committees (PACS)* –, sujeitos a regras de transparência e prestação de contas. Assim sendo, a Corte considerou que a proibição de gastos independentes restringia a liberdade de expressão de forma parcial e não total, uma vez que a legislação permitia a manifestação de discursos de apoio político de corporações e sindicatos por meio dos comitês de ação política (PACs).

Considerando esse contexto histórico de consolidação das restrições à participação de corporações no processo eleitoral, o julgamento do caso *Citizens United v. FEC* (2010) pela Suprema Corte dos Estados Unidos tornou-se um marco no debate constitucional norte-americano por declarar a inconstitucionalidade dos dispositivos legais que restringiam as possibilidades de gastos eleitorais independentes promovidos por corporações, em nítido contraste com o posicionamento historicamente consolidado pelos Poderes Legislativo e Judiciário ao longo das últimas décadas.[36]

Como ponto de partida do imbróglio tem-se o lançamento do filme *"Hillary: the movie"* pela associação sem fins lucrativos denominada *Citizens United* em 2008. Em formato de documentário, o filme apresentava de forma negativa a trajetória política da Senadora Hillary Clinton, que estava disputando as eleições primárias do Partido Democrata. Além da veiculação nos cinemas e em formato DVD, a associação *Citizens United* planejava lançar o filme em um serviço de vídeos sob demanda (*on demand*) e, como estratégia de divulgação para os assinantes da plataforma *on demand*, havia produzido propagandas de 10 segundos e de 30 segundos para transmissão em rádio e em canais de televisão a cabo.

Nesse cenário, a controvérsia jurídica estabeleceu-se sobre a constitucionalidade de dispositivo da legislação eleitoral – o *Bipartisan Campaign Reform Act* de 2002 (BCRA) – que proibia a utilização de recursos próprios de corporações e sindicatos para a promoção de atividades políticas ou comunicações relacionadas ao processo eleitoral.

Considerando que tanto o documentário quanto os anúncios de divulgação poderiam ser interpretados como infrações civis e penais às disposições do BCRA, a *Citizen United* ajuizou perante a Corte do Distrito de Columbia o pleito de autorização prévia para a veiculação do filme, sob a argumentação de que a aplicação das vedações do BCRA à veiculação de *"Hillary: the movie"* era inconstitucional por violar o direito constitucional de liberdade de expressão consagrado pela primeira emenda constitucional dos Estados Unidos.

Não obstante a isso, a Corte classificou o documentário como comunicação eleitoral e confirmou a constitucionalidade das vedações legais a esse tipo de comunicação, com base no entendimento até então consolidado pela Suprema Corte nos casos *Austin v. Michigan Chamber of Commerce (1990)* e *McConnel v. FEC (2003)*.

---

[36] KANG, Michael S. The End of Campaign Finance Law. *Virginia Law Review*, v. 98, p. 1-65, p. 11, 2012.

Conforme apresentado anteriormente, até o julgamento do caso *United Citizens v. FEC*, a Corte Constitucional dos Estados Unidos havia construído um sólido entendimento que justificava a regulação das contribuições e dos gastos eleitorais como forma de (i) prevenir relações de corrupção entre candidatos e doadores/apoiadores e (ii) impedir o exercício de influência desproporcional de corporações e sindicatos no processo eleitoral.

No julgamento do caso *Citizens United v. FEC*, a Suprema Corte dos Estados Unidos declarou a inconstitucionalidade da legislação federal, que proibia que corporações utilizassem recursos próprios para promoção independente de discursos políticos durante o processo eleitoral, desconsiderando, assim, a tese anterior que vislumbrava a possibilidade de regulação dos gastos independentes das empresas como forma de equalizar a influência de opiniões no processo político-eleitoral.

Na construção desse novo entendimento, a Corte acompanhou a tese do *Justice* Kennedy, segundo o qual limitações na liberdade de expressão política justificam-se tão somente nos casos de risco concreto de corrupção *quid pro quo*, o qual não se evidencia, segundo a nova composição da Suprema Corte,[37] nos gastos independentes realizados por pessoas físicas ou jurídicas.

Conforme posicionamento majoritário, os riscos de corrupção direta (*quid pro quo*) são os únicos que podem fundamentar restrições à liberdade de expressão e manifestam-se apenas nas situações de doações diretas a candidatos e/ou partido político. A decisão reforça, portanto, a ideia que diferencia doações (*contributions*) de gastos independentes (*expenditures*), isentando os últimos dos riscos de corrupção direta que justificariam uma regulação estatal.[38]

Importante destacar que a Corte rejeitou a premissa de que a equalização da influência de indivíduos e grupos durante o processo eleitoral deve ser considerada um interesse público suficiente para limitar gastos independentes de pessoas físicas e pessoas jurídicas. Ao longo do voto, o Justice *Kennedy* repudiou expressamente o entendimento consolidado até então no caso *Austin v. Michigan State Chamber of Commerce*, em 1990, e afirmou não existir nenhum interesse público que fundamente restrições legais formatadas para equalizar a manifestação de desigualdades econômicas na esfera eleitoral:

> Austin, however, allowed the Government to prohibit these same expenditures out of concern for "the corrosive and distorting effects of immense aggregations of wealth" in the

---

[37] De acordo com Michael Kang, essa mudança jurisprudencial foi decisivamente influenciada pela mudança na composição da corte: *the replacement of Chief Justice Rehnquist and Justice O'Connor with Chief Justice Roberts and Justice Alito produced a clear rightward shift in the Court's campaign finance decisions*. KANG, Michael S. After Citizens United. *Indiana Law Review*, v. 44, n. 1, p. 243-254, 2010, p. 248.

[38] Essa premissa de que somente as doações diretas representam risco de corrupção *quid pro quo* foi estabelecida inicialmente no caso *Buckley v. Valeo* (1976) e fundamentou tanto a imposição de limites às doações diretas quanto a liberação de gastos independentes por pessoas físicas. Desde então, tem sido bastante criticada por constitucionalistas norte-americanos. Em artigo de 1994, Cass Sunstein já denunciava a impropriedade dessa tipologia, ao afirmar que não há clareza quanto à relevância dessa distinção, uma vez que despesas incorridas em favor de um candidato podem criar os mesmos riscos de corrupção que as doações diretas. Isso porque os candidatos normalmente sabem quem gasta recursos em seu favor e, por isso, despesas diretas podem, sim, deflagrar processos de corrupção futura. Conferir SUNSTEIN, Political Equality and Unintended Consequences, p. 1.395. Mais recentemente, Michael Kang classificou essa ideia que não atribui riscos de corrupção eleitoral aos gastos independentes como absurdamente desconectada da realidade política. Conferir KANG, After Citizens United, p. 246.

marketplace of ideas. 494 U. S., at 660. Austin's reasoning was – and remains – inconsistent with Buckley's explicit repudiation of any government interest in "equalizing the relative ability of individuals and groups to influence the outcome of elections." 424 U. S., at 48-49.[39]

Mais adiante, o acórdão elaborado pelo Ministro Kennedy chega a classificar como aberração qualquer previsão normativa que busque promover a igualdade política por meio da restrição da liberdade de expressão, reforçando a tese de que tais restrições se justificam apenas como *ultima ratio* para combater a corrupção *quid pro quo*.

Percebe-se, portanto, que em termos doutrinários a decisão da Suprema Corte em *Citizens United v. FEC* representou uma mudança substantiva de paradigma, baseada em um estreitamento das justificativas à regulação das contribuições e dos gastos eleitorais, reconhecendo tão somente o interesse público de prevenir relações de corrupção direta (*quid pro quo*) entre candidatos e doadores e repudiando qualquer regulação voltada à promoção da igualdade política no processo eleitoral.

IV O julgamento da ADI nº 4.650 (2015) pelo STF

Antes de avançarmos na análise dos fundamentos da ADI nº 4.650, ajuizada pelo Conselho Federal da Ordem dos Advogados do Brasil (CFOAB), é importante registrar que, dias antes do julgamento pelo Supremo Tribunal Federal, o Congresso Nacional havia acabado de reforçar o entendimento que autorizava o financiamento empresarial de campanhas, manifestado na aprovação do Projeto de Lei nº 5.735/13, no dia 10 de setembro de 2015. Havia, portanto, um posicionamento atualíssimo do Poder Legislativo sobre o financiamento empresarial de campanhas – que ainda carecia de sanção presidencial – no exato momento em que o Supremo decidia pela inconstitucionalidade do tema no âmbito da ADI nº 4.650.

Passando à análise da exordial, merece destaque a curta digressão feita pelo CFOAB sobre a relação entre poder econômico e sucesso eleitoral nas sociedades de massas, em que o elevado custo das campanhas eleitorais, que demandam gastos expressivos com propaganda e eventos públicos, faz com que a política seja extremamente dependente do poder econômico. Evidenciam, assim, que a viabilidade de uma campanha eleitoral competitiva nas sociedades de massas está diretamente dependente da quantidade de recursos financeiros captados junto aos agentes privados.

Dentro desse contexto e a partir dos fundamentos jurídicos detalhados a seguir, a OAB pediu que fosse declarada a inconstitucionalidade de várias previsões legais que autorizavam as contribuições de pessoas jurídicas às campanhas eleitorais, presentes nas Leis nº 9.504/1997 e nº 9.096/1995, sob a argumentação jurídica de que tais dispositivos violentariam (i) o princípio da isonomia (CRFB/88, art. 5º, *caput* e art. 14), (ii) o princípio democrático (CRFB/88, art. 1º, *caput*, parágrafo único, e art. 14, art. 60, §4º, II), e (iii) o princípio republicano (CRFB/88, art. 1º, *caput*).

Na fundamentação jurídica sobre o desrespeito ao princípio constitucional da igualdade, consagrado no art. 5º, *caput*, do Texto Constitucional, o CFOAB argumenta

---

[39] EUA. Suprema Corte. *Citizens United v. Federal Election Commission*, 558 U.S. 310 (2010), p. 8.

que o sistema impugnado de doações eleitorais permitia que diferenças econômicas existentes na sociedade fossem aprofundadas – ao invés de neutralizadas – no processo eleitoral. Essa permeabilidade entre as esferas econômica e política seria responsável pelo surgimento e desenvolvimento de um sistema patológico de captura do poder político pelo poder econômico, em que desigualdades econômicas retroalimentariam desigualdades políticas, utilizando como porta de entrada as normas eleitorais de financiamento de campanha.

Assim, argumenta-se que o legislador ordinário teria contrariado a Constituição quando, na edição da Lei nº 9.906/95 e da Lei nº 9.504/97, formatou uma estrutura de financiamento eleitoral que não conferia o mesmo peso às opiniões de cada indivíduo.

Já a violação ao princípio democrático é justificada como decorrência natural do desrespeito ao princípio da igualdade política dos cidadãos. De acordo com a CFOAB, a inexistência de igualdade política durante o processo eleitoral – decorrente da captura da esfera política pela esfera econômica – tem como resultado perverso o desenvolvimento de um sistema político baseado nas preferências políticas das elites econômicas, aproximando-se, substancialmente, de uma aristocracia e afastando-se, assim, do modelo democrático. Ainda sob a perspectiva do princípio democrático, a petição inicial afirma que as normas de financiamento empresarial enfraquecem também a ideia de paridade de armas entre os partidos políticos na arena eleitoral, pois naturalmente fortalecem as agremiações com mais acesso ao poder econômico.

No tocante à incompatibilidade de doações empresariais com o princípio republicano, a CFOAB pondera que a ideia de *Res Publica* pressupõe que os agentes políticos atuem em benefício de toda a coletividade e não orientados a interesses de grupos específicos. A partir daí, aponta que o sistema de financiamento de campanhas vigente à época permitia a "captura do poder político não apenas no sentido de programá-lo para a execução de seus interesses lícitos", mas também permitia a captura voltada à obtenção de vantagens ilícitas, em indiscutível afronta ao princípio republicano.

Como fundamento para a tese de que o financiamento de campanhas abriga uma relação promíscua entre capital e meio político, a petição inicial recorre a alguns dados empíricos que demonstram que o mercado de financiamento de campanhas eleitorais no Brasil concentrava-se em poucos atores empresariais, sendo que a maioria das empresas com doações expressivas atuava em setores econômicos com intenso contato com o Estado, conseguindo, assim, manter relações muito próximas com os candidatos que patrocinam. E por fomentar essas relações, evidenciadas empiricamente, o modelo de financiamento de campanhas por empresas seria incompatível com a moldura republicana da Constituição Federal de 1988.

Por fim, a OAB rejeita a legitimidade de as pessoas jurídicas participarem do processo eleitoral por meio de doações eleitorais, sob a argumentação de que são entidades artificialmente criadas pelo Direito e não cidadãos, sendo, assim, desprovidas de legítima pretensão para participarem no processo político-eleitoral.

No Supremo Tribunal Federal, o Ministro Relator Luiz Fux desenvolveu a tese de que a Constituição de 1988 não estabelece tratamento específico, exaustivo e inequívoco às possibilidades de financiamento das campanhas eleitorais. Contudo, advertiu que a ausência de um arranjo constitucional predeterminado no tocante às doações eleitorais não confere ao legislador discricionariedade irrestrita quando do esboço do marco normativo eleitoral.

Neste pormenor, o Ministro acolheu a argumentação de que a Constituição da República forneceu uma moldura principiológica que impõe como limites à discricionariedade legislativa na elaboração de critérios para doações eleitorais as normas fundamentais traduzidas pelo princípio democrático, o pluralismo político e a isonomia política. Ao longo do julgamento, as discussões foram travadas em torno dessa moldura constitucional. Nas linhas a seguir, destacamos as principais contribuições e debates observados no Acórdão da ADI nº 4.650.

Sobre a incompatibilidade entre doações eleitorais por pessoas jurídicas e o princípio republicano, o Ministro Joaquim Barbosa relembrou que o abrigo constitucional a esse princípio foi decidido pelo constituinte de 1988 com o objetivo de coibir as relações de confluência perversa entre o público e privado que estavam enraizadas na formação sociopolítica do Brasil. E que, no tocante ao processo político-eleitoral, a promoção do princípio republicano encontra-se embutida no art. 14, §9º, do Texto Constitucional, que estatui o dever estatal de proteção à normalidade e à legitimidade das eleições contra a influência do poder econômico.

No tocante ao princípio democrático, o Ministro Luís Roberto Barroso ponderou que o quadro normativo impugnado permitia que a participação e a influência político-eleitoral dos cidadãos – alicerce da igualdade política – fosse desigualada discriminatoriamente pelo poder aquisitivo ou poder de financiamento eleitoral. E que essa afronta à ideia de igualdade política extirpava a essência democrática do processo eleitoral.

Sobre a relação entre financiamento de campanhas e liberdade de expressão, o Tribunal refutou a ideia de que a proibição de doações de recursos para campanhas eleitorais por pessoas jurídicas ofenderia o princípio da liberdade de expressão. Nesse particular, em perspectiva similar à desenvolvida por Daniel Sarmento e Aline Osório, o voto do Ministro Luiz Fux destacou que, durante o processo político, o princípio da liberdade de expressão assume um caráter instrumental ou acessório, voltando a estimular a ampliação do debate público e a circulação de diferentes ideias e projetos políticos. E que os dados empíricos demonstravam que a *práxis* brasileira de doações eleitorais por pessoas jurídicas não estava a serviço dessa dimensão instrumental de promoção do debate político plural, qualificando-se mais como um *agir estratégico* dos grandes doadores com o objetivo de estreitar as relações de confiança com o poder público e, a partir daí, conjecturar pactos pouco republicanos.[40]

Por fim, cabe destacar que a essência da ideia abstrata de participação política de pessoas jurídicas causou divergências entre os posicionamentos dos Ministros Luiz Fux, Dias Toffoli e Luís Roberto Barroso, muito embora todos tenham votado pela inconstitucionalidade dos dispositivos impugnados.

O Ministro Luiz Fux refutou a possibilidade de participação das empresas no processo eleitoral, com base no argumento de que o exercício de cidadania exige atributos próprios das pessoas naturais, como o direito de votar, o direito de ser votado e o direito de influir na formação da vontade política mediante instrumentos de democracia direta.

---

[40] Como evidência para esse argumento, destaca-se que as grandes empresas normalmente doavam recursos para candidaturas rivais, o que esvazia a hipótese de que as doações representam um importante meio de manifestação de preferências políticas e que, por isso, devem ser protegidas pelo princípio da liberdade de expressão.

E que a ausência desses requisitos inviabilizaria a participação das pessoas jurídicas no campo político-eleitoral.

Nessa mesma perspectiva, o Ministro Dias Toffoli entende que o processo eleitoral é uma exteriorização do princípio da soberania popular, insculpido no art. 14, *caput*, da Constituição Federal,[41] o qual não se aplica à pessoa jurídica. Diante disso, o Ministro é taxativo ao afirmar que não há comando ou princípio constitucional que possibilite, em qualquer fase ou forma, a participação de pessoas jurídicas no processo eleitoral, uma vez que são entidades artificiais desprovidas do exercício da soberania.

Em sentido contrário, o Ministro Luís Roberto Barroso não defendeu uma inconstitucionalidade absoluta da participação de empresas no processo eleitoral, declarando-a apenas no tocante às regras até então vigentes, o que permite especular a constitucionalidade de um modelo diverso de financiamento de campanhas por pessoas jurídicas:

> Eu estou convencido que esta conjugação produz um resultado inconstitucional, mas não estarei pronunciando, no meu voto, a inconstitucionalidade absoluta, em toda e qualquer circunstância, de pessoa jurídica participar do financiamento eleitoral. Eu estarei declarando – e chegarei a esse ponto – a inconstitucionalidade das normas vigentes atualmente e do modelo em vigor atualmente. De modo que não iria adiante para inadmitir, a priori, em toda e qualquer circunstância, a vedação da participação de pessoas jurídicas, sejam empresas, sejam outras pessoas jurídicas, eventualmente num outro modelo que o Congresso pudesse vir a formatar.
>
> Portanto, não é uma condenação genérica da participação de qualquer empresa, mas é a condenação da participação neste modelo que nós temos presentemente, que eu considero que viola o princípio democrático na medida em que desiguala as pessoas e desiguala candidatos em função de um elemento discriminatório – que não me parece razoável –, que é o poder aquisitivo ou o poder de financiamento.[42]

Em voto contrário à proibição das doações empresariais, o Ministro Gilmar Mendes desenvolveu a tese de que as doações de pessoas jurídicas funcionaram como um instrumento de reequilíbrio do processo eleitoral, na medida em que possibilitam que as oposições e os incumbentes tenham acesso a recursos financeiros para apresentação de projetos e promoção de bandeiras políticas. Parte, para tanto, de um diagnóstico de desigualdade de chances entre os partidos e candidatos de oposição e de situação, em que os últimos são indiretamente favorecidos pelas exposições institucionais atreladas ao exercício dos cargos, muitas vezes desvirtuadas. Ao defender que as restrições às doações eleitorais comprometeriam as possibilidades reais de alternância de poder, o Ministro enquadrou a legislação impugnada como "garantidora de alguma competição democrático-eleitoral no país".[43]

No tocante à disciplina constitucional do tema, o Ministro Gilmar Mendes extrai entendimento de que a possibilidade de financiamento privado por pessoas físicas e jurídicas é decorrência natural do disposto no inciso II, do art. 17 do Texto Constitucional:

---

[41] O *caput* do art. 14 da Constituição de 1988 estabelece que a soberania popular será exercida pelo sufrágio universal e pelo voto direto e secreto, com valor igual para todos, e, nos termos da lei.

[42] BRASIL. ADI nº 4.650/DF. Acórdão. Relator: Min. Luiz Fux. Brasília, 17 de setembro de 2015, p. 125.

[43] *Ibid.*, p. 260.

A possibilidade do financiamento privado, por pessoas físicas e jurídicas, é decorrência nítida do que disposto no inciso II do art. 17 da CF/88. Ao proibir que os partidos políticos recebam recursos de entidade ou governo estrangeiros, a Constituição, evidentemente permite, a *contrario sensu*, outras formas de financiamento.[44]

Como linha dissidente à decisão da maioria, merece destaque o voto do Ministro Teori Zavascki, segundo o qual, não obstante a ausência de um modelo constitucional chapado de financiamento de campanhas, o art. 14 da Carta de 1988 estabeleceu como diretriz importante o combate à influência abusiva do poder econômico, e não ao uso de toda e qualquer contribuição de pessoas jurídicas às campanhas eleitorais:

> O que essas normas visam a combater não é, propriamente, o concurso do poder econômico em campanhas eleitorais, até porque, como já afirmado, não se pode promover campanhas sem suporte financeiro. O que a Constituição combate é a influência econômica abusiva, ou seja, a que compromete a "normalidade e legitimidade das eleições" (§9º). É o abuso, e não o uso, que enseja a perda do mandato eletivo (§10).[45]

Foram esses os principais pontos da discussão que levaram o STF, a partir da moldura constitucional apontada pelo Ministro Relator Luiz Fux, a considerar, nos termos do acórdão publicado, que as previsões legais que autorizavam doações por parte de pessoas jurídicas funcionavam como brechas para a captura do político pelo poder econômico, resultando em uma plutocratização do processo político incompatível com os princípios constitucionais da democracia, da república e da igualdade política.

V Considerações finais

Nas últimas décadas, a influência do poder econômico no processo político-eleitoral tem fundamentado uma série de discussões teóricas sobre a relação entre financiamento de campanhas eleitorais e democracia. Inserido nesse contexto mais amplo, este artigo teve como objetivo analisar as premissas teóricas predominantes nas recentes manifestações do STF e da Suprema Corte dos Estados Unidos sobre a possibilidade de financiamento de atividades políticas por pessoas jurídicas em período eleitoral, esboçadas na ADI nº 4.650 (2015) e no caso *Citizens United v. FEC* (2010).

Dessa análise, verificou-se que as Cortes Constitucionais do Brasil e dos Estados Unidos consideraram interesses distintos a serem protegidos pela regulação da influência econômica das corporações no processo eleitoral.

De um lado, a Suprema Corte dos Estados Unidos reconheceu tão somente a proteção do processo eleitoral contra trocas de vantagens entre doadores e candidatos como interesse público com força normativa para restringir a liberdade de expressão das pessoas físicas e jurídicas manifestarem suas posições políticas por meio de gastos eleitorais independentes. Pode-se afirmar, portanto, que o atual entendimento norte-americano desconhece a legitimidade de qualquer previsão normativa que busque promover a igualdade política por meio da restrição da liberdade de expressão,

---

[44] *Ibid.*, p. 256.
[45] *Ibid.*, p. 142.

reforçando a tese de que tais restrições se justificam apenas como *ultima ratio* para combater o risco de corrupção *quid pro quo* subjacente às doações diretas.

Por sua vez, o Supremo Tribunal Federal reconheceu como fundamentos legítimos à proibição das doações de recursos eleitorais por pessoas jurídicas a proteção aos princípios democrático, republicano e da igualdade política. Em diversos trechos do acórdão, percebe-se forte apreço à ideia de limitação da influência do poder econômico no processo eleitoral como forma de promoção do princípio constitucional da igualdade política. Percebe-se, portanto, que, diferentemente do Tribunal Constitucional dos Estados Unidos, o STF posicionou o princípio da igualdade política como principal balizador das relações entre poder econômico e poder político na seara eleitoral.

Considerando que, como bem destacado por Pippa Norris e Andrea van Es, a proposta de regulação a ser escolhida por um país depende, em última instância, dos padrões valorativos considerados em dado contexto político, econômico e social, reputo, na esteira do posicionamento do Supremo Tribunal Federal, que a balança há de pender em favor dos princípios da igualdade política e da democracia. Contudo, pondero, em sentido similar ao Ministro Luís Roberto Barroso, que nem todo e qualquer modelo de participação de empresas no financiamento de campanhas colide necessariamente com a ideia de igualdade política, motivo pelo qual compreendo que há espaço para que o legislador busque novas soluções que combinem regras de transparência, mecanismos de controle e limites republicanos de doações de campanhas por pessoas jurídicas.

Referências

BARROSO, Luís Roberto. *Reforma Política*: uma proposta de sistema de governo, eleitoral e partidário para o Brasil. Rio de Janeiro: [s.n.], 2006.

BRASIL. ADI nº 4.650/DF. Acórdão. Relator: Min. Luiz Fux. Brasília, 17 de setembro de 2015.

EUA. Suprema Corte. Citizens United v. Federal Election Commission, 558 U.S. 310 (2010), p. 8.

FLIGSTEIN, Neil. *The architecture of markets*: an economic sociology of twenty-first-century capitalist societies. Princeton: Princeton University Press, 2001.

KANG, Michael S. After Citizens United. *Indiana Law Review*, v. 44, n. 1, p. 243-254, 2010. Disponível em: http://journals.iupui.edu/index.php/inlawrev/article/view/4084. Acesso em: 31 ago. 2018.

KANG, Michael S. The End of Campaign Finance Law. *Virginia Law Review*, v. 98, p. 1-65, 2012. Disponível em: https://www.jstor.org/stable/41350237. Acesso em: 31 ago. 2018.

LESSIG, Lawrence. *Republic, Lost*: How Money Corrupts Congress – and a Plan to Stop It. New York: Twelve, 2011.

MARTIN, Antonio M. Javato. El delito de financiación ilegal de los partidos políticos (arts. 304 bis y 304 ter CP). Aspectos dogmáticos , político criminales y de derecho comparado. *Revista Electrónica de Ciencia Penal y Criminología*, v. 26, p. 1-41, 2017.

NORRIS, Pippa; ABEL VAN ES, Andrea. Does Regulation Work? *In*: *Checkbook elections?* : political finance in comparative perspective. New York: Oxford University Press, 2016, p. 329.

NORRIS, Pippa; ABEL VAN ES, Andrea. The Lesson for Political Finance Reform. *In*: *Checkbook elections?*: political finance in comparative perspective. New York: Oxford University Press, 2016.

RAWLS, John. *Justice as fairness*: a restatement. Cambridge: Harvard University Press, 2001.

ROSE-ACKERMAN, Susan. *Corruption and government*: causes, consequences, and reform. Cambridge: Cambridge University Press, 1999.

SARMENTO, Daniel; OSORIO, Aline. Uma Mistura Tóxica: política, dinheiro e o financiamento das eleições. *In: Jurisdição Constitucional e Política*. Rio de Janeiro: Forense, 2015.

SUNSTEIN, Cass R. *Free markets and social justice*. Oxford: Oxford University Press, 1999.

SUNSTEIN, Cass R. Political Equality and Unintended Consequences. *Columbia Law Review*, v. 94, 1994. Disponível em: http://chicagounbound.uchicago.edu/journal_articles. Acesso em: 31 ago. 2018.

WEINER, Daniel I. Citizens United Five Years Later. New York: [s.n.], 2015. Disponível em: http://creativecommons. Acesso em: 31 ago. 2018.

Informação bibliográfica deste texto, conforme a NBR 6023:2018 da Associação Brasileira de Normas Técnicas (ABNT):

SILVA, Raphael Carvalho da. A relação entre poder econômico e poder político no processo eleitoral. Análise dos fundamentos jurídicos dos modelos brasileiro e norte-americano de participação de empresas no processo eleitoral. *In*: FRAZÃO, Ana; CARVALHO, Angelo Gamba Prata de (Coord.). *Empresa, mercado e tecnologia*. Belo Horizonte: Fórum, 2019. p. 71-89. ISBN 978-85-450-0659-6.

O PROCESSO DECISÓRIO NA ERA DO "*BIG DATA*". ÉTICA DE PROTEÇÃO DE DADOS E RESPONSABILIDADE SOCIAL EMPRESARIAL

MARIA CRISTINE BRANCO LINDOSO

I Introdução

O presente estudo se propõe a entender como a tecnologia do *big data* vem sendo utilizada pelos agentes, a partir das inovações tecnológicas. A partir disso, busca-se compreender de que modo essas novas tecnologias não podem gozar de presunção absoluta de racionalidade e idoneidade, já que elas incorporam vieses inconscientes dos programadores dos algoritmos e se utilizam de correlações estatísticas para influenciar processos decisórios.

Com base nessas conclusões, o presente estudo aborda a necessidade de discutir uma ética na proteção de dados, não só a partir do *compliance* das normas e princípios gerais na coleta e processamento de conteúdo, como também a partir da adoção do que se chama *corporate social responsibility* (ou responsabilidade social empresarial).

II *Softwares*, processamento de dados em massa, *big data* e *data mining*

Desde o desenvolvimento de programas de computador decorrentes da sofisticação tecnológica, diz-se que a humanidade vive hoje uma quarta revolução industrial. O termo revolução digital, utilizado para designar o processo ocorrido entre meados de 1960, quando se desenvolveram componentes eletrônicos para condução de energia elétrica (os semicondutores), até 1990, quando se popularizou o surgimento da internet, deixou de ser suficiente para explicar as rupturas ocasionadas pela fusão de diferentes tecnologias e pela "interação entre os domínios físicos, digitais e biológicos" do cotidiano.[1]

Foi quando se iniciou uma nova era revolucionária, a partir de uma verdadeira mudança cultural, na qual estruturas matemáticas complexas, denominadas algoritmos,

---

[1] SCHWAB, Klaus. *A quarta revolução industrial*. São Paulo: Edipro, 2016.

passaram a influenciar nos processos mais simples do cotidiano humano, como o próprio pensamento e a comunicação. A partir do processamento de dados em massa, feito por esses algoritmos, o papel de ressignificação social e a própria existência humana em meio coletivo foram digitalizados e migraram para a internet.[2] Essa circunstância foi viabilizada (i) pela organização de complexas estruturas matemáticas, denominadas aqui de modelos matemáticos, as quais viabilizaram o (ii) uso de tecnologia do tipo *big data*.

Por modelos matemáticos, entende-se uma espécie de fórmula matemática complexa, formada por diversos algoritmos e orientada com um objetivo de analisar diferentes cenários e procurar combinações perfeitas.[3] As rotinas diárias da vida são organizadas por diversos modelos, que nada são além de simplificações cotidianas que auxiliam no processo de escolhas, a partir de uma predição de risco de vários cenários hipotéticos.[4] Ao que importa à quarta revolução industrial, esses modelos foram matematizados de forma muito complexa a fim de viabilizar a criação e o desenvolvimento de tecnologias velozes e massivas, como a do *big data*.

Alguns autores entendem por *big data* uma espécie diferenciada de dado, estruturado a partir de uma grande quantidade de conteúdo variado, armazenado nele próprio, e que excede a capacidade convencional de processamento.[5] Há também um outro entendimento de que, em verdade, *big data* diz respeito a uma forma de processamento de conteúdo orientado para a tomada de uma decisão, no sentido de que essa tecnologia seria o processo que resulta, ao final, em estatística, cuja finalidade é auxiliar uma escolha.[6]

Como os próprios especialistas não possuem um consenso, o presente estudo se propõe a entender essa tecnologia como um mecanismo de processamento de dados variados, de forma massiva e a um baixo custo, com o objetivo final de influir no processo decisório.

Esse tipo de tecnologia se caracteriza, principalmente, em razão do que se convencionou chamar como "3vs": volume (quantidade de dados), velocidade (capacidade de processamento e modificação de conteúdo) e variedade (fontes e tipos de dados variados).[7] Há ainda um outro "v" que vem sendo abordado para caracterizar o *big data*, que diz respeito ao valor dos dados. Esse valor vem sendo agregado aos dados em razão da variedade e do volume que vem sendo coletado, acompanhado da velocidade no processamento do conteúdo.[8]

Para o seu funcionamento, é necessário o uso de um mecanismo denominado *data mining*[9] ou *data analytics*,[10] que se refere a um processo de seleção de conteúdo com

---

[2] STRIPHAS, Ted. Algorithmic culture. In: *European Journal of Cultural Studies*, vol. 18, p. 395-412, 2015.
[3] O'NEIL, Carthy. *Weapons of math destruction*. How big data increases inequality and threatens democracy. Ney York: Crown, 2016, p. 17.
[4] *Op. cit.*, p. 18.
[5] WILDER-JAMES, Edd. *What is big data?* An introduction to the big data landscape. 2012, disponível em: https://www.oreilly.com/ideas/what-is-big-data.
[6] KALYVAS, James R.; OVERLY, Michel R. *The law of big data*. A business and legal guide. CRC Press, 2015, p. 1.
[7] KALYVAS, James R.; OVERLY, Michel R. *The law of big data*. A business and legal guide. CRC Press, 2015, p. 2
[8] GRUNES, Allen P.; STUCKE, Maurice E. *Big data and competition policy*. Oxford University Press, 2016, p. 23.
[9] O que hoje se conhece por *data mining* se originou em 1991, através de um algoritmo de reconhecimento criado por Usama Fayyad, objetivando, justamente, a obtenção de padrões implícitos em uma grande base de dados (STEINBOCK, p. 14).
[10] OECD. *Data-driven innovation*: Big data for growth and well-being. Paris, 2015, p. 22.

o objetivo de diferenciar estatisticamente os dados que poderão ou não ser utilizados para fundamentar esse processo decisório.[11]

Esse processo é, por definição, um tipo de discriminação estatística, que se utiliza de uma base racional para distinguir conteúdos e agrupá-los em razão de padrões e características similares.[12] Essa busca por padrões implícitos para a formação do conhecimento estatístico[13] trata, em verdade, de uma tentativa de simular o funcionamento da mente humana, que faz escolhas a partir de distinções baseadas em características específicas, valoradas de forma diferente a depender da circunstância.[14]

Ocorre que os sistemas cognitivos do pensamento humano não são organizados somente em função da racionalidade, já que se desvirtuam em razão da intuição, de associações com experiências anteriores, com crenças pessoais e construções culturais, além de estarem sujeitos a processos de influência comportamental.[15] Por esse motivo, o uso de *data mining* cativou o desejo humano de racionalidade nos processos decisórios mais cotidianos: a partir desses mecanismos, presume-se que as escolhas tomadas serão inteiramente racionais, livres de vieses inconscientes.

Toda essa tecnologia tornou-se uma necessidade em razão da extensa produção de dados em meio digital, advinda do surgimento e popularização da internet. Desde 1990, já era possível traduzir um conteúdo em um dado. Contudo, inexistia tecnologia suficiente para organizar e armazenar esses conteúdos, transformando-os em informações[16] disponíveis para os múltiplos agentes do mercado. Com o conhecimento matemático suficiente, aliado ao domínio tecnológico, além de uma necessidade, as tecnologias do *big data* permitiram transformar ainda mais conteúdos em dados utilizáveis, aumentando, nesse sentido, a quantidade de informação que circulava em ambiente virtual.[17]

Em razão de tais tecnologias, hoje é possível fazer pesquisas, anunciar, vender, comunicar-se, avaliar riscos, selecionar candidatos, fiscalizar e controlar usuários,

---

[11] BAROCAS, Solon; SELBST, Andrew D. Big Data's disparate impact. *California Law Review*, 2016.
[12] *Op. cit., i,* p. 7.
[13] STEINBOCK, Daniel J. Data Matching, Data Mining and Due Process. *Georgia Law Review*, vol. 40, p. 13, 2005.
[14] BERENDT, Bettina; PREIBUSCH, Soren. *Better decision support through exploratory discrimination-aware data mining.* Foundations and empirical evidence. Springer Science+Business Media Dordrecht, 2014, p. 2.
[15] KAHNEMAN, Daniel. *Thinking, Fast and slow*. Ferrar, Straus & Giroux, 2011.
[16] Danilo Doneda, em sua obra *Da privacidade à proteção de dados pessoais* (2014), diferencia dado e informação em razão do momento de processamento de cada um desses conteúdos: "Em relação à utilização dos termos 'informação' e 'dado', é necessário notar preliminarmente que o conteúdo de ambos os vocábulos se sobrepõe em várias circunstâncias, o que justifica uma certa promiscuidade na sua utilização. Ambos os termos servem a representar um fato, um determinado aspecto de uma realidade. Não obstante, cada um carrega um peso particular a ser levado em conta. Assim, o 'dado' apresenta conotação um pouco mais primitiva e fragmentada, como observamos por exemplo em um autor que o entende como uma informação em estado potencial, antes de ser transmitida; o dado estaria associado a uma espécie de 'pré-informação', anterior à interpretação e ao processo de elaboração. A informação, por sua vez, alude a algo além da representação contida no dado, chegando ao limiar da cognição, e mesmo nos efeitos que esta pode apresentar para o seu receptor. Sem aludir ao significado ou conteúdo e si, na informação já se pressupõe uma fase inicial de depuração de seu conteúdo – daí porque a informação carrega em si também um sentido instrumental, no sentido de uma redução do estado de incerteza" (p. 152).
[17] Tanto é verdade que, desde a popularização da tecnologia de *big data*, a quantidade de dados produzidos no mundo aumentou de forma substancial e, até hoje, cresce, em média, 50% por ano. Estima-se que 90% dos dados digitais coletados em todo o mundo foram produzidos entre os anos de 2014 e 2016; 2,4 milhões de e-mails são enviados, 2,4 milhões de postagens são feitas em redes sociais e 72 horas de vídeo são produzidas por minuto. Essas são as informações disponibilizadas por Alec Ross (ROSS, Alec. *The industries of the Future*. Simon & Schuster, 2016, p. 511-512).

dentre tantas outras atividades, de forma muito rápida e barata. Fala-se hoje em *data-driven innovation* para tratar dessa capacidade de análise de dados em massa a fim de impulsionar o crescimento econômico e modificar a estrutura dos mercados.[18]

De fato, houve uma profunda modificação nas estruturas dos mercados, já que diversos agentes passaram a desempenhar suas atividades a partir da coleta e do processamento de dados dos usuários, ou se valeram de tecnologias que fazem isso, para tentar criar uma espécie de aproximação de seus negócios com o consumidor final, através da internet.

O custo desse desenvolvimento, contudo, veio associado a uma ausência de controle e regulação por parte do Estado e dos próprios agentes do mercado a respeito dos riscos da coleta e uso de dados em massa, sem que fossem ponderadas questões relevantes para o desenvolvimento econômico igualitário como um todo, como será pormenorizado adiante.

III Conflitos no uso das novas tecnologias

O propósito do *big data*, por definição, é orientar o processo decisório. Isso é feito a partir de uma análise volumosa de conteúdo diferenciado, em tempo muito rápido, permitindo que se discriminem, através de *data mining*, quais são as informações relevantes ou não para aquele processo em si.

Fundado na crença excessiva na racionalidade e na cientificidade das estruturas matemáticas que permitem a análise de tantos dados,[19] o uso de algoritmos começou a criar várias controvérsias quando surgiram questionamentos sobre o que é feito com os dados pessoais e a maneira como todo o mecanismo de processamento de dados ocorre.

Em um primeiro momento, é importante desconstruir a premissa inicial de que os modelos matemáticos de processamento de conteúdo são integralmente racionais e alheios aos vieses da subjetividade aos quais a mente humana se submete de forma involuntária. Nas palavras de Cathy O'Neil, os modelos são, em verdade, opiniões traduzidas para a linguagem matemática, e o processamento de dados em massa carrega todas as subjetividades do programador que criou aquele modelo, envolvendo desde a escolha dos dados que serão processados até as perguntas que serão feitas pelo algoritmo para selecionar e catalogar os conteúdos.[20] Ora, modelos são meras simplificações da realidade que se propõem a fazer uma análise estatística das informações, desconsiderando outros conteúdos relevantes. Além disso, estão sujeitos a erros, até porque foram feitos por seres humanos que transportaram à matemática a realidade social em que vivem, de forma consciente ou não.[21]

Assim, todos os agentes de mercado que se utilizam de algoritmos para desenvolverem suas atividades, ainda que isso não seja feita de forma principal, estão sujeitos aos erros causados pelo processamento de dados em massa, bem como aos vieses inconscientes inerentes às tecnologias do *big data*.

---

[18] OECD. *Data-driven innovation*: Big data for growth and well-being. Paris, 2015, p. 21.
[19] O'NEIL, Cathy. *Weapons of math destruction*. How big data increases inequality and threatens democracy. New York: Crown Publishers, 2016.
[20] *Op. cit.*, p. 21.
[21] *Op. cit.*, p. 20.

Desconstruída a premissa da racionalidade absoluta, o próprio fato de a tecnologia que envolve o processo decisório hoje ser estruturada em linguagem matemática cria um segundo problema, qual seja o do acesso às estruturas que compõem aquele modelo. Por esse motivo, há um generalizado problema de transparência relacionado ao uso de algoritmos, modelos matemáticos e tecnologia do *big data*.[22]

O primeiro problema de transparência diz respeito à ausência de inteligência matemática capaz de permitir ao usuário compreender o que aqueles modelos dizem, o que se propõem a fazer e quais estruturas que os compõem, para dizer o mínimo.[23] Preliminar, contudo, é o fato de que sequer seria possível ter acesso aos algoritmos que estruturam esses modelos, uma vez que os direitos de propriedade intelectual criam uma verdadeira barreira de transparência entre o usuário e o manipulador daquele modelo.[24]

Considerando-se que as leis de propriedade intelectual são fundamentais para a organização da concorrência e para a proteção da inovação e das estruturas negociais, não só os usuários precisam ter um certo nível de transparência em relação às premissas que o algoritmo utiliza para funcionar, como também os próprios agentes do mercado, que demandam uma garantia de confiabilidade sobre o conteúdo que é processado naquele sistema.[25]

Ainda sobre transparência, há que se considerar que o usuário também não possui controle sobre que tipo de informação pessoal sua está sendo utilizada como base para o funcionamento daquele modelo. Assim, o usuário não pode garantir sua privacidade, já que não sabe se dados sem autorização para tanto estão sendo utilizados em processamento de conteúdo; não pode garantir se as informações são verdadeiras, porque muitas vezes desconhece, inclusive, quais dados estão sendo usados no processamento, e até se está sendo garantida a devida proteção aos diversos tipos de dados, sejam pessoais ou anônimos, evitando que distorções sejam criadas.

Veja-se, portanto, que os agentes também precisam lidar com essas questões. Os problemas decorrentes na ausência de inteligência matemática da população, do desconhecimento de como é feito o processamento de dados e da falta de transparência que os usuários têm em relação ao *modus operandi* dos algoritmos são problemas da empresa e que prejudicam, diretamente, seus negócios.

III.1 Correlações estatísticas e discriminação

Além da falta de transparência no processamento, há, ainda, um outro problema no uso de *big data* que envolve correlações estatísticas feitas pelos algoritmos e que também devem ser observados pelos agentes de mercado.

Como visto, o processamento de uma quantidade volumosa e variada de conteúdo (ou seja, processamento com o uso de tecnologia *big data*) é feito através de *data mining*, um processo de seleção estatística de conteúdo, discriminando o que é relevante ou não

---

[22] *Op. cit.*, p. 21.
[23] *Op. cit.*, p. 25.
[24] PASQUALE, Frank. Restoring transparency to automated authority. *Journal on telecommunications & high technology*, vol. 9.
[25] *Op. cit.*, p. 254.

para aquele sistema e viabilizando a tomada de uma decisão com base nos dados que foram selecionados.

Hoje em dia, não só existem mais dados e informações sobre os cidadãos do que nunca, como também se aprimoram a cada dia as diversas formas de gerenciar e entender esse conteúdo. Por esse motivo, espera-se que o uso de algoritmos e modelos matemáticos permita inovações no processo decisório, reduzindo a complexidade da atividade e do pensamento humano e aumentando a disponibilidade e a facilidade com que empresas e os próprios governos prestam assistência e serviços aos indivíduos.[26]

Obviamente que os pontos positivos desse processo são elencados com frequência. Fala-se em progresso tecnológico, maior quantidade de decisões tomadas em tempo real, novas áreas para empregos e desenvolvimento, redução da complexidade de processos humanos, aumento da eficiência e redução de custos na tomada de decisões.[27]

Como pontos negativos, contudo, poucas vezes se discutem mecanismos de transparência no processamento dos dados, como visto anteriormente, para além do próprio funcionamento dos algoritmos, os quais podem operar por meio de correlações estatísticas e criação de perfis individuais sobre os cidadãos, sem seu controle ou vontade.[28]

A esse respeito, é importante perceber, primeiro, que, apesar de desenvolvidos com uma finalidade específica, os *softwares*, utilizando-se de modelos matemáticos, conseguem se desenvolver de forma autônoma, aprendendo com as informações que eles mesmos processam e organizam e tentando aprimorar a qualidade no processo de seleção de conteúdo. Esses mecanismos, chamados de *supervised machine learning* ("SNL"), funcionam aprendendo os parâmetros a ele submetidos e utilizando essas informações para fazerem predições em relação a novos dados.[29]

Esse processo é viabilizado por mecanismos de *training data*, ou treinamento de dados, nos quais se submetem diversos conteúdos distintos aos modelos matemáticos para que eles possam aprender e se aprimorar com base em exemplos.[30] Nesse processo, há algum juízo minimamente subjetivo sobre quais dados serão selecionados como exemplo, de forma que essa seleção acaba por influenciar o funcionamento do modelo como um todo. Uma segunda questão também envolve a qualidade desses dados selecionados, ou seja, de forma a garantir que eles sejam representações (minimamente) fiéis dos registros que se pretendem usar, evitando que alguma característica seja sub-representada ou representada em demasia.[31]

Não só no momento em que os algoritmos e os modelos matemáticos são desenvolvidos, portanto, há subjetividade. Nesse momento de seleção de dados e de aprendizagem do modelo com base ao que a ele é exposto, há uma transposição de valores e preferências de quem orienta e manipula todo esse processo. Por mais esse motivo, não se pode dizer que a racionalidade de funcionamento desses *softwares* seja inatingível, já que ela acaba por se "contaminar" com os próprios processos da subjetividade humana.

---

[26] SCHWAB, Klaus. *A quarta revolução industrial*. São Paulo: Edipro, 2016.
[27] *Op. cit.*
[28] *Op. cit.*
[29] ATHEY, Susan. *Beyond Prediction*: Using big data for policy problems. Athey: Science, n. 355, p. 483, 2017.
[30] BAROCAS, Solon; SELBST, Andrew D. Big Data's disparate impact. *California Law Review*, p. 10, 2016.
[31] *Op. cit.*, p. 11-14.

E veja-se que, com base nos exemplos aos quais são submetidos, os modelos matemáticos irão organizar predições sobre dados que sequer foram lidos. Mais que isso, vão aprender a fazer correlações estatísticas supondo a realidade do conteúdo de dados que sequer foram processados ainda, a fim de tornar o processo decisório mais rápido.

É por esse motivo que as decisões tomadas por *softwares* podem estar sujeitas a diversas distorções, não se podendo confiar excessivamente nos modelos matemáticos. Não apenas em razão da subjetividade de quem criou o modelo, que influenciou com seus ideais a estruturação do modelo desde o princípio, ou dos problemas inerentes à própria coleta dos dados em si, relacionados à amostragem ou à veracidade dos conteúdos, por exemplo, como também em razão dos próprios mecanismos de aprendizagem automatizada desses modelos, que se utilizarão de correlações às quais não se poderá atribuir veracidade absoluta.

Identificando padrões, esses modelos tendem a acreditar que as correlações são cada vez mais próximas da realidade. Em um determinado momento, novas correlações serão feitas utilizando-se de correlações anteriores, perdendo, ao fim, o lastro na realidade que o processamento de dados em massa se propõe a ter.

Além disso, essas correlações são fruto, muitas vezes, de processamento de dados feito de forma não transparente, de modo que dados pessoais sensíveis são gerenciados da mesma forma que dados anônimos, por exemplo. Isso, por si só, proporciona a distorção de não fornecer ao conteúdo potencialmente discriminatório o valor que a ele corresponde e o cuidado que a ele se obriga existir.

Mundo afora, essas correlações estatísticas feitas de forma indiscriminada foram evidenciadas por distorções relacionadas à raça, já que foram facilmente identificados padrões discriminatórios no uso desses *softwares*. Alguns casos emblemáticos relacionados à concessão de crédito vieram à tona após se descobrir que os *softwares* faziam correlações estatísticas sobre o local de compra daquele indivíduo, sua raça, nomes tipicamente atribuídos a brancos ou negros, seu local de moradia, dentre outras informações, para inferir o potencial de adimplemento de dívidas daquele indivíduo.[32]

Estudos ainda comprovaram que as correlações estatísticas produzidas pelo uso de tecnologia *big data* também promoveram discriminações de gênero. Alguns pesquisadores desenvolveram um programa para testar a plataforma de anúncios do Google, com objetivo de verificar se ela operava de acordo com a própria política divulgada pela empresa. Constatou-se, ao final, que o Google Ads oferta mais anúncios de treinamentos para conseguir empregos com altos salários para homens do que para mulheres.[33]

O Google utiliza, portanto, o critério "gênero" para selecionar anúncios que vão ser exibidos para cada pessoa, fazendo isso de forma não transparente, já que os usuários não possuíam conhecimento de como essa seleção de anúncios é feita. Também não se

---

[32] Esse foi o caso de Kevin Johnson, que foi surpreendido por uma correspondência da empresa americana American Express, informando a redução de seu limite de crédito em razão de inferências sobre sua condição financeira a partir do local em que ele morava. Kevin morava em Atlanta, em um bairro tipicamente afro-americano, e as inferências foram feitas com base nos locais em que ele costumava fazer compras, quando se verificou que demais pessoas que também compravam naquela região tendiam a ser inadimplentes (LIEBER, Ron. *American Express Kept a (Very) Watchful Eye on Charges*, 2009. Disponível em: https://www.nytimes.com/2009/01/31/your-money/credit-and-debit-cards/31money.html).

[33] DATTA, Amit; TSCHANTZ, Michael Carl; DATTA, Anupam. *Automated Experiments and Ad Privacy Settings*. A tale of opacity, choice and discrimination. Proceedings on Privacy Enhancing Technologies, 2015.

privilegia a escolha dos usuários, já que ficou constatado que a seleção de interesses na página de configurações pessoais da plataforma de anúncios não era determinante para que aquele conteúdo fosse ou não exibido.[34]

Ou seja, (i) o usuário não poderia escolher o que queria receber de anúncio, já que isso era selecionado de forma opaca pela plataforma do Google Ads; (ii) o usuário não possuía conhecimento de quais eram os critérios, ou de como era feita a seleção dos anúncios que seriam exibidos a ele; o que acarretava, por fim, (iii) uma seleção de anúncios com base no critério "gênero", de forma tendenciosa e discriminatória.

O uso do gênero como *proxy* no processo decisório não é recente. Há alguns anos, a Suprema Corte Americana julgou o caso que proibia a seleção discriminatória de jurados nos processos de Tribunal de Júri, quando fosse levado em consideração apenas o gênero do jurado. Hoje, com mecanismos de *big data* operando na seleção aleatória dos jurados, justamente com o objetivo de tentar coibir a seleção viciada, percebe-se que os próprios algoritmos deixam de ser representativos da realidade e selecionam menos mulheres.[35]

Essa falta de cuidado no uso de determinantes de "gênero" a partir do *data mining* faz com que as opressões estruturais se traduzam em linguagem matemática e se reproduzam pela tecnologia em diferentes níveis, já que a digitalização dos processos cotidianos não se deu de forma neutra e democrática.[36] Essa preocupação existe, ao menos, desde 1970, quando feministas iniciaram um processo de crítica ferrenha ao uso da tecnologia para reforçar padrões culturais patriarcais.[37]

Nesse sentido, estudos interdisciplinares no campo do feminismo e da tecnologia promoveram avanços na discussão sobre masculinidades e desenvolvimento, além de proporcionarem a criação de métodos de integração social e cultural com o objetivo de democratizar o campo tecnológico e eliminar distorções discriminatórias no próprio uso das ferramentas disponibilizadas pela tecnologia.[38]

Esses mecanismos para eliminação de distorções envolvem, inicialmente, uma maior consciência no processo de tratamento de dados pessoais, garantindo que eles são feitos de forma transparente com o usuário. Nesse processo, deve haver também uma consciência de que o gênero pode ser considerado dado sensível, já que pode ser utilizado como uma característica apta a influenciar de forma negativa no processo decisório.

Veja-se que o uso de *big data* pode ser utilizado também para promover a igualdade de gênero. Recentemente, a ONU Mulheres apresentou um relatório sobre a possibilidade do uso de *big data* para facilitar: (i) a divulgação de informação para mulheres em situação de vulnerabilidade; (ii) a exposição da situação, em tempo real, de mulheres consideradas invisíveis; (iii) a identificação de tendências através de base de dados

---

[34] *Op. cit.*

[35] FERGUSON, Andrew Guthrie. The big data jury. *Notre Dame Law Review*, 2016. O autor identifica um processo discriminatório anterior ao uso do *big data* como tecnologia para seleção dos jurados, qual seja o uso do *proxy* gênero para seleção de um júri com base em cada caso. Como isso foi expressamente vetado pela Suprema Corte Americana, o autor entende que o uso da tecnologia *big data* pode promover um grande avanço na seleção verdadeiramente aleatória, contanto que o algoritmo seja estruturado de forma democrática e que as partes tenham acesso às informações do júri, justamente para tentar coibir a especulação discriminatória com base no gênero e na raça.

[36] COTTOM, Tressie McMillan. Black CyberFeminism: Ways forward for intersectionality and digital sociology. *In*: GREGORY, DANIELS *et al*. *Digital Sociologies*, Policy Press: 2016.

[37] BRAY, Francesca. Gender and Technology. *Annual Review of Anthropology*, vol. 36, p. 39, 2007.

[38] *Op. cit.*, p. 47.

que, até então, seriam desconhecidas; e (iv) oportunidades de *feedback* e programas de *mentoring*, dentre outros.[39]

O que se pretende destacar, contudo, é que esse tipo de processamento de conteúdo é feito, muitas vezes, de forma pouco transparente, utilizando dados sem conhecimento e autorização dos usuários e sem respeito a fundamentais princípios, como o da finalidade. Em razão disso, há uma tendência a reproduzir situações discriminatórias a partir de algoritmos que foram feitos dentro de uma realidade discriminatória, e as mulheres costumam ser um alvo fragilizado nesse processo, uma vez que não existem mecanismos concretos de se coibir a discriminação de gênero.

Veja-se que, ao fim, a discussão sobre conflitos no uso de tecnologias do tipo *big data* envolve, ao mínimo, violações ao direito dos consumidores, já que está sendo desenvolvido um tipo de *marketing* comportamental, estruturado no monitoramento dos usuários e que, ainda por cima, opera reproduzindo padrões discriminatórios.[40]

Além disso, há uma verdadeira discussão sobre privacidade, não tão abordada no presente estudo, mas que também se relaciona diretamente com a falta de transparência nas formas de processamento de dados e na coleta das informações dos usuários.

Mais que isso, há, ainda, uma verdadeira discussão acerca de democracia envolvida no uso dessas tecnologias: não há qualquer controle, investigação, debate ou punição para os agentes que reproduzem vieses em seus algoritmos e perpetuam padrões de raça e gênero que vêm sendo combatidos na realidade. Logo, em alguma medida tornou-se aceitável o fato de que o processamento dos dados pessoais é feito dessa forma, e, por ser uma fórmula matemática, não pode ser questionado por quem não possui esse tipo de conhecimento específico.

IV *Corporate social responsibility* e ética no tratamento de dados

A partir do exposto, é possível concluir que os algoritmos e os mecanismos de processamento de dados hoje possuem uma presunção de idoneidade absoluta. Há uma tentativa de mimetizar o comportamento do cérebro humano a partir da criação de *softwares* poderosos, na expectativa de que eles possam superar todos os vieses inconscientes inseridos no processo decisório racional de um indivíduo.

Ocorre que o uso do *big data* está sujeito a diversos erros, que sequer são considerados pelos agentes de mercado que vêm orientando o funcionamento de seus negócios a partir da coleta e do processamento de dados. Dentre eles, os mais fundamentais a serem considerados envolvem erro decorrente da coleta dos dados, erro decorrente do uso inapropriado do *data mining* e erro decorrente da mudança no ambiente no qual os dados foram coletados inicialmente.[41]

Dentro desses erros, foi pormenorizado, inclusive, que o processamento de dados em massa também reproduz discriminações, principalmente de gênero e raça, que podem prejudicar a própria credibilidade daquele *software*, além de criarem prejuízos ao desenvolvimento de uma democracia por si só considerada.

---

[39] UN – Women. *Gender equality and big data*. Making gender data visible. January 2018.
[40] GRUNES, Allen P.; STUCKE, Maurice E. *Big data and competition policy*. Oxford University Press, 2016, p. 55.
[41] OECD. *Data-driven innovation*: Big data for growth and well-being. Paris, 2015, p. 157.

Nesse sentido, tornou-se fundamental pensar em uma ética de proteção de dados que os agentes econômicos passem a adotar, objetivando coibir processamento de dados em massa de forma discriminatória e indevida.

Em relação aos padrões éticos, primeiro é necessário que sejam fixados princípios mínimos na proteção dos dados pessoais. Dentre os mais relevantes, cabe mencionar o princípio da finalidade, que obriga os agentes a obedecerem, minimamente, aos propósitos da coleta dos dados informada ao usuário; o princípio da transparência, que obriga a uma espécie de *accountability* dos bancos de dados; o princípio do consentimento, que garante ao usuário controle sobre o uso de seus dados pessoais; e o princípio da qualidade dos dados, que garante a veracidade das informações coletadas e armazenadas, bem como o acesso do usuário ao que determinado agente possui sobre ele.[42]

Esses princípios são, via de regra, estabelecidos nos diplomas legais. Na recente lei brasileira de proteção de dados (Lei nº 13.709/18), alguns desses princípios foram incorporados, principalmente no que diz respeito à privacidade, à capacidade de o usuário controlar as informações existentes sobre ele, à liberdade de expressão de comunicação, intimidade, honra e imagem. Interessantes também foram as abordagens feitas pelo diploma que reforçam ainda outros padrões éticos, constitucionalmente inseridos no nosso ordenamento, que prestigiam a livre concorrência, os direitos humanos e o direito do consumidor. Ao fim, foi possível perceber que o legislador se preocupou em direcionar a atuação dos controladores de dados às questões mais relevantes para o respeito à personalidade dos indivíduos e ao bom desenvolvimento dos mercados em um ambiente democrático e competitivo.

Dentro desse contexto, é possível perceber que alguns tipos de condutas adotadas no processamento de dados não são viáveis, notadamente às que dizem respeito ao gênero e à raça dos usuários, sendo utilizadas como *proxies* para influenciar tomadas de decisões de algoritmos. Com o estabelecimento de padrões éticos no diploma legal, os agentes deveriam, ao menos, buscar desenvolver programas de *compliance* corporativo.

Foi nesse sentido, inclusive, que se orientou o novo diploma de proteção de dados europeu. Mesmo sendo antiga, a proposta de atualização da legislação vigente em toda a comunidade europeia foi estruturada para tentar acompanhar os avanços tecnológicos e as novas demandas que surgiram com a coleta de conteúdo. A esse respeito, a solução encontrada foi embutir, no próprio regramento de proteção de dados, normas gerais para a instauração de um programa de *compliance* empresarial a ser seguido pelas empresas controladoras e dados pessoais. No lugar de se limitar a fixação de princípios e normas gerais, o diploma estabeleceu diretrizes para um programa de adequação normativa a ser desenvolvido pelos agentes de mercado, com plano de ação, formas de checagem, atuação e implementação, obrigando os agentes não só à adequação normativa, como também à reestruturação de seus modelos de comprometimento com as normas.[43]

Mas isso não vem se mostrando suficiente para apurar coleta e venda indevida de dados pessoais; processar e tratar de conteúdo com finalidade diversa àquela informada ao usuário; produzir conteúdo com viés; ser pouco transparente, dentre tantas outras condutas.

---

[42] MENDES, Laura Schertel. *Privacidade, proteção de dados e defesa do consumidor*. Linhas gerais de um novo direito fundamental. Saraiva – Série IDP, 2014, p. 71-72.

[43] IMPERIALI, Rosario. The data protection program. *Journal of International Commercial Law and Technology*, 2012.

Tanto o referido é verdade que, mesmo estando sujeito à regulamentação acerca da coleta de dados pessoais quando da ocorrência dos fatos, recentemente foi divulgado que o Facebook se envolveu em um escândalo de dimensão mundial acerca da venda de dados de seus usuários para empresas que processaram aquele conteúdo sem autorização e acabaram por influenciar, em alguma medida, o processo eleitoral de um país.[44]

Especificamente no que diz respeito à reprodução de padrões discriminatórios, os exemplos são mínimos porque sequer existe monitoramento dos algoritmos utilizados nesses processos de *big data*. Há um cuidado ainda menor das autoridades em promover estruturas de checagem de algoritmos ou de estruturas matemáticas, a fim de apurar se as normas estabelecidas vêm sendo efetivamente implementadas em todos os momentos do processamento de conteúdo.

A explicação muitas vezes encontrada é de que os usuários não se preocupam com os dados pessoais que disponibilizam para os agentes privados – que são os maiores detentores de dados pessoais. Há uma falta de interesse generalizada na própria privacidade relacionada a esses dados, mas também na informação do que será feito com aquele conteúdo e qual a sua importância.[45] Por esse motivo, o próprio mercado não cobra de seus agentes atuação mais preocupada com questões de privacidade, transparência, finalidade e não discriminação no processamento de dados.

Essa é uma realidade que vem sendo modificada, porém lentamente. Apenas recentemente se iniciou o debate sobre o que é feito com os dados pessoais, como eles funcionam enquanto moeda de troca para a prestação de serviços na rede e quais as formas de controle existentes para que os usuários possam ter acesso ao que é feito com suas informações, sem que isso obrigatoriamente envolva lidar com termos e políticas de uso complexas, prolixas e excessivamente técnicas para o linguajar do senso comum.

Existe também uma explicação complementar no sentido de que os marcos regulatórios nunca conseguem acompanhar o desenvolvimento tecnológico, existindo sempre um *gap* entre o que as empresas são obrigadas a seguir e o que elas efetivamente estão fazendo naquele momento.[46] Assim, as autoridades sempre vão estar um passo atrás dos agentes, que, valendo-se das *data-driven innovations*, poderão sempre criar novos mecanismos de processamento de dados e coleta de conteúdo.

Ao fim, os próprios agentes do mercado se estabilizaram em uma inércia de violação de direitos, já que (i) as autoridades não conseguem monitorar e nem acompanhar seu ritmo de processamento de conteúdo; e (ii) os usuários não se importam (tanto).

A fim de tentar solucionar esse problema e pensar em formas de aumentar a confiança dos usuários com o processamento de dados, além de criar novos padrões de comportamento na coleta e tratamento do conteúdo que não sejam discriminatórios, deve-se começar a pensar em *corporate social responsibility* (ou responsabilidade social empresarial).

Esse termo implica a adoção de práticas a serem desenvolvidas pelas empresas que vão além do que é imposto pelos marcos legais. Trata-se de esforços extralegais

---

[44] ROSENBERG, Matthey; CONFESSORE, Nicholas; CADWALLADR, Carole. *How Trump Consultants Exploited the Facebook Data of Millions*, 2018. Disponível em: https://www.nytimes.com/2018/03/17/us/politics/cambridge-analytica-trump-campaign.html; acesso em: 29 ago. 2018.
[45] GRUNES, Allen P.; STUCKE, Maurice E. *Big data and competition policy*. Oxford University Press, 2016, p. 53.
[46] RICHARDS, Neil M.; KING, Jonathan. Big Data Ethics. *Wake Forest Law Review*, v. 49, p. 38, 2014.

feitos pelos agentes, de forma espontânea, para endereçarem diversos problemas sociais que elas podem ajudar a resolver em razão do desempenho de suas atividades econômicas, mas que não necessariamente o fariam se estivessem apenas preocupadas com seus lucros.[47]

Indo além da função social da empresa, que por si só já impõe ao titular verdadeiras obrigações positivas em favor da coletividade,[48] e também além do *compliance*, já que as normas nem sempre estão adaptadas à realidade empresarial, a responsabilidade social empresarial se justifica pela existência de um "mercado da virtude" que valoriza a virtude das empresas, já que os consumidores estão dispostos a pagarem mais pelos bens e serviços daquelas companhias que vão além dos limites legais para atuarem em favor do coletivo.[49]

Ainda que existam outras formas de mudanças na sociedade empresária, como alteração da estrutura de governança da empresa, trazendo diversidade de opiniões para o corpo gestor da entidade, a fim de satisfazer múltiplos interesses,[50] ou da ampliação dos deveres impostos às empresas a partir de uma medida mais intervencionista,[51] a adoção de uma verdadeira responsabilidade social de forma voluntária se mostra mais benéfica e até eficaz às empresas, contanto que isso não seja acompanhado de um movimento desregulatório.[52]

No caso do uso de *big data* e processamento de dados pessoais em massa, a *corporate social responsibility* poderia se dar com a adoção de normas e padrões de comportamento ainda mais rígidos no que diz respeito à coleta de dados pessoais, atingindo, inclusive, a própria estruturação e auditoria dos algoritmos matemáticos que processam o conteúdo, a fim de que eles não reproduzam os padrões discriminatórios.

O uso de dados de forma socialmente responsável poderia contribuir, inclusive, com o desenvolvimento econômico das sociedades, já que as empresas poderiam ajudar os Estados quando da ocorrência de tragédias ambientais, no monitoramento de mudanças climáticas e até no monitoramento das atividades de segurança e planejamento urbano, por exemplo.[53]

Obviamente que existem empresas específicas que desenvolvem suas atividades a partir do uso indevido dos dados pessoais, monitorando usuários sem seu conhecimento para mapearem seu comportamento e direcionarem anúncios e serviços de forma específica. Ocorre que grandes controladoras de dados podem minar o desenvolvimento dessas empresas se passarem a adotar padrões rígidos de segurança de dados, para além dos legalmente estabelecidos, aumentando os padrões de proteção de dados da

---

[47] VOGUEL, David. *The Market for virtue*: the potential and limits of corporate social responsibility. Brookings Institution Press, 2015, p. 4.
[48] FRAZÃO, Ana. A função social da empresa na Constituição de 1988. *In*: VIEGAS, Frederico. *Direito Civil Contemporâneo*. 1. ed. Brasília: Obcursos Editora, 2009, p. 18.
[49] VOGUEL, David. *The Market for virtue*: the potential and limits of corporate social responsibility. Brookings Institution Press, 2015.
[50] COLEMAN, James S. Responsibility in Corporate Action: a sociologist's view. *In*: HOPT, Klaus J.; TEUBNER, Gunther (Org.). *Corporate Governance and Directors' Liabilities. Legal, Economic and Sociological Analyses on Corporate Social Responsibility*. Berlin/New York: Walter de Gruyter, 1985, p. 77
[51] FRAZÃO, Ana; PRATA DE CARVALHO, Ângelo. Responsabilidade Social Empresarial. *In*: FRAZÃO, Ana (Org.). *Constituição, Empresa e Mercado*. Brasília: FD/UnB, 2017, p. 206.
[52] *Op. cit.* p. 208.
[53] VERHULST, Stephan G. Corporate Social Responsibility for a Data Age. *Stanford Innovation Review*, 2017. Disponível em: https://ssir.org/articles/entry/corporate_social_responsibility_for_a_data_age. Acesso em: 29 ago. 2018.

coletividade e, ao mesmo tempo, colhendo os frutos de uma boa reputação e do acesso ao chamado "mercado da virtude".

Cabe mencionar aqui o caso do Facebook, que permitiu o vazamento de dados de milhares de pessoas e teve sua imagem profundamente abalada no mercado. Ainda que sustentem a ausência de violações legais, já que os dados comercializados foram disponibilizados pela própria empresa para fins de pesquisa, isso não foi suficiente para que os usuários criassem profunda desconfiança em relação à plataforma e até abandonassem os serviços. Foi necessário adotar diversas políticas de segurança novas, com tecnologias mais modernas e acessíveis, amplamente divulgadas para tentar satisfazer os usuários.

Nesse sentido, várias empresas se beneficiaram do "mercado da virtude", criando também novos padrões de segurança de dados e atualizando suas políticas de privacidade antes mesmo de qualquer alteração legislativa que as obrigassem a possuir maior rigidez e controle das formas de tratamento dos conteúdos, ganhando, assim, a confiança dos consumidores. E ainda que não exista um interesse propriamente dito nas questões relacionadas à privacidade, os escândalos de vazamento de dados iniciaram um alerta na população acerca da importância de se preservarem dados pessoais.

Em relação ao uso desses dados por algoritmos e às correlações estatísticas, escândalos de empresas de crédito que cortaram o limite dos clientes a partir de inferências sobre sua raça não se mostraram suficientes para conscientizar os usuários de que o processamento de dados em massa também pode provocar discriminações.

A esse respeito, as empresas que se valerem da *corporate social responsibility* poderão se beneficiar ainda de um "mercado da virtude" pouco explorado, mas que possui profundo apelo democrático. E veja que, aqui, a atuação da empresa precisa ir além do respeito aos direitos fundamentais que impõem aos agentes a não discriminação, já que a responsabilidade social empresarial diz respeito, justamente, a uma atuação para além do mero *compliance*, com efetivos compromissos e atuações positivas para eliminar vieses no processamento de dados.

Para que isso ocorra, de fato, é necessário haver uma mudança na estrutura de pensamento dos próprios agentes de mercado, a fim de que a suposta ameaça da diminuição dos lucros possa ser substituída por uma mentalidade que busque o desenvolvimento social e a própria preservação da estrutura empresarial a longo prazo, visando lucros e benefícios que poderão ser colhidos com a melhoria dos padrões éticos no futuro.[54]

Essa mudança também deve vir acompanhada de uma estrutura regulatória mais sólida. Por esse motivo, não se pode dizer que a adoção de políticas de responsabilidade social empresarial deva substituir a atuação do Estado. Ao contrário, trata-se de uma forma capaz de fazer com que os diplomas legais sejam mais atuais, já que as empresas que adotam essas práticas poderão agir em conjunto com os agentes estatais para impulsionarem as atualizações normativas com padrões éticos de processamento de conteúdo ainda mais elevados.[55]

---

[54] KRAUSE, Detlef. Corporate Social Responsibility: Interests and Goals. *In*: HOPT, Klaus J.; TEUBNER, Gunther (Org.). *Corporate Governance and Directors Liabilities*. Legal, Economic and Sociological Analyses on Corporate Social Responsibility. Berlin/New York: Walter de Gruyter, 1985, p. 113.

[55] VOGUEL, David. *The Market for virtue*: the potential and limits of corporate social responsibility. Brookings Institution Press, 2015.

V Conclusão

O uso de tecnologias do tipo *big data* e *data mining* representa um verdadeiro avanço no processo decisório: mais decisões são tomadas de forma rápida e a um custo menor. Os programas que possibilitam esse tipo de auxílio se utilizam de mecanismos de processamento de dados em massa para, analisando uma vasta base de dados, poder fazer uma predição estatística dentro daquele processo decisório.

O que o presente artigo se dispôs a evidenciar, contudo, é que existe algum nível de subjetividade envolvendo a criação dos modelos matemáticos que orientam essas estatísticas, o que, por si só, retira o pressuposto de absoluta idoneidade desses algoritmos. Além disso, a própria seleção de dados que será utilizada para amostragem inicial utilizada por esses modelos também possui um caráter subjetivo, já que demanda uma escolha de quais dados são relevantes para aquela predição estatística em específico.

O ponto mais relevante, contudo, é de que todo esse processo é feito de forma pouco transparente, sem que o usuário possua qualquer controle sobre como está sendo feito o processamento de seus dados pessoais, se está sendo respeitada a natureza sensível de alguns conteúdos, se aquele processamento é autorizado, e de que forma o algoritmo foi construído, quais perguntas ele responde e a quais objetivos ele atende.

A falta de resposta a essas perguntas fundamentais acaba por perpetuar discriminações históricas no processo decisório, notadamente as discriminações feitas pelo gênero, como privilegiado na discussão deste trabalho. Assim, o que se pretende, ao final, é compreender os problemas envoltos no processamento de dados em massa de forma crítica, trazendo questionamentos que, em última medida, causam a discriminação de mulheres em várias esferas da vida.

Assim, mostra-se fundamental que exista algum tipo de discussão sobre ética no uso de dados pessoais, possibilitando que o processamento de conteúdo obedeça a princípios mínimos de transparência, finalidade, veracidade, dentre outros.

Mais que isso, contudo, e tendo em vista que nem sempre os diplomas legais se mostram suficientes para acompanhar o desenvolvimento tecnológico, é necessário que as empresas desenvolvam programas de responsabilidade social empresarial – *corporate social responsibility* – para que elevem os padrões éticos no processamento de dados. Isso será acompanhado de vantagens para as empresas, já que o mercado de dados está abalado com recentes escândalos de vazamento de conteúdo e existe, de fato, um nicho grande de consumidores que privilegiam as empresas que adotam medidas para além das legais a fim de beneficiarem a coletividade como um todo.

Ao fim, as empresas poderão se valer de novos padrões no processamento de dados, que respeitem não só a privacidade dos usuários como também os rigores metodológicos necessários aos algoritmos para que eles não incorporem vieses inconscientes dos seres humanos. Com isso, irão colher frutos reputacionais.

Referências

ATHEY, Susan. *Beyond Prediction*: Using big data for policy problems. Athey: Science, n. 355, 2017.

BAROCAS, Solon; SELBST, Andrew D. Big Data's disparate impact. *California Law Review*, 2016.

BERENDT, Bettina; PREIBUSCH, Soren. *Better decision support through exploratory discrimination-aware data mining*. Foundations and empirical evidence. Springer Science+Business Media Dordrecht, 2014.

BRAY, Francesca. Gender and Technology. *Annual Review of Anthropology*, vol. 36, 2007.

COLEMAN, James S. Responsibility in Corporate Action: a sociologist's view. *In*: HOPT, Klaus J.; TEUBNER, Gunther (Org.). *Corporate Governance and Directors' Liabilities. Legal, Economic and Sociological Analyses on Corporate Social Responsibility*. Berlin/New York: Walter de Gruyter, 1985.

COTTOM, Tressie McMillan. Black CyberFeminism: Ways forward for intersectionality and digital sociology. *In*: GREGORY, DANIELS *et al. Digital Sociologies*, Policy Press: 2016.

DATTA, Amit; TSCHANTZ, Michael Carl; DATTA, Anupam. *Automated Experiments and Ad Privacy Settings*. A tale of opacity, choice and discrimination. Proceedings on Privacy Enhancing Technologies, 2015.

DONEDA, Danilo. *Da privacidade à proteção de dados pessoais*. Rio de Janeiro: Renovar, 2006.

FERGUSON, Andrew Guthrie. The big data jury. *Notre Dame Law Review*, 2016.

FRAZÃO, Ana. A função social da empresa na Constituição de 1988. *In*: VIEGAS, Frederico. *Direito Civil Contemporâneo*. 1. ed. Brasília: Obcursos Editora, 2009.

FRAZÃO, Ana; PRATA DE CARVALHO, Ângelo. Responsabilidade Social Empresarial. *In*: FRAZÃO, Ana (Org.). *Constituição, Empresa e Mercado*. Brasília: FD/UnB, 2017.

GRUNES, Allen P.; STUCKE, Maurice E. *Big data and competition policy*. Oxford University Press, 2016.

IMPERIALI, Rosario. The data protection program. *Journal of International Commercial Law and Technology*, 2012.

KALYVAS, James R.; OVERLY, Michel R. *The law of big data*. A business and legal guide. CRC Press, 2015.

KAHNEMAN, Daniel. *Thinking, Fast and slow*. Ferrar, Straus & Giroux, 2011.

KRAUSE, Detlef. Corporate Social Responsibility: Interests and Goals. *In*: HOPT, Klaus J.; TEUBNER, Gunther (Org.) *Corporate Governance and Directors Liabilities*. Legal, Economic and Sociological Analyses on Corporate Social Responsibility. Berlin/New York: Walter de Gruyter, 1985.

LIEBER, Ron. *American Express Kept a (Very) Watchful Eye on Charges*, 2009. Disponível em: https://www.nytimes.com/2009/01/31/your-money/credit-and-debit-cards/31money.html.

MENDES, Laura Schertel. *Privacidade, proteção de dados e defesa do consumidor*. Linhas gerais de um novo direito fundamental. Saraiva – Série IDP, 2014.

O'NEIL, Carthy. *Weapons of math destruction*. How big data increases inequality and threatens democracy. Ney York: Crown, 2016.

OECD. *Data-driven innovation*: Big data for growth and well-being. Paris, 2015.

PASQUALE, Frank. Restoring transparency to automated authority. *Journal on telecommunications & high technology*, vol. 9.

ROSENBERG, Matthey; CONFESSORE, Nicholas; CADWALLADR, Carole. *How Trump Consultants Exploited the Facebook Data of Millions*, 2018. Disponível em: https://www.nytimes.com/2018/03/17/us/politics/cambridge-analytica-trump-campaign.html; acesso em: 29 ago. 2018.

RICHARDS, Neil M.; KING, Jonathan. Big Data Ethics. *Wake Forest Law Review*, v. 49, p. 38, 2014.

SCHWAB, Klaus. *A quarta revolução industrial*. São Paulo: Edipro, 2016.

STEINBOCK, Daniel J. Data Matching, Data Mining and Due Process. *Georgia Law Review*, vol. 40, p. 13, 2005.

STRIPHAS, Ted. Algorithmic culture. *In*: *European Journal of Cultural Studies*, vol. 18, 2015.

UN – Women. *Gender equality and big data*. Making gender data visible. January, 2018.

VERHULST, Stephan G. Corporate Social Responsibility for a Data Age. *Stanford Innovation Review*, 2017. Disponível em: https://ssir.org/articles/entry/corporate_social_responsibility_for_a_data_age. Acesso em: 29 ago. 2018.

VOGUEL, David. *The Market for virtue*: the potential and limits of corporate social responsibility. Brookings Institution Press, 2015.

WILDER-JAMES, Edd. *What is big data?* An introduction to the big data landscape. 2012, disponível em: https://www.oreilly.com/ideas/what-is-big-data.

Informação bibliográfica deste texto, conforme a NBR 6023:2018 da Associação Brasileira de Normas Técnicas (ABNT):

LINDOSO, Maria Cristine Branco. O processo decisório na era do "big data". Ética de proteção de dados e responsabilidade social empresarial. *In*: FRAZÃO, Ana; CARVALHO, Angelo Gamba Prata de (Coord.). *Empresa, mercado e tecnologia*. Belo Horizonte: Fórum, 2019. p. 91-106. ISBN 978-85-450-0659-6.

PARTE II

EMPRESA, PODER ECONÔMICO E ATIVIDADE ECONÔMICA EM SUAS DIMENSÕES ORGANIZACIONAIS E FUNCIONAIS

A SUBCAPITALIZAÇÃO SOCIETÁRIA COMO FUNDAMENTO DA DESCONSIDERAÇÃO DA PERSONALIDADE JURÍDICA

MARIANA ROCHA TOMAZ

I Introdução

A teoria da personalidade jurídica é uma das mais significativas conquistas do pensamento jurídico moderno, exercendo papel fundamental no âmbito da iniciativa privada e das relações comerciais. Se o Direito, em um primeiro momento, voltou-se para a regulamentação das pessoas naturais, logo se percebeu a necessidade de mecanismos legais que permitissem a reunião dessas pessoas, de modo a desenvolver empreendimentos complexos a partir de esforços comuns.

A personificação jurídica possibilitou a criação de um sujeito distinto das pessoas físicas que o compõem, o qual adquire direitos e contrai obrigações em nome próprio, e possui patrimônio autônomo. Todo este aparato respondeu muito bem aos anseios do mercado, pois possibilitou que os investidores se agrupassem para a realização de empreendimentos, protegidos por trás da personificação corporativa.

A limitação da responsabilidade acabou levando a autonomia patrimonial à sua plenitude, eis que, nas sociedades de responsabilidade limitada, os patrimônios da sociedade e dos sócios, em regra, são inconfundíveis e incomunicáveis entre si. Tal limitação tem o relevante efeito de socializar parcialmente o risco empresarial, servindo de incentivo aos empreendedores, os quais, cientes de que seus patrimônios particulares não responderão pelas dívidas da sociedade, sentem-se mais inclinados a apostar em negócios ousados.

Assim, um dos institutos jurídicos que mais causou perplexidade ao redor do mundo, ao surgir na jurisprudência inglesa no século XIX, foi o da desconsideração da personalidade jurídica, pois desafia justamente um dos princípios mais caros à iniciativa privada: a separação patrimonial entre sociedade e sócios.

Conforme o título deixa a entender, o presente artigo não aborda, propriamente, a teoria da *disregard doctrine* em si. O tema deste trabalho é, na verdade, um fundamento específico da desconsideração da personalidade jurídica, que não vem reconhecido em nosso Código Civil, mas que, já há tempos, motiva o levantamento do véu corporativo no Direito estrangeiro e instiga (infelizmente não muitos) doutrinadores: a subcapitalização societária.

Partiu-se das seguintes perguntas: É possível que, no Direito brasileiro, a personalidade jurídica de uma sociedade seja desconsiderada em virtude de capital social insuficiente? Afinal, o que é capital social? Quais seriam os parâmetros de uma adequada capitalização societária, dado que o ordenamento jurídico pátrio nem sequer exige capital social mínimo? Quais são os efeitos jurídicos e mercadológicos da subcapitalização societária?

O objetivo geral do trabalho é investigar se a subcapitalização societária, em suas variadas formas, configura desvio de finalidade da personalidade jurídica apto a ensejar a desconsideração desta mesma personalidade, com o fim de satisfazer os direitos dos credores através da responsabilização dos sócios e/ou administradores.

Tal objetivo se justifica diante de três fatores: (i) a subcapitalização é fenômeno comum na prática empresarial; (ii) a subcapitalização ainda é um tema relativamente pouco desenvolvido pela doutrina e jurisprudência; e (iii) a legislação brasileira, ao tratar da desconsideração da personalidade jurídica, é omissa em relação à subcapitalização.

II O capital social

II.1 Capital social e patrimônio

Na economia capitalista, aqueles que se propõem a empreender devem se submeter aos riscos inerentes do mercado. A regra é a mesma para todos os que visam ao lucro, desde o pequeno comerciante dono de um negócio familiar, até o acionista especulador da bolsa de valores: deve-se investir uma quantia inicial que, inevitavelmente, estará sujeita à sorte ou ao azar do empreendimento.

Em uma sociedade empresária, o cenário não é diferente. Se a empresa é definida como atividade econômica organizada, uma sociedade que se presta a exercê-la necessitará de fundos, maquinário, trabalhadores e tecnologia. Os sócios são os responsáveis por prover os recursos necessários ao início da atividade através dos aportes feitos quando da constituição da sociedade, recebendo, em contrapartida, suas respectivas participações sociais (quotas, ações, etc.). Estes aportes, somados, deverão alcançar a cifra estabelecida como capital social no instrumento de constituição da sociedade. O capital social serve, portanto, como "medida da contribuição dos sócios",[1] nas palavras de Fábio Ulhôa Coelho.

Aqui, há que se apontar a diferença entre capital social subscrito e integralizado. Enquanto o primeiro constitui a soma de recursos prometidos pelos sócios à sociedade, o segundo abrange aqueles recursos prometidos e efetivamente transferidos ao patrimônio social. Essa diferenciação importa porque existe liberdade na fixação da forma e do tempo de realização das contribuições sociais, que poderão ser imediatamente adimplidas,

---

[1] COELHO, Fábio Ulhôa. *Curso de direito comercial*, v. 2: direito de empresa. 19. ed. São Paulo: Saraiva, 2015. p. 183.

diferidas em prestações, ou até mesmo consistentes na entrega futura de bens. Assim, não necessariamente todo o capital subscrito será integralizado no momento da constituição da sociedade. Em alguns tipos societários, é permitido, inclusive, que a contribuição dos sócios consista em serviços, dando origem às figuras denominadas pela doutrina como sócios de indústria.

O importante é que a cifra, o tempo e o modo de realização do capital social constem no instrumento de constituição da sociedade, e que os sócios se comprometam a honrar suas obrigações. Como o capital social vem expresso no contrato ou estatuto, seu valor é, em regra, fixo, só podendo ser alterado posteriormente através de deliberações que o aumentem ou reduzam.

Partindo desse contexto, podemos nos ver tentados a aderir à definição doutrinária que iguala o capital social aos aportes feitos pelos sócios. Tal definição, apesar de lógica e didática, tem os seus defeitos. José Tadeu Neves Xavier argumenta que ela é simplista, pois se concentra apenas no modo de constituição do capital social, deixando de levar em consideração as diversas funções deste, além de não abranger as situações legais nas quais ele poderá ser aumentado ou reduzido.[2] Gustavo Saad Diniz observa que o conceito também deixa de incluir as entradas de indústria e os sócios remissos.[3] Fábio Ulhôa Coelho, por sua vez, aponta uma situação na qual o capital social não mede toda a contribuição dos sócios: no caso das ações subscritas a um preço superior ao valor nominal, o valor excedente (ágio) é contabilizado como reserva de capital, e não como capital social. Além disso, o mesmo autor observa que o capital social pode ser aumentado através de recursos provenientes dos lucros e das reservas, e não necessariamente de aportes feitos pelos sócios.[4]

Uma segunda acepção de capital social é chamada pela doutrina de nominalista ou abstrata, e se fundamenta na diferença entre capital social e patrimônio. Neste ponto, cumpre conceituar patrimônio. Leciona Gustavo Saad Diniz que o patrimônio é "o conjunto de relações jurídicas passíveis de apreciação econômica agregado a uma pessoa, sujeito de direitos e obrigações".[5] O patrimônio societário abrange, portanto, o total de ativos (bens e direitos) e de passivos (obrigações), sendo o patrimônio líquido calculado através da subtração do passivo em relação ao ativo. Assim, o patrimônio líquido consiste nos fundos econômicos de que a sociedade dispõe para realizar as atividades correspondentes ao objeto social, após a subtração do passivo do exercício social vigente. O patrimônio varia, assim, segundo os resultados (positivos ou negativos) da empresa.

Segundo a acepção nominalista, o capital social constitui uma cifra, fixa e imutável, que representa parte desse patrimônio. Ele serve para indicar o valor mínimo de recursos próprios que a sociedade deve possuir para seguir existindo e exercendo suas atividades.

---

[2] XAVIER, José Tadeu Neves. Considerações sobre a necessidade de resgatar o conceito de capital social: análise da crise (ou redefinição) da noção de capital social. *Revista Síntese – Direito Empresarial,* ano VIII, n. 42, p. 136, jan./fev. 2015.
[3] DINIZ, Gustavo Saad. *Subcapitalização societária*: financiamento e responsabilidade. Belo Horizonte: Fórum, 2012. p. 93.
[4] COELHO, Fábio Ulhôa. *Curso de direito comercial,* v. 2: direito de empresa. 19. ed. São Paulo: Saraiva, 2015. p. 184.
[5] DINIZ, *op. cit.,* p. 96.

O capital social seria, portanto, uma mera abstração, um índice, um indicativo, de existência de direito, mas não de fato. Essa concepção apresenta um aspecto evolutivo em relação à teoria dos aportes, que é o de diferenciar o capital social do patrimônio. Peca, porém, ao continuar sendo "essencialmente reducionista à especificação de montante no contrato social".[6] Além disso, acaba focando em um aspecto do capital social puramente abstrato, formal e "descomprometido com a realidade econômica da entidade".[7]

Temos, por fim, a concepção dualista, a qual, em nossa opinião, é a que melhor contempla a complexidade da noção de capital social. Tal acepção considera o capital social como uma realidade una, e, ao mesmo tempo, composta por duas facetas: a do capital social nominal e a do capital social real. Explicam Eli Loria e Hélio Mendes, didática e assertivamente:

> Se o capital social for considerado uma cifra e aí constar do lado direito do balanço, implica que no ativo (lado esquerdo do balanço) existem bens que cobrem, no mínimo, aquela cifra. Dessa forma, o capital social expressa não somente a cifra, mas também os bens da sociedade destinados a cobri-la, ou seja, a sua outra face, o capital real. É possível, então, perceber que o capital social real é a quantidade de bens que a sociedade tem de manter intacta, porquanto se destina a cobrir o valor do capital social nominal inscrito no lado direito do balanço.[8]

Em nossa opinião, o capital social real é, substancial e materialmente, patrimônio, apesar de ser diferenciado deste conceitualmente, por razões didáticas. Isso porque o capital social real corresponde à fração do patrimônio líquido destinada a cobrir o valor do capital social nominal. Assim, todas as vezes que nos referirmos, neste trabalho, ao capital social em seu sentido material, de bens, de recursos efetivos (e faremos isso ao tratarmos das funções de produtividade e garantia, por exemplo), estaremos nos referindo ao capital social real, e, por consequência, ao próprio patrimônio líquido.

Observa José Tadeu Neves Xavier que a noção dualista tem a vantagem de promover uma adequação hermenêutica das regras referentes ao capital social, permitindo uma identificação do real sentido deste termo nas diversas regras do Direito Societário, além de ser a concepção que vincula o capital social à suas principais funções, as quais serão exploradas a seguir.[9]

II.2 Funções do capital social

Uma das funções do capital social, chamada de função de organização, diz respeito à determinação da qualidade de sócio e ao reconhecimento dos direitos políticos e

---

[6] DINIZ, Gustavo Saad. *Subcapitalização societária*: financiamento e responsabilidade. Belo Horizonte: Fórum, 2012. p. 93.
[7] XAVIER, José Tadeu Neves. Considerações sobre a necessidade de resgatar o conceito de capital social: análise da crise (ou redefinição) da noção de capital social. *Revista Síntese – Direito Empresarial*, ano VIII, n. 42, p. 138, jan./fev. 2015.
[8] LORIA, Eli; MENDES, Hélio Rubens de Oliveira. Capital social: noções gerais. *Revista de Direito Bancário e do Mercado de Capitais*, vol. 58, p. 349-386, out./dez. 2012.
[9] XAVIER, *loc. cit.*

patrimoniais decorrentes desta condição.[10] [11] Quando, no momento da constituição da sociedade, os sócios fornecem recursos para a formação do capital social, recebem, como contrapartida às suas contribuições, quotas (ou participações) sociais. Essas quotas são bens incorpóreos que podem ser objetos de relações jurídicas, e garantem uma série de direitos políticos e patrimoniais: deliberação; fiscalização, votação; direito de retirada; recebimento de dividendos; dentre outros.

Outra importante função do capital social, de acordo com Alfredo de Assis Gonçalves Neto, é servir como parâmetro do sucesso (ou insucesso) financeiro da sociedade.[12] A sociedade inicia suas atividades se valendo das contribuições injetadas pelos sócios no ato de sua constituição. Se, ao final do exercício, o patrimônio tiver superado o valor do capital social, significa que os resultados foram positivos e que haverá lucros a distribuir. Caso contrário, a sociedade terá apresentado déficit. O capital social serve, assim, como um orientador contábil, um "termômetro" da situação financeira da sociedade ao término de cada exercício.

A doutrina também costuma elencar a produtividade como uma função do capital social, sob o argumento de que ele encerraria os recursos necessários ao desenvolvimento da atividade empresarial.[13] Tal assertiva apenas é verdadeira ao se partir da acepção dualista do capital social, levando-se em conta sua faceta real, ou seja, aquela equivalente aos bens patrimoniais necessários para cobrir a correspondente cifra nominal. No fim das contas, portanto, a função de produtividade cabe, na verdade, ao próprio patrimônio.

Por fim, o capital social serve como garantia aos credores. Sendo um medidor do sucesso financeiro da sociedade, o capital social indica que só poderá haver distribuição de lucros quando o patrimônio líquido da sociedade superar seu valor. Ou seja, atua como uma cifra de retenção, que preserva ou bloqueia parte do patrimônio social. A doutrina, porém, é unânime em observar que o capital social atua, na verdade, como garantia indireta aos credores, na medida em que é o patrimônio que efetivamente responde pelas obrigações sociais.[14] A garantia será direta apenas se levarmos em conta a acepção real do capital social.

---

[10] Neste sentido: GONÇALVES NETO, Alfredo de Assis. O menosprezado capital social. *Revista Jurídica da Escola Superior de Advocacia da OAB-PR*, edição 01, p. 7, ago. 2016; DINIZ, Gustavo Saad. *Subcapitalização societária*: financiamento e responsabilidade. Belo Horizonte: Fórum, 2012. p. 102; OLIVERA GARCÍA, Ricardo. Infracapitalización societaria: un tema de derecho y economía. *Revista de Direito Empresarial*, ano 3, vol. 10, p. 137-138, jul./ago. 2015; XAVIER, José Tadeu Neves. Considerações sobre a necessidade de resgatar o conceito de capital social: análise da crise (ou redefinição) da noção de capital social. *Revista Síntese – Direito Empresarial*, ano VIII, n. 42, p. 148-149, jan./fev. 2015; e FIGUEIREDO, Raif Daher Hardman de. O capital social e a atividade empresarial. *Revista de Direito Empresarial*, ano 4, vol. 13, p. 132, jan./fev. 2016.

[11] José Tadeu Xavier Neves, seguindo os ensinamentos de Paulo de Tarso Domingues, separa as funções do capital social entre os planos interno e externo, e considera a função de atribuição de qualidade do sócio como uma função interna. A essa mesma sistematização recorre o autor Raif Daher de Figueiredo.

[12] GONÇALVES NETO, *loc. cit.*

[13] Neste sentido, OLIVERA GARCÍA, *op. cit.*, p. 138; XAVIER, *op. cit.*, p. 149; e FIGUEIREDO, *loc. cit.*

[14] Neste sentido: GONÇALVES NETO, Alfredo de Assis. O menosprezado capital social. *Revista Jurídica da Escola Superior de Advocacia da OAB-PR*, edição 01, p. 8-9, ago. 2016; DINIZ, Gustavo Saad. *Subcapitalização societária*: financiamento e responsabilidade. Belo Horizonte: Fórum, 2012. p. 100-102; OLIVERA GARCÍA, Ricardo. Infracapitalización societaria: un tema de derecho y economía. *Revista de Direito Empresarial*, ano 3, vol. 10, p. 136-137, jul./ago. 2015; XAVIER, José Tadeu Neves. Considerações sobre a necessidade de resgatar o conceito de capital social: análise da crise (ou redefinição) da noção de capital social. *Revista Síntese – Direito Empresarial*, ano VIII, n. 42, p. 145, jan./fev. 2015; e FIGUEIREDO, Raif Daher Hardman de. O capital social e a atividade empresarial. *Revista de Direito Empresarial*, ano 4, vol. 13, p. 130-132, jan./fev. 2016.

III O capital social e a limitação da responsabilidade

III.1 Histórico de surgimento da limitação da responsabilidade

É lugar comum na doutrina o fato de o conceito de capital social ter sido introduzido no Direito Comercial juntamente com o instituto da limitação da responsabilidade dos sócios, por volta do século XIX.[15] É importante, pois, que se faça um breve mapeamento histórico do surgimento da responsabilidade limitada, de forma a entender como o capital social se relaciona com tal instituto.

Não obstante a atividade comercial da Idade Média tivesse como protagonistas os mercadores individuais, as sociedades comerciais mais antigas datam desse período. Inicialmente, eram firmadas com base na própria família, sendo que a totalidade do patrimônio familiar respondia pelas obrigações assumidas por seus membros. Constituíam as chamadas sociedades em nome coletivo, marcadas por forte *intuiti personae* e pela responsabilidade solidária e ilimitada dos sócios. Ainda não conheciam a personificação jurídica nem a separação patrimonial. Aos poucos, foram admitindo outros sócios, sem vínculo de parentesco.[16]

À medida que as transações comerciais foram envolvendo mais e mais riscos, contudo, a responsabilidade ilimitada e solidária passou a constituir um empecilho para a atividade mercantil, mormente levando-se em consideração o contexto de expansão do comércio marítimo.

O modelo societário da *commenda* constituiu uma saída para o desenvolvimento de grandes empreendimentos que precisavam contar com uma flexibilização da responsabilidade. Neste tipo societário, uma das partes do contrato era um capitalista que, permanecendo em sua terra, fornecia capital a um viajante (geralmente, o próprio capitão do navio) para que este se engajasse em uma expedição e voltasse com lucros, a serem divididos entre os dois. O sócio *commendator* funcionava como um aplicador de recursos, assumindo, junto com o viajante, o risco do insucesso do empreendimento. A diferença é que, enquanto o *commendator* tinha responsabilidade limitada, ou seja, só poderia perder até o limite daquilo que havia investido, o viajante tinha responsabilidade ilimitada, além de se encarregar da gerência da atividade. O contrato de *commenda* originou a sociedade em comandita.[17]

Explica Ana Frazão que as sociedades em comandita passaram a ser largamente usadas na Idade Moderna, inclusive na modalidade por ações. Porém, como ainda havia um regime dual de responsabilidade, na prática aconteciam muitas fraudes, com a criação de sociedades em comandita sem sócios comanditados. Isso denunciava uma necessidade natural do mercado por tipos societários com total limitação de responsabilidade, o que, segundo a autora, só viria a acontecer com a criação das companhias de exploração colonial, a partir do século XVII, as precursoras das sociedades anônimas.[18]

---

[15] Neste sentido: GARCÍA, *op. cit.*, p. 136; LORIA, Eli; MENDES, Hélio Rubens de Oliveira. Capital social: noções gerais. *Revista de Direito Bancário e do Mercado de Capitais*, vol. 58, p. 2, out./dez 2012; e XAVIER, *op. cit.*, p. 132.

[16] Neste sentido: DINIZ, Gustavo Saad. *Subcapitalização societária*: financiamento e responsabilidade. Belo Horizonte: Fórum, 2012. p. 45-46 e FRAZÃO, Ana. *Função social da empresa*: repercussões sobre a responsabilidade civil de controladores e administradores de S/As. Rio de Janeiro: Renovar, 2011. p. 11-14.

[17] Neste sentido: DINIZ, *op. cit.*, p. 45-46 e FRAZÃO, *op. cit.*, p. 14-16.

[18] FRAZÃO, *op. cit.*, p. 17.

Ainda segundo Frazão, em um contexto de grandes navegações europeias, a criação de companhias com limitação da responsabilidade dos sócios possibilitou duas coisas: a socialização do investimento e a socialização do risco empresarial.[19]

A socialização do investimento possibilitava reunir o montante de capital necessário ao custeio das navegações coloniais. Dessa forma, mesmo aqueles que não pertencessem à classe de mercadores, tendo recursos, poderiam investi-los na atividade sem o comprometimento de seu patrimônio pessoal, podendo, ainda, transacionar suas participações societárias quando e se lhes conviesse.[20]

A socialização parcial do risco, por outro lado, significava que os patrimônios pessoais dos sócios não mais estavam sujeitos a responder pelo insucesso do empreendimento: "a socialização do risco era consequência do reconhecimento implícito de que as atividades mercantis beneficiavam a sociedade como um todo, motivo pelo qual, se a companhia não tivesse patrimônio para responder pelas suas dívidas, os credores suportariam o prejuízo".[21]

A limitação da responsabilidade, porém, ainda era uma exceção na Idade Moderna, sendo as companhias coloniais criadas por lei ou por autorizações estatais. Apenas após as revoluções liberais do século XIX é que houve o reconhecimento formal das sociedades de capitais privadas, inicialmente dependentes de autorização estatal, mas que depois passaram por um período de liberalização e democratização, tornando-se o tipo societário mais importante do sistema capitalista.[22]

III.2 A limitação da responsabilidade e a socialização do risco

A partir do histórico traçado no item anterior, pode-se concluir que a limitação da responsabilidade surgiu a partir de uma necessidade do mercado por fórmulas societárias que permitissem a concretização de grandes investimentos, de interesse público, e envoltos em riscos. É importante que se explique, porém, que a limitação da responsabilidade não é intrínseca à ideia de autonomia patrimonial.

A autonomia ou responsabilidade patrimonial é, segundo Fábio Ulhôa Coelho, um dos efeitos da personalização das sociedades empresárias, juntamente com a titularidade obrigacional e a titularidade processual.[23]

A titularidade obrigacional quer dizer que a sociedade, por ser dotada de personalidade própria, participa de relações jurídicas com terceiros e é titular de direitos e obrigações, tanto contratuais como extracontratuais. Os sócios, individualmente considerados, não precisam desenvolver quaisquer atividades por si mesmos e em nome próprio, sendo verdadeiramente protegidos atrás do véu da pessoa jurídica que constituíram.[24]

---

[19] FRAZÃO, Ana. *Função social da empresa*: repercussões sobre a responsabilidade civil de controladores e administradores de S/As. Rio de Janeiro: Renovar, 2011. p. 18.
[20] *Ibid.*, p. 18.
[21] *Ibid.*, p. 18.
[22] *Ibid.*, p. 19.
[23] COELHO, Fábio Ulhôa. *Curso de direito comercial*, v. 2: direito de empresa. 19. ed. São Paulo: Saraiva, 2015. p. 32.
[24] *Ibid.*, p. 32.

A titularidade processual, por sua vez, consiste na legitimidade conferida à sociedade para atuar em juízo, tanto no polo ativo quanto no polo passivo de demandas judiciais.[25]

Por autonomia patrimonial, entende-se o fato de a sociedade possuir um patrimônio próprio, o qual, não obstante seja constituído através da colaboração dos sócios, é distinto dos patrimônios pessoais destes. Os bens sociais pertencem unicamente à sociedade, e os sócios não exercem sobre eles qualquer relação de comunhão ou condomínio. Em regra, é apenas o patrimônio social que responde pelas obrigações resultantes da atividade empresarial.[26] Explica Oksandro Gonçalves que a autonomia patrimonial poderá ser completa ou incompleta, conforme esteja associada, ou não, à limitação da responsabilidade dos sócios pelas dívidas da sociedade. Isso vai depender, essencialmente, do tipo societário adotado.[27]

Nas sociedades simples, por exemplo, que trazem a regência supletiva de todos os demais tipos societários, a regra é a responsabilidade subsidiária e ilimitada: se os bens da sociedade não lhe cobrirem as dívidas, os sócios respondem pelo saldo restante – qualquer que seja ele –, na proporção em que participam das perdas sociais.[28]

Nas sociedades limitadas, por sua vez, a responsabilidade do sócio é reduzida ao pagamento do valor da própria quota e à garantia da realização das quotas dos demais sócios, sob pena de com eles responder solidariamente pela integralização do capital social. Uma vez integralizado o capital, porém, cessa a responsabilidade dos sócios, e eles, em regra, não responderão por qualquer obrigação social.[29]

Nas sociedades anônimas, a responsabilidade dos sócios ou acionistas é limitada ao preço de emissão das ações subscritas ou adquiridas.[30]

Veja-se, portanto, que a limitação da responsabilidade não é decorrência automática da personalização e da autonomia patrimonial. No caso do Brasil, as sociedades empresárias podem se revestir de 5 (cinco) tipos possíveis, reconhecidos pelo Código Civil, sendo que apenas dois deles – a sociedade limitada e a sociedade anônima – contam com regime único de responsabilidade limitada. É interessante que se investigue o porquê de esses dois tipos serem justamente os mais utilizados no país. A resposta a essa pergunta passa por uma característica essencial da limitação da responsabilidade, já citada nos itens anteriores, e que constitui uma vantagem ao empresariado: a socialização do risco.

A empresa é atividade econômica organizada que tem como finalidade a produção de lucro e, em virtude disso, envolve uma série de riscos. O empresário deverá reservar uma determinada quantidade de recursos para o exercício de sua atividade, pois necessitará montar o estabelecimento, contratar trabalhadores e fornecedores e investir em tecnologia. Uma vez iniciada a atividade, enfrentará as dificuldades impostas pelas

---

[25] *Ibid.*, p. 33.
[26] *Ibid.*, p. 33-34.
[27] GONÇALVES, Oksandro. Os princípios gerais do direito comercial: autonomia patrimonial da pessoa jurídica, limitação e subsidiariedade da responsabilidade dos sócios pelas obrigações sociais. *Revista de Direito Bancário e do Mercado de Capitais*, vol. 58, p. 183, out. 2012.
[28] Código Civil, Art. 1.023: "Se os bens da sociedade não lhe cobrirem as dívidas, respondem os sócios pelo saldo, na proporção em que participem das perdas sociais, salvo cláusula de responsabilidade solidária".
[29] Código Civil, Art. 1.052. "Na sociedade limitada, a responsabilidade de cada sócio é restrita ao valor de suas quotas, mas todos respondem solidariamente pela integralização do capital social".
[30] Lei nº 6.404/76, Art. 1º: "A companhia ou sociedade anônima terá o capital dividido em ações, e a responsabilidade dos sócios ou acionistas será limitada ao preço de emissão das ações subscritas ou adquiridas".

oscilações do mercado de seu ramo específico, podendo, eventualmente, ser afetado por diversos outros eventos econômicos, como aumento da taxa de juros ou de câmbio, a concorrência sobre seu negócio, etc. Ao final, espera que os resultados sejam positivos e que seus ganhos superem as perdas, o que nem sempre acontecerá.

Um empresário pode atuar de forma individual ou constituir uma sociedade com outros sócios. Ao se optar por um tipo societário com limitação de responsabilidade, a separação patrimonial da sociedade em relação aos sócios será plena, e então os riscos da empresa serão suportados pelo patrimônio autônomo da sociedade, o qual responderá pelas dívidas sociais. Os riscos que ultrapassarem o limite da responsabilidade dos sócios serão transferidos para os terceiros que contratam com a sociedade.

É o que acontece nas sociedades limitadas e anônimas. Há algumas diferenças entre os regimes de uma e de outra, mas, de modo geral, pode-se afirmar, em relação às duas, que a responsabilidade dos sócios está limitada à realização de suas respectivas contribuições. Coletivamente, portanto, os sócios respondem pela integralização do capital social. Este capital social, em sua acepção real – conforme explicado no primeiro capítulo –, servirá como garantia aos credores da sociedade. Se as dívidas sociais ultrapassarem seu valor, os credores é que terão de amargar os prejuízos advindos do inadimplemento.

A limitação da responsabilidade tem, portanto, o relevante efeito de externalizar uma parcela dos riscos da atividade empresarial, transferindo-a para os terceiros credores da sociedade (fornecedores, trabalhadores, instituições financeiras, credores por ilícitos extracontratuais, etc.).

Esse mecanismo de socialização de riscos funciona como incentivo à atividade empresarial. A certeza de que seus patrimônios particulares não responderão pelas dívidas da sociedade é o que faz com que investidores se sintam mais inclinados a apostar em empreendimentos ousados. Rachel Sztajn explica bem essa racionalidade de autopreservação dos agentes econômicos:

> Exceto por espírito aventureiro, dificilmente alguém compromete em investimentos econômicos, a totalidade de seus recursos ou bens. Se há risco de ganho existe o de perda, e apenas considerando-se um elemento subjetivo – aversão ou propensão ao risco – é que se poderia levar adiante certos empreendimentos econômicos.[31]

Em um contexto mercadológico no qual os agentes atuam com racionalidade, buscando sempre potencializar ganhos e diminuir perdas em um ambiente de incertezas, a estrutura societária delineada pela legislação serve como um parâmetro seguro de cálculo dos riscos do empreendimento. A regra da limitação da responsabilidade, presente em alguns tipos societários, é especialmente eficiente nesse sentido, possibilitando que os investidores tenham a certeza de que seus patrimônios pessoais não responderão pelas dívidas das sociedades empresárias que integram, e que as eventuais perdas serão compartilhadas com terceiros.[32]

---

[31] SZTAJN, Rachel. Terá a personificação das sociedades função econômica? *Revista da faculdade de Direito da Universidade de São Paulo*, São Paulo, vol. 100, 2005. Disponível em: http://www.revistas.usp.br/rfdusp/article/view/67664/70272. Acesso em: 9 maio 2017.

[32] SABIÃO, Thiago Moreira de Souza; TEIXEIRA, Tarcisio. Reflexões sobre a importância da limitação da responsabilidade nas sociedades limitadas. *Revista de Direito Empresarial*, vol. 1, p. 39-64, out. 2016.

III.3 O capital social como contrapartida à limitação da responsabilidade

Vimos que a limitação da responsabilidade tem o efeito de externalizar uma parcela dos riscos da atividade empresarial, transferindo-a para os terceiros credores da sociedade. Isso acontece porque apenas o patrimônio da sociedade, em regra, é que responde pelas dívidas sociais, e, se estas ultrapassam a capacidade de adimplemento da sociedade, os credores terão de suportar os prejuízos.

Ora, se a limitação da responsabilidade é uma benesse concedida pela legislação a alguns tipos societários, e uma benesse que traz potenciais efeitos negativos para os credores da sociedade, naturalmente haverá alguma contrapartida exigida dos sócios.

Concordamos com José Tadeu Neves Xavier que a limitação da responsabilidade só será legítima se houver a constituição e conservação de um patrimônio capaz de suportar os riscos econômicos da atividade empresarial, de forma que os credores sejam minimamente garantidos.[33] Explica Olivera García que, se os recursos próprios da sociedade são insuficientes para custear o negócio que ela se propõe a desenvolver, a divisão de riscos fica desequilibrada, e os riscos dos sócios diminuem, enquanto os dos credores aumentam.[34]

Assim, a contrapartida da limitação da responsabilidade é a existência e a permanência de um capital social que guarde adequação com a atividade empresarial exercida. O problema é que as sociedades têm, cada vez mais, atribuído valores excessivamente baixos ao capital social, fazendo com que sua função de garantia se esvazie e que haja um crescente desequilíbrio na distribuição dos riscos da atividade empresarial. Nas palavras de Gustavo Saad Diniz:

> Este capital transferido à sociedade, que se presta à formação da barreira de limitação de reponsabilidade, passou a mudar de figura no momento em que teve seu valor real baixado a patamares insignificantes ou então quando deixou de corresponder exatamente à atividade desempenhada. Em vez de capital próprio, a sociedade passou a se valer de capitais de terceiros para o financiamento da atividade, fazendo com que o patrimônio existente para satisfação dos credores perdesse o seu papel de referibilidade.[35]

Este fenômeno é chamado de subcapitalização e será explorado com maior profundidade nos próximos itens.

III.4 Os parâmetros da adequada capitalização

Se a existência de um capital social adequado é a contrapartida do regime de limitação da responsabilidade, cabe perguntar: quais são os parâmetros de uma adequada capitalização societária?

---

[33] XAVIER, José Tadeu Neves. Considerações sobre a necessidade de resgatar o conceito de capital social: análise da crise (ou redefinição) da noção de capital social. *Revista Síntese – Direito Empresarial*, ano VIII, n. 42, p. 158, jan./fev. 2015.

[34] OLIVERA GARCÍA, Ricardo. Infracapitalización societaria: un tema de derecho y economía. *Revista de Direito Empresarial*, ano 3, vol. 10, p. 139, jul./ago. 2015.

[35] DINIZ, Gustavo Saad. *Subcapitalização societária*: financiamento e responsabilidade. Belo Horizonte: Fórum, 2012. p. 33.

O jurista uruguaio Ricardo García adverte que, muito embora a técnica mais difundida de diagnóstico da subcapitalização seja através da comparação entre capital social e objeto social, este procedimento pode não ser o mais adequado. Isto porque há uma tendência de se constituir sociedades com objetos sociais muito complexos e que abrangem múltiplas atividades potenciais. Daí não ser o objeto social o melhor parâmetro para se determinar a adequação do capital social. Segundo o autor, a melhor forma de se determinar se uma sociedade é ou não subcapitalizada é através do cotejo entre as atividades por ela efetivamente exercidas e o montante de recursos próprios que financiam tais atividades.[36]

Assim, para que uma sociedade permaneça adequadamente capitalizada, é importante que ela não apenas tenha um valor de capital social nominal condizente com as atividades que exerce, mas também que esse capital, em sua acepção real, seja preenchido majoritariamente por recursos da própria sociedade.

A atividade empresarial societária pode ser financiada de duas formas: através de recursos próprios ou de terceiros. Os recursos próprios são constituídos pelas contribuições (aportes) dos sócios, pelas reservas e pelos resultados positivos que possibilitam reinvestimento. Já os recursos de terceiros são aqueles originários de financiamento externo. O capital próprio é assim chamado porque encerra recursos que efetivamente integram o patrimônio da sociedade e não estão sujeitos aos custos do mercado ou à devolução. Já o capital de terceiros é uma fonte de recursos que gera endividamento, uma vez que a sociedade tem de remunerá-los e devolvê-los.[37]

A decisão acerca da estrutura de financiamento da sociedade é própria dos sócios e dos órgãos sociais internos. É importante salientar que é normal e válido a sociedade se apoiar em recursos de terceiros para financiar parte de suas atividades, de modo a suprir custos e impulsionar o giro econômico da produção. Nas palavras de Gustavo Saad Diniz, "o capital de terceiros – especialmente o financeiro – é motor para acelerar o processo produtivo e se mostra essencial à empresa".[38] O problema ocorre quando o uso de capital de terceiros passa a ser excessivo, resultando em um quadro de sobreendividamento e subcapitalização.

Em um outro estudo, Diniz conclui que de todos os tipos societários existentes em nosso ordenamento jurídico o das sociedades anônimas é aquele que conta com a maior diversidade e sofisticação de instrumentos de capitalização – além do aumento de capital social por entrada dos sócios, contam com a oferta pública de ações, emissão de debêntures e *comercial papers*. Aos demais tipos, muitas vezes, não resta alternativa que não o financiamento da atividade empresarial através de capital de terceiros, o que pode corroborar para o quadro de sobreendividamento.[39]

Por fim, poder-se-ia perguntar se o regime do capital social mínimo, adotado em alguns ordenamentos jurídicos estrangeiros, auxilia, em alguma medida, para a adequada capitalização das sociedades.

---

[36] OLIVERA GARCÍA, Ricardo. Infracapitalización societaria: un tema de derecho y economía. *Revista de Direito Empresarial*, ano 3, vol. 10, p. 135, jul./ago. 2015.

[37] DINIZ, Gustavo Saad. *Subcapitalização societária*: financiamento e responsabilidade. Belo Horizonte: Fórum, 2012. p. 121-122.

[38] *Ibid.*, p. 230.

[39] DINIZ, Gustavo Saad. Instrumentos de capitalização societária. *Revista de Direito Privado*, ano 13, vol. 49, p. 313-330, jan./mar. 2012.

Na verdade, a exigência do capital social mínimo, por si só, não garante a adequada capitalização da sociedade. Isto é comprovado pelas seguintes situações: (i) a inexistência de uma fórmula contábil que determine o capital social apropriado para cada tipo societário específico; (ii) a possibilidade de posterior inadequação entre o capital mínimo inicialmente exigido e as reais necessidades da atividade empresarial; e (iii) o desgaste inflacionário.[40]

De fato, o regime do capital social mínimo pouco tem a contribuir para a solução do problema explorado neste trabalho, que é a subcapitalização societária, ou seja, a existência de um baixo nível de recursos sociais próprios aptos a sustentar a atividade empresarial. O capital social mínimo, se muito, prestar-se-ia a resolver apenas o problema da subcapitalização originária, aquela que se verifica no momento da constituição da sociedade. Mas, conforme veremos, existe a modalidade de subcapitalização superveniente, que pode se manifestar em momento posterior da vida societária. Além disso, mesmo dentro da subcapitalização originária, há o subtipo nominal, que o regime do capital social mínimo é incapaz de solucionar pelo fato de não entrar na discussão a respeito da qualidade do capital. De nada adianta a sociedade ter um valor de capital social nominal condizente com a atividade se a integralização for feita total ou majoritariamente através de empréstimos de sócios, que, como veremos, constituem, na verdade, capital de terceiros.

Por tudo o que foi dito neste item, podemos concluir que os parâmetros de uma adequada capitalização são, na verdade, um tanto quanto vagos. A regra geral de correspondência do capital social com a atividade empresarial exercida traz mais perplexidades do que certezas, mas é natural que assim seja, pois, em nosso sistema comercial, há uma grande liberdade de determinação da estrutura de financiamento da sociedade, além de inexistir qualquer equação que determine o capital social apropriado para cada tipo societário.

A grande questão, como explica Olivera García, é que o juízo acerca da subcapitalização societária é sempre feito *a posteriori*, quando a sociedade, em virtude de sua estrutura de financiamento, deixa de cumprir suas obrigações e produz prejuízos a terceiros.[41] Com ele concorda Ivens Henrique Hübert, ao afirmar que "os problemas referentes à subcapitalização no direito societário manifestam-se de modo claro apenas quando a sociedade torna-se insolvente".[42]

Portanto, ao menos para as finalidades deste trabalho, não importa tanto uma investigação preventiva acerca da adequada capitalização societária. Como bem resume Gustavo Saad Diniz, existe um tempo propício para a análise da desproporção que caracteriza a subcapitalização, e este tempo "não é coincidente com o instante em que a sociedade, apesar do excesso de capital de terceiros, suporta e produz rendimentos para arcar com os custos e adimplir todas as obrigações assumidas".[43] Sendo assim, nossa

---

[40] Neste sentido: DINIZ, *op. cit.*, p. 115-116 e XAVIER, José Tadeu Neves. Considerações sobre a necessidade de resgatar o conceito de capital social: análise da crise (ou redefinição) da noção de capital social. *Revista Síntese – Direito Empresarial*, ano VIII, n. 42, p. 155-157, jan./fev. 2015.

[41] OLIVERA GARCÍA, Ricardo. Infracapitalización societaria: un tema de derecho y economía. *Revista de Direito Empresarial*, ano 3, vol. 10, p. 149-150, jul./ago. 2015.

[42] HÜBERT, Ivens Henrique. *Sociedade empresária e capital social*. Curitiba: Juruá, 2009. p. 105.

[43] DINIZ, Gustavo Saad. *Subcapitalização societária*: financiamento e responsabilidade. Belo Horizonte: Fórum, 2012. p. 201.

atenção está focada em um momento superveniente, qual seja, o de inadimplemento em virtude da subcapitalização, e nos mecanismos legais de responsabilidade que podem ser usados para resolver este problema.

IV Subcapitalização e responsabilidade

IV.1 Subcapitalização material

A subcapitalização material ocorre quando o capital social é manifestamente insuficiente para o desenvolvimento da atividade empresarial, e a sociedade, dotada de um baixo nível de recursos próprios, sustenta-se em financiamentos de terceiros para exercer seus negócios, resultando em um quadro de sobreendividamento.

Segundo Saad Diniz, para que se caracterize a subcapitalização material, é necessária a ocorrência dos seguintes fatores: "(a) tipo societário com limitação de responsabilidade; (b) inexistência de capitais próprios suficientes para financiamento das necessidades da atividade; (c) utilização de capitais de terceiros em desequilíbrio com capitais próprios".[44]

O fator (a) se justifica pela importância do capital social como contrapartida à limitação da responsabilidade, como já exploramos no capítulo passado. Como explica Olivera García, embora o fenômeno da subcapitalização, em tese, possa ocorrer em qualquer sociedade, ele requer mais atenção naqueles tipos societários em que há limitação da responsabilidade, ou seja, em que a responsabilidade social, em regra, não atinge os patrimônios pessoais dos sócios, a exemplo das sociedades anônimas e limitadas.[45]

A subcapitalização material se distingue em dois subtipos: a originária e a superveniente.

Na subcapitalização material originária, há desproporção entre o capital social e a atividade empresarial desde o início da vida societária. Nas palavras de Olivera García, isso significa que, no momento de constituição da sociedade, "no existe un aporte de capital [...] o un compromiso cierto y efectivo de aportación (suscripción) que resulte suficiente para atender las necesidades financieras de la actividad propuesta".[46] Já Diniz define a subcapitalização material originária como "a falta de adequação entre capital e objeto social no momento da constituição da sociedade e o financiamento *ab initio* com capital de terceiros".[47]

A subcapitalização material superveniente, por sua vez, é posterior ao momento da constituição da sociedade e pode ocorrer por diversos fatores: ampliação do objeto social sem o respectivo aumento do capital; inesperada complexificação das atividades sociais; retirada excessiva de recursos para distribuição indevida de dividendos; etc. Nesta linha, explica Diniz que, "após a constituição da sociedade, o aumento da

---

[44] *Ibid.*, p. 182.
[45] OLIVERA GARCÍA, Ricardo. Infracapitalización societaria: un tema de derecho y economía. *Revista de Direito Empresarial*, ano 3, vol. 10, p. 133-134, jul./ago. 2015.
[46] OLIVERA GARCÍA, Ricardo. Infracapitalización societaria: un tema de derecho y economía. *Revista de Direito Empresarial*, ano 3, vol. 10, p. 141, jul./ago. 2015.
[47] DINIZ, Gustavo Saad. *Subcapitalização societária*: financiamento e responsabilidade. Belo Horizonte: Fórum, 2012. p. 186.

dimensão da atividade ou um desequilíbrio financeiro podem ser fatores de motivação da subcapitalização material".[48] Já para Olivera García, a subcapitalização material superveniente se produz por uma das seguintes causas: "o bien como consecuencia de un cambio en las condiciones de mercado o en la actividad de la propia sociedad; [...] o bien de una excesiva extracción de recursos sociales por socios o accionistas, a través de la distribución de dividendos o de otros mecanismos".[49]

Pergunta-se: qual será o ponto crítico de desproporção entre recursos próprios e recursos de terceiros apto a caracterizar a subcapitalização material?

Conforme já vimos, a atividade empresarial societária pode ser financiada de duas formas: através de recursos próprios ou de terceiros. Os recursos próprios são constituídos pelas contribuições (aportes) dos sócios, pelas reservas e pelos resultados positivos que possibilitam reinvestimento. Já os recursos de terceiros são aqueles originários de financiamento externo. O capital próprio é assim chamado porque encerra recursos que efetivamente integram o patrimônio da sociedade e não estão sujeitos aos custos do mercado ou à devolução. Já o capital de terceiros é uma fonte de recursos que gera endividamento, uma vez que a sociedade tem de remunerá-los e devolvê-los.[50]

Não obstante existam, na legislação brasileira, comandos que visem a concretização do princípio da congruência do capital social, ou seja, de sua adequação em relação à atividade empresarial, não há qualquer norma cogente que exija dos sócios a integralização de um montante de capital social proporcional à atividade societária, de modo a que a sociedade seja dotada de um nível mínimo de recursos próprios.[51] Os sócios e os órgãos sociais internos contam, pois, com grande liberdade na fixação da estrutura de financiamento societária.

É normal e, muitas vezes, necessário que a sociedade se apoie em recursos de terceiros para financiar parte de suas atividades, de modo a suprir custos e impulsionar o giro econômico da produção. A própria contabilidade das sociedades já incorpora cálculos de custo de capital tomado através de empréstimos, um modo de financiamento que pode resultar mais barato do que a manutenção de capitais próprios.

Assim, conforme já explicado, os parâmetros de uma adequada capitalização são, na verdade, um tanto quanto vagos, e, ao menos para as finalidades deste trabalho, não importa tanto uma investigação preventiva acerca da adequada capitalização societária. Como explica García, o juízo acerca da subcapitalização societária é sempre feito *a posteriori*, quando a sociedade, em virtude de sua estrutura de financiamento, deixa de cumprir suas obrigações e produz prejuízos a terceiros.[52] Com ele concorda Ivens Henrique Hübert, ao afirmar que "os problemas referentes à subcapitalização no direito societário manifestam-se de modo claro apenas quando a sociedade torna-se insolvente".[53]

---

[48] *Ibid.*, p. 187.
[49] GARCÍA, *op. cit.*, p. 141-142.
[50] DINIZ, *op. cit.*, p. 121-122.
[51] Neste sentido: CORDEIRO, Pedro. *A desconsideração da personalidade jurídica das sociedades comerciais*. Lisboa: Universidade Lusíada Editora, 2005. p. 67; DINIZ, Gustavo Saad. *Subcapitalização societária*: financiamento e responsabilidade. Belo Horizonte: Fórum, 2012. p. 201; e HÜBERT, Ivens Henrique. *Sociedade empresária e capital social*. Curitiba: Juruá, 2009. p. 98-99.
[52] OLIVERA GARCÍA, Ricardo. Infracapitalización societaria: un tema de derecho y economía. *Revista de Direito Empresarial*, ano 3, vol. 10, p. 149-150, jul./ago. 2015.
[53] HÜBERT, *op. cit.*, p. 105.

Logo, o ponto crítico de desproporção entre recursos próprios e recursos de terceiros apto a caracterizar a subcapitalização material, é, segundo Diniz, "o momento de desequilíbrio financeiro da sociedade, com constatação de inidoneidade creditícia e insuficiência de capital parar arcar com as necessidades financeiras".[54] Essa regra também vale para a subcapitalização nominal, que veremos a seguir.

IV.2 Subcapitalização nominal

A subcapitalização nominal caracteriza a situação na qual os sócios fornecem à sociedade os recursos necessários ao desenvolvimento da atividade empresarial, fazendo-o, porém, total ou parcialmente, a título de empréstimo, de modo a se tornarem eles mesmos credores da sociedade.

Na subcapitalização nominal, a exemplo da material, subsiste o quadro de insuficiência de recursos próprios da sociedade e de excesso de recursos de terceiros. Isso porque, não obstante tenham sido os sócios os responsáveis por aportar recursos, não o fizeram a título de aporte de capital, tendo, na verdade, outorgado crédito à sociedade. Como explica Ivens Hübert, "embora provenha dos sócios, trata-se de capital de terceiros, na medida em que, à sociedade, tais valores não pertencem, havendo por parte dela a obrigação de restituir o principal, acrescido eventualmente dos respectivos juros".[55]

A subcapitalização nominal pode ser originária ou superveniente. É originária quando, no momento da constituição da sociedade, os sócios decidem emprestar à sociedade os recursos dos quais ela precisa para desenvolver sua atividade, ao invés de aportá-los como capital social. É superveniente quando a sociedade, em momento posterior ao da constituição, necessita de mais recursos próprios, e os sócios, ao invés de promoverem um aumento de capital social, transferem recursos à sociedade a título de empréstimo.

O intuito dos sócios, com tal conduta, é concorrer com os demais credores sociais em caso de insucesso do empreendimento. Ao transferir recursos para a sociedade não na forma de aporte de capital, mas na forma de empréstimos, evita-se que esses ativos componham o patrimônio da sociedade, e, consequentemente, que sejam usados como fundo de pagamento aos credores. Assim, em caso de insolvência da sociedade, os sócios, na posição de credores, poderão tentar recuperar os recursos que eles mesmos transferiram à sociedade. Resume Saad Diniz:

> Constata-se que a subcapitalização nominal ocorre por endividamento excessivo com empréstimos dos sócios e com a posterior utilização do empréstimo para romper a intangibilidade do capital social e tentar retirar, antes dos credores, o patrimônio da sociedade com necessidade de capital.[56]

Explica García que o crédito dos sócios conta com um relevante privilégio, o qual reside na assimetria entre as informações que eles, *insiders*, possuem sobre a real

---

[54] DINIZ, *op. cit.*, p. 201-202.
[55] HÜBERT, Ivens Henrique. *Sociedade empresária e capital social*. Curitiba: Juruá, 2009. p. 100.
[56] DINIZ, Gustavo Saad. *Subcapitalização societária*: financiamento e responsabilidade. Belo Horizonte: Fórum, 2012. p. 161-162.

situação financeira da sociedade, e as informações às quais os demais credores, *outsiders*, têm acesso.[57] Além disso, como explica Diniz, os sócios, através de deliberações ou de influências sobre as decisões dos administradores, podem determinar o reembolso preferencial de seus empréstimos.[58]

No próximo item, faremos um apanhado geral da teoria da desconsideração da personalidade jurídica, explicando as características básicas do instituto, suas raízes históricas, sua recepção no Brasil e os pressupostos de sua aplicação, para, em seguida, analisarmos a relação da subcapitalização societária com tal teoria.

IV.3 A teoria da desconsideração da personalidade jurídica

A teorização da personalidade jurídica é uma das mais significativas conquistas do pensamento jurídico moderno, exercendo, dentro de suas várias aplicações práticas, papel fundamental no âmbito da iniciativa privada e das relações comerciais. Se o direito, em um primeiro momento, voltou-se para a regulamentação das pessoas naturais, logo se percebeu a necessidade de mecanismos legais que permitissem a reunião de tais pessoas, de modo a desenvolver empreendimentos complexos a partir de esforços comuns.

A personificação jurídica, então, possibilitou a criação de um sujeito distinto das pessoas físicas que o compõem, dotado de autonomia patrimonial e titularidade obrigacional e processual, o qual participa de relações jurídicas, adquire direitos e contrai obrigações em nome próprio, demanda e é demandado em juízo, e responde com patrimônio próprio por seus débitos.

Todo este aparato da pessoa jurídica respondeu muito bem aos anseios do mercado, pois possibilitou que os investidores se reunissem para a realização de empreendimentos, sem simplesmente entregarem seus recursos para que outros os administrassem. Eles mesmos puderam atuar na direção do negócio, mas se protegendo por trás da personificação corporativa: sem responder em nome próprio pelos atos da pessoa jurídica e sem comprometer a totalidade de seus patrimônios pessoais pelas dívidas desta. Depois de longo percurso histórico, surgiram, então, as sociedades empresárias personificadas, as quais tiveram papel fundamental no desenvolvimento da atividade econômica.

A limitação da responsabilidade – a qual, pelo menos no Direito brasileiro, não é decorrência automática da personificação – veio para levar a autonomia patrimonial à sua plenitude, eis que, nas sociedades de responsabilidade limitada, os patrimônios da sociedade e dos sócios, em regra, são inconfundíveis e incomunicáveis entre si. Tal limitação tem o relevante efeito de socializar parcialmente o risco empresarial, servindo de incentivo aos empreendedores, os quais, cientes de que seus patrimônios particulares não responderão pelas dívidas da sociedade, sentem-se mais inclinados a apostar em negócios ousados.

---

[57] OLIVERA GARCÍA, Ricardo. Infracapitalización societaria: un tema de derecho y economía. *Revista de Direito Empresarial*, ano 3, vol. 10, p. 146, jul./ago. 2015.

[58] DINIZ, Gustavo Saad. *Subcapitalização societária*: financiamento e responsabilidade. Belo Horizonte: Fórum, 2012. p. 161.

Não obstante sua importância para a iniciativa privada, a consolidação da pessoa jurídica como sujeito de direito autônomo, dotado de patrimônio próprio, gerou preocupação com a sua possível má utilização para o acobertamento de situações antijurídicas. Percebeu-se uma tendência de as pessoas físicas se protegerem por trás do aparato corporativo, utilizando a pessoa jurídica para fins contrários àqueles buscados pelo Direito, perpetrando uma série de abusos e fraudes. Assim, surgiu o instituto da desconsideração da personalidade jurídica, na tentativa de coibir tais práticas.

O instituto da desconsideração parte do pressuposto de que a separação patrimonial só deve ser protegida enquanto a sociedade operar segundo os fins para os quais foi criada. A partir do momento em que os sócios fazem uso abusivo dos privilégios decorrentes da pessoa jurídica, ou a manipulam para fraudar terceiros, ocultando suas próprias responsabilidades pessoais, a proteção conferida pela lei cessa, havendo a sustação episódica da autonomia patrimonial e a imputação de responsabilidade às pessoas físicas.

Nas palavras de Fábio Ulhôa Coelho, "cabe aplicar a teoria da desconsideração apenas se a personalidade jurídica autônoma da sociedade empresária antepõe-se como obstáculo à justa composição dos interesses".[59] Se a autonomia patrimonial da sociedade não impedir a responsabilização direta dos sócios e administradores, ou seja, se os atos forem imputáveis a essas pessoas diretamente por lei, não há necessidade de desconsideração. É o caso, por exemplo, da responsabilidade do administrador de sociedade anônima por excesso de poder, prevista no inciso II do art. 158 da Lei nº 6.404/76. Em situações como esta, a pessoa jurídica não foi manipulada nem utilizada como véu acobertador. Na verdade, a pessoa física agiu de forma ilícita, sem se ocultar, e tem de responder pelo ato de má-gestão. É necessário observar, portanto, que a teoria da desconsideração somente é aplicável em relação a atos aparentemente lícitos. Ainda citando Fábio Ulhôa Coelho, "cabe invocar a teoria quando a consideração da sociedade empresária implica a licitude dos atos praticados, exsurgindo a ilicitude apenas seguida à desconsideração da personalidade jurídica dela".[60]

Também há que se esclarecer que a desconsideração está no plano da eficácia e não é sinônimo de anulação da personalidade jurídica: consiste em medida episódica e excepcional, que não dissolve a pessoa jurídica, apenas declara seu ato constitutivo ineficaz em relação a certos atos, levantando o véu corporativo para imputar responsabilidade às pessoas físicas que realmente conceberam os atos abusivos ou fraudulentos. Sendo uma imputação direta de responsabilidade, não há que se falar em benefício de ordem, ou seja, os sócios não respondem apenas se os bens sociais forem insuficientes (subsidiariedade): só os sócios respondem, e não a sociedade.

A doutrina costuma destacar o caso *Salomon vs. Salomon & Co.*, julgado pela Corte Inglesa em 1897, como o primeiro caso (*leading case*) de aplicação da teoria da desconsideração da personalidade jurídica.

No Brasil, foi Rubens Requião o primeiro doutrinador a tratar do tema, em conferência da Faculdade de Direito da Universidade Federal do Paraná datada de 1969, cuja versão escrita é intitulada "Abuso e fraude através da personalidade jurídica (*disregard*

---

[59] COELHO, Fábio Ulhôa. *Curso de direito comercial*, v. 2: direito de empresa. 19. ed. São Paulo: Saraiva, 2015. p. 65.
[60] COELHO, Fábio Ulhôa. *Curso de direito comercial*, v. 2: direito de empresa. 19. ed. São Paulo: Saraiva, 2015. p. 65.

doctrine)". Outros dois importantes trabalhos a respeito do tema são as obras "Poder de controle na sociedade anônima", de Fábio Konder Comparato, e "A dupla crise da pessoa jurídica", de Lamartine Corrêa de Oliveira, datadas, respectivamente, de 1976 e 1979. Os autores Calixto Salomão Filho e Fábio Ulhôa Coelho também representam importantes figuras nacionais no estudo do assunto.

No âmbito legislativo, o Código de Defesa do Consumidor, de 1990, foi a primeira lei a dispor sobre a desconsideração da personalidade jurídica, normatizando-a em seu artigo 28. Em 1994, a Lei Antitruste, em seu artigo 18, praticamente repetiu a redação do código consumerista, mas, tendo sido revogada, foi substituída pela atual Lei nº 12.529/2011, que prevê a desconsideração em seu artigo 34. A terceira referência à teoria da desconsideração da personalidade jurídica veio com o artigo 4º da Lei nº 9.605/98, a Lei do Meio Ambiente.

Por fim, o Código Civil de 2002 trouxe a previsão geral da desconsideração da personalidade jurídica em seu artigo 50:

> Art. 50. Em caso de abuso da personalidade jurídica, caracterizado pelo desvio de finalidade, ou pela confusão patrimonial, pode o juiz decidir, a requerimento da parte, ou do Ministério Público quando lhe couber intervir no processo, que os efeitos de certas e determinadas relações de obrigações sejam estendidos aos bens particulares dos administradores ou sócios da pessoa jurídica.

Apesar de a redação tortuosa do artigo 50 dar a entender que o desvio de finalidade e a confusão patrimonial seriam subtipos do abuso da personalidade jurídica, sendo este o critério geral de aplicação da teoria, a doutrina tem entendido que, na verdade, é o próprio desvio de finalidade o pressuposto fundamental da desconsideração da personalidade jurídica,[61] o qual se manifestaria em casos de fraude, abuso de direito e confusão patrimonial.

O desvio de finalidade consiste na utilização da pessoa jurídica para fins estranhos à sua atividade empresarial, contrariando o contrato social ou estatuto de regência, e, em última instância, a própria lei. Como já explicado, a pessoa jurídica foi criada para permitir o surgimento de um sujeito distinto das pessoas físicas que lhe deram origem, dotado de titularidade obrigacional, capacidade processual e patrimônio próprio. Na seara comercial, a função do instituto pessoa jurídica é, portanto, limitar o risco empresarial, possibilitando a propulsão da atividade econômica e o desenvolvimento social. Qualquer uso da pessoa jurídica que contrarie tais finalidades caracterizará desvio de finalidade.[62]

---

[61] Neste sentido, dentre outros autores: KOURY, Suzy Elizabeth Cavalcante. *A desconsideração da personalidade jurídica (disregard doctrine) e os grupos de empresas*. 3. ed. Rio de Janeiro: Forense, 2011. p. 76; SILVA, Alexandre Couto. *A aplicação da desconsideração da personalidade jurídica no direito brasileiro*. 2. ed. Rio de Janeiro: Forense, 2009. p. 76; e TOMAZETTE, Marlon. A desconsideração da personalidade jurídica: a teoria, o código de defesa do consumidor e o novo código civil. *Doutrinas Essenciais de Direito do Consumidor*, vol. 5, p. 1331-1356, abr. 2001.

[62] Neste sentido: KOURY, Suzy Elizabeth Cavalcante. *A desconsideração da personalidade jurídica (disregard doctrine) e os grupos de empresas*. 3. ed. Rio de Janeiro: Forense, 2011. p. 76; MADALENO, Rolf. *A desconsideração judicial da pessoa jurídica e da interposta pessoa física no direito de família e no direito das sucessões*. 2. ed. Rio de Janeiro: Forense, 2009; e XAVIER, José Tadeu Neves. A evolução da teoria da desconsideração da personalidade jurídica: aspectos materiais e processuais. *Revista da EMERJ*, Rio de Janeiro, v. 19, n. 75, p. 56-85, jul./set. 2016.

A fraude envolve todo e qualquer meio ardiloso, empregado em negócio jurídico unilateral ou bilateral, com o propósito de prejudicar terceiros, em benefício próprio ou alheio. A má-fé é, portanto, pressuposto da fraude, embora também se entenda que a intenção de lesar terceiros não seja necessária para sua configuração, bastando a consciência de se estar produzindo um dano.[63]

O abuso de direito, por sua vez, consiste em uma má-utilização de um direito. É o agir "dentro da lei" que, no entanto, extrapola os limites econômico-sociais do direito subjetivo exercido, ou a boa-fé e os bons costumes, desviando-se dos fins previstos pelo ordenamento jurídico.[64] O abuso de direito está regulamentado no artigo 187 da parte geral do Código Civil, que assim dispõe: "Também comete ato ilícito o titular de um direito que, ao exercê-lo, excede manifestamente os limites impostos pelo seu fim econômico ou social, pela boa-fé ou pelos bons costumes". Aqui, não há, especificamente, uma trama deliberada contra terceiro, a exemplo do que ocorre na fraude. O núcleo do conceito está no uso irregular do direito.

As hipóteses de fraude e de abuso de direito compõem o que se convencionou chamar de formulação subjetiva da teoria da desconsideração da personalidade jurídica, porque, em tais casos, a desconsideração fica adstrita à prova do elemento subjetivo, ou seja, à demonstração, no caso concreto, da intenção do agente de lesar terceiros em benefício próprio, ou, ao menos, de sua conduta culposa.[65]

O terceiro elemento apto a fundamentar a desconsideração da personalidade jurídica é a confusão patrimonial, verificada nos casos em que não há distinção clara entre os patrimônios dos sócios e da sociedade. Essa hipótese foi incluída no artigo 50 do Código Civil em decorrência da obra de Fábio Konder Comparato, consistindo na formulação objetiva da teoria da desconsideração da personalidade jurídica. O diferencial da formulação objetiva é a facilitação da prova em juízo, pois, em casos de confusão patrimonial, a fraude é presumida, e dispensa-se a prova do elemento subjetivo.[66]

Para além das formulações subjetiva e objetiva, é de se destacar a consolidação de duas vertentes da teoria da desconsideração da personalidade jurídica, propostas originariamente por Fábio Ulhôa Coelho: a teoria maior e teoria menor. A teoria maior seguiria os moldes do artigo 50 do Código Civil, admitindo a desconsideração apenas em casos de abuso, fraude ou confusão patrimonial; enquanto a teoria menor exigiria

---

[63] Neste sentido: PEREIRA, Caio Mário da Silva. *Instituições de direito civil*, vol. 1: introdução ao direito civil e teoria geral do direito civil. 27. ed. Rio de Janeiro: Forense, 2014. p. 450-451.

[64] Neste sentido: LÔBO, Paulo. *Direito civil*: parte geral. 4. ed. São Paulo: Saraiva, 2013. p. 312-315 e PEREIRA, Caio Mário da Silva, *op. cit.*, p. 562-565.

[65] Gustavo Saad Diniz observa, porém, que o abuso positivado no artigo 50 do Código Civil é diferente do abuso contido no artigo 187, pois este último, de natureza delitual, não contemplaria toda atividade societária apta a ensejar a desconsideração da personalidade jurídica. Para o autor, o abuso previsto no artigo 50 deve ser compreendido em seu aspecto objetivo, "minimizando os efeitos da culpa e sobrepujando a antijuridicidade do excesso do exercício do direito". De forma ainda mais abrangente, mas na mesma linha, o professor Gustavo Tepedino, ao comentar o artigo 187 do Código Civil, argumenta que o legislador não foi feliz ao definir o abuso de direito como ato ilícito, pois tal conformação exige a comprovação de culpa, sendo que "no direito civil contemporâneo [...] a aferição de abusividade no exercício de um direito deve ser exclusivamente objetiva, ou seja, deve depender tão-somente da verificação da desconformidade concreta entre o exercício da situação jurídica e os valores tutelados pelo ordenamento civil-constitucional". Cf. DINIZ, Gustavo Saad. *Subcapitalização societária*: financiamento e responsabilidade. Belo Horizonte: Fórum, 2012. p. 207 e TEPEDINO, Gustavo et al. *Código Civil interpretado conforme a Constituição da República*. 2. ed. Rio de Janeiro: Renovar, 2007. p. 187.

[66] Neste sentido: COELHO, Fábio Ulhôa. *Curso de direito comercial*, v. 2: direito de empresa. 19. ed. São Paulo: Saraiva, 2015. p. 67.

do credor a mera demonstração de insolvência da pessoa jurídica, responsabilizando o sócio ou administrador pela simples insatisfação do crédito.

Curiosamente, porém, o próprio Fábio Ulhôa Coelho acabou abandonando a referência a essas duas teorias, com a seguinte justificativa:

> Em 1999, quando era significativa a quantidade de decisões judiciais desvirtuando a teoria da desconsideração, cheguei a chamar sua aplicação incorreta de "teoria menor", reservando à correta a expressão "teoria maior". Mas a evolução do tema na jurisprudência brasileira não permite mais falar-se em duas teorias distintas, razão pela qual esses conceitos de "maior" e "menor" mostram-se, agora, felizmente, ultrapassados.[67]

No entanto, explica José Neves Tadeu Xavier que "a formulação parece ter alçado vida própria, e continua sendo corrente tanto em nível doutrinário como pretoriano".[68] Segundo a interpretação dominante na doutrina e na jurisprudência, a teoria menor é efetivada no §5º do artigo 28 do Código de Defesa do Consumidor, que dispõe o seguinte: "Também poderá ser desconsiderada a pessoa jurídica sempre que sua personalidade for, de alguma forma, obstáculo ao ressarcimento de prejuízos causados aos consumidores". A lei de responsabilidade por lesões ao meio ambiente, Lei nº 9.605/98, em seu artigo 4º, também efetiva a teoria menor da desconsideração da personalidade jurídica, ao estabelecer que a pessoa jurídica poderá ser desconsiderada sempre que sua personalidade for obstáculo ao ressarcimento de prejuízos causados à qualidade do meio ambiente.

A lei brasileira mais recente a contemplar a desconsideração da personalidade jurídica é a Lei Anticorrupção, Lei nº 12.846/2013, que, em seu artigo 14, prevê a aplicação do instituto para a responsabilização administrativa e civil de pessoas jurídicas pela prática de atos contra a administração pública, nacional ou estrangeira.

Há que se observar, por fim, que o Código de Processo Civil, atendendo aos anseios da doutrina e da jurisprudência, cuidou da regulamentação processual da desconsideração, classificando-a como incidente processual próprio, previsto entre os artigos 133 e 137, dispensável, porém, caso a desconsideração seja requerida na petição inicial.

Após esse apanhado teórico do instituto da desconsideração da personalidade jurídica, em que tentamos resumir o contexto histórico de seu surgimento, suas características básicas, sua recepção no Brasil, suas ocorrências na legislação e os pressupostos de sua aplicação, estudaremos, a seguir, em que medida a subcapitalização societária pode constituir fundamento para aplicação da *disregard doctrine*.

IV.4 A subcapitalização como fundamento da desconsideração da personalidade jurídica

A subcapitalização societária, tanto em sua modalidade material como nominal, consiste em um quadro de sobreendividamento caracterizado pela utilização excessiva de recursos de terceiros para o financiamento da atividade empresarial. Em tal situação,

---

[67] Ibid., p. 70.
[68] XAVIER, José Tadeu Neves. A evolução da teoria da desconsideração da personalidade jurídica: aspectos materiais e processuais. *Revista da EMERJ*, Rio de Janeiro, v. 19, n. 75, p. 56-85, jul./set. 2016.

o patrimônio social carece de solidez, eis que preenchido por um diminuto montante de recursos próprios. Consequentemente, o capital social tem seu valor real baixado a um patamar irrisório, e sua função de garantia aos credores é esvaziada.

Sendo assim, a principal consequência da subcapitalização é a transferência indevida e desproporcional do risco empresarial para os credores.[69] Se os recursos próprios da sociedade são insuficientes para custear o negócio que ela se propõe a desenvolver, a divisão de riscos fica desequilibrada, e os riscos dos sócios diminuem, enquanto os dos credores aumentam.[70]

A questão é que a transferência integral ou preponderante do risco empresarial aos credores, superior àquela permitida pelo instituto da limitação da responsabilidade, esbarra em um problema maior: o desvio de finalidade da pessoa jurídica,[71] encerrando, conforme cada caso, conduta fraudulenta ou abusiva.

Sabe-se que a função da limitação da responsabilidade é a socialização *parcial* do risco empresarial. O intuito por trás dessa benesse concedida pelo Estado a alguns tipos societários é a proteção de investidores e o incentivo à atividade empresarial. Como contrapartida, exige-se a existência de um capital social que guarde adequação com a atividade empresarial e que seja capaz de suportar os custos econômicos dela advindos, de modo que os credores sejam minimamente garantidos.

Portanto, ao constituir a sociedade, os sócios devem abrir mão de parte de seus recursos particulares e investi-los na atividade que pretendem exercer, de modo a constituir o patrimônio autônomo da sociedade e formar um capital social real que servirá de garantia aos credores. Se os sócios correm o risco de investir uma quantia que pode não dar o retorno esperado, os credores, por sua vez, correm o risco de o patrimônio autônomo da sociedade ser insuficiente para satisfazer seus créditos, sendo que os patrimônios particulares dos sócios, em regra, não poderão ser atacados para esse fim.

Essa distribuição harmônica do risco empresarial fica desequilibrada quando a sociedade ampara sua estrutura de financiamento majoritariamente em capitais de terceiros, e não em recursos próprios. Em tal situação, o patrimônio social fica desprovido de solidez, e o capital social real é baixado a um valor irrisório e incapaz de fazer frente à função de garantia aos credores. Consequentemente, instala-se um quadro de transferência *integral* ou *preponderante* do risco empresarial aos credores, que constitui utilização fraudulenta ou abusiva da pessoa jurídica. Explica Gustavo Saad Diniz:

> A limitação da responsabilidade, em determinados tipos societários, seria direito-função, a ser exercido pelos sócios de acordo com a estrutura jurídica essencial desse esquema de capitais próprios da sociedade. Desempenhar a atividade societária com capital de terceiros pode ser fator preponderante para a transferência de riscos para fora da sociedade, abusando da personalidade jurídica usada somente para limitar a responsabilidade.[72]

---

[69] Neste sentido: DINIZ, Gustavo Saad. *Subcapitalização societária*: financiamento e responsabilidade. Belo Horizonte: Fórum, 2012. *passim*; FRAZÃO, Ana. *Função social da empresa*: repercussões sobre a responsabilidade civil de controladores e administradores de S/As. Rio de Janeiro: Renovar, 2011. p. 382-385; OLIVERA GARCÍA, Ricardo. Infracapitalización societaria: un tema de derecho y economía. *Revista de Direito Empresarial*, ano 3, vol. 10, p. 139-141, jul./ago. 2015; e XAVIER, José Tadeu Neves. Considerações sobre a necessidade de resgatar o conceito de capital social: análise da crise (ou redefinição) da noção de capital social. *Revista Síntese – Direito Empresarial*, ano VIII, n. 42, p. 158, jan./fev. 2015.

[70] OLIVERA GARCÍA, *op. cit.*, p. 139.

[71] Neste sentido: DINIZ, *op. cit.*, p. 207 e FRAZÃO, *op. cit.*, p. 382.

[72] DINIZ, Gustavo Saad. *Subcapitalização societária*: financiamento e responsabilidade. Belo Horizonte: Fórum, 2012. p. 208.

Assim, apesar de não expressamente prevista, a subcapitalização societária está, em nossa opinião, abarcada pelo artigo 50 do Código Civil – que trata das situações autorizativas da desconsideração da personalidade jurídica –, eis que constitui nítido caso pelo desvio de finalidade da pessoa jurídica. Neste sentido, leciona Ana Frazão:

> Dessa forma, poder-se-ia, por meio da desconsideração, tornar os controladores e administradores pessoalmente responsáveis por obrigações da companhia em hipóteses nas quais a transferência do risco empresarial para os credores foi manifestamente superior àquela permitida pela personalização, o que revelaria a existência de desvio de finalidade. Afinal, a função da pessoa jurídica de responsabilidade limitada é a de socializar parcialmente o risco empresarial, mas não a de transferi-lo integral ou primordialmente para os credores.[73]

Com esta tese também concorda Calixto Salomão Filho. Para o autor, na subcapitalização qualificada, ou seja, naquela em que o capital social é irrisório e nitidamente insuficiente para o desenvolvimento da atividade empresarial, "o perigo criado pelo(s) sócio(s) no exercício do comércio é suficiente para caracterizar a responsabilidade".[74]

A subcapitalização, a nosso ver, poderá constituir fraude ou abuso. A subcapitalização nominal tende a se enquadrar mais como fraude, pois as consequências práticas da conduta dos sócios e/ou administradores fazem crer existir a intenção dolosa de prejudicar terceiros em benefício próprio. Como já vimos, a concessão de empréstimos à sociedade coloca os sócios em posição de credores privilegiados, e com poder de informação diferenciada, o que lhes permite retirar o patrimônio da sociedade com muita facilidade em caso de insolvência. Já uma hipótese de subcapitalização material superveniente, por exemplo, pode se enquadrar como abuso de direito. Os sócios, diante da liberdade na fixação da estrutura de financiamento da sociedade, podem decidir dotá-la majoritariamente de recursos de terceiros, sem necessariamente ter a intenção de lesar credores. Estarão, porém, exercendo tal direito sem se atentar para os limites impostos pelo seu fim econômico ou social, ignorando os malefícios que podem advir para os credores sociais.

Os enquadramentos da subcapitalização feitos no parágrafo anterior são exemplificativos, podendo haver diversas combinações possíveis. Por mais que a subcapitalização nominal tenda a configurar fraude, pode também se limitar a um abuso de posição jurídica em determinado caso concreto. Assim como a subcapitalização material pode constituir fraude, e não apenas abuso, se configurado o dolo. Esse preciosismo, na verdade, não é tão relevante. O que importa é que a subcapitalização notória, seja fraudulenta, seja abusiva, sempre constituirá desvio de finalidade, que é o fundamento básico e primordial da desconsideração da personalidade jurídica.

Cremos, pois, que o instituto da desconsideração deve ser utilizado em caso de subcapitalização societária, no qual a sociedade, sobre-endividada e dotada de montante irrisório de recursos próprios, já não consegue adimplir as obrigações contraídas junto a terceiros em virtude da artificialidade do fluxo de valores disponível para garantir os credores, transferindo, pois, o risco empresarial total ou majoritariamente para a comunidade. Nas palavras de Rubens Requião, "se a personalidade jurídica constitui

---

[73] FRAZÃO, Ana. *Função social da empresa*: repercussões sobre a responsabilidade civil de controladores e administradores de S/As. Rio de Janeiro: Renovar, 2011. p. 382.
[74] SALOMÃO FILHO, Calixto. *O novo direito societário*. 4. ed. São Paulo: Malheiros, 2011. p. 91.

uma criação da lei, como concessão do Estado objetivando [...] a realização de um fim, nada mais procedente do que se reconhecer ao Estado [...] a faculdade de verificar se o direito concedido está sendo adequadamente usado".[75]

IV.5 Solução para a subcapitalização

Baseado no que foi dito até aqui, conclui-se que a solução para a subcapitalização material é a desconsideração da personalidade jurídica da sociedade, com relativização episódica da separação de patrimônios e a mudança do centro de imputação de responsabilidade, de forma a atingir sócios, acionistas e/ou administradores, conforme o caso, pela insuficiência de recursos próprios para o desenvolvimento da atividade.

Para subcapitalização nominal, a solução também é a desconsideração da personalidade jurídica da sociedade, com "requalificação forçada do empréstimo dos sócios, considerando que esses créditos dos sócios ficam sujeitos à equiparação das entradas de capital para fim de garantia a credores".[76]

IV.6. Momento de imputação da responsabilidade

Conforme já vimos, o quadro de excesso de recursos de terceiros e de insuficiência de recursos próprios, com consequente transferência indevida do risco empresarial para os credores, não configura necessariamente a responsabilidade por subcapitalização. Para isso, é necessário que haja um prejuízo efetivo aos credores, consistente na impossibilidade de recuperarem seus créditos. Como explica García:

> Si bien el magistrado sentenciante no estará seguramente en condiciones de fallar sobre cuánto hubieran sido exactamente las necesidades de recursos propios de la sociedad, sí lo estará para establecer cuando los mismos resultaron notoriamente insuficientes para la actividad que la sociedad efectivamente desarrolló. El juicio de responsabilidad por infracapitalización provendrá siempre de una constatación de los hechos *ex-post*, cuando la sociedad dejó de cumplir con sus obligaciones o produjo otros perjuicios a terceros.[77]

A responsabilidade por subcapitalização surge, portanto, quando a sociedade já não consegue mais adimplir suas obrigações perante terceiros.

IV.7 Sujeito ativo: a análise dos credores

Em sua obra "O poder de controle na sociedade anônima", Fábio Konder Comparato faz interessantíssimo estudo acerca dos efeitos econômico-jurídicos da

---

[75] REQUIÃO, Rubens. Abuso de direito e fraude através da personalidade jurídica. *Revista dos Tribunais*, São Paulo, ano 58, n. 410, p. 12-24, dez. 1969.
[76] DINIZ, Gustavo Saad. *Subcapitalização societária*: financiamento e responsabilidade. Belo Horizonte: Fórum, 2012. p. 176.
[77] OLIVERA GARCÍA, Ricardo. Infracapitalización societaria: un tema de derecho y economía. *Revista de Direito Empresarial*, ano 3, vol. 10, p. 150, jul./ago. 2015.

desconsideração da personalidade jurídica,[78] o qual nos será útil para determinar quais credores da sociedade poderão se valer desta medida em caso de subcapitalização societária.

O autor inicia sua análise retomando as ideias de Richard Posner, jurista norte-americano responsável pelos estudos originais sobre os custos da responsabilidade limitada e sua desconsideração.

Em resumo, Comparato explica que, para Posner, a responsabilidade limitada teria dois pressupostos: a plena informação de todos os agentes, e a possibilidade de que os agentes, devidamente informados, podem negociar os riscos livremente com a sociedade. A teoria de Posner justifica a responsabilidade limitada a partir da regra da eficiência, a qual prega que as normas jurídicas são eficientes na medida em que permitem a maximização da riqueza global, mesmo que haja prejuízo a um agente econômico específico. Em se tratando, portanto, da regra da limitação da responsabilidade, eventuais prejuízos sofridos pelos credores em virtude da ausência de responsabilidade dos sócios seriam malefícios normais do mercado. Os riscos de insolvência da sociedade devem correr, então, por conta do credor, pois ele sabe em que focar sua atenção na hora de contratar, exigindo contraprestações que remuneram o risco assumido, como maior taxa de juros ou garantias. Dentro dessa perspectiva, portanto, a desconsideração agiria negativamente sobre a expectativa das partes, interferindo em uma distribuição de riscos livremente negociada.

Comparato, é, porém, crítico de tal teoria. Ao contrário da visão liberal, ele vê a responsabilidade limitada não como uma regra, mas como uma exceção que provoca externalidades negativas, e que se justifica pela necessidade macroeconômica de socialização do risco, sem a qual a atividade comercial não seria possível. Nas palavras do autor "a responsabilidade limitada é, portanto, uma distribuição de riscos, forçada, mas necessária, feita pelo legislador".[79]

Levando-se em conta a real situação da maior parte dos credores sociais, que não possuem acesso à informação nem poder de negociação de riscos, o autor conclui que a responsabilidade limitada não atua em um contexto de perfeita concorrência, pelo contrário, provoca várias imperfeições de mercado. A essa conclusão também chega Ana Frazão, ao afirmar que "a responsabilidade limitada acaba gerando muitas distorções, sendo perversa para os pequenos credores e para os credores involuntários, enquanto não tem grandes repercussões para os grandes credores".[80]

Comparato argumenta que, diferentemente da ideia de Posner, a desconsideração da personalidade jurídica não interfere negativamente em uma distribuição de riscos livremente negociada entre as partes, constituindo, na verdade, um mecanismo de redistribuição dos riscos, de modo a se voltar à situação ideal desejada pelo legislador, aliando justiça distributiva à eficiência econômica.

Para Comparato, ao se aplicar a desconsideração da personalidade jurídica, é necessário fazer uma distinção entre os tipos de credores. O primeiro grupo seria constituído

---

[78] COMPARATO, Fábio Konder; SALOMÃO FILHO, Calixto. *O poder de controle na sociedade anônima*. 5. ed. Rio de Janeiro: Forense, 2008. p. 481 *et seq*.

[79] COMPARATO, Fábio Konder; SALOMÃO FILHO, Calixto. *O poder de controle na sociedade anônima*. 5. ed. Rio de Janeiro: Forense, 2008. p. 487.

[80] FRAZÃO, Ana. *Função social da empresa*: repercussões sobre a responsabilidade civil de controladores e administradores de S/As. Rio de Janeiro: Renovar, 2011. p. 390.

por credores profissionais ou institucionais, geralmente instituições financeiras, em relação aos quais é possível pressupor o acesso à informação e o poder de negociação de riscos. O segundo grupo seria composto dos credores aos quais não se pode aplicar a hipótese de concorrência perfeita, em virtude da falta de informação e de poder de barganha: seriam os credores de ato ilícito, pequenos fornecedores e empregados.

A diferenciação de credores afeta diretamente a determinação dos beneficiários da desconsideração da personalidade jurídica. Explica Comparato:

> Essa distinção de credores tem influência direta sobre a desconsideração. Em face dela, pode-se sustentar uma aplicação mais restritiva da desconsideração com relação àqueles credores, como os credores institucionais (profissionais) que têm o dever de verificar a situação econômica do devedor e têm a possibilidade de negociar uma taxa de risco.[81]

O jurista uruguaio Ricardo García também aborda os efeitos jurídico-econômicos da desconsideração da personalidade jurídica, mais especificamente no caso de subcapitalização. O autor explica que a regra da eficiência é contrária à tese de imputação de responsabilidade aos sócios ou administradores por subcapitalização societária, pois enaltece o princípio da autonomia da vontade supostamente presente nas relações travadas entre a sociedade e os credores sociais. Segundo tal regra, o estado de subcapitalização da sociedade e sua maior probabilidade de insolvência seriam internalizados pelo credor ao estabelecer seus interesses e exigir garantias, ou seja, ao fixar as condições de contratação. O próprio mercado, portanto, naturalmente dissiparia o desequilíbrio provocado pela insuficiência de capital social. Estabelecer um regime de responsabilidade por subcapitalização seria, pois, economicamente ineficiente, pois se buscaria indenizar os credores por um prejuízo que eles, na verdade, não sofreram.[82]

Concordamos com Comparato e com García que, por mais que em alguns casos existam credores que tenham acesso à informação e poder de negociação suficiente para internalizar o risco transferido pela subcapitalização, este não é o cenário mais observado na prática. Existem várias situações nas quais é impossível aos credores incluir o risco a eles indevidamente transferido nas condições de contratação com a sociedade subcapitalizada.[83]

As instituições financeiras constituem um tipo de credor com nível diferenciado de análise das informações lançadas no balanço patrimonial da sociedade, além de possuírem poder de barganha. Assim, são capazes de avaliar o grau de liquidez da sociedade, exigindo contrapartidas à concessão de crédito, como taxas de juros e garantias. Ao menos em tese, essa espécie de credor não é, portanto, afetada pelo desequilíbrio provocado pela subcapitalização, pois consegue dimensionar os riscos do negócio jurídico e dissipá-los através das condições de contratação.[84]

---

[81] COMPARATO, Fábio Konder; SALOMÃO FILHO, Calixto. *O poder de controle na sociedade anônima*. 5. ed. Rio de Janeiro: Forense, 2008. p. 492.

[82] COMPARATO, Fábio Konder; SALOMÃO FILHO, Calixto. *O poder de controle na sociedade anônima*. 5. ed. Rio de Janeiro: Forense, 2008. p. 490-491; e OLIVERA GARCÍA, Ricardo. Infracapitalización societaria: un tema de derecho y economía. *Revista de Direito Empresarial*, ano 3, vol. 10, p. 143, jul./ago. 2015.

[83] OLIVERA GARCÍA, Ricardo, *op. cit.*, p. 144.

[84] DINIZ, Gustavo Saad. *Subcapitalização societária*: financiamento e responsabilidade. Belo Horizonte: Fórum, 2012. p. 232-233.

Alguns outros tipos de credores contratuais não possuem essa mesma capacidade de análise de riscos e de exigência de benefícios. Como exemplo, podemos citar trabalhadores, pequenos fornecedores e consumidores. É impossível, para eles, avaliar a estrutura de financiamento da sociedade e constatar uma possível situação de inidoneidade creditícia. Esses tipos de credores sofrem, portanto, todos os efeitos negativos da transferência do risco empresarial advindo da subcapitalização, e a eles é plenamente aplicável a possibilidade de desconsideração da personalidade jurídica, com imputação de responsabilidade aos sócios.[85]

Por fim, temos os credores involuntários ou extracontratuais, aos quais se aplicam as mesmas conclusões dos credores contratuais do parágrafo anterior.[86]

Assim, concordamos com a conclusão de Gustavo Saad Diniz, que "o tipo de credor da sociedade deve ser analisado para que se compreenda a ocorrência de subcapitalização motivadora da modificação do centro de imputação".[87]

De acordo com o Código de Processo Civil, a desconsideração da personalidade jurídica tanto pode ser requerida como um incidente processual (artigo 133, *caput*, do CPC) – sendo, neste caso, uma modalidade de intervenção de terceiros –, como pode ser requerida na petição inicial, hipótese na qual o incidente fica dispensado (artigo 134, §2º, do CPC). Em qualquer destas situações, o sujeito ativo de tal requerimento apenas poderá ser o credor efetivamente prejudicado pelo desequilíbrio provocado pela subcapitalização societária, incapaz de dimensionar os riscos do negócio jurídico e de internalizá-los através das condições de contratação. Esses credores quase sempre serão pequenos credores, como fornecedores e trabalhadores, ou credores involuntários, como os credores por atos ilícitos. Quanto aos credores institucionais (profissionais), aderimos ao pensamento de Fábio Konder Comparato, que afirma que "será admissível a desconsideração apenas com base em um aumento superveniente e imprevisível dos riscos, de modo a modificar substancialmente a situação inicial".[88] Assim, mesmo os grandes credores poderão ser beneficiários da desconsideração da personalidade jurídica por subcapitalização societária, desde que ela seja superveniente e imprevista.

V Conclusão

A decisão acerca da estrutura de financiamento da sociedade é própria dos sócios e dos órgãos sociais internos e se relaciona profundamente com o conceito de capital social. Por mais que existam, na legislação brasileira, comandos que visem a concretização do princípio da congruência do capital social, não há qualquer norma cogente que exija dos sócios a integralização de um montante de capital social proporcional à atividade societária, de modo a que a sociedade seja dotada de um nível mínimo de recursos próprios.

---

[85] Neste sentido: DINIZ, *op. cit.*, p. 233-234 e OLIVERA GARCÍA, *op. cit.*, p. 145.
[86] Neste sentido: DINIZ, Gustavo Saad. *Subcapitalização societária*: financiamento e responsabilidade. Belo Horizonte: Fórum, 2012. p. 234 e OLIVERA GARCÍA, Ricardo. Infracapitalización societaria: un tema de derecho y economía. *Revista de Direito Empresarial*, ano 3, vol. 10, p. 144, jul./ago. 2015.
[87] DINIZ, *op. cit.*, p. 232.
[88] COMPARATO, Fábio Konder; SALOMÃO FILHO, Calixto. *O poder de controle na sociedade anônima*. 5. ed. Rio de Janeiro: Forense, 2008. p. 492.

Os sócios e os órgãos sociais internos contam, pois, com grande liberdade na fixação da estrutura de financiamento da sociedade. O exercício de tal poder diretivo quanto ao arranjo societário, porém, deve sempre se ater às finalidades da pessoa jurídica. Como se sabe, a função do instituto da personalidade jurídica é limitar o risco empresarial, de forma a harmonizar as condições de mercado e permitir o desenvolvimento da atividade econômica, contribuindo, em última instância, para o desenvolvimento social.

A eventual escolha de uma estrutura de financiamento apoiada excessivamente em recursos de terceiros pode levar ao perigoso quadro da subcapitalização societária. Neste cenário, a sociedade se encontra sobre-endividada e dotada de montante irrisório de recursos próprios, sendo incapaz de adimplir as obrigações contraídas junto a terceiros em virtude da artificialidade do fluxo de valores disponível para garantir os credores.

Há, assim, transferência do risco empresarial, total ou majoritariamente, para a comunidade, especialmente para os credores mais vulneráveis, como pequenos fornecedores, trabalhadores e credores involuntários, o que, nitidamente, contraria as finalidades socioeconômicas que o Direito idealiza para a pessoa jurídica.

É impressionante que a insuficiência de capital social – essa figura tão pouco tratada pela doutrina comercialista e tão pouco discutida nas salas de aula das faculdades de Direito – resulte em tão importante efeito mercadológico e jurídico, a ponto de constituir fundamento para a drástica e excepcional medida de desconsideração da personalidade jurídica, perfeitamente enquadrável nos pressupostos do artigo 50 do Código Civil.

Este trabalho se propôs a contribuir para o ainda incipiente debate acerca do enquadramento jurídico da subcapitalização societária e das soluções que o nosso ordenamento proporciona para a correção deste grave problema, o qual, não obstante costume vir disfarçado em meio a outros desvios societários, merece estudo em separado e sistematização teórica sólida, em virtude de seus relevantes efeitos jurídico-econômicos.

Referências

COELHO, Fábio Ulhôa. *Curso de direito comercial*, v. 2: direito de empresa. 19. ed. São Paulo: Saraiva, 2015.

COMPARATO, Fábio Konder; SALOMÃO FILHO, Calixto. *O poder de controle na sociedade anônima*. 5. ed. Rio de Janeiro: Forense, 2008.

CORDEIRO, Pedro. *A desconsideração da personalidade jurídica das sociedades comerciais*. Lisboa: Universidade Lusíada Editora, 2005.

DINAMARCO, Cândido Rangel. *Desconsideração da personalidade jurídica*. Fraude e ônus da prova. Fundamentos do processo civil moderno. 3. ed. São Paulo: Malheiros, 2000, t. 2.

DINIZ, Gustavo Saad. *Subcapitalização societária*: financiamento e responsabilidade. Belo Horizonte: Fórum, 2012.

DINIZ, Gustavo Saad. Instrumentos de capitalização societária. *Revista de Direito Privado*, ano 13, vol. 49, p. 313-330, jan./mar. 2012.

FIGUEIREDO, Raif Daher Hardman de. O capital social e a atividade empresarial. *Revista de Direito Empresarial*, ano 4, vol. 13, p. 123-143, jan./fev. 2016.

FRAZÃO, Ana. *Função social da empresa*: repercussões sobre a responsabilidade civil de controladores e administradores de S/As. Rio de Janeiro: Renovar, 2011.

GONÇALVES, Oksandro. Os princípios gerais do direito comercial: autonomia patrimonial da pessoa jurídica, limitação e subsidiariedade da responsabilidade dos sócios pelas obrigações sociais. *Revista de Direito Bancário e do Mercado de Capitais*, vol. 58, p. 183, out. 2012.

GONÇALVES NETO, Alfredo de Assis. O menosprezado capital social. *Revista Jurídica da Escola Superior de Advocacia da OAB-PR*, edição 01, ago. 2016. Disponível em: http://admin.oabpr.org.br/imagens/revistajuridica/artigos/1/9.pdf.

GONÇALVES NETO, Alfredo de Assis. *O Direito de Empresa* – comentários aos artigos 966 a 1.195 do Código Civil. 5. ed. São Paulo: Revista dos Tribunais, 2014.

HÜBERT, Ivens Henrique. *Sociedade empresária e capital social*. Curitiba: Juruá, 2009.

KOURY, Suzy Elizabeth Cavalcante. *A desconsideração da personalidade jurídica (disregard doctrine) e os grupos de empresas*. 3. ed. Rio de Janeiro: Forense, 2011.

LÔBO, Paulo. *Direito civil: parte geral*. 4. ed. São Paulo: Saraiva, 2013.

LORIA, Eli; MENDES, Hélio Rubens de Oliveira. Capital social: noções gerais. *Revista de Direito Bancário e do Mercado de Capitais*, vol. 58, p. 349-386, out./dez 2012.

MARINONI, Luiz Guilherme. Desconsideração da personalidade jurídica. *Soluções práticas – Marinoni*, vol. 2, p. 319-357, out. 2011.

OLIVERA GARCÍA, Ricardo. Infracapitalización societaria: un tema de derecho y economía. *Revista de Direito Empresarial*, ano 3, vol. 10, p. 131-174, jul./ago. 2015.

PEREIRA, Caio Mário da Silva. *Instituições de direito civil*, vol. 1: introdução ao direito civil e teoria geral do direito civil. 27. ed. Rio de Janeiro: Forense, 2014.

REQUIÃO, Rubens. Abuso de direito e fraude através da personalidade jurídica. *Revista dos Tribunais*, São Paulo, ano 58, n. 410, p. 12-24, dez. 1969.

SABIÃO, Thiago Moreira de Souza; TEIXEIRA, Tarcisio. Reflexões sobre a importância da limitação da responsabilidade nas sociedades limitadas. *Revista de Direito Empresarial*, vol. 1, p. 39-64, out. 2016.

SAFFARO, Mateus Alves; TEIXEIRA, Tarcisio. A EIRELI e suas controvérsias pendentes. *Revista de Direito Empresarial*, vol. 13, jan./fev. 2016.

SALOMÃO FILHO, Calixto. *O novo direito societário*. 4. ed. São Paulo: Malheiros, 2011.

SILVA, Alexandre Couto. *A aplicação da desconsideração da personalidade jurídica no direito brasileiro*. 2. ed. Rio de Janeiro: Forense, 2009.

SZTAJN, Rachel. Terá a personificação das sociedades função econômica? *Revista da faculdade de Direito da Universidade de São Paulo*, São Paulo, vol. 100, 2005. Disponível em: http://www.revistas.usp.br/rfdusp/article/view/67664/70272.

TEPEDINO, Gustavo et al. *Código Civil interpretado conforme a Constituição da República*. 2. ed. Rio de Janeiro: Renovar, 2007.

TOMAZETTE, Marlon. A desconsideração da personalidade jurídica: a teoria, o código de defesa do consumidor e o novo código civil. *Doutrinas Essenciais de Direito do Consumidor*, vol. 5, p. 1331-1356, abr. 2001.

XAVIER, José Tadeu Neves. A evolução da teoria da desconsideração da personalidade jurídica: aspectos materiais e processuais. *Revista da EMERJ*, Rio de Janeiro, v. 19, n. 75, p. 56-85, jul./set. 2016. Disponível em: http://www.emerj.tjrj.jus.br/revistaemerj_online/edicoes/revista75/revista75_56.pdf.

XAVIER, José Tadeu Neves. Considerações sobre a necessidade de resgatar o conceito de capital social: análise da crise (ou redefinição) da noção de capital social. *Revista Síntese – Direito Empresarial*, ano VIII, n. 42, p. 130-167, jan./fev. 2015.

XAVIER, José Tadeu Neves. Reflexões sobre a Empresa Individual de Responsabilidade Limitada (EIRELI). *Revista de Direito Privado*, vol. 54, abr./jun. 2013.

Informação bibliográfica deste texto, conforme a NBR 6023:2018 da Associação Brasileira de Normas Técnicas (ABNT):

TOMAZ, Mariana Rocha. A subcapitalização societária como fundamento da desconsideração da personalidade jurídica. *In*: FRAZÃO, Ana; CARVALHO, Angelo Gamba Prata de (Coord.). *Empresa, mercado e tecnologia*. Belo Horizonte: Fórum, 2019. p. 109-136. ISBN 978-85-450-0659-6.

FUNDOS DE INVESTIMENTOS E REPERCUSSÕES SOCIETÁRIAS ATUAIS. A RESPONSABILIDADE DOS ADMINISTRADORES, GESTORES, COTISTAS E CUSTODIANTES E OS DESAFIOS ORIUNDOS DO CONTROLE EXTERNO, DO *BOARD INTERLOCKING* E DA INFLUÊNCIA DOMINANTE DE COTISTAS

MARCELO H. G. RIVERA M. SANTOS

I Introdução

Os fundos de investimentos alcançaram expressiva relevância na economia mundial, dada a capacidade e a capilaridade de seus investimentos. Para se ter uma pequena amostra da expressão econômica desses agentes no Brasil, tem-se que o fundo de investimento do Banco do Brasil, por exemplo, possui um patrimônio de mais de 900 bilhões de reais[1] em investimentos, configurando o primeiro colocado no *ranking* "patrimônio líquido por classe" no Brasil. Desse patrimônio, há investimentos em "renda fixa", "ações", "multimercados", "cambial", "previdência" e outros, o que exemplifica as mencionadas capacidade e capilaridade dos fundos.

Dada a relevância que a atuação de um fundo de investimento desse porte tem nos mercados em que opera, é natural que inúmeras controvérsias jurídicas surjam, sendo o Direito o instrumento procurado para oferecer respostas. Uma das controvérsias jurídicas que repousam sobre os fundos de investimentos e que será objeto de análise neste artigo diz respeito à sua natureza jurídica (Seção II).

A importância da definição da natureza jurídica dos fundos de investimento repousa nas repercussões jurídicas daí concernentes, como por exemplo na responsabilidade daqueles agentes que atuam no contexto do fundo de investimento (administradores, gestores, cotistas e custodiantes), também objeto de discussão neste trabalho (Seção III).

---

[1] *Ranking* feito pela ANBIMA e disponibilizado no seu site: http://www.anbima.com.br/pt_br/informar/ranking/fundos-de-investimento/gestores.htm, acesso em: 27 jul. 2018, às 16:15.

A devida contextualização dos fundos de investimentos, dos seus atores, da sua natureza jurídica, permitirá uma análise mais cuidadosa sobre as responsabilidades daqueles que operam os fundos de investimentos. Para tanto, se apontará os principais componentes dos fundos de investimentos, seus papéis, para se enfrentar as suas responsabilidades.

Além da análise da responsabilização daqueles que compõem um fundo de investimento, questiona-se neste artigo quais seriam os limites de atuação de um fundo de investimento, em razão das repercussões societárias que podem emanar de sua atuação. O que seria permitido ou que poderia ser coibido no agir do fundo de investimento.

II Da natureza jurídica dos fundos de investimentos

O fundo de investimento pode ser entendido, de modo didático, como uma modalidade de investimento coletivo. Cria-se uma estrutura para reunir recursos financeiros de diversos investidores, para que eles, em conjunto, invistam esses recursos. A lógica é bastante simples: quanto mais recursos, maiores são as possibilidades de investimentos, e maiores são, portanto, as possibilidades de retorno.

Aponta-se que os fundos de investimentos surgiram no século XIX, na Inglaterra,[2] com o que inauguraram a colocação coletiva de capitais com o objetivo comum de multiplicação dos recursos investidos. A concepção de criação de um fundo de investimento perpassava, à época, por possibilitar àqueles que detinham recursos moderados retornos iguais aos mais bem afortunados, dado que o volume de arrecadação era igualmente importante. Além de possibilitar um melhor retorno do investimento, dado que o volume arrecadado era expressivo, a criação do fundo levou em conta a necessidade de pulverização dos investimentos, diminuindo-se o risco nas operações. Na Inglaterra, assim, na origem, dado o seu ordenamento jurídico anglo-saxão, permitiu-se (como ainda se permite) uma bipartição do direito de propriedade sobre determinada coisa, diferentemente do que ocorre nos países de tradição romana.

Assim, importa desde já uma colocação prévia para a análise dos fundos de investimentos no Brasil, dado seu ordenamento jurídico de tradição romana, baseado na *civil law*: não é possível incorporar os fundos (*investments trusts*) tal como concebidos na Inglaterra. Ou seja, apesar de existirem no Brasil, os fundos de investimentos daqui possuem características próprias que os diferenciam daqueles constituídos na Inglaterra, características essas de pressupostos do ordenamento jurídico. Isso porque, na esteira do que ensina Florinda Figueiredo Borges,[3] "no *investments trusts* existem, no mínimo, dois direitos de propriedade sobre o mesmo patrimônio, sendo que os titulares desses direitos possuem atribuições e limitações distintas. Não se trata de propriedade condominial (copropriedade), mas do domínio destacado e exclusivo sobre o mesmo bem". Com dois direitos de propriedade sobre o mesmo bem e com atribuições e limitações distintas, se verifica a possibilidade de uma bipartição do direito de propriedade, nos ordenamentos

---

[2] BORGES, Florinda Figueiredo. *Os fundos de investimentos, reflexões sobre a sua natureza jurídica*. Direito Societário Contemporâneo I. São Paulo: Quartier Latin, 2009, p. 44.
[3] BORGES, Florinda Figueiredo. *Os fundos de investimentos, reflexões sobre a sua natureza jurídica*. Direito Societário Contemporâneo I. São Paulo: Quartier Latin, 2009, p. 44.

jurídicos de origem anglo-saxônica, ao contrário do que ocorre nos ordenamentos jurídicos de tradição romana. Nos ordenamentos jurídicos de tradição romana, o direito de propriedade é absoluto e indivisível.

O correto enquadramento do conceito de propriedade e o seu alcance vão nortear a análise da natureza jurídica dos fundos de investimentos e se sustenta isso, pois no Brasil tem-se que um fundo de investimento é criado por uma pessoa jurídica, o administrador; que conta com uma gestão especializada (gestor), de recursos captados de terceiros (cotistas), operados por meio de uma instituição de custódia (custodiante). Então, vê-se que o cotista é o proprietário do recurso que será administrado pelo administrador do fundo de investimento e gerido pelo gestor do fundo, sendo custodiado pelo custodiante. Note-se que a propriedade como absoluta e indivisível faz indicar que o recurso pertence tão só ao cotista. O fato de o cotista entregar os seus recursos ao administrador/gestor não lhe retira a propriedade e nem a concede a esses dois últimos atores. A eles é dada apenas a gestão do recurso, sem ser-lhes concedida a propriedade do bem.

Nesse contexto, indaga-se: qual seria a natureza jurídica dos fundos de investimentos? Duas são as respostas doutrinárias que se destacam: (i) trata-se de condomínios; e (ii) trata-se de sociedades. A importância do estudo e análise do enquadramento doutrinário da natureza jurídica dos fundos de investimentos é vista na percepção de que é com base nessa classificação jurídica que decorrerá a análise das relações que há entre aqueles agentes que atuam no bojo do fundo de investimento e a relação deles com terceiros. É, pois, com isso em mente que se detalhará melhor sobre as duas correntes doutrinárias mais representativas que classificaram a natureza jurídica dos fundos de investimentos, bem como uma terceira via à qual este autor se filia.

II.1 Fundos de investimentos – natureza jurídica de condomínios

Para a Comissão de Valores Mobiliários do Brasil (CVM), os fundos de investimento são condomínios, nos termos da Instrução nº 409/2004.[4] Tal instrução trouxe logo em seu artigo 2º[5] a definição de que se trata de uma "comunhão de recursos, constituída sob a forma de condomínio". Adveio, em 2014, uma nova instrução normativa da CVM, a de nº 555, que tornou a categorizar os fundos de investimentos em condomínios, de acordo com o texto de seus artigos 3º[6] e 4º.[7] Em razão da edição de tais instruções, não se tem dúvidas de que, para a CVM, os fundos de investimentos são condomínios.

Tal posicionamento da CVM é corroborado por Vinícius Mancini Guedes,[8] para quem os fundos de investimentos possuem natureza jurídica de condomínios, na medida

---

[4] Não se ignora as demais regulamentações da CVM sobre outros tipos de fundos de investimentos como as Instruções Normativas nºs 356, 398, 444, 472, 578, 579, entre outras.

[5] Art. 2º O fundo de investimento é uma comunhão de recursos, constituída sob a forma de condomínio, destinado à aplicação em ativos financeiros, observadas as disposições desta Instrução. Instrução nº 409/2004.

[6] Art. 3º O fundo de investimento é uma comunhão de recursos, constituído sob a forma de condomínio, destinado à aplicação em ativos financeiros. Instrução nº 555/2014.

[7] Art. 4º O fundo pode ser constituído sob a forma de condomínio aberto, em que os cotistas podem solicitar o resgate de suas cotas conforme estabelecido em seu regulamento, ou fechado, em que as cotas somente são resgatadas ao término do prazo de duração do fundo. Instrução nº 555/2014.

[8] GUEDES, Vinicius Mancini. *Sociedade e Comunhão* – Os fundos de investimento. Direito Societário Contemporâneo I. São Paulo: Quartier Latin, 2009, p. 84.

em que se verifica a existência de uma pluralidade de sujeitos com direitos iguais a uma determinada coisa. Na visão do citado autor, não se poderia cogitar ser os fundos de investimentos sociedades, visto que sua disciplina e funcionamento não se amoldam à categoria societária. Sustentou-se ser condomínio e não sociedade sob o fundamento, entre outros, de que "para haver sociedade, então, é necessária a conclusão de contrato de sociedade que preencha todos os requisitos normativos. Desta forma, 'se o contrato de sociedade não existe, ou existe, mas é nulo, ou se foi anulado, sociedade não há'. A partir desta premissa, não seria possível classificar os fundos de investimentos como sociedades, pois não há contrato de sociedade entre cotistas".[9]

Também nesse sentido, mas com nuances, alguns autores[10] entendem que os fundos de investimentos possuem natureza condominial, mas seria um condomínio de tipo especial, com regras específicas e próprias. Distanciam-se das regras do Código Civil e adotam-se as regras das instruções normativas editadas pela CVM. Para esses autores, os fundos de investimentos não possuiriam personalidade jurídica, sendo apenas uma comunhão de recursos. O colegiado da CVM no Processo Administrativo Sancionador (PAS) nº 2001/1857, inclusive, manifestou o entendimento de que os fundos de investimentos seriam uma comunhão condominial de recursos, sem personalidade jurídica própria. Estes não possuiriam características de sociedades por ações, cujo fundamento seria o de que os administradores dos fundos de investimentos não se submetem a qualquer deliberação de eventual assembleia de cotistas. Adicionou-se ainda o argumento de que o fundo é constituído pelo administrador, sem que haja entre os cotistas uma *affectio societatis*, reforçando a natureza condominial dos fundos.

Com o devido respeito e acatamento ao entendimento de que a natureza jurídica do fundo de investimento é condominial, com ele não se pode concordar. Ora, tomando como base o conceito de condomínio exposto por Caio Mario da Silva Pereira,[11] para quem "dá-se condomínio, quando a mesma coisa pertence a mais de uma pessoa, cabendo a cada uma delas igual direito, idealmente, sobre o todo e cada uma de suas partes". Definitivamente, não é isso o que se percebe, a nosso ver, de um fundo de investimento. Em um fundo de investimento, o administrador não é proprietário dos recursos captados dos cotistas e que compõem o patrimônio do fundo; o gestor, tampouco; os cotistas são proprietários de suas cotas partes, tão somente, mas não o são do *todo*, ou seja, não são proprietários do patrimônio do fundo. E, não há, no fundo de investimento, os *bens de uso comum*, como há, por exemplo, nos condomínios edilícios.

A definição trazida por Caio Mário aponta que cada um dos condôminos pode usar e gozar da coisa, como um todo, o que – categoricamente – não se percebe em um fundo de investimento. Ao cotista não cabe o uso e gozo de sua cota parte, a seu bel-prazer. Para ele, cotista, cabem basicamente duas ações: (i) adquirir mais cotas; e (ii) liquidar as suas cotas. Não é conferido ao cotista, proprietário único e exclusivo das cotas do fundo, possibilidade de dispor das cotas de outra forma, senão aquela preestabelecida pelo administrador, quando da criação do fundo. A impossibilidade de disposição das

---

[9] *Ibidem*. p. 80.
[10] Cita-se como exemplo: Nelson Laks Eizirik, livro: *Mercado de Capitais* – Regime Jurídico. Rio de Janeiro: Renovar, 2008.
[11] PEREIRA, Caio Mário da Silva. *Instituições de direito civil*. Volume I. Rio de Janeiro: Forense, 2010. p. 151.

cotas é claramente percebida nos fundos de investimentos do tipo aberto, cuja regra é de que as cotas são intransferíveis, conforme art. 13[12] da Instrução Normativa nº 555/2014, da CVM. Dessa análise, inclusive, verifica-se o afrontamento ao art. 1.318[13] do Código Civil, que permite ao condômino a contração de dívida em nome do condomínio, algo que é impensável em um fundo de investimento, dado que a gestão do patrimônio não é feita pelo cotista, mas pelo *gestor* ou *administrador* do fundo.

Respeitando ainda o entendimento adotado pela CVM, quando da análise do PAS nº 2001/1857, de que a constituição do fundo não passa por uma existência do *affectio societatis* entre os cotistas para formar uma sociedade, tem-se que tal requisito já não tem sido preponderante para se determinar a existência de uma sociedade.[14]

Além dos autores aqui mencionados, alguns outros discorrem sobre as razões pelas quais se deve entender que os fundos de investimentos possuem natureza jurídica de condomínios, mas com o devido respeito e acatamento, não se pode concordar com a referida tese. Isso porque, sem querer adotar um posicionamento extremamente reducionista, não se concorda que haja condomínio, dado que a propriedade dos recursos captados pelo fundo de investimento continua a ser daquele que aportou os recursos e a propriedade não é divisível entre os cotistas, muito menos entre cotista e administrador/gestor. Dado que o cotista continua a ser único e exclusivo proprietário dos recursos e o cotista não se transforma em proprietário do próprio fundo de investimento, não se verifica a formação do condomínio, tal como o nosso ordenamento jurídico prevê.

II.2 Fundos de investimentos – natureza jurídica de sociedades

Para autores como Fábio Konder Comparato, Mário Tavernard Martins de Carvalho e Ricardo dos Santos Freitas, as disposições normativas relativas às sociedades se encaixariam de forma mais adequada aos fundos de investimentos. Para essa corrente, a qualificação do fundo de investimento como sendo condomínio não se ajusta às disposições contidas no Código Civil de 2002, em especial nos artigos 1.314 e seguintes.[15] Para os autores aqui indicados, traça-se um paralelo entre cotistas e sócios, ações e cotas, de modo que os fundos de investimentos, assim como as sociedades, constituem reuniões de capitais e não de pessoas determinadas, afastando a constituição de condomínios e aproximando-se de sociedades.

---

[12] Art. 13. A cota de fundo aberto não pode ser objeto de cessão ou transferência, exceto nos casos de:
I – decisão judicial ou arbitral;
II – operações de cessão fiduciária;
III – execução de garantia;
IV – sucessão universal;
V – dissolução de sociedade conjugal ou união estável por via judicial ou escritura pública que disponha sobre a partilha de bens; e
VI – transferência de administração ou portabilidade de planos de previdência.

[13] Art. 1.318. As dívidas contraídas por um dos condôminos em proveito da comunhão, e durante ela, obrigam o contratante; mas terá este ação regressiva contra os demais.

[14] AZEVEDO, Erasmo Valladão; FRANÇA, Novaes; ADAMEK, Marcelo Vieira Von. *Affectio Societatis*: Um conceito jurídico superado no moderno direito societário pelo conceito de fim social. *Revista de Direito Mercantil Industrial, Econômico e Financeiro*, nova série, ano XLVII, n. 149/159, jan./dez. 2008.

[15] Esses artigos versam sobre condomínios e estipulam como se dará a relação entre os condôminos.

Esses autores criticam a corrente que entende ser condominial a natureza jurídica dos fundos, na medida em que não é possível que o cotista se torne coproprietário dos bens que integram o fundo de investimento, usufruindo do patrimônio da forma que melhor lhe interessar. Isso porque a gestão do patrimônio do fundo de investimento [da parte que cabe ao cotista] não é feita por ele, mas sim pelo administrador ou gestor do fundo.

Ou seja, de forma simplista, o fundo de investimento tem dois tipos de patrimônio: (i) o próprio; e (ii) o advindo dos cotistas. O patrimônio próprio é aquele acervo do próprio fundo de investimento, como espaço físico onde funcionam computadores, maquinário, etc., tudo aquilo que é do fundo e que faz com que ele possa existir e exercer sua função. Já o patrimônio advindo dos cotistas, e que compõe o fundo, são os recursos aportados pelos cotistas para que sejam investidos e geridos pelo fundo, retornando aos cotistas com os rendimentos (ou prejuízos, a depender do caso). Pois bem, nenhum dos dois tipos de patrimônio é gerido pelos cotistas. O patrimônio próprio do fundo de investimento é gerido pelo próprio fundo e o patrimônio advindo do cotista é gerido pelo administrador ou gestor do fundo de investimento. Isso afasta a regra do artigo 1.314, do Código Civil, dado que não é permitido ao cotista, em um fundo de investimento usar a coisa (seus recursos), exercendo sobre ela todos os direitos de propriedade, defender a posse, reivindicar de terceiros, alhear a parte ideal ou gravar.

Corroborando a tese de que os fundos de investimentos possuem natureza de sociedade, cita-se trabalho elaborado por Florinda Figueiredo Borges,[16] quando conclui que "os fundos de investimentos são mais assemelhados às sociedades do que aos condomínios, pois são, na essência, comunhão de escopo e não de bens. Representam a união de esforços e recursos com objetivos específicos, que podem variar desde o alcance de uma certa rentabilidade até a participação em outras sociedades".

Embora compreendendo e respeitando igualmente os fundamentos lançados pelos citados autores, não se consegue acatá-los na íntegra. Isso porque entende-se que em dados momentos, como já apontado anteriormente, o fundo de investimento não se adéqua à condição de condomínio; em outros, igualmente já mencionados, não se adéqua às características de sociedade.

A par dessa dicotomia, deve-se ter em mente que as normas elaboradas pela CVM (que define os fundos de investimento como sendo condomínios) serão aquelas aplicadas para os fundos de investimentos. No entanto, quando as normas da CVM não conseguirem solucionar o problema, se recorrerá às outras normas legais para suprir a lacuna deixada pela CVM. Entende-se que não se pode oscilar nessa classificação, pois essa oscilação leva a uma insegurança jurídica, na medida em que não se sabe se em dado caso o problema será analisado levando em consideração normas de caráter condominial, daí incorrer em aplicar as disposições do Código Civil, ou normas que regulam sociedades, aplicando preferencialmente as disposições da Lei das S.A. (Lei nº 6.404/76). Assim, o que se propõe é: ainda que não se consiga um discurso uníssono sobre a natureza jurídica dos fundos de investimentos, que se busque uma única fonte de regramentos para se aplicar, na eventual falta de normas da CVM, e, nessa hipótese, que sejam aplicadas as normas relativas às sociedades, dado que a estrutura organizacional

---

[16] BORGES, Florinda Figueiredo. *Os fundos de investimentos, Reflexões sobre a sua natureza jurídica*. Direito Societário Contemporâneo I. São Paulo: Quartier Latin, 2009, p. 60.

e de funcionamento de um fundo de investimento consegue melhor se amoldar do que as normas que versem sobre condomínio. Trata-se, porém, de uma sociedade com características e regime próprios, como se passa a expor.

II.3 Fundos de investimentos – natureza jurídica de sociedade com características e regime jurídicos próprios, instituídos por normas regulamentadoras especiais

Fugindo dessa dicotomia entre condomínio e sociedade, Saint-Clair Diniz Martins Souto,[17] em sua dissertação de mestrado, definiu os fundos de investimentos como sendo "um tipo societário com características e regime jurídico próprios, instituídos por normas reguladoras especiais".

Para o referido autor, a natureza societária de um fundo de investimento é percebida por se constatar os elementos caracterizadores da existência de uma sociedade, quais sejam: (i) a constituição de capital social; (ii) a existência de um fim comum e (iii) a coparticipação nos lucros e nas perdas.

Por "fim comum" entende o referido autor que é o "elo de colaboração ativa entre os sócios com vistas à consecução do bem comum".[18] Acrescenta o autor que o fim comum é da essência do instituto de investimento coletivo, dado que, por meio da comunhão de investimentos, variados investidores terão acesso a um leque de oportunidades de investimentos que, individualmente, não teriam. O "fim comum" buscado em um fundo de investimento é a multiplicação dos recursos. E, para atingir essa finalidade, o cotista pode, a depender do caso, inclusive ser determinante para a manutenção, modificação, destituição do gestor/administrador do Fundo.

A constituição do capital social é uma exigência para a criação de um fundo de investimento na medida em que só se permite que um fundo comece a operar quando o patrimônio líquido médio diário for superior a R$ 1.000.000,00 (um milhão de reais), se aberto, ou quando houver subscrito um número mínimo de cotas representáveis de seu patrimônio inicial, se fechado. Ou seja, exige-se para o funcionamento do fundo de investimento que haja a constituição de um patrimônio, sob pena de ser extinto.

Para finalizar a tríade de características societárias, tem-se a participação nos resultados. Pois bem, o fundo de investimento tem por finalidade a geração de lucro e a sua distribuição entre os cotistas, de acordo com a participação de cada um. Adiciona-se o fato de que o cotista é responsável também por eventual patrimônio líquido negativo do fundo de investimento, com o que se consagram as três características da existência de uma sociedade.

Apesar de carregar consigo as três características fundamentais para ser uma sociedade, não se vislumbra a adequação do fundo de investimento às modalidades de sociedades já descritas pelo Código Civil. O nosso ordenamento prevê a possibilidade de sociedades limitadas, anônimas, em nome coletivo, em comandita simples e em

---

[17] SOUTO, Saint-Clair Diniz Martins. *Fundos de investimentos*: um tipo societário autônomo e suas principais características. Dissertação de Mestrado. UnB. 2016.
[18] *Ibidem*, p. 57.

comandita por ações e não se vê, em nenhuma delas, as características próprias dos fundos de investimentos.[19]

A par de tal constatação, verifica-se que o parágrafo único do art. 983, do Código Civil, prevê que se deve ressalvar disposições constantes em leis especiais que, para o exercício de certas atividades, imponham a constituição de sociedade de um determinado tipo. Em razão da redação do parágrafo único do art. 983, do Código Civil, é que se permite o entendimento da possibilidade da existência de uma dada sociedade com características e regramentos próprios, que se adéquem às suas atividades que são específicas, como é o caso dos fundos de investimentos.

É, pois, em razão de tais circunstâncias que se entendeu estar diante de um tipo societário com características e regimes jurídicos próprios, instituídos por legislação especial, mormente aquelas elaboradas pela CVM. Alinha-se aqui a tal definição sobre qual é a natureza jurídica dos fundos de investimentos, por se entender que, da forma como a elaborada por Saint-Clair Diniz Martins Souto, se teria a correta delimitação da natureza dos fundos de investimentos, com as normas específicas que lhes foram elaboradas pelo Poder Público.

É possível que se esteja se perguntando qual é a razão de uma discussão sobre a natureza jurídica dos fundos de investimentos. Ora, apenas a partir da delimitação da natureza jurídica é que será possível verificar qual é e de que forma se atuará pela responsabilização dos agentes que compõem um fundo de investimento. Isso porque uma indefinição sobre a natureza jurídica do fundo de investimento levará a conclusões distantes acerca dos papéis e das responsabilidades que permeiam aqueles que atuam no contexto do fundo de investimento.

Desse modo, para a presente seção é importante destacar qual é o recorte feito sobre a natureza jurídica dos fundos de investimentos. Como conclusão da seção, adota-se como premissa que os fundos de investimentos são um tipo societário com características e regime jurídicos próprios, instituídos por normas regulamentadoras especiais.

III Das responsabilidades daqueles agentes que atuam no contexto do fundo de investimento

O fundo de investimento, nos termos da legislação brasileira, é criado por uma pessoa jurídica (o Administrador); que conta com uma gestão especializada (gestor), de recursos captados de terceiros (cotistas), operados por meio de uma instituição de custódia (custodiante). É o que se passa a expor.

No Brasil, dado que se trata de uma modalidade de investimento coletivo, o fundo é criado por um *administrador*. O administrador é o responsável pela constituição do fundo de investimento, bem como pela manutenção do funcionamento do FI até o último resgate e encerramento das atividades. O administrador é, assim, uma espécie de "mentor" do fundo de investimento, pois é ele quem idealiza a criação do fundo de investimento. Em que pese essa aparente pessoalidade na criação do fundo de investimento, diante da sua imbricada relação com o administrador, cabe

---

[19] SOUTO, Saint-Clair Diniz Martins. *Fundos de investimentos*: um tipo societário autônomo e suas principais características. Dissertação de Mestrado. UnB. 2016, p. 60.

esclarecer que apenas pessoas jurídicas autorizadas pela CVM é que podem figurar como administradores de fundos de investimentos. Não há, portanto, pelo menos juridicamente, tal pessoalidade, tal como poderia ser imaginada.

Quando da criação do fundo de investimento, o administrador elabora e aprova, no mesmo ato de criação, o regulamento do fundo. O regulamento do fundo de investimento é o documento que define o fundo; é onde estão as regras que servirão de base para o funcionamento do FI. Nele, encontram-se informações acerca da política de investimento (caracterizando a classe do fundo de investimento[20]), sua espécie (se aberto ou fechado), as taxas cobradas, as condições para aplicação e resgate das cotas; o público-alvo; os fatores de risco; e a qualificação do administrador, do custodiante e, quando for o caso, do gestor da carteira do fundo.

Uma vez que o fundo de investimento está criado, começa a captar os recursos de terceiros, que comporá o seu patrimônio. Aqueles que investem no fundo são chamados de *cotistas*, pois investem o seu dinheiro no fundo de investimento e em retorno recebem cotas do referido fundo. E são essas cotas que se valorizarão, ou não, a depender dos investimentos feitos. Essa "gangorra" de valorização é que definirá a rentabilidade do fundo de investimento.

Por sua vez, quem gerencia o patrimônio do fundo é o *gestor*, que pode ser, mas não necessariamente o é, a mesma pessoa do administrador.

Para realizar as operações, os fundos de investimentos contam, também, com os *custodiantes*. Trata-se de instituição autorizada pelo Banco Central para prestar serviço de custódia e registro em contas de depósito específicas. Esse serviço de custódia compreende, entre outros, (i) a conservação e controle das posições de ativos em contas de custódia mantidas em nome do fundo; (ii) a guarda dos ativos do fundo; (iii) o recolhimento de taxas e impostos relativos às transações com os ativos; (iv) a liquidação das operações com ele realizadas; (v) a emissão e encaminhamento para o administrador do fundo, relatórios que reflitam o estoque e a movimentação física e financeira dos ativos.

Com isso em mente, passa-se a uma análise sobre de que forma se deve dar a responsabilidade de cada um desses integrantes: (III.1) administrador; (III.2) gestor; (III.3) custodiante; (III.4) cotista.

III.1 Da responsabilidade do administrador do fundo de investimento

Como apontado, o administrador é a figura central do fundo de investimento, porque ele é o responsável pela sua constituição. É ele o responsável pela manutenção de funcionamento do FI até o último resgate e encerramento das atividades. Não se pode deixar de reforçar que o administrador é, necessariamente, pessoa jurídica autorizada pela CVM. E mais, quando da criação do fundo de investimento, o administrador elabora e aprova, no mesmo ato de criação, o regulamento do fundo. O regulamento do FI é o documento que define o fundo; contém as regras que servirão de base para o funcionamento do FI.

---

[20] Os principais fundos de investimentos que operam no Brasil são aqueles que operam com "renda fixa", "ações", "multimercado", "investimento imobiliário", "direitos creditórios", "participações" e "financiamento da indústria cinematográfica nacional". Dados obtidos no site da CVM, disponível em: http://www.cvm.gov.br/menu/regulados/fundos/sobre.html, acesso em: 27 jul. 2018, às 16:56.

Dadas as funções e o papel exercidos pelo administrador, sendo a sua atuação de fundamental importância para a constituição e funcionamento do fundo de investimento, entendemos que a sua responsabilidade deve seguir o mesmo caminho, ou seja, de maior amplitude possível. Assim, o administrador, como idealizador do fundo de investimento, como aquele que elabora e aprova o regulamento do fundo, deve então ser responsável pelos prejuízos causados a terceiros, advindos de condutas ilícitas, sejam aquelas praticadas obviamente por ele, administrador, como por qualquer outro que esteja sob a sua proteção.

O administrador do fundo de investimento, enquanto pessoa jurídica, atrai a responsabilidade pelos ilícitos praticados em seu nome, por seus diretores, prepostos e afins, seja do ponto de vista extracontratual, seja do contratual. Ora, a pessoa jurídica normalmente age por seus *gestores*,[21] dirigentes que são, na verdade, seus órgãos. Nesse contexto, o Enunciado nº 341 do Supremo Tribunal Federal[22] determina ser presumida a culpa do patrão ou comitente por ato culposo do empregado ou preposto.

Assim, em casos de ilícitos praticados por pessoas jurídicas, sustenta Stoco[23] que à vítima compete provar o dano e a autoria do ilícito, demonstrando o nexo de causalidade entre um e outro, para postular o ressarcimento devido. Ainda segundo a responsabilidade da pessoa jurídica deve ser avaliada segundo a origem do ilícito, se contratual ou extracontratual. No caso de um ilícito advindo de um contrato, presume-se a representatividade da pessoa jurídica, atraindo-se a responsabilidade pelo ilícito praticado. Já na hipótese de um ilícito advindo extracontratual deve-se averiguar se quem agiu em nome da pessoa jurídica tinha, efetivamente, poderes para tanto. Feita essa apuração e verificando esse liame de poder, deverá a pessoa jurídica responder pelos atos praticados por seus órgãos.

A possibilidade de responsabilizar o fundo de investimento, enquanto pessoa jurídica, pelos ilícitos praticados em seu nome, por seus diretores, prepostos e afins, porém, não afasta a necessidade de se verificar a efetiva existência de ilícito. Nesse ponto, a Instrução Normativa nº 555 da CVM, em seu artigo 141,[24] aponta algumas condutas consideradas como infrações graves a serem cometidas pelos fundos de investimentos.

---

[21] Colocou-se destaque na palavra, para não se confundir com *gestor do fundo de investimento*.

[22] "É presumida a culpa do patrão ou comitente pelo ato culposo do empregado ou preposto".

[23] STOCO, Rui. *Tratado de Responsabilidade Civil*. 10. ed. São Paulo: Revista dos Tribunais, 2014. p. 245.

[24] Art. 141. Considera-se infração grave, para efeito do disposto no art. 11, §3º, da Lei nº 6.385, de 7 de dezembro de 1976, as seguintes condutas em desacordo com as disposições desta Instrução:
I – distribuição de cotas de fundo sem registro na CVM;
II – distribuição de cotas de fundos por pessoa ou instituição não autorizada;
III – exercício, pelo administrador, de atividade não autorizada, ou contratação de terceiros não autorizados ou habilitados à prestação dos serviços indicados no § 2º do art. 78;
IV – não observância à política de investimento do fundo;
V – não cumprimento das deliberações tomadas em assembleias gerais de cotistas;
VI – não divulgação de fato relevante;
VII – não observância das regras contábeis aplicáveis aos fundos;
VIII – transformações de fundos referidas no art. 137 sem autorização da CVM;
IX – não observância às disposições do regulamento do fundo;
X – descaracterização da classe adotada pelo fundo, exceto nos fundos da classe "Multimercado";
XI – não observância aos limites de concentração por emissor e por modalidade de ativo, previstos no regulamento e nesta Instrução;
XII – não observância do disposto no art. 118;
XIII – não observância, pelo administrador ou pelo gestor, do disposto nos arts. 82, 89 e 91; e
XIV – não disponibilização da lâmina completa, se houver.

Acrescentam-se, também, as normas de conduta instituídas na referida instrução, em seu art. 92,[25] como balizadores do comportamento do administrador.

Ademais, o administrador do fundo de investimento também atrai a responsabilidade por fundamentos de Direito Societário. Com base na premissa de que o fundo de investimento é um tipo societário com características e regime jurídicos próprios, instituídos por normas regulamentadoras especiais, uma dada conduta, dita como ilícita, do administrador, deve estar estipulada em normas que visam regulamentar o funcionamento de um fundo de investimento, papel atualmente desempenhado pela CVM. Na falta de previsão normativa da CVM, porém, deve-se recorrer às disposições legais, como a "Lei das S.A." – Lei nº 6.404, bem como ao Código Civil, para ser possível uma adequação de conduta ilícita, tudo com o viés de permitir àquele que fora lesionado pelo administrador do fundo de investimento perseguir sua reparação. E entende-se que se deva aplicar subsidiariamente as disposições das referidas legislações, dada a contextualização da natureza jurídica dos fundos de investimentos, bem como pela posição e pela função que o administrador ocupa em relação ao fundo de investimento.

Uma vez firmada a possibilidade de responsabilização do administrador, é importante uma análise da repercussão do agir ilícito e sob qual patrimônio recairá o ônus de ressarcimento. Como já abordado, o fundo de investimento possui dois "tipos" de patrimônio: um próprio e aquele formado com recursos dos cotistas. Pois bem, entende-se que, a depender do agir ilícito do administrador, a repercussão patrimonial será distinta. Quanto ao ponto, o ressarcimento do fundo pode repercutir apenas no patrimônio próprio do fundo; ou poderá repercutir também no patrimônio total, formado com os recursos dos cotistas. Na hipótese de o administrador agir contrariamente ao que se estipulou no regulamento, de modo a prejudicar os cotistas, sem que com isso atinja terceiros, o administrador responderá com o patrimônio de constituição do próprio fundo, sem qualquer confusão com o patrimônio arrecadado dos cotistas. Por outro lado, se o administrador, utilizando os recursos dos cotistas, para realizar um

---

[25] Art. 92. O administrador e o gestor, nas suas respectivas esferas de atuação, estão obrigados a adotar as seguintes normas de conduta:
I – exercer suas atividades buscando sempre as melhores condições para o fundo, empregando o cuidado e a diligência que todo homem ativo e probo costuma dispensar à administração de seus próprios negócios, atuando com lealdade em relação aos interesses dos cotistas e do fundo, evitando práticas que possam ferir a relação fiduciária com eles mantida, e respondendo por quaisquer infrações ou irregularidades que venham a ser cometidas sob sua administração ou gestão;
II – exercer, ou diligenciar para que sejam exercidos, todos os direitos decorrentes do patrimônio e das atividades do fundo, ressalvado o que dispuser o formulário de informações complementares sobre a política relativa ao exercício de direito de voto do fundo;
III – empregar, na defesa dos direitos do cotista, a diligência exigida pelas circunstâncias, praticando todos os atos necessários para assegurá-los, e adotando as medidas judiciais cabíveis.
§1º Sem prejuízo da remuneração que é devida ao administrador e ao gestor na qualidade de prestadores de serviços do fundo, o administrador e o gestor devem transferir ao fundo qualquer benefício ou vantagem que possam alcançar em decorrência de sua condição.
§2º É vedado ao administrador, ao gestor e ao consultor o recebimento de qualquer remuneração, benefício ou vantagem, direta ou indiretamente por meio de partes relacionadas, que potencialmente prejudique a independência na tomada de decisão de investimento pelo fundo.
§3º A vedação de que trata o §2º não incide sobre investimentos realizados por:
I – fundo de investimento em cotas de fundo de investimento que invista mais de 95% (noventa e cinco por cento) de seu patrimônio em um único fundo de investimento; ou
II – fundos de investimento exclusivamente destinados a investidores profissionais, desde que a totalidade dos cotistas assine termo de ciência, nos termos do Anexo 92.

dado investimento, o faz sem obediência das normas e das leis, prejudicando terceiros, entende-se que a reparação do dano atingirá não só o patrimônio de constituição do fundo, como poderá atingir também aquele formado com os recursos dos cotistas, sem que com isso impeça ações de regresso contra o administrador.

Para o terceiro lesado (ou seja, o cotista do fundo de investimento), diante do ato ilícito e da responsabilização do fundo, seja no patrimônio próprio ou seja no patrimônio total, a hipótese do direito de regresso advém da possibilidade de se constatar a ruptura do dever de fidúcia [desmembrado no dever de lealdade e diligência[26]] que deve existir entre ele [administrador] e o cotista.

III.2 Da responsabilidade do gestor do fundo de investimento

O gestor é a pessoa física ou jurídica que negocia, em nome do fundo, a aquisição, venda ou transferência de valores mobiliários, títulos públicos, entre outros ativos financeiros. Pode-se dizer que o gestor é quem "opera" o fundo de investimento. Em alguns casos é possível se perceber que o administrador exerce também a função de gestor. Nesses casos, a responsabilidade prevista ao administrador abarcará as condutas do gestor, dada a confusão de papéis exercidos. Isso porque entendemos que a responsabilidade do administrador é mais ampla do que a do gestor, conforme exposto visualmente:

A ideia é a de que o administrador responderá pelos ilícitos praticados pelo gestor na gestão do fundo, pois é ele – administrador – quem nomeia e contrata o gestor. Assim, o gestor age, em nome do administrador do fundo de investimento, dentro das suas atribuições. A responsabilidade do administrador não afasta a responsabilidade do gestor, no que diz respeito às suas atividades. Ou seja, o gestor será igualmente responsável pelos ilícitos que cometer nas ações que lhe compete dentro do fundo de investimento. Cogita-se, apenas, da não responsabilização do gestor quando o ilícito é praticado exclusivamente pelo administrador. E amplia-se a responsabilização do Administrador pelos atos do gestor pelo dever de diligência que deve existir entre eles, dado que ao Administrador incumbe o dever de fiscalizar os atos do gestor.

---

[26] Conforme dissertação de mestrado de Alexandre Ramos Coelho – *A Indústria de fundos de investimento no Brasil*: Um estudo teórico e empírico sobre a relação fiduciária entre o administrador-gestor e os respectivos cotistas de fundos de investimento. Fundação Getulio Vargas. São Paulo. 2015. p. 53.

Essa hipótese se aproxima e se assemelha à responsabilidade advinda da culpa *in eligendo* e *in vigilando*. Isso porque, pela primeira [*in eligendo*], tem-se que se trata de culpa advinda da má escolha do representante ou preposto.[27] Ao eleger um gestor, eventualmente, não habilitado ou sem aptidões necessárias, o administrador chama para si a responsabilidade pelos ilícitos praticados pelo gestor. Pela segunda [*in vigilando*], é aquela proveniente de uma ausência de fiscalização, quer no tocante relativamente aos empregados, quer no tocante à própria coisa.[28] O administrador tem o dever de fiscalizar os atos do gestor, devendo responder por aqueles que eventualmente ocorreram sem a devida fiscalização.

Assim, com a separação dos papéis de um e do outro, faz-se necessária uma limitação do âmbito da responsabilidade do gestor quando comparada com a responsabilidade do administrador.

A Instrução Normativa nº 555, da CVM estipula parâmetros de conduta e atuação do gestor, pelo que a não obediência a tais parâmetros levará a uma responsabilização da conduta da pessoa do gestor, seja ela física ou jurídica. Sendo o gestor uma pessoa jurídica, certo que as condutas daqueles que agem em seu nome acarretará a responsabilização da pessoa jurídica, tal como já exposto em relação ao administrador. Sendo o gestor uma pessoa física, a responsabilização será adstrita a seus atos, dado que o Código Civil estipulou de modo taxativo a extensão da responsabilidade civil das pessoas físicas por ato de terceiro.[29]

Para além das disposições normativas da CVM, responsabiliza-se também o gestor que não obedecer às normas do regulamento do fundo, dado que o regulamento aponta as diretrizes de atuação do fundo, o que atrai por analogia a responsabilidade por se desrespeitar o estatuto social ou contrato social de constituição de sociedades limitadas ou anônimas.

III.3 Da responsabilidade do custodiante do fundo de investimento

O custodiante de um fundo de investimento é uma instituição autorizada pelo Banco Central para prestar serviço de custódia e registro em contas de depósito específicas. Esse serviço de custódia compreende, entre outros, (i) a conservação e controle das posições de ativos em contas de custódia mantidas em nome do fundo; (ii) a guarda dos ativos do fundo; (iii) o recolhimento de taxas e impostos relativos às transações com os ativos; (iv) a liquidação das operações com ele realizadas; (v) a emissão e encaminhamento para o administrador do fundo, relatórios que reflitam o estoque, a

---

[27] STOCO, Rui. *Tratado de Responsabilidade Civil*. 10. ed. São Paulo: Revista dos Tribunais, 2014. p. 210.
[28] *Ibidem*, p. 210-211.
[29] Para tanto, ver artigo 932, que estipula que:
"Art. 932. São também responsáveis pela reparação civil:
I - os pais, pelos filhos menores que estiverem sob sua autoridade e em sua companhia;
II - o tutor e o curador, pelos pupilos e curatelados, que se acharem nas mesmas condições;
III - o empregador ou comitente, por seus empregados, serviçais e prepostos, no exercício do trabalho que lhes competir, ou em razão dele;
IV - os donos de hotéis, hospedarias, casas ou estabelecimentos onde se albergue por dinheiro, mesmo para fins de educação, pelos seus hóspedes, moradores e educandos;
V - os que gratuitamente houverem participado nos produtos do crime, até a concorrente quantia".

movimentação física e financeira dos ativos. O custodiante integra a estrutura do fundo com funções próprias.

Nesse caso, a responsabilidade prevista ao administrador abarcará as condutas do custodiante. Isso porque entendemos que a responsabilidade do administrador é mais ampla do que a do custodiante, conforme exposto visualmente a seguir (similar ao já apresentado anteriormente quanto ao gestor):

O custodiante, como apontado, não participa da gestão efetiva do fundo, o seu papel está adstrito na guarda, conservação e controle dos ativos. Mais uma vez, trata-se de instituição nomeada pelo administrador para prestar tais serviços. E, nesse caso, em razão da nomeação do administrador, nada mais coerente do que atrair para o administrador igual responsabilidade por atos praticados pelo custodiante, na estreita observância dos dispositivos legais que regulam a responsabilidade civil. Essa hipótese, mais uma vez, aproxima a teoria da culpa *in eligendo* mencionada anteriormente.

III.4 Da responsabilidade do cotista do fundo de investimento

Por fim, chega-se aos cotistas, que são os titulares das cotas do fundo. O papel do cotista representa, basicamente, a compra e venda de cotas, recebendo os lucros e arcando com os prejuízos de suas posições. Essas cotas correspondem a frações ideais do patrimônio total do fundo. Em regra, as cotas conferem os mesmos direitos e deveres aos cotistas. O cotista não age em nome do fundo, não presta serviços ao fundo e nem em nome do fundo, pelo que não entendemos não ser possível responsabilizar os cotistas pelos atos ilícitos praticados pelo administrador, gestor ou custodiante.

Isso não significa que o cotista não arcará com os prejuízos financeiros advindos de tais condutas. Ou seja, caso alguma ação ou omissão do administrador gere prejuízos a terceiros, que serão indenizados pelo fundo, importando em um decréscimo do patrimônio do fundo, os cotistas poderão arcar com o débito, mas não podem ser responsabilizados pela conduta do administrador. Em casos como esse, aos cotistas é reservado o direito de regresso frente ao administrador, na hipótese de usurpação de sua função ou do que dele se esperava. O mesmo vale em relação às ações e omissões do gestor e do custodiante.

Entende-se que o cotista tem o dever de vigilância sobre os atos praticados pelo administrador, pelo gestor e pelo custodiante, mas não pode, por isso, assumir o ônus das condutas por eles praticadas. Apesar de terem o dever de vigilância, ao cotista resta pouco poder de mudança e nenhum poder de gestão. A ele recairá a "conta" a pagar, dado que a ele recai o "bônus" das boas ações praticadas pelos referidos atores. Entende-se, ainda, que caso o cotista arque com débitos decorrentes de atitudes ilícitas praticadas por aqueles que operam o fundo, poder-se-ia, posteriormente, manejar ações regressivas contra aquele que cometeu o ilícito a fim de reparar o dano causado aos titulares das cotas que compõem o patrimônio do fundo.

Certo também que recairão ao cotista as eventuais responsabilidades advindas das instruções normativas estipuladas pela CVM e, na falta delas, por aquelas – no que couber – estipuladas pela Lei das S.A. (Lei nº 6.404) relativas aos sócios. E, mais uma vez, se aponta para a aplicação subsidiária da Lei nº 6.404, em razão dos pilares de constituição de um fundo de investimento (formação de capital social; existência de um "fim comum"; e participação nos resultados).

IV Algumas repercussões societárias atuais dos fundos de investimentos

A definição da natureza jurídica, bem como da consequente responsabilização dos componentes do fundo de investimento, deságua nos desafios de regulação dos fundos. Esse é um aspecto de vital importância, dado que um abrandamento na responsabilização daqueles que compõem um fundo de investimento pode trazer impactos nefastos na sociedade. A análise de possíveis aspectos negativos da atuação do fundo de investimento passa pelo poder econômico que tais sociedades possuem. E, em razão desse poder econômico, nesta seção, serão abordados temas como (IV.1) o controle externo do fundo, (IV.2) o *board interlocking* e (IV.3) a influência dominante por parte de cotistas, tudo com o propósito de jogar uma luz no desafio de controlar o agir dos fundos de investimentos.

IV.1 Controle externo exercido por fundo de investimento

O controle externo é aquele que se origina fora da sociedade, ou seja, uma dada sociedade sofre pressões externas que acabam por conduzir os rumos da atividade empresarial, exercidas por agentes econômicos que não detêm participações acionárias. Pode-se exemplificar o controle externo nos casos de franquia e de "know-how",[30] onde há verdadeira imposição de cláusulas que impactam no agir de uma das sociedades. O exercício de um controle externo é comumente percebido na relação banco-empresa, dado que a manutenção do relacionamento creditício fica condicionada à obediência da empresa a determinações bancárias sobre questões administrativas e organizacionais, o que culmina no exercício do controle empresarial.

A depender da situação e do tamanho do fundo de investimento, acredita-se que empresas ficam completamente suscetíveis às determinações do fundo. Exemplificativamente: um determinado fundo promete fazer um aporte financeiro na empresa

---

[30] BERTOLDI, Marcelo M. O poder de controle na sociedade anônima – alguns aspectos. *Revista Scietia Juris*, Londrina, v. 7/8, 2003/2004.

para o fomento de uma invenção tecnológica. No entanto, antes de fazer o aporte financeiro, antes de manejar qualquer ação concreta de ingresso na sociedade com a aquisição de ações ou quotas, o gestor ou administrador do fundo exige mudanças administrativas, gerenciais ou financeiras na sociedade a ser investida. Nessa hipótese, o fundo de investimento acaba por exercer um controle externo na referida sociedade, guiando e direcionando o mercado.

Pode-se imaginar que essa situação hipotética em empresas já consolidadas e multinacionais seria um pouco difícil, mas é de fácil percepção e assimilação nas chamadas *"startups"*. Uma empresa em seu início, enquanto embrião, necessita de financiamentos para seus crescimento e desenvolvimento, e vários são os fundos que se propõem a alavancar tais empreendimentos, mas pergunta-se: qual é o preço pago? Quantas são as empresas, p. ex., que não conseguem se desenvolver pelo controle externo exercido? Quantas são as empresas que se desenvolveram vendendo o seu ativo mais valioso? Como responsabilizar o controle externo de um fundo de investimento nas empresas que ainda não foram objeto do seu investimento? Esses questionamentos levantam a dificuldade em determinar a extensão da responsabilidade dos fundos de investimentos nos mais diversos mercados.

IV.2 O desafio do *board interlocking*

Outra preocupação no contexto dos fundos de investimento diz respeito ao chamado *board interlocking* ou *interlocking directorates*.[31] Trata-se da hipótese em que um membro de um órgão de administração de uma dada sociedade é, ao mesmo tempo, membro de um órgão de administração de uma outra sociedade ou outras sociedades. Há também o *"board interlocking* indireto", quando um executivo de uma dada sociedade possui algum vínculo com outro executivo, como por exemplo, uma relação de parentesco.[32] Essa prática, apesar de comum, pode se mostrar nefasta ao mercado em termos concorrenciais, como apontado por Eduardo Frade.[33]

Relativamente aos fundos de investimentos, pode-se encarar situações em que o fundo exerça, previamente, um controle externo, com a determinação de indicação de um dado executivo para compor o órgão de administração de uma dada empresa, como condição para o ingresso do fundo na relação de acionistas da empresa. E esse executivo pode ser alguém que já compõe órgão de administração de outra sociedade. Esse posicionamento estratégico pode culminar na troca de informações privilegiadas entre as sociedades, mas também na captação de informações privilegiadas para o fundo de investimento, cujo maior ativo é justamente a informação. Qual não será o poderio econômico de um fundo de investimento para "plantar" executivos em sociedades estratégicas? Como controlar a troca de informações entre as sociedades que possuem executivos iguais? Como controlar o acesso a informações privilegiadas aos fundos de investimentos?

---

[31] LAZZARINI, Sérgio G. *Capitalismo de laços*: os donos do Brasil e suas conexões. Rio de Janeiro: Elsevier, 2011.
[32] MENDONÇA, Elvino de Carvalho *et al. Interlocking directorates* e o direito da concorrência no Brasil: a prática entre rivais e seus aspectos anticompetitivos. *In*: MENDONÇA, Elvino de Carvalho *et al.* (Org.). *Compêndio de direito da concorrência*: temas de fronteira. São Paulo: Migalhas, 2015.
[33] RODRIGUES, Eduardo Frade. *O direito societário e a estruturação do poder econômico*. 2016. 183 f. Dissertação (Mestrado em Direito) – Universidade de Brasília, Brasília, 2016.

IV.3 Influência dominante e relevante de cotistas

Via de regra, não há qualquer gerência ou ingerência dos cotistas sobre os rumos do fundo de investimento, dado que as rédeas de atuação do fundo recaem sobre o administrador e o gestor. Ocorre que o patrimônio líquido do fundo é o que confere a eles, administradores e gestores, força para agir no mercado. Esse patrimônio, por sua vez, é proveniente dos recursos dos cotistas. Será então que os cotistas com maior patrimônio têm uma influência diferenciada quando comparada com outros cotistas com menor patrimônio?

A influência dominante é aquela capaz de conferir a um dado agente o controle estratégico da sociedade e de outras direta ou indiretamente controladas por ela.[34] A influência relevante, por sua vez, se diferencia da dominante, por se possuir uma participação societária que não lhe confira o controle da sociedade, mas que lhe garanta o exercício de algum grau de influência sobre as decisões empresariais.[35] Em ambos os casos, se percebe a concentração de um poder econômico, o que pode culminar em severos prejuízos ao mercado.

Pois bem, imagina-se a hipótese de se ter um cotista com vastos recursos, cujo ingresso no fundo de investimento pode alavancar o poder de agir do fundo. Em que medida esse cotista pode influenciar as decisões a serem tomadas pelo fundo (pelo administrador ou pelo gestor)? E, nessa hipótese, em que medida pode o cotista assumir responsabilidades pela influência exercida?

Do ponto de vista de um fundo de investimento, a concentração do poder econômico toma proporções mais alargadas. Isso porque, o fundo de investimento possuindo participações em inúmeras empresas, sejam elas do mesmo ramo de atividade, sejam elas participantes de uma cadeia de atividades coligadas, poderá guiar o comportamento empresarial de um dado mercado, exercendo suas influências, sejam elas dominantes ou relevantes. O alcance de um fundo de investimento pode ser sensivelmente mais significativo do que o alcance de um único sócio, seja uma pessoa física ou jurídica, dado que o fundo de investimento é, em sua essência, a concentração da captação de recursos de várias pessoas, sejam elas físicas ou jurídicas.

V Conclusões

Neste trabalho, buscou-se mostrar a forma como se apresenta um fundo de investimento, de modo a discutir a sua natureza jurídica e, a partir dela, desenhar as responsabilidades dos agentes que atuam no fundo de investimento. Depois, levantaram-se questionamentos sobre possíveis repercussões societárias em razão das atuações dos fundos de investimentos.

Nesse cenário, dividiu-se o presente trabalho em três seções, onde na primeira seção abordou-se a questão da natureza jurídica dos fundos de investimentos. Quanto ao ponto, expuseram-se os fundamentos das duas teorias mais relevantes quanto ao

---

[34] RODRIGUES, Eduardo Frade. O *direito societário e a estruturação do poder econômico*. 2016. 183 f. Dissertação (Mestrado em Direito) – Universidade de Brasília, Brasília, 2016.

[35] *Ibidem*.

tema, quais sejam: (i) a teoria que afirma tratar-se de natureza condominial; e (ii) a teoria que afirma tratar-se de sociedade. A par da grandeza das duas teorias, apontaram-se dados que acabam por afastar as duas teorias, de modo que, se debruçando sobre o tema, alinhou-se com o que foi pensado por Saint-Clair Diniz Martins Souto, para quem os fundos de investimento são um tipo societário com características e regime jurídico próprios, instituídos por normas reguladoras especiais.

Dada a classificação da natureza jurídica dos fundos de investimentos, passou-se a uma análise das responsabilidades dos quatro grandes atores de um fundo: (i) do administrador; (ii) do gestor; (iii) do custodiante; e (iv) do cotista. Viu-se que, no contexto brasileiro, o administrador será, necessariamente, uma pessoa jurídica, o que atrai para si todo o regramento da responsabilidade civil concernente às pessoas jurídicas. Fora isso, dado o seu papel de idealizador do fundo de investimento e suas atribuições, o administrador será aquele que terá maior responsabilidade sobre o agir do fundo. Quanto ao gestor, delimitou-se sua responsabilidade para o que compete às suas funções, com o que se verificou uma certa limitação da responsabilidade do gestor, ficando "abaixo" do administrador. Sistemática essa bastante similar ao custodiante. Para o cotista, a responsabilidade será, basicamente, a de arcar com prejuízos a terceiros ocasionados pelo agir do administrador e/ou gestor.

Na delimitação das responsabilidades de cada um desses agentes, abordaram-se possibilidades de ações de regresso de um para com o outro, a depender das condutas praticadas e das repercussões advindas de tais condutas. Levantaram-se as delimitações das responsabilidades também sob a perspectiva sobre qual patrimônio recairá tais responsabilidades, muito em razão de existir (em um olhar bastante simplista) basicamente dois tipos de patrimônio, aquele formado pelo fundo de investimento, para o exercício do seu labor, e aquele formado pela captação dos recursos dos cotistas.

E em razão do tamanho do patrimônio formado com a captação dos recursos dos cotistas, bem como sobre o poder econômico e a influência no mercado, levantaram-se questionamentos sobre possíveis repercussões societárias em razão do agir dos fundos de investimentos. Muitos dos questionamentos, dada a sua complexidade, não apresentaram respostas definitivas, de modo que com o tempo certamente essas respostas aparecerão. Entre os questionamentos, cita-se a dificuldade de estipular a responsabilidade de fundo de investimento que exerça controle externo em uma (ou várias) empresa. O mesmo ocorrendo na hipótese de constatação de um *board interlocking*, dado que se tem por difícil o controle de troca de informações e acesso a informações privilegiadas. Problemas esses que são muito importantes no contexto de um fundo de investimento, na medida em que as informações são os maiores e melhores ativos, pois são elas que muitas das vezes determinam os ganhos ou as perdas nos investimentos. Por fim, questionou-se também qual seria a extensão da responsabilidade de um cotista que consiga exercer uma influência dentro do fundo de investimento. O fio condutor para a definição das responsabilidades advindas desses questionamentos passa por uma ideia genérica de que, quanto maior for o poder de ação (eventualmente, maior o ganho de capital ou lucro), maior também será a responsabilidade de reparar danos. E, no mais, ainda que não se tenham respostas definitivas para os questionamentos levantados, sabe-se que a importância dos questionamentos reside na sua própria existência, dado que não se terão respostas a questionamentos não realizados.

Referências

Associação Brasileira das Entidades dos Mercados Financeiro e de Capitais (ANBIMA), disponível em: http://www.anbima.com.br/pt_br/informar/ranking/fundos-de-investimento/gestores.htm.

AZEVEDO, Erasmo Valladão; FRANÇA, Novaes; ADAMEK, Marcelo Vieira Von. *Affectio Societatis*: Um conceito jurídico superado no moderno direito societário pelo conceito de fim social. *Revista de Direito Mercantil Industrial, Econômico e Financeiro*, Nova Série, ano XLVII, n. 149/159, jan./dez. 2008.

BERTOLDI, Marcelo M. O poder de controle na sociedade anônima – alguns aspectos. *Revista Scietia Juris*, Londrina, v. 7/8, 2003-2004.

BRASIL. Lei nº 10.406, de 10 de janeiro de 2002.

BORGES, Florinda Figueiredo. *Os fundos de investimentos, reflexões sobre a sua natureza jurídica*. Direito Societário Contemporâneo I. São Paulo: Quartier Latin, 2009.

COELHO, Alexandre Ramos. *A Indústria de fundos de investimento no Brasil: Um estudo teórico e empírico sobre a relação fiduciária entre o administrador-gestor e os respectivos cotistas de fundos de investimento*. Fundação Getulio Vargas. São Paulo. 2015.

Comissão de Valores Mobiliários (CVM). Instrução Normativa nº 409, de 18 de agosto de 2004.

Comissão de Valores Mobiliários (CVM). Instrução Normativa nº 555, de 17 de dezembro de 2014.

EIZIRIK, Nelson Laks. *Mercado de Capitais* – Regime Jurídico. Rio de Janeiro: Renovar, 2008.

GUEDES, Vinicius Mancini. *Sociedade e Comunhão* – Os fundos de investimento. Direito Societário Contemporâneo I. São Paulo: Quartier Latin, 2009.

LAZZARINI, Sérgio G. *Capitalismo de laços*: os donos do Brasil e suas conexões. Rio de Janeiro: Elsevier, 2011.

MENDONÇA, Elvino de Carvalho *et al*. *Interlocking directorates* e o direito da concorrência no Brasil: a prática entre rivais e seus aspectos anticompetitivos. *In*: MENDONÇA, Elvino de Carvalho *et al*. (Org.). *Compêndio de direito da concorrência*: temas de fronteira. São Paulo: Migalhas, 2015.

PEREIRA, Caio Mário da Silva. *Instituições de direito civil*. Volume I. Rio de Janeiro: Forense, 2010.

RODRIGUES, Eduardo Frade. *O direito societário e a estruturação do poder econômico*. 2016. 183 f. Dissertação (Mestrado em Direito) – Universidade de Brasília, Brasília, 2016.

SOUTO, Saint-Clair Diniz Martins. *Fundos de investimentos*: um tipo societário autônomo e suas principais características. Dissertação de Mestrado. UnB. 2016.

STOCO, Rui. *Tratado de Responsabilidade Civil*. 10. ed. São Paulo: Revista dos Tribunais, 2014.

Informação bibliográfica deste texto, conforme a NBR 6023:2018 da Associação Brasileira de Normas Técnicas (ABNT):

SANTOS, Marcelo H. G. Rivera M. Fundos de investimentos e repercussões societárias atuais. A responsabilidade dos administradores, gestores, cotistas e custodiantes e os desafios oriundos do controle externo, do *board interlocking* e da influência dominante de cotistas. *In*: FRAZÃO, Ana; CARVALHO, Angelo Gamba Prata de (Coord.). *Empresa, mercado e tecnologia*. Belo Horizonte: Fórum, 2019. p. 137-155. ISBN 978-85-450-0659-6.

INVESTIDORES INSTITUCIONAIS
E A SOCIOLOGIA ECONÔMICA:
NOVAS FERRAMENTAS PARA O DIREITO ANTITRUSTE?

MÔNICA TIEMY FUJIMOTO

I Introdução

O questionamento que orienta este trabalho é se a Sociologia Econômica poderia auxiliar o Direito Antitruste na análise dos impactos causados pelos investidores institucionais com participações minoritárias.

O objetivo principal é tentar compreender, sob a perspectiva da Sociologia Econômica, de que forma é possível que investidores institucionais minoritários (por vezes com participações acionárias passivas) exerçam tamanha influência nas empresas investidas, como sua mera presença em determinado mercado ocasiona o aumento de preços.

Isso porque, diante da existência de agentes econômicos como os investidores institucionais, questiona-se se os mecanismos preexistentes do Direito Antitruste são suficientes para compreender a dinâmica do mercado financeiro, especialmente no que diz respeito às interações de investidores institucionais com as empresas investidas. Dessa forma, neste trabalho se discute a concepção de controle à luz da Sociologia Econômica, especialmente no que diz respeito à concepção de poder financeiro de Fligstein.

De acordo com o autor,[1] a concepção de controle se modificou ao longo da história das companhias norte-americanas, de modo que as estratégias, estruturas e a organização dos "campos" englobam tais mudanças. Nesse contexto, torna-se necessário questionar de que forma é necessário repensar as ferramentas utilizadas pelo Direito Antitruste na análise de efeitos anticompetitivos, especialmente no que diz respeito ao fenômeno da financeirização.

---

[1] FLIGSTEIN, Neil. *The transformation of Corporate Control*. Cambridge: Harvard University Press, 1993. p. 12.

II O problema dos investidores institucionais

Os possíveis efeitos anticompetitivos ocasionados por participações minoritárias de investidores institucionais em empresas concorrentes ganharam atenção mais significativa nos últimos anos. Nesse contexto, observa-se que em 2008, em fórum realizado pela OCDE,[2] a discussão inicial acerca das participações minoritárias e *interlocking directorates* tangenciou a questão dos investidores institucionais. Apesar de a discussão não ter aprofundado especificamente a questão dos investidores institucionais, constatamos que algumas considerações de grande importância implicadas com o tema deste trabalho foram externadas.

Em relação aos efeitos coordenados ocasionados pelas participações minoritárias, observou-se que conexões estruturais entre concorrentes podem facilitar colusão tácita ou expressa, uma vez que ao acionista minoritário pode ser concedido acesso a informações sobre o alvo, que facilita a colusão e o monitoramento do alvo ao acordado. Ademais, a detenção de participações minoritárias também pode alterar os incentivos da empresa para descumprir um acordo anticompetitivo ou para entrar em uma guerra de preços a fim de punir empresas que descumprem um acordo anticompetitivo.[3]

Quanto aos efeitos unilaterais, em certas circunstâncias, a detenção parcial de ações minoritárias em empresas com conexões estruturais com concorrentes poderá induzir à definição de políticas de redução da produção no mercado, além de criar incentivos para a empresa adotar posturas favoráveis ao aumento conjunto da margem de lucro. De acordo com o relatório,[4] o motivo é simples: se uma empresa adquire ações de um concorrente e concorrer de forma agressiva contra ele, as perdas financeiras irão afetar o investimento realizado.

Todavia, o exame acerca desses efeitos anticompetitivos depende de inúmeros fatores que influenciam significativamente os incentivos da empresa para concorrer, como características estruturais do mercado e especificidades das partes envolvidas na transação. Ainda que se constatem esses indícios no tocante à existência de efeitos anticompetitivos, o grande problema das análises dos atos de concentração envolvendo participações minoritárias é que a análise recai no conceito de controle ou influência relevante para definir se a transação deve ser notificável.[5] Dessa forma, é possível que não sejam detectados os efeitos anticompetitivos ocasionados de operações que não impliquem transferência ou alteração do controle da empresa analisada.

É importante destacar que, na esteira da referida discussão, em 2017, a OCDE propôs a realização de novo painel[6] de discussão acerca dos efeitos ocasionados especificamente pela participação de investidores institucionais em empresas concorrentes, o que demonstra que efetivamente a questão não se restringe às participações minoritárias e ao fenômeno do *interlocking directorates* (que será abordado no próximo tópico).

---

[2] OCDE. *Minority Shareholdings*. 2008. Disponível em: https://www.oecd.org/competition/mergers/41774055.pdf. Acesso em: 31 ago. 2018.
[3] OCDE. *Op. cit.* 2008.
[4] OCDE. *Op. cit.* 2008.
[5] OCDE. *Op. cit.* 2008.
[6] OCDE. *Common Ownership by Institutional Investors and its Impact on Competition*. 2017. Disponível em: http://www.oecd.org/competition/common-ownership-and-its-impact-on-competition.htm. Acesso em: 31 ago. 2018.

De acordo com Patel,[7] a preocupação com os investidores institucionais nos Estados Unidos advém da presença significativa destes agentes na participação em companhias norte-americanas (de 70 a 80% do total das ações ordinárias são detidas pelos investidores institucionais). Além disso, uma parcela dessas ações é detida em empresas que competem ativamente entre elas. O autor ressalta que o cenário tem a potencialidade de reduzir os incentivos à concorrência e pode causar prejuízos substanciais ao Direito Antitruste.

Azar, Tecu e Schamlz[8] foram pioneiros em demonstrar empiricamente o aumento dos preços no mercado de produto gerado pela existência de investidores em comum, mesmo que estes sejam investidores passivos por meio do trabalho *"Anti-Competitive Effects of Common Ownership"*. Após este primeiro trabalho, outros estudos[9] foram produzidos com a finalidade de discutir problemas concorrenciais gerados pelos investidores institucionais.

Os estudos mencionados suscitaram discussões sobre efeitos anticompetitivos da *common ownership* (detenção de participações dos mesmos investidores em concorrentes) principalmente no mercado bancário e das companhias aéreas. Foi documentado um *link* estatístico entre a *common ownership* e o aumento de preços.

Os autores verificaram que a presença de investidores institucionais em empresas concorrentes é passível de potencializar, quando se trata do mercado de companhias aéreas, em 10 vezes o poder de mercado passível de causar efeitos anticompetitivos, quando comparados com o índice utilizado pelo FTC/DOJ no guia de fusões. Em relação ao mercado bancário, apesar de o índice HHI ser baixo, verificou-se um aumento nos preços nos locais onde havia uma maior concentração de investidores institucionais, de modo que os autores defendem que devem ser consideradas as participações conjuntas desses bancos para que se observe o nível de concentração de mercado.[10]

Para Azar, Schmalz e Tecu,[11] apesar do incremento de preços ser relacionado com a *common ownership*, não necessariamente tal resultado é resposta direta da atuação ativa do acionista para incentivar as empresas a competirem de forma menos agressiva ou incentivar a colusão.[12] O autor aponta que a passividade do investidor em não incentivar investimentos em P&D, pesquisas de mercado, guerras de preço com entrantes no mercado e expansão da capacidade produtiva é prejudicial para a indústria e pode causar

---

[7] PATEL, Menesh. Common Ownership, Institutional Investors, and Antitrust (a ser publicado no *ANTITRUST LAW JOURNAL*), 2017. Disponível em: https://papers.ssrn.com/sol3/papers.cfm?abstract_id=2941031. Acesso em: 31 ago. 2018.

[8] AZAR, José; SCHMALZ, Martin, TECU, Isabel. Anti-Competitive Effects of Common Ownership. *Ross School of Business*, Paper no. 1235, 2014, p. 2. Disponível em: https://papers.ssrn.com/sol3/papers.cfm?abstract_id=2427345. Acesso em: 31 ago. 2018.

[9] AZAR, José; RAINA, Sahil, SCHMALZ, Martin. *Ultimate Ownership and Bank Competition*, 2016. Disponível em: https://papers.ssrn.com/sol3/papers.cfm?abstract_id=2710252; AZAR, José; SCHMALZ, Martin. Common Ownership of Competitors Raises Antitrust Concerns. *Journal of European Competition Law & Practice*, Vol. 8 (5), 2017. Disponível em: https://doi.org/10.1093/jeclap/lpx032; AZAR, José; SCHMALZ, Martin; TECU, Isabel. Why Common Ownership Causes Antitrust Risks. *Antitrust Chronicle – Competition Policy International*. June, Volume 3, Spring 2017, p. 10-17.

[10] AZAR, SCHMALZ, TECU. *Op. cit.* 2014.

[11] AZAR, SCHMALZ, TECU. *Op. cit.* 2017.

[12] "However, the claim that common ownership causes higher prices is very different from the claim that any shareholder actively and consciously pursues an anticompetitive agenda, communicates with managers of portfolio firms to compete less aggressively against each other, or even incites collusion" AZAR, SCHMALZ, TECU. *Op. cit.* 2014.

o aumento de preços. Por outro lado, dentre as ferramentas ativas utilizadas para causar o incremento de preços, constatou-se que as principais estratégias são (i) voz; (ii) incentivos e (iii) voto.

O primeiro mecanismo, voz, é exercido por investidores passivos e ativos por meio de reuniões privativas com CEOs das empresas. Ademais, por vezes os investidores ativos requisitam assentos no conselho para garantir que determinada estratégia seja implementada.[13]

O segundo mecanismo, incentivos, diz respeito à pressão que pode ser exercida pelos investidores em vender suas ações caso o administrador não siga a estratégia de mercado sugerida pelo investidor, fato que poderia ensejar a queda do preço das ações e teria um impacto direto nos incentivos da gestão da empresa. Ademais também é possível exercer tal pressão por meio do voto relativo à remuneração dos administradores.[14]

Por fim, em relação ao terceiro mecanismo, voto, é a última instância quando não foi possível utilizar os mecanismos privados de influência. De acordo com os autores, "a participação é a cenoura e o voto é o bastão".[15] Apesar de não ser possível utilizar o voto para influenciar estratégias competitivas, esse poder de voto pode ser utilizado para a escolha do conselho de administração que representará seus interesses nas decisões de cunho comercial.[16]

Posner, Morton, Weyl,[17] nessa mesma linha, apontaram como principais mecanismos de exercício de influência de investidores institucionais sobre empresas os seguintes aspectos.

Os investidores institucionais podem recomendar aos CEOs estratégias de aumento de lucros mediante elevação dos preços. Como estes sabem que o investidor institucional pode se comunicar com o CEO da outra empresa concorrente, há uma maior segurança quanto a esse aumento de preços. Caso um dos CEOs não siga a política sugerida pelo investidor institucional, este investidor pode utilizar votos contrários e no mesmo sentido influenciar os votos dos outros membros do conselho;

O investidor institucional pode propor pacotes de incentivo para o CEO reduzir seus incentivos a fim de concorrer contra rivais. Em mercados oligopolísticos, ao invés de concorrer para conquistar parcela de mercado do concorrente em determinado mercado, é possível que se escolha aumentar o nível total de lucros. Este mecanismo de compensação reduz a concorrência, de acordo com os autores.

O investidor pode bloquear lances de investidores ativos interessados em estabelecer uma concorrência agressiva.

Dessa forma, assume-se que a análise das participações acionárias detidas por investidores institucionais em empresas concorrentes exige instrumentos que identifiquem possíveis influências (desvinculadas do poder de controle) exercidas sobre as sociedades, inclusive os impactos concorrenciais que podem ser causados. No Brasil, ainda que o tema se encontre incipiente, o fato da questão dos investidores institucionais

---

[13] AZAR; SCHMALZ; TECU. *Op. cit.* 2017.
[14] AZAR; SCHMALZ; TECU. *Op. cit.* 2017.
[15] Tradução livre. AZAR; SCHMALZ; TECU, *Op. cit.* 2017. p. 36.
[16] AZAR; SCHMALZ; TECU. *Op. cit.* 2017.
[17] POSNER, E.; F. SCOTT MORTON; E.G. WEYL (Forthcoming), A Proposal to Limit the Anti-Competitive Power of Institutional Investors. *Antitrust Law Journal*, 2017.

estar sendo amplamente discutida internacionalmente[18] levanta a dúvida sobre qual o tratamento dispensado no Conselho Administrativo de Defesa Econômica (CADE).

Na Resolução nº 2/2012 (atualizada pela Resolução nº 9/2014, no que concerne especificamente a fundos de investimento) do CADE, que disciplina a notificação de atos de concentração, os fundos de investimento (um tipo de investidor institucional) são definidos[19] e para fins de cálculo de faturamento dos grupos econômicos o critério recai basicamente sobre o conceito de controle. Para tanto, são considerados:

- O grupo econômico de cada cotista que detenha direta ou indiretamente participação igual ou superior a 50% das cotas do fundo envolvido na operação via participação individual ou por meio de qualquer tipo de acordo de cotistas; e

- As empresas controladas pelo fundo envolvido na operação e as empresas nas quais o referido fundo detenha direta ou indiretamente participação igual ou superior a 20% (vinte por cento) do capital social ou votante.

Para outros investidores institucionais, adota-se o mesmo critério aplicável para as demais empresas, quais sejam:

- As empresas que estejam sob controle comum, interno ou externo; e

- As empresas nas quais qualquer das empresas do inciso I seja titular, direta ou indiretamente, de pelo menos 20% (vinte por cento) do capital social ou votante.

Importa notar que os critérios para análise do faturamento do grupo econômico são bem distintos quando se trata de fundos de investimento. Enquanto para as empresas em geral não se aplica o critério do inciso I, do art. 4º, §2º, da Resolução nº 2/2012 e não se consideram "as empresas nas quais o referido fundo detenha direta ou indiretamente participação igual ou superior a 20% do capital social ou votante", no caso dos fundos não são consideradas as participações entre 20-50% detidas pelas empresas controladas pelo fundo, pois, considera-se "o grupo econômico de cada cotista que detenha direta ou indiretamente participação igual ou superior a 50% das cotas do fundo envolvido na operação via participação individual ou por meio de qualquer tipo de acordo de cotistas".

Observa-se que, apesar do critério mais amplo de análise do grupo econômico no formulário de notificação, é possível que, com os critérios de submissão e de cálculo de faturamento constantes no artigo 88 da Lei nº 12.529/2011 e no artigo 4º da Resolução nº 2/2012, as aquisições de participações minoritárias em concorrentes inferiores ao piso de 20% sequer cheguem a ser analisadas pelo CADE. Isso porque, apesar de o artigo 10º da Resolução nº 2/2012 endereçar o problema de aquisições diretas em concorrentes estabelecendo um piso de 5% para as operações nas quais um concorrente adquire ações de outro, não são abarcadas as hipóteses de aquisição por investidor comum entre os concorrentes, conforme pode ser observado:

---

[18] Exemplo disso é o volume 3, de junho de 2017 da revista "Antitrust Chronicle", organização pela "Competition Policy International", que teve como discussão os fundos de investimento em índice, abordando de forma geral os impactos concorrenciais da propriedade comum de empresas por parte de investidores institucionais.

[19] Artigo 4º, §2º, da Resolução 2/2012: "No caso dos fundos de investimento, são considerados integrantes do mesmo grupo econômico para fins de cálculo do faturamento de que trata este artigo, cumulativamente:
I – O grupo econômico de cada cotista que detenha direta ou indiretamente participação igual ou superior a 50% das cotas do fundo envolvido na operação via participação individual ou por meio de qualquer tipo de acordo de cotistas; e (Redação dada pela Resolução nº 09, de 1º de outubro de 2014); II – As empresas controladas pelo fundo envolvido na operação e as empresas nas quais o referido fundo detenha direta ou indiretamente participação igual ou superior a 20% (vinte por cento) do capital social ou votante".

Art. 10 Nos termos do artigo 9º, II, são de notificação obrigatória ao CADE as aquisições de parte de empresa ou empresas que se enquadrem em uma das seguintes hipóteses:

(...) II – Nos casos em que a empresa investida seja concorrente ou atue em mercado verticalmente relacionado:

a) Aquisição que conferir participação direta ou indireta de 5% (cinco por cento) ou mais do capital votante ou social;

b) Última aquisição que, individualmente ou somada com outras, resulte em um aumento de participação maior ou igual a 5%, nos casos em que a investidora já detenha 5% ou mais do capital votante ou social da adquirida.

Parágrafo único. Para fins de enquadramento de uma operação nas hipóteses dos incisos I ou II deste artigo, devem ser consideradas: as atividades da empresa adquirente e as atividades das demais empresas integrantes do seu grupo econômico conforme definição do artigo 4º dessa Resolução.

Ante o exposto, observa-se que, apesar de fundos de investimento, seguradoras e fundos de pensão figurarem como investidores institucionais, critérios diversos de notificação e análise dos atos de concentração são aplicados para tais agentes, de modo que os casos que passam pelo crivo do CADE são diferentes. Ainda assim, em nenhum dos dois casos a participação do investidor institucional em empresas concorrentes é analisada quando abaixo do piso de 20%, dado que a preocupação tradicional se centra na detenção de participações em empresas concorrentes e se aplica apenas às participações diretas detidas pelo próprio concorrente, e não aos casos nos quais os concorrentes possuem um investidor comum.

Observados os critérios estabelecidos para análise da concentração causada pelos fundos de investimento no âmbito do CADE, é suscitada a hipótese de que a existência e os impactos possivelmente causados pelos investidores institucionais não estejam sendo devidamente analisados.

III A Sociologia como ferramenta para o Direito Concorrencial

Diante de novos desafios como o enfrentado com a discussão acerca das participações minoritárias detidas por investidores institucionais, a necessidade de se encontrar novas ferramentas para a compreensão desses *players* se tornou ainda mais clara. Observa-se que as ferramentas tradicionais do Direito Concorrencial se mostram insuficientes para a compreensão da extensão do poder e da influência desses atores e que cabe a nós, acadêmicos, buscar respostas para a solução desses problemas. Dessa forma, busca-se na Sociologia Econômica bases para a melhor compreensão dos fenômenos mercadológicos. Na chamada nova Sociologia Econômica os autores externam grande preocupação em se compreender de que forma os agentes de mercado interagem nos ambientes nos quais estão inseridos e questiona-se a racionalidade supostamente mercadológica das decisões tomadas por estes agentes.

Cécile Raud-Mattedi[20] busca compreender as bases teóricas da nova Sociologia Econômica com base nas ideias de Weber e Durkheim (representantes da chamada

---

[20] RAUD-MATTEDI, Cécile. A construção social do mercado em Durkheim e Weber: análise do papel das instituições na sociologia econômica clássica. *Revista brasileira de Ciências Sociais* [on-line], vol. 20, n. 57, p. 128, 2005.

Sociologia Clássica) sobre as instituições. A autora aponta que Durkheim, apesar de não buscar uma definição de mercado propriamente dita em suas obras, considera o fenômeno do mercado como uma instituição, ou seja, um fato social, na medida em que identifica o mercado como um conjunto de instituições destinadas à troca e à distribuição, com foco na noção de contrato. Nesse sentido, a autora ressalta como a relação mercantil gera laço social mesmo sem passar por relações pessoais íntimas e que, uma vez que o laço não se esgota em um ato, acaba por se transformar em um processo de reprodução das instituições sociais.

Por outro lado, de acordo com a autora,[21] Weber define sua concepção de mercado compreendendo-o como uma pluralidade de interessados que competem por oportunidades de troca, estabelecendo a troca e a competição como as interações fundamentais para a concepção de mercado. Nesse sentido, foi estabelecida a concepção de que o mercado possui uma dimensão política observada por meio da noção de poder embutida na visão econômica do mercado, de modo que os preços expressam relações de poder existentes entre os atores econômicos. A autora salienta que dizer que o mercado é constituído de atos reiterados é analisá-lo como forma de interação social e isso faz com que se insira uma dimensão temporal ausente nos modelos econômicos.

Observa-se que se introduz um "atenuante" ao pressuposto de racionalidade econômica tradicionalmente adotado pela Economia e que a Sociologia Econômica abre portas para discutir as interações entre os agentes econômicos sob outras premissas que não apenas parâmetros de eficiência ou mesmo a lei da oferta e da procura. Nesse contexto, há de se questionar se os tradicionais pressupostos do Direito Concorrencial e a subsunção do antitruste às escolas de Chicago, Harvard e ordoliberal seriam os únicos pressupostos orientadores da análise de atos de concentração e de condutas anticompetitivas.

A escola de Chicago surge como uma crítica à escola de Harvard, que possuía como premissa[22] que as empresas com poder econômico abusariam desse poder e as excessivas concentrações gerariam disfunções que prejudicariam o fluxo das relações econômicas. Assim, uma maior pulverização dos agentes econômicos garantiria um mercado mais competitivo, resultando na tríade: estrutura-conduta-performance.

A escola de Chicago é vista[23] tradicionalmente como o expoente da "eficiência" e, de acordo com economistas neoclássicos, essa eficiência pode ser mensurada a partir da habilidade de se produzir custos menores e reduzir preços para os consumidores. Tal escola se utiliza da teoria marginalista para identificar a relação de causa e consequência entre bem-estar do consumidor e ganho de eficiência baseados na concorrência perfeita. Para Salomão Filho,[24] apesar de amplamente difundidas no Direito Concorrencial, as premissas da escola de Chicago são amplamente criticáveis, uma vez que o bem-estar do consumidor e o Direito da Concorrência podem não conviver em harmonia. Isso porque o bem-estar do consumidor poderia levar a concentrações prejudiciais ao ambiente competitivo.

---

[21] RAUD-MATTEDI. *Op. cit.* p. 129.
[22] FORGIONI, Paula A. *Os fundamentos do Antitruste*. São Paulo: Revista dos Tribunais, 2014. p. 166.
[23] SALOMÃO FILHO, Calixto. *Direito concorrencial*. São Paulo: Malheiros, 2013. p. 40.
[24] SALOMÃO FILHO. *Op. cit.* 2013. p. 41.

Após reconhecimento pelos próprios teóricos da escola de Chicago,[25] em relação à simplicidade do postulado de racionalidade dos agentes econômicos, a escola ordoliberal surge[26] como grande crítica à premissa do bem-estar do consumidor e ao conceito de concorrência. Isso porque reconhece-se que não se sustenta o ideário da concorrência perfeita outrora idealizado, especialmente no que diz respeito aos pressupostos de homogeneidade dos produtos de informação perfeita dos agentes.

Ademais, de acordo com Salomão Filho,[27] a teoria ordoliberal defende que, por meio da transmissão de informação e existência de liberdade de escolha, o sistema de mercado permite descobrir as melhores opções existentes e o comportamento mais racional a se adotar. Dessa forma, a teoria se funda na possibilidade de escolha por todos os agentes de mercado, consumidores e produtores, de modo que o exame do poder de mercado se funda na análise da barreira à entrada, uma vez que esta limita o poder de escolha.

Ao fim e ao cabo, percebemos com a evolução dos pressupostos do antitruste que é questionável a excessiva confiança na racionalidade econômica dos agentes e a importância de uma análise aprofundada do comportamento dos agentes e suas consequências para a concorrência. Nesse sentido, também a Sociologia Econômica vem se debruçando sobre as teorias econômicas que explicam o comportamento dos mercados, de modo que se contesta[28] a visão da teoria neoclássica de que os agentes seriam atomizados, orientados pelo preço, com informação simétrica e perfeita. Para a Sociologia Econômica, as relações sociais são cruciais para a compreensão acerca do funcionamento do mercado, por mais que seus teóricos as observassem sob aspectos diferentes.

Dobbin,[29] por exemplo, compara índios Yanomano com *traders* do Salomon Brothers para exemplificar os comportamentos e a racionalidade de cada um conforme seu ambiente social. De acordo com o autor, dentre os projetos da modernização econômica, observa-se a pretensão de se distanciar a economia do restante da sociedade, assim como das políticas públicas e das práticas capitalistas. Em um esforço para distinguir a economia da vida social, economistas tornaram abstratas as teorias por meio das quais modelaram os comportamentos, tratando da economia como um mundo distante. Para explicar comportamentos econômicos,[30] foram observados mecanismos de modelagem baseados nos conceitos de instituição, rede, poder e cognição.

O conceito de instituição é utilizado como referência para determinados setores da sociedade, especialmente quando eles se referem a alguma convenção em particular que molda o comportamento, seja por meio de *scripts* ou representações. Já o conceito de rede diz respeito à ideia de Durkheim de que a posição social molda a identidade e o comportamento, de modo que a rede influencia o comportamento e a compreensão dos papéis sociais de outras pessoas por meio de convenções.

---

[25] FORGIONI. *Op. cit.* p. 178, 179.
[26] SALOMÃO FILHO. *Op. cit.* 2013. p. 43.
[27] SALOMÃO FILHO. *Op. cit.* 2013. p. 44.
[28] FLIGSTEIN, Neil; DAUTER. Luke. A sociologia dos mercados. *CADERNO CRH*, Salvador, v. 25, 66, p. 485, set./dez. 2012.
[29] DOBBIN, Frank. *The new economic sociology*. Princeton: Princeton University Press, 2004. p. 2.
[30] DOBBIN. *Op. cit.* p. 4.

O conceito de poder, por sua vez, retoma a definição de Karl Marx, que definiu o poder não apenas como coerção, mas como a habilidade de se moldar a forma como o outro observa o mundo e seus próprios interesses. Por fim, a cognição se refere ao processo de compreensão do mundo e de suas convenções sociais. Para Weber e Durkheim, a mente humana está programada para desenvolver categorias, estruturas casuais e mapas do mundo. Nessa categoria, Dobbin explica que os Yanomamo e os *traders* não compartilham da mesma cultura que modula a cognição individual a respeito das estruturas.

Mark Granovetter,[31] por sua vez, confere especial atenção à relação entre comportamento, instituições e as relações sociais, tendo em vista o comportamento econômico. O autor chama de "problema da imbricação" e critica tanto a visão da subsocialização quanto a supersocialização da ação humana.

Observa-se que, apesar de analisarem os mesmos fenômenos, a Economia e a Sociologia encontram perspectivas diferentes em relação à inserção do agente econômico em seu meio e sua relação com estímulos de natureza mercadológica. De um lado, a Economia traz uma visão marcada pela justificativa racional e previsível por meio de modelos, de outro, a Sociologia busca a análise das interações entre os agentes e do espaço no qual estão inseridos.

De acordo com Ana Frazão,[32] muito embora as análises e critérios econômicos sejam de extrema importância para a criação de cenários e no mapeamento das consequências de determinadas práticas, a metodologia deve ser combinada com outros aspectos do discurso jurídico. Assim, o Direito Concorrencial não pode ser visto sob um viés exclusivamente econômico, desconsiderando as limitações da metodologia econômica e os riscos de se guiar exclusivamente por objetivos da política econômica.

Dessa forma, questiona-se, ainda, se apenas o discurso jurídico seria suficiente para a análise da questão suscitada neste trabalho e de que forma o controle empresarial poderia ser compreendido na Sociologia Econômica. Para tanto, escolhemos a análise da concepção de poder de Fligstein, especialmente por conta da concepção de rearranjo dos campos diante de alterações na ordem empresarial.[33]

IV A concepção de controle de Fligstein

Antes de passarmos para a análise específica do conceito de controle suscitado por Fligstein, cumpre destacar de que forma o Direito Concorrencial e o Societário analisam a questão. Como se sabe, a preocupação em relação à concentração empresarial no Direito Concorrencial é analisada por meio da repressão ou prevenção do abuso

---

[31] GRANOVETTER. Mark. Economic Action and Social Structure: The Problem of Embeddedness. *In:* GRANNOVETTER, Mark; SWEDBERG, Richard. *The Sociology of Economic Life.* Boulder: Westview, 2011.

[32] FRAZÃO, Ana. *Direito da Concorrência*: Pressupostos e Perspectivas. São Paulo: Saraiva, 2017. p. 91.

[33] "*The theory of fields suggests that when existing ways of managing fail to produce economic growth or earn profits, new economic actors emerge with a new view on how to make money. Once some firms demonstrated the efficacy of these tactics in solving a particular crisis, the tactics frequently spread across the population of the largest firms. The actors who pioneered these tactics often came from outside the mainstream of business to challenge the existing order. These pioneers had to have a critique of the existing order and a set of strategies they would impose on firms to solve the problems*". FLIGSTEIN, Neil. The Theory of Fields and Its Application to Corporate Governance. *Seattle University Law Review*, v. 39, p. 254, 2016.

de poder econômico. Correto então afirmar que o processo de concentração do poder econômico das empresas pode comprometer o normal funcionamento do mercado, prestando-se a reunir o poder econômico nas mãos de poucos agentes.[34] O controle desse poder econômico é realizado de forma preventiva e repressiva, por meio da análise, respectivamente, dos atos de concentração e das condutas anticompetitivas.

Importante fator para o estabelecimento de relações entre as empresas, desvinculada a necessidade de se realizar operações clássicas de fusão, aquisição, etc., remete à existência de poder de controle exercido sobre as companhias. Comparato[35] elucida que as relações entre as empresas fundam-se em três níveis nos quais se estabelece a estrutura de poder na sociedade anônima: (i) a participação no capital ou investimento acionário; (ii) a direção e (iii) o controle.[36]

Não obstante, de acordo com Comparato[37] (2008), até a Lei nº 6.404/1976, faltava na legislação brasileira uma definição de poder de controle. O conceito previsto pela lei possui inspiração na definição da legislação alemã, de acordo com a qual, a existência de uma situação de controle é reconhecida não só na hipótese de participação majoritária no capital votante, mas também quando uma sociedade exerce influência dominante (*Beherrshender Einfluss*).

Para Salomão Filho (2008), a expressão 'influência dominante' ganha precisão quando aplicada ao Direito Concorrencial indicando as situações nas quais, mesmo sem existência de controle no sentido societário, existe poder de dirigir a atividade e modificar estruturalmente a empresa, produzindo efeitos de concentração econômica. Ainda assim, pouco discutidas são as hipóteses em que a relação entre partícipes do mercado provoca impactos no cenário concorrencial, sem que ocorra a transferência de poder de controle via participação acionária ou mudanças estruturais das empresas. É justamente tal questão que buscamos compreender na Sociologia Econômica, em especial nas obras de Fligstein.

Fligstein[38] ressalta a evolução do conceito de controle em suas obras, observando que em 1880 eram quatro as concepções de controle predominantes: (i) controle direto dos competidores, (ii) controle produtivo; (iii) controle das vendas e do *marketing* e, por fim, (iv) controle financeiro. Observa-se a transferência do foco das estruturas puramente mercadológicas para o agente na concepção de controle do autor. O autor ressalta a importância de se compreender o controle por meio das interações entre os agentes na criação de campos organizacionais e aponta como principais características dos conceitos de controle: as estratégias empregadas pelos *players*, as estruturas e o campo organizacional propriamente dito.

De acordo com Fligstein,[39] no final do século XIX, a concepção de controle por meio dos competidores se tornou dominante. O período foi marcado pela competição

---

[34] FORGIONI. *Op. cit.*
[35] COMPARATO, Fábio Konder; SALOMÃO FILHO, Calixto. *O Poder de Controle na Sociedade Anônima*. 5. ed. Rio de Janeiro: Forense, 2008.
[36] O controle aqui referido diz respeito à característica existente nos grupos econômicos de subordinação, sendo diferente da direção existente no grupo econômico de coordenação.
[37] COMPARATO; SALOMÃO FILHO. *Op. cit.*
[38] FLIGSTEIN. *Op. cit.* 1993. p. 12.
[39] FLIGSTEIN. *Op. cit.* 1993. p. 15.

ferrenha na qual a principal estratégia dos *players* era reduzir a concorrência e não existiam regras que limitassem a atuação dos agentes de mercado. Nesse período, três foram as principais estratégias para se arrefecer a concorrência: (i) práticas predatórias de comércio; (ii) cartelização e (iii) monopolização.

Nesse ponto, vamos ao encontro do surgimento das leis antitruste nos Estados Unidos. Nesse período, observamos, no fim do século XIX, o surgimento do combate a cartéis nos EUA, tendo como marco o *Sherman Act*. Segundo Paula Forgioni,[40] o dispositivo legal surgiu no contexto de transição da economia norte-americana – que se encontrava desaquecida e era dominada pela agricultura e pelas pequenas empresas – para uma dominada por monopólios, oligopólios e trustes.[41] Assim, ocorre um processo de integração horizontal, com a consequente diminuição no número de empresas existentes e a concentração do poder econômico nas mãos de alguns agentes econômicos liderados pelos trustes.

No fim da década de 80, as empresas respondiam às guerras de preço e à instabilidade de mercado com acordos em relação ao preço dos produtos, com isso visavam manter os preços e as margens de lucro elevados. Tal fato desagradou consumidores e produtores de tal maneira que foi feita forte campanha publicitária contra os trustes, ficando mais explícita a necessidade de uma lei que controlasse o poder econômico. Assim, em janeiro de 1890, depois de árduas discussões no Congresso norte-americano, o Sherman Act foi promulgado.

De acordo com Massimo Motta,[42] nos primeiros anos o Sherman Act não era muito rigoroso. Apenas em 1897, com a decisão da Suprema Corte Norte no caso[43] de fixação de preços no transporte de mercadorias,[44] não obstante os argumentos que a fixação de preço era uma forma de prevenir a concorrência desleal, restou claro que o Sherman Act tinha como objetivo banir todo tipo de acordo de preço entre concorrentes.

Retomando a concepção de Fligstein,[45] ressalta-se a concepção de controle produtivo, por meio do qual o controle era exercido pela detenção de insumos e produtos via controle da cadeia de produção. Uma vez que se possuía a cadeia de produção, seria possível reduzir os custos de produção e torná-la mais efetiva. Também se aliava a essa teoria a ideia de que, quanto maior a empresa, mais protegida ela estaria dos outros competidores. À luz dessa definição, as empresas integrariam sua produção e, a partir do momento que detivessem poder de mercado, tais empresas poderiam determinar seus preços de forma oligopolística.

---

[40] FORGIONI. *Op. cit.*

[41] Ainda de acordo com Paula Forgioni: "Como foi posteriormente estudado pela teoria econômica, a tentação de desrespeitar um cartel é bastante grande, quase irreversível em determinadas circunstâncias. Do ponto de vista dos agentes econômicos, portanto, sua organização em cartéis ou pools não atingia os resultados desejados por não proporcionar certeza ou estabilidade; daí lançar-se mão do truste, instituto tradicional do direito anglo saxão, para resolver os problemas do empresariado. O industrial transferia para um *trustee* o poder derivado de suas ações, recebendo, em contrapartida, um *trust certificate*. Os trustes, então, proporcionavam a administração centralizada dos agentes econômicos que atuavam no mesmo mercado, impedindo, de uma maneira segura e estável, que a concorrência se reestabelecesse entre eles". FORGIONI. *Op. cit.* p. 75.

[42] MOTTA, Massimo. *Competition policy*: theory and practice. Cambridge: University Press, 2004, p. 4.

[43] Outros casos relevantes no estágio inicial de vigência do Sherman Act foram o Standard Oil Company, o American Tobacco e o Terminal Railroad. MOTTA. *Op. cit.*

[44] Trans-Missouri Freight Association. MOTTA. *Op. cit.*

[45] FLIGSTEIN. *Op. cit.* 1993. p. 14.

Por sua vez, a concepção de controle por meio das vendas e do *marketing* foi dominante no período pós-segunda guerra mundial. De acordo com esse conceito, o grande problema das empresas era a venda de bens, de modo que se buscava criação e manutenção de novos mercados. Nesse contexto, o movimento de destruir a concorrência foi substituído pela ideia de concorrência não predatória e expansão contínua.

Importa ressaltar trecho da obra "Aspectos Jurídicos da Macroempresa", de Comparato, que diz que[46] "a evolução da economia capitalista nos últimos 40 anos e notadamente a partir da Segunda Guerra Mundial tem sido comandada pelo fenômeno da concentração empresarial".[47] De acordo com Bulgarelli, na Europa, o período foi marcado pela tentativa de fortalecimento da economia interna, por meio da formação da União Europeia e do bloco comum, que buscava enfrentar os grupos dos Estados Unidos com a união das unidades europeias, de modo que tal processo levou as empresas a se concentrarem.[48]

De acordo com Fligstein,[49] a expansão dos mercados nacional e internacionalmente permitiu que as empresas crescessem sem que fosse necessário "canabalizar" o *market share* dos concorrentes. Isso porque, no processo de expansão, fatores como diferenciação do produto e investimento em *marketing*, assim como a internacionalização das empresas, modificaram o campo organizacional das grandes empresas.

Fligstein,[50] por fim, afirma que atualmente[51] é predominante a concepção de controle por meio das ferramentas vinculadas às finanças. Nesse contexto, a utilização de ferramentas financeiras mensura a lucratividade em um período mais curto de tempo. As empresas são vistas como um conjunto de ativos e as decisões gerenciais são tomadas com base na lucratividade das linhas de produto. Assim, o grande problema gerencial é manter o valor das ações alto e aumentar o patrimônio da empresa. Para tanto, as principais estratégias utilizadas são a diversificação por meio de fusões e desinvestimentos (ao invés do foco na expansão interna). Estratégias financeiras são utilizadas para aumentar o valor das ações e o controle financeiro é utilizado para a tomada de decisões em relação à alocação de capital.

O autor ressalta[52] a mudança do campo organizacional nesse período devido ao fortalecimento do controle do Direito Antitruste, de modo que as empresas passaram a buscar a expansão em outros setores que não apenas o de sua atuação principal. Nesse ponto, remetemos também a lógica da financeirização[53] à importância do fortalecimento

---

[46] COMPARATO, Fábio Konder. *Aspectos Jurídicos da Macroempresa*. São Paulo: Revista dos Tribunais, 1970. p. 4.

[47] Como esse trecho foi retirado da obra, Aspectos Jurídicos da Macroempresa, publicado em 1970, entende-se que os últimos 40 anos aos quais Comparato se referia dizem respeito ao período que compreende os anos 1930-1970. COMPARATO. *Op. cit.* p. 4.

[48] BULGARELLI, Waldirio. *Concentração de Empresas e Direito Antitruste*. São Paulo: Atlas, 19996. p. 19-21.

[49] FLIGSTEIN. *Op. cit.* 1993. p. 14.

[50] FLIGSTEIN. *Op. cit.* 1993. p. 15.

[51] À época da realização do trabalho "*The transformation of Corporate Control*".

[52] FLIGSTEIN. *Op. cit.* 1993. p. 226.

[53] Financeirização pode ser entendida como a crescente importância do papel do mercado financeiro, atores e instituições na operacionalização da economia. FLIGSTEIN, Neil; GOLDSTEIN, Adam. The Emergence of a Finance Culture in American Households, 1989-2007. 2013. Disponível em: http://sociology.berkeley.edu/sites/default/files/faculty/fligstein/The%20Emergence%20of%20a%20Finance%20Culture%209-04-13.pdf. Acesso em 31 ago. 2018.

do mercado de capitais. De acordo com Eizirik,[54] a função primordial do mercado de capitais é permitir que as empresas captem recursos para o financiamento de seus projetos. Ressalte-se aqui a diferença básica entre essa captação de recursos e a realização de empréstimos. A primeira confere retorno do investimento do acionista conforme a lucratividade da companhia emissora dos títulos. A segunda obriga a empresa a devolver os recursos aos investidores, acrescidos da remuneração pactuada.

Também se observa a importância de fundos de investimento nesse processo. De acordo com Ferreira,[55] os fundos de investimento têm como principal função a intermediação entre pessoas (físicas ou jurídicas) com recursos financeiros disponíveis e gestores autorizados a prestar serviços de administração de valores mobiliários. Dessa forma, grosso modo, os fundos de investimento são veículos que propiciam a aplicação de recursos e não empresas nos moldes tradicionais, vinculadas exclusivamente ao conceito de ato de comércio, de acordo com a concepção de Vivante.

Nesse sentido, apesar da aquisição de participações minoritárias por investidores institucionais não se tratar especificamente do processo de fusão em mercados diversificados, é possível inseri-las no movimento de reformulação dos campos das grandes empresas. Isso porque no mercado de capitais o valor das ações e taxas se tornou tão importante quanto o comportamento de empresas concorrentes[56] e é justamente com essa nova formatação de campo que os investidores institucionais ganharam expressividade. No próximo capítulo discutiremos a expressividade conquistada pelos investidores institucionais e seu papel nas companhias abertas.

V A atuação dos investidores institucionais nas empresas investidas

Ao longo do exposto neste trabalho, foi possível identificar a complementariedade de conceitos tradicionais do Direito Concorrencial, Societário e da Sociologia Econômica. Contudo, diante das diversas teorias referentes ao conceito de controle, é possível questionar se seriam as participações minoritárias de investidores institucionais uma forma de controle via participação acionária, controle financeiro ou não seria caracterizado controle, nos termos da Lei nº 12.529/2011.

Ora, à luz do Direito Societário brasileiro, sabe-se que, não obstante o conceito de influência relevante, as relações de poder nas empresas ainda são associadas à ideia de assunção de risco e, consequentemente, nela se legitima o poder de controle exercido por aquele com maior participação acionária. De outro lado, também se sabe que as decisões tomadas no âmbito de uma sociedade anônima não são realizadas de forma unilateral pelo acionista controlador.

Nesse sentido, destacamos a figura da assembleia geral de acionistas, órgão máximo da companhia, por intermédio da qual os acionistas exercem os seus direitos

---

[54] EIZIRIK, Nelson. *A Lei das S/As comentada*. São Paulo: Quartier Latin, 2011.
[55] FERREIRA, Renato Luis Bueloni. Fundos e Clubes de Investimento. *In*: SOUZA JÚNIOR, Satiro (Coord.). *Mercado de Capitais*. São Paulo: Saraiva, 2013.
[56] FLIGSTEIN. *Op. cit.* 1993. p. 229.

de voto e podem efetivamente participar das decisões da sociedade.[57] Ademais, é fato que é por intermédio da assembleia geral que os acionistas manifestam sua vontade (*i.e*, exercitam seu poder de voto) e é igualmente certo afirmar que a formação de tal vontade soberana poderá ocorrer – como de praxe ocorre – fora do âmbito dessas manifestações societárias.[58]

Uma vez que o voto é instrumento-base das deliberações, seja ele no âmbito técnico da administração ou do conselho fiscal,[59] tal previsão torna possível que os acionistas da empresa possam eleger os responsáveis pela orientação geral dos negócios da companhia, sendo necessário ressaltar as preocupações levantadas por Azar, Schmalz, Tecu,[60] Posner, Morton e Weyl[61] sobre a possibilidade de exercício de influência dos investidores institucionais por meio do voto.

Ora, a questão que se coloca é saber se o ordenamento poderá, ou não, reconhecer que na prática o administrador permanece de certa forma vinculado ao voto ou acordo de voto que o elegeu, sendo este suscetível à influência de um investidor institucional, não obstante o dever fiduciário do administrador que o obriga a atuar com diligência e lealdade aos interesses da companhia.[62]

Além disso, por meio do exercício do voto também é possível a eleição de membros em comum ou com parentesco direto em empresas concorrentes (chamado *interlocking directorates*), facilitando, assim, condutas colusivas ou a troca de informações concorrencialmente sensíveis,[63] por meio da estrutura que se pode observar na figura a seguir:[64]

---

[57] Art. 122. Compete privativamente à assembleia geral: I – reformar o estatuto social; II – eleger ou destituir, a qualquer tempo, os administradores e fiscais da companhia, ressalvado o disposto no inciso II do art. 142; III – tomar, anualmente, as contas dos administradores e deliberar sobre as demonstrações financeiras por eles apresentadas; IV – autorizar a emissão de debêntures, ressalvado o disposto nos §§1º, 2º e 4º do art. 59; (Redação dada pela Lei nº 12.431, de 2011). (Vide Lei nº 12.838, de 2013); V – suspender o exercício dos direitos do acionista (art. 120); (Redação dada pela Lei nº 10.303, de 2001); VI – deliberar sobre a avaliação de bens com que o acionista concorrer para a formação do capital social; (Redação dada pela Lei nº 10.303, de 2001); VII – autorizar a emissão de partes beneficiárias; (Redação dada pela Lei nº 10.303, de 2001); VIII – deliberar sobre transformação, fusão, incorporação e cisão da companhia, sua dissolução e liquidação, eleger e destituir liquidantes e julgar-lhes as contas; e (Redação dada pela Lei nº 10.303, de 2001); IX – autorizar os administradores a confessar falência e pedir concordata.

[58] REQUIÃO, Rubens. *Curso de direito comercial*. 30. ed. São Paulo: Saraiva. 2013, v. 2.

[59] REQUIÃO. *Op. cit.*

[60] AZAR; SCHMALZ; TECU. *Op. cit.* 2017.

[61] POSNER; MORTON; WEYL. *Op. cit.*

[62] Cf. Lei nº 6.404/76, em seus artigos 153 e ss.

[63] OCDE. *Op. cit.* 2008.

[64] ARAUJO, Mariana Tavares; MARTINEZ, Ana Paula. Aquisição de Participação Minoritária em Concorrentes e *Interlocking Directorates*: Aspectos Concorrenciais. *In: Temas Atuais de Direito da Concorrência*. São Paulo: Singular, 2012.

Figura 01
Interlocking directorates

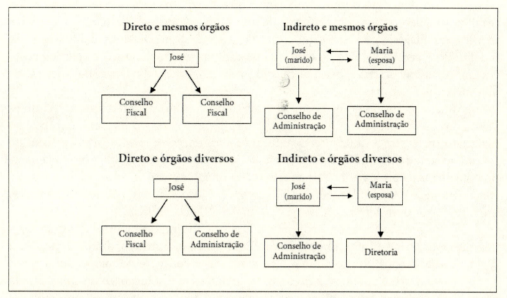

Fonte: ARAUJO; MARTINEZ

De acordo com Salomão Filho,[65] historicamente cabe aos administradores a tutela do interesse social nas situações de aquisição de controle. Contudo, a administração nem sempre é parâmetro confiável para se verificar a convergência, ou não, de interesses do controlador em relação à empresa por ele controlada, de modo que os administradores não possuem independência de fato. O autor sustenta que para proteção do interesse social são condições necessárias: uma estrutura econômica razoável de dissolução do controle e uma estrutura societária que garanta um mínimo de separação orgânica.

Portanto, trazemos para discussão neste trabalho duas hipóteses aventadas pela Lei nº 6.404/76 para a possibilidade de interesses obscuros contrapostos aos da sociedade – ou em benefício de um agente em particular, em detrimento daquela: conflito de interesses do acionista e abuso do direito de voto (artigo 115,[66] Lei nº 6.404/76) e conflito de interesses do administrador (artigo 156,[67] Lei nº 6.404/76).

---

[65] SALOMÃO FILHO, Calixto. *O novo direito societário*. São Paulo: Malheiros, 2011.

[66] "Art. 115. O acionista deve exercer o direito a voto no interesse da companhia; considerar-se-á abusivo o voto exercido com o fim de causar dano à companhia ou a outros acionistas, ou de obter, para si ou para outrem, vantagem a que não faz jus e de que resulte, ou possa resultar, prejuízo para a companhia ou para outros acionistas. (Redação dada pela Lei nº 10.303, de 2001). §1º o acionista não poderá votar nas deliberações da assembleia-geral relativas ao laudo de avaliação de bens com que concorrer para a formação do capital social e à aprovação de suas contas como administrador, nem em quaisquer outras que puderem beneficiá-lo de modo particular, ou em que tiver interesse conflitante com o da companhia. §2º Se todos os subscritores forem condôminos de bem com que concorreram para a formação do capital social, poderão aprovar o laudo, sem prejuízo da responsabilidade de que trata o §6º do artigo 8º. §3º o acionista responde pelos danos causados pelo exercício abusivo do direito de voto, ainda que seu voto não haja prevalecido. §4º A deliberação tomada em decorrência do voto de acionista que tem interesse conflitante com o da companhia é anulável; o acionista responderá pelos danos causados e será obrigado a transferir para a companhia as vantagens que tiver auferido".

[67] "Art. 156. É vedado ao administrador intervir em qualquer operação social em que tiver interesse conflitante com o da companhia, bem como na deliberação que a respeito tomarem os demais administradores, cumprindo-lhe

No primeiro caso, importa notar que, nos termos da lei, não poderia o acionista exercer direito de voto "com o fim de causar dano à companhia ou a outros acionistas, ou obter para si ou para outrem vantagem a que não faz jus e de que resulte, ou possa resultar, prejuízo para a companhia ou para outros acionistas" (artigo 115, *caput*, Lei nº 6.404/76). Frente à previsão legal, a questão a ser analisada neste trabalho é saber se o dispositivo seria aplicável no caso de investidores institucionais com participações em empresas concorrentes que, por meio do voto, tomam medidas que beneficiem seu investimento em ambas.

Valladão[68] suscita a discussão no âmbito do conflito de interesses, trazendo as visões dos professores Cavalhosa, Comparato e Leães[69] relativas ao conflito formal ou material. O professor levanta interessante argumento em contraposição à tese do conflito formal no sentido de que o legislador não teria tido a intenção de impedir o exercício do voto de forma prévia, uma vez que, frente às relações entre as sociedades coligadas, controladoras e controladas, bem como dos grupos econômicos, não seria impossível impedir que o controlador votasse nas assembleias da controlada.

Nesse sentido, quando analisada a hipótese de impedimento de investidores institucionais, ao se adotar a regra do conflito formal, há um impedimento do voto *a priori*, ou seja, o investidor com interesse em empresas concorrentes não poderia votar. Por outro lado, ao se adotar a regra do conflito material, a solução seria a anulação da assembleia ou o investidor responderia por perdas e danos, que nessa situação poderia ser inestimável.[70]

No segundo caso, diz a norma que "(...) é vedado ao administrador intervir em qualquer operação social em que tiver interesse conflitante com o da companhia, bem como na deliberação que a respeito tomarem os demais administradores (...)" (artigo 156, *caput*, Lei nº 6.404/76). Novamente, retorna-se à hipótese anteriormente já destacada neste trabalho no tocante ao potencial impedimento do administrador eventualmente vinculado ao interesse de um investidor institucional que o elegeu.

Fato é que, não obstante a vedação legal ao voto em conflito, dificilmente se anula a deliberação de uma assembleia por conta de interesses conflitantes. No caso da influência exercida por investidores institucionais, considerando a preocupação com participações cruzadas em empresas concorrentes e o exercício de influência por meio de outros mecanismos que não apenas o voto, tal hipótese é ainda mais remota. Isso porque

---

cientificá-los do seu impedimento e fazer consignar, em ata de reunião do conselho de administração ou da diretoria, a natureza e extensão do seu interesse. §1º Ainda que observado o disposto neste artigo, o administrador somente pode contratar com a companhia em condições razoáveis ou equitativas, idênticas às que prevalecem no mercado ou em que a companhia contrataria com terceiros. §2º O negócio contratado com infração do disposto no §1º é anulável, e o administrador interessado será obrigado a transferir para a companhia as vantagens que dele tiver auferido".

[68] FRANÇA, Erasmo Valladão Azevedo e Novaes. *Conflito de interesses nas assembleias de S/A*. 2. ed. São Paulo: Malheiros Editores, 2014, p. 96.

[69] O professor Carvalhosa entende que a hipótese de conflito de interesses prevista na Lei nº 6.404/76 é o critério forma, não sendo possível a análise casuística da questão. Por outro lado, Leão e Comparato defendem que o interesse conflitante deve ser apurado no caso concreto, contudo, Comparato ressalta que ocorrerá impedimento de voto, na medida em que o conflito de interesses "transpareça *a priori* da própria estrutura da relação ou negócio sobre que se vai deliberar, como, por exemplo, um contrato bilateral entre a companhia e o acionista". FRANÇA. *Op. cit.*, p. 96.

[70] Cf. artigo 115 da Lei nº 6.404/76.

o papel dos investidores institucionais como acionistas é uma discussão recente, de modo que se questiona o seu ativismo ou mesmo as consequências de participações passivas.

Crane, Michenaud e Weston[71] alegam que investidores institucionais são importantes agentes de monitoramento da empresa na medida em que são investidores com expertise em avaliar a performance financeira, qualidade do gerenciamento e da governança. Já Sikavica, Perrault e Rehbein[72] defendem que o ativismo dos investidores institucionais está vinculado com sua identidade social, caracterizada pela identidade organizacional. Tais investidores, contudo, diferem em relação aos objetivos (econômicos e sociais).

Os autores Parrino, Sias e Starks[73] discutem a utilização da venda de ações como mecanismo de monitoramento da gerência das companhias, a chamada *"Wall Street Rule"*. De acordo com os autores, muito se discute o impacto nas decisões de diretores da venda das ações por parte dos investidores institucionais, pois a composição do quadro de acionistas tanto pode ser de grande valia em relação à atratividade de outros acionistas com determinado perfil quanto pode afetar diretamente o valor das ações das empresas. A pesquisa dos autores demonstrou o poder dos investidores institucionais na medida em que os dados levantados demonstraram relação direta entre a mudança na quantidade de investidores institucionais em anos que precederam a saída de CEOs das empresas.

Ora, quando consideramos os conceitos de controle presentes no Direito Societário e Antitruste, a influência dos investidores institucionais sobre as empresas investidas remete ao controle, bloco de controle ou à influência significativa (que remete a uma participação acionária de, pelo menos, 20%[74] do capital votante). Contudo, preocupações mais atuais remetem ao papel dos investidores institucionais supostamente passivos e que não detêm participações acionárias suficientes para ter o controle via maioria acionária ou mesmo exercer influência por meio de suas ações.

Dentre as razões para acreditar que investidores institucionais, mesmo com participações passivas, possuem interesse em influenciar escolhas relacionadas à governança e ao desempenho da empresa, os autores Appel, Gormley e Keim[75] ressaltam que esses investidores têm interesse na valorização de suas ações, de modo que estão motivados a monitorar o gerenciamento e melhorar a performance das empresas no mercado. Além disso, apesar do alto custo de monitoramento das investidas de um

---

[71] CRANE, Alan D.; MICHENAUD, Sébastien, WESTON, James. *The Effect of Institutional Ownership on Payout Policy: Evidence from Index Thresholds*. Disponível em: http://rfs.oxfordjournals.org. Acesso em: 31 ago. 2018.

[72] SIKAVICA, Katarina; PERRAULT, Elise; REHBEIN, Kathleen. *"Who do they think they are? Identity as an antecedent of social activism by institutional shareholders'*. Disponível em: https://www.researchgate.net/publication/324090845_Who_Do_They_Think_They_Are_Identity_as_an_Antecedent_of_Social_Activism_by_Institutional_Shareholders. Acesso em: 31 ago. 2018.

[73] PARRINO, Robert. Richard W. SIAS; STARKS, Laura T. Voting with their feet: institutional ownership changes around forced CEO turnover. *Journal of Financial Economics*, v. 68, p. 3-46, 2003.

[74] Lei nº 6.464. "Art. 243. O relatório anual da administração deve relacionar os investimentos da companhia em sociedades coligadas e controladas e mencionar as modificações ocorridas durante o exercício. (...)
§4º Considera-se que há influência significativa quando a investidora detém ou exerce o poder de participar nas decisões das políticas financeira ou operacional da investida, sem controlá-la.
§5º É presumida influência significativa quando a investidora for titular de 20% (vinte por cento) ou mais do capital votante da investida, sem controlá-la".

[75] APPEL, Ian; GORMLEY, Todd A.; KEIM, Donald B. *Passive Investors, Not Passive Owners*. 2016. Disponível em: http://ssrn.com/abstract=2475150. Acesso em: 31 ago. 2018.

investidor institucional, este estaria disposto a participar do monitoramento do que eles entendem como melhores práticas de governança.

De acordo com Jiwook e Dobbin[76] os investidores institucionais que controlavam grande parte dos recursos do mercado de capitais se sentiram contemplados com o fortalecimento da teoria da agência. Isso porque a teoria da agência reuniu os interesses dos investidores institucionais e dos executivos das empresas por meio de um novo sistema de compensações baseado no valor das ações que não os vinculava ao risco de perda. Para os autores, a teoria da agência reduziu o interesse comum de diversos *shareholders* a uma única métrica baseada no valor das ações. Dessa forma, os investidores institucionais promoveram a teoria e encorajaram as empresas por meio de ordens de compra e propostas,[77] garantindo, assim, seus interesses.

Fligstein,[78] em consonância com Jiwook e Dobbin,[79] alega que a teoria da agência ocasionou a revolução do valor do acionista. Tal fenômeno decorre do período no qual os administradores possuíam papel crucial nas empresas. Posteriormente, com a dificuldade de os administradores garantirem crescimento, lucro ou mesmo aumento do valor das ações, tal papel se enfraqueceu e, nesse contexto, os investidores institucionais entraram no mercado para assumir o controle corporativo. Esse movimento ocasionou a alteração daqueles no controle e a alteração do controle corporativo, deslocando o polo de poder dos administradores aos investidores institucionais.

A questão remanescente é se, na análise de atos de concentração envolvendo tais investidores, seria necessário ultrapassar os critérios prefixados pela Lei nº 12.529/2011 ou se poderíamos analisar as operações de modo casuístico, levando em consideração as especificidades de cada acionista.

VI Conclusão

Neste trabalho foi possível observar um rearranjo nos campos organizacionais das empresas que possivelmente ultrapassa as preocupações das escolas de Harvard, Chicago e ordoliberal. Isso porque inicialmente não se detecta correlação necessária entre concentração e a possibilidade de efeitos anticompetitivos ocasionados pelas estratégias dos investidores institucionais. Por outro lado, também não é possível aplicar a racionalidade irrestrita do agente econômico e os parâmetros de eficiência de Chicago, pois a atuação dos investidores institucionais está marcada pelo argumento do aumento das ações e não necessariamente resulta da diminuição de custos e repasse para os consumidores.

Percebe-se que quando buscadas explicações apenas dentro dos critérios de eficiência ou mesmo em termos de concentração de mercado, as respostas se mostram insuficientes. Parece-nos que o papel dos investidores nas empresas investidas ultrapassa a compreensão de participação acionária, exercício do direito ao voto ou mesmo o dever

---

[76] JIWOOK, Jung; DOBBIN, Frank. Finance and institutional investors. *In*: CETINA, Karin Knorr; PREDA, Alex (Ed.). *The Oxford handbook of the sociology of finance*. New York: Oxford University Press, 2012. P. 52-74, p. 54.

[77] JIWOOK; DOBBIN. *Op. cit.* p. 51.

[78] FLIGSTEIN. *Op. cit.* 2016. p. 241-242.

[79] JIWOOK; DOBBIN. *Op. cit.* 2012. p. 54

fiduciário, tem como base o suposto cumprimento de um papel social de *expert* e a compreensão deste papel pelos outros acionistas e diretores da empresa.

Tal papel social se reflete em marcadores de eficiência como valor acionário e níveis de governança das empresas, mas funda-se em relações entre os agentes e a utilização de ferramentas financeiras que mensuram a lucratividade em um período mais curto de tempo, remetendo ao controle financeiro de Fligstein.[80] A implementação dessas ferramentas, no caso dos investidores institucionais, pode ser vista como estratégias próprias desses agentes que, por estarem inseridos em determinado ambiente, agem em conformidade com seus papéis.

Também questionamos a aplicabilidade do controle das notificações realizadas no âmbito do Direito Concorrencial por meio dos critérios de controle e influência relevante presentes na Lei nº 12.529/2011. Defendemos que é necessária a análise diferenciada de atos de concentração que envolvam investidores institucionais, visto sua capacidade de exercer influência relevante, significativa ou dominante.[81]

Assim, concluímos que é necessário adaptar as ferramentas do Direito Concorrencial às alterações de campo e de controle que ocorreram com o fortalecimento da presença dos investidores institucionais e que foram observadas por meio da Sociologia Econômica. Nesse sentido, em primeiro lugar, em relação à análise de atos de concentração, sugere-se que conste requisito sobre investimentos em empresas concorrentes no formulário de notificação.

Ademais, também seria necessária uma alteração nos critérios de notificação de modo que fosse possível abarcar as nuances da atuação dos investidores institucionais. Contudo, uma vez que tal expansão dos critérios de notificação poderia causar excessivo ônus para a autarquia analisar todos os casos, sugere-se a persecução do exercício de influência de investidores institucionais em empresas concorrentes por meio de processos administrativos.

Por fim, ressalta-se que o tema é amplo e ainda pouco explorado, de modo que outros trabalhos ainda são necessários para uma melhor compreensão dos impactos e possíveis soluções para o problema aqui abordado. De todo modo, espera-se que à luz do exposto seja possível ao menos iniciar uma discussão sobre a importância da Sociologia Econômica para a compreensão dos problemas enfrentados no Direito Concorrencial.

Referências

APPEL, Ian; GORMLEY, Todd A.; KEIM, Donald B. *Passive Investors, Not Passive Owners*. 2016. Disponível em: http://ssrn.com/abstract=2475150. Acesso em: 31 ago. 2018.

---

[80] FLIGSTEIN. *Op. cit.* 1993.

[81] Rodrigues diferencia a influência relevante da influência dominante – que é tradicionalmente empregada para endereçar a questão do poder de controle (COMPARATO; SALOMÃO FILHO, *Op. cit.*) – na medida em que a primeira, apesar de ocasionar em comportamento cooperativo entre acionista e investida, não necessariamente confere ao agente o controle da sociedade. De acordo com o autor, "do ponto de vista concorrencial, a partir do momento que um agente, por meio de participações acionárias, é capaz de ativamente influenciar as decisões de uma ou mais sociedades, ele também pode ser capaz de influenciar a atuação competitiva dessas empresas, para que de forma unilateral ou coordenada se posicionem no sentido de incrementar poder de mercado do detentor da participação ou de seu grupo" (RODRIGUES, Eduardo Frade. *O direito societário e a estruturação do poder econômico*. São Paulo: Singular, 2016, p. 117).

ARAUJO, Mariana Tavares; MARTINEZ, Ana Paula. Aquisição de Participação Minoritária em Concorrentes e Interlocking Directorates: Aspectos Concorrenciais. *In: Temas Atuais de Direito da Concorrência.* São Paulo: Singular, 2012.

AZAR, José; RAINA, Sahil; SCHMALZ, Martin. Ultimate Ownership and Bank Competition, 2016. Disponível em: https://papers.ssrn.com/sol3/papers.cfm?abstract_id=2710252.

AZAR, José; SCHMALZ, Martin. Common Ownership of Competitors Raises Antitrust Concerns. *Journal of European Competition Law & Practice,* Vol. 8 (5), 2017. Disponível em: https://doi.org/10.1093/jeclap/lpx032.

AZAR, José; SCHMALZ, Martin; TECU, Isabel. Anti-Competitive Effects of Common Ownership. *Ross School of Business,* Paper n. 1235, p. 2, 2014. Disponível em: https://papers.ssrn.com/sol3/papers.cfm?abstract_id=2427345.

AZAR, José. Why Common Owenership Causes Antitrust Risks. *Antitrust Chronicle* – Competition Policy International. June, vol. 3, p. 10-17, Spring 2017.

BULGARELLI, Waldirio. *Concentração de Empresas e Direito Antitruste.* São Paulo: Atlas, 1996.

COMPARATO, Fábio Konder; SALOMÃO FILHO, Calixto. *O Poder de Controle na Sociedade Anônima.* 5. ed. Rio de Janeiro: Forense, 2008.

COMPARATO, Fábio Konder. *Aspectos Jurídicos da Macroempresa.* São Paulo: Revista dos Tribunais, 1970.

CRANE, Alan D.; MICHENAUD, Sébastien; WESTON, James. *The Effect of Institutional Ownership on Payout Policy: Evidence from Index Thresholds.* Disponível em: http://rfs.oxfordjournals.org. Acesso em: 31 ago. 2018.

DOBBIN, Frank. *The new economic sociology.* Princeton: Princeton University Press, 2004.

EIZIRIK, Nelson. *A Lei das S/As comentada.* São Paulo: Quartier Latin, 2011.

FERREIRA, Renato Luis Bueloni. Fundos e Clubes de Investimento. *In:* SOUZA JÚNIOR, Satiro (Coord.). *Mercado de Capitais.* São Paulo: Saraiva, 2013.

FLIGSTEIN, Neil. The Theory of Fields and Its Application to Corporate Governance. *Seattle University Law Review,* v. 39. 2016.

FLIGSTEIN, Neil. *The transformation of Corporate Control.* Cambridge: Harvard University Press, 1993.

FLIGSTEIN, Neil. DAUTER. Luke. A sociologia dos mercados. *CADERNO CRH,* Salvador, v. 25, 66, p. 485, set./dez. 2012.

FLIGSTEIN, Neil; GOLDSTEIN, Adam. *The Emergence of a Finance Culture in American Households, 1989-2007.* 2013. Disponível em: http://sociology.berkeley.edu/sites/default/files/faculty/fligstein/The%20Emergence%20of%20a%20Finance%20Culture%209-04-13.pdf . Acesso em: 31 ago. 2018.

FORGIONI, Paula A. *Os fundamentos do Antitruste.* São Paulo: Revista dos Tribunais, 2014.

FRANÇA, Erasmo Valladão Azevedo e Novaes. *Conflito de interesses nas assembleias de S/A.* 2. ed. São Paulo: Malheiros Editores, 2014, p. 96.

FRAZÃO, Ana. *Direito da Concorrência:* Pressupostos e Perspectivas. São Paulo: Saraiva, 2017.

GRANOVETTER. Mark. Economic Action and Social Structure: The Problem of Embeddedness. *In:* GRANNOVETTER, Mark; SWEDBERG, Richard. *The Sociology of Economic Life.* Boulder: Westview, 2011.

JIWOOK, Jung; DOBBIN, Frank. Finance and institutional investors. *In:* CETINA, Karin Knorr; PREDA, Alex (Ed.). *The Oxford handbook of the sociology of finance.* New York: Oxford University Press, 2012.

MOTTA, Massimo. *Competition policy:* theory and practice. Cambridge: University Press, 2004, p. 4.

OCDE. *Common Ownership by Institutional Investors and its Impact on Competition.* 2017. Disponível em: http://www.oecd.org/competition/common-ownership-and-its-impact-on-competition.htm. Acesso em: 31 ago. 2018.

OCDE. *Minority Shareholdings.* 2008. Disponível em: https://www.oecd.org/competition/mergers/41774055.pdf.

PARRINO, Robert. Richard W. SIAS; STARKS, Laura T. Voting with their feet: institutional ownership changes around forced CEO turnover. *Journal of Financial Economics,* v. 68, p. 3-46, 2003.

PATEL, Menesh. Common Ownership, Institutional Investors, and Antitrust (a ser publicado no *Antitrust Law Journal*), 2017. Disponível em: https://papers.ssrn.com/sol3/papers.cfm?abstract_id=2941031. Acesso em: 31 ago. 2018.

POSNER, E.; F. SCOTT MORTON; E.G. WEYL (Forthcoming). A Proposal to Limit the Anti-Competitive Power of Institutional Investors, *Antitrust Law Journal*, 2017.

RAUD-MATTEDI, Cécile. A construção social do mercado em Durkheim e Weber: análise do papel das instituições na sociologia econômica clássica. *Revista brasileira de Ciências Sociais* [on-line], vol. 20, n. 57, p. 128, 2005.

REQUIÃO, Rubens. *Curso de direito comercial*. 30. ed. São Paulo: Saraiva. 2013, v. 2.

RODRIGUES, Eduardo Frade. *O direito societário e a estruturação do poder econômico*. São Paulo: Singular, 2016.

SALOMÃO FILHO, Calixto. *Direito concorrencial*. São Paulo: Malheiros, 2013.

SALOMÃO FILHO, Calixto. *O novo direito societário*. São Paulo: Malheiros, 2011.

SIKAVICA, Katarina; PERRAULT, Elise; REHBEIN, Kathleen. *Who do they think they are? Identity as an antecedent of social activism by institutional shareholders*. Disponível em: https://www.researchgate.net/publication/324090845_Who_Do_They_Think_They_Are_Identity_as_an_Antecedent_of_Social_Activism_by_Institutional_Shareholders. Acesso em: 31 ago. 2018.

Informação bibliográfica deste texto, conforme a NBR 6023:2018 da Associação Brasileira de Normas Técnicas (ABNT):

FUJIMOTO, Mônica Tiemy. Investidores institucionais e a sociologia econômica: novas ferramentas para o Direito Antitruste? *In*: FRAZÃO, Ana; CARVALHO, Angelo Gamba Prata de (Coord.). *Empresa, mercado e tecnologia*. Belo Horizonte: Fórum, 2019. p. 157-177. ISBN 978-85-450-0659-6.

PARTE III

EMPRESA, TECNOLOGIA, COMUNICAÇÃO
E MERCADO

BIG DATA, PLATAFORMAS DIGITAIS E PRINCIPAIS IMPACTOS SOBRE O DIREITO DA CONCORRÊNCIA

ANA FRAZÃO

I Introdução

Embora a importância crescente dos dados na economia tenha repercussões sobre praticamente todas as searas jurídicas, não há dúvidas de que o Direito da Concorrência é uma das mais afetadas, já que, no contexto da chamada *data driven economy*, são os dados e a utilização deles os verdadeiros vetores da atividade econômica e das condições concorrenciais.

Não é exagerada a afirmação de Alec Ross[1] de que as escolhas sobre como vamos gerenciar e administrar os dados na atualidade serão tão importantes quanto as decisões sobre o gerenciamento da terra durante a era agrícola ou da indústria durante a era industrial.

É diante desse cenário que o presente artigo pretende tratar de algumas das repercussões essenciais do *big data* sobre o Direito da Concorrência, demonstrando como os novos fenômenos alteram e modificam a própria noção de poder econômico, exigindo adaptações na metodologia antitruste e novas reflexões sobre o próprio escopo da competição e do controle do poder econômico.

II Os impactos concorrenciais dos dados e dos algoritmos

Para a compreensão da repercussão da economia movida a dados sobre o Direito da Concorrência, é necessário compreender a importância dos dados. Nesse sentido, não é exagero dizer que os dados são o novo petróleo.[2] Mais do que um insumo ou uma moeda, os dados correspondem a grandes fontes de poder na medida em que podem ser convertidos em informações úteis para os mais diversos propósitos.

---

[1] ROSS, Alec. *The industries of the future*. New York: Simon & Schuster, 2016.
[2] THE ECONOMIST. The world's most valuable resource is no longer oil, but data. Disponível em: https://www.economist.com/leaders/2017/05/06/the-worlds-most-valuable-resource-is-no-longer-oil-but-data. Acesso em: 15 nov. 2018.

Os dados precisam, portanto, ser processados e trabalhados para que possam gerar valor. Se tal constatação não afasta a importância dos dados isolados ou "crus", tem o importante papel de realçar o fato de que o mero acesso a dados, sem a possibilidade efetiva e eficiente de transformá-los em informação, pode ser insuficiente para resolver diversos problemas competitivos.

Daí a progressiva importância que se dá ao *big analytics*, ou seja, à possibilidade de extrair, a partir dos dados, correlações, diagnósticos, padrões, inferências e associações. Para tal objetivo, é grande a importância dos algoritmos responsáveis por tal processamento. Não é sem razão que dois dos famosos "4 Vs",[3] que são os critérios de avaliação do *big data* – velocidade, variedade, volume e valor –, referem-se claramente ao *big analytics*: a velocidade e o valor. Com efeito, de nada adianta ter grande e diversificado volume de dados se não for possível transformá-los rapidamente em informação útil.

Isso não quer dizer, repita-se, que os meros dados sejam irrelevantes, tal como sustenta o Google, ao reiterar que o importante é a sua receita – os seus algoritmos – e não propriamente os ingredientes nela utilizados – os dados.[4] Na verdade, assim como não há como se fazer uma boa receita sem bons ingredientes, de nada adianta ter bons ingredientes sem saber o que fazer com eles ou sem ter condições de atribuir-lhes uma destinação útil, rápida e eficaz.

Daí por que, para efeitos concorrenciais, ainda que os dados pudessem ser vistos como ativos baratos e de fácil obtenção, até mesmo em razão da sua ubiquidade, o grande problema seria saber como os dados acessados por diferentes agentes econômicos poderiam ser convertidos em informação e, numa etapa posterior, em poder econômico.

Logo, os dados, por um lado, e a capacidade de processá-los para convertê-los em informações úteis, por outro, guardam entre si uma relação dinâmica de interdependência, em que um só faz sentido diante do outro, já que a geração de valor depende do acesso simultâneo aos dois recursos.

Consequentemente, nem os dados nem a capacidade de processamento podem ser isolados na análise concorrencial. Esse ponto é importante porque, embora muito se tenha falado recentemente sobre os dados como uma *essential facility*,[5] é forçoso reconhecer que de nada adianta ter acesso aos dados se não há condições de transformá-los, de forma competitiva, em informações úteis.

Isso certamente causa e causará diversos problemas concorrenciais, até porque o acesso a dados não é algo simples. Por se tratar de bens imateriais, o raciocínio a ser empregado, na hipótese de se considerá-los como *essential facilities*, não pode ser o mesmo que o utilizado em questões que dizem respeito a infraestruturas físicas. Assim, não é trivial nem mesmo delimitar o que vem a ser o acesso a dados, pois isso depende

---

[3] HASHEM, Ibrahim *et al*. The rise of "big data" on cloud computing: review and open research issues. *Information systems*, v. 47, p. 98-115, 2015.

[4] Nesse sentido, ver entrevista do Economista-Chefe do Google Hal Varian: ALAM, Asif. Entrevista com o Economista Chefe do Google, suas grandes apostas, sucesso e parceria. *Thomson Reuters*. Disponível em: https://www.thomsonreuters.com.br/pt/corporacoes/blog/entrevista-com-o-economista-chefe-do-google-suas-grandes-apostas-sucessos-e-parcerias.html.

[5] De acordo com a jurisprudência norte-americana, a doutrina da *essential facility* diz respeito às situações nas quais um monopolista que controle infraestrutura essencial a outros concorrentes deve fornecer, caso isto seja possível, acesso sob condições razoáveis, sendo exemplo clássico o das ferrovias. Ver: LIPSKY, Abbott; SIDAK, J. Gregory. Essential facilities. *Stanford law review*. v. 51, p. 1188-1248, 1998-1999.

de premissas prévias sobre os tipos de dados envolvidos, a forma como deveriam ser disponibilizados (agregados ou não, organizados ou não) ou atualizados.

Veja-se que tais aspectos são fundamentais para que se possa garantir eventual direito de acesso, inclusive para o fim de monitoramento pelas autoridades antitruste. Entretanto, já se viu que o mero acesso a dados pode ser insuficiente para resolver problemas concorrenciais, especialmente quando os agentes econômicos detêm diferentes capacidades de processamento de dados, tanto em termos de qualidade como em termos de velocidade.

A depender do desnível entre os agentes econômicos, a capacidade de acesso e de processamento de dados pode se transformar em verdadeira barreira de acesso ou permanência em determinados mercados. Tal aspecto é ainda mais preocupante diante da falta de transparência e *accountability* em relação aos algoritmos, o que dificulta ou impede que se saiba como eles utilizam os dados e para que fins.[6]

III O poder das plataformas digitais e suas repercussões sobre o Direito da Concorrência

Os desafios que os dados e os algoritmos apresentam para o Direito da Concorrência são potencializados pelas plataformas digitais, que são os modelos de negócios adotados por vários dos principais coletores e processadores de dados, de que são exemplos Facebook e Google, caracterizados por mercados de dois ou mais lados em que a plataforma exerce o papel de conexão e *matchmaking*, dentre inúmeros outros.[7]

Tais modelos de negócio apresentam diversas características que tornam a competição *nos mercados* muito difícil, tais como a dinâmica *the winner takes it all* – o ganhador leva tudo –, a existência de mercados de múltiplos lados onde os consumidores estão normalmente no lado gratuito,[8] os efeitos indiretos de rede e a vasta acumulação de dados por apenas um pequeno número de *players*. Daí inclusive a tendência de serem monopólios virtuais.[9]

Como a utilização dos dados na atualidade vem ocorrendo com um grande protagonismo das plataformas digitais, a atuação destas apresenta um duplo efeito no plano concorrencial: (i) criação de dinâmica concorrencial própria sobre a utilização e processamento dos dados no seu âmbito, o que impossibilita ou torna consideravelmente difícil a concorrência no mercado de dados e o processamento fora delas e (ii) e o fomento da crescente dependência dos demais agentes econômicos em relação aos seus serviços.

---

[6] FRAZÃO, Ana. Dados, estatísticas e algoritmos. *Jota*. Disponível em: https://jota.info/colunas/constituicao-empresa-e-mercado/dados-estatisticas-e-algoritmos-28062017; FRAZÃO, Ana. Premissas para a reflexão sobre a regulação da tecnologia. *Jota*. Disponível em: https://jota.info/colunas/constituicao-empresa-e-mercado/premissas-para-a-reflexao-sobre-a-regulacao-da-tecnologia-16112017.

[7] Para mais informações sobre as plataformas digitais, ver FRAZÃO, Ana. Plataformas digitais e os desafios para a regulação jurídica. *In*: PARENTONI, Leonardo. *Direito, tecnologia e inovação*. Belo Horizonte: D'Plácido, 2018, p. 635-670.

[8] Fala-se em gratuito no sentido de que o usuário não precisa pagar pelos serviços em dinheiro, embora acabe pagando com os seus dados pessoais.

[9] FRAZÃO, Ana. Plataformas digitais e repercussões concorrenciais. *Jota*. Disponível em: https://jota.info/colunas/constituicao-empresa-e-mercado/plataformas-digitais-e-repercussoes-concorrenciais-09082017.

A interação entre todos esses fatores é tão intensa que Ezrachi e Stucke[10] afirmam que o surgimento de algoritmos, do *big data* e de superplataformas irá acabar com a concorrência, tal como nós a conhecemos hoje. Por essa razão, acaba sendo difícil falar em economia movida a dados sem falar também nas plataformas digitais.

Para entender melhor o protagonismo e o significado desse modelo de negócios, é importante tratar das suas diversas esferas de poder. Embora não seja fácil a sistematização do assunto, tentar-se-á aqui apresentar um esboço dos principais tipos de poder de que gozam as plataformas.[11]

O primeiro deles é o *poder de conexão* (*gatekeeper power*), uma vez que as plataformas se propõem a colocar em contato agentes econômicos, consumidores e mesmo governos, muitas vezes sendo a única real opção para tornar todas essas interações possíveis. Interessante representação gráfica, constante de relatório da OCDE,[12] mostra a centralidade das plataformas no ecossistema do *big data*:

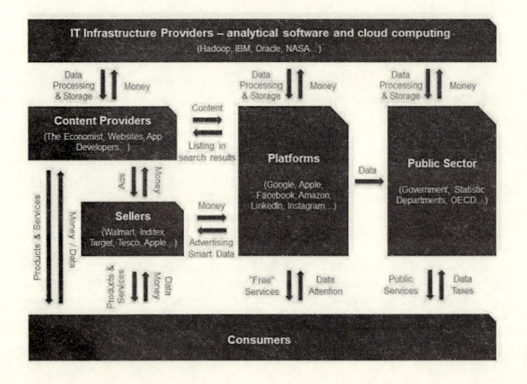

---

[10] EZRACHI, Ariel; STUCKE, Maurice. *Virtual competition*: the promise and perils of the algorithm-driven economy. Cambridge: Harvard University Press. 2016. p. 233.

[11] Alguns dos desdobramentos do poder das plataformas que serão apresentados neste artigo, especialmente os poderes de conexão, alavancagem e extração de dados, são bem trabalhados em: KHAN, Lina. What makes tech platforms so powerful? In: *Digital Platforms and Concentration*. Disponível em: https://promarket.org/wp-content/uploads/2018/04/Digital-Platforms-and-Concentration.pdf. Acesso em: 15 nov. 2018.

[12] OCDE. Big data: bringing competition policy to the digital era. *Background note by the Secretariat*, p. 12, 29-30 nov. 2016.

Como se pode observar, as plataformas vêm ocupando progressivamente papel central na economia digital, exercendo sofisticada e complexa intermediação entre provedores de conteúdo, vendedores de produtos e serviços, provedores de infraestrutura de TI, consumidores e mesmo o governo.

As plataformas são, portanto, os centros de uma complexa teia de relações empresariais e não empresariais, cujo poder precisa ser adequadamente compreendido diante desse contexto de interconexão, bem como dos seus relevantes efeitos de rede. Dessa maneira, o número de conexões bem como a sua variedade e sofisticação precisam ser considerados pela autoridade antitruste, ainda mais diante do fato de que as plataformas são capazes de extrair vantagens de todos os usuários que dependam da sua infraestrutura, inclusive para efeitos de limitar a possibilidade de determinados agentes econômicos buscarem seus usuários de forma independente.

Outra importante dimensão das plataformas é o *poder de alavancagem, (leveraging power)*, uma vez que não servem apenas como infraestruturas de conexão. É normal que integrem os mesmos mercados de vários dos seus usuários, circunstância que pode dar ensejo a que privilegiem os interesses próprios sobre os dos usuários. Dessa maneira, o problema de conglomerado[13] passa a ganhar um novo contorno, inclusive no que diz respeito às preocupações decorrentes do aumento do poder financeiro (*deep pocket*) e dos riscos de fechamento de mercado.

As plataformas têm também o *poder de extração e exploração de dados pessoais*, uma vez que podem monitorar cuidadosamente os seus usuários e, por meio das interações e pegadas digitais destes, inferir grande soma de informação sobre eles, compreendendo-os melhor do que si próprios e podendo obter grandes vantagens em virtude desse conhecimento.

Outra importante dimensão de grandeza é a que decorre do *poder de comunicação*, especialmente no contexto atual, bem traduzido por Herbert Simon,[14] quando afirma que a riqueza de informação cria uma pobreza de atenção. Nesse sentido, as plataformas podem filtrar, selecionar e ordenar a informação que será dirigida aos seus usuários. Mais do que isso, podem moldar a informação de acordo com os seus interesses, por meio de diversas alternativas, tais como *agenda setting, framing*, dentre outras.[15]

Tal poder é potencializado ainda diante de dois importantes fatores: (i) o número cada vez maior de usuários que se informa exclusiva ou principalmente por meio das plataformas[16] e (ii) a possibilidade de ser canalizado para persuadir as pessoas, com o que deriva para o *poder de influência e de manipulação*.

Com efeito, por meio dos dados coletados dos usuários, as plataformas acumulam um grande poder econômico, o qual pode ser utilizado em detrimento de uma série de

---

[13] Para entender melhor os riscos concorrenciais dos conglomerados, ver FRAZÃO, Ana. *Direito da concorrência*: pressupostos e perspectivas. São Paulo: Saraiva, 2017. p. 120.

[14] SIMON, Herbert. Designing organizations for an information-rich world. *In*: GREENBERGER, M. *Computers, communications and the public interest*. Baltimore: The John Hopkins Press, 1971.

[15] Para a melhor compreensão do poder de comunicação e suas diversas estratégias, ver CASTELLS, Manuel. *O poder da comunicação*. São Paulo: Paz e Terra, 2016.

[16] SHEARER, Elisa; GOTTFRIED, Jeffrey. News use across social media platforms 2017. *Pew research center*. Disponível em: http://www.journalism.org/2017/09/07/news-use-across-social-media-platforms-2017/. Acesso em: 18 nov. 2018.

direitos destes mesmos usuários, tais como privacidade, autodeterminação informativa e mesmo identidade e cidadania.[17]

Por essa razão, a utilização maciça de dados pessoais coloca os titulares de dados sob um triplo risco: (i) a coleta em si dos dados, o que já seria preocupante; (ii) a utilização dos dados para a construção de informações, perfis, classificações e julgamentos a seu respeito, que podem ser utilizados para fins comerciais diversos; e (iii) a utilização dessas informações para manipular os próprios titulares, para os fins mais diversos, inclusive políticos.

Apenas para se ter uma dimensão do risco mencionado, em recente entrevista, o professor Martin Hilbert[18] afirma que, com 150 "curtidas", determinados algoritmos podem saber mais sobre uma pessoa do que o seu companheiro e que, com 250 "curtidas", os algoritmos podem saber mais sobre uma pessoa do que ela própria.

Todo esse conhecimento ainda pode ser utilizado para, associado ao poder da comunicação, hoje também embasado nos estudos da biologia, neurociência e psicologia, manipular as pessoas, bem como tentar modificar suas crenças e opiniões.[19] Daí a afirmação de Tim Wu[20] de que o verdadeiro negócio de muitas plataformas é influenciar consciências. Têm-se aí todas as condições para exercer aquela que, segundo Castells,[21] é a forma mais fundamental de poder: a habilidade de moldar a mente humana.

E não se trata de meras especulações ou receios injustificados. Dentre as inúmeras pesquisas sobre o tema, vale ressaltar o importante trabalho de Robert Epstein,[22] que, a partir de pesquisa empírica, demonstra os efeitos do que chama de *search engine manipulation effect (SEME)* e *search engine suggestion effect (SESE)*.

Por fim, as plataformas ainda conseguem acumular uma significativa dimensão de *poder político*, já que podem usar o seu poder de manipulação para interferir em processos políticos e mesmo no resultado de eleições. Em recente palestra proferida no Stigler Center, Luigi Zingales[23] resumiu essa dimensão de poder de uma maneira bem simples: ao contrário dos demais agentes econômicos, que sempre puderam oferecer dinheiro para os agentes políticos, as plataformas podem também oferecer diretamente votos.

As recentes suspeitas de manipulação do resultado de eleições, como no caso do Brexit, Donald Trump e mesmo Jair Bolsonaro no Brasil, ajudam a compreender a dimensão de poder político que pode ser exercida, direta ou indiretamente – por meio de seus parceiros comerciais – pelas plataformas digitais. Isso sem contar as inúmeras outras formas de influência política, tais como *lobby*, captura de agências reguladoras e mesmo de pesquisas e resultados acadêmicos, dentre outros.

---

[17] Sobre os riscos das plataformas digitais sobre os direitos da personalidade, ver FRAZÃO, Ana. Plataformas digitais, big data e riscos para os direitos da personalidade. In: TEPEDINO, Gustavo; MENEZES, Joyceane Bezerra. *Autonomia privada, liberdade existencial e direitos fundamentais*. Belo Horizonte: Fórum, 2019.

[18] LISSARDY, Gerardo. 'Despreparada para a era digital, a democracia está sendo destruída', afirma guru do 'big data'. *BBC*. Disponível em: http://www.bbc.com/portuguese/geral-39535650.

[19] FRAZÃO, Ana. Premissas para a reflexão sobre a regulação da tecnologia. *Jota*. Disponível em: https://jota.info/colunas/constituicao-empresa-e-mercado/premissas-para-a-reflexao-sobre-a-regulacao-da-tecnologia-16112017.

[20] WU, Tim. *The attention merchants*: the epic scramble to get inside our heads. New York: Knopf, 2016.

[21] CASTELLS, *Op. cit.*

[22] EPSTEIN, Robert; ROBERTSON, Ronald E. The search engine manipulation effect (SEME) and its possible impact on the outcomes of elections. *PNAS*. Disponível em: https://papers-gamma.link/static/memory/pdfs/9-Epstein_Search_Engine_Manipulation_Effect_2015.pdf. Acesso em: 18 nov. 2018.

[23] ZINGALES, Luigi. Digital plataforms and concentration. In: STIGLER CENTER. *2018 antitrust and competition conference*. Disponível em: https://www.youtube.com/watch?v=O_pxLvKQBE8 . Acesso em: 20 nov. 2018.

Dessa maneira, é inequívoco que o poder acumulado pelas plataformas digitais vai muito além das definições mais tradicionais de poder econômico, normalmente centradas na capacidade de aumentar preços de produtos ou serviços ou reduzir ofertas. A variedade, a extensão e o impacto do poder econômico das plataformas são de tal grau que muitos já as colocam em patamar semelhante ao dos Estados (*net states*).[24]

Vale ressaltar que, não obstante as inúmeras inovações e benefícios que justificaram a expansão das plataformas, pelo menos parte do poder de muitas delas foi conquistada de forma ilícita, como resultado da exploração indevida dos dados dos usuários, muitas vezes sem o consentimento ou até mesmo sem a ciência destes.

Logo, para compreender e controlar eventuais excessos de tais agentes, a análise concorrencial precisará compreender a real extensão do poder que exercem, bem como refletir sobre as suas metodologias e propósitos, sem o que não terá nenhuma chance de contê-los.

IV O Direito da Concorrência diante dos desafios gerados pela economia movida a dados

A utilização do *big data* por grandes plataformas já possibilitou um crescimento extraordinário de muitas delas, que adquiriram tamanha posição dominante que são hoje popularmente conhecidas como gigantes ou titãs da internet. Por essa razão, após um período de certa inação das autoridades antitruste, a multa de 2,7 bilhões de dólares aplicada contra o Google pela União Europeia[25] pode ser o prenúncio de novos tempos.

Como bem resume *The Economist*,[26] longe de apenas competirem em um mercado, as plataformas gigantes tornaram-se crescentemente o próprio mercado. Daí o receio justificável de que usem o seu poder para proteger e aumentar ainda mais a sua dominância, mesmo em detrimento dos consumidores, especialmente diante do crescimento das barreiras para a entrada nos mercados.

Prossegue a reportagem mostrando a necessidade de se ter muito cuidado com as concentrações e com o tratamento dos dados pessoais dos usuários, considerados a verdadeira moeda do ambiente digital. No que diz respeito à primeira questão, a preocupação é com atos de concentração que possam neutralizar ameaças competitivas de longo prazo, aspecto que, se tivesse sido considerado na época, provavelmente poderia ter evitado a aquisição do Whatsapp pelo Facebook ou do Waze pelo Google. Já no que diz respeito aos dados, a ideia é assegurar aos usuários maior controle sobre suas informações, inclusive para o fim de torná-las disponíveis em tempo real, caso assim desejarem, para outras empresas.

Endossando as mesmas preocupações, artigo do *Wall Street Journal*[27] acentua a dominância das grandes plataformas nos Estados Unidos, onde a Alphabet, controladora da Google, tem 89% do mercado de buscas, 95% de jovens adultos usam o Facebook e

---

[24] WICHOWSKI, Alexis. Net states rule the world; we need to recognize their power. *Wired*, Disponível em: https://www.wired.com/story/net-states-rule-the-world-we-need-to-recognize-their-power/. Acesso em: 20 nov. 2018.
[25] Ver: SCOTT, Mark. Google fined record $2.7 billion in E.U. antitrust ruling. *The New York Times*, 27 jun. 2017.
[26] THE ECONOMIST. The new titans. And how to tame them. 20 jan. 2018.
[27] IP, Greg. The antitrust case against Facebook, Google and Amazon. *The Wall Street Journal*. 16 jan. 2018.

a Amazon responde por 75% das vendas de livros on-line. Nesse cenário, as empresas que não são monopolistas são duopolistas: Google e Facebook absorveram 63% do gasto on-line no ano passado, Google e Apple proveem 99% dos sistemas operacionais de celulares, enquanto Apple e Microsoft ofertam 95% dos sistemas operacionais de computadores. O nível de preocupações concorrenciais chegou a tal ponto que, segundo a reportagem, muito se vem falando sobre a quebra de tais empresas, a exemplo do que já ocorreu com a Standard Oil e com a AT&T.

É nesse contexto que ganha força o alerta de Roger McNamee,[28] que, retomando as preocupações já endereçadas por Marc Andreessen em 2011, considera que os gigantes da internet estão engolindo a economia mundial. Aponta o autor para os dois principais tipos de riscos: (i) os relacionados aos usuários, considerando que plataformas como Facebook, Google, Amazon, Alibaba e Tencent usaram técnicas comuns em propaganda e cassinos para promover o vício psicológico; e (ii) os geopolíticos, considerando os danos que as informações falsas ou enviesadas podem causar na esfera política, de que os casos Brexit e eleição presidencial norte-americana de 2016 são exemplos.[29]

Todas essas questões mostram como a ausência de uma regulação jurídica adequada para o *big data* e as plataformas digitais é preocupante. Embora a experiência mostre ser possível a existência de rivalidade entre plataformas em determinados segmentos – vendas de imóveis, atividades de turismo e sites de namoro, por exemplo –, não é esta a regra quando se trata dos gigantes. Na verdade, como explica Jean Tirole,[30] o modelo de negócios das plataformas é propenso à formação de monopólios naturais em razão dos efeitos de rede e das economias de escala.

Daí a necessidade de envidar esforços para saber qual é o ponto de equilíbrio entre os benefícios que decorrem do crescimento e agigantamento de tais plataformas – notadamente as economias de escala e os efeitos de rede indiretos[31] – e os riscos e danos à concorrência e aos consumidores, especialmente quando analisados no médio e no longo prazo.

Nesse balanceamento, há que se considerar igualmente que os benefícios que os consumidores normalmente usufruem de várias plataformas a "preço zero" não são propriamente gratuitos, já que a moeda de pagamento são os dados pessoais. Aliás, parte considerável do sucesso de muitas plataformas decorre precisamente do *big data*, ou seja, da ampla e maciça utilização dos dados pessoais dos usuários, sem o conhecimento e consentimento informado destes.

---

[28] MCNAMEE, Roger. Viciados e traficantes nas mídias sociais. *Valor Econômico*. 29 jan. 2018.

[29] Segundo o autor, mais do que o risco concorrencial, o que está sob ameaça é a própria democracia, diante da crescente perda do debate público, uma vez que os filtros utilizados pelas plataformas, para o fim de dar aos usuários apenas o que eles querem, têm o efeito de polarizar as populações, deixando os usuários suscetíveis a manipulações de todos os tipos e destruindo a legitimidade das instituições democráticas.

[30] TIROLE, Jean. *Economics for the common good*. Princeton: Princeton University Press, 2017. p. 398.

[31] Segundo Evans and Schmalensee (Markets with two-sided platforms. *Issues in competition law and policy*, v. 667, 2008), estes são os maiores benefícios decorrentes da concentração de poder adquirida pelas plataformas. Por essa razão, sustentam Haucapp e Heimeshoff (Google, Facebook, Amazon, eBay: is the internet driving competition or market monopolization? *International economics and economic policy*, v. 11, n. 1-2, p. 49-61, fev. 2014. p. 51-52) que, no tocante às plataformas digitais, a concentração deve se vista de modo diverso e mais condescendente do que é vista em relação aos negócios reais, já que o tamanho das plataformas é indispensável para que atinjam uma utilização eficiente e a concorrência pode levar à perda de eficiência por meio dos efeitos indiretos. Acreditam os autores, portanto, que tais estruturas, exatamente em razão dos efeitos de rede, tendem a ser eficientes, assim como observam que não é claro como a concentração de mercado e os benefícios do consumidor são relacionados nessas plataformas nem se tais mercados são naturalmente convergentes para um monopólio.

Logo, por mais que os problemas expostos possam exigir soluções regulatórias específicas para a questão dos dados, é inequívoco que existe importante espaço para que o Direito da Concorrência possa assumir o seu papel como um dos principais e mais estratégicos instrumentos para lidar com as referidas preocupações.

Todavia, para isso, o Direito da Concorrência precisará superar, definitivamente, o ranço da Escola de Chicago, que tanto confinou os seus propósitos a questões de eficiência econômica, vistas por ótica extremamente restritiva. Foi isso que levou a uma verdadeira despolitização ou mesmo desconstitucionalização do Direito da Concorrência, nas palavras, respectivamente, de Eleanor Fox[32] e Fernando Schuartz.[33] Na verdade, o que verdadeiramente ocorreu foi uma desjuridicização do Direito da Concorrência, que passou a ser uma mera metodologia econômica.

Se é certo que a questão das dimensões da personalidade dos usuários – tais como privacidade, autodeterminação e identidade – pode e deve ser endereçada também por outras áreas jurídicas que não apenas o Direito da Concorrência – como o Direito do Consumidor e o Direito Civil –, é igualmente certo que não pode ser afastada do foco de preocupações do primeiro. Afinal, o bem-estar do consumidor não pode ficar restrito à sua proteção contra o aumento de preços, devendo igualmente abranger outras esferas de proteção, dentre as quais a preservação da sua individualidade, identidade e cidadania.

Ademais, nada justificaria a retração do Direito da Concorrência diante desse desafio porque o seu foco é precisamente o controle do poder econômico, motivo pelo qual não poderá se desincumbir da sua tarefa sem identificar em que medida a utilização de dados pessoais dos usuários, decorrente ou não de violações aos seus direitos de personalidade – já que pode haver casos em que a coleta de dados seja lícita –, se converte em poder econômico.

Dessa maneira, não se trata de ampliar, de forma indesejável, o objeto do Direito da Concorrência ou de flexibilizar excessivamente as suas finalidades, mas tão somente de endereçar a circunstância de que o manejo dos dados é uma eficiente fonte de aquisição, consolidação e exercício do poder econômico.

Não obstante, os desafios gerados pela economia movida a dados impõem também que o Direito da Concorrência resgate o seu compromisso de proteger o processo competitivo em si, pois a análise concorrencial exclusiva ou prioritariamente focada no aumento de preços é insuficiente para endereçar as novas questões concorrenciais. Como bem aponta Lina Khan,[34] a postura convencional centrada nos preços não leva em consideração, com a devida atenção, preocupações fundamentais, tais como o bloqueio da competição potencial, a desaceleração da inovação, a perda de qualidade da concorrência, a estagnação da indústria, dentre outros.

Não é sem razão que, a partir do exemplo da Amazon, Lina Khan mostra como a estratégia de buscar crescimento sobre lucros e integrar negócios dificilmente poderia ser vista como prática anticompetitiva à luz da metodologia tradicional do antitruste, focada apenas nos benefícios que decorrem dos preços baixos para o consumidor.

---

[32] FOX, Eleanor M. Post-Chicago, post-Seattle and the dilemma of globalization. *In*: CUCINOTTA, Antonio; PARDOLESI, Roberto; BERGH, Roger van dan. *Post-Chicago developments in antitrust law*. Cornwall: Edward Elgar, 2002. p. 76-77.
[33] SCHUARTZ, Luis Fernando. A desconstitucionalização do direito de defesa da concorrência. *Revista do IBRAC*, v. 16, n. 1, p. 325-351, 2009. p. 327.
[34] KHAN, Lina. Amazon's antitrust paradox. *The Yale Law Journal*, v. 126, n. 3, p. 564-907, jan. 2017.

Já a mesma questão, vista sob a perspectiva da competição dinâmica, enseja importantes discussões sobre práticas predatórias e os efeitos anticompetitivos a médio e a longo prazo de tais estratégias.

Tais aspectos são ainda mais relevantes quando se verifica que o controle do poder econômico é ainda mais necessário quando este transcende claramente a órbita econômica e acaba gerando consequências diretas igualmente na vida social e política.

Por essa razão, diante de plataformas digitais, há que se cogitar de novas abordagens para a análise concorrencial, bem como de medidas específicas para conter as diversas dimensões do seu poder, tais como obrigações de neutralidade para evitar abusos no poder de conexão, medidas que impeçam ou limitem a entrada em certas linhas de negócio ou que requeiram a separação entre negócios, para limitar o poder de alavancagem, dentre outras.

V *Big data* e importantes riscos concorrenciais já mapeados no âmbito do controle de estruturas e do controle de condutas

É claro que a aplicação do Direito Concorrencial às questões suscitadas pelo *big data* e pelas plataformas está eivada de dificuldades. Em se tratando das plataformas, por exemplo, é fundamental compreender a racionalidade dos mercados de dois lados e a dinâmica entre os dois, a fim de evitar falsos diagnósticos de preços predatórios ou de preços excessivos, o que poderia ocorrer se o exame dos preços levasse em consideração apenas um dos lados do mercado.

Também é imprescindível maior reflexão sobre os efeitos de rede[35] e sobre o real poder dos algoritmos, bem como das repercussões de algumas variáveis competitivas importantes, tais como a diferenciação de produtos ou serviços e a heterogeneidade de usuários.[36]

Acresce que, diante da vastidão e da complexidade das questões a serem consideradas, há de se adotar uma postura estratégica para selecionar os casos que mais devem despertar a atenção e o cuidado das autoridades antitruste. Além das aquisições, Tim Wu[37] destaca, dentre outros, os comportamentos excludentes, que dificultam a entrada e barram a inovação externa.

Certamente que uma das prioridades nessa seara deve ser o controle de estruturas. Em se tratando de mercados movidos ou influenciados pelo *big data*, mesmo aquisições pequenas podem ser concorrencialmente problemáticas, especialmente se realizadas

---

[35] Evans e Schmalensee (*Op. cit.*) mostram que os efeitos de rede precisam ser mais bem estudados. Dentre os argumentos apresentados, estão: (i) superioridade dos efeitos indiretos; (ii) efeitos de rede decorrem da obtenção dos usuários certos, não apenas de mais usuários; (iii) efeitos de rede podem trabalhar em reverso – um sai e vários querem sair. O objetivo principal dos autores, assim, é mostrar a necessidade de parâmetros para a avaliação desses efeitos.

[36] Nesse sentido, Haucapp e Heimeshoff (*Op. cit.*, p. 51-53) mostram que vários pontos precisam ser levados em consideração: (i) restrições de capacidade, já que, enquanto estruturas físicas, como shopping centers, são fisicamente limitadas, isso não acontece necessariamente com as plataformas; (ii) limitação do espaço para propaganda, pois o excesso de publicidade é percebido como incômodo pelo usuário; e (iii) a diferenciação de produtos e serviços e heterogeneidade das preferências dos usuários, o que pode atenuar os efeitos da concentração.

[37] WU, Tim. Taking innovation seriously: antitrust enforcement if innovation mattered most. *Antitrust Law Journal*, v. 78, p. 313-328, 2012.

por plataformas gigantes e tendo por objeto empresas que, a médio ou longo prazo, poderiam ser importantes rivais. Não se pode esquecer que os recursos do *big data* possibilitam àqueles que deles se utilizam mapear entradas e o crescimento de novos rivais com muita rapidez, a fim de criar estratégias anticompetitivas, seja para adquiri-los, seja para aniquilá-los.

Logo, especial atenção precisa ser dirigida à concorrência potencial e as estratégias das grandes plataformas diante de entrantes e *start-ups*, até porque a única alternativa provavelmente viável para contestar o poder dos grandes agentes vem de pequenos negócios que podem implementar destruições criativas[38] ou mesmo disrupções. É por essa razão que atos de concentração nesse setor precisam ser submetidos a um rígido escrutínio, no qual os benefícios das complementariedades que são normalmente apontados como as razões para tais operações sejam rigorosamente sopesados com os riscos de se aniquilar a concorrência potencial.

Obviamente que, para endereçar tais preocupações, o critério de notificação baseado no faturamento das duas partes é manifestamente inidôneo. Seria necessário, pois, buscar novos parâmetros, tais como o valor da operação ou a própria envergadura do adquirente, vista obviamente não apenas a partir dos critérios tradicionais, mas sobretudo a partir do poder decorrente do *big data* e do *big analytics*.

No Brasil, enquanto não realizada uma reforma legislativa, o CADE poderia perfeitamente se valer da sua competência prevista no artigo 88, §7º, da Lei nº 12.529/2011, já que a lei lhe confere considerável discricionariedade para conhecer de operações que não atendam aos requisitos legais.

Uma vez sob escrutínio das autoridades antitruste, a análise de operações nos *data-driven markets* deveria priorizar, além das entradas, a concorrência potencial, ou seja, a possibilidade e a probabilidade de rivalidade futura entre as partes. Diante da dinamicidade de tais mercados, as prognoses e cenários futuros não podem ser limitados ao presente. Basta lembrarmos o exemplo do Instagram, que, de plataforma de compartilhamento de fotografias, logo se tornou rede social muito próxima ao Facebook.

No que diz respeito às condutas, as possibilidades de práticas unilaterais expropriatórias de consumidores são grandes. Stucke e Grunes[39] mostram que a extração de riqueza dos consumidores pode ocorrer em diversos níveis, a saber: (i) coleta de dados; (ii) coleta de conteúdos; (iii) anúncios comportamentais e discriminação; (iv) extração de dados de outros *websites*. Daí a conclusão dos autores de que, enquanto para bens homogêneos, um cenário provável é o de colusão, para bens diferenciados, o cenário provável é de discriminação comportamental, a fim de extrair do consumidor, com base no que se conhece dele, tudo o que for possível.

Acrescenta-se, ainda, a possibilidade que tais agentes têm de moldar e manipular as mentes dos seus usuários, cujas consequências ultrapassam as questões concorrenciais e se interpenetram com os valores fundamentais das sociedades democráticas.

Também em relação às práticas ilícitas contra concorrentes, são inúmeras as possibilidades. Como já se adiantou, o *big data* e o *big analytics* possibilitam o monitoramento não apenas de entradas, mas também de iniciativas e estratégias dos

---

[38] SCHUMPETER, Joseph A. *Capitalism, socialism & democracy*. Londres: Routledge, 2003.
[39] STUCKE, Maurice; GRUNES, Allen. *Big data and competition policy*. Oxford: Oxford University Press, 2016. p. 237-241.

concorrentes. Stucke e Grunes[40] citam como exemplo a situação de um supermercado que, por meio de dados da geolocalização, sabe que determinado usuário está se dirigindo a um supermercado rival e pode enviar para ele publicidade instantânea com descontos seletivos para atraí-lo.

Além disso, as grandes plataformas podem facilmente praticar vários atos abusivos contra os que dela dependem, assim como discriminação de concorrentes não integrados. Toda a celeuma relacionada à já referida multa do Google refere-se ao último tipo de conduta, já que a plataforma foi acusada de beneficiar seu próprio serviço – Google Shopping – em detrimento dos concorrentes.

Já no que diz respeito a condutas colusivas, a precificação por algoritmos faz com que o cartel seja uma possibilidade de implementação viável. Isso traz repercussões não apenas sobre a necessidade de maior transparência e *accountability* dos algoritmos, como também sobre a revisão dos próprios parâmetros de constatação do cartel, readequando-os para a nova realidade.

Com efeito, em um cenário como este, exigir que, além do paralelismo, estejam comprovados os chamados *plus factors* poderia levar à irresponsabilidade organizada dos agentes. Por outro lado, partindo da premissa de que a responsabilidade objetiva tem várias limitações para o direito punitivo,[41] o mero paralelismo também não poderia ser suficiente para a constatação da prática.

Assim, no esforço de se buscar outros parâmetros para a constatação do cartel, uma seara a ser percorrida é a da violação do dever de cuidado ou de monitoramento dos agentes que optaram pela precificação por algoritmos.

Nesse sentido, é perfeitamente razoável que seja considerada pelo menos culposa a conduta do agente que se utiliza, voluntariamente e sem os cuidados devidos, de mecanismos de precificação que podem levar a práticas concertadas. Seja porque o agente implementou um algoritmo sem saber minimamente como ele age – violação ao dever de diligência por tomar decisão não informada –, seja porque não adotou as providências necessárias para, a partir do monitoramento dos resultados práticos da utilização dos algoritmos, evitar a colusão – violação ao dever de diligência por ausência de controle de risco –, é possível se falar em ato ilícito, ainda que não doloso.

Na verdade, a transferência de decisões e estratégias empresariais das mais relevantes para máquinas e algoritmos, incluindo obviamente a questão da precificação, não pode acontecer sem a assunção das devidas responsabilidades e controle de riscos. Por essa razão, o cumprimento ou não do dever de cuidado pode ser importante critério para a diferenciação entre as práticas lícitas e as ilícitas.

Conclui-se, portanto, que os riscos concorrenciais decorrentes do *big data*, especialmente diante do protagonismo crescente das grandes plataformas, são reais. Por mais que o enfrentamento do problema envolva questões de alta complexidade, já está mais do que na hora de pensar sobre como o Direito da Concorrência pode e deve se ajustar ao novo cenário.

---

[40] STUCKE; GRUNES, *Op. cit.*, p. 237.
[41] FRAZÃO, *Op. cit.*, 2017, p. 261-267.

VI Necessárias adaptações da metodologia antitruste

A partir do momento em que se reconhece que o poder econômico é algo mais amplo do que a capacidade de aumentar preços ou reduzir ofertas, há que se entender que outros aspectos devem ser analisados, com a consequente adaptação da metodologia antitruste.

Viu-se também ser necessário ampliar a análise antitruste para examinar o processo competitivo em si, considerando o fato de que, em mercados digitais, a dinâmica competitiva é normalmente voltada para a *competição pelos mercados* em detrimento da *competição nos mercados*. Acresce que a fixação no preço, como já se demonstrou, também marginaliza questões como a competição potencial, a inovação, a qualidade, a diversidade, o crescimento da indústria, dentre outros.

Todas essas reflexões repercutem naturalmente na metodologia antitruste, impondo que sejam encontrados novos horizontes que possibilitem a identificação e a mensuração do poder econômico decorrente da crescente utilização dos dados, especialmente quando isto é feito por meio de plataformas digitais.

Verdade seja dita que a compreensão do poder econômico, sobretudo em termos quantitativos, sempre foi o maior desafio do Direito da Concorrência, independentemente do mercado, segmento ou atividade econômica sob exame. Mesmo os critérios tradicionais da análise antitruste, como o mercado relevante e o *market share*, não deixam de ser *proxies* ou tentativas parciais e imperfeitas de mensurar algo que, como o poder econômico, é uma questão essencialmente de fato, cuja natureza dinâmica e plástica é de difícil apreensão por meio de indicadores formais e objetivos.[42]

Entretanto, na economia movida a dados, as dificuldades para a identificação e estimação do poder econômico ficam ainda maiores. Uma das razões é o fato de que a ideia de substituibilidade entre produtos e serviços, tão importante para a identificação do mercado relevante, torna-se mais fluida. Em muitos casos, além das eventuais zonas de sobreposição, há fundadas dúvidas sobre que produtos ou serviços, apesar de não idênticos, são funcionalmente semelhantes a ponto de integrarem o mesmo mercado relevante.

Apenas a título de ilustração, vale mencionar a decisão da União Europeia que condenou o Google por abuso de posição dominante no mercado de buscas para favorecer o seu comparador de preços.[43] Uma discussão preliminar é saber se serviços semelhantes que, assim como é o caso do Facebook, também oferecem buscas poderiam ser considerados integrantes do mesmo mercado relevante.

Veja-se que a questão não é trivial e pode influenciar de forma drástica o resultado da análise concorrencial. Como a estimativa das participações de mercado depende da prévia identificação do mercado relevante, é inequívoco que as dificuldades para a delimitação deste comprometerão necessariamente o prosseguimento da análise antitruste pela metodologia tradicional.

Por outro lado, mesmo com a determinação do mercado relevante, a análise concorrencial terá que considerar que, diante da tecnologia e da crescente interconexão entre

---

[42] FRAZÃO, *Op. cit.*, p. 29-70.
[43] COMISSÃO EUROPEIA. Caso 39749. Disponível em: http://ec.europa.eu/competition/elojade/isef/case_details.cfm?proc_code=1_39740.

mercados, muitos dos quais apresentam vários lados, tão importante quanto segmentar esses mercados é compreendê-los a partir de suas conexões funcionais, sem o que não se entenderá adequadamente a dinâmica competitiva que surge a partir deles.[44] Dessa maneira, a análise concorrencial encontrará o desafio adicional de achar mecanismos para não isolar os mercados selecionados, integrando-os com os outros mercados interconectados em todas as etapas da sua análise.

Diante de mercados de dois ou múltiplos lados, ainda se terá a dificuldade adicional de saber se cada um dos lados pode ser considerado um mercado relevante apartado ou não, bem como, na hipótese de segmentação, deveria ser analisada a dinâmica e a interdependência entre eles. Foi exatamente esse o cerne das discussões do julgamento recente da Suprema Corte Americana no caso *American Express*,[45] em que houve grande controvérsia em torno do referido critério.

Diante desse cenário, critérios tradicionais de avaliação de poder econômico – como o faturamento, volume de vendas ou participações de mercado – podem não ser suficientes ou mesmo fidedignos na economia movida a dados, principalmente diante da necessidade de avaliar o poder potencial dos agentes, cujo exercício deve ser objeto de prognoses em cenários de curto e longo prazo.

Assim, abrem-se discussões sobre que outros critérios poderiam ou deveriam ser considerados na análise concorrencial como indicadores de poder econômico. Dentre eles, podem ser mencionados:

- Volume e demais características dos dados à disposição de determinado agente econômico;
- Capacidade de processamento dos dados, bem como de reunir, controlar e gerenciar dados e informações;
- Capacidade de conexão e grau de dependência ou necessidade dos diversos usuários envolvidos;
- Capacidade de alavancagem e de extrair benefícios da integração de vários negócios;
- Incentivos para privilegiar seus próprios serviços sobre os serviços dos usuários;
- Capacidade de fechamento de mercados;
- Capacidade de influenciar usuários;
- Grau de proteção dos dados pessoais dos usuários, bem como o grau de transparência em relação à política de dados pessoais;
- Grau de transparência e *accountability* em relação aos algoritmos utilizados nos negócios;
- Extensão com que o negócio de dados é exercido, inclusive para fins de se saber se compartilham dados com outros agentes e para que efeitos;
- Possibilidade de portabilidade dos dados pessoais dos usuários;
- Diante de adoção de legislações sobre dados pessoais, avaliação das vantagens competitivas acumuladas anteriormente;
- Estratégias e recursos utilizados em publicidade, *marketing* e captação de usuários em todos os mercados envolvidos;

---

[44] FRAZÃO, Ana. *Direito da concorrência*: pressupostos e perspectivas. São Paulo: Saraiva, 2017. p. 59-61.
[45] *Ohio v. American Express Co.*, 585 U.S. (2018).

- Ritmo e estratégia de crescimento, expansão, investimento e diversificação;
- Ritmo e estratégia de inovação;
- Ritmo do crescimento do valor de mercado e do aumento do valor das ações;
- Verbas gastas em *lobby* e patrocínio de estudos e pesquisas.

É certo que a maior parte dos indicadores apontados não é avaliada e muito menos quantificada de forma simples. Entretanto, não se trata de nenhum desafio propriamente novo para o Direito da Concorrência, já que a avaliação e a quantificação de eficiências também sempre foram sujeitas a inúmeras controvérsias, mesmo à luz da metodologia tradicional de Chicago.

O que é preciso compreender é que, por trás de cada um desses critérios, há uma miríade de reflexões a serem feitas, bem como novos indicadores que podem ser a partir deles utilizados. Um bom exemplo seria verificar a relação entre a capacidade de influência de determinada plataforma a partir do tempo médio dispendido pelos usuários nela. Afinal, se, como afirma Tim Wu,[46] a atenção realmente se tornou uma das principais *commodities* da nossa época, quanto maior o tempo em que o usuário permanece *on-line* na plataforma, maior o tempo que esta dispõe não apenas para coletar os dados dele, como também para submetê-lo à publicidade e a outras formas de exploração comercial.[47]

Outro interessante exemplo diz respeito à evolução do valor das ações das referidas plataformas, o que costuma refletir a própria percepção do mercado a respeito do valor das potencialidades e dos riscos do negócio em questão. Certamente faz sentido considerar que, do ponto de vista do mercado, empresas como Alphabet (Google), Facebook e Amazon, longe de estarem sendo vistas como negócios de alto risco, estão sendo consideradas pelos investidores a partir da perspectiva de que suas posições dominantes são sustentáveis e aptas a lhes gerar lucros próximos aos de monopólio.

Na avaliação da posição dominante das referidas plataformas, também é muito importante se valer de estudos empíricos que mostram as reações dos consumidores. Nesse sentido, não são poucos os estudos que comprovam como muitas das plataformas podem alterar, facilmente, o estado de humor ou as opiniões dos usuários ou mesmo serem instrumentos de propagação de ideias para os mais diferentes efeitos, inclusive para o fim de modificar o resultado de eleições.

Novos estudos da neurociência e da psicologia reforçam a vulnerabilidade dos consumidores, diante da racionalidade limitada, da ambiguidade das preferências individuais, das limitações do livre-arbítrio e de fenômenos como a ilusão da memória e as dinâmicas de grupo. Assim como o já mencionado estudo de Robert Epstein sobre o poder de manipulação de mecanismos de busca, novos estudos empíricos precisam ser feitos tanto para mensurar o poder de tais agentes como para identificar as reações e os comportamentos dos usuários diante de tal poder.

Torna-se ainda necessário saber o quanto as empresas investem em *lobby*, publicidade e *marketing*, bem como quais são as suas estratégias de persuasão e influência de usuários. Afinal, Mises[48] já dizia que, em mercados competitivos, são os consumidores e não as empresas que devem ser supremos.

---

[46] WU, *Op. cit.*, 2016.
[47] KAUSHIK, Avinash. *Web analytics 2.0*: the art of online accountability & Science of customer centricity. Indianapolis: Wiley, 2010. p. 44-51.
[48] MISES, Ludwig von. *Human action*: a treatise on economics. Auburn: Ludwig von Mises Institute, 1998.

O próprio contexto mais amplo em que tais agentes atuam pode conceder importantes aportes para a análise concorrencial. Segundo Stucke e Grunes,[49] em 2016, a Casa Branca teve relatório do seu *Council of Economic Advisers (CEA Reports)*, destacando um cenário preocupante: declínio da competição nos Estados Unidos desde a década de 70, entradas decrescendo em muitos setores, indústrias mais concentradas, lucros crescentes nas mãos de poucas empresas. O alerta fundamental do relatório é de que a falta de concorrência tem impacto inclusive no aumento da desigualdade, uma vez que poucas empresas poderosas estão extraindo grandes lucros de trabalhadores, vendedores e consumidores. Além disso, demonstra-se que está se tornando cada vez mais difícil para novas firmas entrarem nos mercados e para trabalhadores mudarem de emprego.

Tal constatação é confirmada por muitas outras percepções, tais como as da *The Economist*,[50] que insiste na concentração cada vez maior dos mercados, incluindo os da economia real. Stucke e Grunes[51] ainda alertam para o fato de que o *big data* pode estar estabelecendo outra forma de desigualdade, ao dividir o mundo entre aqueles que sabem e aqueles que não sabem, abrindo margem para vários cenários de discriminação comportamental, em que as vítimas podem ser exatamente os mais pobres da sociedade. Logo, é inequívoco que tais preocupações precisam permear a análise concorrencial.

Por fim, ainda é preciso buscar critérios por meio dos quais se entenda minimamente o poder dos algoritmos, os quais, como já se viu,[52] fazem predições e inferências a partir de dados sem que se saiba ao certo como, a partir de determinados *inputs*, surgem os *outputs*. A falta de transparência e *accountability* dificulta consideravelmente a análise concorrencial, já que não se sabe como e para que fins os dados estão sendo utilizados. Mesmo eventuais regressões para se entender o que é feito apresentam suas limitações naturais.

Daí muitos já se referirem aos algoritmos como verdadeiras caixas-pretas, em relação às quais, ainda que a neutralidade seja uma meta impossível, a transparência, além de possível, seria uma necessidade imperiosa. A partir do momento em que se delega a sistemas de inteligência artificial a tomada de decisões que não são objetivas, mas envolvem igualmente julgamentos morais e jurídicos, é indispensável que se entenda minimamente o respectivo processo, sem o que a regulação jurídica pode se tornar inócua.

Não é sem razão que relatório da OCDE[53] mostra que recentes debates vêm trazendo interessantes questões sobre a necessidade de transparência, *accountability* e *auditability* em relação a algoritmos, os quais são provavelmente a mais importante chave para a compreensão do poder econômico que decorre dos dados. Dessa maneira, há que se pensar em alternativas não apenas para se avaliar o poder econômico que decorre dos dados, como também para assegurar a transparência nessa seara, por meio de incentivos para o *disclosure* espontâneo por parte das empresas e, conforme o caso, até mesmo a imposição, por autoridades reguladoras ou concorrenciais, de acesso a tais mecanismos.

---

[49] STUCKE; GRUNES, *Op. cit.*, p. 240.

[50] THE ECONOMIST. Business in America. The problem with profits. https://www.economist.com/news/leaders/21695392-big-firms-united-states-have-never-had-it-so-good-time-more-competition-problem.

[51] STUCKE; GRUNES, *Op. cit.*, p. 240-241.

[52] FRAZÃO, Ana. Dados, estatísticas e algoritmos. *Jota*. Disponível em: https://www.jota.info/colunas/constituicao-empresa-e-mercado/dados-estatisticas-e-algoritmos-28062017.

[53] OCDE. *Algorithms and collusion*: competition policy in the digital age. Disponível em: http://www.oecd.org/daf/competition/Algorithms-and-colllusion-competition-policy-in-the-digital-age.pdf.

VII Considerações finais

Diante dos efeitos concorrenciais dos dados, algoritmos e plataformas, não pode haver dúvidas de que os problemas concorrenciais decorrentes da economia movida a dados são reais e graves. Daí a necessidade de se refletir sobre os pontos explorados no presente artigo, resistindo aos movimentos de captura intelectual que procuram sustentar o contrário.

Como alertam Stucke e Grunes,[54] há que se reconhecer que (i) as ferramentas do antitruste nem sempre endereçam as preocupações inerentes ao *big data*; (ii) as forças do mercado atualmente não são suficientes para resolver as questões privadas nem as concorrenciais decorrentes da utilização dos dados; (iii) tudo leva a crer que as chamadas *data-driven online industries* estão sujeitas a efeitos de rede e têm poucas barreiras à entrada; (iv) os dados têm importante significado competitivo; (v) autoridades antitruste precisam se preocupar com concorrência em *data-driven markets*, pois a concorrência nem sempre vem de diferentes fontes e os eventuais benefícios dos consumidores, por meio de bens e serviços gratuitos, podem não ser suficientes para compensar os riscos concorrenciais; e (vi) os consumidores que usam bens e serviços gratuitos não necessariamente sabem ou estão dispostos a abrir mão da sua privacidade.

Diante desse contexto, torna-se inequívoca a necessidade de adaptação e atualização da metodologia antitruste para que se possa compreender e captar, dentro do possível, as características dessa nova dinâmica competitiva, identificando as fontes e a extensão do poder econômico daí resultante.

Para isso, é necessário ampliar o rol de critérios e parâmetros utilizados na análise tradicional, cujos instrumentos nem sempre serão idôneos para compreender as novas conjunturas, bem como resgatar o papel do Direito da Concorrência com a proteção do processo competitivo, da diversidade, qualidade e inovação, bem como da tutela do consumidor não apenas pelo critério do menor preço, mas pelo critério do seu bem-estar visto sob perspectiva mais ampla, que abranja obviamente seus direitos de personalidade e autodeterminação.

Referências

ALAM, Asif. Entrevista com o Economista Chefe do Google, suas grandes apostas, sucesso e parceria. *Thomson Reuters*. Disponível em: https://www.thomsonreuters.com.br/pt/corporacoes/blog/entrevista-com-o-economista-chefe-do-google-suas-grandes-apostas-sucessos-e-parcerias.html.

CASTELLS, Manuel. *O poder da comunicação*. São Paulo: Paz e Terra, 2016.

COMISSÃO EUROPEIA. Caso 39749. Disponível em: http://ec.europa.eu/competition/elojade/isef/case_details.cfm?proc_code=1_39740.

EPSTEIN, Robert; ROBERTSON, Ronald E. The search engine manipulation effect (SEME) and its possible impact on the outcomes of elections. *PNAS*. Disponível em: https://papers-gamma.link/static/memory/pdfs/9-Epstein_Search_Engine_Manipulation_Effect_2015.pdf. Acesso em: 18 nov. 2018.

EVANS, David; SCHMALENSEE, Ricard. Markets with two-sided platforms. *Issues in competition law and policy*, v. 667, 2008.

---

[54] STUCKE; GRUNES, *Op. cit.*

EZRACHI, Ariel; STUCKE, Maurice. *Virtual competition*: the promise and perils of the algorithm-driven economy. Cambridge: Harvard University Press, 2016.

FOX, Eleanor M. Post-Chicago, post-Seattle and the dilemma of globalization. *In*: CUCINOTTA, Antonio; PARDOLESI, Roberto; BERGH, Roger van dan. *Post-Chicago developments in antitrust law*. Cornwall: Edward Elgar, 2002.

FRAZÃO, Ana. Plataformas digitais, big data e riscos para os direitos da personalidade. In: TEPEDINO, Gustavo; MENEZES, Joyceane Bezerra. *Autonomia privada, liberdade existencial e direitos fundamentais*. Belo Horizonte: Fórum, 2019.

FRAZÃO, Ana. Plataformas digitais e os desafios para a regulação jurídica. *In*: PARENTONI, Leonardo. *Direito, tecnologia e inovação*. Belo Horizonte: D'Plácido, 2018.

FRAZÃO, Ana. *Direito da concorrência*: pressupostos e perspectivas. São Paulo: Saraiva, 2017.

FRAZÃO, Ana. Plataformas digitais e repercussões concorrenciais. *Jota*. Disponível em: https://jota.info/colunas/constituicao-empresa-e-mercado/plataformas-digitais-e-repercussoes-concorrenciais-09082017.

FRAZÃO, Ana. Dados, estatísticas e algoritmos. *Jota*. Disponível em: https://jota.info/colunas/constituicao-empresa-e-mercado/dados-estatisticas-e-algoritmos-28062017.

FRAZÃO, Ana. Premissas para a reflexão sobre a regulação da tecnologia. *Jota*. Disponível em: https://jota.info/colunas/constituicao-empresa-e-mercado/premissas-para-a-reflexao-sobre-a-regulacao-da-tecnologia-16112017.

HASHEM, Ibrahim *et al*. The rise of "big data" on cloud computing: review and open research issues. *Information systems*, v. 47, p. 98-115, 2015.

HAUCAPP, J.; HEIMESHOFF, U. Google, Facebook, Amazon, eBay: is the internet driving competition or market monopolization? *International economics and economic policy*. v. 11, n. 1-2, p. 49-61, fev. 2014. Disponível em: https://promarket.org/wp-content/uploads/2018/04/Digital-Platforms-and-Concentration.pdf. Acesso em: 15 nov. 2018.

IP, Greg. The antitrust case against Facebook, Google and Amazon. *The Wall Street Journal*, 16 jan. 2018.

KHAN, Lina. What makes tech platforms so powerful? *In*: *Digital Platforms and Concentration*. Disponível em: https://promarket.org/wp-content/uploads/2018/04/Digital-Platforms-and-Concentration.pdf. Acesso em: 15 nov. 2018.

KHAN, Lina. Amazon's antitrust paradox. *The Yale Law Journal*, v. 126, n. 3, p. 564-907, jan. 2017.

KAUSHIK, Avinash. *Web analytics 2.0*: the art of online accountability & Science of customer centricity. Indianapolis: Wiley, 2010.

LIPSKY, Abbott; SIDAK, J. Gregory. Essential facilities. *Stanford law review*, v. 51, p. 1188-1248, 1998-1999.

LISSARDY, Gerardo. 'Despreparada para a era digital, a democracia está sendo destruída', afirma guru do 'big data'. *BBC*. Disponível em: http://www.bbc.com/portuguese/geral-39535650.

MCNAMEE, Roger. Viciados e traficantes nas mídias sociais. *Valor Econômico*, 29 jan. 2018.

MISES, Ludwig von. *Human action*: a treatise on economics. Auburn: Ludwig von Mises Institute, 1998.

OCDE. *Algorithms and collusion*: competition policy in the digital age. Disponível em: http://www.oecd.org/daf/competition/Algorithms-and-colllusion-competition-policy-in-the-digital-age.pdf.

OCDE. Big data: bringing competition policy to the digital era. *Background note by the Secretariat*. 29-30 nov. 2016.

ROSS, Alec. *The industries of the future*. New York: Simon & Schuster, 2016.

SCHUARTZ, Luis Fernando. A desconstitucionalização do direito de defesa da concorrência. *Revista do IBRAC*, v. 16, n. 1, p. 325-351, 2009.

SCHUMPETER, Joseph A. *Capitalism, socialism & democracy*. Londres: Routledge, 2003.

SCOTT, Mark. Google fined record $2.7 billion in E.U. antitrust ruling. *The New York Times*. 27 jun. 2017.

SHEARER, Elisa; GOTTFRIED, Jeffrey. News use across social media platforms 2017. *Pew research center*. Disponível em: http://www.journalism.org/2017/09/07/news-use-across-social-media-platforms-2017/. Acesso em: 18 nov. 2018.

SIMON, Herbert. Designing organizations for an information-rich world. *In*: GREENBERGER, M. *Computers, communications and the public interest*. Baltimore: The John Hopkins Press, 1971.

STUCKE, Maurice; GRUNES, Allen. *Big data and competition policy*. Oxford: Oxford University Press, 2016.

THE ECONOMIST. Business in America. The problem with profits. https://www.economist.com/news/leaders/21695392-big-firms-united-states-have-never-had-it-so-good-time-more-competition-problem. Acesso em: 15 nov. 2018.

THE ECONOMIST. The new titans. And how to tame them. https://www.economist.com/leaders/2018/01/18/how-to-tame-the-tech-titans. Acesso em: 15 nov. 2018.

THE ECONOMIST. The world's most valuable resource is no longer oil, but data. Disponível em: https://www.economist.com/leaders/2017/05/06/the-worlds-most-valuable-resource-is-no-longer-oil-but-data. Acesso em: 15 nov. 2018.

TIROLE, Jean. *Economics for the common good*. Princeton: Princeton University Press, 2017.

WICHOWSKI, Alexis. Net states tule the world; we need to recognize their power. *Wired*, Disponível em: https://www.wired.com/story/net-states-rule-the-world-we-need-to-recognize-their-power/. Acesso em: 20 nov. 2018.

WU, Tim. Taking innovation seriously: antitrust enforcement if innovation mattered most. *Antitrust Law Journal*, v. 78, p. 313-328, 2012.

WU, Tim. *The attention merchants*: the epic scramble to get inside our heads. New York: Knopf, 2016.

ZINGALES, Luigi. Digital platforms and concentration. *In*: STIGLER CENTER. *2018 antitrust and competition conference*. Disponível em: https://www.youtube.com/watch?v=O_pxLvKQBE8. Acesso em: 20 nov. 2018.

Informação bibliográfica deste texto, conforme a NBR 6023:2018 da Associação Brasileira de Normas Técnicas (ABNT):

FRAZÃO, Ana. *Big data*, plataformas digitais e principais impactos sobre o direito da concorrência. *In*: FRAZÃO, Ana; CARVALHO, Angelo Gamba Prata de (Coord.). *Empresa, mercado e tecnologia*. Belo Horizonte: Fórum, 2019. p. 181-199. ISBN 978-85-450-0659-6.

GIGANTES DA INTERNET. NOVAS FORMAS DE PODER EMPRESARIAL E DESAFIOS PARA O DIREITO ANTITRUSTE

THALES DE MELO E LEMOS

I Introdução

No início de 2018, a *The Economist* publicou uma matéria denominada *"How to tame the tech titans"*,[1] na qual discorreu sobre supostos riscos para a concorrência e para os consumidores decorrentes da dominância de grandes empresas de tecnologia, como Google, Facebook e Amazon. A reportagem não foi a única, nos últimos anos, a chamar a atenção para o crescente poder destas companhias. No entanto, um de seus aspectos merece destaque: a ilustração que acompanha o texto, assinada por David Parkins, representa as três aludidas empresas como titãs robóticos atravessando uma cidade, arrancando prédios, consumindo outros gigantes menores e direcionando suas imponentes mãos em direção ao leitor.

Referida ilustração demonstra como o discurso público sobre as plataformas digitais se alterou drasticamente nos últimos anos. Como afirma Piffaut, a visão predominante passou de uma crença inocente na capacidade delas de resolver os mais diversos problemas para a tentativa de culpá-las por todos os males das sociedades modernas. O autor ainda ressalta a constância com que surgem pedidos por mais regulação sobre as plataformas digitais.[2]

Falar sobre os gigantes da internet, como serão definidos neste trabalho, abre espaço para uma grande variedade de subtemas complexos e interessantes – impossíveis de serem abordados completamente em tão curto espaço –, como plataformas de múltiplos lados, privacidade e segurança de dados, interface entre poder político e econômico e democracia. Sendo assim, é mais do que justificada a atenção que estas empresas vêm recebendo nos últimos anos, seja da mídia, de políticos, reguladores ou estudiosos.

---

[1] Disponível em: https://www.economist.com/leaders/2018/01/18/how-to-tame-the-tech-titans. Acesso em: 26 ago. 2018.
[2] PIFFAUT, Henri. Platforms, a Call for Data-Based Regulation. *In:* Diving Into Online Platforms. COMPETITION POLICY INTERNATIONAL, *Antitrust Chronicle*, May, Volume 2, Spring 2018.

Dito isso, e apesar do *boom* de produção doutrinária envolvendo referidos temas nos últimos anos, ainda é cedo para tirar conclusões e muitas das perguntas mais importantes permanecem sem resposta.[3] Uma das principais questões, que tem gerado calorosos debates, consiste em saber qual deve ser a postura do Direito Antitruste frente às novas formas de poder empresarial que decorrem do tamanho e da dominância dos gigantes da internet em seus respectivos mercados.

Para não criar falsas expectativas, o artigo não se propõe a trazer respostas definitivas, mas tão somente a estudar algumas características da atuação destas empresas, que as destacam das demais, além de analisar criticamente argumentos a favor e contra uma aplicação mais rigorosa da legislação concorrencial aos mercados digitais.

Especialmente, este trabalho focaliza dois desafios que devem ser enfrentados pela análise antitruste na atualidade: (i) a verificação da existência de poder de mercado decorrente de efeitos de rede em plataformas de múltiplos lados; e (ii) a relevância competitiva e os impactos para os consumidores derivados da coleta intensiva de dados como estratégia competitiva.

Por fim, cabe ressaltar que, apesar de não ser o foco do trabalho, o artigo não deixa de analisar também questões envolvendo privacidade e democracia, uma vez que visa contribuir para uma análise holística do fenômeno da dominância digital, incluindo seus efeitos em diversas áreas do Direito.

II Poder muito além do econômico

Martin Moore aponta que algumas das empresas do Vale do Silício estão entre as companhias mais valiosas do mundo e são, de diversas maneiras, inclusive em termos de receita, muito maiores e mais dominantes do que os grandes trustes de óleo e aço do século XIX. No entanto, para além das questões econômicas, tais empresas se destacam por levantarem questões fundamentais sobre segurança de dados e privacidade, além de possuírem papéis e poderes cívicos, como os de permitir ações coletivas, comunicar notícias e influenciar votos.[4]

Iansiti e Lakhani, por sua vez, ressaltam que a economia global está coalescendo em torno de alguns superpoderes digitais, havendo evidências fortes de que está surgindo um mundo onde "o vencedor leva tudo", no qual um pequeno número de empresas *hubs* ocupa posições centrais. Para os autores, apesar de gerarem benefícios para os usuários de seus serviços, tais empresas também capturam uma fatia desproporcional e cada vez maior do valor criado, o que está moldando nosso futuro coletivo.[5]

Kim e Telman, em trabalho focado na coleta de dados dos consumidores, são ainda mais incisivos ao afirmarem que o termo *"Internet Giants"* é utilizado para identificar

---

[3] EVANS, David S.; SCHMALENSEE, Richard. The Antitrust Analysis of Multisided Platform Businesses. *In:* BLAIR, Roger D.; SOKOL, D. Daniel. *The Oxford Handbook of International Antitrust Economics*: Volume 1. New York: Oxford University Press, 2015.
[4] MOORE, Martin. Tech Giants and Civic Power. Disponível em: https://www.kcl.ac.uk/sspp/policy-institute/cmcp/tech-giants-and-civic-power.pdf. Acesso em: 30 ago. 2018.
[5] IANSITI, Marco; LAKHANI, Karim R. Managing Our Hub Economy. *Harvard Business Review*, from the September-October 2017 Issue. Disponível em: https://hbr.org/2017/09/managing-our-hub-economy. Acesso em: 30 ago. 2018.

empresas de tecnologia que dominam o ambiente on-line e que, devido ao seu tamanho e dominância, exercem uma autoridade quase governamental e poder de monopólio que esvaziam o significado do consentimento à coleta de dados.[6]

Uma das características mais evidentes de tais empresas é o seu tamanho e valor. De fato, o *ranking* de marcas mais valiosas de 2018, elaborado pela Forbes, indica um pódio formado por nada menos que cinco gigantes digitais – o valor da marca Amazon superou o da Coca-Cola, garantindo que os primeiros cinco lugares fossem absolutamente dominados pelo chamado GAFAM – Google, Apple, Facebook, Amazon e Microsoft.[7]

No entanto, como já apontado pelos autores supracitados, o poder dos gigantes da internet vai muito além do econômico. Vale lembrar a definição de Manuel Castells, segundo a qual poder é a capacidade de um ator social de influenciar, assimetricamente, as decisões de outros atores, de forma a favorecer os seus próprios desejos, interesses e valores. Para o autor, o poder não é exercido somente por meio de coerção, mas também pela construção de significado através de discursos que guiam as ações de outros atores sociais.[8]

Neste sentido, difícil não notar que as empresas dominantes no mundo digital assumiram posições de destaque para influenciar a sociedade e difundir valores. O Uber, por exemplo, venceu batalhas contra a regulação com base no apoio de seus usuários. Em Nova York, foi impossível suspender o aumento no número de motoristas do *app* para realização de estudos, tendo em vista o pedido de apoio da empresa e a forte manifestação contrária, por parte da população, que se seguiu.[9] Em outro caso marcante, empresas como Google, Twitter e Tumblr fizeram um *"blackout"* em seus sites para se opor a projetos de lei nos Estados Unidos, envolvendo propriedade intelectual e internet, o que influenciou a decisão do congresso norte-americano.[10] Também foi reportado que a campanha do Facebook *"I voted"* aumentou significativamente o número de pessoas que foram às urnas naquele ano.[11]

É evidente que muitas das principais redes sociais possuem o poder de divulgar campanhas, para milhões de pessoas, e também de removê-las do ar. Além disso, se tornaram um dos principais pontos de acesso a notícias para a população mais jovem, ao passo que algoritmos desconhecidos e pouco compreendidos é que decidem o que aparecerá no *feed* de cada usuário. Ao contrário da comunicação de notícias pelo Estado e pela imprensa, o poder dos gigantes da internet não é constantemente submetido ao escrutínio e regulação.[12]

Zingales, por sua vez, lembra que empresas muito grandes têm a capacidade de mudar as regras do jogo e isso pode gerar grandes malefícios à economia, à sociedade

---

[6] KIM, Nancy S; TELMAN, D. A. Jeremy. Internet Giants as Quasi-Governmental Actors and the Limits of Contractual Consent. Disponível em: https://papers.ssrn.com/sol3/papers.cfm?abstract_id=2573477. Acesso em: 30 ago. 2018.
[7] *Ranking* Forbes: "The World's Most Valuable Brands". Disponível em: https://www.forbes.com/powerful-brands/list/. Acesso em: 30 ago. 2018.
[8] CASTELLS, Manuel. *Communication Power*. New York: Oxford University Press, 2009.
[9] MOAZED, Alex; JOHNSON, Nicholas. *Modern Monopolies*: what it takes to dominate the 21st-Century economy. New York: St. Martin's Press, 2016.
[10] Sobre o assunto, ver: https://www.theguardian.com/commentisfree/cifamerica/2012/jan/18/sopa-blackout-protest-makes-history. Acesso em: 30 ago. 2018.
[11] MOORE, *Op. cit.*
[12] MOORE, *Op. cit.*

e à democracia. Apesar de o fenômeno não ser novo, o autor ressalta que houve um relevante crescimento no tamanho das empresas, sendo certo que muitas possuem um número surpreendente de escritórios de relações públicas, advogados e dinheiro para capturar, por meio de doações, *lobby* e até mesmo propinas, muitos dos representantes eleitos. Sendo assim, o autor critica a teoria neoclássica da empresa, que neutralizou tal visão, e aponta para o risco de um "ciclo vicioso de Medici", no sentido da imiscuição do poder econômico no poder político.[13]

Ana Frazão também aponta que a discussão sobre a tecnologia, que se desdobra sobre temas como soberania e democracia, é também uma reflexão sobre poder. A autora destaca que uma das questões mais importantes da nossa época é saber se é possível e desejável que a tecnologia se converta, ela própria, no principal regulador de comportamentos, tornando o direito secundário ou inócuo. Para Frazão, a tecnologia pode ser um perigoso instrumento de dominação, principalmente se levarmos em conta que as escolhas são feitas por grandes agentes empresariais, sem transparência e sem sujeição a *accountability* ou qualquer filtro democrático. Neste cenário, é difícil saber quais são os interesses, valores e objetivos por detrás de cada algoritmo e, principalmente, quem é responsável.[14]

É certo que tamanho poder tem recebido crescente atenção da mídia – e forte oposição, pelos mais variados motivos. Por exemplo, o *Wall Street Journal* estampou a manchete "*Can the Tech Giants be Stopped?*",[15] fazendo referência à falta de debate ou escrutínio público sobre o poder de companhias digitais que estão transformando a economia e o mercado de trabalho. Já o *Financial Post* acusou o Facebook de ter "jogado" com reguladores, fatos e a imprensa, além de ter empreendido um modelo de negócios que deveria ser considerado ilegal.[16]

A seu turno, a *The Economist*, na matéria já aludida na introdução deste trabalho, afirma que hoje as gigantes digitais são acusadas de serem BAADD: "*big, anticompetitive, addictive and destructive to democracy*".[17]

Ainda que se possa apontar a existência de certo exagero nas referidas matérias – e, por que não, lembrar que muitos dos veículos tradicionais de mídia têm perdido relevantes parcelas de receita com o avanço dos gigantes digitais e sua capacidade de comunicar notícias e atrair anunciantes[18] –, é impossível não perceber que há insatisfação pública e preocupações crescentes. Além disso, muitas das acusações tendem a responsabilizar uma suposta fraqueza da legislação antitruste para lidar com estes

---

[13] ZINGALES, Luigi. Towards a Political Theory of the Firm. *Journal of Economic Perspectives*, vol. 31, n. 3, p. 113-130, Summer 2017.

[14] FRAZÃO, Ana. Premissas para a reflexão sobre a regulação da tecnologia. Disponível em: https://www.jota.info/opiniao-e-analise/colunas/constituicao-empresa-e-mercado/premissas-para-a-reflexao-sobre-a-regulacao-da-tecnologia-16112017. Acesso em: 30 ago. 2018.

[15] Disponível em: https://www.wsj.com/articles/can-the-tech-giants-be-stopped-1500057243. Acesso em: 30 ago. 2018.

[16] Disponível em: https://business.financialpost.com/opinion/facebook-is-like-the-russia-of-the-internet-intrusive-and-unethical. Acesso em: 30 ago. 2018.

[17] Disponível em: https://www.economist.com/leaders/2018/01/18/how-to-tame-the-tech-titans. Acesso em: 30 ago. 2018.

[18] Neste sentido, ver: https://www.forbes.com/sites/roberthof/2012/03/19/how-tech-companies-steal-all-the-ad-revenues-from-news-media/#a1af3557f913. Acesso em: 28 ago. 2018.

novos mercados e modelos de negócios, o que estaria resultando em prejuízos para o consumidor.[19]

Neste cenário que se delineia, é fundamental tentar entender melhor as características e particularidades dos gigantes da internet, até mesmo para evitar intervenções prematuras e equivocadas do Direito Antitruste que poderiam, ao invés de ajudar, acabar prejudicando a inovação e o emprego de estratégias lícitas e pró-competitivas.

Dito isso, este artigo, especificamente, busca contribuir para os estudos atuais focalizando os desafios para o Direito Antitruste decorrentes: (i) da organização dos negócios em plataformas de múltiplos lados; e (ii) da estratégia competitiva de coleta e análise de dados.

IIII Desafios para o antitruste

Ainda em 2008, Evans ressaltou que a "economia da internet" traria dois desafios significativos para as autoridades da concorrência: (i) a necessidade de desenvolver melhor as noções de *Law and Economics* utilizadas para analisar as plataformas de múltiplos lados que dominam o setor; e (ii) o rápido crescimento das empresas digitais, que possivelmente resultaria na abertura de investigações antitruste. Neste sentido, o autor defendeu que autoridades e tribunais deveriam ser muito cuidadosos para balancear a proteção dos consumidores e os possíveis impactos negativos da interferência regulatória em negócios complexos, de constante inovação, e ainda não completamente compreendidos.[20]

A previsão do autor estava correta, uma vez que, nos últimos anos, as plataformas digitais se tornaram objeto de um caloroso debate sob o ponto de vista concorrencial. Além disso, houve a abertura de investigações – e inclusive condenações – diretamente relacionadas às peculiaridades destas empresas, sendo certo que ainda não há consenso entre autoridades e estudiosos sobre muitos pontos.

Uma das características que tornam os mercados de tecnologia extremamente desafiadores para o Direito Antitruste são as bruscas e constantes transformações por que passam, o que gera uma corrida contra o relógio para as autoridades, na tentativa de evitar prejuízos para os consumidores, ao mesmo tempo em que exige doses elevadas de cautela para que não seja prejudicado o desenvolvimento regular de um mercado.

Por exemplo, em USA v. Microsoft Corp, a *Court of Appeals* reconheceu: "[...] *six years seems like an eternity in the computer industry. By the time a court can assess liability, firms, products, and the marketplace are likely to have changed dramatically. This, in turn, threatens enormous practical difficulties for courts considering the appropriate measure of relief in equitable enforcement actions*".[21]

---

[19] Conforme reconhecido pelo atual líder da divisão antitruste do *Department of Justice* (DOJ) dos Estados Unidos, em discurso proferido em abril de 2018: "*I am aware that some in this audience believe that existing antitrust laws are ill-equipped to address competition issues that have arisen in the digital platform economy, and that as a result of the antitrust laws' supposed lack of adaptability more generally, there have been harmful increases in industry concentration, along with a variety of other social ills*". Disponível em: https://www.justice.gov/opa/speech/assistant-attorney-general-makan-delrahim-delivers-keynote-address-university-chicagos. Acesso em: 30 ago. 2018.
[20] EVANS, David S. Antitrust Issues Raised by the Emerging Global Internet Economy. *In: Northwestern University Law Review*, vol. 102, n. 4, Fall 2008.
[21] USA v. Microsoft Corp, No. 00-5212 (D. C. Cir. 2001).

Um dos mais urgentes problemas envolvendo o Direito Antitruste, como bem ressaltado por Diane Coyle, é que falta consenso às autoridades sobre como analisar a existência de poder de mercado e entender melhor as plataformas de múltiplos lados, o que resulta em argumentos fortemente contrastantes.[22]

Neste sentido, poucas vezes se viu uma divergência tão grande entre as autoridades concorrenciais dos Estados Unidos da Europa. Aqui se faz referência, em especial, aos casos envolvendo o *Google Shopping* e o *Google Android*. Na Europa, foram aplicadas multas recordes, envolvendo bilhões de euros,[23] ao passo que investigações sobre condutas semelhantes foram arquivadas do outro lado do Atlântico.[24]

Cabe mencionar que a política antitruste dos Estados Unidos vem sendo fortemente criticada por ser, supostamente, permissiva demais com as condutas de empresas dominantes, principalmente com o advento das plataformas digitais. Segundo Kovacic, isto pode decorrer da perspectiva não intervencionista estabelecida pela Escola de Chicago, desde 1950 até o começo da década de 1980. Outras justificativas apontadas são o foco excessivo no bem-estar dos consumidores, excluindo da análise outros valores concorrenciais importantes, e até mesmo o forte *lobby* empreendido pelas gigantes da tecnologia.[25]

Em defesa das decisões das autoridades concorrenciais norte-americanas, o atual líder do *Department of Justice*, Makan Delrahim, proferiu, em 2018, discurso intitulado *"Don't Stop Believin'"*. Em suma, o discurso defendeu a importância de uma abordagem baseada no chamado "consenso antitruste", que seria composto pelo foco no bem-estar do consumidor e em evidências concretas. Além disso, conforme afirmou Delrahim, a legislação antitruste atual é suficientemente flexível para endereçar os problemas concorrenciais no contexto das plataformas digitais. Por fim, o *Assistant Attorney General* defendeu que as autoridades concorrenciais devem ser mais vigilantes, mas também humildes, no sentido de não assumirem o fardo de curar todos os males econômicos da sociedade.[26]

Por sua vez, e demonstrando uma linha de pensamento mais consciente das particularidades dos mercados digitais, Margrethe Vestager, a atual Comissária Europeia para a Concorrência, ressaltou a preocupação que as autoridades antitruste devem ter com empresas dominantes e suas tentativas de minar a concorrência por meio do fechamento de portas para a inovação. Neste sentido, empresas como o Google teriam o que ela chamou de uma "responsabilidade especial de não prejudicar a concorrência".

---

[22] COYLE, Diane. Practical competition policy implications of digital platforms. Disponível em: https://www.bennettinstitute.cam.ac.uk/media/uploads/files/Practical_competition_policy_tools_for_digital_platforms.pdf. Acesso em: 30 ago. 2018.

[23] Sobre o caso *Google Shopping*, ver: http://europa.eu/rapid/press-release_IP-17-1784_en.htm. Sobre o caso *Google Search/Android*, ver: http://europa.eu/rapid/press-release_IP-18-4581_en.htm. Acesso em: 30 ago. 2018.

[24] Sobre o assunto, ver o *Statement* da *Federal Trade Commission*, Disponível em: https://www.ftc.gov/sites/default/files/documents/public_statements/statement-commission-regarding-googles-search-practices/130103brillgooglesearchstmt.pdf. Acesso em: 30 ago. 2018.

[25] KOVACIC, William E. Two views of exclusion: why the European Union and the United States diverged on Google. *In: Digital Platforms and Concentration*. Disponível em: https://promarket.org/wp-content/uploads/2018/04/Digital-Platforms-and-Concentration.pdf. Acesso em: 30 ago. 2018.

[26] Discurso "Don't Stop Believin': Antitrust Enforcement in the Digital Era", proferido em 19 de abril de 2018. Disponível em: https://www.justice.gov/opa/speech/assistant-attorney-general-makan-delrahim-delivers-keynote-address-university-chicagos. Acesso em: 30 ago. 2018.

No mesmo discurso, Vestager argumentou que as autoridades também devem estar atentas à questão dos dados – o que não significa uma suspeita em relação ao próprio *Big Data*, mas sim o reconhecimento de que o domínio sobre grandes quantidades de dados pode se tornar uma forma de fechar o mercado.[27]

A divergência antitruste não se limita às autoridades concorrenciais, mas também envolve os trabalhos de renomados estudiosos do antitruste. Como não pode abordar completamente todas as questões envolvidas, este trabalho passará a enfrentar dois dos principais tópicos referentes aos gigantes da internet – o poder de mercado decorrente da organização de negócios em plataformas digitais e os impactos competitivos do *Big Data* – assim como diferentes pontos de vista sobre eles.

III.1 Plataformas digitais e efeitos de rede

Moazed e Johnson assim conceituam o modelo de negócios em plataforma:

> A platform is a business model that facilitates the exchange of value between two or more user groups, a consumer and a producer [...] In order to make these exchanges happen, platforms harness and create large, scalable networks of users and resources that can be accessed on demand. Platforms create communities and markets that allow users to Interact and transact.[28]

Coyle, a seu turno, ressalta que uma dificuldade imediata para a análise antitruste é a ausência de uma definição clara e amplamente aceita sobre o que é uma plataforma de múltiplos lados. A autora destaca que, em geral, *multi-sided platforms* se caracterizam pelo fato de que o número de participantes em um dos lados afeta o valor do produto ou serviço para os demais lados, sendo certo também que tais lados não poderiam transacionar diretamente e ainda assim capturar todo o valor criado pela plataforma.[29]

Neste sentido, a plataforma de múltiplos lados é um terceiro em relação ao negócio principal, atuando para atrair vendedores, compradores, anunciantes, desenvolvedores, entre outros *players*, que irão transacionar diretamente entre si, ainda que sujeitos ao sistema e às regras estabelecidas pela primeira, e motivados por um valor que não teriam sem a plataforma. Por exemplo: facilidade para encontrar o grupo-alvo, praticidade do sistema, segurança nas negociações, entre outros fatores. Na atualidade, estamos cercados por diferentes tipos de plataformas de múltiplos lados, como aplicativos de viagens (que unem motoristas e passageiros), mecanismos de pesquisa (consumidores e anunciantes), sistemas operacionais de *smartphones* (usuários, desenvolvedores de aplicativos, desenvolvedores de *hardware*, etc.), entre outros.

O fenômeno das plataformas não é novo. A seção de classificados de um jornal, algo existente desde o século XVIII, já utilizava este modelo de negócios ao atrair leitores, pelas notícias, e uni-los aos anunciantes. No entanto, a estratégia foi sobremaneira

---

[27] Discurso "Clearing the Path for innovation", proferido em 7 de novembro de 2017. Disponível em: https://ec.europa.eu/commission/commissioners/2014-2019/vestager/announcements/clearing-path-innovation_en. Acesso em: 30 ago. 2018.

[28] MOAZED; JOHNSON, *Op. cit.*

[29] COYLE, *Op. cit.*

reforçada pela tecnologia, criando o que Evans e Schmalensee denominaram de *"turbocharged matchmakers"*. Isto porque, atualmente, tais plataformas conseguem reunir muito mais pessoas e serviços e em uma velocidade antes inimaginável.[30]

Não sem motivo, o fenômeno das plataformas digitais foi elogiado pelo efeito de expansão na economia. Moazed e Johnson chegam a afirmar: *"[platforms] perform a kind of economic magic, doing what the medieval alchemists could not. By facilitating exchanges, they create something from nothing. They create the proverbial free lunch"*.[31]

Os exemplos desta expansão são inúmeros: o Airbnb conseguiu unir pessoas procurando acomodações mais baratas, únicas ou simplesmente mais práticas e pessoas procurando novas fontes de renda ou proprietárias de imóveis sem utilização; o Uber abriu uma oportunidade de trabalho para pessoas que nunca pensariam em ser motoristas e pessoas que não utilizavam o transporte público com frequência; e a Amazon permitiu a monetização dos mais diversos tipos de produto, unindo vendedores e compradores em todo o mundo.[32]

Entretanto, plataformas digitais também geram preocupações para muitos dos estudiosos do Direito Antitruste. Em especial, uma das principais características deste modelo de negócios são os chamados "efeitos de rede". Tucker afirma que economistas usam este termo para descrever contextos em que um bem ou serviço oferece benefícios crescentes quanto mais atrai usuários.[33] Hovenkamp, em outras palavras, explica que um mercado de "rede" está sujeito a economias de escala no lado da demanda.[34] Exemplos clássicos são o sistema de telefonia e, mais recentemente, as redes sociais. Ora, adquirir um telefone se tornou mais útil para a sociedade quanto mais outros usuários poderiam ser contatados por uma ligação. Por sua vez, tendemos a valorizar mais uma rede social bem povoada, onde provavelmente encontraremos nossos amigos e conhecidos.

Usualmente, quando se faz referência a efeitos de rede, e aos exemplos citados, estamos falando apenas de efeitos diretos e positivos – ou *"positive network externalities"*. Na verdade, este é apenas um dos tipos de efeitos de rede, que também podem ser indiretos – fluindo entre diferentes grupos de usuários, como é o caso do Uber, onde o número de passageiros atrai motoristas, e vice-versa, e negativos – há casos em que o excesso de membros de um lado da relação pode afastar usuários do outro lado, como é o caso de excesso de anúncios em uma rede social.[35]

De toda forma, os efeitos de rede devem ser levados em conta em ao menos duas formas na análise concorrencial: nas estratégias de precificação e na geração de poder de mercado.

Em primeiro lugar, as estratégias com relação aos preços podem ser muito diferentes das utilizadas em outros mercados. Neste sentido, é comum que a oferta do

---

[30] EVANS, David S; SCHMALENSEE, Richard. *Matchmakers*: the new economics of multisided platforms. Boston: Harvard Business Review Press, 2016.

[31] MOAZED; JOHNSON, *Op. cit.*

[32] Neste sentido, ver: https://www.forbes.com/sites/tomiogeron/2013/01/23/airbnb-and-the-unstoppable-rise-of-the-share-economy/#7b8db1bbaae3.

[33] TUCKER, Catherine. What have we learned in the last decade? Network effects and market power. *In: Economics and Antitrust*. Antitrust Magazine, volume 32, n. 2, Spring 2018.

[34] HOVENKAMP, Herbert. *The Antitrust Enterprise*: principle and execution. Cambridge: Harvard University Press, 2008.

[35] MOAZED; JOHNSON, *Op. cit.*

produto para um dos lados seja subsidiada, podendo ser oferecida abaixo do custo, o que é compensado porque um outro lado está pagando à plataforma e subsidiando o serviço – como é o caso dos anunciantes em redes sociais.[36]

Isso significa que uma análise antitruste tradicional, que utiliza testes focados em preços, como o SSNIP – *"small but significant and non-transitory increase in price"*, pode não ser a mais adequada, já que, para o lado "consumidor", os serviços são muitas vezes fornecidos a preço zero. Além disso, em mercados de tecnologia, é comum que a competição se dê não por preços, mas sim por diferenciação e qualidade.[37] Em suma, outros fatores devem ser considerados para decidir se existe poder de mercado e os consequentes impactos no bem-estar social.

Em segundo lugar, efeitos de rede podem representar uma forte tendência de concentração, uma vez que a maioria dos agentes, em tese, terá incentivos para escolher produtos ou serviços que já possuam uma ampla gama de consumidores ou usuários, nos quais o investimento de tempo e recursos trará maiores retornos. Por exemplo, um produtor de jogos para *smartphones* terá mais incentivos para desenvolver seus produtos para os sistemas operacionais da Apple ou do Google, onde provavelmente encontrará um público maior e realizará mais vendas. Quando a estratégia da plataforma ainda inclui o uso de dados e personalização, por exemplo por meio de sistemas de reputação, esta tendência pode ser ainda mais forte. Assim, é possível que o mercado convirja para um cenário *"winner-take-all"*, ou *"winner-take-most"*.[38]

Além disso, as novas plataformas devem atingir uma massa crítica de usuários, em dois ou mais lados, para poderem funcionar, o que ocorre de forma ainda mais urgente nos mercados digitais do que em outras indústrias, além de buscarem balancear interesses de uma variedade de grupos, como anunciantes, usuários e desenvolvedores, já que a insatisfação e debandada de apenas um destes lados poderão ser fatais para o negócio. Este problema é chamado de *"chicken and egg"* na doutrina.[39]

Ainda neste aspecto, a OCDE ressalta que, em plataformas com fortes externalidades cruzadas, uma ação pode resultar em uma "espiral de reações". Por exemplo, aumentar o preço para os usuários, além de reduzir o número destes, pode reduzir também o valor da plataforma para anunciantes e os investimentos que estão dispostos a fazer na plataforma. Segundo a OCDE, se tais efeitos forem longe demais, *"they may tip the firm towards failure on the one hand, or dominance (monopoly) on the other"*.[40]

Possivelmente, empresas dominantes, ou já estabelecidas em outras indústrias, têm a vantagem de conseguirem, por exemplo, subsidiar completamente o serviço para os usuários, mesmo enquanto as receitas com anúncios ou subscrições ainda não são suficientes para cobrir todos os custos ou atrair grandes massas de usuários que já são suas clientes em outros mercados. Tendo isso em mente, torna-se mais difícil suportar

---

[36] SHELANSKI, Howard; KNOX, Samantha; DHILLA, Arif. Network Effects and Efficiencies in Multisided Markets. Disponível em: https://one.oecd.org/document/DAF/COMP/WD(2017)40/FINAL/en/pdf. Acesso em: 30 ago. 2018.

[37] COYLE, *Op. cit.*

[38] MOAZED; JOHNSON, *Op. cit.*

[39] EVANS; SCHMALENSEE, *Op. cit.*

[40] OECD. Rethinking Antitrust Tools for Multi-Sided Platforms. Disponível em: http://www.oecd.org/competition/rethinking-antitrust-tools-for-multi-sided-platforms.htm. Acesso em: 30 ago. 2018.

a visão de que a queda dos gigantes como Google, Facebook e Amazon pode surgir a qualquer momento por uma empresa que não tenha um grande suporte financeiro ou uma base de clientes para explorar.

É verdade que autores conceituados defendem que a mera existência de efeitos de rede não é suficiente para garantir a dominação de um mercado, citando como exemplos a superação do MySpace pelo Facebook e do Yahoo pelo Google. Evans e Schmalensee, por exemplo, ressaltam que as plataformas podem se diferenciar umas das outras e com isso atrair muitos usuários, mesmo que sejam inicialmente menores ou não sejam *first movers*.[41]

Tucker, por sua vez, aponta que os efeitos de rede em plataformas digitais podem gerar mais instabilidade que consolidação. Neste sentido, ressalta que o número de usuários não é necessariamente um indicativo de poder de mercado, já que estes podem mudar facilmente de provedor de serviços ou até mesmo usar múltiplas plataformas ao mesmo tempo – o que é chamado de *multihoming*. Por estes motivos, os efeitos de rede gerariam, na verdade, uma pressão competitiva por maior qualidade ou menores preços.[42]

Também nesta direção, Moazed e Johnson afirmam que os efeitos negativos de um monopólio só ocorrem mais tarde, quando o monopolista passa a impedir a entrada de novos competidores, sem gerar valor em troca. Este não seria o caso das plataformas digitais porque se trataria de "monopólios altamente competitivos", onde os usuários podem mudar rapidamente de fornecedor e há poucas barreiras à entrada. Para os autores, portanto, a visão de que monopólios são resultado de falhas de mercado não se aplica para mercados de rede, em que o maior tamanho, na verdade, traz mais valor, eficiência e conveniência para os usuários.[43]

Este trabalho entende que tais argumentos devem ser considerados, porém sob uma perspectiva crítica. Como aponta Newman, a "retórica do Vale do Silício" foi responsável por infectar a análise antitruste com uma série de mitos que podem atrapalhar o processo de decisão e têm o potencial de causar danos enormes ao bem-estar social. São eles:

> O "mito da garagem", ou seja, de que alguns *hackers* trabalhando em uma garagem podem facilmente criar uma nova empresa que irá desestabilizar as empresas dominantes, sem considerar que entradas realmente significativas muitas vezes são extremamente custosas e demoradas;
>
> O "mito do gratuito", no sentido de que tais produtos não são nada mais que bons para os consumidores, o que desconsidera que estes pagam com tempo, atenção e dados pessoais; e
>
> O "mito da constante disrupção", como se frequentes ondas de inovação fossem capazes de manter em cheque as empresas dominantes, e que uma abordagem *"hands-off"* seria mais apropriada para o Direito Antitruste, sem levar em conta os custos de transição para os consumidores, com a necessidade de aprender a usar novas plataformas e as dificuldades na portabilidade de dados.[44]

---

[41] EVANS; SCHMALENSEE, *Op. cit.*
[42] TUCKER, *Op. cit.*
[43] MOAZED, *Op. cit.*
[44] NEWMAN, Jonh M. Silicon Valley Rhetoric: three myths debunked. *In:* Diving Into Online Platforms. COMPETITION POLICY INTERNATIONAL, *Antitrust Chronicle*, May, Volume 2, Spring 2018.

De toda forma, como se percebe, a existência ou não de poder de mercado decorrente dos modelos de negócios em plataformas digitais – e dos consequentes efeitos de rede – é um tema que gera controvérsias e que está no cerne da análise antitruste quando se trata dos gigantes da internet. Na prática, isso tem colocado as autoridades concorrenciais em uma situação praticamente insustentável, tendo em vista os pedidos cada vez mais frequentes para a tomada de ações duras contra a suposta dominância das plataformas digitais.[45]

Novos estudos sobre este tema, teóricos e empíricos, são urgentes, uma vez que as autoridades antitruste já são confrontadas com casos complexos e existe o risco de decisões equivocadas gerarem falsos positivos ou falsos negativos de proporções monumentais.

Para além das plataformas e efeitos de rede, no entanto, cabe analisar outra questão extremamente desafiadora para a análise concorrencial das plataformas digitais: a relevância competitiva do *Big Data*.

III.2 *Big Data*, privacidade e vantagens competitivas

Alec Ross afirma que "dados são a matéria-prima da era da informação". Segundo o autor, desde a primeira vez em que um celular é entregue a uma criança, ou desde que ela brinca com seu primeiro videogame, ela começa a construir uma pilha de dados pessoais que irão crescer durante toda a sua vida, sendo constantemente coletados, correlacionados e vendidos. Neste sentido, hoje já são coletados mais de 75.000 pontos individuais de informação sobre o consumidor americano médio e mais de 90% dos dados digitais no mundo foram gerados nos últimos anos. Dito isso, *Big Data* e *Big Analytics* são expressões utilizadas para descrever como estas grandes quantidades de dados podem ser utilizadas para entender, analisar e prever tendências em tempo real.[46]

A forte expansão na coleta de dados pode ser creditada a uma série de fatores, incluindo a digitalização de conteúdo, o surgimento da internet das coisas e a diminuição dos custos para coleta, armazenamento, processamento e análise das informações.[47]

É fácil constatar, também, que somos responsáveis pela quantidade massiva de dados coletada sobre nós. Apenas como um exemplo, dificilmente nos separamos dos nossos telefones celulares, que são mecanismos perfeitos de vigilância, acompanhando e armazenando cada um de nossos movimentos.[48] Ainda sobre este assunto, Scheiner aponta que dados acumulados já podem indicar como passamos nosso tempo de forma mais acertada do que nós mesmos. Neste sentido, pesquisadores foram capazes de usar dados para prever onde pessoas estariam 24 horas depois, com uma margem de erro de apenas 20 metros.[49]

---

[45] COYLE, *Op. cit.*
[46] ROSS, Alec. *The Industries of the Future*. New York: Simon & Schuster, 2016.
[47] STUCKE, Maurice; GRUNES, Allen. *Big data and competition policy*. Oxford: Oxford University Press, 2016.
[48] HARZTOG, Woodrow. *Privacy's Blueprint*: the battle to control the design of new technologies. Cambridge: Harvard University Press, 2018.
[49] SCHEINER, Bruce. *Data and Goliath*: The Hidden Battles to Collect Your Data and Control Your World. New York: W. W. Norton & Company, 2015.

Stucke e Grunes, por sua vez, apontam que muitas empresas se beneficiam significativamente do processamento dos dados, por meio do chamado *Big Analytics*, e seu emprego no aprendizado de inteligências artificiais e algoritmos. Segundo os autores, cada vez mais indústrias estão adotando dados como um insumo-chave. Isso faz com que muitos serviços sejam oferecidos, aparentemente, de forma gratuita, mas na verdade em troca de informações pessoais valiosas, que são utilizadas, por exemplo, para desenvolver outros produtos ou permitir anúncios personalizados e direcionados.[50]

Para os autores, *"data-driven business models"* podem ser pró-competitivos, na medida em que produzem inovações e eficiência no uso de recursos, o que, em última instância, gera benefícios tanto para os consumidores quanto para a empresa. Por outro lado, é notável que estes modelos de negócios buscam, cada vez mais, *"data advantage"* sobre seus concorrentes, de forma que, além de terem incentivos para aumentar a coleta de informações, também terão para limitar o acesso de seus rivais aos seus bancos de dados privativos.[51]

Quanto ao primeiro aspecto, é evidente que a coleta de dados se tornou mais agressiva nos últimos anos, potencialmente em detrimento dos interesses dos usuários e sua privacidade. Neste sentido, Harztog afirma:

> [...] there are overwhelming incentives to design technologies in a way that maximizes the collection, use, and disclosure of personal information. The predominant business model is built on collecting as much user data as possible and selling it or using it to target and persuade users. The value of personal data has led most companies to adopt a 'collect first, ask questions later' mentality. This mentality incentivizes design choices that marginalize users' interests in opacity and control how their data is collected and used.[52]

Para o referido autor, o mais preocupante é que as empresas dominantes têm poucos incentivos, atualmente, para investir em segurança de dados, porque os usuários não conseguem distinguir, de pronto, quais *apps* e *softwares* protegem sua privacidade daqueles que não o fazem. Além disso, utilizando-se de políticas de privacidade que normalmente são longas, densas e desenhadas para não chamarem atenção, tais empresas estão atualmente confortáveis em ignorar o problema da privacidade.[53]

Seguindo linha de pensamento semelhante, Stucke e Grunes ressaltam que os consumidores estão insatisfeitos com o modelo vigente de coleta de dados. No entanto, muitas vezes não conseguem enxergar alternativas viáveis, o que gera uma onda de resignação. Se os consumidores estão, de fato, sendo prejudicados pelo poder de mercado das empresas dominantes, a questão do *Big Data* não é somente uma matéria de privacidade e de Direito do Consumidor, mas também de concorrência.[54]

Kim e Telman, baseados nos resultados de pesquisas recentes, também apontam que uma grande parcela da população parece estar insatisfeita com o rastreamento, coleta e venda de dados, mesmo nas ocasiões em que deram permissão expressa para tanto. Neste sentido, os autores defendem que o "consentimento" dado por usuários, ao

---

[50] STUCKE; GRUNES, *Op. cit.*
[51] STUCKE; GRUNES, *Op. cit.*
[52] HARZTOG, *Op. cit.*
[53] HARZTOG, *Op. cit.*
[54] STUCKE; GRUNES, *Op. cit.*

aceitar os termos de uso de um *software* ou *website*, não deve ser utilizado para justificar invasões de privacidade que vão contra expectativas razoáveis dos consumidores, uma vez que é impossível, para o homem médio, ler completamente todos os contratos digitais que precisa aceitar para utilizar e se beneficiar da rede. Além disso, tendo em vista a existência de poder de monopólio por muitos dos gigantes da internet, Kim e Telman afirmam que os contratos entre eles e consumidores não deveriam ser vistos como barganhas, mas sim como uma verdadeira legislação privada, imposta unilateralmente.[55]

Todos os argumentos apontados indicam uma linha de pensamento comum: que segurança de dados e privacidade são fatores que podem constituir uma forma de concorrência de "não preço", na medida em que os consumidores valorizam cada vez mais sua intimidade. Sendo assim, tais fatores deveriam ser levados em conta pelas autoridades antitruste, quando estiverem lidando com mercados digitais e baseados na coleta de dados.

Em sentido contrário, no entanto, Sokol e Comerford defendem que a utilização do Direito Antitruste para lidar com preocupações relacionadas ao *Big Data* pode reduzir a concorrência e a inovação. Neste sentido, para os autores mencionados, as autoridades concorrenciais deveriam proceder com muita cautela em mercados de rápidas transformações.[56]

Sokol e Comerford defendem, ainda, que o consumidor é beneficiado mais dramaticamente por "saltos competitivos" do que por melhorias incrementais. Sendo assim, a legislação antitruste deve buscar cultivar e manter um ambiente em que a inovação robusta e rápida não é apenas possível, mas também incentivada, o que seria prejudicado por uma abordagem excessivamente "paternalística" do *Big Data*.[57]

A conclusão do estudo de Sokol e Comerford, bem diferente da dos demais autores já apontados, é que preocupações ligadas à coleta de dados não são problemas concorrenciais, tendo em vista que o Direito Antitruste não está bem equipado para resolver questões de privacidade e que pequenas degradações de qualidade não deveriam ser uma preocupação das autoridades concorrenciais. Ainda, de acordo com eles, o *Big Data* gera ganhos de eficiência, inovação e melhores serviços, ao passo que os supostos danos ao bem-estar do consumidor não são suportados por quaisquer evidências.[58]

Esta linha de pensamento também é afirmada por Moazed e Jonhson, que defendem que a resposta para os problemas de privacidade não é limitar o poder de mercado das plataformas digitais – um movimento que, na visão dos autores, diminuiria o bem-estar do consumidor, mas sim endereçar o comportamento destes negócios em outras áreas específicas do Direito.[59]

Assim como no caso das plataformas digitais e efeitos de rede, percebe-se que não há consenso entre alguns dos principais estudiosos do Direito Antitruste, e este artigo nem chegou a entrar em aspectos mais específicos e técnicos dos referidos temas. Sendo assim, mesmo com a grande literatura sobre o assunto que vem sendo produzida nos últimos anos, ainda há muito a ser estudado.

---

[55] KIM; TELMAN, *Op. cit.*
[56] SOKOL, Daniel; COMERFORD, Roisin. Antitrust and Regulating Big Data. 23 Geo. Mason L. Ver. 1129 (2016).
[57] SOKOL; COMERFORD, *Op. cit.*
[58] SOKOL; COMERFORD, *Op. cit.*
[59] MOAZED; JOHNSON, *Op. cit.*

IV Conclusão

Este trabalho buscou enfrentar difíceis questões relacionadas aos gigantes da internet, aos mercados tecnológicos e aos impactos competitivos de suas características e estratégias de atuação particulares.

Como ficou demonstrado, referidas empresas têm recebido cada vez mais atenção da mídia, de estudiosos, políticos e autoridades concorrenciais, tendo em vista a grande quantidade de temas relacionados às suas atividades, que envolvem discussões sobre privacidade, segurança de dados, soberania estatal e dominação de mercados, entre outros temas controversos e complexos.

Neste sentido, verifica-se, na atualidade, uma grande expectativa em relação ao Direito Antitruste para lidar com as novas formas de poder empresarial decorrentes da dominância destas empresas. No entanto, a própria área de estudo está marcada por posições fortemente contrastantes, tanto entre estudiosos quanto entre autoridades.

Dito isso, o artigo procurou focalizar dois dos principais desafios que devem ser enfrentados pela análise antitruste: (i) a constatação da existência de poder de mercado decorrente da organização dos negócios em plataformas e os consequentes efeitos de rede; e (ii) a verificação dos impactos competitivos da utilização do *Big Data*.

Quanto ao primeiro tema, demonstrou-se que plataformas de múltiplos lados desafiam a análise antitruste tradicional, focada em preços, uma vez que é comum que os serviços sejam subsidiados para um dos lados do mercado – normalmente os usuários. Sendo assim, testes como o SSNIP se tornam pouco úteis para identificar a existência de poder de mercado, sendo mais interessante analisar fatores como qualidade e inovação.

Além disso, plataformas de múltiplos lados geram fortes e complexos efeitos de rede, que tendem a levar os mercados a um alto nível de concentração, além de desafiarem novos entrantes a atingirem *critical mass* e a solucionarem o problema do *chicken and egg*. Sendo assim, apesar de se reconhecer que os mercados tecnológicos são marcados por constantes transformações e disrupção, a análise antitruste também deve estar atenta à situação concreta dos mercados, ondem podem estar surgindo posições dominantes muito difíceis de serem combatidas por pequenas *startups*.

Quanto ao segundo tema, é possível dizer que o *Big Data* é cada vez mais reconhecido como um problema concorrencial. Neste sentido, apesar de alguns autores defenderem que o Direito Antitruste não é a melhor solução para problemas de privacidade, começa a se fortalecer o entendimento de que o poder de mercado dos gigantes da internet está permitindo às empresas adotar uma postura agressiva de coleta de dados, muitas vezes em detrimento dos interesses dos consumidores, que por sua vez não conseguem vislumbrar alternativas viáveis.

Ademais, o reconhecimento do impacto competitivo do *Big Data* também envolve a compreensão de que o acesso a dados e o seu processamento, além de emprego destes em algoritmos e inteligência artificial, pode gerar significativas vantagens competitivas, fortalecendo ainda mais as posições dominantes já existentes e, possivelmente, fechando as portas do mercado a entrantes ou concorrentes menores, que não têm acesso a tantas informações.

Conforme adiantado no início do estudo, não se buscou encontrar respostas definitivas para estas questões, mas tão somente analisar criticamente alguns dos principais argumentos contrários e favoráveis à aplicação mais rígida da legislação concorrencial a estes mercados. De fato, uma análise completa destes temas demandaria um espaço muito maior, tendo em vista discussões complexas e muitas vezes técnicas.

Sendo assim, este tema ainda exige muitos estudos, teóricos e empíricos, antes que possa surgir um verdadeiro consenso. É certo, no entanto, que a análise antitruste deve estar atenta desde já às particularidades dos mercados digitais e às condutas dos gigantes da internet, uma vez que seus impactos nos mercados e na sociedade têm enormes dimensões e poderão afetar drasticamente o nosso futuro.

Referências

CASTELLS, Manuel. *Communication Power*. New York: Oxford University Press, 2009.

COYLE, Diane. Practical competition policy implications of digital platforms. Disponível em: https://www.bennettinstitute.cam.ac.uk/media/uploads/files/Practical_competition_policy_tools_for_digital_platforms.pdf. Acesso em: 30 ago. 2018.

EVANS, David S. Antitrust Issues Raised by the Emerging Global Internet Economy. *In: Northwestern University Law Review*, vol. 102, n. 4, Fall 2008.

EVANS, David S.; SCHMALENSEE, Richard. The Antitrust Analysis of Multisided Platform Businesses. *In:* BLAIR, Roger D.; SOKOL, D. Daniel. *The Oxford Handbook of International Antitrust Economics*: Volume 1. New York: Oxford University Press, 2015.

EVANS, David S.; SCHMALENSEE, Richard. *Matchmakers*: the new economics of multisided platforms. Boston: Harvard Business Review Press, 2016.

FRAZÃO, Ana. Premissas para a reflexão sobre a regulação da tecnologia. Disponível em: https://www.jota.info/opiniao-e-analise/colunas/constituicao-empresa-e-mercado/premissas-para-a-reflexao-sobre-a-regulacao-da-tecnologia-16112017. Acesso em: 30 ago. 2018.

HARZTOG, Woodrow. *Privacy's Blueprint*: the battle to control the design of new technologies. Cambridge: Harvard University Press, 2018.

IANSITI, Marco; LAKHANI, Karim R. Managing Our Hub Economy. *Harvard Business Review*, from the September-October 2017 Issue. Disponível em: https://hbr.org/2017/09/managing-our-hub-economy. Acesso em: 30 ago. 2018.

KIM, Nancy S; TELMAN, D. A. Jeremy. Internet Giants as Quasi-Governmental Actors and the Limits of Contractual Consent. Disponível em: https://papers.ssrn.com/sol3/papers.cfm?abstract_id=2573477. Acesso em: 30 ago. 2018.

KOVACIC, William E. Two views of exclusion: why the European Union and the United States diverged on Google. *In: Digital Platforms and Concentration*. Disponível em: https://promarket.org/wp-content/uploads/2018/04/Digital-Platforms-and-Concentration.pdf. Acesso em: 30 ago. 2018.

MOAZED, Alex; JOHNSON, Nicholas. *Modern Monopolies*: what it takes to dominate the 21st-Century economy. New York: St. Martin's Press, 2016.

MOORE, Martin. Tech Giants and Civic Power. Disponível em: https://www.kcl.ac.uk/sspp/policy-institute/cmcp/tech-giants-and-civic-power.pdf. Acesso em: 30 ago. 2018.

NEWMAN, Jonh M. Silicon Valley Rhetoric: three myths debunked. *In:* Diving Into Online Platforms. COMPETITION POLICY INTERNATIONAL, *Antitrust Chronicle*, May, Volume 2, Spring 2018.

OECD. Rethinking Antitrust Tools for Multi-Sided Platforms. Disponível em: http://www.oecd.org/competition/rethinking-antitrust-tools-for-multi-sided-platforms.htm. Acesso em: 30 ago. 2018.

PIFFAUT, Henri. Platforms, a Call for Data-Based Regulation. *In:* Diving Into Online Platforms. COMPETITION POLICY INTERNATIONAL, *Antitrust Chronicle*, May, Volume 2, Spring 2018.

ROSS, Alec. *The Industries of the Future*. New York: Simon & Schuster, 2016.

SCHEINER, Bruce. *Data and Goliath*: The Hidden Battles to Collect Your Data and Control Your World. New York: W. W. Norton & Company, 2015.

SHELANSKI, Howard; KNOX, Samantha; DHILLA, Arif. Network Effects and Efficiencies in Multisided Markets. Disponível em: https://one.oecd.org/document/DAF/COMP/WD(2017)40/FINAL/en/pdf. Acesso em: 30 ago. 2018.

SOKOL, Daniel; COMERFORD, Roisin. Antitrust and Regulating Big Data. 23 Geo. Mason L. Ver. 1129 (2016).

STUCKE, Maurice; GRUNES, Allen. *Big data and competition policy*. Oxford: Oxford University Press, 2016.

TUCKER, Catherine. What have we learned in the last decade? Network effects and market power. *In: Economics and Antitrust*. Antitrust Magazine, vol. 32, n. 2, Spring 2018.

ZINGALES, Luigi. Towards a Political Theory of the Firm. *Journal of Economic Perspectives*, vol. 31, n. 3, p. 113-13, Summer 20170.

Informação bibliográfica deste texto, conforme a NBR 6023:2018 da Associação Brasileira de Normas Técnicas (ABNT):

LEMOS, Thales de Melo e. Gigantes da internet. Novas formas de poder empresarial e desafios para o Direito Antitruste. *In:* FRAZÃO, Ana; CARVALHO, Angelo Gamba Prata de (Coord.). *Empresa, mercado e tecnologia*. Belo Horizonte: Fórum, 2019. p. 201-216. ISBN 978-85-450-0659-6.

PLATAFORMAS DIGITAIS. REPERCUSSÕES EM TERMOS DE CONDUTAS ANTICOMPETITIVAS DISCRIMINATÓRIAS

FERNANDA GARCIA MACHADO

I Introdução

A expansão da economia digital tem impactado decisiva e diretamente a forma como as pessoas e as organizações se relacionam. Estudos apontam que a economia digital representou 22,5% da economia mundial, ou seja, cerca de US$ 19,6 bilhões em 2015.[1] Dentre os principais modelos de negócio que viabilizaram essa expansão, destacam-se as plataformas digitais, que têm imposto desafios a autoridades de defesa da concorrência de vários países no que se refere à análise de condutas anticompetitivas.

De forma geral, conceitua-se[2] plataforma como um modelo de negócio que se baseia em interconectar dois ou mais diferentes grupos de usuários e facilitar a troca de produtos e serviços entre eles, permitindo a geração de valor para seus participantes.[3] São exemplos de plataformas: Facebook, Amazon, Airbnb, Uber, Twitter, Youtube, dentre tantas outras que possuem grande representatividade em suas áreas de atuação.

Tal modelo foi ainda potencializado pelos avanços tecnológicos, notadamente os relacionados à exploração de grandes volumes de dados (*big data*), com aplicação de sofisticados algoritmos de processamento para se extrair valor, e à utilização de inteligência artificial, o que resultou em superplataformas digitais que constituem verdadeiros conglomerados tecnológicos,[4] que proveem cada vez mais produtos e serviços

---

[1] Segundo o estudo, o conceito de economia digital envolveria habilidades ou capital digital. Cf. KNICKREHM, Mark; BERTHON, Bruno; DAUGHERTY, Paul. *Digital disruption*: the growth multiplier. Accenture Strategy. Disponível em: https://www.accenture.com/br-pt/insight-digital-disruption-growth-multiplier. Acesso em: 25 maio 2018.

[2] Para uma análise sistematizada de vários conceitos das plataformas de múltiplos lados, sugere-se consultar ATHAYDE, Amanda. *Antitruste, varejo e infrações à ordem econômica*. São Paulo: Singular, 2017, p. 87-91.

[3] PARKER, Geoffrey G.; ALSTYNE, Marshall W. van; CHOUDARY, Sangeet Paul. *Platform revolution*: how networked markets are transforming the economy – and to make them work for you. London and New York: W.W. Norton & Company, 2016.

[4] RAMOS, David. *Alphabet en la era de los conglomerados tecnológicos*. Silicon. Disponível em: https://www.silicon.es/alphabet-en-la-era-de-los-conglomerados-tecnologicos-2293167. Acesso em: 31 maio 2018.

inovadores e diferenciados – em alguns casos até mesmo personalizados – e que passaram a ser considerados essenciais para os consumidores.

A demonstrar a relevância desses agentes econômicos, Evans e Schmalensee[5] destacam que três das cinco empresas mais valiosas no mundo em 2015 – Apple, Google e Microsoft – adotam esse modelo de negócio, assim como sete das dez *start-ups* com maior valor de mercado, incluindo Uber e Airbnb. Além de inovadoras nos produtos e serviços que oferecem, as plataformas também impõem desafios às autoridades que asseguram e regulam direitos associados a esses mercados e consumidores, como é o caso da defesa da concorrência. Na medida em que são criados novos desenhos de relações jurídicas, alguns institutos precisam ser adaptados à realidade dos fatos, assim como algumas condutas anticompetitivas ganham novos contornos e implicam novos desafios aos aplicadores do Direito.

Veja-se o exemplo de produtos e serviços usuais como e-mail, comunicação eletrônica por áudio e vídeo, redes sociais, mapas de qualquer cidade do mundo, tradutores para os mais variados idiomas, sites de pesquisa de preços dos mais variados produtos e serviços, além de intermediação de compras e vendas virtuais. E se pensarmos em uma plataforma que forneça todos ou alguns desses serviços simultaneamente, questiona-se: como dimensionar os mercados em que ela atua? Analisá-los isoladamente permitirá ver seu poder econômico agregado? Como dimensionar o seu poder de mercado mesmo em mercados que não geram faturamento específico? Além disso, por exemplo, caso uma plataforma que compare preços de passagens aéreas também passe a fornecer tal produto, isso alteraria seus incentivos para informar preços de concorrentes quando estes fossem inferiores aos seus? Ao não classificar seus concorrentes de forma imparcial, a plataforma está discriminando concorrentes sob a ótica antitruste?

Verifica-se que esse modelo de negócio alterou o comportamento das organizações no mercado e as estruturas de incentivos de seus agentes, e mesmo resultou no redimensionamento do poder de tais agentes ao longo da cadeia de produção – focando-se agora no intermediário, cumprindo então discutir o que isso altera em termos de análise do comportamento dos agentes em sede de controle de condutas anticompetitivas. Isso se torna particularmente relevante em casos de plataformas verticalmente integradas, aumentando assim os incentivos para a adoção de condutas anticompetitivas, como a discriminação de preços frente a outras plataformas ou mesmo a desenvolvedores e prestadores de serviços que, em alguma medida, passam a ser seus concorrentes.

A partir disso, pretende-se analisar se o ferramental antitruste tradicional dimensiona e valora adequadamente tais elementos na apuração de abusos de poder econômico e, por fim, discutir algumas questões polêmicas, como a necessidade de uma regulação específica para plataformas digitais, a adoção de princípios de neutralidade e não discriminação às plataformas.

---

[5] Tradução livre de: *"Three of the five most valuable companies in the world in 2015 – Apple, Google, and Microsoft – use this business model. So do seven of the ten start-ups with the highest market values – including Uber and Airbnb"*. EVANS, David S.; SCHMALENSEE, Richard. *Matchmakers*: The new economics of platform businesses. (Ebook) Boston, Massachusetts: Harvard Business Review, 2016.

II Plataformas digitais: conceito, vantagens e desafios

A atuação de plataformas digitais de múltiplos lados e suas implicações concorrenciais tem sido matéria de ampla discussão e pouco consenso em termos de doutrina antitruste. Desde 2003, quando o tema das plataformas em mercados de dois lados ganhou repercussão a partir de publicação de Rochet e Tirole,[6] muitos avanços foram feitos no sentido de compreender as peculiaridades desse modelo de negócio tão presente na economia.

Segundo Evans e Schmalensee,[7] uma plataforma de múltiplos lados é caracterizada por (i) dois ou mais grupos de agentes; (ii) que dependem um do outro em alguma medida; (iii) mas que não conseguem capturar todo o valor dessa interação por conta própria; e (iv) confiam em um catalisador (que seria a plataforma) para facilitar a criação de valor[8] que não existiria (ou que seria muito menor) na sua ausência.

A partir desse conceito, verifica-se que a plataforma não difere substancialmente da tradicional figura de um intermediário existente há tempos na teoria econômica,[9] tanto que alguns autores questionam o aspecto de "novidade" atribuído ao tema. Contudo, parece claro que as plataformas hoje consideradas, tais como Facebook, Google, Airbnb e Uber, ganharam um papel e um protagonismo diferenciado, bastando ver que elas se tornaram maiores e mais poderosas que os agentes em si que elas conectam, mobilizando e transacionando ativos diferentes dos tradicionalmente considerados, que vão desde a "atenção" do consumidor até a liderança na comercialização de bens e serviços dos quais não possuem qualquer titularidade ou propriedade.[10]

Aliás, muito desse protagonismo decorreu da interação das plataformas com a tecnologia e a utilização intensiva e sistematizada de grandes volumes de dados (*big data* e *big analytics*). Por um lado, é inegável que as plataformas digitais trouxeram consideráveis benefícios para os consumidores[11] e para o desenvolvimento de mercados.

---

[6] ROCHET, Jean-Charles; TIROLE, Jean. Platform Competition in Two-Sided Markets. *Journal of the European Economic Association* (Wiley) 1, no. 4 (Junho 2003): 990-1029.

[7] EVANS, David S.; SCHMALENSEE, Richard. *The antitrust analysis of multi-sided platform businesses*. The University of Chicago. Institute for Law and Economics Working Paper nº 623. 2012. Available at SSRN: https://ssrn.com/abstract=22185373. Acesso em: 23 maio 2018. p. 7.

[8] Consta que a criação de valor decorre da solução do problema de coordenação (ou custos de transação) entre os grupos de agentes.

[9] A figura do "intermediário" já existe há tempos na teoria econômica. Como ressaltado por Evans e Schmalensee, desde Adam Smith (1766, p. 213-222), economistas analisam como intermediários auxiliam na criação de valor. Cf. EVANS, David S.; SCHMALENSEE, Richard. *The antitrust analysis of multi-sided platform businesses*. The University of Chicago. Institute for Law and Economics Working Paper nº 623. 2012. Available at SSRN: https://ssrn.com/abstract=22185373. Acesso em: 23 maio 2018. p. 2. Além disso, trata-se do mesmo modelo adotado por *shopping centers*, que unem em um mesmo ambiente agentes que vendem os produtos e serviços (lojistas) e os consumidores.

[10] Muito se fala do protagonismo do papel do intermediário em relação aos detentores dos bens e serviços a serem comercializados via plataforma. A título de exemplo, consta que o Airbnb é uma empresa atuante em 119 países e lista mais de 500.000 propriedades entre apartamentos e castelos e já atendeu mais de 10 milhões de clientes, tendo sido avaliada em 2014 em mais de U$ 10 bilhões de dólares, sendo que ela não detém a propriedade de um quarto de hotel sequer. PARKER, Geoffrey G.; ALSTYNE, Marshall W. van; CHOUDARY, Sangeet Paul. *Platform revolution*: how networked markets are transforming the economy – and to make them work for you (Ebook). London and New York: W.W. Norton & Company, 2016.

[11] Conferir os efeitos positivos previstos na publicação da Comissão Europeia. Cf. European Commission. *Online Platforms and the Digital Single Market Opportunities and Challenges for Europe*. Communication from the Commission to the European Parliament, The Council, The European Economic and Social Committee of the Regions. COM(2016) 288. Disponível em: http://eur-lex.europa.eu/legal-content/EN/TXT/PDF/?uri=CELEX:52016DC0288&from=EN, p. 2-3.

Ezrachi e Stucke[12] apontam alguns desses efeitos positivos: o aumento da transparência dos mercados e do fluxo de informação; a diminuição dos custos de busca e comparação de preços, o que permite ao consumidor comparar dinamicamente preços e qualidade de produtos e serviços, aumentando a pressão competitiva sobre os fornecedores; a diminuição de barreiras à entrada e a possibilidade de expansão frente às incumbentes; e o incentivo à inovação, disrupção e eficiência.

Por outro lado, especialmente no caso das superplataformas, tais agentes possuem inegável poder econômico em muitos segmentos. Ademais, possuem ou exploram ativos estratégicos muitas vezes não refletidos em seus demonstrativos financeiros, como suas amplas bases de dados (em geral, pessoais) de potenciais consumidores, além de utilizarem algoritmos de precificação e monitoramento de hábitos de consumidores e preços de concorrentes, a indicar que suas condutas podem ter um potencial anticompetitivo que demanda atenção por parte das autoridades antitruste.[13]

Passa-se agora a analisar algumas das características das plataformas digitais e que devem ser consideradas ou mesmo mais diretamente avaliadas quando da análise de condutas anticompetitivas.

II.1 Interdependência entre agentes e os efeitos de rede

Por ser relacionada ao conceito de plataforma, a primeira característica que merece destaque é a interdependência entre os agentes. Isso resulta que a análise dos mercados em que tais agentes atuam não deve ser feita de maneira isolada e estanque. Ou seja, há uma interação entre os agentes que resulta em algo que não pode ser capturado pela autoridade ao analisar isoladamente cada mercado. Nesse sentido, segue o apontado por David Evans:

> (...) A demanda dos membros de um grupo de consumidores, denominado Tipo A, depende, diretamente falando, da participação na plataforma de outro grupo de consumidores, denominado Tipo B. Para evitar ser matematicamente errado e não confiável, os modelos econômicos e as ferramentas devem considerar a demanda interdependente e considerar todos os lados da plataforma. O fato da demanda para os vários grupos participantes da plataforma serem interdependentes ainda significa que a análise que foca em um dos grupos de participantes isoladamente não é correta como uma questão matemática simples.[14]

---

[12] EZRACHI, Ariel; STUCKE, Maurice E. *Virtual competition*: The promise and perils of the algorithm-driven economy. Harvard University Press, 2016, p. 5-9.

[13] Segundo Evans e Schmalensee, um grande número de plataformas globais se desenvolveu a partir da atual revolução envolvendo internet, aparelhos móveis e tecnologia da informação de forma mais ampla. Acrescenta que essas plataformas chamaram a atenção das autoridades antitruste, tal como as investigações dos Estados Unidos e da Comissão Europeia relacionadas ao Google, além de reclamações tais como a ação da Qihoo 360's contra a Tencent na China e a denúncia pela autoridade do consumidor contra o Facebook nos Estados Unidos. Cf. EVANS, David S.; SCHMALENSEE, Richard. *The antitrust analysis of multi-sided platform businesses*. The University of Chicago. Institute for Law and Economics Working Paper nº 623. 2012. Available at SSRN: https://ssrn.com/abstract=22185373. Acesso em: 23 maio 2018. p. 3.

[14] Tradução livre de: "The demand by members of one group of customers, say Type A, depends, roughly speaking, on the participation of the other group of customers, say Type B, in the platform. To avoid being mathematically wrong and unreliable, economic models and tools must account for the interdependent demand and consider all sides of the platforms. The fact that the demands by the various groups of platform participants are interdependent also means that analyses that focus on one group of participants in isolation are not correct as a straightforward mathematical matter". EVANS, David S. Multisided platforms, dynamic competition and the assessment of

Outro elemento-chave desse modelo de negócio são os chamados efeitos de rede, relacionados às eficiências decorrentes da coordenação propiciada pela interação entre vários sujeitos com interesses compatíveis ou complementares.[15] Vale dedicar especial atenção a esse tema, pois tais efeitos possuem interessante relação com o exercício de poder de mercado por parte das plataformas.

Em lição de Paul Belleflamme e Martin Peitz,[16] em casos de plataformas que interligam diferentes grupos de usuários, os efeitos *diretos* são observados quando os resultados das ações de um grupo ocorrem dentro do mesmo grupo de usuários (denominado *within-group*), enquanto que nos efeitos *indiretos* as ações de um grupo afetam o bem-estar de outros grupos de usuários (denominado *cross-group*). Em casos de plataformas, o destaque principal é dado aos efeitos indiretos de rede.[17]

Há, porém, outros efeitos de rede interessantes e especialmente aplicáveis a plataformas digitais, na medida em que se relacionam à capacidade de as plataformas conhecerem seus usuários e, assim, melhor categorizá-los e extrair valor frente aos seus anunciantes e/ou aos serviços que elas mesmas prestam. Destacam-se os seguintes efeitos apresentados por Stucke e Ezrachi:[18] *trial and error* (tentativa e erro), *scope of data* (escopo de dados) e *spillover and snowball effect* (transbordamento e bola de neve).

Segundo os autores citados,[19] o primeiro efeito (*trial and error*) está associado à escala obtida a partir de reiteradas tentativas e erros, especialmente aplicável em casos de aprendizado de máquina (*machine learning*). Veja o caso de uma plataforma de múltiplos lados que conecta usuários, provê serviços de busca e também vende espaço para anunciantes. Quanto mais pessoas integram a sua rede, maior a quantidade de buscas realizadas, mais trilhas são geradas, mais a plataforma aperfeiçoa seu algoritmo de busca a partir das tentativas e erros, maior a precisão em conhecer as preferências das pessoas e assim segmentá-las em subgrupos de pessoas com interesses mais homogêneos.

---

market power for internet-based firms. Disponível em: https://www.competitionpolicyinternational.com/wp-content/uploads/2016/05/David-Evans.pdf. p. 12.

[15] KATZ, Michael; SHAPIRO, Carl. Systems competition and network effects. *The journal of economic perspectives*, v. 8, n. 2, p. 93-115, 1994. *Apud* FRAZÃO, Ana. *O poder das plataformas digitais*: O que são e quais as suas repercussões sobre a regulação jurídica? Jota. 12/07/2017. https://www.jota.info/opiniao-e-analise/colunas/constituicao-empresa-e-mercado/o-poder-das-plataformas-digitais-12072017, p. 3. Acesso em: 20 abr. 2018.

[16] BELLEFLAMME, Paul; PEITZ, Martin. *Platforms and Network Effects*. Forthcoming, Handbook of Game Theory and Industrial Organization, edited by Luis Corchon and Marco Marini, Edward Elgar. September 2016. p. 2. Available at SSRN: https://ssrn.com/abstract=2894906.

[17] A título de exemplo, destaca-se que a autoridade de concorrência alemã aponta que, após analisar várias definições de mercados de múltiplos lados e redes para fins antitruste, considerou-se que os negócios baseados na internet são considerados uma plataforma em termos concorrenciais se eles proveem um serviço de intermediação que permita a interação direta entre dois ou mais grupos distintos de usuários que são conectados por efeitos indiretos de rede. BUNDESKARTELLAMT. *Working Paper – The Market power of platforms and networks*. B6-11 3/15. June 2016. p. 2. Além disso, Caillaud and Jullien, Armstrong, and Rysman também caracterizam plataformas como intermediários operando na presença de efeitos indiretos de rede. CAILLAUD, Bernard; JULLIEN, Bruno. Chicken & egg: competition among intermediation service providers. (2003) 34 *RAND Journal of Economics* 309, 309-10; ARMSTRONG, Mark. Competition in two-sided markets. (2006) 37 *RAND Journal of Economics*, 668. RYSMAN, Marc. The economics of two-sided markets. (2009) 23 *Journal of Economic Perspectives* 125, 125-27. *Apud* BOSTOEN, Friso. Online Platforms and Vertical Integration: The Return of Margin Squeeze? (2017). *Journal of Antitrust Enforcement* 2018 (Forthcoming). Faculty of Law, Stockholm University Research Paper No. 42. Available at SSRN: https://ssrn.com/abstract=3075237 or http://dx.doi.org/10.2139/ssrn.3075237. p. 10.

[18] EZRACHI, Ariel; STUCKE, Maurice E. *Virtual competition*: The promise and perils of the algorithm-driven economy. Harvard University Press, 2016, p. 133-135.

[19] EZRACHI; STUCKE. *Op. cit.*, 2016, p. 133-134.

Isso, por sua vez, faz com que as pessoas utilizem a plataforma com o buscador mais preciso, aumenta o valor da plataforma para os anunciantes que passam a poder enviar propagandas mais direcionadas aos grupos-alvo específicos, o que, por consequência, resulta em um diferencial dessa plataforma frente a buscadores concorrentes. De fato, vários são os efeitos positivos e que devem ser considerados. Mas, por outro lado, isso também não pode propiciar abusos? A escala obtida por tais agentes não afetaria a análise de barreiras à entrada nos mercados relacionados? Ao conhecer melhor as preferências do consumidor ou mesmo ao ter maior acesso a ele, a plataforma poderia direcionar as propagandas de forma a favorecer outros serviços da plataforma ou de determinados anunciantes? Trata-se, pois, de efeito de rede que pode representar uma forma de exercício de poder de mercado que não é tradicionalmente analisada.

O segundo efeito de rede apontado por Stucke e Ezrachi (*scope of data*) relaciona-se ao escopo dos dados do usuário detidos pela plataforma, que, nesse caso, não são mais obtidos por meio de tentativas e erros e sim pela extração direta de dados – especialmente dados pessoais – que as plataformas obtêm por vários meios ou serviços por elas prestados. Os autores apontam[20] o exemplo de uma plataforma que tenha não apenas o serviço de busca, mas também e-mail, navegador, mensagens instantâneas, mapas, compras etc. Assim, a empresa, ao coletar uma variedade de dados pessoais, pode desenvolver o perfil dos usuários ou de grupos de usuários não apenas para melhor prever seus gostos e interesses e assim atingi-los com resultados de busca e propagandas mais direcionadas, como também para atender aos interesses da plataforma ou de seus anunciantes. Nesse caso, como valorar adequadamente esse efeito – e o poder dele decorrente – relacionado ao amplo escopo de dados detido pela plataforma?

O terceiro efeito (*spillover and snowball effect*) se refere à maneira como os efeitos de rede no lado "gratuito" (ex.: usuário que usa a plataforma para realizar pesquisas ou para redes sociais) podem transbordar para o lado "pago" da plataforma (ex.: anunciantes), e como cada uma reforça a outra, gerando *feedbacks* positivos e o chamado efeito bola de neve. Ainda na linha do já apontado, quanto mais pessoas usam a plataforma para realizar pesquisas, mais a plataforma conhece seus usuários, melhor a plataforma pode indicar usuários para os anunciantes, mais anunciantes anunciam na plataforma, mais precisas são as propagandas, maior a probabilidade de os usuários clicarem na propaganda, maior o lucro para os anunciantes, maior o benefício para a plataforma oferecer outros serviços. Ou seja, veja-se que analisar ou dimensionar isoladamente apenas o mercado "gratuito" ou o "pago" da plataforma – tal como se observaria na análise tradicional antitruste – não permite ver os efeitos que decorrem de sua interação e do diferencial que essa interpendência resulta para a atuação da plataforma como um todo.

Ao final, Stucke e Ezrachi ainda apontam como os efeitos de rede indicados podem fazer com que os intermediários adquiram poder de mercado e como isso pode gerar distorções.[21] Destaca-se que quanto mais consumidores confiam no intermediário para apresentar os melhores resultados de busca por um produto ou serviço, mais eles ficam desinteressados em realizar novas pesquisas de preços e produtos em outras plataformas concorrentes, o que é chamado de *multi-homing*, e é assim considerada uma

---

[20] EZRACHI; STUCKE. *Op. cit.*, 2016, p. 134.
[21] EZRACHI; STUCKE. *Op. cit.*, 2016, p. 135-138.

forma de mitigar o abuso de poder de mercado. Isso, por sua vez, aumenta o poder de barganha da plataforma frente aos consumidores e aos anunciantes, pois, de um lado, os consumidores ficam mais "dependentes" dessa plataforma, e, de outro, os anunciantes verificam que só conseguem acessar tais clientes se eles anunciarem naquela plataforma.

II.2 Ferramental antitruste aplicável às plataformas: o que muda?

A partir do apontado anteriormente, já nos parece claro que alguns conceitos e metodologias antitruste tradicionais (*antitrust toolkit*) devem ser adaptados às peculiaridades das plataformas, especialmente as digitais, sob pena de não se capturar os efeitos peculiares desse modelo.[22]

Conforme apontado pela doutrina, mesmo conceitos tão caros ao antitruste tradicional, como preço, mercado relevante e participação de mercado, tenderiam a ser relativizados ou então não poderiam ser extraídos a partir da metodologia de análise antitruste já consolidada.

A título de exemplo, em casos de plataformas, o elemento preço (no sentido de nível de preço) não possui um papel tão essencial, especialmente se considerado de forma isolada. Em verdade, ele dá lugar ao conceito de "estrutura de preços",[23] já que as demandas entre os lados da plataforma são interconectadas e, em geral, um dos lados da plataforma subsidia o outro,[24] fazendo com que não se possa analisar o preço como se os dois mercados fossem absolutamente independentes.

Isso, por sua vez, traz uma dificuldade adicional, pois, se o preço do produto ou serviço não é o fator determinante, "perde-se" um critério objetivo de análise antitruste, em um cenário em que se lida com outros efeitos pouco explorados e/ou de difícil dimensionamento.

O mesmo se aplica ao conceito de poder de mercado. Tradicionalmente, tal análise consideraria se a firma pode impor um aumento de preços significativo e não transitório, ao que se convencionou chamar de teste do monopolista hipotético ou SNIPP *test*.

No caso de plataformas, muitos autores apontam que tal teste não seria aplicável. Evans[25] apresenta como exemplo as plataformas denominadas "online attention seekers", em que, de um lado, os usuários não pagam nada ou mesmo recebem para acessar a plataforma e, de outro, os anunciantes pagam para ter o acesso a esses usuários, sendo que, para tais plataformas atraírem tais usuários, elas devem investir em qualidade e em novas e interessantes funcionalidades.

---

[22] Em verdade, há autores que entendem que o tradicional antitrust toolkit seria suficiente, tal como apontado por Evans e Schmalensee, embora ressaltem que são poucos os que ainda o fazem. Cf. EVANS, David S.; SCHMALENSEE, Richard. *The antitrust analysis of multi-sided platform businesses*. The University of Chicago. Institute for Law and Economics Working Paper nº 623. 2012. Available at SSRN: https://ssrn.com/abstract=22185373. Acesso em: 23 maio 2018. p. 4.

[23] Rochet e Tirole apontavam essa como umas peculiaridades de plataformas em mercados de dois lados. ROCHET, Jean-Charles; TIROLE, Jean. Platform Competition in Two-Sided Markets. *Journal of the European Economic Association* (Wiley) 1, n. 4, Junho 2003: 990-1029. p. 990.

[24] EVANS, David S. *Multisided platforms, dynamic competition and the assessment of market power for internet-based firms*. Disponível em: https://www.competitionpolicyinternational.com/wp-content/uploads/2016 maio David-Evans.pdf. Acesso em: 15 maio 2018, p. 4.

[25] EVANS. *Op. cit.*, 2016, p. 13.

Seria o caso, por exemplo, dos populares Facebook e Instagram, que utilizam suas redes sociais para se tornarem atrativos junto aos anunciantes. Nesses casos, a tentativa de exercer poder de mercado em relação aos anunciantes dependeria da análise de que outras alternativas eles teriam para conseguir a atenção de potenciais consumidores ou se a plataforma ofertaria serviços diferenciados considerados essenciais pelos anunciantes (ex.: melhor perfil de usuários). Já a tentativa de exercer poder de mercado sobre os usuários dependeria da possibilidade de representar queda de qualidade para atraí-los e, com isso, a perda de anúncios seria maior que os lucros obtidos junto aos usuários, ou mesmo representaria uma migração para outras plataformas ou mesmo para serviços diferentes. Tanto que Evans[26] aponta:

> Na prática, a análise de poder de mercado em casos de 'online attention seekers' poderia considerar se um pequeno mas significativo aumento de preço ou um pequeno mas significativo decréscimo em qualidade induziria substituições de possibilidades. Qualquer dessas hipóteses reduz o valor da plataforma para os usuários e pode induzir à substituição.

O conceito de participação de mercado também parece precisar de adaptação em casos de plataforma. Primeiro, em mercados de competição dinâmica, um retrato estático de *market share*, mesmo considerando o passado recente, pode não refletir a realidade atual, bastando lembrar como algumas plataformas perderam espaço rapidamente diante de novas tecnologias e novos agentes mais inovadores.

Além disso, em mercados tradicionais, usualmente se calcula a participação de mercado a partir do valor de vendas, sendo que o preço também fornece um parâmetro relevante para identificar a qualidade do produto e a substitutibilidade entre eles. Contudo, no caso de plataformas isso não necessariamente procede. Primeiro, tem-se que a delimitação precisa dos mercados é uma tarefa mais difícil, assim como da substitutibilidade entre os produtos, já que as plataformas tendem a apresentar produtos ou serviços mais personalizados ou com características peculiares para atrair a atenção dos usuários.

Ademais, o tipo de plataforma ou sua função também indica seu ativo principal e afeta a forma de dimensionar o seu poder de mercado. Vejamos o exemplo de uma plataforma que realiza buscas, comparações de preços e conecta consumidores e prestadores de serviços. Nesse caso, mais relevante que o preço do produto ou serviço comercializado via plataforma, tem-se que o poder dessa plataforma será melhor visualizado a partir da análise de sua capacidade de melhor comparar preços, de conectar o maior número de pessoas, de ofertar aos anunciantes os melhores grupos de consumidores e, enfim, de realizar as melhores conexões entre fornecedores e usuários.

Outrossim, em mercados de plataformas digitais, há outros ativos não monetizados detidos pelos agentes econômicos que ganham incontestável valor, como qualidade,

---

[26] EVANS, David S. *Multisided platforms, dynamic competition and the assessment of market power for internet-based firms*. Disponível em: https://www.competitionpolicyinternational.com/wp-content/uploads/2016 maio David-Evans. pdf. Acesso em: 15 maio 2018. p. 13. Tradução livre de: "*In practice market power analysis for online attention seekers can consider substitution possibilities by considering a small but significant increase in price or a small but significant decrease in quality. Either one reduces the value of the platform for users and could induce switching*".

inovação, dados pessoais de usuários,[27] capacidade de processamento de grandes volumes de dados, algoritmos e instrumentos de inteligência artificial. Há que se analisar, portanto, *se* e *em que medida* tais elementos podem ser fonte de poder econômico para seus detentores e, em caso positivo, como lidar com eventuais abusos de tais agentes.

Assim como o ferramental antitruste passa por adaptações, verifica-se que as condutas anticompetitivas também ganham novas roupagens ou mesmo apresentam-se como desafios ainda não enquadráveis nas tradicionais metodologias de análise. Passa-se, então, a focar na análise de condutas discriminatórias.

III Plataformas digitais e condutas anticompetitivas discriminatórias

No presente artigo, será dado destaque às plataformas digitais que fazem busca e comparação (*search and comparison*), além de conexão (*matching*) para transações comerciais entre consumidores e fornecedores, especialmente plataformas verticalizadas, ou seja, em que estas também forneçam produtos ou serviços de interesse do consumidor, por ser esse um cenário com maiores incentivos para a prática de condutas discriminatórias entre concorrentes e, portanto, com os maiores desafios para a análise antitruste.

Em síntese, as plataformas de *matching*[28] conectam os consumidores corretos aos produtores corretos, facilitando as transações entre eles. Exemplo seria a Apple Store, que liga usuários do sistema operacional IOS a desenvolvedores de *software*. Já as plataformas de busca[29] e comparação de preços têm por principal função listar e classificar informações disponíveis na internet, dentre elas comparar preços de diversos fornecedores, conectando três grupos de usuários: usuários que buscam informação, *websites* que buscam audiência e anunciantes que buscam novos clientes. Essa intermediação seria gratuita para usuários e *websites*, e paga para os anunciantes, que geralmente pagam cada vez que um usuário clica no link de seu *website* (modelo "*pay per click*").

Um exemplo de plataforma que une tais funções seria a Amazon: o usuário pesquisa os mais variados produtos ofertados por diferentes fornecedores e, após comparar preços e condições, realiza a transação referente ao produto e fornecedor escolhidos. A partir de sofisticados algoritmos de pesquisas, tem-se que, quanto mais o usuário pesquisa pela plataforma, mais precisas são as sugestões ao consumidor em termos de

---

[27] Ezrachi e Stucke apontam que: "Empresas que operam e controlam plataformas online podem coletar um grande volume e variedade de dados pessoais, o que pode ter um relevante valor. Ter o controle sobre e ser capaz de rapidamente analisar tais dados pessoais pode dar ao operador da plataforma uma vantagem competitiva fundamental". EZRACHI, Ariel; STUCKE, Maurice E. *Virtual competition*: The promise and perils of the algorithm-driven economy. Harvard University Press, 2016, p. 14-15.

[28] As funções das plataformas são classificadas como "audience building", "matching", "providing core tools and services" e "creating rules and standards". MOAZED, Alex; JOHNSON, Nicholas. *Modern monopolies*: what it takes to dominate the 21th century economy, New York: St. Martin Press, 2016. Apud FRAZÃO, Ana. *O poder das plataformas digitais*: O que são e quais as suas repercussões sobre a regulação jurídica? Jota. 12.07.2017. https://www.jota.info/opiniao-e-analise/colunas/constituicao-empresa-e-mercado/o-poder-das-plataformas-digitais-12072017, p. 2. Acesso em: 28 ago. 2018.

[29] Destaca-se que Bostoen trata especificamente das funções e grupos de usuários de plataformas de busca e a autora acrescentou, por entender a estrutura semelhante e complementar, a função de comparação de preços, por se adequar ao tema do presente artigo. BOSTOEN, Friso. *Neutrality, Fairness or Freedom? Principles for Platform Regulation*. March 31, 2018. Internet Policy Review 2018, Vol. 7(1), 1-19. Available at SSRN: https://ssrn.com/abstract=3161328, p. 4.

produtos desejados, similares ou complementares, e mais atrativa a plataforma se torna para os anunciantes. Além disso, a Amazon também seria exemplo de uma plataforma verticalizada, pois, por vezes, a própria Amazon consta dentre os fornecedores listados nos seus resultados de pesquisa.

A partir desse exemplo, tem-se um indicativo de cenários e comportamentos que merecem atenção em termos antitruste: em casos de plataformas verticalizadas, como lidar com condições diferenciadas dadas pela plataforma a fornecedores "independentes" *vis a vis* fornecedores "cativos ou próprios" da plataforma, isso representaria aumento de custos de rivais ou a conduta de *margin squeeze*? O fato de a plataforma classificar ou ponderar de forma privilegiada seus produtos próprios ou preterir produtos de fornecedores concorrentes pode ser considerado anticoncorrencial?

Feito esse recorte, passa-se a analisar como a doutrina antitruste tradicional conceitua a discriminação de concorrentes, com foco especial na conduta de *margin squeeze*, usualmente associada a mercados de infraestrutura e verticalizados, e que parece ganhar nova aplicação com a ascensão das plataformas digitais.

III.1 *Margin squeeze* e condutas discriminatórias

A compressão de margem (ou *margin squeeze*) é um exemplo de abuso de posição dominante e geralmente associada à criação de dificuldades a concorrentes ou ao aumento de custos de rivais, que pode ser exercida por meio do preço ou de outras variáveis comercialmente relevantes. Em verdade, discute-se se ela tem a natureza de uma conduta exclusionária, predatória ou discriminatória,[30] a demonstrar que isso depende da análise do comportamento do agente e de seus efeitos à concorrência.

Segundo conceito de Pereira Neto e Casagrande:

> A discriminação de preços que possa levar a uma compressão de margens de concorrentes (*margin squeeze*) é outra conduta usualmente investigada pelas autoridades brasileiras. Essas investigações geralmente se voltam para firmas verticalmente integradas que fornecem determinados insumos essenciais para a própria produção e para terceiros competidores, especialmente em setores de infraestrutura. Quando se demonstra que o preço do insumo essencial praticado para terceiros é injustificadamente superior ao preço praticado para si mesmo ou para partes relacionadas o CADE tende a caracterizar um abuso de posição dominante.[31]

Sua análise, portanto, como uma conduta resultante do abuso de posição dominante, está relacionada à apuração dos efeitos no mercado, e, para tanto, alguns conceitos se mostram relevantes.

---

[30] No artigo, os autores apontam que há uma discussão se a conduta de *margin squeeze* seria uma forma de predação ou de discriminação de preços. Conferir JULLIEN, Bruno; REY, Patrick; SAAVEDRA, Claudia. *The economics of margin squeeze*. Institut D'Economie Industrielle Report. Outubro de 2013. Disponível em: http://idei.fr/sites/default/files/medias/doc/by/jullien/Margin_Squeeze_Policy_Paper_revised_March_2014.pdf. Acesso em: 29 ago. 2018, p. 6.

[31] PEREIRA NETO, Caio Mario da Silva; CASAGRANDE, Paulo Leonardo. *Direito concorrencial* (Coleção Direito Econômico. Coordenação: Fernando Herren Aguillar). São Paulo: Saraiva, 2016, p. 163.

Primeiramente, deve-se analisar se a empresa verticalmente integrada seria capaz de fornecer o produto ou serviço para o usuário final se lhe fosse cobrado o que ela está cobrando do seu concorrente igualmente eficiente no mercado *downstream*.[32] Se a resposta for não, a empresa estaria possivelmente praticando *price squeeze*.

Em segundo lugar, deve ser apurado se há um potencial efeito anticompetitivo de exclusão de competidores tão eficientes quanto a empresa. Segundo Bostoen,[33] esse efeito seria assumido quando o preço que o agente verticalmente integrado cobra de seu concorrente é maior que o preço de venda que ele próprio pratica ao usuário final. Mas, mesmo quando isso não é observado, para que se fale nessa conduta, deve-se ao menos demonstrar que os preços aplicados por tal agente teriam o efeito de tornar mais difícil – entendendo-se por razoavelmente mais difícil – a atuação dos concorrentes no mercado, por exemplo, reduzindo sua rentabilidade.

Por fim, uma das principais preocupações é se a empresa verticalmente integrada está ilegalmente alavancando a posição dominante que ela detém em um mercado para outro.

Passa-se a seguir a analisar em que medida a conduta de *margin squeeze* vem se mostrando aplicável a casos de plataformas digitais e no que auxilia quanto à compreensão da racionalidade e dos efeitos de tais condutas para o mercado.

III.2 Condutas discriminatórias no contexto de plataformas digitais integradas verticalmente

Voltando ao tema das plataformas de busca, comparação de preços e intermediação da conexão entre fornecedores e consumidores de bens e serviços, tem-se que elas apresentam vários efeitos positivos para o mercado e os consumidores. Alguns exemplos seriam:[34] possibilita que os consumidores tomem decisões melhor informados em termos de produtos, condições e preços; aumenta a exposição dos fornecedores à concorrência; diminui barreiras à entrada e aumenta a contestabilidade dos mercados.

Contudo, assim como auxiliam, tais plataformas também podem distorcer a concorrência. Fato é que, especialmente as superplataformas, possuem uma função relevante de porta de entrada (*gateway*[35]) para a internet. Isso ainda apresenta desafios adicionais

---

[32] Reporta-se ao teste do "Competidor Igualmente Eficiente" ou *"Equally efficient competitor" test*, aplicado pela Comunidade Europeia e explicado por Bostoen ao apresentar a evolução da análise dessa conduta e sua aplicação em plataformas on-line. Conferir BOSTOEN, Friso. Online Platforms and Vertical Integration: The Return of Margin Squeeze? (2017). *Journal of Antitrust Enforcement 2018 (Forthcoming)*. Faculty of Law, Stockholm University Research Paper n. 42. Available at SSRN: https://ssrn.com/abstract=3075237 or http://dx.doi.org/10.2139/ssrn.3075237, p. 5.

[33] Segundo Friso Bostoen: *"This exclusionary effect is assumed when the wholesale price the undertaking charges to competitors is higher than the retail price it charges to end-users.30 If this is not the case, it must be demonstrated that the application of that pricing practice was (by reason, for example, of reduced profitability) likely to have the consequence that it would be at least more difficult for the operators concerned to trade on the market concerned"* BOSTOEN, Friso. *Online Platforms and Vertical Integration*: The Return of Margin Squeeze? (2017). Journal of Antitrust Enforcement 2018 (Forthcoming). Faculty of Law, Stockholm University Research Paper n. 42. Available at SSRN: https://ssrn.com/abstract=3075237 or http://dx.doi.org/10.2139/ssrn.3075237, p. 6.

[34] Sobre os aspectos positivos, conferir EZRACHI, Ariel; STUCKE, Maurice E. *Virtual competition:* The promise and perils of the algorithm-driven economy. Harvard University Press, 2016, p. 132-133.

[35] Segundo Bostoen, em 2017, "o Google respondia por mais de 5 bilhões de buscas todos os dias, tornando-o um portão de entrada para a internet". BOSTOEN, Friso. Online Platforms and Vertical Integration: The Return of

quando elas também passam a se integrar verticalmente e concorrer com os fornecedores dos produtos e serviços objeto dos resultados de suas buscas e comparações.

A preocupação antitruste de uma plataforma de busca e comparação de preços privilegiar seus produtos e serviços próprios em detrimento de concorrentes ficou evidente no caso "Google Shopping".[36] Em junho de 2017, a Comissão Europeia condenou a Google e sua *holding* Alphabet a uma multa de 2,4 bilhões de euros por abuso de posição dominante no mercado de ferramenta de busca, por ela ter conferido uma vantagem ilegal ao Google Shopping, seu serviço de comparação de preços.

Consta que a Google favorecia o posicionamento e a visualização do seu próprio serviço de comparação preços (Google Shopping) em prejuízo dos serviços concorrentes de comparação de preços. Assim, tem-se que a Google teria alavancado o poder de mercado que ela detinha no mercado de serviço de busca para criar uma vantagem anticompetitiva no mercado de comparação de preços, o que prejudicou não só seus rivais como os consumidores e a inovação.

As preocupações da autoridade foram sintetizadas pela Comissária Margrethe Vestager,[37] que declarou:

> A Google tem criado muitos produtos e serviços inovadores que mudaram as nossas vidas, o que é uma boa coisa! Porém, a estratégia da Google para o seu serviço de comparação de preços não era apenas a de atrair clientes tornando o seu produto melhor do que o dos seus concorrentes. Em vez disso, a Google abusou da sua posição dominante no mercado de busca, promovendo o seu próprio serviço de comparação de preços nos seus resultados de pesquisa e despromovendo os dos concorrentes.
>
> O que a Google tem feito é ilegal ao abrigo das regras antitruste da UE. Negou a outras empresas a possibilidade de competir com base nos seus méritos e de inovar. Mais importante ainda, negou aos consumidores europeus uma escolha genuína de serviços e a possibilidade de tirar pleno partido dos benefícios da inovação.

Veja-se que esse exemplo é interessante por discutir várias das questões já apontadas. Primeiro, destaque para a relevância de elementos não preço em casos de plataformas, na medida em que o foco da análise foi o impacto que o posicionamento e a visualização do produto nos resultados de pesquisa representavam no comportamento dos usuários e como isso representava prejuízos à concorrência. Destaca-se que a decisão[38] explica como se dá esse favorecimento:

Margin Squeeze? (2017). *Journal of Antitrust Enforcement 2018 (Forthcoming)*. Faculty of Law, Stockholm University Research Paper No. 42. Available at SSRN: https://ssrn.com/abstract=3075237 or http://dx.doi.org/10.2139/ssrn.3075237, p. 15.

[36] EUROPEAN COMMISSION. Resumo da Decisão da Comissão, de 27 de junho de 2017 relativa a um processo nos termos do artigo 102 do Tratado sobre o Funcionamento da União Europeia e do artigo 54 do Acordo EEE. [Processo AT.39740 — Google Search (Shopping)]. (2018/C 9/08). Disponível em: https://eur-lex.europa.eu/legal-content/PT/TXT/HTML/?uri=CELEX:52018XC0112(01)&from=PT. Acesso em: 30 ago. 2018.

[37] EUROPEAN COMMISSION. *Antitrust: Commission fines Google €2.42 billion for abusing dominance as search engine by giving illegal advantage to own comparison shopping service*. Press Release, 27 de junho de 2017. Disponível em: http://europa.eu/rapid/press-release_IP-17-1784_en.htm. Acesso em: 30 ago. 2018.

[38] EUROPEAN COMMISSION. Resumo da Decisão da Comissão de 27 de junho de 2017 relativa a um processo nos termos do artigo 102 do Tratado sobre o Funcionamento da União Europeia e do artigo 54 do Acordo EEE. [Processo AT.39740 — Google Search (Shopping)]. (2018/C 9/08). Disponível em: https://eur-lex.europa.eu/legal-content/PT/TXT/HTML/?uri=CELEX:52018XC0112(01)&from=PT. Acesso em: 30 ago. 2018.

(12) Em primeiro lugar, explica a forma como é estabelecido o posicionamento e a visualização dos serviços concorrentes de comparação de preços nas páginas de resultados de pesquisa geral da Google. Em relação ao seu posicionamento, a decisão explica de que modo determinados algoritmos específicos fazem com que os serviços concorrentes de comparação de preços sejam apresentados numa posição mais baixa nas páginas de resultados de pesquisa geral da Google, e de que modo isto afetou a sua visibilidade nas páginas de resultados de pesquisa geral da Google. Em relação à sua visualização, a decisão explica o formato em que os serviços concorrentes de comparação de preços podem ser visualizados nos resultados de pesquisa geral da Google.

(13) Em segundo lugar, explica a forma como é estabelecido o posicionamento e a visualização dos serviços de comparação de preços da própria Google nas páginas de resultados de pesquisa geral da Google. Em relação ao seu posicionamento, a decisão explica que o serviço da Google é posicionado de forma a ter maior visibilidade e não se encontra sujeito aos algoritmos específicos que propiciam a descida de posição dos serviços concorrentes de comparação de preços, nas páginas de resultados de pesquisa geral da Google. Em relação à sua visualização, a decisão explica que o serviço de comparação de preços da própria Google é apresentado com mais visibilidade, no topo ou perto do topo da primeira página de pesquisa geral, enquanto tais funcionalidades não se encontram disponíveis para os seus rivais.

Além disso, indica como o poder de mercado é exercido em casos de plataformas digitais, mostrando como os efeitos de rede analisados são importantes de serem considerados na análise antitruste.

Veja-se ainda a questão de como a utilização de *big data* e dos algoritmos de busca e *rankeamento* de fornecedores podem ser meios para a implementação de condutas anticompetitivas, sendo um diferencial relevante que também deve ser sopesado quando da análise de uma conduta anticompetitiva.

Por sua vez, também se apurou que tal favorecimento representava um desvio de tráfego ou desvio de acesso para o serviço da Google, o que, aliado, por exemplo, à posição de domínio do buscador geral da Google, leva a outras discussões, como a confiança ou mesmo "dependência" dos consumidores em relação aos buscadores e mesmo a limitação de *multi-homing* (ou seja, os usuários não tendem a "confirmar" os resultados em outros buscadores concorrentes do Google), e a como esses fatores, portanto, levam ao abuso de posição dominante.

Por certo que, como em toda boa discussão jurídica, há outros pontos de vista que devem ser considerados para que se tenha uma visão mais ampla da questão. Nesse sentido, vale-se questionar em que medida é razoável que uma plataforma, ao programar seus algoritmos, não venha a ponderar seus produtos de forma diferenciada? Uma plataforma de busca deve necessariamente prestar um serviço imparcial de apresentação de resultados?

Veja-se que isso parece levar a uma discussão mais profunda e que nos remete a algumas considerações sobre possíveis princípios norteadores e desafios de uma eventual regulação de plataformas, na qual seriam tratadas questões como neutralidade, não discriminação e dever de transparência ao menos no esclarecimento ao consumidor quanto aos critérios de classificação dos resultados que lhe forem apontados ou que decorram de publicidade e não de melhor preço ou condições selecionadas pelo consumidor.

III.3 Regulação de plataformas digitais: discussões sobre alguns princípios norteadores

A questão sobre regular ou não regular plataformas digitais – no sentido mais amplo da palavra – tem gerado muitas discussões no campo doutrinário, de políticas públicas de Estado e da própria comunidade econômica diretamente afetada, por óbvio. Além disso, como é de se imaginar, não há uma resposta final ou exata quanto ao melhor a se fazer para proteger interesses e direitos igualmente relevantes, tais como livre-iniciativa, livre concorrência, direitos dos consumidores, privacidade, inovação, dentre outros.

Nesse sentido, Bostoen apresentou uma revisão entre as correntes contrárias e favoráveis à regulação, com uma síntese didática entre as principais ideias de vários autores.[39] De forma geral, as correntes contrárias focam no dinamismo da internet para indicar, por um lado, que o segmento não deve ser "engessado" pela regulação, e, de outro, para considerar que abusos seriam rapidamente corrigidos por novos agentes, menores barreiras à entrada, criação de novos mercados etc. De outro lado, os favoráveis à regulação indicam que as plataformas apresentam especificidades que não se enquadram totalmente em uma regulação já existente, e, nas áreas que tangenciam, não encontram uma resposta rápida e adequada como um segmento dinâmico como esse demanda, para além de outras áreas que seriam não reguladas, tais como, especialmente, as relacionadas a *big data*, *data-driven economy*, dentre outras.

Sobre o tema regulação e princípios norteadores a serem adotados no contexto de plataformas digitais, um primeiro ponto que merece análise diz respeito aos princípios e políticas de neutralidade. Tal conceito está tradicionalmente relacionado a mercados como de telecomunicações ou de provedores de serviços de internet, em que se tem uma estrutura verticalizada, uma facilidade essencial detida por um agente econômico que fornece e também concorre com outros agentes no mercado *downstream*.

Recentemente, iniciativas para a aplicação do princípio de neutralidade a plataformas digitais ganharam força, a exemplo das repercussões decorrentes da decisão da Comissão Europeia no caso Google Shopping, que previu uma espécie de "neutralidade de busca" e que, portanto, acaba por apresentar pontos de observação especialmente nas relações travadas entre plataformas, usuários e fornecedores.

De forma geral, as políticas de neutralidade de redes se baseiam na ideia de não discriminação e "tem como objetivo garantir o acesso, amplo e irrestrito, aos usuários finais, por meio de sua conexão de acesso à Internet, a serviços, conteúdos e aplicativos legais e que não sejam prejudiciais à integridade e confiabilidade da rede".[40]

Por certo que a aplicação de tal conceito às plataformas gera discussões, especialmente relacionadas ao fato de que, no caso de telecomunicações e infraestrutura de rede de internet, lida-se com monopólios naturais, *essential facilities*, o que não ocorre no caso de plataformas digitais. Contudo, não parece razoável pensar que o acesso que tais plataformas representam para a internet constitui um ativo essencial? Sem os serviços de

---

[39] Conferir BOSTOEN, Friso. Neutrality, Fairness or Freedom? Principles for Platform Regulation. March 31, 2018. *Internet Policy Review 2018*, Vol. 7(1), 1-19. Available at SSRN: https://ssrn.com/abstract=3161328, p. 2-3.

[40] BRITTO, Tatiana Alessio de. *Neutralidade de Redes* – Mercado de Dois Lados, Antitruste e Regulação. Tese de Doutorado – Universidade de Brasília. Faculdade de Economia, Administração, Contabilidade e Gestão de Políticas Públicas, 2018, p. 23.

busca e classificação da informação na rede de computadores, os usuários conseguiriam extrair valor de seu conteúdo ou ao menos o extrairiam de forma rápida e eficiente?

Aliás, o princípio da neutralidade – se não por meio de regulação *ex ante* – já foi aplicado pela Comissão Europeia no caso Google Shopping,[41] ao determinar uma "neutralidade de busca", ou seja, que o Google apresente seus resultados de pesquisa de forma não discriminatória, neutra e imparcial:

> Concretamente, a decisão ordena à Google que respeite o simples princípio de dar tratamento igual aos serviços de comparação de preços concorrentes e ao seu próprio serviço:
> A Google tem de aplicar os mesmos procedimentos e métodos para posicionar e mostrar os serviços de comparação de preços concorrentes na página de resultados do Google, tal como daria ao seu próprio serviço de comparação de preços.

Trata-se, pois, de uma decisão que traz importantes aspectos para a reflexão, pois, em outras palavras, previu que uma plataforma que possui uma posição dominante no mercado de pesquisas, e se caracteriza por investir em algoritmos para classificar e organizar a informação disponível na internet, não pode utilizar tal expertise para auxiliar em outra atividade comercial da empresa caso isso represente prejuízos a outros concorrentes.

IV Considerações finais

A partir do exposto, em tempos de superplataformas digitais, novos desenhos de relações jurídicas foram criados e, com isso, novas condutas anticompetitivas foram desenvolvidas – ou ao menos as condutas já conhecidas ganham nova roupagem – e, portanto, o ferramental antitruste deve ser amoldado aos novos desafios.

Nesse contexto, merece destaque a necessidade de analisar a interdependência entre os mercados e/ou produtos e serviços intermediados pela plataforma, bem como efeitos de rede diferentes dos tradicionalmente analisados no contexto antitruste, por serem eles formas de exercício de poder de mercado que não podem ser desconsiderados.

Além disso, chama-se atenção para a racionalidade e os aspectos positivos das chamadas plataformas de busca, comparação de preços e conexão entre ofertantes e consumidores, por prestarem elas serviços relevantes e essenciais nos dias atuais, mas sem que se perca de vista eventuais repercussões anticompetitivas especialmente as de caráter discriminatório entre concorrentes, no contexto de plataformas verticalmente integradas. Isso porque, nesses casos, elas teriam maiores incentivos para excluir seus fornecedores/concorrentes, o que, por sua vez, afetaria negativamente os consumidores, na medida, por exemplo, em que não necessariamente as melhores opções lhes seriam

---

[41] Tradução livre de: "*In particular, the Decision orders Google to comply with the simple principle of giving equal treatment to rival comparison shopping services and its own service: Google has to apply the same processes and methods to position and display rival comparison shopping services in Google's search results pages as it gives to its own comparison shopping service*". EUROPEAN COMMISSION. *Antitrust: Commission fines Google €2.42 billion for abusing dominance as search engine by giving illegal advantage to own comparison shopping service*. Press Release, 27 de junho de 2017. Disponível em: http://europa.eu/rapid/press-release_IP-17-1784_en.htm. Acesso em: 30 ago. 2018.

apresentadas e sim as que mais atendessem aos interesses da plataforma e de seus anunciantes específicos ou cativos.

Por fim, os pontos suscitados apontam para a necessidade de ao menos se discutir uma regulação para a temática das plataformas digitais, em que certamente se mostrará necessário o aprofundamento de questões como políticas ou princípios de neutralidade, não discriminação ou de, ao menos, transparência no esclarecimento ao consumidor quanto aos critérios de classificação dos resultados que lhe forem apontados por tais plataformas de busca e comparação de preços.

Referências

ATHAYDE, Amanda. *Antitruste, varejo e infrações à ordem econômica*. São Paulo: Singular, 2017.

BELLEFLAMME, Paul; PEITZ, Martin. Platforms and Network Effects. Forthcoming, Handbook of Game Theory and Industrial Organization, edited by Luis Corchon and Marco Marini, Edward Elgar. September 2016. Available at SSRN: https://ssrn.com/abstract=2894906.

BOSTOEN, Friso. Neutrality, Fairness or Freedom? Principles for Platform Regulation. March 31, 2018. *Internet Policy Review* 2018, Vol. 7(1), 1-19. Available at SSRN: https://ssrn.com/abstract=3161328.

BOSTOEN, Friso. Online Platforms and Vertical Integration: The Return of Margin Squeeze? (2017). *Journal of Antitrust Enforcement 2018 (Forthcoming)*. Faculty of Law, Stockholm University Research Paper No. 42. Available at SSRN: https://ssrn.com/abstract=3075237 or http://dx.doi.org/10.2139/ssrn.3075237. Acesso em: 25 ago. 2018.

BRITTO, Tatiana Alessio de. *Neutralidade de Redes* – Mercado de Dois Lados, Antitruste e Regulação. Tese de Doutorado – Universidade de Brasília. Faculdade de Economia, Administração, Contabilidade e Gestão de Políticas Públicas, 2018.

BUNDESKARTELLAMT. *Working Paper* – The Market power of platforms and networks. B6-11 3/15. June 2016.

EUROPEAN COMMISSION. Antitrust: Commission fines Google €2.42 billion for abusing dominance as search engine by giving illegal advantage to own comparison shopping service. Press Release, 27 de junho de 2017. Disponível em: http://europa.eu/rapid/press-release_IP-17-1784_en.htm. Acesso em: 30 ago. 2018.

EUROPEAN COMMISSION. Online Platforms and the Digital Single Market Opportunities and Challenges for Europe. Communication from the Commission to the European Parliament, The Council, The European Economic and Social Committee of the Regions. COM(2016) 288. Disponível em: http://eur-lex.europa.eu/legal-content/EN/TXT/PDF/?uri=CELEX:52016DC0288&from=EN. Acesso em: 19 maio 2018.

EUROPEAN COMMISSION. Resumo da Decisão da Comissão de 27 de junho de 2017 relativa a um processo nos termos do artigo 102 do Tratado sobre o Funcionamento da União Europeia e do artigo 54 do Acordo EEE. [Processo AT.39740 — Google Search (Shopping)]. (2018/C 9/08). Disponível em: https://eur-lex.europa.eu/legal-content/PT/TXT/HTML/?uri=CELEX:52018XC0112(01)&from=PT. Acesso em: 30 ago. 2018.

EVANS, David S. Multisided platforms, dynamic competition and the assessment of market power for internet-based firms. Disponível em: https://www.competitionpolicyinternational.com/wp-content/uploads/2016 maio David-Evans.pdf. Acesso em: 15 maio 2018.

EVANS, David S.; SCHMALENSEE, Richard. *Matchmakers*: The new economics of platform businesses (Ebook). Boston, Massachusetts: Harvard Business Review, 2016.

EVANS, David S. The antitrust analysis of multi-sided platform businesses. The University of Chicago. Institute for Law and Economics Working Paper nº 623. Dezembro, 2012. Available at SSRN: https://ssrn.com/abstract=22185373. Acesso em: 23 maio 2018.

EZRACHI, Ariel; STUCKE, Maurice E. *Virtual competition*: The promise and perils of the algorithm-driven economy. Harvard University Press, 2016.

FRAZÃO, Ana. *Direito da concorrência*: pressupostos e perspectivas. São Paulo: Saraiva, 2017.

FRAZÃO, Ana. O poder das plataformas digitais: O que são e quais as suas repercussões sobre a regulação jurídica? Jota. 12.07.2017. https://www.jota.info/opiniao-e-analise/colunas/constituicao-empresa-e-mercado/o-poder-das-plataformas-digitais-12072017. Acesso em: 20 abr. 2018.

JULLIEN, Bruno; REY, Patrick; SAAVEDRA, Claudia. The economics of margin squeeze. Institut D'Economie Industrielle Report. Outubro de 2013. Disponível em: http://idei.fr/sites/default/files/medias/doc/by/jullien/Margin_Squeeze_Policy_Paper_revised_March_2014.pdf. Acesso em: 29 ago. 2018.

KNICKREHM, Mark; BERTHON, Bruno; DAUGHERTY, Paul. Digital disruption: the growth multiplier. Accentury Strategy. Disponível em: https://www.accenture.com/br-pt/insight-digital-disruption-growth-multiplier. Acesso em: 25 maio 2018.

PARKER, Geoffrey G.; ALSTYNE, Marshall W. van; CHOUDARY, Sangeet Paul. Platform revolution: how networked markets are transforming the economy – and to make them work for you (Ebook). London and New York: W.W. Norton & Company, 2016.

PEREIRA NETO, Caio Mario da Silva; CASAGRANDE, Paulo Leonardo. *Direito concorrencial* (Coleção Direito Econômico. Coordenação: Fernando Herren Aguillar). São Paulo: Saraiva, 2016.

RAMOS, David. Alphabet en la era de los conglomerados tecnológicos. Silicon. Disponível em: https://www.silicon.es/alphabet-en-la-era-de-los-conglomerados-tecnologicos-2293167. Acesso em: 31 maio 2018.

ROCHET, Jean-Charles; TIROLE, Jean. Platform Competition in Two-Sided Markets. *Journal of the European Economic Association* (Wiley) 1, n. 4 (Junho 2003): 990-1029.

Informação bibliográfica deste texto, conforme a NBR 6023:2018 da Associação Brasileira de Normas Técnicas (ABNT):

MACHADO, Fernanda Garcia. Plataformas digitais. Repercussões em termos de condutas anticompetitivas discriminatórias. *In*: FRAZÃO, Ana; CARVALHO, Angelo Gamba Prata de (Coord.). *Empresa, mercado e tecnologia*. Belo Horizonte: Fórum, 2019. p. 217-233. ISBN 978-85-450-0659-6.

IMPLICAÇÕES DO *BIG DATA* NA ANÁLISE DE ATOS DE CONCENTRAÇÃO. UMA BREVE ANÁLISE DO CASO FACEBOOK/WHATSAPP

HELOISA MEIRELLES BETTIOL

Introdução

O desenvolvimento da economia e a criação de novas técnicas e métodos de produção e comercialização promoveram profundas mudanças na forma de competição entre os agentes econômicos. Neste sentido, presenciou-se, nas últimas décadas, o surgimento dos mercados de alta tecnologia, nos quais a inovação é importante motor da concorrência.

A importância das mudanças tecnológicas tem sido observada de forma crescente nos últimos tempos. Nesse cenário, sobressai a conclusão de Joseph Schumpeter para quem:

> competition from the new commodity, the new technology, the new source of supply, the new type of organization – competition which commands a decisive cost or quality advantage and which strikes not at the margins of the profits and the output of existing firms, but at their foundations and their very lives.[1]

Dessa forma, a concorrência é, baseada no que ele chamou de "destruição criativa", a forma mais importante de competição.

A inovação pode levar a melhorias tecnológicas nos processos de produção ou nos produtos já existentes, mas também pode levar a mudanças que invalidam mercados já consolidados e criam produtos completamente novos.[2] Esses novos produtos aumentam o bem-estar dos consumidores e criam novas curvas de demanda.[3]

---

[1] SCHUMPETER, Joseph. *Capitalism, socialism and democracy*. New York: Routledge, 2003. p. 84.
[2] GAL, Michal S.; WALLER, Spencer Weber. Antitrust in high-technology industries: a symposium introduction. *Journal of Competition Law & Economics*, vol. 8, Issue 3, p. 449-457, set. 2012.
[3] GAL; WALLER, *Op. cit.*, 2012, p. 449-457.

A importância da inovação também é evidenciada na observação de Joseph Stiglitz, em que as propriedades dinâmicas do capitalismo constituem a base da nossa confiança na sua superioridade em relação a outras formas de organização econômica.[4]

Assim, o desenvolvimento da tecnologia e a inovação cumprem papel essencial no sistema capitalista, possibilitando a produção em larga escala, a criação de novos produtos, mais eficientes e acessíveis, soluções inéditas, dentre outras finalidades.

Nesse contexto, foi possível observar uma mudança de hábito dos consumidores em relação ao uso da internet. O que antes era uma atividade restrita a um pequeno grupo privilegiado, em pouco tempo ganhou dimensões planetárias, abrangendo praticamente todas as atividades do cotidiano, desde fazer compras até ler livros, notícias ou até mesmo assistir vídeos. Essas atividades incentivaram empresas a criarem mecanismos de coleta de dados, que registram cada movimentação do usuário de forma precisa e que permite conclusões individualizadas sobre sua receptividade a mensagens de vendas específicas.[5]

O termo *Big Data* é comumente utilizado para descrever como essa grande quantidade de dados que pode agora ser usada para entender, analisar e prever tendências em tempo real.

Segundo Alec Ross, há um equívoco comum de que os avanços tornados possíveis graças à *Big Data* são simplesmente em função da quantidade de dados coletados.[6] Na verdade, o crescimento da quantidade de dados sem a capacidade de processá-los não é útil em si mesmo.[7]

O aumento na coleta de dados e o crescimento do poder dos computadores se complementam. Quanto mais dados disponíveis, maiores serão os investimentos em computadores poderosos e armazenamento abundante para processá-los e desenhar estratégias de negócios através deles. Conforme os computadores se tornam mais potentes, mais fácil é reunir grandes quantidades de dados e deles extrair variadas e detalhadas conclusões.[8]

O ritmo das mudanças tecnológicas parece aumentar. Além disso, algumas das características das indústrias de alta tecnologia mudaram: as empresas muitas vezes são virtuais, caracterizadas por fortes efeitos de rede e apresentam problemas complicados na interseção entre antitruste e proteção de dados. Cada vez mais indústrias, principalmente aquelas baseadas em plataformas de *software*, exibem sinais de mercados de vários lados.[9]

Dado o papel central que a *Big Data* tem desempenhado no nosso cotidiano, a análise da forma como esse tipo de dado afeta o mercado é essencial. Ainda que vários artigos e relatórios tenham sido escritos sobre o tema, nenhuma tentativa real foi feita pelas autoridades da concorrência para analisar as implicações desse novo fenômeno em atos de concentração. Em vez disso, a maioria das análises baseia-se em suposições de como esse mercado opera.

---

[4] STIGLITZ, Joseph E. Technological Change, Sunk Costs and Competition. *Brookings Papers on Economic Activity*, p. 884, mar. 1987.

[5] Competition Law and Data, 10th May, 2016, Disponível em: http://www.bundeskartellamt.de/SharedDocs/Publikation/DE/Berichte/Big%20Data%20Papier.pdf?__blob=publicationFile&v=2. Acesso em: 31 ago. 2017.

[6] ROSS, Alec. *The Industries of the Future*. New York: Simon & Schuster, 2016. p. 409.

[7] ROSS, *Op. cit.*, 2016, p. 409.

[8] ROSS, *Op. cit.*, 2016. p. 416.

[9] EVANS, David S. *The Antitrust Economics of Two-Sided Markets* (2002). Disponível em: https://ssrn.com/abstract=332022.

Dito isso, cabe ao presente artigo discorrer sobre as possíveis implicações a serem enfrentadas pelas autoridades de defesa da concorrência na análise de atos de concentração envolvendo *Big Data*.

Para tanto, será analisado o caso Facebook/WhatsApp, de grande repercussão mundial e que representou o primeiro caso atual de operações envolvendo mercados de dois lados, em que o preço de um dos lados era zero.

O trabalho se subdividirá em três capítulos, os quais abordarão os seguintes temas, a seguir descritos:

No *item I* será feita uma análise geral do conceito de *Big Data*. Além disso, serão analisados conceitos e características comuns aos mercados digitais, como mercados de dois lados e efeitos de rede, fundamentais para o entendimento dos capítulos posteriores, principalmente no que se refere à análise de atos de concentração.

No *item II* será analisado como a *Big Data* pode afetar a aplicação das leis de concorrência, observando, por sua vez, as principais ferramentas disponíveis para as autoridades da concorrência e as questões levantadas nas operações envolvendo tal mercado.

Por fim, no *item III* será estudado o referido caso Facebook/WhatsApp, ressaltando-se todas as preocupações destacadas nos capítulos anteriores, além do seu recente desfecho.

I   *Big Data* e mercados digitais

I.1 Conceito de *Big Data*

Embora o *Big Data* tenha surgido como um tema muito discutido de política da concorrência, a literatura antitruste atual falhou em fornecer uma definição unânime do termo em si.[10] A Comissão Europeia reduziu o escopo de *Big Data* para volume, definindo-o como "grandes conjuntos de dados".[11] Em uma linha similar, a McKinsey define *Big Data* como "grandes conjuntos de dados que podem ser capturados, comunicados, agregados, armazenados e analisados".[12] Esta definição limitada de *Big Data* causou incerteza entre os especialistas de defesa da concorrência quanto à real relevância desses dados no âmbito do antitruste. O debate entre Tucker e Wellford[13] e Stucke e Grunes[14] reflete a realidade ambígua relacionada à importância concorrencial do *Big Data*.

De um lado, Tucker e Wellford consideram que *Big Data* equivale a um grande volume de dados, devido à sua ubiquidade, baixo custo, ampla disponibilidade e valor transitório.[15] Assim, a avaliação dos autores se concentra exclusivamente no acesso ao

---

[10] Maurice E. Stucke and Allen P. Grunes, *"Big Data and Competition"*, Oxford University Press, 2016.
[11] OCELLO, E.; SJÖDIN, C.; SUBOCS, A. *"What's Up with Merger Control in the Digital Sector? Lessons from the Facebook/WhatsApp EU Merger Case"*, 1 Competition Merger Brief, 2015, p 6.
[12] MCKINSEY GLOBAL INSTITUTE, *"Big Data: The next frontier for innovation, competition, and productivity"*, 2011.
[13] TUCKER, Darren S.; WELLFORD, Hill B. "Big Mistakes Regarding Big Data", the antitrust source, 2014
[14] STUCKE, Maurice E.; GRUNES, Allen P. "No Mistake About It: the Important Role of Antitrust in the Era of Big Data", the antitrust source, 2015 and STUCKE, Maurice E.; GRUNES, Allen P. *"Big Data and Competition"*, Oxford University Press, 2016.
[15] TUCKER and WELLFORD, *Op. cit.*, 2014.

volume de dados. Essa abordagem opõe-se à definição dada pelos autores, onde *Big Data* não se limita apenas à coleta de volume coletado, mas também à análise e exploração de dados.[16]

Por outro lado, Stucke e Grunes concordam com o entendimento introduzido por Doug Laney em 2001,[17] os três Vs: o volume de dados; a velocidade com que os dados são coletados, usados e disseminados; e a variedade de informação agregada. Os autores, no entanto, adicionam um quarto V, o valor dos dados.[18]

I.1.1 Volume

Com o crescimento do acesso à banda larga, telefones, *e-commerce* e mídias sociais, os consumidores estão ativa e passivamente divulgando mais informações pessoais. Organizações coletam dados de uma grande variedade de fontes, incluindo transações comerciais, redes sociais e informações de sensores ou dados transmitidos de máquina a máquina.[19]

Taurion destaca que o aumento acelerado de volume de dados vem chamando atenção pela acelerada escala em que volumes cada vez maiores de dados são criados pela sociedade.[20]

No passado, armazenar tamanha quantidade de informações teria sido um problema – mas novas tecnologias têm aliviado a carga. Segundo Stucke e Grunes, uma das razões para o aumento na coleta de dados foi a redução dos custos para coletar, armazenar, processar e analisar esses dados.[21]

I.1.2 Velocidade

Para formar o tripé do conceito de *Big Data*, é necessário um grande poder de tempo de resposta com que os dados e informações são analisados, realizando as análises no menor tempo possível. "Muitas vezes é preciso agir em tempo real, exigindo um processamento que acompanhe esta velocidade".[22]

Por exemplo, o comércio de ações e outras máquinas de aprendizagem, onde sistemas autônomos, através de algoritmos, podem "aprender com dados de situações anteriores e tomar decisões autônomas com base na análise desses dados".[23]

---

[16] TUCKER; WELLFORD, *Op. cit.*, 2014.

[17] LANEY, Doug. (2001) 3D data management: *Controlling data volume, velocity and variety*. META Group Research Note, v. 6, p. 70.

[18] STUCKE, Maurice E.; GRUNES, Allen P. *Big Data and Competition Policy*. Oxford: University Press, 2016. p. 16

[19] "The digitization of nearly all media and the increasing migration of social and economic activities to the Internet (through Internet-based services such as social networks, e-commerce, e-health and e-government) have been two of the most important developments leading to the generation of unprecedented volumes of digital data across all sectors of the economy and in all areas of social life" (OECD (2015), *Data-Driven Innovation: Big Data for Growth and Well-Being*, Paris: OECD Publishing).

[20] TAURION, Cezar. *Big Data*. Rio de Janeiro: Brasport Livros e Multimídia Ltda., 2013. p. 30-31.

[21] TAURION, *Op. cit.*, 2013. p. 32.

[22] TAURION, *Op. cit.*, 2013. p. 32.

[23] OCDE. *Op. cit.*, 2015.

A velocidade dos dados está diretamente relacionada ao seu valor. Dependendo do seu propósito, quanto mais velhos os dados, menor o seu valor.[24] Dados de trânsito utilizados para informar a posição do veículo e a situação do trânsito não serão úteis se a informação estiver desatualizada.

I.1.3 Variedade

O conceito da variedade engloba o uso dos diferentes tipos de dados, onde são de diversas fontes e origens, podendo ser estruturados ou não.

> Os dados vêm de sistemas estruturados (hoje minoria) e não estruturados (a imensa maioria), gerados por e-mails, mídias sociais, documentos eletrônicos, apresentações estilo Powerpoint, mensagens instantâneas, sensores, etiquetas RFID, câmeras de vídeo, etc.[25]

Os dados podem ser classificados de três maneiras: pelo tipo de informação fornecida por eles, dados estruturados e não estruturados e a forma utilizada para coletar esses dados.

Os dados podem ser categorizados de acordo com os diferentes tipos de informações que fornecem, que podem ser de diferentes graus de utilidade e acesso para uma empresa. Por exemplo, os dados podem fornecer informações sobre indivíduos, entidades econômicas ou objetos: eles podem fornecer informações sobre um comportamento individual, preferências, localização geográfica e velocidade de um carro.

Além disso, os dados podem ser estruturados ou não estruturados. A informação armazenada nos bancos de dados é conhecida como dados estruturados, porque é representada em um formato estrito.[26] Por exemplo, cada registro em uma tabela de banco de dados relacional.

No entanto, nem todos os dados são coletados e inseridos em bancos de dados estruturados cuidadosamente projetados. Os dados não estruturados não seguem um modelo específico e geralmente precisam ser processados por algoritmos para se tornarem de valor comercial.[27]

Por fim, os dados podem ser caracterizados pela forma com que foram obtidos. Os dados podem ser reunidos de diferentes maneiras, o que pode, por sua vez, ter um impacto no seu valor econômico, por exemplo, em relação à questão da escassez de dados. Eles podem ser fornecidos voluntariamente pelos usuários, como cadastro em lojas ou redes sociais; extraídos a partir do comportamento dos consumidores; ou deduzidos a partir de dados já existentes.

A fusão de diferentes dados – especialmente quando grandes conjuntos de dados (*Big Data*) são fundidos e, em seguida, explorados – reúne novas informações que podem permitir que um vendedor ou um concorrente compreenda melhor e explore o mercado.[28] Às vezes, o potencial de fusão de dados pode ser explorado através da

---

[24] STUCKE; GRUNES, *Op. cit*, 2016. p. 21
[25] TAURION, *Op. cit.*, 2013. p. 30-31.
[26] ELMASRI, Ramez. *Fundamentals of database systems*. Boston: Addison-Wesley, 2011. p. 416.
[27] HARRIS, Jim. "Bridging the divide between unstructured and structured data". Disponível em: https://datascience.berkeley.edu/structured-unstructured-data/. Acesso em: 23 jul. 2017.
[28] OCDE, *Big Data: Bringing Competition Policy to The Digital Era*. Competition Committee. DAF/COMP(2016)14.

combinação de dados pessoais com muitos outros tipos de dados, tais como condições climáticas, eventos públicos, inventários ou mesmo dados coletados em componentes da máquina para detectar o desgaste.[29]

I.1.4 Valor

Conforme processamos mais volume de dados na plataforma, nós acumulamos mais informações, como preços, localizações geográficas, preferências e etc. Esses dados podem otimizar vendas e a produção para vendedores, além de alimentarem algoritmos tornando-os mais inteligentes. Como resultado, têm-se combinações mais eficientes entre compradores e vendedores, já que ambos são atraídos para a plataforma, fortalecendo o efeito de rede e, portanto, aumentando a liquidez do mercado.

Dessa forma, o que dá valor aos dados é a sua análise, que transforma *bits* e *bytes* não estruturados em informações acessíveis. O rápido avanço das técnicas de processamento de dados e aprendizado de máquinas juntamente com o uso de ferramentas tradicionais, como estatísticas, são utilizados para extrair informações valiosas dos dados. Isso, por sua vez, cria um círculo virtuoso entre os incentivos para coletar novos dados e avanços na síntese e análise desses dados.

Assim, as informações extraídas dos dados em muito contribuem para a tomada de decisão na economia moderna.[30] Através dessas informações, as empresas conseguem criar melhores produtos e serviços, direcionar os consumidores para anúncios personalizados, discriminar consumidores com base nas preferências pessoais de cada um e, assim, ter um conhecimento mais aprofundado do potencial aquisitivo, por exemplo. O governo também pode se beneficiar dessas informações no combate ao terrorismo e prevenção de doenças, através do monitoramento em tempo real, possível graças à velocidade e variedade dos dados.[31] Por fim, resta aos consumidores produtos melhores e ofertas direcionadas.

I.2 Dados são a nova moeda para a transformação digital

Considerando que o acesso a um grande volume ou variedade de dados seja importante para garantir a competitividade no mercado, a sua coleta pode resultar em barreiras de entrada quando os novos operadores não conseguem coletá-los ou comprar acesso ao mesmo tipo de dados, em termos de volume e/ou variedade, como dispõem as empresas já estabelecidas no mercado.

Com o crescimento do *Big Data*, as empresas não apenas nos acompanharão passivamente. Em vez disso, como um relatório da Casa Branca[32] observou, existe

---

[29] OCDE, *Op. cit.*, 2016.
[30] RUBINFELD, Daniel L.; GAL, Michael S. *Access Barriers To Big Data*. Arizona Law Review, vol. 59, p. 339-381, 2017.
[31] *Como cientistas usam dados para prever de epidemias a ataques terroristas* – Disponível em: https://noticias.uol.com.br/ciencia/ultimas-noticias/redacao/2017/01/16/big-data-e-colaboracao-permite-prever-de-epidemias-a-ataques-terroristas.htm. Acesso em: 25 ago. 2017.
[32] White House Report. *Big Data*: Seizing opportunities, preserving values, 2014.

o "potencial crescente de grandes análises de dados para ter um efeito imediato no ambiente envolvente de uma pessoa ou decisões sobre sua vida".[33]

Hoje, os dados são a moeda que nos fornece serviços on-line "gratuitos" e um ambiente de internet avançado. Para que esses meios de comunicação estejam disponíveis, um preço será pago, e os consumidores aceitam o "custo" aparentemente "gratuito". Não é surpresa receber promoções, cupons e anúncios direcionados e personalizados. Além disso, espera-se que pesquisas na *web* ofereçam os resultados corretos, rapidamente.

Essa preocupação foi endereçada pela Comissária Europeia da Concorrência, Margrethe Vestager:

> These incredibly powerful tools, like search engines and social media, are available for free. In many cases, that's because we as consumers have a new currency that we can use to pay for them – our data. This new currency brings its own challenges. It isn't always easy to know what it's worth. The exchange rate between data and services isn't reported on the news. So it can be hard to decide how much data to give up in return for sharing photos with our friends, or watching a TV show, or sending a message. But it's clear that these are business transactions, not free giveaways. So consumers have a right to be treated fairly, just as they would if they had paid in cash.[34]

De modo geral, os consumidores não se beneficiam quando os serviços são "gratuitos", isso porque esses serviços não são realmente gratuitos.[35] Dessa forma, os consumidores pagam com seus dados pessoais e privacidade. Por falta de transparência, os consumidores muitas vezes não sabem o custo real desses serviços.

I.3 O ecossistema das plataformas digitais

De acordo com a literatura antitruste, plataformas como Google e Facebook podem ser inseridas na categoria de mercados de dois lados, pois reúnem dois grupos distintos de consumidores, a saber, usuários e anunciantes.

Essas plataformas fornecem um mercado onde diferentes tipos de *players* podem interagir, como compradores e vendedores, empregadores e funcionários, ou mesmo indivíduos em sites de namoro on-line. As plataformas correspondentes ganham dinheiro cobrando taxas fixas para acessar a plataforma e taxas variáveis por transação. Frequentemente, o grupo de usuários com maior elasticidade de demanda é subsidiado pelo outro grupo (por exemplo, os clientes não pagam para usar sites de compras, os candidatos a emprego não pagam para usar sites de emprego, etc.). No entanto, todos os grupos têm seus dados privados coletados, o que é usado para melhorar a qualidade da plataforma e dos algoritmos de correspondência, levando em última instância a um maior número de transações.

---

[33] "(...) growing potential for *Big Data* analytics to have an immediate effect on a person's surrounding environment or decisions being made about his or her life" (tradução livre) (White House Report. *Big Data*: Seizing opportunities, preserving values, 2014).
[34] VESTAGER, Margrethe. "*Competition in a Big Data World*" (discurso), Comissão Europeia, Munique, 17 jan. 2016. Disponível em: http://ec.europa.eu/commission/commissioners/2014-2019/vestager/announcements/competition-big-data-world_en. Acesso em: 31 ago. 2017.
[35] STUCKE, Maurice E.; GRUNES, Allen P. *Big Data and Competition Policy*. Oxford: University Press, 2016. p. 10-11.

Os vários lados da plataforma tendem a gerar, como resultado de externalidades de rede diretas e indiretas,[36] a concentração de usuários e de seus respectivos dados nas mãos de alguns *players*.[37] No entanto, as plataformas desempenham um papel fundamental na criação de efeitos de rede indiretos. Segundo Evans e Schmalensee, o principal desafio para as plataformas entrantes é obter agentes suficientes de cada lado para impulsionar os efeitos de rede.[38] Por meio dos efeitos indiretos, as plataformas valorizam os agentes econômicos através de preços, *design* de produtos, *marketing* e outros esforços para atrair agentes de cada lado.[39]

Por sua vez, o uso do *Big Data* provê às plataformas digitais poder de mercado substancial no fornecimento de serviços de informação essenciais, sobre os quais todas as empresas e consumidores dependem. Esses modelos de negócios se mostraram altamente rentáveis, permitindo que essas plataformas estejam entre as mais valiosas empresas do mundo.[40] Conclui a OCDE que a alta rentabilidade *per se* não implica prejuízo competitivo, desde que o sucesso do negócio seja alcançado por meio da inovação baseada em dados e não através da exploração de *Big Data* para discriminar alguns *players*, impor custos de mudança, contratos de exclusividade ou outras formas de abuso.[41]

I.4 O efeito de rede

Talvez a fonte mais citada de poder de mercado em indústrias de alta tecnologia sejam os efeitos de rede.[42] Nos mercados em que o efeito de rede está presente, o valor de um produto ou serviço depende do número de utilizações de outras pessoas.

Os usuários de certos produtos podem ser considerados como formadores de rede, seja porque estão fisicamente conectados ou porque possuem relações de mercado próximas. O efeito de rede ou externalidade de rede[43] é um benefício conferido aos usuários de um produto pela compra desse produto por uma outra pessoa.

Os efeitos podem ser diretos quando os benefícios que os usuários de um grupo obtêm de um serviço específico dependem do número de outros usuários deste grupo que usam o serviço. Também podem ser indiretos, quando os benefícios que os usuários obtêm de um serviço dependem do número de usuários de um outro serviço.

---

[36] KATZ; SHAPIRO. *Systems Competition and Network Effects* (1994), 8 *Journal of Economic Perspectives*, p. 93.

[37] Mercados onde o monopólio é o resultado quase inevitável do sucesso do mercado. Ver mais em: OECD (2015), Data-Driven Innovation: *Big Data* for Growth and Well-Being, OECD Publishing, Paris.

[38] EVANS, David S.; SCHMALENSEE, Richard. The Antitrust of Multi-Sided Platform Businesses. *Coase-Sandor Institute for Law & Economics Working Paper*, n. 623, 2012.

[39] EVANS; SCHMALENSEE, *Op. cit.*, 2012.

[40] "These titans – Alphabet (Google's parent company), Amazon, Apple, Facebook and Microsoft – look unstoppable. They are the five most valuable listed firms in the world. Their profits are surging: they collectively racked up over $25bn in net profit in the first quarter of 2017. Amazon captures half of all dollars spent online in America. Google and Facebook accounted for almost all the revenue growth in digital advertising in America last year". Disponível em: https://www.economist.com/news/leaders/21721656-data-economy-demands-new-approach-antitrust-rules-worlds-most-valuable-resource. Acesso em: 31 ago. 2017.

[41] OCDE, *Op. cit.*, 2016.

[42] Evans and Schmalensee, *The Antitrust Analysis of Multi-Sided Platform Businesses* 2013; YOO, Christopher S. *When Antitrust Met Facebook*. 19 George Mason L. Rev. 1147, 2012.

[43] FATUR, Andrej. *EU Competition Law and the Information and Communication Technology Networks Industries*: Economic versus Legal Concepts in Pursuit of (Consumer) Welfare. Portland: Hart Publishing, 2021. p. 82.

Vários estudos demonstraram que maiores pontuações de reputação ajudam o produtor a ganhar mais dinheiro em mercados, seja vendendo mais ou com capacidade para cobrar preços mais altos.[44] Do lado dos consumidores, o aspecto de personalização das plataformas tende a ser uma parte fundamental da criação de valor adicional.[45] Esse valor fortalece os efeitos de rede e cria uma situação em que uma plataforma se torna ainda mais valiosa quanto mais se envolve com ela.[46]

Por exemplo, se um mecanismo de pesquisa só tiver poucas consultas diárias, seus algoritmos têm menos dados para aprender e menos pesquisas relacionadas podem ser sugeridas aos usuários. Com resultados de pesquisas mais pobres, é improvável que se atraia tantos usuários quanto motores de busca maiores, como o Google. Por ter menos usuários, o mecanismo de busca irá atrair menos anunciantes, o que significa poucas oportunidades para os usuários clicarem em resultados de pesquisas pagas e com isso menos receitas oriundas de atividades publicitárias. Considerando esse cenário, torna-se difícil a expansão da plataforma para outro serviço.

Com cada novo usuário que a plataforma conquista frente aos seus concorrentes, o fator qualidade pode surgir. Se as diferenças de qualidade se tornam evidentes para os usuários, a plataforma pode atrair novos usuários para a sua rede, inclusive das plataformas concorrentes. Em mercados com efeitos de rede baseados em dados, como motores de busca, redes sociais, aplicativos de navegação, a plataforma "vencedora" não só gera mais receita – quando o usuário clica em anúncios patrocinados –, como esses dados também ajudam a melhorar a qualidade do produto, o que atrai futuros anunciantes e usuários. Dessa forma, se combinado ao efeito de rede de plataformas já consolidadas, esse valor adicional cria uma forma de *lock-in*, que torna a competição com uma plataforma bem-sucedida extremamente difícil.[47]

Portanto, a plataforma dominante pode não cometer nenhum ilícito do ponto de vista concorrencial, e, no entanto, o efeito de rede pode reforçar o domínio e evitar que as plataformas rivais ganhem clientes.[48]

II Implicações

Big Data é frequentemente caracterizado pelos 4 Vs: volume, velocidade, variedade e valor. Na visão de alguns autores, essas características, aliadas às características próprias dos mercados digitais, têm várias implicações para a política de concorrência, incluindo aumentar as barreiras para entrar e excluir o acesso a insumos essenciais.

A integração vertical aparenta ser uma característica comum aos agentes atuantes na nova economia, conforme diversos exemplos demonstram. Uma empresa como a Apple é simultaneamente uma plataforma (através do sistema operacional iOS, Apple Store e iTunes); um vendedor de produtos tecnológicos múltiplos, como computadores,

---

[44] MOAZED, Alex; JOHNSON, Nicholas L. *Modern Monopolies*: what it takes to dominate the 21st-century economy. New York: St. Martin's Press, 2016. p. 100.
[45] MOAZED; JOHNSON, *Op. cit.*, 2016, p. 100.
[46] MOAZED; JOHNSON, *Op. cit.*, 2016, p. 100.
[47] MOAZED; JOHNSON, *Op. cit.*, 2016, p. 100.
[48] OCDE. *Roundtable on two-sided markets*. Competition Committee, DAF/COMP (2009)69, 2009.

tablets, telefones e relógios; e um fornecedor de infraestrutura de TI, através da prestação do serviço iCloud. Ao mesmo tempo, a Apple interage com muitos tipos de jogadores, transacionando produtos e serviços com os consumidores, cobrando fornecedores de conteúdo (os desenvolvedores de aplicativos) para o uso das plataformas da Apple, vendendo espaço publicitário e até mesmo cooperando com plataformas, como Facebook ou LinkedIn. A Amazon, incialmente uma loja digital, hoje possui uma infinidade de *hardwares* (Kindle, Fire Phones, Fire Tablets, Fire TV) e recentemente anunciou a aquisição do Wholefoods, uma rede de supermercados multinacional dos Estados Unidos que comercializa produtos naturais, orgânicos ou sem preservantes, sabores, cores e gorduras artificiais.[49] O Facebook, por sua vez, cada vez mais se integra a outras formas de redes sociais, como o WhatsApp e o Instagram.

Além disso, a natureza cíclica da concorrência significa que plataformas digitais bem-sucedidas tendem a adquirir poder de mercado significativo, porém transitório. A economia digital também se caracteriza e tem como essencial a concorrência dinâmica, baseada em ciclos contínuos de inovação, desenvolvimento e rupturas.[50]

A Comissão Europeia, por exemplo, considerou essas características dinâmicas quando aprovou a aquisição do Skype pela Microsoft: "um setor novo e de rápido crescimento caracterizado por ciclos de inovação curtos em que grandes participações de mercado podem se tornar efêmeras".[51] Nesse contexto dinâmico, a Comissão entendeu que "as altas participações de mercado não são necessariamente indicativas de poder de mercado e, portanto, de danos à concorrência (...)".[52]

Nesse sentido, a batalha sobre os dados pessoais motivou aquisições estratégicas nos últimos anos. Isso porque, como visto anteriormente, o valor dos dados depende do volume, da variedade e da velocidade. Dessa forma, as empresas se concentram cada vez mais em adquirir uma vantagem de dados através de fusões, segundo a OCDE, o número de operações envolvendo *Big Data* mais do que duplicou entre 2008 e 2012.[53]

Como a aquisição e o uso do *Big Data* se tornaram elementos-chave para a concorrência no setor, as empresas buscam cada vez mais estratégias para obter e manter uma vantagem de dados. Stucke e Ezrachi argumentam que as empresas estão adotando cada vez mais modelos de negócios que dependem de dados pessoais como uma chave de entrada: as empresas oferecem serviços gratuitos para indivíduos com o objetivo de adquirir dados pessoais valiosos para ajudar os anunciantes a orientá-los melhor

---

[49] Em 15 de junho de 2017, foi anunciado que a Amazon.com realizou uma oferta de compra de 100% das ações da empresa por US$ 13.7 bilhões. Ao final da aprovação pelos órgãos competentes, será a maior compra realizada pela Amazon.com e expandirá a presença da empresa no varejo físico. Disponível em: http://www.valor.com.br/empresas/5006726/amazon-vai-comprar-rede-americana-whole-foods-por-us-137-bilhoes. Acesso em: 20 jul. 2017.

[50] BAGNOLI, Vicente. *Concorrência na era do Big Data favorece o consumidor*. Disponível em: http://www.conjur.com.br/2015-nov-13/vicente-bagnoli-concorrencia-big-data-favorece-consumidor. Acesso em: 20 jul. 2017.

[51] "(...) a recent and fast-growing sector which is characterized by short innovation cycles in which large markets shares may turn out to be ephemeral" (tradução livre) (UNIÃO EUROPEIA. Comissão Europeia. Case M.6281. Julgado em: 07 out. 2011. Disponível em: http://ec.europa.eu/competition/mergers/cases/decisions/m6281_924_2.pdf. Acesso em: 31 ago. 2017 EN.pdf. Acesso em: 31 ago. 2017).

[52] "(...) high market shares are not necessarily indicative of market power and, therefore, of lasting damage to competition" (tradução livre) (UNIÃO EUROPEIA. Comissão Europeia. Case M.6281. Julgado em: 07 out. 2011. Disponível em: http://ec.europa.eu/competition/mergers/cases/decisions/m6281_924_2.pdf. Acesso em: 31 ago. 2017 EN.pdf. Acesso em: 31 ago. 2017).

[53] OECD, *Data-Driven Innovation*: Big Data for Growth and Well-Being. Paris: OECD Publishing, 2015.

com publicidade comportamental.[54] Embora a rivalidade competitiva e o impulso para manter uma vantagem de dados possam ser pró-competitivos, produzindo inovações que beneficiem os consumidores e a empresa, algumas autoridades da concorrência enfatizam que os efeitos da rede e as economias de escala impulsionadas pelo *Big Data* também podem conferir poder de mercado e uma competitividade durável de vantagem.[55]

II.1 Identificação do mercado relevante

Definir o mercado relevante é o primeiro passo na análise de qualquer operação. É necessário determinar quais produtos ou serviços são de fato (ou potencialmente) concorrentes, além de permitir à autoridade da concorrência medir a capacidade de uma empresa exercer poder de mercado.

A avaliação de qualquer fusão, independentemente do nível de maturidade e inovação tecnológica do mercado, é muitas vezes um exercício delicado que requer uma investigação sofisticada. Quando uma transação envolve produtos e serviços novos ou sujeito ao desenvolvimento tecnológico contínuo, definir o mercado relevante pode revelar-se ainda mais desafiante.

Embora seja comum avaliar a substituibilidade do produto, tanto do lado da demanda como do lado da oferta, o foco principal da definição de mercado é frequentemente no lado da demanda, ou seja, em que grau os clientes substituiriam um produto por outro.[56] A esse respeito, é normal as autoridades basearem-se no teste SSNIP, que avalia se os clientes mudariam para substitutos prontamente disponíveis em resposta a um hipotético aumento de preços (*small but permanente price increase*). Nesse sentido, um mercado de produtos só pode existir se um produto ou serviço estiver disponível para clientes.

Considerando essa abordagem, os dados que são usados apenas internamente para viabilizar outro serviço, como serviços de publicidade, não podem constituir um mercado relevante de produtos.[57] Somente se os dados forem vendidos diretamente aos clientes é que a provisão dessa informação poderia potencialmente constituir um mercado relevante.[58]

As operações que envolvem *Big Data* geralmente surgem em mercados de dois lados, ou seja, situações em que a plataforma atende, simultaneamente, dois grupos interdependentes de adquirentes.[59]

Os consumidores estão de um lado do mercado e eles recebem serviços que são subsidiados por anunciantes do outro lado. Ambos os consumidores e os anunciantes

---

[54] EZRACHI, Ariel; STUCKE, Maurice E. *Virtual Competition*: The Promise and Perils of the Algorithm-Driven Economy. Cambridge: Harvard University Press. p. 30.

[55] Competition Law and Data, 10th May, 2016, Disponível em: http://www.bundeskartellamt.de/SharedDocs/Publikation/DE/Berichte/Big%20Data%20Papier.pdf?__blob=publicationFile&v=2. Acesso em: 31 ago. 2017.

[56] BREUVART, Charlotte ; CHASSAING, Étienne ; PERRAUT, Anne-Sophie. *Big Data and competition law in the digital sector*: Lessons from the European Commission's merger control practice and recent national initiatives. Concurrences, n. 3-2016, p. 41-55.

[57] BREUVART; CHASSAING; PERRAUT, *Op. cit.*, 2016, p. 41-55.

[58] TUCKER; WELLFORD, *Op. cit.*, 2014, p. 8.

[59] ATHAYDE, Amanda. *Antitruste, varejo e infrações à ordem econômica*. São Paulo: Singular, 2017. p. 88

podem sentir efeitos de bem-estar, no entanto, houve uma tendência nas agências em se concentrar no lado "pagador" do mercado e assumir que, na maioria dos casos, esse foco também aborda os efeitos no lado subsidiado ou "livre". As agências tardaram em desenvolver uma análise que leva em consideração ambos os lados do mercado.

Nesse sentido, a OCDE sinaliza a necessidade de se considerar ambos os lados na definição e na análise concorrencial dos mercados relevantes. Em amplo estudo realizado em 2009,[60] recomendou a superação dos métodos de análise tradicionais e das fórmulas aplicáveis a análises de mercado de um lado, tais como o teste do monopolista hipotético. Estes, conforme se indica, não se aplicariam aos mercados de dois lados, a não ser que houvesse uma certa adaptação.[61]

É importante notar que preço é apenas uma dimensão da concorrência. Embora seja frequentemente conveniente para economistas se concentrarem no preço nos modelos econômicos de comportamento empresarial, geralmente se entende que o preço nesses modelos incorpora todas as medidas da concorrência, incluindo diferenças de qualidade.[62]

Portanto, é preciso cautela ao usar as ferramentas de análise de mercado quando se trata de mercados digitais. Isso porque alguns desses mecanismos podem fracassar quando o preço para os consumidores é zero – ou seja, lado livre da plataforma –, situação comum nesse tipo de mercado.

II.2 Poder de mercado

O surgimento do poder de mercado é avaliado no contexto do controle de atos de concentração. As participações de mercados das empresas envolvidas em uma concentração são indicadores fortes para decidir se uma transação pode ter efeitos negativos no ambiente concorrencial.

Uma questão importante a ser analisada nas operações envolvendo o setor de tecnologia é se a obtenção de grande quantidade de dados pode impedir significativamente a concorrência.

O acesso a um conjunto de dados em um ambiente competitivo pode ser de grande valor, por exemplo, quando um conjunto de dados facilita publicidade mais direcionada. O fato de que as empresas veem o potencial em uma transação em que obtém acesso a grandes dados segue, de modo geral, os valores que estão sendo pagos na operação. Alguns casos que foram analisados pela Comissão Europeia ilustram essa tendência: Google/ Double Click (operação avaliada em 3,1 bilhões de dólares),[63]

---

[60] OCDE. *Op. cit.*, 2009.
[61] WRIGHT, Julian. One-Sided Logic in Two-Sided Markets. *AEI-Brookings Joint Center Working Paper*, n. 03-10, September 2003.
[62] EVANS, David S. The Antitrust Economics of Free. *John M. Olin Program in Law and Economics Working Paper*, n. 555, 2011.
[63] UNIÃO EUROPEIA. Comissão Europeia. Case M.4731. Julgado em: 11 mar. 2008. Disponível em: www.ec.europa.eu/competition/mergers/cases/decisions/m4731_20080311_20682_de.pdf, §§ 359-366; acesso em: 31 ago. 2017.

Facebook/WhastApp (operação avaliada em 19 bilhões de dólares)[64] e Microsoft/LinkedIn (operação avaliada em 26 bilhões de dólares).[65]

O poder de mercado pode ser difícil de ser avaliado quando as empresas fornecem serviços gratuitos aos consumidores em troca de dados, casos em que as autoridades podem subestimar o grau de poder de mercado, ou mesmo entender que o mercado não apresenta nenhum problema de concorrência. No entanto, a oferta de preço zero pode fazer parte de uma estratégia de maximização de lucros para atrair consumidores sensíveis aos preços e, então, exercer poder de mercado sobre outros grupos de participantes, por exemplo, vendendo informações em outros lados do mercado.[66] Além disso, o poder de mercado pode ser exercido através de dimensões além do preço, permitindo que as empresas forneçam produtos ou serviços de qualidade reduzida, impondo grandes quantidades de publicidade ou mesmo coletando, analisando ou vendendo dados excessivos de consumidores.[67]

No entanto, de modo geral, a abordagem do papel do *Big Data* no controle de atos de concentração ainda é fato novo. Não é possível observar qualquer clareza dos casos já mencionados em relação aos critérios exatos para analisar a aquisição de dados importantes, a fim de decidir ou não se uma operação deve ser aprovada.

As transações em que a obtenção de dados desempenha um papel importante não precisam exceder os limiares de volume de negócios relevantes e, por conseguinte, nem sempre são sujeitas ao controle das concentrações por uma ou mais autoridades de concorrência.

II.3 Barreiras à entrada e rivalidade efetiva

Existe muita discussão acerca da possibilidade de que uma empresa possa fechar o acesso a dados, limitando a capacidade competitiva de concorrentes.[68]

O argumento é baseado no efeito de rede existente nesses mercados, pelo qual uma plataforma com maior acesso a dados (obtidos com uma base maior de usuários) terá maior e melhor capacidade de direcionamento de publicidade.[69] Caillaud e Jullien definem essa situação como o problema da "galinha e do ovo", pois, para atrair compradores, o intermediário deve ter uma grande base de vendedores, porém para que os vendedores possam aderir à plataforma, é necessário ter, no mínimo, expectativa de que há ou haverá compradores do outro lado.[70]

---

[64] UNIÃO EUROPEIA. Comissão Europeia. Case M. 7217. Julgado em: 03 out. 2014. Disponível em: http://ec.europa.eu/competition/mergers/cases/decisions/m7217_20141003_20310_3962132_EN.pdf. Acesso em: 31 ago. 2017.

[65] UNIÃO EUROPEIA. Comissão Europeia. Case M. 8124. Julgado em: 06 dez. 2016. Disponível em: http://ec.europa.eu/competition/mergers/cases/decisions/m8124_1349_5.pdf.
Acesso em: 31 ago. 2017.

[66] OCDE. *Op. cit.*, 2009.

[67] OCDE. *Op. cit.*, 2009.

[68] MANNE, Geoffrey; SPERRY, Ben. The Law and Economics of data and privacy in antitrust analysis. *TPRC Conference Paper*, p. 7, 2014.

[69] RODRIGUES, Eduardo Henrique Kruel. *O direito antitruste na economia digital:* implicações concorrenciais do acesso a dados. 2016. 117 f., il. Dissertação (Mestrado em Direito) – Universidade de Brasília, Brasília, 2016. p. 95.

[70] CAILLAUID, Bernard; JULLIEN, Bruno. Chicken & egg: competition among intermediation service providers. *RAND Journal of Economics*, v. 34, n. 2, p. 309-328, Summer 2003.

Muitos autores buscam apontar a natureza não rival dos dados para mitigar sua relevância concorrencial.[71] Dessa forma, alguém que tenha e use um conjunto de dados não impede outros, sejam eles concorrentes ou não, de ter e usar os mesmos dados (desde que possam acessá-los).[72] Por conseguinte, se uma empresa, seja uma rede publicitária, uma empresa de vendas ou qualquer outra empresa, recolhe o endereço residencial, o número de telefone, o gênero, a data de nascimento, a renda, os gostos e os interesses atuais de um indivíduo, o uso dessa informação não impede que seus concorrentes tenham a mesma informação desse indivíduo.

Por exemplo, um novo agente num mercado para redes sociais pode não ter muitos dados relacionados aos interesses de potenciais usuários através de sua atividade de rede social. No entanto, pode ter sido capaz de acessar essas informações interagindo com os usuários de rede social de forma diferente, se ele já tivesse outras atividades comerciais, por exemplo, através de um site comercial pedindo aos seus clientes que informem seus interesses e/ou através de compras antigas.[73]

Contudo, o fato dos dados não serem concorrentes não implica que eles sejam acessíveis a todos. Em vários momentos, as autoridades da concorrência consideraram que, embora os dados não fossem concorrentes, o acesso a esses dados revelou-se bastante oneroso, de modo que ter um acesso exclusivo a eles foi considerado uma vantagem competitiva significativa.[74]

Nesse sentido, segundo a *Autorité de la concurrence* e o *Bundeskartellamt*, as autoridades antitruste da França e da Alemanha, no Relatório Competition Law and Data,[75] existem fatores que podem limitar a possibilidade de acessar dados, como altos investimentos em tecnologias para coletar e explorar dados e efeitos de rede, em que os dados são frequentemente coletados de usuários que utilizam o produto ou serviço.

No caso das plataformas que oferecem serviços muitas vezes gratuitos, como contrapartida, elas têm acesso a dados pessoais. Esses dados são fornecidos a outros clientes, como espaço publicitário vendido a anunciantes. Portanto, para acessar diretamente esses dados, um entrante precisa construir uma plataforma capaz de fornecer o mesmo tipo de serviços (ou outros tipos de serviços que permitem coletar dados similares) a um número suficientemente grande de usuários, o que pode exigir investimentos significativos, nomeadamente em pesquisa e desenvolvimento.

Dessa forma, as autoridades concluem que o fato de que os dados não são rivais não resolve todos os problemas concorrenciais associados aos dados. A não rivalidade não implica necessariamente que os dados sejam acessíveis a todos os concorrentes ou, mais precisamente, que todos os concorrentes possam igualmente coletar esses dados. Portanto, são questões que merecem uma análise caso a caso.

---

[71] TUCKER, Darren S.; WELLFORD, Hill B. Wellford, "Big Mistakes Regarding *Big Data*", the antitrust source, 2014.
[72] Nils-Peter Schepp and Achim Wambach, On *Big Data* and its Relevance for Market Power Assessment, *Journal of European Competition Law & Practice*, vol. 7, n. 2, p. 121, 2016.
[73] LERNER, Andres V. *The Role of 'Big Data' in Online Platform Competition* (2014), http://papers.ssrn.com/sol3/papers.cfm?abstract_id=2482780 , p. 24, citing.
[74] Competition Law and Data, 10th May, 2016, Disponível em: http://www.bundeskartellamt.de/SharedDocs/Publikation/DE/Berichte/Big%20Data%20Papier.pdf?__blob=publicationFile&v=2. Acesso em: 31 ago. 2017.
[75] Competition Law and Data, 10th May, 2016, Disponível em: http://www.bundeskartellamt.de/SharedDocs/Publikation/DE/Berichte/Big%20Data%20Papier.pdf?__blob=publicationFile&v=2. Acesso em: 31 ago. 2017.

III Análise do caso Facebook/WhatsApp

III.1 Breve introdução sobre o caso

A análise de *Big Data* no âmbito do Direito da Concorrência foi motivada, pelo menos em parte, por uma série de grandes operações como Google/DoubleClick[76] e Facebook/WhatsApp.[77] Essas duas transações desafiaram a categorização tradicional, tornando difícil a classificação como fusões horizontais ou conglomerados, além de envolver um difícil processo de avaliação pelas autoridades concorrenciais.

No entanto, ao contrário do primeiro caso, no segundo a privacidade foi um fator importante da competição a preço zero. Diferentemente do Facebook, o WhatsApp não vende espaço publicitário nem coletava muitos dados pessoais nos usuários de seus aplicativos móveis. O WhatsApp cobra aos usuários uma taxa nominal e prometeu não coletar outras informações dos usuários a não ser o número de telefone. Em contraste, os aplicativos de mensagens de texto do Facebook são gratuitos. O Facebook colhe os dados dos usuários para direcionar melhor a propaganda.

A operação Facebook/WhatsApp representa um exemplo de coordenação entre as agências da concorrência e da proteção ao consumidor, que, apesar de não ter sido enfrentado pelo FTC, aprovado pela Comissão Europeia, revelou as limitações das ferramentas de análise das autoridades concorrenciais.[78]

No caso TomTom/Tele Atlas,[79] os produtos eram os dados trocados no mercado. Além disso, era possível para a Comissão Europeia investigar o preço dos dados de sistemas de informação geográfica e navegação: caso aumentassem, os consumidores mudariam para outra base de dados? No caso do Facebook, não houve a transação de dados no mercado, a rede social e os aplicativos de mensagens eram serviços gratuitos para recolher dados dos usuários e direcionar propaganda.

Stucke e Grunes destacam que a concorrência aconteceu em diversos níveis:[80] (i) entre empresas para atrair consumidores para as suas plataformas e, com isso, recolher dados pessoais para fins publicitários; (ii) meios para coletar dados pessoais, através dos aplicativos de mensagens instantâneas; (iii) concorrência no lado pago da plataforma, através do espaço publicitário. Além disso, a operação Facebook/WhatsApp poderia prejudicar diversos grupos: publicitários, com preços elevados; usuários de aplicativos de mensagens, com menos qualidade, inovação e proteção para os seus dados pessoais; e, por último, concorrentes impedidos de alcançar importância no mercado.

Dessa forma, esta decisão representou o primeiro passo da análise atual de fusões baseadas em dados em mercados de vários lados, onde os produtos ou serviços são gratuitos. No entanto, a análise foi limitada. Ao contrário do que foi afirmado na notificação em 2014, o WhatsApp, em uma postagem recente do seu blog, revelou que vai

---

[76] UNIÃO EUROPEIA. Comissão Europeia. Case M. 4731. Julgado em: 11 mar. 2008. Disponível em: www.ec.europa.eu/competition/mergers/cases/decisions/m4731_20080311_20682_de.pdf, §§ 359-366. Acesso em: 31 ago. 2017.

[77] UNIÃO EUROPEIA. Comissão Europeia. Case M. 7217. Julgado em: 03 out. 2010. Disponível em: http://ec.europa.eu/competition/mergers/cases/decisions/m7217_20141003_20310_3962132_EN.pdf. Acesso em: 31 ago. 2017.

[78] STUCKE; GRUNES, *Op. cit.*, 2016, p. 75.

[79] UNIÃO EUROPEIA. Comissão Europeia. Case M. 4854. Julgado em: 14 maio 2008. Disponível em: http://ec.europa.eu/competition/mergers/cases/decisions/m4854_20080514_20682_en.pdf. Acesso em: 31 ago. 2017.

[80] STUCKE; GRUNES, *Op. cit.*, 2016, p. 76.

começar a compartilhar uma "quantidade limitada" de informações sobre seus usuários com o Facebook – incluindo o número dos seus celulares.[81] Segundo a empresa, conectar esse tipo de informação com a rede social vai servir para fornecer sugestões de amizade melhores e anúncios mais relevantes para cada pessoa.

Conforme será visto no próximo tópico, a decisão falhou ao considerar que a preocupação de uma empresa controlar uma grande quantidade de dados era um problema somente de privacidade, e não necessariamente anticompetitivo.

III.2 Reflexões sobre o caso

Em 3 de outubro de 2014, a Comissão Europeia aprovou, em primeira fase, a aquisição do WhatsApp pelo Facebook. O Facebook (via Facebook Messenger) e o WhatsApp oferecem aplicativos para *smartphones* que permitem aos consumidores se comunicarem enviando mensagens de texto, fotos, voz e vídeo pela internet. O Facebook também opera o conhecido site de redes sociais, que também está disponível como um aplicativo. Ambas as partes possuem bases de usuários muito grandes. No momento da decisão da Comissão, a plataforma do Facebook tinha 1,3 bilhão de usuários em todo o mundo, dos quais 250-350 milhões também eram usuários do aplicativo Facebook Messenger. O WhatsApp tinha 600 milhões de usuários em todo o mundo e é particularmente mais popular na Europa.

No entanto, apesar de ambas atuarem no mercado de serviços de comunicação, redes sociais e publicidade on-line, a Comissão entendeu que as plataformas não eram concorrentes próximos, e que, após a transação, uma ampla escolha de aplicativos de comunicação alternativa ainda estaria disponível para os consumidores.

Além disso, a sobreposição horizontal entre as partes não era igualmente observada em toda a UE – particularmente em Espanha, França e outros Estados-Membros, o grau de penetração das candidaturas das partes era relativamente limitado e os concorrentes com posições de mercado mais fortes estavam presentes.

Quanto ao mercado de serviços de publicidade on-line, a Comissão reconheceu que não havia sobreposição entre o Facebook e o WhatsApp na prestação de serviços de publicidade on-line, uma vez que o WhatsApp não estava ativo na publicidade on-line. Além disso, a Comissão observou que o WhatsApp só recolheu os nomes dos seus usuários e números de telefone celular e, portanto, não possui dados que sejam valiosos para fins publicitários.[82]

Não obstante o exposto, a Comissão considerou uma possível teoria do dano em que a entidade resultante da fusão começaria a coletar dados dos usuários do WhatsApp para melhorar a precisão dos anúncios segmentados que mostra no site de redes sociais do Facebook para usuários que usam o Facebook e o WhatsApp. Consequentemente, a posição do Facebook no mercado de publicidade on-line seria reforçada graças à sua

---

[81] Disponível em: https://blog.whatsapp.com/10000627/Um-olhar-para-o-futuro-do-WhatsApp?. Acesso em: 31 ago. 2017.

[82] Esses dados normalmente incluem informações sobre a idade, gênero, grupo social, atividades, hábitos de consumo, etc.

capacidade de monetizar o aumento da quantidade de dados dos usuários do WhatsApp através da publicidade.

A Comissão considerou que esta proposição não era convincente pelas seguintes razões: primeiro, a capacidade do Facebook para coletar dados dos usuários do WhatsApp exigiria uma alteração na política de privacidade do WhatsApp, o que implicava um risco real de que os usuários passassem para serviços alternativos de comunicação, como evidenciado por altos níveis de consumo, como por exemplo os concorrentes Telegram e Threema, sobre preocupações de privacidade após o anúncio da transação; em segundo lugar, a entidade resultante da fusão teria que combinar o perfil do WhatsApp de cada usuário com seu perfil do Facebook, um processo que o Facebook reivindicava envolveria sérios obstáculos técnicos; em terceiro lugar, pós-aquisição, existiriam vários fornecedores alternativos de publicidade de pesquisa on-line, como o Google; em quarto lugar, um número significativo de participantes no mercado já colecionou dados de usuários ao lado do Facebook.

A decisão do caso Facebook/WhatsApp foi adotada apenas três anos após a decisão da Microsoft/Skype,[83] que também dizia respeito ao mercado de aplicativos de comunicações do consumidor e menos de um ano após a decisão do General Court em manter essa decisão. Como um sinal da natureza rápida do setor de aplicativos de comunicação, os principais aplicativos de hoje – incluindo o próprio WhatsApp – eram muito menores ou não existiam no momento da decisão Microsoft/Skype.

No entanto, quando o Facebook notificou a aquisição do WhatsApp em 2014, informou à Comissão que não seria capaz de estabelecer uma correspondência automática confiável entre as contas dos usuários do Facebook e as contas dos usuários do WhatsApp. Declarou isso tanto no formulário de notificação como na resposta a um pedido de informações da Comissão.

A fusão daria acesso ao Facebook a milhões de dados de usuários do WhatsApp. O aumento de dados sob o controle do Facebook fortaleceria substancialmente a posição do Facebook no fornecimento de serviços de publicidade on-line e, em particular, daqueles obtidos a partir do comportamento do usuário.

Ocorre que, em agosto de 2016, o WhatsApp anunciou atualizações de seus termos de serviço e política de privacidade, incluindo a possibilidade de vincular os números de telefone dos usuários da WhatsApp com a identidade dos usuários do Facebook.

Dessa forma, a Comissão descobriu que, ao contrário das declarações do Facebook no processo de revisão de fusão de 2014, a possibilidade técnica de se combinar automaticamente com identidades de usuários do Facebook e do WhatsApp já existia em 2014 e que a equipe do Facebook estava ciente de tal possibilidade. Diante disso, em maio de 2017 o Facebook foi multado em €110 milhões por fornecer informações enganosas sobre a aquisição do WhatsApp. Essa decisão não teve impacto na aprovação da operação em 2014, pois esta foi baseada em vários elementos que vão além do compartilhamento de usuários.

---

[83] UNIÃO EUROPEIA. Comissão Europeia. Case M. 6281. Julgado em: 07 out. 2011. Disponível em: http://ec.europa.eu/competition/mergers/cases/decisions/m6281_924_2.pdf. Acesso em: 31 ago. 2017 EN.pdf. Acesso em: 31 ago. 2017.

Conclusão

Naturalmente, a quantidade de dados vem crescendo exponencialmente, gerando oportunidades de crescimento e ganho do mercado para aqueles que utilizam eficazmente o *Big Data* em suas áreas de atuação. Várias empresas já perceberam o enorme potencial de seu conceito e o implantaram em favor do desenvolvimento de seus negócios.

A manutenção de um banco de dados de clientes e a realização de pesquisas de consumidores e pesquisas de mercado têm sido um dos principais produtos das atividades comerciais. No entanto, o progresso técnico e a digitalização da economia expandiram a natureza dos dados (por exemplo, dados de localização em tempo real alimentados por *smartphones*), as fontes (por exemplo, rastreamento entre dispositivos da viagem na *web* de um usuário), os aplicativos (por exemplo, tomada de decisão da máquina e aprendizagem) e volume de dados, tornando bastante complexo o seu melhor aproveitamento.

Por outro lado, os inúmeros benefícios trazidos pelo *Big Data* podem ter um custo. Os consumidores podem estar, cada vez mais, enfrentando uma perda de controle sobre os seus dados e a sua privacidade. Além disso, as empresas podem usar tecnologias de computação mais avançadas para coordenar práticas, impor condições abusivas aos consumidores, usar seu poder de mercado aprimorado para cobrar preços mais elevados e até mesmo excluir o mercado para concorrentes potenciais. Os efeitos de rede baseados em dados tendem a tornar-se autossuficientes, favorecendo principais *players* do mercado e permitindo que eles reforcem suas posições quando alcançam uma grande quantidade de usuários.

As considerações apresentadas são levadas em conta pelas autoridades de defesa da concorrência e refletidas em suas decisões. Por exemplo, nó contexto do caso Facebook/WhatsApp, a Comissão Europeia avaliou se uma potencial integração entre a plataforma de redes sociais do Facebook e o aplicativo de comunicação WhatsApp permitiria que o Facebook tivesse acesso a dados adicionais dos usuários do WhatsApp e se isso alteraria a concorrência.

No entanto, como visto, a análise foi limitada, pois não refletiu a realidade do mercado. Anos depois da aprovação o Facebook foi multado por fornecer falsas informações durante análise de seu acordo de aquisição do WhatsApp em 2014.

Sem dúvida, esta área de pesquisa requer desenvolvimento dentro e fora do cenário esboçado aqui. Uma grande quantidade de dados implica desafios ainda maiores, não só para as autoridades concorrenciais, mas para toda a sociedade.

Referências

ATHAYDE, Amanda. *Antitruste, varejo e infrações à ordem econômica*. São Paulo: Singular, 2017.

BAGNOLI, Vicente. Concorrência na era do *Big Data* favorece o consumidor. Disponível em: http://www.conjur.com.br/2015-nov-13/vicente-bagnoli-concorrencia-big-data-favorece-consumidor. Acesso em: 20 jul. 2017.

BREUVART, Charlotte ; CHASSAING, Étienne ; PERRAUT, Anne-Sophie. *Big Data* and competition law in the digital sector: Lessons from the European Commission's merger control practice and recent national initiatives. Concurrences, n. 3-2016.

CAILLAUD, Bernard; JULLIEN, Bruno. Chicken & egg: competition among intermediation service providers. *RAND Journal of Economics*, v. 34, n. 2, p. 309-328, Summer 2003.

Competition Law and Data, 10th May, 2016, Disponível em: http://www.bundeskartellamt.de/SharedDocs/Publikation/DE/Berichte/Big%20Data%20Papier.pdf?__blob=publicationFile&v=2. Acesso em: 31 ago. 2017.

ELMASRI, Ramez. *Fundamentals of database systems*. Boston: Addison-Wesley, 2011.

EVANS, David S. The Antitrust Economics of Two-Sided Markets (2002). Disponível em: https://ssrn.com/abstract=332022.

EVANS, David S.; SCHMALENSEE, Richard. The Antitrust of Multi-Sided Platform Businesses. *Coase-Sandor Institute for Law & Economics Working Paper*, n. 623, 2012.

GAL, Michal S.; WALLER, Spencer Weber. Antitrust in high-technology industries: a symposium introduction. *Journal of Competition Law & Economics*, vol. 8, Issue 3, set. 2012.

EVANS, David S. The Antitrust Economics of Free. *John M. Olin Program in Law and Economics Working Paper*, n. 555, 2011.

EZRACHI, Ariel; STUCKE, Maurice E. *Virtual Competition*: The Promise and Perils of the Algorithm-Driven Economy. Cambridge: Harvard University Press.

FATUR, Andrej. *EU Competition Law and the Information and Communication Technology Networks Industries*: Economic versus Legal Concepts in Pursuit of (Consumer) Welfare. Portland: Hart Publishing, 2012.

KATZ; SHAPIRO. Systems Competition and Network Effects. *8 Journal of Economic Perspectives*, 1994.

LANEY, Doug. 3D data management: Controlling data volume, velocity and variety. *META Group Research Note*, v. 6, 2001.

LERNER, Andres V. The Role of '*Big Data*'. In: *Online Platform Competition*, 2014, disponível em: http://papers.ssrn.com/sol3/papers.cfm?abstract_id=2482780.

MANNE, Geoffrey; SPERRY, Ben. The Law and Economics of data and privacy in antitrust analysis. TPRC Conference Paper, 2014.

MCKINSEY GLOBAL INSTITUTE. "*Big Data*: The next frontier for innovation, competition, and productivity", 2011.

MOAZED, Alex; JOHNSON, Nicholas L. *Modern Monopolies*: what it takes to dominate the 21st-century economy. New York: St. Martin's Press, 2016.

OCDE. Roundtable on two-sided markets. Competition Committee, DAF/COMP 69, 2009.

OCDE. Data-Driven Innovation: *Big Data* for Growth and Well-Being, OCDE Publishing, Paris, 2005.

OCDE. *Big Data*: Bringing Competition Policy to The Digital Era. Competition Committee. DAF/COMP 14, 2016.

OCELLO, E.; SJÖDIN, C.; SUBOCS, A. What's Up with Merger Control in the Digital Sector? Lessons from the Facebook/WhatsApp EU Merger Case, 1 Competition Merger Brief, 2015, p 6.

RODRIGUES, Eduardo Henrique Kruel. O *direito antitruste na economia digital*: implicações concorrenciais do acesso a dados. 2016. 117 f., il. Dissertação (Mestrado em Direito) – Universidade de Brasília, Brasília, 2016.

ROSS, Alec. *The* Industries of the Future. New York: Simon & Schuster, 2016.

RUBINFELD, Daniel L.; GAL, Michael S. Access Barriers to *Big Data*. *Arizona Law Review*, vol. 59, 2017.

SCHEPP, Nils-Peter; WAMBACH, Achim. On *Big Data* and its Relevance for Market Power Assessment. *Journal of European Competition Law & Practice*, vol. 7, n. 2, p. 121, 2016.

SCHUMPETER, Joseph. *Capitalism, socialism and democracy*. New York: Routledge, 2003.

STIGLITZ, Joseph E. Technological Change, Sunk Costs and Competition. *Brookings Papers on Economic Activity*, mar. 1987.

TAURION, Cezar. *Big Data*. Rio de Janeiro: Brasport Livros e Multimídia Ltda., 2013.

TUCKER, Darren S.; WELLFORD, Hill B. Big Mistakes Regarding *Big Data*. The Antitrust Source, 2014.

UNIÃO EUROPEIA. Comissão Europeia. Case M. 4731. Julgado em: 11 mar. 2008. Disponível em: www.ec.europa.eu/competition/mergers/cases/decisions/m4731_20080311_20682_de.pdf, §§ 359-366. Acesso em: 31 ago. 2017.

UNIÃO EUROPEIA. Case M. 4854. Julgado em: 14 maio 2008. Disponível em: http://ec.europa.eu/competition/mergers/cases/decisions/m4854_20080514_20682_en.pdf. Acesso em: 31 ago. 2017.

UNIÃO EUROPEIA. Case M. 7217. Julgado em: 03 out. 2010. Disponível em http://ec.europa.eu/competition/mergers/cases/decisions/m7217_20141003_20310_3962132_EN.pdf. Acesso em: 31 ago. 2017.

UNIÃO EUROPEIA. Comissão Europeia. Case M. 6281. Julgado em: 07 out. 2011. Disponível em: http://ec.europa.eu/competition/mergers/cases/decisions/m6281_924_2.pdf. Acesso em: 31 ago. 2017.

UNIÃO EUROPEIA. Case M. 8124. Julgado em: 06 dez. 2016. Disponível em http://ec.europa.eu/competition/mergers/cases/decisions/m8124_1349_5.pdf. Acesso em: 31 ago. 2017.

WHITE HOUSE. *Big Data*: Seizing opportunities, preserving values, 2014.

WRIGHT, Julian. One-Sided Logic in Two-Sided Markets (September 2003). *AEI-Brookings Joint Center Working Paper*, n. 03-10.

YOO, Christopher S. When Antitrust Met Facebook. *19 George Mason L. Ver*, 1147, 2012.

Informação bibliográfica deste texto, conforme a NBR 6023:2018 da Associação Brasileira de Normas Técnicas (ABNT):

BETTIOL, Heloisa Meirelles. Implicações do *Big Data* na análise de atos de concentração. Uma breve análise do caso Facebook/WhatsApp. *In*: FRAZÃO, Ana; CARVALHO, Angelo Gamba Prata de (Coord.). *Empresa, mercado e tecnologia*. Belo Horizonte: Fórum, 2019. p. 235-254. ISBN 978-85-450-0659-6.

REPERCUSSÕES CONCORRENCIAIS DAS *DISTRIBUTED LEGDER TECHNOLOGIES (DLTS)*

LEVI BORGES DE OLIVEIRA VERÍSSIMO

I Introdução

Inventada há dez anos,[1] a *blockchain* ganhou repercussão principalmente em razão de seu uso na criptomoeda *Bitcoin*. Atualmente, entusiastas da tecnologia apontam seu uso como uma revolução e mesmo um renascimento da internet. Nesse contexto, a referida inovação tecnológica tem desafiado mercados tradicionais e organizações empresariais e contratuais ao redor do mundo. Qual o motivo de tamanha repercussão?

A tecnologia *blockchain* é categoria do gênero *Distributed Ledger Technology* ("DLT"[2]), definido como bancos de dados que permitem a guarda e transmissão de informações de maneira autêntica, compartilhada e cronológica, assegurando a veracidade das trocas sem a necessidade de intermediários. Aos poucos, os agentes de mercado têm percebido o potencial inovador dessa tecnologia, que afeta significativamente diferentes arranjos e relações jurídicas.

A propagação dessa nova tecnologia entre agentes de mercado está ligada às características de rede, especialmente à confiança dos usuários em relação às informações registradas na plataforma. Em razão da proposta eliminação de intermediários – e da relação de confiança estabelecida entre agentes – há inclusive autores com visão mais extrema em relação aos impactos no mundo jurídico, como Thibault Schrepel, que questiona a possibilidade da *blockchain* representar a "morte" do Direito Antitruste.[3]

Caso prevaleçam as previsões mais otimistas, veremos nos próximos anos o surgimento de novos modelos de negócios e mercados estruturados integralmente nas redes DLT. Tratando-se de uma tecnologia extremamente nova, os juristas e reguladores ainda observam a conformação e os efeitos potenciais dessas ferramentas para que seja

---

[1] A criação da *blockchain* é atribuída ao/à também criador/a do *Bitcoin*, que publicou em 2008 o *paper* "Bitcoin: A Peer-to-Peer Electronic Cash System" sob o pseudônimo de Satoshi Nakamoto.

[2] Para fins didáticos, utilizaremos neste texto os termos *blockchain* e DLT como sinônimos, embora saibamos que o termo DLT signifique um conceito mais amplo.

[3] Vide: SCHREPEL, T. Is blockchain the death of antitrust law? Em: *The Blockchain Antitrust Paradox* (prelo). 2018.

possível estabelecer o papel do Direito nesse contexto, bem como a eventual necessidade de mudança do panorama legislativo.

Certamente, a mudança em organizações empresariais e contratuais trará repercussões na seara antitruste, de modo que o presente artigo busca justamente investigar os potenciais efeitos concorrenciais ante as características distintivas dos mercados estruturados em *blockchain*.

Desse modo, o estudo abrange inicialmente de maneira exploratória as características da DLT para, em seguida, partir para uma análise do ponto de vista do Direito da Concorrência, em três aspectos: o controle de estruturas, o controle de condutas e os potenciais usos da tecnologia como ferramenta regulatória. Para tanto, o artigo é dividido em cinco partes, incluindo esta introdução.

No segundo capítulo, são destacadas as características técnicas das DLTs com enfoque nos pontos de potencial interesse para a análise antitruste, ainda, conceituando os tipos de DLT com relação à abertura e número de usuários. Em seguida, passa-se ao objeto da análise, abrangendo inicialmente de maneira geral as repercussões concorrenciais da tecnologia, dividindo-se o capítulo em subtópicos específicos relativos ao controle de estruturas e ao de condutas. O quarto capítulo explora o potencial uso da *blockchain* como ferramenta regulatória, especificamente no âmbito concorrencial.

Por fim, o quinto e último capítulo traz um compilado das informações abordadas e conclui pela necessidade da correta distinção e categorização dos usos das DLTs, bem como de uma análise quanto à efetividade das ferramentas regulatórias disponíveis para que seja feita uma regulação adequada aos serviços de fato oferecidos.

II   *Distributed Ledger Techonologies*: conceito, características e tipos

II.1 Conceito e características

A tecnologia *blockchain* é uma espécie do gênero *Distributed Legder Technologies*, que resumidamente permite a realização segura, indelével e rastreável de uma transação, qualquer que seja o objeto a ser transacionado (bens, ativos, dados).[4] Em termos práticos, a *blockchain* pode ser definida como uma base de dados compartilhada[5] (aberta ou fechada), cronológica,[6] inviolável[7] e auditável[8] (ou transparente). Há autores que apontam ainda o anonimato (ou pseudônimos) dos usuários como característica, embora este não seja um elemento comum a todas as redes em *blockchain*.[9]

---

[4] SWAN, M.; DE FILLIPI, P. *Toward Philhosophy of Blockchain*. Metaphilosophy (Wiley), vol. 48, n. 5, 2017.
[5] Nenhum nó de rede pode atuar sozinho como uma "parte confiável", que contém uma cópia mestra da cadeia de blocos.
[6] Cada bloco possui um identificador exclusivo e contém um link de referência (*hash*) para o bloco anterior.
[7] Extrema dificuldade de inserção de uma transação fraudulenta ou mesmo apenas um erro de transação na cadeia de blocos.
[8] Os registros das cadeias são aferíveis por todos os usuários da rede.
[9] Exemplificativamente, a rede do *blockchain* não identifica os usuários detentores de chaves públicas. Dessa forma, qualquer pessoa pode ver que uma transação está sendo realizada entre os usuários A e B, sem que seja possível ligar essa transação a alguém. Contudo, é plenamente possível construir uma rede sem essa característica, ou mesmo exigir legalmente a identificação dos usuários como requisito de validade jurídica das transações. Desse modo, entendemos que o anonimato não seja fundamental, embora a privacidade seja um grande atrativo do *blockchain* usado pelo *Bitcoin*.

Portanto, trata-se de um meio seguro para a guarda de dados, em que cada membro da rede pode aferir a veracidade das informações ali inseridas, uma vez que a possibilidade de verificação da informação é assegurada pelos demais usuários da rede a cada nova informação inserida. Considerando o objetivo de formular uma abordagem perspectiva desta tecnologia no meio antitruste, deixaremos de abordar exaustivamente os aspectos técnicos das DLT.

Nesse cenário, sabemos que o uso mais propagado da tecnologia são as chamadas "criptomoedas", especialmente o *Bitcoin*.[10] A título comparativo, da mesma forma que as SMTP (*simple mail transfer protocol*) permitem a transmissão de mensagens eletrônicas via *e*-mail independentemente dos provedores (como *Gmail* e *Hotmail*), o *Bitcoin* foi pioneiro ao permitir que usuários de sua rede realizassem transferências de valores de maneira independente das instituições financeiras.[11]

Assim, o principal atrativo e novidade dessas bases de dados é a possibilidade de eliminação da necessidade de um "terceiro confiável" (como uma empresa de cartão de créditos ou um banco) que ateste a validade das transações, como ocorre em grande parte das transações comerciais tradicionais. Com tais atributos, os potenciais usos da tecnologia *blockchain* são variados, o que dificulta até mesmo a delimitação de um estudo exploratório como este.

Do ponto de vista das possíveis utilizações da *blockchain*, Swan divide a breve evolução histórica em três períodos: *Blockchain* 1.0, baseado em transações financeiras como o *Bitcoin*; *Blockchain* 2.0, baseado em contratos inteligentes (*smart contracts*) e suas repercussões e, por fim, a *Blockchain* 3.0, baseada em inovações além das transações financeiras, econômicas e de mercado.[12] Conforme veremos adiante,[13] o potencial impacto concorrencial dessas tecnologias está especialmente abrangido pelas *Blockchains* 2.0 e 3.0.

À primeira vista, diversos modelos tradicionais de negócios parecem não se encaixar na proposta do *blockchain*, uma vez que a eliminação de intermediários significa em última análise o fim dos mercados como conhecemos hoje. Contudo, conforme aponta Swam, a efetiva implementação dos negócios em *blockchain* permitirá o surgimento de novos serviços voltados à oferta de ferramentas às empresas que aderirem às DLT.[14]

II.2 *Blockchain* pública e privada (ou por permissão)

Além das referidas características gerais das DLTs, a segunda distinção necessária antes de adentrarmos nas repercussões concorrenciais das tecnologias distribuídas diz respeito ao formato de *blockchain* pública e privada. Essencialmente, os formatos distinguem-se quanto à limitação de acesso aos usuários da base de dados. Enquanto nas plataformas públicas o acesso é permitido a qualquer usuário interessado, as chamadas

---

[10] Vide FOBE, Nicole Julie. *O Bitcoin como moeda paralela* – uma visão econômica e a multiplicidade de desdobramentos jurídicos. FGV – SP, 2016.
[11] SWAN, M.; DE FILLIPI, P. *op. cit.*, p. 10.
[12] SWAN, M. *Blockchain* – Blueprint for a new economy. California: O'Reilly Books, 2017.
[13] Vide tópico III.1.
[14] SWAN, M. *Blockchain* – Blueprint for a new economy. California: O'Reilly Books, 2017, p. 85.

blockchains privadas, híbridas e em consórcio são acessíveis apenas a um número restrito e predeterminado ou autorizado de pares.[15]

A *blockchain* onde são realizadas as transações do *Bitcoin* é o exemplo mais conhecido de DLT pública. Por outro lado, empresas de *software* e instituições financeiras têm desenvolvido bases de dados próprias em *blockchain* para a guarda de dados ou realização de transações financeiras entre os próprios clientes, sendo estes considerados modelos privados de DLT.

Cabe destacar que a repercussão e a novidade em torno da *blockchain*, inclusive potenciais usos apontados como "revolucionários" ou "disruptivos", estão ligadas ao seu caráter público. Em verdade, do ponto de vista técnico, a utilização de uma base de dados em *blockchain* ainda é considerada limitada em termos de escalabilidade, em razão da necessidade de checagem das informações por todos os nós – o que gera uma demora na confirmação da inserção de novos dados[16] –, sendo esta uma desvantagem em relação às bases de dados comuns.

Assim, críticos das chamadas *blockchain* privadas entendem como um certo oportunismo empresarial a utilização da tecnologia para fins internos, visto que não haveria novidade nesse modelo em comparação às bases de dados comuns.[17] Há, ainda, espécies intermediárias (chamadas de "semiprivada"/híbrida e em consórcio), em que a cadeia é aberta a todos os usuários que atendam a critérios determinados por uma entidade privada, que mantém a base de dados.[18]

Thibault Scheperl[19] resume as classificações da *blockchain* da seguinte forma:

Tipos de *blockchain*	Pública	Híbrida	Privada	Consórcio
Acesso	Sem permissão requerida	Usuários autorizados *on-line*	Apenas membros privados	Apenas membros privados (que podem ser os cofundadores)
Uso	Como uma rede *blockchain* aberta	Lançada por uma empresa que adquire usuários posteriormente	Implementada por meio de rede *blockchain* privada	Implementada por meio de rede *blockchain* privada
Alvo da inovação	Novos modelos de negócio	Apoio a negócios existentes ou novos serviços	Apoio a negócios existentes ou novos serviços	Processos dentro de arranjos existentes
Governança da rede	Consenso público	Controlado por um único detentor	Controlado por um único detentor	Peso igual a todos os participantes
Número de usuários	Milhões	Centenas de milhares	Centenas a poucos milhares	Centenas a poucos milhares

Fonte: Tradução de tabela publicada por Thibault Scheperl em *Is blockchain the death of antitrust law?*

---

[15] PERCIC, L. *Public vs. Permissioned (Private) Blockchains*. Disponível em: https://medium.com/iryo-network/public-vs-permissioned-private-blockchains-99c 04eb722e5. Acesso em 17 jul. 2018.

[16] A rede bitcoin processa em média sete transações por segundo, enquanto a rede da empresa de cartão de crédito Visa processa até 56 mil transações por segundo. Vide: https://tecnoblog.net/219501/bitcoin-escalabilidade-segwit-bip-91-148/. Acesso em 21 ago. 2018.

[17] Idem.

[18] MOUGAYAR, William. *The Business Blockchain: Promise, Practice, and Application of the Next Internet Technology*. New Jersey: Wiley, 2016, p. 26.

[19] SCHREPEL, T. Is blockchain the death of antitrust law? Em: *The Blockchain Antitrust Paradox* (prelo). 2018, p. 13.

Em que pese a pertinência do debate acerca das redes privadas serem ou não consideradas espécies *blockchain* (DLT) em sentido estrito, consideraremos para fins do presente estudo tanto os potenciais efeitos das *blockchains* públicas quanto das privadas, de modo que seja possível uma visão mais abrangente do fenômeno do ponto de vista regulatório e concorrencial.

Portanto, percebemos que as DLT propiciarão mudanças significativas nos modelos de mercado como conhecemos atualmente. Feitas tais considerações gerais sobre usos e características da tecnologia, passaremos a seguir a analisar as repercussões dessas tecnologias no campo do Direito da Concorrência e Antitruste.

III A influência competitiva das DLTs

A tecnologia da *blockchain* é apontada como alternativa a diversas estruturas de mercado tradicionais. Dentre os arranjos que poderão ser desafiados com os potenciais usos da tecnologia estão, dentre outros, o de serviços notariais (que no Brasil estão a cargo dos oficiais registradores e tabeliães), instituições financeiras (não apenas para a realização de transações financeiras, mas também emissão de moedas), serviços públicos (resolução de disputas e bancos de dados em geral, como prontuários médicos e rastreamentos logísticos).[20]

A potencial eliminação de intermediários não é um consenso. Em artigo publicado em abril de 2018, a economista e Diretora-Geral do FMI Christine Lagarde afirmou que "a revolução da tecnologia financeira não eliminará a necessidade de intermediários confiáveis, como corretores e banqueiros. Há esperança, no entanto, de que operações descentralizadas impulsionadas por criptoativos levem à diversificação do panorama financeiro".[21]

A principal dificuldade em traçar um cenário panorâmico da repercussão concorrencial das DLTs nos mercados está ligada à versatilidade da tecnologia. Ao mesmo tempo em que pode ser utilizada para criar novos mercados (como o *Bitcoin* ou a *Ethereum*), pode ser também um valor mobiliário (por meio das chamadas ICOs[22]) ou o meio de efetivação da empresa em si (conforme veremos adiante, por meio das DAOs, Dapps e DACs). Dessa forma, a *blockchain* ora se comporta como infraestrutura a novos mercados, ora se torna o mercado em si, inaugurando um novo modelo de negócio em que a competição dar-se-á ante outras *blockchains*.

Conforme veremos a seguir, para que fosse possível abranger de maneira satisfatória as repercussões concorrenciais das DLT nos mercados tradicionais, optamos pela tradicional divisão de abordagem entre controle de condutas e estruturas, com um recorte metodológico com enfoque nos efeitos diretamente ligados à *blockchain*, em detrimento aos efeitos vinculados aos aspectos concorrenciais já existentes.

---

[20] Para uma visão mais aprofundada sobre potenciais usos da tecnologia *blockchain*, vide: TAPSCOTT, A.; TAPSCOTT, D. *Blockchain Revolution*. São Paulo: Ed. Senai – SP, 2017.

[21] LAGARDE, C. An Even-handed Approach to Crypto-Assets. 2018.
Tradução livre. Disponível em: https://blogs.imf.org/2018/04/16/an-even-handed-approach-to-crypto-assets/.

[22] Uma *Initial Coin Offering* (ICO) é uma oferta pública de ativos mobiliários criptografados via *blockchain*, o equivalente virtual a uma Oferta Pública de Ações (IPO), onde o valor mobiliário negociado é uma informação guardada na rede *blockchain*. Vide: https://www.negociosedinheiro.com/o-que-e-ico-initial-coin-offering.

III.1 Controle de estruturas: novos modelos de organização empresarial (DAOs e DACs) e o Direito da Concorrência

Considerando-se os grupos societários e contratuais como objeto do controle de estruturas, a inserção do *blockchain* nesse cenário certamente trará mudanças de perspectivas e exigirá das autoridades reguladoras e dos agentes econômicos novos comportamentos para adequação à nova realidade.

Conforme apontamos nos capítulos iniciais do presente estudo, o prognóstico de impacto concorrencial – e o objeto da presente análise – está principalmente atrelado às *Blockchains* 2.0 e 3.0. Isso porque a *Blockchain* 1.0 está adstrita às chamadas criptomoedas, que, embora tenham potenciais efeitos concorrenciais, estão principalmente ligadas à regulação das autoridades monetárias.

Dentre as inovações inclusas nas chamadas *Blockchain* 2.0 e 3.0 estão tipos empresariais baseados em *smart contracts*, denominadas Organizações Descentralizadas Autônomas (DAOs, na sigla em inglês) e Empresas Descentralizadas Autônomas (DACs,[23] na sigla em inglês[24]), especialmente interessantes do ponto de vista do Direito da Concorrência.

Como visto anteriormente, a *Blockchain* 2.0 é definida pela possibilidade de firmar contratos – denominados *smart contracts* – autoexecutáveis, o que permite a implementação automática de uma cláusula assim que verificada a ocorrência de determinada condição ou termo. Na definição de Nick Szabo,[25] os *smart contracts* representam programas de computador que atuam como contratos onde as cláusulas podem ser pré-programadas com a habilidade de autoexecutoriedade e/ou autoaplicabilidade. Desse modo as tecnologias de registro distribuído (como o *blockchain*) e seus mecanismos de confiança descentralizada permitem a elaboração de contratos que não envolvam nenhum intermediário além das partes.

A rede *Ethereum* é hoje o principal expoente dentre as plataformas baseadas em *blockchain* que oferecem como "serviço" a possibilidade de criação de *smart contracts*, contudo sem cobrar aos contratantes por isso. Diferentemente de outros tipos de DLT, a *Ethereum* permite aos usuários que criem *softwares* para funcionarem com base em seu protocolo, de modo que é possível criar um modelo de contrato inteligente para ser usado em determinado site por meio da *Ethereum*.

Nesses casos, teríamos a rede *Ethereum* funcionando como plataforma intermediária entre partes de um contrato, onde os serviços oferecidos pela plataforma são justamente os mecanismos que permitem a programação do contrato conforme a vontade dos contraentes do negócio jurídico.

Dessa forma, diferentemente de um contrato tradicional, o *enforcement* jurídico pode advir da própria vontade das partes – desde que observados os requisitos formais de validade. Além disso, o registro em cadeia de informações permite ao usuário realizar auditorias de maneira automática e completa, sem a possibilidade de que eventual informação escape do exercício do controle – inclusive do regulador.

---

[23] *Decentralized autonomous organizations/corporations.*

[24] *Idem, op. cit.*

[25] SZABO, Nick. Formalizing and Securing Relationships on Public Networks. *First Monday Journal*, vol. 2, n. 9, p. 02, September 1997.

O caráter imperativo do cumprimento das cláusulas, por outro lado, leva alguns autores a entender que os *smart contracts* não possuem natureza contratual. Nesse sentido DuPont e Maurer entendem que a inexistência de incerteza na execução e ausência de algo a adimplir tornaria os *smart contracts* "meros jogos automáticos de verificação".[26] Os autores lembram que o próprio Vitalik Buterin, criador da *Ethereum*, admitiu certo arrependimento em chamar o objeto da tecnologia de "contratos", uma vez que se trata de programas "arbitrários".[27]

Um estágio intermediário entre os modelos de negócios atuais e as organizações totalmente descentralizadas (DAO e DACs) são as *Distributed Applications* (Dapps), que executam *softwares* de maneira autônoma para o oferecimento de um serviço, sem haver propriamente um intermediário gerindo a oferta entre as pontas do negócio. Nesse modelo, são oferecidos atualmente serviços como o de caronas e vendas on-line (exemplificativamente: *LaZooz*, uma espécie de *Uber* compartilhado, e *OpenBazaar*, que funciona como a *Amazon* ou *Ebay* em *blockchain*).

Por sua vez, os termos DAO e DAC se referem a organizações complexas e automatizadas baseadas em *smart contracts* que se tornam entidades autônomas, operando serviços previamente programados (e potencialmente autoprogramados, quando pensamos na combinação com inteligência artificial) ligados à *blockchain*.[28] Certamente, o advento de mercados compostos inteiramente de empresas autônomas e autoexecutáveis significa um desafio ao controle de estruturas sob diversas óticas, como definição de mercado relevante do ponto de vista geográfico e do produto, controle de preços, barreiras à entrada, concorrência potencial e mensuração de participação de mercado dos agentes.

A infraestrutura *blockchain* permite ainda a expansão de mercados automatizados (*automatic markets*), em que um recurso fungível (como água, energia elétrica, comida) é transacionado diretamente e sem intermediários, com definição de preço e quantidades definidas conforme a necessidade do usuário e a disponibilidade total do bem.[29] Ressalte-se que a oferta de bens essenciais segundo o modelo automatizado dependeria de fatores como a capacidade de pagamento dos usuários, uma vez que um mercado integralmente automatizado deverá considerar as diferentes realidades numa sociedade desigual.

Quanto à definição de mercado relevante sob a ótica do produto, Schrepel aponta diferentes métodos para a definição de critérios nos mercados baseados em *blockchain*.[30] O autor conclui que a análise deve ser feita de acordo com a aplicação utilizada por meio da *blockchain*, de modo que redes *blockchain* podem concorrer com mercados tradicionais a depender do serviço oferecido pelo usuário final.

Tal definição estaria de acordo com o Guia para análise de atos de concentração horizontal do CADE, que define a delimitação do mercado relevante como a "identificação do conjunto de agentes econômicos (consumidores e produtores) que efetivamente reagem e limitam as decisões referentes a estratégias de preços, quantidades, qualidade

---

[26] DUPONT, Q.; MAURER, B. Ledgers and Law in the Blockchain. *Kings Review*. Disponível em: http://kingsreview.co.uk/articles/ledgers-and-law-in-the-blockchain/. Acesso em: 01 ago. 2018.

[27] *Idem, ibidem*.

[28] SWAM, M. *op. cit.*, p. 23.

[29] SWAN, M. Automatic Markets. Broader Perspective blog, 2009. Disponível em: http://futurememes.blogspot.com/2009/08/automatic-markets.html. Acesso em: 10 ago. 2018.

[30] SCHREPEL, T. *op. cit.*, p. 22-25.

(entre outras) da empresa resultante da operação".[31] Assim, eventualmente uma *blockchain* poderia se tornar um mercado relevante por si só, porém não é possível presumir verdadeira tal afirmativa em relação a todos os mercados, uma vez que é perfeitamente possível o surgimento de *blockchains* concorrentes entre si ou mesmo com outros mercados tradicionais.

Entretanto, a definição de mercado conforme a finalidade do serviço não oferece solução quanto aos critérios para aferição de participação de mercado dos agentes. Nesse sentido, poderiam ser utilizados como parâmetro o número de usuários de uma rede, o número de transações, o número de nós ou blocos de uma rede, as receitas totais movimentadas, dentre outros.[32] A definição quanto ao aspecto geográfico também demanda uma análise própria e detalhada.

Conforme aponta Ana Frazão, os critérios e metodologias tradicionais de identificação de mercados relevantes podem ser falhos quando aplicados a mercados estruturados pela tecnologia,[33] não sendo diferente em relação a arranjos baseados em DLT. Vê-se, portanto, que a implementação das DLT para substituir totalmente ou competir com os mercados tradicionais desafiará a análise antitruste especialmente em relação aos critérios utilizados hoje no âmbito do controle de estruturas.

III.2 Controle de condutas: perspectivas

Considerar as potenciais condutas que serão implementadas com a efetiva aplicação da *blockchain* exige um recorte preciso que considere os diferentes usos da tecnologia. Nesse sentido, dedicaremos o presente capítulo a explorar a repercussão do *blockchain* no âmbito da função repressiva da autoridade antitruste, com enfoque nas condutas relacionadas ao uso da tecnologia em si.

Dentre os elementos distintivos das DLT, duas características em especial despertam atenção do ponto vista do controle de condutas: o caráter compartilhado da rede e o anonimato dos usuários. Em relação ao caráter compartilhado, conforme aponta Schrepel, a diversidade de agentes atuando em conjunto por meio da *blockchain* dificulta a identificação do chamado agente dominante e, consequentemente, a caracterização ou não de abuso de posição dominante.

Igual dificuldade surge para fins de aferição de participação de mercado,[34] onde a multiplicidade de nós de uma rede *blockchain* pode impossibilitar a identificação de uma empresa ou grupo econômico de maneira clara, permitindo o excêntrico surgimento de monopólios sem monopolistas.[35]

Nesse contexto, Huberman *et al.* destacam que a regulação concorrencial em mercados monopolísticos se dá justamente para mitigar os abusos de poder dos agentes

---

[31] CADE. Guia para Análise de Atos de Concentração Horizontal. 2016, p. 13. Disponível em: http://www.cade.gov.br/acesso-a-informacao/publicacoes-institucionais/guias_do_Cade/guia-para-analise-de-atos-de-concentracao-horizontal.pdf. Acesso em: 16 ago. 2018.

[32] SCHREPEL, T. *op. cit.*, p. 26.

[33] FRAZÃO, A. *Direito da Concorrência*: Pressupostos e Perspectivas. São Paulo: Saraiva, 2017, p. 144.

[34] SCHREPEL, T. *op. cit.*, p. 22.

[35] HUBERMAN, G.; LESHNO, J. D.; MOALLEMI, C. C. *Monopoly without a monopolist*: an economic analysis of the Bitcoin Payment System. Columbia Business School, 2017, p, 37.

monopolistas.³⁶ Entretanto, considerando a possibilidade de surgimento de mercados em que o agente atua por meio de uma rede compartilhada anônima, os meios legais de regulação serão objeto de debate entre a sociedade, técnicos (do direito e da tecnologia) e legisladores.

Schrepel observa que a estrutura fornecida pelas DLTs não só facilita a prática de condutas anticompetitivas já conhecidas como permite o surgimento de novas práticas relacionadas ao uso do *blockchain*.³⁷ Contudo, necessário destacar que a probabilidade de implementação das referidas práticas está principalmente ligada às chamadas *blockchains* privadas, onde a existência de uma entidade central controladora permite o exercício de condutas abusivas e exclusionárias com maior facilidade.

Por outro lado, o caráter público das redes (que não está presente em todos os casos, como vimos anteriormente) permitiria em determinadas hipóteses a prevenção de práticas já conhecidas, como a combinação de preços, a recusa de venda e a venda casada. Não é sem razão que Buterin aponta a resistência à colusão como uma das principais utilidades da descentralização do sistema *blockchain*.³⁸

A transparência das redes públicas, que possibilitam a auditoria de todas as transações pelos pares da rede, permite inferir a tendência à diminuição de práticas anticompetitivas na eventual consolidação de mercados estruturados em DLT.

Relativamente às práticas anticompetitivas introduzidas pelas DLTs, destaca-se a possibilidade de ocorrência de "inovação predatória", definida como a alteração de um ou mais elementos técnicos de um produto com o propósito de eliminar ou limitar a concorrência.³⁹ Nesse contexto, eventuais mercados estruturados completamente em uma rede *blockchain* privada estariam sujeitos a eventuais alterações técnicas impostas por um único agente.

Para evitar a concentração de poder de mercado com o detentor da infraestrutura *blockchain* (no caso de redes fechadas ou em consórcio), é necessário assegurar meios de interoperabilidade e portabilidade das informações ali mantidas. No âmbito das discussões já realizadas pela União Europeia nesse contexto,⁴⁰ os Estados-membros indicaram a importância da garantia desses institutos (interoperabilidade e portabilidade) nas futuras normas a serem editadas sobre o tema.

Com efeito, o momento atual indica um crescimento das redes privadas em decorrência dos investimentos das grandes empresas.⁴¹ Ao mesmo tempo, o crescimento de redes públicas tem enfrentado resistência inclusive de aparatos institucionais de relevo, como a referida manifestação da diretora do FMI em relação ao *Bitcoin*.

Nesse contexto, é necessário que a análise das externalidades trazidas aos mercados pela *blockchain* seja feita de maneira específica e considerando as características específicas de cada tecnologia. A distinção necessária entre os potenciais usos das redes é também fator essencial nesse sentido.

---

[36] *Idem, ibidem.*
[37] SCHREPEL, T. *op. cit.*, p. 25.
[38] BUTERIN, V. *op. cit.*
[39] SCHREPEL, Predatory Innovation: The Definite Need for Legal Recognition. *SMU Sci. & Tech. L. Rev.*, p. 06, 2017.
[40] Comissão Europeia. *"Cooperation on a European Blockchain Partnership"*. Disponível em http://ec.europa.eu/newsroom/dae/document.cfm?doc_id=50954. Acesso em: 30 ago. 2018.
[41] Nesse sentido: PwC Global Survey: Corporate Interest in Blockchain on the Rise. Disponível em: https://bitcoinmagazine.com/articles/pwc-global-survey-corporate-interest-blockchain-rise/. Acesso em: 28 ago. 2018.

IV DLT como ferramenta regulatória

Conforme visto ao longo do presente estudo, autoridades estatais buscam meios efetivos de regulação ante o rápido crescimento da tecnologia *blockchain*, sendo o principal alvo atualmente as chamadas criptomoedas (especialmente o *Bitcoin*). Vimos, ainda, que a própria tecnologia DLT é uma ferramenta regulatória em si, tanto com fundamento na chamada *lex cryptographia*, de Wright e De Fillipi, ou mesmo com base na teoria *"code is law"* de Lessig.[42]

Contudo, em razão de sua vasta aplicação, a tecnologia DLT permite às autoridades reguladoras, especialmente à autoridade de defesa da concorrência, atuar de maneira potencialmente mais efetiva quando comparamos o cenário atual de ferramentas disponíveis aos agentes do Estado. Assim, o presente capítulo pretende explorar de maneira expositiva as possibilidades nesse sentido.

Lawrence Lessig apontou em sua obra *Code*[43] que a regulação em meios digitais se daria por meio do código de programação do *software*, pois, uma vez programado, o protocolo da tecnologia funciona conforme as regras definidas pelo programador. Assim, a regulação no ciberespaço seria realizada primariamente por meio do código. Especificamente no âmbito das DLT, Wright e De Fillipi percorrem caminho semelhante com a chamada *lex cryptographia*.[44]

Enquanto Huberman *et al.*, no ensaio *"Monopoly without a monopolist"*, concluem pela impossibilidade e desnecessidade de regulação da *blockchain* do *Bitcoin*, os juristas Wright e De Fillipi apontam para o surgimento de uma *lex cryptographia*, onde a regulação e governança desses novos sistemas estariam previstas dentro de cada rede, e não impostas por um sistema legal centralizado.[45]

Naturalmente, Estados e ordenamentos jurídicos não ficaram inertes em relação às transformações trazidas pelo *blockchain* nos negócios, em especial relativamente ao *Bitcoin*. Japão, Reino Unido e alguns estados norte-americanos já possuem legislações específicas sobre as criptomoedas.[46] Nesse sentido, os Estados-membros da Comissão Europeia assinaram em abril de 2018 a declaração de Cooperação em Parceria Europeia em *Blockchain*,[47] como fruto do trabalho do Observatório e Fórum Europeu de *Blockchain*.

No entanto, há questões centrais a serem definidas para que seja possível encontrar um meio adequado de regulação das DLTs. O próprio objeto da regulação, considerando as diferentes aplicações da tecnologia, não é algo claramente definido. Pergunta-se quais atividades relacionadas à *blockchain* deveriam ser reguladas, bem como quais seriam os meios efetivos de aplicação das medidas regulatórias, uma vez que a rede é, em tese, programada para ser alterada apenas por seus pares.

---

[42] LESSIG, L. Code v. 2.0. New York: Basic Books. 2006, p, 83. Disponível em: http://codev2.cc/download+remix/Lessig-Codev2.pdf. Acesso em: 20 ago. 2018.

[43] LESSIG, L. *op. cit.*, p, 83.

[44] WRIGHT, A. DE FILLIPI, P, *op. cit.*, p. 56.

[45] WRIGHT, A. DE FILLIPI, P. Descentralized Blockchain Technology and the rise of lex cryotographia. 2015 *p. 56*. Disponível em: https://papers.ssrn.com/sol3/papers.cfm?abstract_id=2580664. Acesso em: 17 jul. 2018.

[46] NELSON, A. Cryptocurrency Regulation in 2018: Where the World Stands Right Now. 2018. Disponível em: https://bitcoinmagazine.com/articles/cryptocurrency-regulation-2018-where-world-stands-right-now/. Acesso em: 15 jul. 2018.

[47] Comissão Europeia. *"Cooperation on a European Blockchain Partnership"*. Disponível em: http://ec.europa.eu/newsroom/dae/document.cfm?doc_id=50954. Acesso em: 30 ago. 2018.

Em termos práticos, a imposição de remédios antitruste a uma rede descentralizada e aberta deveria contar com a anuência de, ao menos, mais da metade dos nós para que fosse implementada. Nesses casos, estaríamos falando em redes empresariais difundidas pelo mundo, de modo que a autoridade antitruste deveria ter jurisdição sobre a maior parte dos pares para fazer valer sua decisão.

Um caminho proposto para solucionar questões como essa são as chamadas regras de identificação dos usuários (*know your cliente rules*), que impõem aos programadores das redes a identificação dos pares para que o negócio possa ser implementado.[48]

Importante contribuição de Jeff Roberts à regulação digital refere-se ao conceito de "infiltração regulatória", que consiste na intervenção regulatória por meio do próprio protocolo do *software* regulado.[49] Schrepel aponta este como o mais efetivo, se não o único, meio de garantir a eficácia do Direito Antitruste no ambiente das DLTs. Para isso, as disposições normativas seriam transformadas em códigos de programação e inseridas nas redes *blockchain* em que fossem realizados os negócios jurídicos, propiciando o *compliance* obrigatório das normas de defesa da concorrência.[50]

V Conclusões

O presente estudo teve como objeto uma abordagem abrangente e panorâmica, do ponto de vista concorrencial, das *Distributed Ledger Technologies*, conhecidas especialmente pelo nome *Blockchain* e pelo seu uso no *Bitcoin*. Apesar do desafio de tratar de um tema novo e que ainda não foi abordado de maneira profunda pela doutrina antitruste e autoridades de defesa da concorrência ao redor do mundo, podem-se observar características e tendências que conduzirão os mercados nos próximos anos.

Tratando-se de um contexto tecnológico, naturalmente a discussão pode ser superada com o surgimento de novos produtos que superem, por exemplo, a *blockchain*. Justamente por esse motivo, optou-se por utilizar um tema mais amplo como as DLTs, termo que abrange inclusive *softwares* vindouros que contenham as características exploradas no presente ensaio.

No âmbito do controle de estruturas, as novas estruturas empresariais e contratuais proporcionadas pelas chamadas *Blockchain* 2.0 e 3.0 exigirão novas metodologias da análise antitruste tradicional, em especial em relação à definição de mercado relevante, do ponto de vista do produto e geográfico, bem como dos critérios de mensuração de participação de mercado.

Relativamente ao controle de estruturas, além do potencial uso das DLTs no contexto de condutas anticompetitivas já conhecidas, será necessária atenção do regulador para o crescimento das chamadas *blockchains* privadas e híbridas, cujo controle é atribuído a uma empresa ou grupos empresariais. Nesses cenários o caráter de transparências

---

[48] Nesse sentido, a autoridade bancária de Singapura e a Securities and Futures Commission (SFC) of Hong Kong estabeleceram regras segundo o modelo *know your client* para transações com *Bitcoin*. Vide: https://www.sfc.hk/edistributionWeb/gateway/EN/circular/doc?refNo=17EC79. Acesso em: 30 ago. 2018.

[49] The Law of Blockchain: Beyond Government Control?
http://amp.timeinc.net/fortune/2018/05/10/blockchain-law?__twitter_impression=true.

[50] SCHREPEL, T. *op. cit.* p. 40.

existente nas redes públicas é mitigado, de modo que um esforço regulatório maior será exigido.

Por fim, vimos ainda que as DLTs constituem também uma poderosa ferramenta regulatória que será útil para a construção de um ambiente competitivo e inovador que assegure o bem-estar do consumidor. Um panorama legal e regulatório desenvolvido de maneira adequada certamente trará vantagens para o crescimento da *blockchain* no Brasil.

Como visto ao longo do presente estudo, tem-se ainda um cenário de pouca regulação específica voltada para a *Blockchain* no mundo, pois vivemos ainda um estágio de observação. Nesse sentido, o papel do Direito da Concorrência, conforme aponta Ana Frazão, deve ser o de não apenas tutelar e fomentar a inovação, mas compreender o papel desta na própria evolução e conformação dos mercados.[51]

Referências

BUTERIN, V. The Meaning of Decentralization. 2017. Disponível em: https://medium.com/@VitalikButerin/the-meaning-of-decentralization-a0c92b76a274. Acesso em: 18 jul. 2018.

CADE. Guia para Análise de Atos de Concentração Horizontal. 2016. Disponível em: http://www.cade.gov.br/acesso-a-informacao/publicacoes-institucionais/guias_do_Cade/guia-para-analise-de-atos-de-concentracao-horizontal.pdf. Acesso em: 16 ago. 2018.

DUPONT, Q.; MAURER, B. Ledgers and Law in the Blockchain. *Kings Review*. Disponível em: http://kingsreview.co.uk/articles/ledgers-and-law-in-the-blockchain/. Acesso em: 01 ago. 2018.

FRAZÃO, A. *Direito da Concorrência*: Pressupostos e Perspectivas. São Paulo: Saraiva, 2017.

FOBE, Nicole Julie. *O Bitcoin como moeda paralela* – uma visão econômica e a multiplicidade de desdobramentos jurídicos. FGV-SP, 2016.

HUBERMAN, G.; LESHNO, J. D.; MOALLEMI, C. C. *Monopoly without a monopolista*: an economic analysis of the Bitcoin Payment System. Columbia Business School, 2017.

LAGARDE, C. An Even-handed Approach to Crypto-Assets. 2018. Disponível em: https://blogs.imf.org/2018/04/16/an-even-handed-approach-to-crypto-assets/.

LESSIG, L. Code v. 2.0. New York: Basic Books. 2006. Disponível em: http://codev2.cc/download+remix/Lessig-Codev2.pdf. Acesso em: 20 ago. 2018.

MOUGAYAR, William. *The Business Blockchain*: Promise, Practice, and Application of the Next Internet Technology. New Jersey: Wiley, 2016.

NELSON, A. Cryptocurrency Regulation in 2018: Where the World Stands Right Now. 2018. Disponível em: https://bitcoinmagazine.com/articles/cryptocurrency-regulation-2018-where-world-stands-right-now/. Acesso em: 15 jul. 2018.

PERCIC, L. *Public vs. Permissioned (Private) Blockchains*. Disponível em: https://medium.com/iryo-network/public-vs-permissioned-private-blockchains-99c04eb722e5. Acesso em: 17 jul. 2018.

SCHREPEL, T. Predatory Innovation: The Definite Need for Legal Recognition. *SMU Sci. & Tech. L. Rev.*, 2017.

SCHREPEL, T. Is blockchain the death of antitrust law? In: *The Blockchain Antitrust Paradox* (prelo). 2018.

SWAN, M. Automatic Markets. Broader Perspective blog, 2009. Disponível em: http://futurememes.blogspot.com/2009/08/automatic-markets.html. Acesso em: 10 ago. 2018.

SWAN, M. *Blockchain* – Blueprint for a new economy. California: O'Reilly Books. 2017.

---

[51] FRAZÃO, A. *op. cit.* p. 63.

SWAN, M.; DE FILLIPI, P. Toward Philosophy of Blockchain. *Metaphilosophy (Wiley)*, vol. 48, n. 5, 2017.

SZABO, Nick. Formalizing and Securing Relationships on Public Networks. *First Monday Journal*, vol. 2, n. 9, 1 Sept. 1997.

TAPSCOTT, A.; TAPSCOTT, D. *Blockchain Revolution*. São Paulo: Ed. Senai-SP, 2017.

WRIGHT, A. DE FILLIPI, P. Decentralized Blockchain Technology and the rise of *lex* cryotographia. 2015. Disponível em: https://papers.ssrn.com/sol3/papers.cfm?abstract_id=2580664. Acesso em: 17 jul. 2018.

Informação bibliográfica deste texto, conforme a NBR 6023:2018 da Associação Brasileira de Normas Técnicas (ABNT):

VERÍSSIMO, Levi Borges de Oliveira. Repercussões concorrenciais das *Distributed Legder Technologies* (DLTs). *In*: FRAZÃO, Ana; CARVALHO, Angelo Gamba Prata de (Coord.). *Empresa, mercado e tecnologia*. Belo Horizonte: Fórum, 2019. p. 255-267. ISBN 978-85-450-0659-6.

ALGORITMOS, INTELIGÊNCIA ARTIFICIAL, MERCADOS. DESAFIOS AO ARCABOUÇO JURÍDICO

CARLOS EDUARDO GOETTENAUER

I Introdução

Na extensa obra que aborda os mitos dos índios brasileiros, Claude Lévi-Strauss indica que o fogo aparece na mitologia indígena dentro de duas concepções primordiais. Algumas vezes o fogo tem caráter construtivo e inaugura a técnica do cozimento, que permite à tribo deixar de consumir alimentos crus e passar a assar a carne dos animais de caça.[1] Por outras vezes, o fogo aparece como elemento de destruição, que, sem controle, pode consumir com suas chamas toda a mata. Assim, a tecnologia primordial da humanidade é tomada com ambivalência por diversas tribos, que reconhecem o potencial de libertação trazido pelo fogo, mas também percebem a possibilidade dessa mesma tecnologia levar à destruição.

Algo semelhante parece acontecer quando se aborda a introdução de novas tecnologias na sociedade contemporânea.

Há mais de 20 anos a Internet levou à transformação da sociedade com a ampliação quase irrestrita da capacidade de comunicação global. Contudo, talvez passado o impacto mais forte da implantação dessa mudança, os algoritmos inteligentes parecem trazer a nova revolução tecnológica. São eles que decidem o preço das ações nas bolsas de valores, o caminho a ser feito pelo carro quando segue o GPS, a taxa de juros de um empréstimo,[2] o valor da corrida dos aplicativos de carona e, possivelmente, o resultado das eleições.[3]

---

[1] LÉVI-STRAUSS, Claude. *O Cru e o Cozido (Mitológicas V. 1)*. Tradução: Beatriz Perrone-Moisés. São Paulo: Cosac Naify, 2004, p. 223.

[2] Os exemplos aqui indicados serão abordados ao longo do trabalho e são vastamente citados pelos artigos abordados, porém deixamos já como referência sobre a aplicação de algoritmos na vida cotidiana a obra de Pedro Domingos sobre o tema (DOMINGOS, Pedro. *O Algoritmo Mestre*. São Paulo: Novatec, 2017).

[3] A influência dos algoritmos nas eleições presidenciais americanas ganhou maior destaque com a vitória de Donald Trump em 2016. Contudo, as ferramentas algorítmicas já foram utilizadas em situações anteriores, inclusive na vitória de Barack Obama, como relata o próprio Pedro Domingos (*op. cit.*). Sobre o possível impacto da inteligência artificial nas eleições da presidência americana de 2016, sugerimos o artigo *The Data That Turned the World Upside Down* (GRASSEGGER, Hannes; KROGERUS, Mikael. *The data that turned the world upside down*. Vice Motherboard, v. 28, 2017).

Tamanha onipresença gera na sociedade um sentimento próximo à ambivalência dos mitos indígenas com relação à tecnologia. Alguns pesquisadores, mais otimistas, indicam, por exemplo, que "o *machine learning* trará não só uma nova era para a civilização, mas um novo estágio da evolução da vida na Terra".[4] No espectro oposto, há quem diga que os algoritmos tendem "a punir os pobres e oprimidos de nossa sociedade, enquanto deixam os ricos ainda mais ricos".[5]

Para além dessa dicotomia entre integrados e apocalípticos, para repetirmos a nomenclatura utilizada por Umberto Eco sobre as mudanças culturais,[6] o reconhecimento do impacto da inteligência artificial nas relações de mercado já começa a ser acompanhado pelo meio acadêmico, pelas autoridades e pelas organizações internacionais. É revelador que a Organização para a Cooperação e Desenvolvimento Econômico (OCDE) tenha lançado artigo no qual aborda o reflexo do uso de algoritmos nas relações de mercado, abordando os desafios dessa nova tecnologia para a livre concorrência.[7]

Nesse mesmo caminho que busca a superação da ambivalência na abordagem da tecnologia, o presente artigo tem por objetivo mapear os desafios jurídicos que podem advir da implementação crescente de algoritmos de inteligência artificial nas atividades econômicas.[8]

Para tratar da questão, iniciaremos, no primeiro tópico, a abordagem de conceitos relacionados aos algoritmos e à inteligência artificial de modo a afastar as dificuldades que o tema, carregado de percepções errôneas, habitualmente traz. No segundo momento, analisaremos as características únicas e próprias dessa tecnologia, que fazem dos algoritmos inteligentes um desafio ao corpo teórico do Direito atual. No terceiro tópico listaremos algumas das aplicações mais frequentes dos algoritmos nas relações econômicas atuais, a fim de instruir nossa análise jurídica do tema. Por fim, indicaremos os principais desafios jurídicos que podem ser mapeados a partir das características e dos empregos de algoritmos inteligentes, conforme indicado nos itens anteriores.

Pretendemos, com esse enfoque, demonstrar por quais maneiras essas novas tecnologias implicam situações que demandam a revisão do corpo jurídico teórico atualmente utilizado para abordar juridicamente as atividades econômicas. Nossa proposta é demonstrar como a atual compreensão das relações jurídicas podem encontrar limites quando contrapostas à introdução de algoritmos de inteligência artificial por agentes em vários momentos da atividade econômica.

Trata-se, claro, de trabalho preliminar distante de esgotar o tema, que ainda mostra seus primeiros contornos. Contudo, a visão panorâmica ora pretendida é especialmente útil nesse momento, quando ainda estão em molde as relações sociais impactadas pela nova tecnologia.

---

[4] DOMINGOS, Pedro. *Op. cit.*, p. 35.

[5] Traduzimos do inglês. No original "And they tended to punish the poor and the oppressed in our society, while making the rich richer" (O'NEIL, Cathy. *Weapons of Math Destruction*: how big data increases inequality and threatens democracy. New York: Crown, 2016, p. 35).

[6] ECO, Umberto. *Apocalípticos e Integrados*. 5. ed. São Paulo: Perspectiva, 1995.

[7] OCDE – Organização para a Cooperação e Desenvolvimento Econômico. *Algorithms and Collusion: Competition Policy in the Digital Age*. Disponível em: www.oecd.org/competition/algorithms-collusion-competition-policy-in-the-digital-age.htm. Acesso em: 20 jul. 2018.

[8] Cabe apontar aqui o uso do termo "atividade econômica" no sentido estrito na nomenclatura adotada por Eros Roberto Grau (*A Ordem Econômica na Constituição de 1988*. 15. ed. São Paulo: Malheiros, 2012).

II Algoritmos, inteligência artificial e *machine learning*

Qualquer trabalho que se esforce para lidar com o tema dos algoritmos e da inteligência artificial passará, antes de qualquer abordagem mais profunda, pela difícil tarefa preliminar de definir esses termos. A necessidade desse esforço de definição é ainda mais premente, pois a matéria é cercada de concepções equivocadas e preconcebidas, derivadas do imaginário popular, que mais aproxima a inteligência artificial de filmes futuristas de ficção científica do que dos modelos matemáticos atualmente já responsáveis por influenciar nossas vidas.

A bem da verdade, como relata Jerry Kaplan,[9] a expressão inteligência artificial faz um convite natural ao equívoco, por comparar uma tecnologia de processamento de dados a um conceito abstrato e naturalmente indefinível, como a própria inteligência. "Imagine a confusão e a controvérsia que o voo motorizado teria sofrido se os aviões fossem descritos desde o início como 'pássaros artificiais'".[10]

Portanto, a fim de afastar essa espécie de confusão desnecessária, o melhor caminho para delimitar o que seriam os algoritmos de inteligência artificial, objeto de estudo do presente trabalho, é abordar as definições associadas à análise de maneira separada e com complexidade crescente.

II.1 Algoritmos

Comecemos com o ponto fundamental, que é a compreensão do termo algoritmo.

Embora a expressão possa ser apreendida intuitivamente como "uma sequência de regras que devem ser seguidas para realizar uma determinada tarefa",[11] sua definição precisa é complexa.[12]

O termo tem origem no estudo da matemática euclidiana, embora se possa afirmar que, mesmo antes dos gregos, os babilônicos e os egípcios já utilizavam algoritmos para resolver problemas matemáticos cotidianos.[13] As fórmulas amplamente aprendidas pelos estudantes na escola, como o Teorema de Pitágoras, são exemplos diretos de algoritmos. Contudo, de forma genérica, a ideia de algoritmo ultrapassa a simples noção matemática e alcança todas as tarefas rotineiras. Algoritmos seriam, nesse sentido amplo, um conjunto de instruções lógicas para gerar um resultado específico, como uma receita culinária, uma partitura musical ou uma combinação de jogadas de xadrez capaz de levar ao xeque-mate.[14]

---

[9] KAPLAM, Jerry. *Artificial Intelligence*: What Everyone Needs to Know. Oxford: Oxford University Press, 2016.

[10] No original *"imagine the confusion and controversy that powered flight might have suffered if airplanes were described from the start as 'artificial birds'"* (KAPLAM, Jerry. *Op cit.*, p. 16).

[11] OCDE. *Op cit.*, p. 8.

[12] MASCHOVAKIS, Yiannis N. What is an Algorithm. *In:* ENGQUIST, B.; SCHIMID, W. (Ed.). *Mathematics Unlmited* – 2001 and Beyond. New York: Springer, 2001.

[13] Nesse sentido, a pesquisa de Tatiana Roque (*História da Matemática*: uma visão crítica, desfazendo mitos e lendas. Rio de Janeiro: Zahar, 2012) é especialmente relevante por desmistificar a noção amplamente difundida de que a matemática teria surgido na Grécia Antiga. A autora afirma que as civilizações anteriores já possuíam inúmeras sequências de instruções para abordar problemas quantitativos de seu cotidiano, demonstrando assim que os algoritmos já estão presentes na história da humanidade muito antes do que se tem por senso comum.

[14] KEIL, Frank C.; WILSON, Robert A. *The MIT encyclopedia of the cognitive sciences*. Cambridge: MMIT Press, 1999.

Em que pese nem todos os algoritmos estarem relacionados à realização de tarefas por computadores, o termo ganha precisão quando associado ao processamento de dados por máquinas.[15] Nesse sentido estrito, que de toda maneira interessa ao presente trabalho, algoritmos podem ser definidos como "uma sequência de instruções que informa ao computador o que ele deve fazer".[16] Dessa forma, a partir de dados iniciais, o computador emprega um algoritmo para entregar novos dados, a fim de resolver um problema específico.

Há algo aqui que já merece a atenção quando contemplamos os contornos jurídicos dos algoritmos de inteligência artificial. Embora nem todo algoritmo seja um programa de computador, todo programa de computador pode ser definido como algoritmo. Desde o processador de texto utilizado para escrever o presente trabalho até o mais moderno sistema eletrônico preditivo de preços de ações em bolsas de valores, todos são algoritmos Ademais, sempre que é feita referência ao termo "algoritmos de inteligência artificial", como se verá, aponta-se um conjunto de instruções que são executadas por um computador para a realização de uma tarefa específica associada à solução de um problema, a ser abordado de maneira lógica pela máquina.

II.2 Inteligência artificial e *machine learning*

Se, como indicado, a noção de algoritmo pode ser alcançada de maneira quase intuitiva, o contrário se passa quando abordamos o conceito de inteligência artificial. Nesse caso, a intuição calçada no senso comum leva ao caminho oposto e mais dificulta do que aclara as definições. No entanto, mesmo quando empregado rigor metodológico à análise da expressão, a delimitação do sentido do termo não se torna mais simples ou clara.

Como se espera, a dificuldade de definir "inteligência artificial" vem da referência que o termo faz à própria "inteligência".[17] Segundo se relata,[18] o termo "inteligência artificial" teria sido cunhado por John McCarthy em 1956, para se referir à ciência que abordaria a criação de máquinas capazes de realizar tarefas reservadas à inteligência humana. O próprio criador do termo reconheceu que não existe definição de inteligência que não faça referência à própria inteligência humana.[19] Assim, a noção de "inteligência artificial" fatalmente depende do esforço de definir inteligência, conceito que, por sua vez, possui várias possibilidades de compreensão.

Não bastasse, muitos dos problemas apresentados aos algoritmos de inteligência artificial requerem a identificação de um padrão de solução, que, uma vez reconhecido, não mais depende de inteligência artificial para sua aplicação. Ou seja, apresenta-se ao algoritmo um universo de dados para a busca de solução que, depois de identificada, é uniforme, fazendo surgir assim um outro e novo algoritmo. Dessa forma, uma vez

---

[15] KEIL, Frank C.; WILSON, Robert A. *Op. cit.*
[16] DOMINGOS, Pedro. *Op. cit.*, p. 17.
[17] SCHERER, Matthew U. Regulating Artificial Intelligence Systems: Risks, Challenges, Competencies and Strategies. *In: Harvard Journal of Law & Technology*, v. 29, n. 2, 2016.
[18] KAPLAM, Jerry. *Op cit.*
[19] MCCARTHY, John. *What is Artificial Intelligence?* Disponível em: http://www-formal.stanford.edu/jmc/whatisai. pdf. Acesso em: 25 jun. 2018.

encontrada a solução de um problema em particular, o mesmo problema pode deixar de ser um caso de aplicação de inteligência artificial.[20]

A solução encontrada por alguns é simplesmente reconhecer a impossibilidade de definição pura do termo e abraçar sua circularidade. Inteligência artificial seria a capacidade de máquinas "realizarem tarefas que, se realizadas por humanos, dependeriam de inteligência".[21]

Reconhecida a dificuldade de uma definição e a artificialidade de qualquer raciocínio circular, seria extremante complexo, se não impossível, utilizar o conceito de inteligência artificial para tentar sustentar as eventuais abordagens jurídicas do emprego de algoritmos de inteligência artificial na economia. Melhor, em face dessa dificuldade, abordar a tecnologia que permite atribuir a alguns algoritmos específicos a condição de "inteligentes", o *machine learning*.

Embora se baseie em um conceito presente desde o início dos estudos de inteligência artificial,[22] a tecnologia de *machine learning* gerou uma revolução no campo de estudo da inteligência artificial, permitindo que as máquinas passassem a "aprender", modificando sua programação a partir da interação com dados e a experiência.[23] Como vimos, os algoritmos tradicionais contêm as instruções para que o computador desempenhe uma atividade. Os dados entram na máquina e o algoritmo os processa, apresentando um resultado. O *machine learning* inverte essa sequência, entram dados que são processados para gerar um novo algoritmo.[24] Um algoritmo que cria algoritmos a partir dos dados.

O grande salto trazido pela tecnologia de *machine learning* nos últimos anos foi muito em razão do inquestionável aumento na capacidade de armazenamento e processamento de informações.[25] A técnica é fortemente baseada na análise de volumes maciços de dados, originários de várias fontes e em grande velocidade, um conjunto de características que se convencionou chamar de *Big Data*.[26] Em resumo, o papel do computador nessa técnica é encontrar padrões estatísticos, dentro de um grande universo de informações, capazes de apresentar soluções para problemas bem claros.

É importante lembrar que, apesar do *machine learning* ser o motor da maior parte das aplicações práticas da inteligência artificial nos mercados, a tecnologia não é a única associada à inteligência artificial, tampouco a melhor para todos os tipos de situação. Há casos, por exemplo, nos quais simplesmente não há informações para a solução de um problema, o que, por si só, já representa uma restrição à tecnologia, cuja principal técnica é a análise de dados. A escassez de informações para o emprego da técnica pode ser decorrente da própria natureza do problema ou, em muitos casos, em razão de restrições jurídicas de qualquer ordem ao acesso dos dados. Esse último ponto pode ser de especial interesse para a análise dos contornos jurídicos do uso de algoritmos

---

[20] KAPLAM, Jerry. *Op. cit.* p. 37.
[21] SCHERER, Matthew U. *Op. cit.* p. 362.
[22] Sobre esse ponto, pode-se citar o experimento conduzido por Arthur L. Samuel (Some Studies in Machine Learning Using the Game of Checkers. *In: IBM Journal*, vol. 3, n. 3, jul. 1959), ainda em 1959, para que as máquinas aprendessem o jogo de damas de maneira mais eficiente do que os seus programadores eram capazes.
[23] KAPLAM, Jerry. *Op. cit.*
[24] DOMINGOS, Pedro. *Op. cit.* p. 48.
[25] KAPLAM, Jerry. *Op. cit.*
[26] PASQUALE, Frank. *The Black Box Society*. Cambridge: Harvard University Press, 2015.

inteligentes, pois deixa clara, desde já, a correlação entre a eficiência dos algoritmos de inteligência artificial e o acesso aos dados, algo que pode ser incentivado ou restringido em razão do regime jurídico.

Seja pelo uso intenso de dados, seja por atribuir aos algoritmos capacidade de aprendizado, a tecnologia de *machine learning* dota os algoritmos de inteligência artificial de algumas características particulares que os diferem das demais ferramentas até então empregadas nas relações de mercado. São essas propriedades que podem significar um desafio à abordagem jurídica das novas aplicações, conforme passaremos a abordar.

III O caráter problemático da inteligência artificial

Antes de adentrar nesse ponto em especial, cabe destacar a inexistência de concordância sobre quais seriam as características exclusivas das ferramentas de inteligência artificial responsáveis por lhes atribuir as condições de identidade e exclusividade.

Entre os pesquisadores que abordaram o tema de maneira pioneira, Ryan Calo,[27] tratando exclusivamente de ferramentas robóticas, listou três elementos essenciais dessa tecnologia que trariam situações inéditas a serem abordadas pelo Direito: a corporificação, a emersão e o valor social.[28] A *corporificação* seria característica exclusiva das ferramentas robóticas, que podem influenciar diretamente o mundo tangível. A *emersão* diria respeito à capacidade de as ferramentas de inteligência artificial atuarem de maneira autônoma e realizarem ações originalmente não previstas por seus idealizadores. Por fim, o valor social seria decorrente da predisposição dos serem humanos em reagir às ferramentas de inteligência artificial, atribuindo-lhes papéis sociais e vínculos afetivos.

Em caminho próximo, Jack B. Balkin[29] reconheceu as mesmas características listadas por Ryan Calo em todos os algoritmos de inteligência artificial, sem limitar esses elementos às ferramentas robóticas, como originalmente feito pelo primeiro autor. Balkin indicou que não seria a possibilidade de intervenção direta no mundo tangível que faria das ferramentas robóticas um desafio ao jurídico, mas sim o fato delas interagirem com o ambiente social de maneira inédita.

Em outra abordagem, Matthew Scherer listou várias "características da inteligência artificial que dificultaram sua regulação em comparação com outras fontes de risco público".[30] Em sua sistematização, o autor condensou essas características em três eixos principais: *(i)* autonomia, previsibilidade e causalidade; *(ii)* controle e *(iii)* descrição, difusão, distinção e opacidade.[31]

Apesar da inexistência de uniformidade de nomenclatura ou abordagem com relação às características fundamentais dos algoritmos de inteligência artificial, os

---

[27] CALO, Ryan. Robotics and the Lessons of Cyberlaw. *In: California Law Review*, vol. 103, n. 3. 2015.

[28] Cabe indicar aqui que os termos utilizados pelo autor no texto original são *"embodiment, emergence"* e *"social valence"* (CALO, Ryan. *Op. cit.*, p. 532). Nossa tradução tenta a maior aproximação do sentido descrito pelo autor.

[29] BALKIN, Jack M. The Pack of Robotics Law. *In: California Law Review Circuit*, v. 6, jun. 2015.

[30] No original *"Several characteristics of artificial intelligence will make it exceptionally difficult to regulate AI as compared to other sources of public risk"*. SCHERER, Matthew U. *Op. cit.*, p. 362.

[31] Mais uma vez, é oportuno indicar os termos utilizados pelo autor no texto original. *"Autonomy, Foreseeability, and Causation"* (SCHERER, Matthew U. *Op. cit.*, p. 363); *"Control"* (*Op. cit.*, p. 366); *"Research and Development: Discreet, Diffuse, Discrete, and Opaque"* (*Op. cit.*, p. 369).

autores citados atribuem qualidades semelhantes à nova tecnologia para indicar as possíveis turbulências no ambiente regulatório trazidos por sua introdução nas atividades econômicas.

Com foco no objetivo específico do presente trabalho, qual seja, abordar as possíveis repercussões jurídicas da utilização dos algoritmos de inteligência artificial nas relações de mercado, a partir da base teórica dos autores já referidos, indicamos três características principais da tecnologia de inteligência artificial que impõe um novo desafio ao corpo teórico jurídico hoje disponível. Na parte final do trabalho, abordaremos como essas características se combinam para levar a situações não previstas, por ora, no arcabouço jurídico teórico.

III.1 Imprevisibilidade

A autonomia[32] é talvez a característica mais destacada da inteligência artificial. Certamente, também é a mais romantizada pela ficção científica, cujas tramas comumente envolvem máquinas ganhando vida própria e libertando-se do seu criador. Para além da ficção científica, mas ainda no imaginário, correu a notícia de que o Facebook teria sido obrigado a desligar dois *chatbots*[33] depois que os algoritmos passaram a atuar de forma não prevista por seus programadores, criando sua linguagem própria. A notícia, em parte verídica, foi prontamente desmentida e esclarecida pela empresa, após a repercussão exagerada do tema.[34]

Distanciando-se das fantasias, é verdade que em razão de sua capacidade de apreender e modificar seu comportamento diante dos dados e da experiência que acumulam, os algoritmos de inteligência artificial são capazes de criar novas soluções aos problemas apresentados, muitas das quais não foram previstas por seus criadores originais.[35]

Os processos decisórios dos algoritmos de inteligência artificial alcançam, assim, soluções que superam a expectativa dos humanos, normalmente sujeitos a vieses cognitivos. As vantagens são óbvias. Resolver problemas insolúveis para os seres humanos ou mesmo realizar tarefas de maneira mais eficiente é o próprio objetivo da utilização da inteligência artificial.[36] Contudo, há a significativa possibilidade de a solução criada pelo algoritmo ser de tal forma inesperada que suas consequências não puderam ser mesmo previstas. Assim, é possível vislumbrar a possibilidade de um algoritmo de inteligência artificial vir a gerar danos a terceiros por meio da prática de um ato ilícito não antecipado (ou sequer antecipável) por seus programadores. Nesses casos em questão, a impossibilidade de antevisão da conduta que será adotada pelo algoritmo corresponderia a um risco social no emprego da tecnologia de inteligência artificial.

---

[32] Importante citar que para Balkin (*Op. cit.*) a expressão mais adequada é emersão (termo por nós traduzido do inglês "emergence"), uma vez que as máquinas não são de forma alguma autônomas, mas produzem resultados inesperados a partir de dados e programas já existentes.

[33] *Chatbots* são algoritmos programados para simular a conversa natural entre humanos.

[34] MCKAY, Tom. No, Facebook Did Not Panic and Shut Down an AI Program That Was Gerring Dangerously Smart. *In: Gizmodo*. 31.7.2017. Disponível em: https://gizmodo.com/no-facebook-did-not-panic-and-shut-down-an-ai-program-1797414922. Acesso em: 15 jul. 2018.

[35] SCHERER, Matthew U. *Op. cit.*

[36] DOMINGOS, Pedro. *Op. cit.*

III.2 Incontrolabilidade[37]

Tal como no mito indígena do domínio do fogo pelos humanos referido no início do presente artigo, o emprego de qualquer tecnologia pode significar a perda de seu controle. Com a inteligência artificial a situação não é diversa, mas mais grave.

A autonomia dos algoritmos também pode resultar na perda do controle na utilização da inteligência artificial. É natural que máquinas parem de funcionar por defeitos mecânicos ou por falhas na programação. Contudo, no caso das ferramentas de inteligência artificial há dois agravantes. Primeiro, elas são programadas para manter o funcionamento, independentemente de qualquer supervisão humana.[38] Em seguida, em algumas situações, o grande motivo para a utilização da inteligência artificial é delegar o controle de alguma tarefa à máquina, desonerando os seres humanos das decisões. Esse é o caso da tecnologia utilizada nos carros autônomos, cujo objetivo é dispensar os motoristas na condução dos veículos, e dos algoritmos de precificação, que serão descritos nas próximas páginas.

De maneira análoga à imprevisibilidade, a perda do controle da inteligência artificial pode causar danos a terceiros, alguns de graves consequências.[39] Portanto, os limites razoáveis da renúncia à supervisão humana dos algoritmos ainda restam por ser apurados.

III.3 Distributividade

As grandes tecnologias do século XX tinham como característica a necessidade de grandes obras de infraestruturas, que correspondiam a volumosos investimentos. Diferentemente, as tecnologias da Era da Informação são consideravelmente mais intangíveis e, portanto, mais discretas, difusas e baratas.[40]

A consequência dessa intangibilidade é o desenvolvimento difuso das ferramentas de inteligência artificial, por múltiplos agentes distribuídos em vários territórios, os quais muitas vezes nem sequer têm contato entre si.[41] Ademais, os múltiplos elementos que vão contribuir para o funcionamento de uma ferramenta específica são projetados ou produzidos de maneira individual e, no momento do desenvolvimento, combinados entre si para realizar um propósito. Mesmo os elementos tangíveis, como os computadores, nos quais são executados os algoritmos, são desenvolvidos de maneira isolada, sem qualquer preocupação com seu emprego final. Esse ponto é, em muitos casos, até incentivado pela indústria, responsável por fornecer componentes modulares

---

[37] Estamos cientes que o termo "incontrolabilidade" é um neologismo pouco ortodoxo. No entanto, na escolha entre não inovar no idioma e não prejudicar a compreensão instantânea do termo, optamos pela segunda hipótese.

[38] Emblemático o caso de um *drone*, que, depois de um comando de retorno do seu piloto, permaneceu voando e atingiu uma aeronave militar (ANDERSON, Nate. Drone collides with US Army Helicopter, puts 1.5" in rotor. In: *Ars Technica*. 29.12.2017. Disponível em: https://arstechnica.com/tech-policy/2017/12/drone-collides-with-us-army-helicopter-puts-1-5-dent-in-rotor/. Acesso em: 15 ago. 2018).

[39] Citamos aqui, apenas como exemplo mais recente no momento da redação do presente trabalho, o caso em que um pedestre foi atropelado por um carro autônomo (WAKABAYASHI, Daisuke. Self-drive Uber Car Kills Pedestrian in Arizona, Where Robots Roam. In: *The New York Times*. 19.3.2018. Disponível em: https://www.nytimes.com/2018/03/19/technology/uber-driverless-fatality.html. Acesso em: 15 ago. 2018).

[40] SCHERER, Matthew U. *Op. cit.*

[41] SCHERER, Matthew U. *Op. cit.*

para a utilização em projetos de inteligência artificial do estilo "faça você mesmo".[42] Mesmo os algoritmos de inteligência são elaborados a partir de módulos de *software*, disponibilizados em bibliotecas públicas e gratuitos para *download*, e depois agrupados e empregados em produtos mais complexos com fins delimitados e inovadores.[43]

De tal modo, a inteligência artificial é uma tecnologia facilmente distribuída e difundida, sem a necessidade de grande investimento em infraestrutura. A responsabilidade por seu desenvolvimento não precisa estar concentrada nas mãos de uma única instituição e pode se apresentar diluída entre múltiplos agentes independentes e não necessariamente colaborativos entre si. Significativamente, recente notícia informa que um grupo de estudantes reunidos no site *fast.ai*, uma plataforma eletrônica para o aprendizado de desenvolvimento de algoritmos de inteligência artificial, conseguiu treinar uma rotina de identificação de imagens automática de maneira mais eficiente do que os engenheiros do Google.[44]

Definir uma cadeia de responsabilidade pelas consequências do emprego da tecnologia, a partir dessa lógica difusa de desenvolvimento, pode significar uma nova realidade para o Direito.

IV O uso de algoritmos em atividades econômicas

A importância dos algoritmos de inteligência artificial é crescente dentro das empresas, que buscam utilizar as novas ferramentas como um diferencial competitivo no mercado.[45] De modo geral, os algoritmos são utilizados nas atividades econômicas para tomar decisões de maneira mais eficiente e automatizar processos produtivos,[46] criando um novo ambiente de negócios que pode ser definido como "economia a algoritmos".[47]

Dentro desse contexto, os algoritmos de inteligência artificial utilizados em atividades econômicas podem ser classificados em duas categorias teleológicas: algoritmos preditivos e algoritmos de otimização de processos.[48]

Os *algoritmos preditivos*, como veremos, têm por objetivo antecipar fatos futuros a partir da análise de dados históricos[49] Sua utilização pode variar, desde antecipar o comportamento de consumidores até prever a variação do preço de ações. Como listaremos a seguir, os algoritmos de *credit scoring* são algoritmos preditivos por natureza.

Algoritmos de otimização de processos buscam reduzir os custos de transação e produção envolvidos na atividade econômica. Seu emprego é amplo, mas, de modo geral, sua função é substituir os humanos em alguma atividade, de maneira mais barata.[50]

---

[42] Citamos aqui exemplificativamente o projeto AIY do *Google* com essa proposta. Vide: https://aiyprojects.withgoogle.com.

[43] SCHERER, Matthew U. *Op. cit.*

[44] KARPATHY, Andrej. A small team of student AI coders beats Google's machine-learning code. *In: MIT Technology Review*. 10.08.2018. Disponível em: https://www.technologyreview.com/s/611858/small-team-of-ai-coders-beats-googles-code/. Acesso em: 15 ago. 2018.

[45] OCDE. *Op. cit.* p. 11.

[46] EZRACHI, A; STUCKE, M. E. *Virtual Competition: The Promise and Perils of the Algorithm-Driven Economy*. Cambridge: Harvard University Press, 2016.

[47] Traduzimos aqui, livremente, o termo utilizado por Szrachi e Stucke (*Op. cit.*) na obra pioneira sobre o tema.

[48] OCDE. *Op. cit.* p. 11.

[49] OCDE. *Op. cit.* p. 11.

[50] OCDE. *Op. cit.* p. 11.

Assim, essas ferramentas vêm realizar uma profecia prevista por muitos dos analistas do tema, que descrevem o apocalíptico cenário em que os trabalhadores serão substituídos por máquinas inteligentes. Embora se afirme que a introdução de novas tecnologias não reduz postos de trabalho, mas modifica as habilidades necessárias para o desempenho da atividade profissional,[51] é necessário destacar que há projeções indicando a possibilidade de extinção nas próximas décadas de 47% dos empregos atuais.[52]

Retornando ao objetivo do presente trabalho, os exemplos de emprego de algoritmos inteligentes em atividades econômicas que abordaremos a seguir, selecionados para atender nossa proposta de mapeamento das repercussões no arcabouço jurídico da utilização dessa tecnologia, cumprem as duas funções descritas de maneira concomitante: ao mesmo tempo otimizam as tarefas em que são empregados e preveem fatos futuros. Em verdade, isolar qualquer uma dessas funções não seria possível, pois o emprego de ferramentas de inteligência artificial é normalmente relacionado a tarefas complexas e diversificadas.

IV.1 *Credit Scoring* e perfilamento social

A avaliação da capacidade de adimplemento das obrigações assumidas por alguém, o *credit scoring*, é um processo há muito presente no mercado.

A técnica de utilização de variáveis como ferramenta para análise da capacidade de pagamento para a concessão de empréstimos foi reconhecida por David Durand em 1941, no trabalho inaugural *"Risk Elements in Consumer Istallment Financig, 1941"*.[53] O modelo preditivo, no entanto, ganhou relevo a partir da metade da década de 60 nos Estados Unidos. Até então, as decisões referentes à concessão de crédito eram feitas de maneira individual por especialistas de crédito que realizavam seu julgamento a cada solicitação.[54] Contudo, o crescimento da demanda por crédito no período favoreceu o surgimento de modelos estatísticos preditivos que permitiam a análise de crédito de forma massificada. Assim, nos anos de 1970 a 2000 as avaliações de crédito subjetivas foram substituídas por processos automatizados, com modelos matemáticos, que resultam em atribuição de uma pontuação inversamente correspondente ao risco de inadimplemento do cliente.

Portanto, o sistema de pontuação de crédito há anos faz parte das ferramentas utilizadas pelas instituições financeiras para a concessão de operações de empréstimo.[55] Trata-se, ao fim, de um mecanismo de pré-identificação de fatores que podem sugerir

---

[51] KAPLAM. *Op. cit.*
[52] FREY, Carl Benedikt; OSBORNE, Michael A. *The Future of Employment: How Susceptible Are Jobs to Computerisation?* Disponível em: https://www.oxfordmartin.ox.ac.uk/downloads/academic/The_Future_of_Employment.pdf. Acesso em: 15 jul. 2018.
[53] AMORIM NETO, Antônio Alves; CARMONA, Charles Ulisses de Montreuil. Modelagem do risco de crédito: um estudo do segmento de pessoas físicas em um banco de varejo. Programa de Pós-Graduação da UFPE. *REAd*, ed. 40, v. 10, n. 4, p. 4, jul./ago. 2004.
[54] DURKIN, Thomas A.; ELLIEHAUSEN, Gregory; STATEN, Michael E.; ZYWICKI, Todd J. *Consumer Credit and the American Economy*. New York: Oxford University Press, 2014.
[55] BRITO, Giovani Antonio Silva; NETO, Alexandre Assaf. Modelo de classificação de risco de crédito de empresas. *In: Revista Contabilidade & Finanças*, v. 19, n. 46, p. 18-29, 2008.

uma probabilidade de inadimplência e informar as instituições sobre os riscos associados à concessão de crédito a uma pessoa.

Um grande volume de informações, processos automatizados e a necessidade de prever a probabilidade de ocorrência de um evento futuro e incerto: o cenário perfeito para a utilização de algoritmos de inteligência artificial, que altera sensivelmente a forma como são geradas as avaliações de crédito.

Uma das consequências dessa alteração é a ampliação das fontes de dados utilizadas para o cálculo da pontuação de crédito. Se o modelo tradicional partia da análise de operações de crédito do cliente em instituições financeiras, o sistema de *credit scoring* com emprego de inteligência artificial utiliza bases de dados mais amplas. Passam a ser consideradas, para a avaliação, informações sobre registros em cadastros públicos, hábitos de compra, localização do cliente e histórico de navegação na internet e uso de redes sociais.[56]

Outra mudança fundamental impacta o modelo que calcula a probabilidade de adimplemento de um cliente. Os sistemas tradicionais de *credit scoring* submetem os dados da vida financeira dos clientes, sobremaneira seu histórico de operações adimplidas, a modelos estatísticos previamente delimitados, constituídos por fórmulas matemáticas que calculam a nota de crédito de cada pessoa ou, em outras palavras, sua capacidade de pagar à instituição financeira o valor emprestado.[57] O novo modelo utiliza algoritmos inteligentes, que, alimentados por várias fontes e espécies de dados, buscam padrões de correlação entre diferentes elementos para estabelecer novos modelos preditivos de sistemas de crédito. Não se trata mais de usar uma fórmula matemática previamente desenvolvida por estatísticos, mas de buscar padrões em múltiplas origens de dados para criar novas fórmulas de cálculos automatizadas.[58]

Quando nas páginas passadas descrevemos a tecnologia de *machine learning*, relatamos a inversão da sequência entre algoritmo, dados e solução. Algo semelhante ocorreu no processo de *credit scoring*. Ao invés de criar um algoritmo para solucionar um problema de maneira repetitiva, agora se apresentam dados ao algoritmo, que trabalha para, a partir dos processos de *machine learning*, reconhecer novos parâmetros e gerar uma fórmula inédita para a avaliação da possibilidade de adimplemento de uma obrigação.

Há, claro, empregos mais questionáveis dessa mesma tecnologia. A notícia de que a China passaria a usar um sistema de pontuação para avaliar seus cidadãos foi rapidamente associada pela mídia aos processos de *credit scoring* com algoritmos de inteligência artificial.[59] Por ora, sabe-se que o "sistema de crédito social" chinês é mais complexo do que supõe a reducionista abordagem midiática e, por mais nebuloso que seja, não envolve, até aqui, a utilização de algoritmos de inteligência artificial.[60]

---

[56] ROBINSON; YU. *Knowing the score: new data, underwriting, and marketing in the consumer credit marketplace. A guide for financial inclusion stakeholders*. 2014. Disponível em: https://www.teamupturn.org/static/files/Knowing_the_Score_Oct_2014_v1_1.pdf. Acesso em: 28 ago. 2018.

[57] AMORIM NETO, Antônio Alves; CARMONA, Charles Ulisses de Montreuil, *Op. cit.*

[58] CITRON, Danielle Keats; PASQUALE; Frank. The Scored Society: due process for automated predictions. In: *Washington Law Review*, vol. 89, 2014.

[59] BOTSMAN, Rachel. Big data meets Big Brother as China moves to rate its citizens. In: *WIRED*. 21.10.2018. Disponível em: https://www.wired.co.uk/article/chinese-government-social-credit-score-privacy-invasion. Acesso em: 15 jul. 2018.

[60] Em que pese a questão escapar do escopo do presente trabalho, sugerimos a leitura do "Plano de Construção do Sistema de Crédito Social" traduzido para o inglês e disponível em: https://chinacopyrightandmedia.wordpress.

IV.2 Algoritmos de precificação

O preço foi, por vezes, considerado a pedra angular do sistema econômico. A abordagem marxista, por exemplo, propõe que o preço do bem não seria correspondente ao valor do trabalho envolvido na fabricação, ocultando as relações sociais embutidas em sua produção.[61] Na outra ponta do espectro ideológico, Hayek propunha que o sistema de preços seria um elemento de compartilhamento de conhecimento dentro da sociedade.[62]

Há bem pouco tempo, essa crítica tarefa de determinar os preços dos produtos era diretamente realizada por humanos, que acompanhavam o comportamento dos concorrentes e dos consumidores a fim de determinar a marcação final da mercadoria.

Contudo, os algoritmos de precificação vieram substituir os humanos também na atividade de marcação de preços de produtos. Alguns sistemas, mais simples, são programados para responder automaticamente a mudanças de preços dos competidores.[63] Por certo, a velocidade de resposta dessas ferramentas supera em muito a capacidade humana na mesma atividade, fazendo com que as alterações dos preços no ambiente digital sejam extremamente rápidas. Apenas no mês de novembro de 2012, a *Amazon* realizou 2,5 milhões de mudanças de preços por dia.[64]

Com o tempo as ferramentas inteligentes de precificação passaram a ser ainda mais complexas e a tomar em consideração múltiplas variáveis em sua análise. Dessa forma, passou-se a monitorar o comportamento dos consumidores dentro do site, sua localização geográfica e seu perfil social, de forma a otimizar a tarefa de precificação.[65]

A evolução da tecnologia permite projetar a hipótese de os algoritmos serem capazes de decidir autonomamente qual a melhor estratégia de preço a ser adotada a fim de elevar a margem de lucro da empresa. Nessa hipótese, não existiria qualquer óbice à utilização da tecnologia, que, em tese, seria até benéfica à concorrência, por permitir a interação constante entre os agentes de mercado. Contudo, pode-se vislumbrar um cenário adverso, no qual ao invés de ampliar a competição entre os atores econômicos, as ferramentas automáticas de precificação teriam o efeito inverso em decorrência da influência mútua entre os vários algoritmos inteligentes. Nesse contexto, em mercados especialmente voláteis, os agentes de mercado chegariam a um entendimento tácito, por meio dos algoritmos empregados, de que a melhor estratégia é manter os preços mais altos e reduzir a concorrência.[66]

Há ainda a possibilidade de os algoritmos inteligentes detectarem que a manipulação da expectativa do consumidor é uma boa estratégia de precificação. É notável que os algoritmos já tenham sido usados para criar falsas promoções, elevando o preço

---

com/2014/06/14/planning-outline-for-the-construction-of-a-social-credit-system-2014-2020/. Como se depreende do documento, inexiste menção aos algoritmos de inteligência artificial ou mesmo à *Big Data*, ao contrário do amplamente veiculado pela mídia.

[61] MARX, Karl. *O Capital*: Crítica da economia política. Livro I: O processo de produção do capital. Trad. Rubens Enderle. São Paulo: Boitempo, 2013.

[62] HAYEK, F.A. The Use of Knowledge in Society. In: *The American Economic Review*, vol. 35, n. 4, set. 1945.

[63] MEHRA, Salil K. Antitrust and the Robo-Seller: Competition in the Time of Algorithms. In: *Minn. L. rev.*, v. 100, 2015.

[64] MEHRA, Salil. *Op. cit.* p. 1335.

[65] EZRACHI, A.; STUCKE, M. E. Artificial Intelligence & Collusion: When Computers Inhibit Competition. In: *University of Illinois Law Review*, 2017.

[66] EZRACHI, A.; STUCKE, M. E. *Op. cit.*

original, a partir desse, concedendo descontos significativos,[67] em uma estratégia de ludibriar os consumidores.

Por fim, há ainda a possibilidade de os algoritmos inteligentes detectarem autonomamente que a tática de precificação mais lucrativa é descriminar o valor de oferta conforme o perfil do consumidor e suas características particulares. Tecnologias mais simples, como a discriminação preordenada de preço de acordo com a localização geográfica dos consumidores de *sites* de ofertas de hotéis, já foram identificadas e punidas pelo DPDC – Departamento de Proteção e Defesa do Consumidor.[68]

Portanto, é reconhecível que os algoritmos podem, autonomamente, praticar atos lesivos ou gerar novas eficiências ao mercado. Definir os reflexos jurídicos dessas situações é a tarefa que abordaremos a seguir.

V O regime jurídico da inteligência artificial

Nas páginas anteriores abordamos alguns exemplos de utilização de algoritmos de inteligência artificial em atividades econômicas que, combinando características únicas, criam situações inéditas com possíveis desafios à ordem jurídica. Como se verá, ao contrário do que se pode intuir, a complexidade das consequências jurídicas do uso de ferramentas de inteligência artificial não decorre de uma suposta autonomia dos algoritmos, mas sim da combinação de outras qualidades próprias a essa técnica: a imprevisibilidade, a incontrolabilidade e a distributividade.

V.1 A responsabilidade dos algoritmos de inteligência artificial

O uso de algoritmos pode causar danos a terceiros. As vítimas podem ser indivíduos, como na hipótese da eventual e injustificada negativa de crédito por um algoritmo de *credit scoring*, ou a coletividade, como o caso da eventual prática de ato lesivo à concorrência por um algoritmo de precificação.

A tríade ato ilícito, nexo causal e dano formam o pináculo da estrutura de responsabilização do Direito, consagrada, no Brasil, no artigo 927 do Código Civil. A responsabilidade pela prática do ato é facilmente determinável quando o nexo de causalidade é atribuível a agentes identificáveis. Contudo, no caso do emprego de algoritmos de inteligência artificial, a responsabilidade pelo ato lesivo encontra-se distribuída entre múltiplos atores responsáveis por seu desenvolvimento.[69] Ademais, as consequências do emprego da tecnologia são, por sua própria natureza, imprevisíveis e incontroláveis, tornando complexa a apuração da culpabilidade do agente pela prática do ato ilícito.

---

[67] CHAN, Casey. Amazon Product Prices Get Market Up Like Crazy to Give You Fake Savings. In: *Gizmodo*. 28.2.2012, Disponível em: https://gizmodo.com/5888981/amazon-marks-up-a-products-price-like-crazy-to-give-you-fake-savings. Acesso em: 10 ago. 2018.

[68] FRAZÃO, Ana. Geo pricing e geo blocking – As novas formas de discriminação de consumidores e os desafios para seu enfrentamento. In: *JOTA*. 15.8.2018. Disponível em: http://www.anafrazao.com.br/files/publicacoes/2018-08-15-Geo_pricing_e_geo_blocking_As_novas_formas_de_discriminacao_de_consumidores_e_os_desafios_para_o_seu_enfrentamento.pdf. Acesso em: 20 ago. 2018.

[69] CALO, Ryan. *Op. cit.*

A questão que se apresenta, nesse contexto, é quem será responsável pelos atos praticados pelos algoritmos de maneira autônoma.[70]

É verdade que a diluição da responsabilidade por prejuízos já é uma realidade quando usamos qualquer ferramenta tecnológica complexa, mesmo sem o emprego de inteligência artificial. Se o computador no qual o presente trabalho é redigido nesse momento travar e apagar todo o artigo até então escrito, o problema pode ser atribuído a uma falha de desenvolvimento do processador de texto usado, a um erro no sistema operacional onde o *software* é executado ou a um defeito no próprio *hardware*. Contudo, isso não motivará este autor a mover uma ação indenizatória contra qualquer um dos responsáveis pelo fornecimento dos componentes listados (por maior que fosse essa minha vontade). Apesar da raridade dessa espécie de ação, o Poder Judiciário brasileiro já entendeu ao contrário em algumas situações, quando foi possível estabelecer o vínculo entre o produto defeituoso e o prejuízo causado pelo mau funcionamento. Há o caso, por exemplo, da corretora que forneceu *software* ao cliente para compra e venda de ativos em bolsa de valores e foi responsabilizada por prejuízos causados em decorrência de lentidão do programa.[71]

Entretanto, essas hipóteses de falha de *software* não podem ser confundidas com os eventuais prejuízos causados pelos algoritmos de inteligência artificial. Se no caso citado o programa de computador não funcionou como o esperado e, em razão da quebra de expectativa, causou prejuízo ao usuário, nas hipóteses de uso de ferramentas de inteligência artificial os danos podem ser decorrentes exatamente do perfeito funcionamento dos produtos. Afinal, a imprevisibilidade e a falta de controle não são defeitos dos algoritmos de inteligência artificial, mas sim características que justificam seu próprio uso.

Por certo, em muitos dos casos, grandes empresas estão no liame final de fornecimento aos usuários dos produtos e serviços de inteligência artificial. Nessas hipóteses, o cliente poderá se escudar na responsabilidade objetiva do fornecedor reconhecida no ordenamento jurídico brasileiro.[72] Todavia, para além dessas hipóteses, o complexo emaranhado de relações contratuais que regulam a prestação de serviços entre empresas pode gerar situações muito mais intricadas, que ultrapassam a simples responsabilização independente de culpa.

---

[70] BALKIN. *Op. cit.*

[71] "RECURSO INOMINADO. CONTRATO DE CORRETAGEM ELETRÔNICA. BOLSA DE VALORES. FALHA NO SOFTWARE DISPONIBILIZADO PELA CORRETORA. DANOS MATERAIS EMERGENTES. DANO MORAL NÃO CONFIGURADO. SENTENÇA PARCIALMENTE MANTIDA. Afastada a preliminar de complexidade da causa na medida em que despicienda a perícia técnica para a comprovação da regularidade ou irregularidade no funcionamento do software de corretagem eletrônica disponibilizado pela corretora demandada. Hipótese em que demonstradas as falhas no sistema, decorrentes de incontroversa instabilidade em razão de atualização do software. Prejuízo material havido na "perda de preço" das ações justificada nas falhas do aludido software que prejudicou a agilidade das negociações em bolsa. Montante fixado em sentença em consonância com os documentos carreados pelo demandante (fls. 34/84). Mero inadimplemento contratual que não enseja o reconhecimento de dano moral indenizável. Decisão, quanto ao ponto reformada. Sentença parcialmente mantida pelos próprios fundamentos, ressalvada a exclusão da condenação a título de dano extrapatrimonial. RECURSO PARCIALMENTE PROVIDO" (TJRS, 2ª T.R.C., R.C. 71004309381, Rel. Ketlin Carla Pasa Casagrande, Data de Julgamento: 08.11.2013).

[72] E fazemos referência aqui tanto ao artigo 927, parágrafo único do Código Civil, quanto ao artigo 18 do Código de Defesa do Consumidor. Contudo, tantas outras são as hipóteses de responsabilidade objetiva prevista normativamente no Brasil.

Nesse contexto, equalizar a responsabilidade pelo uso de algoritmos de inteligência artificial é um dos desafios que se aproxima do ordenamento jurídico na medida em que essa tecnologia for empregada com mais intensidade nas atividades econômicas.

V.2 Colhendo os frutos do trabalho intelectual artificial

Observamos a hipótese de os algoritmos de inteligência artificial atuarem de maneira original e causar prejuízos a terceiros. Contemplemos agora a situação inversa. Se os algoritmos podem trabalhar de forma imprevisível e incontrolável para solucionar problemas de maneira mais eficiente, pode-se esperar também proteção à propriedade intelectual originária de sua utilização?

A resposta para essa questão dependerá da definição de criatividade adotada para analisar a originalidade de um trabalho.[73] Uma solução criativa para um problema é aquela que "usa um objeto, técnica ou ferramenta de uma forma útil e não descoberta anteriormente",[74] algo que, se já não é possível, não parece distante quando contemplamos a utilização dos algoritmos inteligentes. Ainda assim, resolvido o problema e reconhecida a possibilidade de proteção dos direitos de criação intelectual por máquinas, ainda resta por decidir a quem caberão esses direitos.

A solução intuitiva seria atribuir os direitos de propriedade intelectual ao titular dos direitos de uso do próprio algoritmo.[75] Contudo, inexiste legalmente qualquer previsão nesse sentido. Quando se contempla o cenário normativo brasileiro, observa-se que a Lei nº 9.609, de 19 de fevereiro de 1998, regula a licença de uso do próprio *software* e não dos frutos que esse eventualmente venha a gerar.[76] E, se a hipótese por si só parecer pouco intricada, ainda pode-se levar à análise de situações ainda mais complexas, nas quais a solução encontrada pelo *software* é o resultado da aplicação de vários elementos combinados, cada um criado e domínio de agentes distintos. Também aqui a distributividade dos algoritmos desempenha um papel fundamental. Os múltiplos módulos que compõem a ferramenta podem ser combinados de maneira inédita para alcançar um novo resultado. Se cada uma das partes agrupadas pertencer a um agente distinto, a titularidade da eventual solução será disputada por todos.

Provavelmente os agentes que advogarão a ausência de responsabilidade por atos ilícitos dos algoritmos de inteligência artificial, pregando sua autonomia criativa, serão os mesmos que, no polo inverso, defenderão o domínio criativo da tecnologia e tentarão colher os frutos das novas soluções trazidos pela criatividade da inteligência artificial. Equacionar essa tensão, estabelecendo os parâmetros de distribuição de ônus e bônus do emprego da nova tecnologia é o desafio jurídico que se avizinha. Não se trata de tarefa simples. A coibição dos riscos públicos associados à inteligência artificial precisa ser equalizada com os possíveis benefícios sociais de sua utilização.

---

[73] BRIDY, Annemarie. Coding Creativity: Copyright and the Artificially Intelligent Author. In: *Stanford Technology Law Review*, vol. 5, p. 1-28, 2012.

[74] OWENS, Christopher; SCHANK, Roger. The Mechanics of Creativity. In: KURZWEIL, Raymond (Ed.). *The Age of Intelligent Machines*. Cambridge: MIT Press, 1990, p. 395.

[75] BRIDY, Annemarie. *Op. cit.*

[76] Vide a total ausência de referência a esse ponto nos artigos 7º e 8º da Lei nº 9.609, de 19 de fevereiro de 1998.

VI Conclusão

Iniciamos este artigo abordando o mito do domínio do fogo nas tribos indígenas brasileiras narrado por Lévi-Strauss. Como visto ao longo do texto, a ambivalência da tecnologia, que corre na tênue linha entre criação e destruição, perpassa várias possibilidades de sua utilização. Entretanto, o mesmo Lévi-Strauss descreve que algumas tribos indígenas associam o domínio do fogo ao controle da água. Aquele capaz de usar a água é também capaz de valer-se dela para apagar o fogo e evitar a catástrofe.

Nesses momentos quando existe a polarização entre apocalípticos e integrados, é natural olharmos para o Direito como a mitologia olhava para a água.

No presente trabalho descrevemos os algoritmos de inteligência, algumas de suas aplicações na atividade econômica, suas características fundamentais e de que forma eles se combinam para gerar desafios no arcabouço jurídico teórico. Ao fim da análise, descrevemos que os problemas principais podem ser concentrados em duas tensões específicas: a atribuição de responsabilidade por danos causados em razão do uso de algoritmos e a atribuição de direitos pelos benefícios que esses possam trazer.

Não se pode, contudo, cair na armadilha do fetichismo tecnológico e ignorar a dimensão social da tecnologia. A fetichização oculta as relações embutidas na tecnologia, que aparece como uma instância não social de pura racionalidade.[77] Algoritmos são relações humanas disfarçadas de código de computador. Ao Direito, no momento de equalizar os ônus e bônus de uso da inteligência, cabe levantar esse véu de racionalidade e revelar a essência que a tecnologia pode esconder.

Referências

AMORIM NETO, Antônio Alves; CARMONA, Charles Ulisses de Montreuil. Modelagem do risco de crédito: um estudo do segmento de pessoas físicas em um banco de varejo. Programa de Pós-Graduação da UFPE. *REAd*, ed. 40, v. 10, n. 4, jul./ago. 2004.

ANDERSON, Nate. Drone collides with US Army Helicopter, puts 1.5" in rotor. In: *Ars Technica*. 29.12.2017. Disponível em: https://arstechnica.com/tech-policy/2017/12/drone-collides-with-us-army-helicopter-puts-1-5-dent-in-rotor/. Acesso em: 15 ago. 2018.

BALKIN, Jack M. The Pack of Robotics Law. In: *California Law Review Circuit*, v. 6, jun. 2015.

BOTSMAN, Rachel. Big data meets Big Brother as China moves to rate its citizens. In: *WIRED*. 21.10.2018. Disponível em: https://www.wired.co.uk/article/chinese-government-social-credit-score-privacy-invasion. Acesso em: 15 jul. 2018.

BRIDY, Annemarie. Coding Creativity: Copyright and the Artificially Intelligent Author. In: *Stanford Technology Law Review*, vol. 5, p. 1-28, 2012.

BRITO, Giovani Antonio Silva; ASSAF NETO, Alexandre. Modelo de classificação de risco de crédito de empresas. In: *Revista Contabilidade & Finanças*, v. 19, n. 46, p. 18-29, 2008.

CALO, Ryan. Robotics and the Lessons of Cyberlaw. In: *California Law Review*, vol. 103, n. 3, 2015.

CHAN, Casey. Amazon Product Prices Get Market Up Like Crazy to Give You Fake Savings. In: *Gizmodo*. 28.2.2012, Disponível em https://gizmodo.com/5888981/amazon-marks-up-a-products-price-like-crazy-to-give-you-fake-savings. Acesso em: 10 ago. 2018.

---

[77] FEENBERG, Andrew. *Questioning Technology*. New York: Routledge, 1999.

CITRON, Danielle Keats; PASQUALE; Frank. The Scored Society: due process for automated predictions. *In*: *Washington Law Review*, vol. 89, 2014.

DOMINGOS, Pedro. *O Algoritmo Mestre*. São Paulo: Novatec, 2017.

DURKIN, Thomas A.; ELLIEHAUSEN, Gregory; STATEN, Michael E.; ZYWICKI, Todd J. *Consumer Credit and the American Economy*. New York: Oxford University Press, 2014.

ECO, Umberto. *Apocalípticos e Integrados*. 5. ed. São Paulo: Perspectiva, 1995.

EZRACHI, A.; STUCKE, M. E. Artificial Intelligence & Collusion: When Computers Inhibit Competition. *In*: *University of Illinois Law Review*, 2017.

EZRACHI, A.; STUCKE, M. E. *Virtual Competition*: The Promise and Perils of the Algorithm-Driven Economy. Cambridge: Harvard University Press, 2016.

FEENBERG, Andrew. *Questioning Technology*. New York: Routledge, 1999.

FRAZÃO, Ana. Geo pricing e geo blocking – As novas formas de discriminação de consumidores e os desafios para seu enfrentamento. *In*: *JOTA*. 15.8.2018. Disponível em: http://www.anafrazao.com.br/files/publicacoes/2018-08-15-Geo_pricing_e_geo_blocking_As_novas_formas_de_discriminacao_de_consumidores_e_os_desafios_para_o_seu_enfrentamento.pdf. Acesso em: 20 ago. 2018.

FREY, Carl Benedikt; OSBORNE, Michael A. *The Future of Employment*: How Susceptible Are Jobs to Computerisation? Disponível em: https://www.oxfordmartin.ox.ac.uk/downloads/academic/The_Future_of_Employment.pdf. Acesso em: 15 jul. 2018.

GRASSEGGER, Hannes; KROGERUS, Mikael. The data that turned the world upside down. *Vice Motherboard*, v. 28, 2017.

GRAU, Eros Roberto. *A Ordem Econômica na Constituição de 1988*. 15. ed. São Paulo: Malheiros, 2012.

HAYEK, F. A. The Use of Knowledge in Society. *In*: *The American Economic Review*, vol. 35. n. 4, set. 1945.

KAPLAM, Jerry. *Artificial Intelligence*: What Everyone Needs to Know. Oxford: Oxford University Press, 2016.

KARPATHY, Andrej. A small team of student AI coders beats Google's machine-learning code. *In*: *MIT Technology Review*. 10.08.2018. Disponível em: https://www.technologyreview.com/s/611858/small-team-of-ai-coders-beats-googles-code/. Acesso em: 15 ago. 2018.

KEIL, Frank C.; WILSON, Robert A. *The MIT encyclopedia of the cognitive sciences*. Cambridge: MMIT Press, 1999.

LÉVI-STRAUSS, Claude. *O Cru e o Cozido (Mitológicas V. 1)*. Tradução: Beatriz Perrone-Moisés. São Paulo: Cosac & Naify, 2004.

MARX, Karl. *O Capital*: Crítica da economia política. Livro I: O processo de produção do capital. Trad. Rubens Enderle. São Paulo: Boitempo, 2013.

MASCHOVAKIS, Yiannis N. What is an Algorithm. *In*: ENGQUIST, B.; SCHIMID, W. (Ed.). *Mathematics Unlimited* – 2001 and Beyond. New York: Springer, 2001.

MCCARTHY, John. *What is Artificial Intelligence?* Disponível em: http://www-formal.stanford.edu/jmc/whatisai.pdf. Acesso em: 25 jun. 2018.

MCKAY, Tom. No, Facebook Did Not Panic and Shut Down an AI Program That Was Gerring Dangerously Smart. *In*: *Gizmodo*. 31.7.2017. Disponível em: https://gizmodo.com/no-facebook-did-not-panic-and-shut-down-an-ai-program-1797414922. Acesso em: 15 jul. 2018.

MEHRA, Salil K. Antitrust and the Robo-Seller: Competition in the Time of Algorithms. *In*: *Minn. L. rev.*, v. 100, 2015.

O'NEIL, Cathy. *Weapons of Math Destruction*: how big data increases inequality and threatens democracy. New York: Crown, 2016.

OCDE – Organização para a Cooperação e Desenvolvimento Econômico. *Algorithms and Collusion: Competition Policy in the Digital Age*. Disponível em: www.oecd.org/competition/algorithms-collusion-competition-policy-in-the-digital-age.htm. Acesso em: 20 jul. 2018.

OWENS, Christopher; SCHANK, Roger. The Mechanics of Creativity. *In*: KURZWEIL, Raymond (Ed.). *The Age of Intelligent Machines*. Cambridge: MIT Press, 1990.

PASQUALE, Frank. *The Black Box Society*. Cambridge: Harvard University Press, 2015.

ROBINSON; YU. *Knowing the score*: new data, underwriting, and marketing in the consumer credit marketplace. A guide for financial inclusion stakeholders. 2014. Disponível em: https://www.teamupturn.org/static/files/Knowing_the_Score_Oct_2014_v1_1.pdf. Acesso em: 28 ago. 2018.

ROQUE, Tatiana. *História da Matemática*: uma visão crítica, desfazendo mitos e lendas. Rio de Janeiro: Zahar, 2012.

SAMUEL, Arthur L. Some Studies in Machine Learning Using the Game of Checkers. *In*: *IBM Journal*, vol. 3. n. 3, jul. 1959.

SCHERER, Matthew U. Regulating Artificial Intelligence Systems: Risks, Challenges, Competencies and Strategies. *In*: *Harvard Journal of Law & Technology*, v. 29, n. 2, 2016.

WAKABAYASHI, Daisuke. Self-drive Uber Car Kills Pedestrian in Arizona, Where Robots Roam. *In*: *The New York Times*. 19.3.2018. Disponível em: https://www.nytimes.com/2018/03/19/technology/uber-driverless-fatality.html. Acesso em: 15 ago. 2018.

Informação bibliográfica deste texto, conforme a NBR 6023:2018 da Associação Brasileira de Normas Técnicas (ABNT):

GOETTENAUER, Carlos Eduardo. Algoritmos, inteligência artificial, mercados. Desafios ao arcabouço jurídico. *In*: FRAZÃO, Ana; CARVALHO, Angelo Gamba Prata de (Coord.). *Empresa, mercado e tecnologia*. Belo Horizonte: Fórum, 2019. p. 269-286. ISBN 978-85-450-0659-6.

O PAPEL DO ESTADO NO DESENVOLVIMENTO TECNOLÓGICO. DO FOMENTO ESTATAL À REGULAÇÃO

LUCAS PEREIRA BAGGIO

I Introdução

A complexidade e a velocidade de nossa *modernidade líquida*, de nossa sociedade de risco, evidenciam o *dinamismo* do mundo em que vivemos, situação que, em grande medida, decorre dos avanços tecnológicos experimentados a cada dia e cada vez mais rapidamente.[1]

A ciência econômica, ao menos desde Schumpeter, passou a reconhecer a importância dos avanços tecnológicos no crescimento de países e firmas.[2] Trata-se de se perceber que as mudanças tecnológicas inovadoras impactam a vida social nos seus mais variados aspectos, desde o acesso à informação até a movimentação de pessoas e coisas, passando pela construção de redes sociais até o exercício da cidadania, dentre outros tantos temas da mais alta relevância.

Não sem razão, as questões atinentes ao desenvolvimento tecnológico interessam à sociedade e, por conseguinte, devem interessar ao Direito, que, como ciência cultural e de poder, tem a missão de disciplinar as relações sociais.

---

[1] Sobre o assunto, entre outros, BAUMAN, Zygmunt. *Modernidade Líquida*. Tradução de Plínio Dentzien. Rio de Janeiro: ZAHAR, 2001, p. 107-149; OST, François. *O tempo do direito*. Tradução Élcio Fernandes. Bauru/SP: Edusc, 2005, p. 317-350; BECK, Ulrich. *O que é Globalização?* Equívocos do globalismo: respostas à globalização. Tradução de André Carone. São Paulo: Paz e Terra, 1999, p. 157-200.

[2] Conhecida a lição do autor ao afirmar que "o capitalismo é, por natureza, uma forma ou método de transformação econômica e não só não é, como não pode ser estacionário. (...) O impulso fundamental que se põe e mantém em movimento a máquina capitalista é dado pelos novos bens de consumo, os novos métodos de produção ou transporte, os novos mercados e as novas formas de organização industrial criadas pela empresa capitalista. (...) a história do aparato produtivo de uma fazenda típica, a partir do início da racionalização da rotação dos cultivos, da lavra e da engorda até a mecanização atual – somada aos silos e às ferrovias – é uma história de revoluções. E de revoluções é a história do aparato produtivo da indústria do ferro e do aço, desde o forno a carvão até o de hoje, e a do aparato produtivo de energia, desde a roda hidráulica até a usina moderna, e a do transporte desde a diligência até o avião. (...) Esse processo de destruição criativa *é o fato essencial do capitalismo*". SCHUMPETER, Joseph. *Capitalismo, socialismo e democracia* [recurso eletrônico]. Tradução de Luiz Antônio Oliveira de Araújo. São Paulo: Editora Unesp Digital, 2017.

Nesse contexto, o presente artigo busca refletir sobre o papel do Estado no desenvolvimento tecnológico em ao menos duas perspectivas distintas, mas relacionadas. O estudo aqui desenvolvido pretende avaliar brevemente alguns aspectos a respeito do papel estatal (i) no fomento ao avanço tecnológico inovador e (ii) na regulação da inovação.[3]

II O papel do Estado no fomento ao desenvolvimento tecnológico

II.1 Aspectos gerais da discussão: qual o papel do Estado na sociedade contemporânea?

De acordo com Stiglitz, ganhador do prêmio Nobel de economia, desvendar o papel do Estado na sociedade seria a maior batalha ideológica de nosso tempo.[4] A questão é complexa e conflituosa, estando geralmente envolvida em premissas ideológicas nem sempre explícitas e por vezes propositadamente falaciosas.

De qualquer modo, dentre as diversas abordagens possíveis, mostra-se relevante destacar que a discussão sobre o papel do Estado na sociedade envolve uma discussão sobre poder, que está permanentemente em mutação. Em outras palavras, a questão de fundo envolve saber quem teria competência em determinada sociedade e em um determinado período para tomar as decisões relevantes e quem deveria executá-las.

Com efeito, o ser humano é, por natureza, um ser social. Admite-se que sua *sociabilidade* seria proveniente da ideia de que o homem, livre e consciente de sua *individualidade*, possuiria interesses individuais, precisando de outros homens para suprir suas necessidades, tendências e aspirações, já que sozinho não conseguiria atingir tais desideratos.[5] Tratar-se-ia, ao fim e ao cabo, de um interesse coletivo, solidário e complementar, que agregaria os indivíduos na horda, na família, na cidade ou na nação.[6]

Não obstante a existência de interesses coletivos solidários, os interesses (individuais ou coletivos) poderiam entrar em conflito, na medida de suas diferenças – ainda mais nessa sociedade complexa e *multicultural* em que vivemos –, ou, ainda, os próprios bens necessários à respectiva satisfação dos interesses poderiam ser finitos e, por vezes, escassos.[7]

---

[3] Sem embargo da dificuldade de se conceituar signos como tecnologia ou inovação, o presente estudo considera um significado bastante amplo para essas expressões. Por tecnologia entende-se a técnica aplicada em determinada atividade, serviço ou função. Por inovação entende-se o avanço operacional e prático da tecnologia.

[4] Embora o autor tenha ilustrado anteriormente "a luta de percepções no contexto de batalhas bem específicas, mas as batalhas são mais intensas no campo das grandes ideias. Uma dessas batalhas envolve, de um lado, os que acreditam que os mercados funcionam bem maioritariamente sozinhos e que a maior parte dos erros dos mercados são, na verdade, erros do Estado. Do outro lado, os que não veem os mercados com tão bons olhos e que defendem um papel importante do Estado. Estes dois campos definem a maior batalha ideológica de nosso tempo. É uma batalha ideológica porque a ciência econômica – tanto a nível da teoria como da história – nos dá um conjunto bastante diferente de respostas". STIGLITZ, Joseph. *O preço da desigualdade*. Lisboa: Bertrand, 2016, p. 251.

[5] CALMON DE PASSOS, José Joaquim. Democracia, Participação e Processo. *In:* GRINOVER, Ada Pellegrini; DINAMARCO, Cândido Rangel; WATANABE, Kazuo (Coord.). *Participação e Processo*. São Paulo: Revista dos Tribunais, 1998, p. 83-97.

[6] Sobre o assunto, a lição de DUGUIT, Léon. *Fundamentos do Direito*. Tradução de Eduardo Salgueiro. Porto Alegre: Fabris Editor, 2005, p. 19-23.

[7] Sobre o assunto, afirmou Carnelutti que "Se duas pessoas têm fome, e os alimentos chegam para matá-la apenas a uma, o conflito compõe-se sem dificuldade se essas duas pessoas forem pai e filho, porque a vida do filho é, em

Nesse contexto, para minimizar os conflitos e maximizar a harmonia social, os homens se associariam de modo racional, organizado.[8] Dar-se-ia a essa organização o nome de *Estado*, palavra que em seu sentido mais geral designaria toda a sociedade humana em que existisse diferenciação política, diferenciação entre governantes e governados, ou seja, uma autoridade política, incumbida justamente de organizar a vida em sociedade.[9]

Independentemente dos fundamentos de legitimidade porventura existentes,[10] competiria a essa autoridade política disciplinar a vida do grupo, as relações pessoais e a produção, utilização e fruição dos bens existentes. Para tanto, valer-se-ia do Direito (e da regulação) como instrumento para assegurar a efetividade (ordem) do modelo adotado.[11]

Nesse contexto, a discussão sobre o papel do Estado e, por consequência, o papel dos indivíduos e dos mercados é uma discussão de poder, de política, que acaba por moldar o ordenamento jurídico em seus mais variados níveis,[12] inclusive no que diz respeito ao emprego da tecnologia inovadora que, como afirmado, tem influenciado o crescimento de países e firmas, impactando toda a sociedade.

II.2 Entre o Estado subsidiário e o Estado empreendedor

De um modo bastante simplificado, haveria ao menos dois grandes polos distintos sobre as visões do Estado como ator no desenvolvimento tecnológico: uma visão de protagonista e uma visão de coadjuvante. Sem embargo dessa simplificação, a exposição

---

regra, também um interesse do pai; mas, no caso de ambas as pessoas serem estranhas, por forma que a satisfação da necessidade de uma em nada interesse à outra, todos sabem em que é que o conflito pode acabar.

A verdade é que, se a solidariedade dos interesses é reconhecida como o germe da agregação dos entes, e, em particular, dos homens, no conflito dos interesses reside o germe da sua desagregação. Esta realiza-se pela força, à qual facilmente recorre um ou outro dos interessados, ou até um e outro ao mesmo tempo, para fazer prevalecer o próprio interesse sobre o interesse do outro. À força, quando é adotada para tal fim, é justo dar o nome de violência. Ao recurso à força para resolver conflitos entre os povos, senão mesmo entre os indivíduos, chama-se guerra.

A existência da civitas, ou, em geral, a consistência da sociedade, tem nos conflitos de interesses entre os cives, ou em geral, entre os socii, uma contínua ameaça, contra a qual deve reagir, se pretende viver". CARNELUTTI, Francesco. *Teoria Geral do Direito*. 2. impr. Lejus: São Paulo, 2000, p. 96-97.

[8] O exemplo sugerido, formulado na possibilidade de conflito em razão da escassez de uma necessidade básica (alimento), induz à conclusão de que já nas comunidades primitivas (tidas por "selvagens") identifica-se a existência de certa organização social. Basta lembrar os povos indígenas e o papel do pajé como chefe da tribo. Hart afirma que, mesmo em uma sociedade sem Poder Legislativo, tribunais ou funcionários de qualquer espécie, é possível identificar uma forma de controle social por meio de uma atitude geral do grupo para com os seus modos-padrão de comportamento, o que caracteriza, conforme o autor, a existência de regras de obrigação, estruturadas especialmente no costume ou, como prefere o jurista, integradas por regras primárias de obrigação. HART, Herbert L. A. *O Conceito de Direito*. 2. ed. Tradução de A. Ribeiro Mendes. Lisboa: Fundação Calouste Gulbenkian, 1996, p. 101. No mesmo sentido, CALMON DE PASSOS, *Op. cit.*, p. 83-97.

[9] DUGUIT, *Op. cit.*, p. 27-28. Essa é apenas uma das possíveis compreensões do conceito de Estado. O tema foi debatido por grandes juristas ao longo dos tempos, inclusive em suas relações com o conceito de sociedade, sendo inviável, aqui, maior aprofundamento.

[10] Ver a interessante posição de Léon Duguit, que, após criticar as doutrinas teocráticas e democráticas, sustenta que o poder político é um fato que não possuiria em si nenhum caráter de legitimidade ou ilegitimidade, sendo resultado de uma evolução social. *Idem*, p. 41-43.

[11] CALMON DE PASSOS, *Op. cit.*, p. 83-97.

[12] Nesse sentido, parece-nos útil a lição de Cass Sustein sobre o mito do *laissez-faire*, afirmando que *"the notion of 'laissez-faire' is a grotesque misdescription of what free markets actually require and entail. Free markets depend for their existence on law"*. SUNSTEIN, Cass. *Free Markets and Social Justice*. New York: Oxford University Press, 1997, p. 5.

resumida desses dois polos distintos serve ao propósito do presente artigo, especialmente para contextualizar as premissas de cada percepção antagônica.

De um lado, tem-se uma visão do *Estado como coadjuvante*, baseada nos ideais liberais, que, essencialmente, partem do princípio geral da liberdade para compreender as intervenções estatais como restrições arbitrárias e indevidas às legítimas opções individuais, o que, no extremo, impediria a construção de uma sociedade livre.

Afirma-se que o Estado se tornou demasiadamente grande, produzindo ineficiências injustificáveis. Além disso, por ser incapaz de "escolher vencedores", as intervenções estatais na economia acabariam estimulando, no mais das vezes, atos de corrupção.[13] Tudo em prejuízo do desenvolvimento da sociedade.

Dessa forma, o Estado não poderia ser percebido como protagonista no fomento à tecnologia, cabendo-lhe *"apenas"* enfrentar as falhas de mercado e criar as condições favoráveis para que a sociedade (leia-se, a iniciativa privada) assuma a liderança nessa matéria.

Tem-se, assim, um *Estado subsidiário (ou facilitador)*, que deveria limitar-se a criar as condições para o desenvolvimento tecnológico, tais como (i) realizar investimentos em pesquisa básica (universidades e laboratórios) e (ii) financiar a construção de infraestrutura. Além disso, caberia ao Estado subsidiário (iii) estabelecer incentivos mediante créditos tributários e subsídios para a realização de investimentos privados em P&D (pesquisa e desenvolvimento).

A síntese dessa visão relativa ao Estado subsidiário (facilitador) pode ser encontrada na seguinte manifestação da respeitada revista *"The Economist"*:

> *The best thing that governments can do to foster new ideas is to get out of the way*. This is especially true in the most regulated and least competitive parts of the economy, notably services.
>
> A smart innovation agenda, in short, would be quite different from the one that most rich governments seem to favour. It would be more about *freeing markets* and less about picking winners; more about *creating the right conditions for bright ideas to emerge* and less about promises of things like green jobs. But pursuing that kind of policy requires courage and vision – and most of the rich economies are not displaying enough of either (2010).[14]

De outro lado, tem-se a uma visão do *Estado como ator principal*, baseada na concepção de que a não intervenção estatal induziria em gravíssimas desigualdades sociais, razão pela qual o crescimento econômico deveria ser dirigido, inteligente, inclusivo e sustentável.

Afirma-se que a ineficiência estatal não passaria de um mito, pois o Estado seria o responsável por significativos avanços tecnológicos, tais como aqueles desenvolvidos pelo Governo dos Estados Unidos e por suas agências, que, por exemplo, teriam permitido a criação do iPhone como um telefone inteligente.[15] Sustenta-se, então, a necessidade de uma reavaliação do mito da ineficiência estatal, sobretudo porque eventuais "fracassos"

---

[13] De fato, a recente experiência brasileira demonstrou os erros políticos na escolha de vencedores por meio da política das empresas "campeãs nacionais", tais como a ODEBRECHT e a JBS, entre outras.

[14] THE ECONOMIST. *Smart work: faster productivity growth will be an important part of rich economies' revival*. Publicado em 7 de outubro de 2010. Disponível em: https://www.economist.com/node/17173903. Acesso em: 5 jun. 2018.

[15] MAZZUCATO, Mariana. *O Estado empreendedor: desmascarando o mito setor público vs. setor privado*. Tradução Elvira Serapicos. 1ª reimpr. São Paulo: Portfolio-Penguin, 2015, p. 126 e seguintes.

nessa matéria seriam naturais e aceitáveis (mais do que isso, seriam parte inerente do processo criativo/inovador).

Haveria, por assim dizer, um *Estado empreendedor* capaz de assumir riscos de longo prazo por meio de investimentos pacientes no desenvolvimento tecnológico inovador, considerando que, por sua própria natureza, esses investimentos seriam muito arriscados, afastando o capital privado (avesso ao risco) do início desse processo.

Afirma-se que os sucessos estatais em tecnologia e inovação estariam sendo apropriados pela iniciativa privada, que, após anos de investimentos públicos, utilizaria os resultados alcançados em seus produtos, comercializando-os no mercado sem uma adequada retribuição ao Estado. Assim, haveria uma relação parasitária e prejudicial à sociedade, com a socialização dos riscos e a privatização das recompensas. Sustenta-se, então, que seria necessário construir uma relação simbiótica entre o público e o privado, para que também as recompensas fossem socializadas, inclusive mediante participação estatal nos resultados ou *royalties*.

Na prática, a partir das características e necessidades de cada país, o Estado deveria liderar o desenvolvimento tecnológico por meio de decisões diretivas e da criação de uma rede inteligente de inovação, aplicando recursos que retornariam em benefício da sociedade.

A síntese da visão de Estado empreendedor pode ser encontrada na seguinte passagem da obra de Mariana Mazzucato:

> *O papel do Estado não se limita à criação de conhecimento por meio de universidades e laboratórios nacionais, mas envolve também a mobilização de recursos que permitam a difusão do conhecimento e da inovação por todos os setores da economia.* E faz isso mobilizando as redes de inovação existentes ou facilitando o desenvolvimento de novas, que reúnam um grupo diverso de partes interessadas. Entretanto, não basta ter um sistema nacional de inovação rico em redes horizontais e verticais. *O Estado precisa também comandar o processo de desenvolvimento industrial, criando estratégias para o avanço tecnológico em* áreas *prioritárias*.[16]

Há diversos estudos que demonstram as vantagens na realização de investimentos em ciência, tecnologia e inovação. Por exemplo, no âmbito da *European Commission*, tem-se material específico sobre o valor da pesquisa (ou *"value of research"*), afirmando que existem evidências de múltiplas fontes que a justificam como um dos melhores investimentos que podem ser realizados com fundos públicos ou privados, resultando em taxas de retorno da ordem de 20% a 50%.[17]

O estudo refuta a crítica de que os investimentos públicos inibiriam os privados, afirmando a respectiva complementariedade. Contesta-se, também, a restrição à alocação de recursos como uma consequência das políticas de austeridade.[18]

Não sem razão, costuma-se relacionar crescimento econômico e investimentos em pesquisa e desenvolvimento, inclusive e especialmente em países de industrialização tardia. Conhecida, por exemplo, é a diferente trajetória atingida pela Correia do Sul,

---

[16] MAZZUCATO, *Op. cit.*, p. 71.
[17] GEORGHIOU, Luke. *Value of Research*, de junho de 2015. Policy Paper by the Research, Innovation, and Science Policy Experts (RISE). Disponível em: https://ec.europa.eu/research/openvision/pdf/rise/georghiou-value_research.pdf, acesso em: 7 nov. 2018.
[18] *Idem*.

que adotou postura de forte investimento público em educação e inovação (a chamada política de desenvolvimento impulsionada pelo conhecimento), e o Brasil, que, como regra geral, ainda não explorou todas as suas potencialidades.[19]

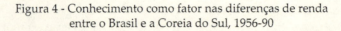

Figura 4 - Conhecimento como fator nas diferenças de renda entre o Brasil e a Coreia do Sul, 1956-90

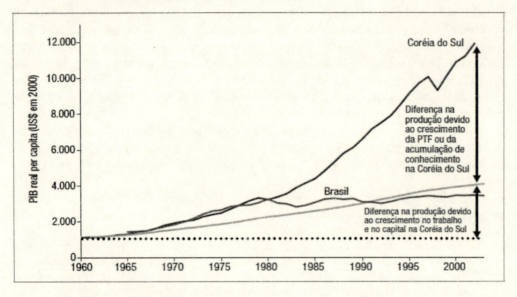

Fonte: Programa Conecimento para o Desenvolvimento (K4D), WBI.

Nada obstante, não parecer haver uma resposta certa ou vinculante para o papel a ser assumido pelo Estado, tampouco algum consenso global. Nesse sentido, os dados da OCDE sobre investimentos privados e públicos em P&D evidenciam que não há uniformidade na adoção de um ou outro espectro, conforme figura a seguir:[20]

---

[19] Ver, nesse sentido, DUBEUX, Rafael. *Desenvolvimento e mudança climática*: estímulos à inovação em energia de baixo carbono em países de industrialização tardia. Curitiba: Juruá, 2017, p. 31-42.
[20] MINISTÉRIO DA CIÊNCIA, TECNOLOGIA, INOVAÇÕES E COMUNICAÇÕES. *Indicadores nacionais de ciência, tecnologia e inovação*. Brasília: MCTIC, 2017. Disponível em: http://www.mctic.gov.br/mctic/export/sites/institucional/indicadores/arquivos/Indicadores-2017.pdf. Acesso em: 5 jun. 2018.

Gráfico 57 - distribuição percentual dos dispêndios nacionais em pesquisa
e desenvolvimento (P&D), segundo setor de financiamento,
de países selecionados, 2000-2015

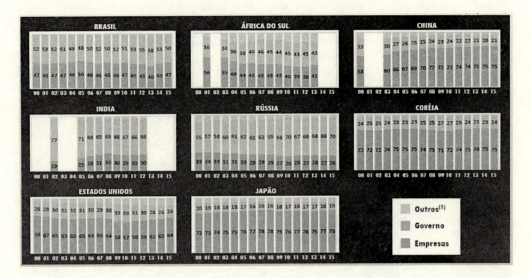

Fonte: Organisation for Economic Co-operation and Development, Main Science and Technology Indicators, 2017/1; India: Research and Development Statistics 2011-2012 em http://www.nstmis-dst.org/SnT-Indicators2011-12.aspx e Brasil: Coordenação de Indicadores e Informação (COIND) - CGGI/DGE/SEXEC - Ministério da Ciência, Tecnologia, Inocações e Comunicações (MCTIC)
1) Inclui os setores: ensino superior e instituições privadas sem fins de lucro e estrangeiro.

Ilustrativo, ainda, o mapa global de investimentos em P&D disponibilizado na *Revista do Senado Federal*:[21]

---

[21] SENADO FEDERAL. *Em discussão: Inovação*. Revista de audiências públicas do Senado Federal, ano 12, n. 3, set. 2012. Disponível em: http://www.senado.gov.br/noticias/jornal/emdiscussao/Upload/201203%20-%20setembro/pdf/em%20discuss%C3%A3o!_setembro_2012_internet.pdf. Acesso em: 5 jun. 2018.

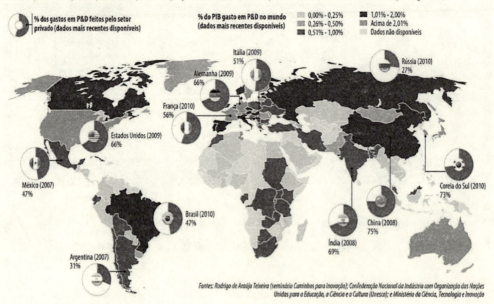

A toda evidência, o papel do Estado no fomento à tecnologia inovadora consiste em questão cultural e econômica, dependendo de uma decisão de ordem política a ser tomada por cada país em seu dado momento histórico.

II.3 A opção brasileira consolidada na Constituição Federal

No atual estágio civilizatório vivenciado no Brasil, admite-se que a Constituição Federal se encontre no ápice do ordenamento jurídico, limitando as opções políticas e orientando a vida em sociedade. Foi-se o tempo em que a Constituição não passava de um "pedaço de papel".[22]

Portanto, parece-nos importante partir da Constituição Federal vigente para verificar a disciplina sobre o papel do Estado no fomento da inovação e da tecnologia:

> Art. 218. O Estado promoverá e incentivará o desenvolvimento científico, a pesquisa, a capacitação científica e tecnológica e a inovação. (Redação dada pela Emenda Constitucional nº 85, de 2015)
>
> §1º A pesquisa científica básica e tecnológica receberá tratamento prioritário do Estado, tendo em vista o bem público e o progresso da ciência, tecnologia e inovação. (Redação dada pela Emenda Constitucional nº 85, de 2015)

---

[22] BARROSO, Luís Roberto. O constitucionalismo democrático ou neoconstitucionalismo como ideologia vitoriosa do século XX. *Revista Publicum*, 2018 (*Ahead of print*).

§2º A pesquisa tecnológica voltar-se-á preponderantemente para a solução dos problemas brasileiros e para o desenvolvimento do sistema produtivo nacional e regional.

§3º O Estado apoiará a formação de recursos humanos nas áreas de ciência, pesquisa, tecnologia e inovação, inclusive por meio do apoio às atividades de extensão tecnológica, e concederá aos que delas se ocupem meios e condições especiais de trabalho. (Redação dada pela Emenda Constitucional nº 85, de 2015)

§4º A lei apoiará e estimulará as empresas que invistam em pesquisa, criação de tecnologia adequada ao País, formação e aperfeiçoamento de seus recursos humanos e que pratiquem sistemas de remuneração que assegurem ao empregado, desvinculada do salário, participação nos ganhos econômicos resultantes da produtividade de seu trabalho.

§5º É facultado aos Estados e ao Distrito Federal vincular parcela de sua receita orçamentária a entidades públicas de fomento ao ensino e à pesquisa científica e tecnológica.

§6º O Estado, na execução das atividades previstas no caput, estimulará a articulação entre entes, tanto públicos quanto privados, nas diversas esferas de governo. (Incluído pela Emenda Constitucional nº 85, de 2015)

§7º O Estado promoverá e incentivará a atuação no exterior das instituições públicas de ciência, tecnologia e inovação, com vistas à execução das atividades previstas no caput. (Incluído pela Emenda Constitucional nº 85, de 2015)

Art. 219. O mercado interno integra o patrimônio nacional e será incentivado de modo a viabilizar o desenvolvimento cultural e socioeconômico, o bem-estar da população e a autonomia tecnológica do País, nos termos de lei federal.

Parágrafo único. O Estado estimulará a formação e o fortalecimento da inovação nas empresas, bem como nos demais entes, públicos ou privados, a constituição e a manutenção de parques e polos tecnológicos e de demais ambientes promotores da inovação, a atuação dos inventores independentes e a criação, absorção, difusão e transferência de tecnologia. (Incluído pela Emenda Constitucional nº 85, de 2015)

Art. 219-A. A União, os Estados, o Distrito Federal e os Municípios poderão firmar instrumentos de cooperação com órgãos e entidades públicos e com entidades privadas, inclusive para o compartilhamento de recursos humanos especializados e capacidade instalada, para a execução de projetos de pesquisa, de desenvolvimento científico e tecnológico e de inovação, mediante contrapartida financeira ou não financeira assumida pelo ente beneficiário, na forma da lei. (Incluído pela Emenda Constitucional nº 85, de 2015)

Art. 219-B. O Sistema Nacional de Ciência, Tecnologia e Inovação (SNCTI) será organizado em regime de colaboração entre entes, tanto públicos quanto privados, com vistas a promover o desenvolvimento científico e tecnológico e a inovação. (Incluído pela Emenda Constitucional nº 85, de 2015)

§1º Lei federal disporá sobre as normas gerais do SNCTI. (Incluído pela Emenda Constitucional nº 85, de 2015)

§2º Os Estados, o Distrito Federal e os Municípios legislarão concorrentemente sobre suas peculiaridades. (Incluído pela Emenda Constitucional nº 85, de 2015)

A simples leitura dos dispositivos constitucionais permite concluir que se atribui ao Estado brasileiro a possibilidade de desempenhar o papel de protagonista, de *Estado empreendedor* (e não a de um mero facilitador).[23]

A opção do constituinte sobre o papel do Estado no fomento às inovações tecnológicas foi reafirmada pelo Poder Legislativo (especialmente com a Lei

---

[23] LOUREIRO, João Carlos. Constituição, tecnologia e risco(s): entre medo(s) e esperança(s). In: MENDES, Gilmar; SARLET, Ingo Wolfgang; COELHO, Alexandre Zavaglia P. *Direito, Inovação e Tecnologia*. Volume I. São Paulo: Saraiva, 2015, p. 53-54.

nº 13.423/2016, que fez modificações relevantes na Lei nº 10.973/2004) e recentemente pelo Poder Executivo (Decreto nº 9.283/2018).

O ordenamento jurídico positivo, porém, não impede que também a iniciativa privada realize investimentos em inovação. Pelo contrário, ele busca estimular tanto parcerias com o Estado quanto os investimentos privados nessa matéria.

Nesse sentido, convém destacar as informações oficiais constantes do site do Ministério da Ciência, Tecnologia e Inovação, que, entre 2000 e 2016, indicam certa paridade de investimentos públicos e privados em P&B no Brasil, com leve predominância daqueles em relação a estes, conforme gráfico:[24]

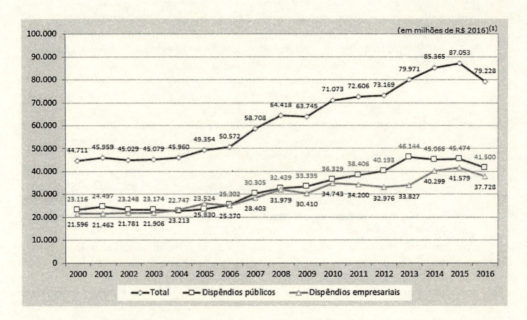

O gráfico igualmente evidencia uma trajetória crescente de investimentos em P&D no Brasil, desde 2005 até a recente crise econômica, quando, em 2016, a alocação de recursos públicos foi reduzida.

Nesse ponto, destaca-se estudo realizado por Mariana Mazzucato e Caetano Penna, contestando as políticas econômicas de austeridade adotadas no Brasil, sobretudo quanto ao risco de que o ajuste fiscal pudesse prejudicar o crescimento de longo prazo, justamente porque investimentos públicos em pesquisa, desenvolvimento e inovação seriam indutores do *crescimento da produtividade*, gerando empregos bem remunerados e com mais efeitos multiplicadores do que outras despesas governamentais.[25]

---

[24] MINISTÉRIO DA CIÊNCIA, TECNOLOGIA, INOVAÇÕES E COMUNICAÇÕES. *Recursos aplicados – indicadores consolidados*. Brasília: MCTIC, atualizada em 17.10.2018. Disponível em: https://www.mctic.gov.br/mctic/opencms/indicadores/detalhe/recursos_aplicados/indicadores_consolidados/2_1_3.html, acesso em: 7 nov. 2018.

[25] MAZZUCATO, Mariana; PENA, Caetano. The Brazilian Innovation System: A Mission-Oriented Policy Proposal. *In:* Avaliação de Programas em CT&I. Apoio ao Programa Nacional de Ciência (Plataformas de conhecimento). Brasília/DF: Centro de Gestão e Estudos Estratégicos, 2016. Disponível em: https://www.cgee.org.br/the-brazilian-innovation-system, acesso em: 10 nov. 2018.

De fato, a concretização do papel atribuído ao Estado no fomento à inovação tecnológica depende de políticas públicas e dos recursos a serem arrecadados da sociedade e, portanto, dos mesmos recursos que poderiam ser empregados em outras finalidades, especialmente na busca dos objetivos da República Federativa do Brasil, tal como igualmente previsto na Constituição Federal.

Novamente, surge uma questão política de grande relevo, pois diz respeito ao orçamento estatal e ao equilíbrio das contas públicas, assim como às opções da sociedade no direcionamento dos recursos disponíveis, com todas as suas consequências.

Dessa forma, para além da perspectiva puramente ideológica, o Estado deve estimular os avanços tecnológicos na busca pelo "interesse público", evitando a contaminação desse objetivo com interesses de ocasião ou interesses puramente privados, seja do grupo que momentaneamente detém o poder estatal, seja das firmas que o "patrocinam".

Recentemente, a OCDE formulou recomendações sobre possíveis *aprimoramentos das opções de financiamento do investimento* no Brasil, especialmente quanto ao papel a ser desempenhado pelo BNDES, que "poderia orientar seus empréstimos para áreas específicas onde o setor privado tem dificuldades para operar e onde as falhas do mercado são particularmente relevantes, por exemplo, o financiamento de pequenas *start-ups* e de projetos de inovação", considerando que "na maioria dos países da OCDE que possuem bancos públicos de desenvolvimento, o foco está centrado nessas áreas específicas".[26]

Razoável, nesse contexto, a concepção de que os investimentos do setor público devam ser orientados por missões ("*mission-oriented*"), o que, no Brasil, significaria "desenvolver, implantar e monitorar uma política de inovação estratégica baseada nos pontos fortes de seu sistema de inovação para superar as fragilidades do país e enfrentar seus desafios, aproveitando as oportunidades oferecidas por uma nação vasta e rica", colocando-se "a inovação no centro da política de crescimento econômico – trazendo mais coerência entre as políticas do Ministério da Fazenda e aquelas promovidas pelo Ministério da Ciência, Tecnologia e Inovação (MCTI)".[27]

De qualquer sorte, parece-nos que a Constituição Federal, ao disciplinar o papel do Estado no fomento à tecnologia, exige responsabilidade do legislador e do administrador público, sobretudo no que diz respeito à contrapartida social decorrente dos investimentos públicos nessa matéria, tanto em projetos exclusivamente estatais quanto nas parcerias a serem desenvolvidas com a iniciativa privada. Tudo sujeito ao controle social, dos tribunais de contas e também do Poder Judiciário.

---

[26] ORGANIZAÇÃO PARA COOPERAÇÃO E DESENVOLVIMENTO ECONÔMICO – OCDE, Relatórios Econômicos: Brasil, fevereiro de 2018. Disponível em: https://www.oecd.org/eco/surveys/Brazil-2018-OECD-economic-survey-overview-Portuguese.pdf, acesso em: 7 nov. 2018.

[27] MAZZUCATO, Mariana; PENA, Caetano. The Brazilian Innovation System: A Mission-Oriented Policy Proposal. *In:* Avaliação de Programas em CT&I. Apoio ao Programa Nacional de Ciência (Plataformas de conhecimento). Brasília/DF: Centro de Gestão e Estudos Estratégicos, 2016. Disponível em: https://www.cgee.org.br/the-brazilian-innovation-system, acesso em: 10 nov. 2018.

III O papel do Estado na regulação da inovação

III.1 Contextualização necessária: entre a mudança tecnológica e a segurança jurídica e social

Para além da figura estatal como promotor do desenvolvimento científico, da pesquisa e da capacitação tecnológicas no Brasil, cumpre-nos agora avançar para outro possível papel a ser desempenhado pelo Estado, que reside no exercício de sua função de disciplinar, por meio do Direito (e da regulação), as relações sociais, inclusive no que diz respeito às inovações tecnológicas.

Novamente, assim como antes, a discussão sobre o papel do Estado na regulação da inovação possui distintas abordagens, permitindo que visões antagônicas influenciem a resposta sobre mais, menos ou nenhuma participação do Estado nesse tema.

De um lado, as teorias econômicas que admitem a participação do Estado apenas para corrigir falhas de mercado fatalmente reduzirão o papel estatal. Nesse sentido, ao considerar arbitrárias as intervenções estatais, com indevida restrição da liberdade, afirmar-se-á que a regulação do Estado prejudicaria o exercício da criatividade e os investimentos em inovação a serem realizados pela iniciativa privada, afetando o desenvolvimento tecnológico que – em tese – seria benéfico para toda a sociedade.

De outro lado, as teorias econômicas que admitem a participação do Estado como dirigente e como garantidor de princípios de solidariedade social certamente ampliarão o papel estatal. Por conseguinte, afirmar-se-á a necessidade das intervenções estatais para impedir o abuso do poder econômico, o que beneficiaria a sociedade.

Em qualquer caso, importante considerar a advertência de Stiglitz de que "os opositores à regulação queixam-se sempre de que esta é má para o negócio. As negociações que previnem a poluição, como é evidente, são más para os negócios que poluiriam se aquelas não existissem". Da mesma forma, "as regulações que previnem o trabalho infantil são más para os negócios que explorariam as crianças", assim como "as regulações que impedem as empresas norte-americanas de praticarem subornos e abusos contra os direitos humanos podem ser más para os negócios que desejam praticar esses atos".[28]

Sem embargo da discussão ideológica, tem-se que o mundo globalizado e a sociedade de risco contemporânea apresentam uma realidade que não pode ser ignorada, especialmente no que diz respeito às mudanças tecnológicas inovadoras e seus impactos para a vida em sociedade, para o comportamento social, para o trabalho, para as instituições e corporações sociais, etc.[29]

Não se trata, porém, de sustentar o *determinismo tecnológico*, mas de compreender que a dinâmica social é cada vez maior, mais rápida e mais intensa, desafiando, por outro lado, as respostas tradicionais oferecidas pela ciência jurídica, especialmente diante de possíveis "novos problemas", pois, na prática, "a velocidade de transformação tecnológica é um dos fatores de desestabilização do sistema normativo".[30]

---

[28] STIGLITZ, *Op. cit.*, p. 257.
[29] MOLINARO, Carlos Alberto; SARLET, Ingo Wolfgang. Apontamentos sobre direito, ciência e tecnologia na perspectiva de políticas públicas sobre regulação em ciência e tecnologia. *In*: MENDES, Gilmar; SARLET, Ingo Wolfgang; COELHO, Alexandre Zavaglia P. *Direito, Inovação e Tecnologia*. Volume I. São Paulo: Saraiva, 2015, p. 90-96.
[30] ARANHA, Marcio Iorio. *Manual de Direito Regulatório*. 4. ed. London: Laccademia Pubblishin, 2018, p. 53.

A questão que se coloca é a possível insegurança (fática e jurídica) existente na mudança, que decorre da dinâmica própria de nossa sociedade, sendo amplamente impactada pelos avanços tecnológicos inovadores que, ao fim e ao cabo, resultam em alguma medida na aceitação do risco do desconhecido.

Paradoxalmente, um dos maiores problemas da chamada sociedade do conhecimento seria justamente a falta de conhecimento. Em outras palavras, "embora a sociedade moderna esteja comprometida com o princípio da ação racional, voltada para uma contínua aquisição de conhecimento, ela cai em uma situação paradoxal: novos e maiores conhecimentos relevam amiúde novo e maior desconhecimento".[31]

De fato, saber se a aplicação e a comercialização de uma determinada inovação seriam ou não conveniente ao *"interesse público"* é questão frequentemente controversa. Por exemplo, tem-se a produção de energia atômica ou a engenharia genética, que consistem em campos disciplinares controvertidos em muitas sociedades.

Recorde-se, por aqui, que há praticamente dez anos o Supremo Tribunal Federal decidiu, por maioria, que as pesquisas com células-tronco embrionárias não violariam o direito à vida, tampouco a dignidade da pessoa humana, julgando improcedente a Ação Direta de Inconstitucionalidade (ADI nº 3.510) ajuizada pelo então Procurador-Geral da República para questionar o art. 5º da chamada Lei de Biossegurança.[32]

Atualmente, tem-se a discussão sobre a pesquisa inovadora em componentes agrícolas (agrotóxicos) que, de um lado, podem ampliar a produção de alimentos, reduzindo custos, e, de outro lado, podem colocar em risco a saúde pública.

Em outra ponta, o Brasil acabou de passar por processo eleitoral amplamente influenciado pelo uso de novas tecnologias de comunicação, com a divulgação proposital de notícias faltas (as *"fake news"*) com o objetivo escancarado de ludibriar o eleitor e, por conseguinte, impactar o resultado do processo democrático, sem que os órgãos de controle tenham empregado meios efetivos de combate a essa indesejável, mas esperada, estratégia de captação de votos.

Percebe-se que os bens jurídicos (ou interesses juridicamente tuteláveis), individuais ou coletivos, podem ser violados com a divulgação e a aplicação da tecnologia inovadora, atraindo em grau repressivo a preocupação estatal. Assim, diante da visão tradicional de que a segurança é considerada como uma tarefa fundamental do Estado, tem-se que, "no quadro de uma sociedade técnica, o Estado tem de intervir ante as novas ameaças de uma técnica que aumentou as fontes de perigo".[33]

---

[31] HOFFMAN-RIEM, Wolfgang. Direito, tecnologia e inovação. *In:* MENDES, Gilmar; SARLET, Ingo Wolfgang; COELHO, Alexandre Zavaglia P. *Direito, Inovação e Tecnologia.* Volume I. São Paulo: Saraiva, 2015, p. 16-20.

[32] Lei nº 11.105/2005. "Art. 5º É permitida, para fins de pesquisa e terapia, a utilização de células-tronco embrionárias obtidas de embriões humanos produzidos por fertilização in vitro e não utilizados no respectivo procedimento, atendidas as seguintes condições:
I – sejam embriões inviáveis; ou
II – sejam embriões congelados há 3 (três) anos ou mais, na data da publicação desta Lei, ou que, já congelados na data da publicação desta Lei, depois de completarem 3 (três) anos, contados a partir da data de congelamento.
§1º Em qualquer caso, é necessário o consentimento dos genitores.
§2º Instituições de pesquisa e serviços de saúde que realizem pesquisa ou terapia com células-tronco embrionárias humanas deverão submeter seus projetos à apreciação e aprovação dos respectivos comitês de ética em pesquisa.
§3º É vedada a comercialização do material biológico a que se refere este artigo e sua prática implica o crime tipificado no art. 15 da Lei nº 9.434, de 4 de fevereiro de 1997".

[33] LOUREIRO, *Op. cit.*, p. 52.

Conforme Kloepfer, ao discorrer sobre o uso da internet, haveria uma tendência de intervenção estatal voltada à censura a determinados conteúdos, sobretudo àqueles contrários à ordem constitucional, como a idolatria à violência e a pornografia infantil. Trata-se, segundo o autor, de um movimento impulsionado por técnicas de filtragem e verificado em Estados democráticos, como na Alemanha, na busca pela preservação de direitos fundamentais, contrapondo-se ao princípio da autorregulação social que até hoje permeia a formação das estruturas da internet.[34]

Obviamente, as possíveis limitações impostas aos particulares pelo Estado, por meio do Direito/regulação, à aplicação e comercialização de novas tecnologias resulta em uma espécie de restrição da liberdade. Daí o Direito (ou a regulação) criado pelo Estado ser muitas vezes rotulado(a) de inibidor(a) da inovação. A discussão envolve, possivelmente, um dos mais relevantes *tradeoffs* entre regulação e inovação.

Conforme Hoffmann-Riem, professor catedrático emérito da Universidade de Hamburgo e ex-juiz do Tribunal Constitucional Federal da Alemanha, a crítica seria "muito unilateral", pois o Direito pode assumir formas distintas e afetar os resultados, promovendo ou inibindo a inovação, a depender de sua natureza.

Segundo o autor, o direito pode permitir e/ou estimular a pesquisa e a realização de inovações tecnológicas, assumindo uma feição de "abertura às inovações". Por outro lado, como o Direito também é instituído para defender valores e proteger bens e interesses jurídicos, individuais ou coletivos, que possam ser colocados em risco, atuando para a preservação do bem comum que pode eventualmente ser ameaçado pelo comportamento inovador, o Direito assume uma outra feição denominada de "responsabilidade pela inovação".[35]

Nesse contexto, tem-se a discussão sobre o papel do Estado na regulação da inovação, mais em razão de sua função de disciplinar a vida em sociedade do que em razão de exigências puramente econômicas ou mercadológicas.

III.2 Alguns desafios para a regulação da inovação tecnológica

Estabelecidas algumas premissas que justificam o papel estatal na regulação da inovação tecnológica, especialmente para proteger bens ou interesses (individuais ou coletivos), impõe-se destacar alguns dos inúmeros desafios para esse desiderato.

Inicialmente, a ciência encontra-se em constante processo de interrogação sobre o seu próprio método, tendo perdido sua "inocência", visto que, ao contrário do sentimento comum dos anos 60 e 70, sabe-se que nem todo o desenvolvimento científico e tecnológico pode ser considerado simultaneamente benéfico e gerador de progresso social.[36] Pelo contrário, hoje se fala em possível inovação predatória.[37]

---

[34] KLOEPFER, Michael. Neutralidade na rede no âmbito da Sociedade da Informação. *In:* MENDES, Gilmar; SARLET, Ingo Wolfgang; COELHO, Alexandre Zavaglia P. *Direito, Inovação e Tecnologia*. Volume I. São Paulo: Saraiva, 2015, p. 139-155.

[35] HOFFMAN-RIEM, *Op. cit.*, p. 15-16.

[36] MOLINARO; SARLET, *Op. cit.*, p. 88-90.

[37] Ver, nesse sentido, as ponderadas considerações de FRAZÃO, Ana. Inovação predatória? Novos horizontes para o abuso da propriedade intelectual a partir do diálogo com o Direito Antitruste. Artigo publicado no portal *Jota*, em 06 de setembro de 2017. Disponível em: https://jota.info/colunas/constituicao-empresa-emercado/inovacao-predatoria-06092017. Acesso em: 5 jun. 2018.

Na verdade, embora as posições em sentido diverso, pode-se afirmar que, em alguns casos, a tecnologia tem potencial para ser considerada um perigoso instrumento de poder e dominação, impulsionado por grandes agentes, sem transparência, *accountability* ou qualquer filtro democrático.[38]

Basta pensar, por exemplo, nas possibilidades associadas à criação e à disseminação do acesso à internet, às plataformas digitais, às redes inteligentes, à coleta em grande escala e ao respectivo processamento de dados e informações globais (*big data*), à inteligência artificial, etc. Inegável o potencial impacto (para o bem ou para o mal) decorrente do emprego de novas tecnologias sobre as relações sociais, podendo afetar velhas e novas situações jurídicas, nos mais variados aspectos da vida cotidiana.

Some-se a isso o fato de que, muitas vezes, o direito (ou a regulação) "vem a reboque dos fatos, o que no caso das dinâmicas disruptivas é algo ainda mais perceptível, pois tais modelagens avançam na vida social em velocidade incompatível com os movimentos normativos". Ilustrando essa preocupação, Feigelson afirma que "os modelos disruptivos se movem como drones, ao passo que as normas, muitas vezes – especialmente em países como o Brasil –, andam ainda em locomotivas a vapor".[39]

Os desafios para o Estado nacional, portanto, são enormes, considerando igualmente que o fenômeno da globalização tem exigido cada vez mais soluções uniformes (ou muito similares) para os mesmos problemas, que, no mais das vezes, decorre de evoluções tecnológicas operacionalizadas por instituições e representações societárias de origem diversificada, em grade parte independentes do Estado regulador, vinculadas a grupos supranacionais financiados predominantemente com recursos privados.[40]

Nada obstante, segundo Hoffmann-Riem, "a ciência jurídica tem relutado em explorar sistematicamente o papel do Direito na prevenção, controle e acompanhamento das inovações, contentando-se em separar o conteúdo do que é justo ou injusto, ou em indicar condições que fazem uma decisão judicial legítima nessa matéria", o que seria insuficiente.[41]

De acordo com o autor, no tempo atual, afirma-se a necessidade de aclarar o papel que o Direito desempenha ou pode desempenhar na solução dos problemas sociais, inclusive *se e em que extensão* o Direito exerceria influência sobre a produção de inovações e como o Direito deveria ser concebido para conduzi-las em uma direção socialmente desejável. Assim, "quem se ocupa com a perspectiva jurídica pergunta-se como o Direito pode contribuir para a produção de efeitos desejáveis e, se possível, evitar os indesejáveis".[42]

A perspectiva do autor indica um possível novo ramo do conhecimento jurídico, a ser objeto de desenvolvimento prático e teórico específico, sobretudo para promover

---

[38] Novamente, muito importantes as ponderações de FRAZÃO, Ana. Direito e tecnologia: Premissas para a reflexão sobre a regulação jurídica da tecnologia. Artigo publicado no jornal *Jota*, em 16 de novembro de 2017. Disponível em: https://www.jota.info/opiniao-e-analise/colunas/constituicao-empresa-e-mercado/premissas-para-a-reflexao-sobre-a-regulacao-da-tecnologia-16112017. Acesso em: 5 jun. 2018.

[39] FEIGELSON, Bruno. Direito da inovação: a relação entre as novas tecnologias e as ciências jurídicas. In: FERNANDES, Ricardo Vieira de Carvalho; COSTA, Henrique Araújo; CARVALHO, Angelo Gamba Prata de (Coord.). *Tecnologia jurídica e direito digital*: I Congresso Internacional de Direito e Tecnologia - 2017. Belo Horizonte: Fórum, 2018. p. 159-183.

[40] MOLINARO; SARLET, *Op. cit.*, p. 88-90.

[41] HOFFMAN-RIEM, *Op. cit.*, p. 11-13.

[42] *Idem*, p. 111-13.

uma nova análise sobre a aplicabilidade das categorias jurídicas tradicionais frente às inovações tecnológicas, o que certamente demandará amplo desenvolvimento acadêmico, exigindo dos juristas esforços específicos nesse sentido.[43]

De fato, como alerta Ana Frazão, "a discussão sobre tecnologia, longe de ser meramente técnica, é também uma reflexão sobre o poder, em várias das suas manifestações", pois, "a depender de quem escolhe a tecnologia e da utilização que a ela será dada, a alocação de recursos e direitos, bem como a própria estruturação da sociedade e dos Estados, pode ser consideravelmente alterada".[44]

O papel do Estado na regulação da inovação precisa ser delimitado, considerando as disputas já em andamento, que resultam em conflitos de interesses, direitos, preferências e visões de mundo, impondo a adoção de procedimentos para que as escolhas sejam feitas de forma legítima.

O avanço dessas discussões mostra-se absolutamente relevante para que sejam ponderados os conflitos existentes e que se encontram na pauta do dia, tais como: "Mais estado ou menos estado? Privacidade ou segurança? Serviços on-line gratuitos e personalizados ou privacidade? Crescimento econômico ou distribuição de renda? Bem-estar do consumidor ou concorrência? Inovação ou concorrência?".[45]

Tudo a influenciar comportamentos sociais e mudanças significativas nas relações travadas em nossa época, produzindo significativos impactos (positivos ou negativos) a exigir discussões sobre a intervenção estatal (regulatória) sobre os limites valorativos no emprego de novas tecnologias.

III.3 Alguns limites materiais e temporais à regulação estatal da inovação tecnológica

No presente momento, o cenário atual aponta para evidentes limitações quanto às possibilidades de regulação estatal, a depender, por exemplo, (i) do papel exercido pelo Estado no desenvolvimento da tecnologia inovadora e (ii) da natureza da atividade em que a inovação é aplicada (se dependente ou não de delegação estatal).

De um lado, como visto no capítulo anterior, o Estado pode desempenhar relevante papel no fomento às inovações tecnológicas, sobretudo nas áreas de interesse que sejam importantes para o desenvolvimento nacional. Nesses casos, ainda que relacionados com atividades que independem de delegação, a regulação estatal encontra amplo espaço de atuação, já que pode, *previamente*, definir determinados requisitos mínimos para a

---

[43] Precisa a advertência de Ana Frazão, ao afirmar que "o mais urgente é que haja uma reflexão crítica a respeito das finalidades da tecnologia, de quem deve decidir os conflitos a ela inerentes e de que maneira, bem como para que finalidades ela se presta. Sem isso, a solução de vários dos problemas apontados pode se mostrar precipitada, casuística ou facilmente suscetível de captura pelos interesses econômicos. Cabe, portanto, aos juristas maior protagonismo nesses problemas, a fim de encontrar propostas e instrumentos jurídicos que possam transformar as dificuldades apontadas em possibilidades de ação que contribuam para a democracia e a valorização da vida humana". FRAZÃO, Ana. *Direito e tecnologia: Premissas para a reflexão sobre a regulação jurídica da tecnologia*. Artigo publicado no jornal Jota em 16 de novembro de 2017. Disponível em: https://www.jota.info/opiniao-e-analise/colunas/constituicao-empresa-e-mercado/premissas-para-a-reflexao-sobre-a-regulacao-da-tecnologia-16112017. Acesso em: 5 jun. 2018.

[44] *Idem.*

[45] *Ibidem.*

formatação das regras técnicas consideradas adequadas aos objetivos de proteção social, evitando a predominância unilateral de interesses econômicos.

Ao participar do desenvolvimento da tecnologia, presume-se que o Estado terá as informações necessárias para editar uma *regulação prévia, adequada e justa*, atendendo aos objetivos sociais adjacentes, inclusive antes da aplicação prática da inovação.

No que diz respeito às atividades fortemente reguladas, que dependem de delegações prévias do Estado, o controle regulatório também encontra espaço, inclusive a partir do poder de polícia da Administração Pública inerente à atividade regulada, de forma que existem elementos capazes de impedir a aplicação da tecnologia eventualmente prejudicial *antes* da efetiva regulação estatal. Possível, portanto, a edição de uma *regulação prévia*. Nesses casos, porém, ao não participar do desenvolvimento da tecnologia, o Estado pode não possuir todas as informações necessárias para uma *regulação justa e adequada*, o que consiste em limite material ao exercício de sua competência.

Para essas duas situações, em que o Estado possui meios para disciplinar o emprego da tecnologia antes de ser colocada em prática, tem-se preocupação específica quanto à legitimidade estatal da regulação. Nesse ponto, para além do processo legislativo tradicional, cogita-se da expedição de atos regulamentares pelo Poder Executivo e a figura das agências reguladoras, que, no âmbito de suas competências, devem observar o rito formal e material de audiências e consultas públicas para dar legitimidade aos seus atos.[46]

Por outro lado, parecem bastante limitadas as possibilidades de *regulação prévia* e *adequada* da tecnologia inovadora aplicada em atividades atribuídas à livre-iniciativa (especialmente aquelas que não dependem de prévia delegação estatal) e criadas exclusivamente por particulares (ou seja, sem a participação do Estado no seu desenvolvimento).

Para esses casos, parece que restará ao Estado regular a aplicação da tecnologia inovadora *a posteriori*, ou seja, após sua efetiva aplicação social, visto que o Estado não tem conhecimento nem meios suficientes para antecipar eventuais problemas relativos à aplicação da tecnologia inovadora que justificassem a regulação.

Acrescente-se a esses casos os modelos de negócios que, para afastar a incidência da regulação jurídica já existente para serviços tradicionais similares, afirmam a aplicação de tecnologias disruptivas e baseadas em uma supostamente nova e revolucionária forma de economia (a chamada economia do compartilhamento), tal como UBER e AIRBNB.[47]

Nada obstante as questionáveis argumentações desses agentes, o fato é que os serviços têm sido prestados antes de qualquer regulação específica ou do reconhecimento

---

[46] A Constituição Federal consagra no Brasil um Estado Democrático de Direito, que atribui uma série de direitos participativos à sociedade, considerando o princípio democrático relacionado à legitimidade do poder ("todo o poder emana do povo"). A partir dessa noção de cidadania, tem-se que a sociedade deve participar das decisões da administração, ainda mais quando se trata de assuntos de relevância, que afetam o exercício de liberdades, produzindo efeitos sobre o patrimônio de agentes econômicos. Há, portanto, uma correlação direta entre a legitimidade (democrática) do ato administrativo e a participação dos afetados. Ver, por todos, JUSTEN FILHO, Marçal. *Curso de Direito Administrativo*. 13. ed. São Paulo: Revista dos Tribunais, 2018, p. 241.

[47] Para uma análise ponderada do assunto, ver FRAZÃO, Ana. Economia do compartilhamento e tecnologias disruptivas: A compreensão dos referidos fenômenos e suas consequências sobre a regulação jurídica. Artigo publicado no portal *Jota*, em 14 de junho de 2017. Disponível em: https://jota.info/colunas/constituicao-empresa-emercado/economia-do-compartilhamento-e-tecnologias-disruptivas-14062017. Acesso em: 6 maio 2018.

da aplicabilidade da regulação existente para o serviço tradicional, mesmo no caso de transporte de passageiros, que, em princípio, exigiria autorização municipal e a adoção de diversas medidas onerosas voltadas à segurança dos usuários, tais como fiscalizações de rotina.[48]

Na prática, os fatos evidenciam que, diante de novas tecnologias e supostamente novos serviços, pode haver um tempo de vácuo normativo até que exista resistência das partes prejudicadas, seja dos serviços tradicionais concorrentes, seja do próprio Estado, já que "destituído" de sua função regulatória. O ciclo habitual tem indicado que, com a resistência dos interessados, o assunto é levado ao Poder Judiciário, para evitar a violação de direitos ou interesses juridicamente tutelados.

De fato, "até que o Estado se adapte à velocidade dos acontecimentos do novo mundo, a incompatibilidade entre regulamentação e novas dinâmicas continuará a ensejar conflitos que serão resolvidos nas esferas do Judiciário". Nesse cenário, chega-se a afirmar que "a instabilidade normativa nunca foi tão grande, e nunca também o Judiciário foi tão relevante para dar segurança jurídica em uma realidade cada vez mais líquida e inconstante".[49]

A atuação do Poder Judiciário, nesses casos, deve ser a mais ampla possível, tanto na perspectiva material (com a solução justa do caso concreto) quanto na perspectiva processual (com o emprego de técnicas coercitivas em regime de urgência voltadas, por exemplo, à inibição do ilícito), sobretudo quando em pauta a preservação de direitos fundamentais, a tutela do interesse público indisponível (*v.g.*, Direito Ambiental, Direito Tributário, Direito Concorrencial, etc.) e a proteção de vulneráveis (Direito do Consumidor, Direito do Trabalho, etc.[50]).

Da mesma, em caso de risco iminente decorrente da aplicação de uma determinada inovação tecnológica, inclusive em um "novo serviço", parece-nos que, no âmbito de suas competências, também a Administração Pública poderia fazer uso das medidas cautelares administrativas previstas no art. 45 da Lei nº 9.784/1999, desde que preenchidos os respectivos pressupostos.[51]

Ultrapassada a fase inicial de incertezas, segue-se o ciclo com o debate público e, a depender do caso, chega-se a efetiva regulação estatal, mediante processo legislativo ou regulatório (nesse caso, a ser precedido de consulta ou audiência pública).

Ao fim e ao cabo, como adverte Frazão, "há boas razões para justificar a regulação dos novos serviços, embora, em alguns casos, haja a necessidade de adaptações para contemplar as suas peculiaridades e equacionar adequadamente os interesses que sobre eles se projetam, especialmente no que diz respeito ao estímulo à inovação, por um lado, e a preocupação com a eficácia de normas cogentes que incidem sobre a atividade econômica, por outro lado". Seja como for, "as soluções regulatórias pensadas para os

---

[48] De acordo com o art. 30, V, da Constituição Federal, "compete aos Municípios (...) organizar e prestar, diretamente ou sob regime de concessão ou permissão, os serviços públicos de interesse local, incluído o de transporte coletivo, que tem caráter essencial".

[49] FEIGELSON, *Op. cit.*, p. 167.

[50] A tutela jurisdicional a ser prestada em juízo conforma-se em razão do direito material discutido, inclusive em regime de urgência. Ver, de um modo geral, BAGGIO, Lucas Pereira. *Tutela jurisdicional de urgência e as exigências do direito material*. Rio de Janeiro: Forense, 2010.

[51] Lei nº 9.784/1999. "Art. 45. Em caso de risco iminente, a Administração Pública poderá motivadamente adotar providências acauteladoras sem a prévia manifestação do interessado".

novos serviços sejam harmônicas e coerentes com a regulação dos serviços tradicionais, sob pena de se gerar sérias distorções regulatórias e concorrenciais".[52]

Naturalmente, ao disciplinar uma nova forma de negócio, é razoável considerar que a regulação aplicável a uma tecnologia inovadora esteja sujeita à revisão após o transcurso de determinado tempo específico. Uma norma assim, aliás, não seria estranha a esses casos.[53]

IV Considerações finais

O presente artigo possui objetivo bastante limitado, servindo para estimular o debate sobre tema assaz relevante, que tem potencial para impactar a sociedade, visto que o papel do Estado no fomento à inovação, tal como previsto na Constituição Federal, impõe a promoção e o incentivo do desenvolvimento científico, da pesquisa, da capacitação científica e tecnológica.

Admite-se, segundo a Constituição Federal, que "o mercado interno integra o patrimônio nacional e será incentivado de modo a viabilizar o desenvolvimento cultural e socioeconômico, o bem-estar da população e a autonomia tecnológica do País, nos termos de lei federal".

A questão central no fomento à inovação tecnológica, com a participação do Estado, está na escolha responsiva dos projetos, visto a autorização para alocação de recursos públicos, o que atrairia a responsabilidade do Administrador Público e o respectivo controle.

Parece-nos evidente que, também a partir das disposições constitucionais, o Estado deva exercer papel de destaque na regulação da inovação tecnológica, considerando sua função essencial de garantidor da segurança e de prestador de direitos fundamentais.

Como exposto, parece haver graduações nas possibilidades de atuação estatal *prévia* ou *a posteriori* em matéria de regulação da inovação tecnológica. De fato, nossa sociedade de risco, que não se furta ao desconhecido, acaba por admitir a possibilidade de violação de direitos e interesses juridicamente tuteláveis, individuais ou coletivos, *antes* que exista disciplina jurídica específica a ser aplicável em função do emprego de determinada tecnologia inovadora em um suposto novo serviço. Assunto, porém, que não foge do controle do Poder Judiciário e da própria adoção de medidas cautelares pela Administração Pública, no âmbito de sua competência, desde que presentes os respectivos requisitos, sobretudo em matéria de direitos fundamentais e na proteção de direitos indisponíveis ou de vulneráveis.

Além disso, também parece-nos haver graduação material no conteúdo da norma regulatória, que, em tese, pode ser significativamente qualificada, mais *justa* e *adequada*, nos casos em que há participação do Estado no fomento à tecnologia inovadora, sobretudo em função das informações que se presumem serão disponibilizadas ao regulador.

---

[52] FRAZÃO, Ana. Tecnologia e regulação dos "novos serviços": regulação dos novos serviços requer harmonia e coerência com a regulação dos serviços. Artigo publicado no jornal *Jota*, em 6 out. 2016. Disponível em: https://www.jota.info/opiniao-e-analise/colunas/constituicao-empresa-e-mercado/tecnologia-e-regulacao-dos-novos-servicos-06102016, acesso em: 10 nov. 2018.
[53] HOFFMAN-RIEM, *Op. cit.*, p. 29-31.

Em todos os casos, impõe-se respeito à legitimidade democrática, seja por meio do processo legislativo tradicional seja por meio de audiências e consultas públicas em sede administrativa.

A regulação da inovação tecnológica não consiste em assunto simples. Pelo contrário, mostra-se importante evitar o desestímulo à pesquisa e à inovação a partir de regras sobremaneira burocráticas. No entanto, o Estado igualmente não deve furtar-se a regular, tampouco adotar medidas protetivas, sob pena de prejudicar a sociedade até mesmo de forma irreversível.

Referências

ARANHA, Marcio Iorio. *Manual de Direito Regulatório*. 4. ed. London: Laccademia Pubblishin, 2018.

BARROSO, Luís Roberto. O constitucionalismo democrático ou neoconstitucionalismo como ideologia vitoriosa do século XX. *Revista Publicum*, 2018 (*Ahead of print*).

BAUMAN, Zygmunt. *Modernidade Líquida*. Tradução de Plínio Dentzien. Rio de Janeiro: ZAHAR, 2001.

BAGGIO, Lucas Pereira. *Tutela jurisdicional de urgência e as exigências do direito material*. Rio de Janeiro: Forense, 2010.

BECK, Ulrich. *O que é Globalização? Equívocos do globalismo*: respostas à globalização. Tradução de André Carone. São Paulo: Paz e Terra, 1999.

CALMON DE PASSOS, José Joaquim. Democracia, Participação e Processo. *In*: GRINOVER, Ada Pellegrini; DINAMARCO, Cândido Rangel; WATANABE, Kazuo (Coord.). *Participação e Processo*. São Paulo: Revista dos Tribunais, 1998.

CARNELUTTI, Francesco. *Teoria Geral do Direito*. 2ª Impressão. Lejus: São Paulo, 2000.

DUBEUX, Rafael. *Desenvolvimento e mudança climática*: estímulos à inovação em energia de baixo carbono em países de industrialização tardia. Curitiba: Juruá, 2017.

DUGUIT, Léon. *Fundamentos do Direito*. Tradução de Eduardo Salgueiro. Porto Alegre: Fabris Editor, 2005.

FEIGELSON, Bruno. Direito da inovação: a relação entre as novas tecnologias e as ciências jurídicas. *In*: FERNANDES, Ricardo Vieira de Carvalho; COSTA, Henrique Araújo; CARVALHO, Angelo Gamba Prata de (Coord.). *Tecnologia jurídica e direito digital*: I Congresso Internacional de Direito e Tecnologia - 2017. Belo Horizonte: Fórum, 2018.

FRAZÃO, Ana. Direito e tecnologia: Premissas para a reflexão sobre a regulação jurídica da tecnologia. Artigo publicado no jornal *Jota*, em 16 nov. 2017. Disponível em https://www.jota.info/opiniao-e-analise/colunas/constituicao-empresa-e-mercado/premissas-para-a-reflexao-sobre-a-regulacao-da-tecnologia-16112017. Acesso em: 5 jun. 2018.

FRAZÃO, Ana. Economia do compartilhamento e tecnologias disruptivas: A compreensão dos referidos fenômenos e suas consequências sobre a regulação jurídica. Artigo publicado no portal *Jota*, em 14 de junho de 2017. Disponível em: https://jota.info/colunas/constituicao-empresa-emercado/economia-do-compartilhamento-e-tecnologias-disruptivas-14062017. Acesso em: 6 maio 2018.

FRAZÃO, Ana. Inovação predatória? Novos horizontes para o abuso da propriedade intelectual a partir do diálogo com o Direito Antitruste. Artigo publicado no portal *Jota*, em 06 set. 2017. Disponível em: https://jota.info/colunas/constituicao-empresa-emercado/inovacao-predatoria-06092017. Acesso em: 5 jun. 2018.

FRAZÃO, Ana. Tecnologia e regulação dos "novos serviços": regulação dos novos serviços requer harmonia e coerência com a regulação dos serviços. Artigo publicado no jornal *Jota*, em 6 out. 2016. Disponível em: https://www.jota.info/opiniao-e-analise/colunas/constituicao-empresa-e-mercado/tecnologia-e-regulacao-dos-novos-servicos-06102016, acesso em: 10 nov. 2018.

GEORGHIOU, Luke. *Value of Research*, de junho de 2015. Policy Paper by the Research, Innovation, and Science Policy Experts (RISE). Disponível em: https://ec.europa.eu/research/openvision/pdf/rise/georghiou-value_research.pdf, acesso em: 7 nov. 2018.

HART, Herbert L. A. *O Conceito de Direito*. 2. ed. Tradução de A. Ribeiro Mendes. Lisboa: Fundação Calouste Gulbenkian, 1996.

HOFFMAN-RIEM, Wolfgang. Direito, tecnologia e inovação. *In*: MENDES, Gilmar; SARLET, Ingo Wolfgang; COELHO, Alexandre Zavaglia P. *Direito, Inovação e Tecnologia*. Volume I. São Paulo: Saraiva, 2015.

JUSTEN FILHO, Marçal. *Curso de Direito Administrativo*. 13. ed. São Paulo: Revista dos Tribunais, 2018.

KLOEPFER, Michael. Neutralidade na rede no âmbito da Sociedade da Informação. *In*: MENDES, Gilmar; SARLET, Ingo Wolfgang; COELHO, Alexandre Zavaglia P. *Direito, Inovação e Tecnologia*. Volume I. São Paulo: Saraiva, 2015.

LOUREIRO, João Carlos. Constituição, tecnologia e risco(s): entre medo(s) e esperança(s). *In*: MENDES, Gilmar; SARLET, Ingo Wolfgang; COELHO, Alexandre Zavaglia P. *Direito, Inovação e Tecnologia*. Volume I. São Paulo: Saraiva, 2015.

MAZZUCATO, Mariana. *O Estado empreendedor*: desmascarando o mito setor público vs. setor privado. Tradução Elvira Serapicos. 1ª reimpressão. São Paulo: Portfolio-Penguin, 2015.

MAZZUCATO, Mariana; PENA, Caetano. *The Brazilian Innovation System: A Mission-Oriented Policy Proposal*. In: Avaliação de Programas em CT&I. Apoio ao Programa Nacional de Ciência (Plataformas de conhecimento). Brasília/DF: Centro de Gestão e Estudos Estratégicos, 2016. Disponível em: https://www.cgee.org.br/the-brazilian-innovation-system, acesso em: 10 nov. 2018.

MINISTÉRIO DA CIÊNCIA, TECNOLOGIA, INOVAÇÕES E COMUNICAÇÕES. *Indicadores nacionais de ciência, tecnologia e inovação*. Brasília: MCTIC, 2017. Disponível em: http://www.mctic.gov.br/mctic/export/sites/institucional/indicadores/arquivos/Indicadores-2017.pdf. Acesso em: 5 jun. 2018.

MINISTÉRIO DA CIÊNCIA, TECNOLOGIA, INOVAÇÕES E COMUNICAÇÕES. *Recursos aplicados – indicadores consolidados*. Brasília: MCTIC, atualizada em 17.10.2018. Disponível em: https://www.mctic.gov.br/mctic/opencms/indicadores/detalhe/recursos_aplicados/indicadores_consolidados/2_1_3.html, acesso em: 7 nov. 2018.

MOLINARO, Carlos Alberto; SARLET, Ingo Wolfgang. Apontamentos sobre direito, ciência e tecnologia na perspectiva de políticas públicas sobre regulação em ciência e tecnologia. *In*: MENDES, Gilmar; SARLET, Ingo Wolfgang; COELHO, Alexandre Zavaglia P. *Direito, Inovação e Tecnologia*. Volume I. São Paulo: Saraiva, 2015.

OST, François. *O tempo do direito*. Tradução Élcio Fernandes. Bauru/SP: Edusc, 2005.

ORGANIZAÇÃO PARA COOPERAÇÃO E DESENVOLVIMENTO ECONÔMICO – OCDE, Relatórios Econômicos: Brasil, fevereiro de 2018. Disponível em: https://www.oecd.org/eco/surveys/Brazil-2018-OECD-economic-survey-overview-Portuguese.pdf, acesso em: 7 nov. 2018.

SCHUMPETER, Joseph. *Capitalismo, socialismo e democracia* [recurso eletrônico]. Tradução de Luiz Antônio Oliveira de Araújo. São Paulo/SP: Editora Unesp Digital, 2017.

SENADO FEDERAL. *Em discussão: Inovação*. Revista de audiências públicas do Senado Federal, ano 12, n. 3, setembro de 2012. Disponível em: http://www.senado.gov.br/noticias/jornal/emdiscussao/Upload/201203%20-%20setembro/pdf/em%20discuss%C3%A3o!_setembro_2012_internet.pdf. Acesso em: 5 jun. 2018.

STIGLITZ, Joseph. *O preço da desigualdade*. Lisboa: Bertrand, 2016.

SUNSTEIN, Cass. *Free Markets and Social Justice*. New York: Oxford University Press, 1997.

THE ECONOMIST. *Smart work: faster productivity growth will be an important part of rich economies' revival*. Publicado em 7 de outubro de 2010. Disponível em: https://www.economist.com/node/17173903. Acesso em: 5 jun. 2018.

Informação bibliográfica deste texto, conforme a NBR 6023:2018 da Associação Brasileira de Normas Técnicas (ABNT):

BAGGIO, Lucas Pereira. O papel do Estado no desenvolvimento tecnológico. Do fomento estatal à regulação. *In*: FRAZÃO, Ana; CARVALHO, Angelo Gamba Prata de (Coord.). *Empresa, mercado e tecnologia*. Belo Horizonte: Fórum, 2019. p. 287-307. ISBN 978-85-450-0659-6.

REPERCUSSÕES CONCORRENCIAIS DA INTERNET DAS COISAS

MARCELO CESAR GUIMARÃES

I Introdução

A internet das coisas (também conhecida como IoT, acrônimo da expressão inglesa *Internet of Things*) é um produto revolucionário da chamada Quarta Revolução Industrial. Permitindo a integração do mundo físico ao digital, esta nova e crescente tecnologia vem sendo cada vez mais difundida no cotidiano das pessoas.

Com efeito, a IoT tem criado oportunidades extraordinárias, tanto em seu emprego empresarial/industrial como também por parte de produtos e serviços voltados aos consumidores. Contemporaneamente, observa-se uma expansão de produtos ditos *smart*, os quais se conectam entre si e muitas vezes já operam de forma autônoma. Neste sentido, a internet das coisas revela-se um poderoso instrumento para o crescimento do *big data* e para o aperfeiçoamento de algoritmos inteligentes.

Todavia, muito embora esta nova realidade aporte benefícios inquestionáveis para a sociedade, os riscos que emergem de seu uso também se intensificam. De fato, a utilização da IoT tem alterado a vida humana em inúmeros aspectos, gerando preocupações sem precedentes no que se refere à privacidade, à liberdade e até mesmo à democracia.

Neste contexto, o presente trabalho objetiva examinar as repercussões da internet das coisas no ambiente competitivo. Para tanto, após uma breve análise da referida tecnologia, serão apresentados os desafios do antitruste no contexto da economia digital, para em seguida adentrar propriamente nos impactos da IoT no controle de estruturas e de condutas.

Em relação ao primeiro, será investigado se a forma pela qual as autoridades antitruste vêm examinando as operações de concentração em mercados de IoT tem efetivamente endereçado as preocupações concorrenciais decorrentes desta nova tecnologia.

Já no que se refere ao controle de condutas, será analisado de que forma a internet das coisas altera as práticas colusivas e os comportamentos unilaterais. No que tange a estes últimos, será dado foco à discriminação comportamental de preços, a qual tem potencial de se tornar prática corrente com a disseminação da internet das coisas.

Por fim, serão apresentadas algumas reflexões sobre o controle concorrencial na era da IoT, evidenciando-se o necessário aprofundamento no estudo do regime de responsabilidade concorrencial aplicável aos ilícitos decorrentes do uso da internet das coisas.

II A internet das coisas no contexto da Quarta Revolução Industrial

Contemporaneamente, passa-se por uma revolução tecnológica que vem alterando de modo decisivo a forma como o homem vive, trabalha e se relaciona uns com os outros. Neste contexto, inúmeras tecnologias, que abrangem as mais variadas áreas, vêm emergindo, como inteligência artificial, robótica, internet das coisas, veículos autônomos, impressão em 3D, nanotecnologia, biotecnologia, ciência dos materiais, armazenamento de energia, computação quântica etc. Trata-se da chamada Quarta Revolução Industrial,[1] cuja velocidade, escala, escopo e complexidade não têm precedentes na história da humanidade, transformando sistemas de produção, consumo, transportes e logísticos. Para Klaus Schwab, o que distingue a Quarta Revolução Industrial das anteriores é a fusão das novas tecnologias e a interação entre os domínios físicos, digitais e biológicos.[2]

A internet das coisas revela-se como um exemplo emblemático desta nova realidade. Consubstanciando a relação entre coisas e pessoas por meio de plataformas e tecnologias conectadas, a IoT é "uma das principais pontes entre as aplicações físicas e digitais, originadas pela Quarta Revolução Industrial".[3]

A internet das coisas pode ser descrita como uma emergente arquitetura informacional global baseada na internet que facilita a troca de bens e serviços, aumentando a transparência e a eficiência das redes de cadeia de produção. Trata-se de um mundo em que objetos físicos são integrados às redes de informação, tornando-se participantes ativos dos processos empresariais.[4] Dentre tais objetos físicos incluem-se dispositivos, veículos, prédios, máquinas e inúmeros outros itens aos quais são incorporados eletrônica, *software*, sensores e conectividade de rede.[5]

---

[1] De acordo com Schwab, a Primeira Revolução Industrial (1760 e 1840) é caracterizada pela construção das ferrovias e pela invenção da máquina a vapor, tendo originado a produção mecânica; a Segunda Revolução Industrial (final do século XIX e primeira metade do século XX) tem como marca o advento da eletricidade e da linha de montagem, tendo originado a produção em massa; a Terceira Revolução Industrial (a partir de 1960), também chamada de Revolução Digital ou do Computador, foi impulsionada pelo desenvolvimento dos semicondutores, da computação em *mainframe* (1960), da computação pessoal (1970-1980) e da internet (1990) (SCHWAB, Klaus. *A Quarta Revolução Industrial*. São Paulo: Edipro, 2016. p. 15-16). Entretanto, esta classificação não é unânime. Neste sentido, por exemplo, indica-se que há autores que já usavam o termo Quarta Revolução Industrial na década de 1940 (GARBEE, Elizabeth. This is Not the Fourth Industrial Revolution. Disponível em: http://www.slate.com/articles/technology/future_tense/2016/01/the_world_economic_forum_is_wrong_this_isn_t_the_fourth_industrial_revolution.html; acesso em: 05 jul. 2018). Por outro lado, há nomenclaturas distintas para o mesmo fenômeno: Brynjolfsson e Mcafee, *v.g.*, falam da Segunda Era da Máquina (BRYNJOLFSSON, Erik; MCAFEE, Andrew. *The Second Machine Age*: Work, Progress, and Prosperity in a Time of Brilliant Technologies. Nova York: W.W. Norton & Company, 2017).

[2] SCHWAB, *Op. cit.*, p. 11-17.

[3] *Idem*, p. 26.

[4] WEBER, Rolf H.; WEBER, Romana. *Internet of Things*: Legal Perspectives. Berlin; Heidelberg: Springer, 2010. p. 1-2.

[5] SCHWALBE, Ulrich. Antitrust Policy and Industry 4.0 – Keeping the Market Competitive in a Digital Economy. Disponível em: http://www.grur.org/uploads/tx_meeting/02-Schwalbe-Grur_Bruessel.pdf. Acesso em: 02 jun. 2018.

Com efeito, a IoT representa a próxima fase da internet, com foco em conectar a ela dispositivos e outros objetos, sem a participação ativa de um ser humano, de sorte que os referidos produtos possam coletar e transmitir informações por si próprios, em muitos casos podendo tomar ações com base naqueles dados.[6]

De fato, a incorporação de *softwares* e sensores em objetos do cotidiano permite a comunicação *machine-to-machine* (M2M), bem assim a coleta e análise de muitos dados, o que amplia infinitamente o escopo das informações disponíveis para o aperfeiçoamento de algoritmos.[7]

Em síntese, portanto, a IoT designa um conjunto de novos serviços e dispositivos que reúnem ao menos três características complementares: (i) conectividade; (ii) uso de sensores e atuadores; e (iii) capacidade computacional e processamento e armazenamento de dados.[8]

Assim, a internet das coisas revela um ecossistema no qual as aplicações e os serviços exploram dados coletados por meio de dispositivos dotados de sensores e que interagem com o mundo físico.[9]

Dentre características comuns aos vários usos da internet das coisas, destacam-se: (i) o aperfeiçoamento de produtos já existentes, por meio da integração de sensores e tecnologias de comunicação; (ii) o rápido desenvolvimento tecnológico; (iii) a dependência da internet; (iv) a importância do desenvolvimento de produtos de *hardware* e *software*, de microprocessadores e sensores, de dispositivos e serviços de comunicação e de *data analytics*; (v) a operação autônoma (sem o controle humano ativo); (vi) a estreita interação entre dispositivos físicos e *data analytics*; e (vii) a existência de efeitos de rede (diretos e indiretos).[10]

Destaque-se que o emprego da IoT pode se dar tanto em produtos e serviços com fins empresariais/industriais (*Industrial Internet of Things* ou IIoT) como em dispositivos voltados aos consumidores (*Consumer Internet of Things* ou CIoT).

Em relação à IoT industrial, trata-se de conectar ativos industriais e máquinas a sistemas de informação empresariais, processos de negócios e pessoas que os operam, permitindo a realização de operações industriais inteligentes, por meio do uso do *data analytics*, que levam a resultados de negócios transformacionais.[11]

A incorporação da internet das coisas em processos industriais permite evitar interrupções inesperadas, reduzir custos de manutenção e serviço e fornecer uma

---

[6] OHLHAUSEN, Maureen K. The Internet of Things and The FTC: Does Innovation Require Intervention? Disponível em: https://www.ftc.gov/sites/default/files/documents/public_statements/internet-things-ftc-does-innovation-require-intervention/131008internetthingsremarks.pdf. Acesso em: 01 jun. 2018.

[7] EZRACHI, Ariel; STUCKE, Maurice E. *Virtual Competition:* The Promise and Perils of the Algorithm-Driven Economy. Cambridge, Massachusetts: Harvard University Press, 2016. p. 18-19.

[8] PEREIRA NETO, Caio Mário S. *et al*. O Direito da Internet das Coisas: desafios e perspectivas de IoT no Brasil. Disponível em: https://www.jota.info/opiniao-e-analise/artigos/o-direito-da-internet-das-coisas-desafios-e-perspectivas-de-iot-no-brasil-09012018. Acesso em: 12 maio 2018.

[9] ORGANISATION FOR ECONOMIC CO-OPERATION AND DEVELOPMENT (OECD). The Internet of Things: Seizing the Benefits and Addressing the Challenges – Background report for Ministerial Panel 2.2. Disponível em: http://www.oecd.org/officialdocuments/publicdisplaydocumentpdf/?cote=DSTI/ICCP/CISP(2015)3/FINAL&docLanguage=En. Acesso em: 25 maio 2018a. p. 5.

[10] WROBEL, Gregory G. Connecting Antitrust Standards to the Internet of Things. *Antitrust*, v. 29, n. 1, p. 62-70, 2014. p. 62-63.

[11] INDUSTRIAL INTERNET CONSORTIUM (IIC). The Industrial Internet of Things Volume T3: Analytics Framework. Disponível em: https://www.iiconsortium.org/pdf/IIC_Industrial_Analytics_Framework_Oct_2017.pdf. Acesso em: 08 jul. 2018. p. 1.

análise detalhada da performance da produção.[12] Há, pois, a criação de eficiências (tanto dentro de uma fábrica inteligente como dentro de uma rede de fornecimento inteligente): maior eficiência operacional, menor capacidade ociosa, gerenciamento de armazenamento mais eficiente, aumento da segurança dos trabalhadores, melhor controle de manutenção e qualidade, criação de novas oportunidades empresariais, dentre outras. Tais eficiências levam, ao menos em princípio, a uma redução de custos e a um aperfeiçoamento da qualidade dos produtos, o que acarreta menores preços e maior bem-estar do consumidor.[13]

A IoT refere-se, portanto, à indústria 4.0 ou internet industrial, repercutindo na organização das cadeias globais de valor. De fato, com as fábricas inteligentes, os sistemas físicos e virtuais de fabricação cooperam de forma global e flexível, permitindo a total personalização de produtos e a criação de novos modelos operacionais.[14] A IoT industrial vem sendo empregada em variados domínios, como, por exemplo, manufatura, logística, petróleo e gás, energia, transporte, saúde, mineração, agricultura etc.[15]

Por sua vez, a IoT voltada a consumidores diz respeito ao uso da internet das coisas não para fins empresariais internos, mas para dispositivos a serem vendidos ou usados por indivíduos. Pela incorporação de sensores aos objetos do dia a dia, permite-se que as mais variadas coisas produzam e recebam dados.[16]

Neste sentido, contemporaneamente, quase todos os produtos adquiridos por consumidores são *smart*: televisões, lâmpadas, termostatos, refrigeradores, máquinas de lavar roupa e prato, lixeiras, porta-retratos, medidores de energia, roupas, carros e até mesmo medicamentos, o que de fato acarreta inúmeros benefícios para as pessoas.[17]

Nesta perspectiva, a internet das coisas é uma realidade incontornável, seja em seu uso empresarial ou por indivíduos. Com efeito, em 2010, pela primeira vez na história, a quantidade de dispositivos conectados à internet superou o número de habitantes do planeta (12,5 bilhões de coisas x 6,8 bilhões de pessoas).[18] A previsão é de que o uso de IoT continue crescendo exponencialmente no futuro. Por exemplo, a respeito do número de dispositivos conectados à internet em 2020, as estimativas variam entre 50[19], 75[20] e

---

[12] WROBEL, *Op. cit.*, p. 62.
[13] SCHWALBE, *Op. cit.*; I-SCOOP. The Industrial Internet of Things (IIoT): the business guide to Industrial IoT. Disponível em: https://www.i-scoop.eu/internet-of-things-guide/industrial-internet-things-iiot-saving-costs-innovation/#The_definitions_of_Industrial_IoT_and_IIoT. Acesso em: 08 jul. 2018.
[14] SCHWAB, *Op. cit.*, p. 16.
[15] I-SCOOP. *Op. cit.*
[16] KUILWIJK, Kees Jan. Big Data, the Internet of Things, and Competition Law. Disponível em: https://www.akd.nl/Downloads/PublicatiesPDF-NL/07-06-2016_BIG%20DATA_COMPETITION_LAW_KJKuilwijk.pdf. Acesso em: 02 jun. 2018; STUCKE, Maurice E.; GRUNES, Allen P. *Big Data and Competition Policy*. Oxford: Oxford University Press, 2016. p. 15-16.
[17] WROBEL, *Op. cit.*, p. 62; FEDERAL TRADE COMMISSION (FTC). Internet of Things: Privacy & Security in a Connected World. Disponível em: https://www.ftc.gov/system/files/documents/reports/federal-trade-commission-staff-report-november-2013-workshop-entitled-internet-things-privacy/150127iotrpt.pdf. Acesso em: 03 jun. 2018. p. 7-14.
[18] EVANS, Dave. The Internet of Things: How the Next Evolution of the Internet Is Changing Everything. Disponível em: https://www.cisco.com/c/dam/en_us/about/ac79/docs/innov/IoT_IBSG_0411FINAL.pdf. Acesso em: 01 jun. 2018a. p. 2-3.
[19] EVANS, *Op. cit.*, 2018a, p. 3.
[20] DONOVA, Tony. Morgan Stanley: 75 Billion Devices Will Be Connected To The Internet Of Things By 2020. Disponível em: http://www.businessinsider.com/75-billion-devices-will-be-connected-to-the-internet-by-2020-2013-10. Acesso em: 03 jun. 2018.

220[21] bilhões. Ademais, estudos aduzem que o impacto da IoT na economia global será de 4% a 11% do produto interno bruto do planeta em 2025 (isto é, algo entre 4 e 11 trilhões de dólares). No Brasil, estima-se que o impacto econômico anual da internet das coisas em 2025 será de 50 a 200 bilhões de dólares.[22]

Neste contexto, tendo em vista a digitalização de quase todas as coisas, com o potencial de qualquer objeto transmitir e receber dados, já há quem fale na *Internet of Everything* (internet de todas as coisas ou IoE), a rede das redes onde bilhões ou mesmo trilhões de conexões criam oportunidades e riscos sem precedentes.[23]

De fato, com o crescente uso da internet das coisas, sensores, microfones e câmeras conectados aos mais variados dispositivos passam a coletar um montante significativamente maior de dados sobre as pessoas, seja em suas casas, carros, escolas, trabalhos ou tempo livre. Cada indivíduo passa a produzir dados desde antes de nascer (o *big data* e o *big analytics* sabem da existência de cada um antes mesmo de seus pais), só cessando de fazê-lo após a morte. Frequentemente, esta produção contínua e autônoma de dados ocorre sem que as pessoas estejam dela cientes, o mesmo ocorrendo em relação ao uso que é feito de tais informações.[24]

Sob este prisma, emergem inúmeras preocupações acerca do uso da internet das coisas. Muito embora as questões estejam centrando-se na privacidade e na segurança dos dados,[25] esta nova tecnologia produz repercussões nas mais variadas áreas do Direito.[26] Na sequência deste artigo, serão examinados os eventuais impactos concorrenciais da IoT, tanto no controle de estruturas como de condutas.

III O direito da concorrência na economia digital

No contexto da economia digital, dentro da qual a internet das coisas aparece com progressivo protagonismo, questiona-se se o método antitruste tradicional, fundado sobretudo na análise estática do poder de mercado e das eficiências, permanece adequado para lidar com os problemas concorrenciais dela emergentes.

De acordo com a Organização para a Cooperação e Desenvolvimento Econômico (OCDE), a concorrência em mercados digitais possui traços distintos, como a tendência à concorrência pelo mercado (*winner takes all*), efeitos de rede, mercado de múltiplos lados, rápidas inovações e altas taxas de investimento. Neste sentido, plataformas digitais de sucesso tendem a adquirir significante, mas transitório poder de mercado, tendo em vista

---

[21] BAJARIN, Tim. The Next Big Thing for Tech: The Internet of Everything. Disponível em: http://time.com/539/the-next-big-thing-for-tech-the-internet-of-everything/. Acesso em: 03 jun. 2018.

[22] BANCO NACIONAL DO DESENVOLVIMENTO (BNDES). Produto 8: Relatório do Plano de Ação – Iniciativas e Projetos Mobilizadores – 2017. Versão 1.1. Disponível em: http://www.ipdeletron.org.br/wwwroot/pdfpublicacoes/39/relatorio_final_planodeacao_produto_8.pdf. Acesso em: 03 jun. 2018. p. 5.

[23] EVANS, Dave. The Internet of Everything – How More Relevant and Valuable Connections Will Change the World. Disponível em: https://www.cisco.com/c/dam/global/en_my/assets/ciscoinnovate/pdfs/IoE.pdf. Acesso em: 03 jun. 2018b; ROSS, Alec. *The Industries of the Future*. Nova York: Simon & Schuster, 2016. p. 127.

[24] STUCKE, *Op. cit.*, p. 18-19.

[25] FEDERAL TRADE COMMISSION (FTC), *Op. cit.*, p. 10-18; ORGANISATION FOR ECONOMIC CO-OPERATION AND DEVELOPMENT (OECD), *Op. cit.*, 2018a, p. 18-25.

[26] Por exemplo, a respeito dos impactos da IoT no Direito Contratual: WEBER, *Op. cit.*; LA DIEGA, Guido Noto; WALDEN, Ian. Contracting for the 'Internet of Things': Looking into the Nest. *European Journal of Law and Technology*, v. 7, n. 2, p. 1-38, 2016.

a concorrência dinâmica, baseada em ciclos contínuos de inovação, desenvolvimento e disrupção.[27]

Ora, tendo em vista a dinamicidade destes novos mercados, têm sido feitas muitas críticas à aplicação da análise tradicional do antitruste em mercados digitais, notadamente com foco em uma suposta estaticidade dos instrumentos de exame, o que poderia conduzir as autoridades a focarem em questões pontuais, em prejuízo da perspectiva geral da competição pelo mercado.[28]

Em relação à definição de mercado relevante, questiona-se como aplicar o teste do monopolista hipotético em casos nos quais o preço cobrado por determinado serviço é zero e em que se está diante de mercado de dois (ou mais) lados. Ademais, de que forma seria possível definir um mercado em constante mutação? Assim, seria necessário considerar a pressão competitiva exercida por substitutos imperfeitos, bem como reagrupar e conectar os mercados baseados na tecnologia sob uma perspectiva dinâmica e funcional, de acordo com parâmetros como interconexão, compatibilidade e interoperabilidade.[29]

Da mesma forma, a participação de mercado, além das dificuldades decorrentes da imperfeição na definição de mercado relevante, também precisa ser contextualizada diante de novos indícios do real poder dos agentes, tendo em vista a dinâmica do mercado, bem assim considerar as expectativas razoáveis de mudanças futuras. Ainda, a alta concentração pode significar um incentivo à competição no contexto dos efeitos de rede e da concorrência pelo mercado.[30]

Quanto às barreiras à entrada, aduz-se que a tempestividade da entrada deve ser revista, sobretudo quanto ao *timing* comumente tido por razoável, que pode se revelar excessivamente longo diante da dinamicidade dos mercados e da importância do *first mover*, de sorte que a entrada seja incapaz na prática de contestar o poder de mercado dos incumbentes.[31]

Entretanto, como adverte Ana Frazão,[32] a metodologia antitruste tradicional (comumente materializada em guias ou roteiros metodológicos pelas autoridades antitruste) não pode ser considerada fixa ou hábil a oferecer prognoses revestidas de caráter absoluto. Assim, ainda que os guias que elencam os critérios tradicionais objetivem conferir transparência e critérios mínimos de objetividade à análise concorrencial, eles não impedem nem afastam o uso de outros métodos, testes ou evidências mais oportunos diante das particularidades do caso. Afinal, a análise concorrencial é complexa e envolve

---

[27] ORGANISATION FOR ECONOMIC CO-OPERATION AND DEVELOPMENT (OECD). The Digital Economy. Disponível em: http://www.oecd.org/daf/competition/The-Digital-Economy-2012.pdf. Acesso em: 10 jul. 2018b. p. 5.

[28] RODRIGUES, Eduardo Henrique Kruel. *O Direito Antitruste na Economia Digital*: Implicações Concorrenciais do Acesso a Dados. 117 fls. Dissertação de Mestrado em Direito – Faculdade de Direito, Universidade de Brasília, Brasília, 2016. Disponível em: http://repositorio.unb.br/handle/10482/20530. Acesso em: 27 maio 2018. p. 59-60; CASS, Ronald A. Antitrust for High-Tech and Low: Regulation, Innovation, and Risk. *Journal of Law, Economics & Policy*, v. 9, n. 9.2, p. 169-199, 2013. p. 197-199.

[29] *Idem*, p. 64-66.

[30] *Idem*, p. 66-68.

[31] *Idem*, p. 72-73.

[32] FRAZÃO, Ana. Direito Concorrencial das Estruturas. *In*: COELHO, Fábio Ulhoa (Org.). *Tratado de Direito Comercial*. v. 6. São Paulo: Saraiva, 2015. p. 454-455.

uma série de fatores, devendo estar conectada aos fins e princípios do antitruste.[33] Com efeito, não há método único e inflexível, sendo necessário invariavelmente um exame casuístico.[34]

Logo, entende-se que as premissas do Direito da Concorrência permanecem suficientes para lidar com as idiossincrasias da economia digital. Não há dúvidas, porém, que adaptações se fazem necessárias, sobretudo no que se refere ao afastamento de certos reducionismos ou simplificações frequentemente utilizados quando da análise de mercados tradicionais.[35]

Sob este prisma, é preciso ter em mente que os roteiros metodológicos fornecidos pelo antitruste são apenas balizas para a análise a ser empreendida pela autoridade concorrencial, sendo preciso, mais do que nunca, ater-se às particularidades de cada mercado, levando em conta o seu funcionamento e sua dinamicidade, com considerações não apenas sobre o preço, mas também quanto a questões como qualidade, inovação e privacidade.

IV IoT e o controle de estruturas

De acordo com estimativas da Bain & Company, o entusiasmo pela internet das coisas já promoveu investimentos em mais de 80 bilhões de dólares em fusões e aquisições.[36] De fato, muitas empresas têm visto em concentrações econômicas oportunidades para adquirir vantagens competitivas ligadas ao *big data*.[37]

Entretanto, tais atos de concentração não têm gerado reprovações ou aprovações com restrições por parte das agências antitruste, tendo em vista que, na visão de Wrobel, a maior parte de tais operações tem sido vertical, com riscos concorrenciais mínimos dada a perspectiva de eficiências integrativas para o longo prazo, sobretudo no que se refere ao

---

[33] A respeito das finalidades do Direito da Concorrência, Bruno Braz de Castro destaca a falácia da teoria da neutralidade política do critério de eficiência econômica (consoante defendido pela Escola de Chicago), o qual é construído sob uma ideologia que exclui valores econômicos como questões distributivas e dinâmicas. O autor ressalta que a compreensão corriqueira da concorrência enquanto rivalidade (processo) foi substituída pela ideia de concorrência enquanto eficiência econômica estática (resultado), bem como que o conceito de bem-estar do consumidor passou a ser identificado ao bem-estar total. Neste contexto, critica o exame concorrencial focado na eficiência estática, com preocupação central no preço, defendendo a consideração de questões mais amplas, como a diversidade e o processo de inovação tecnológica. Em suma, aduz que é preciso que a teoria do Direito da Concorrência se volte à geração da concorrência e não apenas à sua proteção, o antitruste devendo buscar um desenvolvimento inclusivo, em que a proteção da rivalidade é entendida como preservação do processo competitivo e a garantia do direito de igualdade de oportunidades (CASTRO, Bruno Braz de. *Eficiência e Rivalidade*: Alternativas para o Direito da Concorrência nos Países em Desenvolvimento. 252 fls. Tese de Doutorado em Direito – Faculdade de Direito, Universidade Federal de Minas Gerais, Belo Horizonte, 2017. Disponível em: http://www.bibliotecadigital.ufmg.br/dspace/handle/1843/BUOS-ASUFJG. Acesso em: 11 jul. 2018. p. 221-229).

[34] Neste sentido, Ana Frazão aduz que "quaisquer que sejam as metodologias e os roteiros adotados, precisam eles se adaptar a uma série de fatores, tais como (i) o fato de os participantes serem competidores próximos, (ii) a operação envolver a aquisição de uma empresa maverick, que ocupa um papel disruptivo no mercado, (iii) a operação envolver a aquisição de um potencial entrante de importância, (iv) tratar-se de mercado de produtos homogêneos ou diferenciados, (v) a possibilidade de discriminação de usuários, (vi) os custos da troca ou substituição pelos consumidores, (vii) a liderança tecnológica, (viii) o controle de fortes marcas, patentes e outros direitos de exclusividade, (ix) o chamado efeito 'portfólio', dentre outros" (FRAZÃO, *Op. cit.*, 2015, p. 455).

[35] RODRIGUES, *Op. cit.*, p. 74.

[36] BOWEN, Peter *et al*. Choosing the Right Platform for the Industrial IoT. Disponível em: http://www.bain.com/publications/articles/choosing-the-right-platform-for-the-industrial-iot.aspx. Acesso em: 12 jul. 2018.

[37] KUILWIJK, *Op. cit.*

desenvolvimento de novos produtos e serviços. Ademais, a frequente dificuldade em se definir de forma clara os mercados relevantes referentes a certos produtos e serviços de IoT, devido a incertezas sobre a demanda e a oferta, também dificultaria uma limitação de tais operações pelas autoridades de defesa da concorrência.[38]

Tal perspectiva, entretanto, não parece levar em conta as características dos referidos mercados, como a existência de plataformas de dois (ou mais) lados, o fato de muitos dos produtos e/ou serviços oferecidos em alguns dos lados serem monetariamente gratuitos, bem como as vantagens competitivas geradas pelo *big data*.

Com efeito, de acordo com a OCDE, em mercados onde imperam preços zero, o poder de mercado é mais bem mensurado pelo controle de dados do que por outras métricas tradicionais.[39] Neste mesmo sentido se manifestaram as autoridades antitruste francesa e alemã, aduzindo que, quando os produtos são gratuitos, a posse e a exploração do *big data* podem ser uma importante fonte de poder de mercado, sobretudo quando os dados podem ser usados como uma barreira à entrada.[40]

Assim, seria legítimo que as autoridades antitruste levassem em consideração tais elementos quando da análise de atos de concentração. Afinal, tendo em vista que os dados são reputados como a nova moeda da internet, um aumento no volume de dados privados detidos por determinado agente econômico pode ser comparado, em certa medida, a um aumento de preço,[41] eis que as informações fornecidas por cada consumidor podem ser consideradas o preço a ser pago em dada transação.[42] Ademais, se os consumidores valorizarem a privacidade como uma característica desejável dos produtos e serviços, uma redução naquela pode ser análoga a uma diminuição da qualidade dos produtos e serviços ofertados.[43]

Ressalte-se ainda que a posse e o uso do *big data* podem produzir efeitos de rede e economias de escala, conferindo poder de mercado e vantagens competitivas

---

[38] WROBEL, *Op. cit.*, p. 64-65.

[39] ORGANISATION FOR ECONOMIC CO-OPERATION AND DEVELOPMENT (OECD). Big Data: Bringing Competition Policy to the Digital Era – Background note by the Secretariat. Disponível em: https://one.oecd.org/document/DAF/COMP(2016)14/en/pdf. Acesso em: 13 jul. 2018c. p. 17.

[40] AUTORITÉ DE LA CONCURRENCE; BUNDESKARTELLAMT. Competition Law and Data. Disponível em: http://www.autoritedelaconcurrence.fr/doc/reportcompetitionlawanddatafinal.pdf. Acesso em: 15 maio 2018. p. 11.

[41] ORGANISATION FOR ECONOMIC CO-OPERATION AND DEVELOPMENT (OECD), *Op. cit.*, 2018c, p. 18.

[42] ORGANISATION FOR ECONOMIC CO-OPERATION AND DEVELOPMENT (OECD). Considering non-price effects in merger control – Background note by the Secretariat. Disponível em: https://one.oecd.org/document/DAF/COMP(2018)2/en/pdf. Acesso em: 13 jul. 2018d. p. 31.

[43] ORGANISATION FOR ECONOMIC CO-OPERATION AND DEVELOPMENT (OECD), *Op. cit.*, 2018c, p. 18; MONTEIRO, Gabriela Reis Paiva. *Big data e Concorrência*: uma avaliação dos impactos da exploração de big data para o método antitruste tradicional de análise de concentrações econômicas. 145 fls. Dissertação de Mestrado em Direito – Escola de Direito do Rio de Janeiro, Fundação Getulio Vargas, Rio de Janeiro, 2017. Disponível em: http://bibliotecadigital.fgv.br/dspace/handle/10438/20312. Acesso em: 15 jul. 2018. p. 90-93. Cabe destacar, contudo, que muitos questionam se a privacidade pode ser corretamente caracterizada como uma dimensão da concorrência, notadamente como um elemento da qualidade de um produto. Ora, os consumidores podem não ter acesso fácil ao montante de dados pessoais que estão fornecendo ou como tais dados são usados, o que reduziria grandemente a importância que eles dão à privacidade em suas decisões ao adquirirem determinado produto. De consequência, a privacidade não seria um diferencial concorrencial que os agentes econômicos usariam para obter vantagens sobre seus competidores. Portanto, segundo tal visão, a privacidade deveria ser uma preocupação da regulação e da política de proteção aos consumidores, e não das autoridades concorrenciais (ORGANISATION FOR ECONOMIC CO-OPERATION AND DEVELOPMENT (OECD), *Op. cit.*, 2018d, p. 29-30).

duradouras.[44] Além disto, a concentração de empresas com conjunto de dados complementares pode facilitar a discriminação de preços, aumentando potencialmente aqueles cobrados em alguns segmentos do mercado identificados graças aos dados obtidos com a operação, consoante será abordado adiante.[45]

Neste contexto, a aquisição do WhatsApp pelo Facebook ilustra muito bem as deficiências das análises concorrenciais que têm sido feitas em mercados digitais, sobretudo no que se refere a considerações sobre o *big data*. A operação foi autorizada sem restrições pelos Estados Unidos, a *Federal Trade Commission* (FTC) não tendo comentado publicamente sobre as repercussões concorrenciais da aquisição.[46] A seu turno, ainda que tenha feito considerações relevantes a respeito de possíveis efeitos anticompetitivos decorrentes da aquisição, examinando os impactos tanto no lado da publicidade (onerosa) como no lado gratuito da plataforma, a União Europeia também concluiu pela inexistência no caso de qualquer preocupação concorrencial.[47]

A Comissão Europeia considerou o possível fortalecimento da posição do Facebook no mercado de publicidade *on-line* por meio (i) da introdução de anúncios no WhatsApp e/ou (ii) do uso do WhatsApp como uma potencial fonte de dados dos usuários para fins de aperfeiçoamento da publicidade direcionada no Facebook. A autoridade concorrencial europeia concluiu, em relação à primeira possibilidade, que, ainda que o Facebook pudesse introduzir anúncios no WhatsApp, ele carece de incentivos para tanto e ainda que o fizesse haveria outros concorrentes que poderiam oferecer publicidade direcionada. Quanto à segunda questão, a Comissão Europeia depreendeu que mesmo que o Facebook passasse a coletar e usar dados provenientes do WhatsApp, a operação só traria preocupações concorrenciais se a concentração de dados sob o controle do Facebook permitisse reforçar sua posição no mercado de publicidade, o que não ocorreria no caso tendo em vista a existência de outros fornecedores de publicidade direcionada e o grande número de dados úteis para a publicidade que não são de controle exclusivo do Facebook.[48]

Por sua vez, em relação ao lado dos consumidores, a Comissão Europeia concluiu pela improbabilidade de redução da concorrência, já que o Facebook e o WhatsApp não seriam concorrentes próximos, bem como o mercado seria muito dinâmico, com a existência de inúmeros outros aplicativos. Quanto aos efeitos de rede diretos, afirmou-se que vários fatores os atenuariam no caso: o mercado estaria em grande expansão e seria caracterizado por curtos ciclos de inovação que alteram frequentemente as posições

---

[44] ORGANISATION FOR ECONOMIC CO-OPERATION AND DEVELOPMENT (OECD), *Op. cit.*, 2018c, p. 9.
[45] ORGANISATION FOR ECONOMIC CO-OPERATION AND DEVELOPMENT (OECD). *Op. cit.*, 2018d, p. 30.
[46] Apesar disto, a FTC (que também possui atribuição em matéria de proteção do consumidor) alertou o Facebook sobre a utilização dos dados gerados pelos usuários do WhatsApp. Em carta às partes da operação, a Diretora do Bureau de Proteção do Consumidor da FTC, Jessica Rich, ressaltou que o compromisso do WhatsApp em relação à natureza limitada dos dados que ele coleta, mantém e compartilha com terceiros excedia as proteções conferidas aos usuários do Facebook. Desta forma, advertiu que o WhatsApp deveria continuar a honrar suas obrigações perante os consumidores, de modo que qualquer alteração em tal política deveria ser precedida de obtenção de consentimento afirmativo individual de cada usuário, sob pena de infração à Seção 5 do FTC Act (Disponível em: https://www.ftc.gov/system/files/documents/public_statements/297701/140410facebookwhatappltr.pdf. Acesso em: 16 jul. 2018).
[47] STUCKE, *Op. cit.*, p. 74-79.
[48] EUROPEAN COMMISSION. Case M.7217 – Facebook/WhatsApp. Disponível em: http://ec.europa.eu/competition/mergers/cases/decisions/m7217_20141003_20310_3962132_EN.pdf. Acesso em: 17 jul. 2018.

no mercado; a simplicidade de lançamento de um novo aplicativo; a possibilidade de uso de vários aplicativos simultaneamente e a facilidade de migrar de um para outro.[49]

Entre as várias possíveis críticas à decisão da União Europeia, destaque-se o questionamento acerca da conclusão daquela agência no sentido de que as preocupações referentes ao fato de uma única empresa controlar um volume tão grande de dados ser uma questão estritamente privada, e não concorrencial. Ademais, também é problemático o fato de a referida autoridade ter examinado a concentração de dados em um único lado da plataforma (o mercado de publicidade).[50] Assim, ainda que se tenha aprofundado na discussão (o que a FTC, por exemplo, nem chegou a fazer), a Comissão Europeia não foi capaz de examinar o caso efetivamente sob o prisma da nova economia, demonstrando a limitação do uso do método antitruste clássico, sem adaptações, aos mercados digitais.

No que se refere especificamente à internet das coisas (em relação à qual são aplicáveis todas as reflexões anteriores), as operações Google/Nest Labs e Google/Dropcam são paradigmáticas. Trata-se de aquisições pelo Google, em 2014, das empresas Nest Labs e Dropcam, ambas fabricantes de produtos da internet das coisas: a primeira produtora de termostatos e detectores de monóxido de carbono e a segunda, de câmaras de segurança doméstica, com campo de visão de 130º.

Ao contrário do que uma análise perfunctória poderia indicar, o Google não passou a se interessar repentinamente por termostatos e câmaras de segurança. Ao revés, as operações visaram à obtenção de dados, para que informações coletadas nas casas das pessoas (gerados por IoT) pudessem ser usadas pelo Google para melhor direcionar sua publicidade.[51]

Ora, o valor central dos dispositivos não está no *hardware* em si, mas na sua interconectividade. À medida que os dispositivos conversam entre si, eles constroem uma imagem do comportamento humano, antecipando o que nós queremos antes mesmo de sabermos. Desta forma, ao controlar esta infraestrutura oferecida pela Nest e pela Dropcam, o Google pôde ampliar o poder de suas próprias máquinas inteligentes para além da rede, adentrando no campo da internet das coisas.[52]

Desta forma, com o domínio da IoT, o Google passa a ter uma compreensão ainda maior dos comportamentos das pessoas não apenas *on-line*, mas também *off-line*. O próprio Google já externou que esta é uma estratégia da empresa, como foi afirmado, por exemplo, em carta enviada à *U.S. Securities and Exchange Commission* (SEC) em 2013.[53]

A FTC, porém, aprovou as mencionadas operações de forma sumária, sem qualquer documento público que demonstrasse ter sido realizada uma análise sobre eventuais efeitos anticompetitivos.[54]

---

[49] *Idem.*
[50] Para uma análise mais profunda sobre a referida decisão, com críticas muito pertinentes, vide STUCKE, *Op. cit.*, p. 79-84.
[51] STUCKE, *Op. cit.*, p. 89.
[52] WOHLSEN, Marcus. What Google Really Gets out of Buying Nest for $3.2 Billion. Disponível em: https://www.wired.com/2014/01/googles-3-billion-nest-buy-finally-make-internet-things-real-us/. Acesso em: 17 jul. 2018.
[53] Aduziu o Google: "We expect the definition of "mobile" to continue to evolve as more and more "smart" devices gain traction in the market. For example, a few years from now, we and other companies could be serving ads and other content on refrigerators, car dashboards, thermostats, glasses, and watches, to name just a few possibilities" (disponível em: https://www.sec.gov/Archives/edgar/data/1288776/000128877613000074/filename1.htm. Acesso em: 17 jul. 2018).
[54] Disponível em: https://www.ftc.gov/enforcement/premerger-notification-program/early-termination-notices/20141171 e https://www.ftc.gov/enforcement/premerger-notification-program/early-termination-notices/20140457. Acesso em: 17 jul. 2018.

Tal qual no caso Facebook/WhatsApp, as empresas adquiridas se comprometeram a proteger do Google os dados pessoais que detinham. Todavia, este compromisso não garantiu que as políticas de privacidade das empresas adquiridas fossem modificadas posteriormente à efetivação das operações, por meio de alterações nos termos de uso, os quais dificilmente são lidos pelos usuários. Logo, ressalte-se a acentuada assimetria de informações para os consumidores, os quais não podem facilmente detectar eventuais degradações na proteção da privacidade. Ademais, tais possíveis violações seriam endereçadas, em princípio, apenas pelo prisma da defesa dos consumidores, e não do antitruste.[55]

Com efeito, da mesma forma que asseverado quanto à operação Facebook/WhatsApp, nos casos Google/Nest Labs e Google/Dropcam não foi perquirido quais seriam as implicações competitivas dos dados pessoais. Contudo, como aduzido, ao invés de aumento de preços, os quais são mais facilmente visualizáveis pelos consumidores e pelas autoridades concorrenciais, o poder de mercado pode ser incrementado pela redução da proteção da privacidade.[56]

Assim, fica evidente que a análise realizada pelas autoridades de defesa da concorrência quando do controle de estruturas em mercados digitais, dentro dos quais se enquadra a IoT, é deveras deficiente, remanescendo muitos resquícios dos exames feitos em mercados tradicionais. É preciso que as agências antitruste passem a levar em conta a existência de plataformas de múltiplos lados e considerar outros elementos competitivos além do preço, como a inovação, a qualidade, a funcionalidade e a proteção da privacidade.

Logo, quando puderem impactar nestes outros elementos competitivos, tais operações deveriam ao menos ser aprovadas com restrições, sobretudo com a imposição de obrigações comportamentais pelas quais as empresas se comprometessem a resguardar as variáveis concorrenciais.[57] Para tanto, seria fundamental a negociação de um plano de negócios detalhado para o cenário pós-concentração, com mecanismos de *accountability*, para que houvesse um efetivo acompanhamento e a imposição de sanções em caso de descumprimento dos termos fixados.

De fato, tais reflexões são ainda mais relevantes no contexto da internet das coisas, em que os objetos do dia a dia são conectados à internet, servindo como instrumentos para melhor nos rastrear, extrair mais dados sobre nós, melhor nos identificar para endereçar propagandas direcionadas, induzir-nos a consumir mais e nos cobrar preços mais elevados,[58] como será examinado na sequência deste trabalho.

Ao autorizar irrestritamente fusões e aquisições de empresas em mercados de IoT, as agências permitem uma grande concentração de *big data* nas mãos de alguns poucos agentes econômicos, o que invariavelmente lhes conferirá extremo poder de mercado, com redução da competitividade. O Google, por exemplo, pode vir a adquirir outras empresas de tecnologia *smart*, de sorte a conectar os mais variados produtos de IoT

---

[55] STUCKE, *Op. cit.*, p. 91-92.
[56] *Idem. Ibidem.*
[57] Gabriela Monteiro sugere outros remédios que também podem se afigurar eficazes, de acordo com o caso concreto, como a alienação de um conjunto de dados para rivais ou potenciais entrantes (MONTEIRO, *Op. cit.*, p. 115-118).
[58] STUCKE, *Op. cit.*, p. 90.

(termostatos, câmaras de segurança, televisões, carros etc.), o que lhe garantirá acesso a ainda mais detalhes sobre nossas vidas.

Assim, tendo em vista que o controle de estruturas não tem sido eficaz para impedir a concentração no mercado, de sorte a se tornar mais propícia a prática de comportamentos anticompetitivos, o controle de condutas ganha relevância como instrumento repressivo do Direito da Concorrência, para que se garanta que as empresas dominantes nos mercados de IoT não cometam ilícitos antitruste.

V   IoT e o controle de condutas

V.1 Condutas colusivas

Como visto, uma das características da nova economia é a combinação do *big data* e dos algoritmos. Muito embora os algoritmos não sejam em si uma novidade,[59] eles foram revolucionados pelos avanços da ciência da computação, passando a empregar uma enorme quantidade de dados, inimaginavelmente rápidos, sem interrupções e emoções e cada vez mais sem o envolvimento humano.[60]

Logo, com os recentes aprimoramentos da inteligência artificial e do *machine learning*, os algoritmos são desenvolvidos para executar automaticamente tarefas repetitivas envolvendo cálculos complexos e processamento de dados que poderiam ser custosos para humanos realizarem.[61] Assim, vive-se hoje uma "era dos algoritmos", aos quais têm sido delegadas as mais variadas decisões, desde questões estritamente empresariais até temas como saúde e amor.[62]

Neste contexto, a internet das coisas tem seu uso potencializado pela integração de algoritmos, os quais podem se utilizar do grande volume de dados captados nos mais variados objetos conectados à internet.

Contudo, muito embora o uso de algoritmos traga inúmeros benefícios competitivos, tanto no âmbito da oferta como no da demanda,[63] cresce a preocupação com a colusão. Com efeito, a maior transparência do mercado e a frequência de interações são considerados elementos facilitadores de cartéis. Na economia digital, o mercado é mais transparente não apenas pela quantidade de informações disponíveis, como também pela capacidade dos algoritmos de realizarem previsões e reduzirem incertezas estratégicas,

---

[59] Algoritmos são processos estruturados de tomada de decisão que empregam um conjunto de regras ou procedimentos, tais como uma árvore de decisão, para fornecer resultados automaticamente com base em entradas de dados e parâmetros decisionais. Neste sentido, todos utilizam algoritmos cotidianamente: sempre que tomam qualquer decisão, as pessoas ponderam dados para alcançar um resultado que mais esteja de acordo com suas preferências (*v.g.*, seguir uma receita culinária) (GAL, Michal S.; ELKIN-KOREN, Niva. Algorithmic Consumers. *Harvard Journal of Law and Technology*, v. 30, n. 2, p. 309-353, 2017. p. 313).

[60] ORGANISATION FOR ECONOMIC COOPERATION AND DEVELOPMENT (OECD). Algorithms and Collusion – Background Note by the Secretariat. Disponível em: https://one.oecd.org/document/DAF/COMP(2017)4/en/pdf. Acesso em: 03 maio 2018e. p. 6; ŠMEJKAL, Václav. Cartels by Robots – Current Antitrust Law in Search of an Answer. *InterEULawEast: Journal for the International and European Law, Economics and Market Integrations*, v. IV, n. 2, p. 1-18, 2017. p. 2.

[61] ORGANISATION FOR ECONOMIC COOPERATION AND DEVELOPMENT (OECD), *Op. cit.*, 2018e, p. 6.

[62] MEHRA, Salil K. Antitrust and the Robo-Seller: Competition in the Time of Algorithms. *Minnesota Law Review*, v. 100, n. 4, p. 1323-1375, 2016. p. 1331-1334.

[63] Neste sentido, veja-se *v.g.*: GAL, *Op. cit.*, p. 318-322; ORGANISATION FOR ECONOMIC COOPERATION AND DEVELOPMENT (OECD), *Op. cit.*, 2018e, p. 12-16; ŠMEJKAL, *Op. cit.*, p. 6.

de sorte que o monitoramento de eventuais acordos é mais facilmente executável. Além disto, a velocidade pela qual as empresas realizam decisões empresariais cresceu exponencialmente, o que permite que as retaliações a eventuais deserções de acordos colusivos sejam mais racionais e instantâneas.[64]

Outrossim, ao fornecer às empresas mecanismos para monitorar preços, implementar políticas comuns e enviar sinais ao mercado ou otimizar lucros conjuntos, os algoritmos podem permitir que os agentes econômicos alcancem os mesmos resultados de cartéis *hard core* tradicionais por meio da colusão tácita. Neste sentido, os algoritmos de preço devem aumentar o poder de oligopolistas de cobrarem preços supracompetitivos, sem que haja qualquer interação formal entre os concorrentes. Este resultado pode ser obtido, inclusive, em mercados atomizados.[65]

Estas preocupações são ainda mais intensas no contexto da internet das coisas. Ora, a IoT pode levar a uma maior troca de informações entre competidores, seja de forma direta (ex.: comunicação M2M entre máquinas de empresas concorrentes) ou através de um *hub* comum (ex.: uso de uma mesma plataforma de gerenciamento de dados). Há, assim, um aumento de informações individualizadas e atualizadas sobre concorrentes por meio do compartilhamento de dados provenientes da IoT, como, *e.g.*, tecnologias, estruturas de custos, estoques e clientela. Isto sem dúvidas reduzirá incertezas sobre os competidores, aumentará a transparência do mercado e facilitará a detecção do descumprimento de um acordo colusivo ou de uma colusão tácita.[66]

Assim, ao captar uma quantidade gigantesca de dados, potencializando o *big data* e o *big analytics*, a IoT permitirá o desenvolvimento de algoritmos mais sofisticados, o que sem dúvidas intensificará os riscos para a colusão, seja como um instrumento para acordos anticompetitivos expressos entre concorrentes ou como um operador de colusão tácita.

V.2 Condutas unilaterais: discriminação comportamental de preços

Inúmeros também são os questionamentos relacionados a possíveis abusos de posição dominante por empresas que atuam nos mercados da internet das coisas. Podem ser referidos, por exemplo, questões sobre a interoperabilidade (*open models* x *proprietary models*), estratégias *hold-up*, com a limitação de acesso aos *standards* de comunicação em termos FRAND (*Fair, Reasonable and Non-Discriminatory*), acordos de licenciamento cruzado entre concorrentes que detêm poder de mercado, por meio de contratos híbridos.[67]

---

[64] ORGANISATION FOR ECONOMIC COOPERATION AND DEVELOPMENT (OECD), *Op. cit.*, 2018e, p. 18-22; ŠMEJKAL, *Op. cit.*, p. 3-4. Vale ressaltar, contudo, que o impacto dos algoritmos sobre outros elementos facilitadores de cartéis, como o número de agentes no mercado e as barreiras à entrada, ainda é ambíguo (CAPOBIANCO, Antonio; GONZAGA, Pedro. Algorithms and Competition: Friends or Foes? *Competition Policy International*. v. 1, n. 2, 2017. Disponível em: https://www.competitionpolicyinternational.com/algorithms-and-competition-friends-or-foes/. Acesso em: 24 jul. 2018).

[65] SALCEDO, Bruno. Pricing Algorithms and Tacit Collusion. Disponível em: http://brunosalcedo.com/docs/collusion.pdf. Acesso em: 15 maio 2018; MEHRA, *Op. cit.*, p. 1339-1351; ORGANISATION FOR ECONOMIC COOPERATION AND DEVELOPMENT (OECD), *Op. cit.*, 2018e, p. 33-35.

[66] SCHWALBE, *Op. cit.*

[67] Neste sentido, vide, por exemplo: SCHWALBE, *Op. cit.*; WROBEL, *Op. cit.*; KUILWIJK, *Op. cit.*

Entretanto, tendo em vista o escopo limitado deste trabalho, será unicamente aprofundada a discussão sobre possíveis comportamentos discriminatórios por parte de agentes econômicos com poder de mercado. Trata-se de prática que vem se intensificando com o desenvolvimento da IoT, com inúmeros efeitos nefastos ao ambiente concorrencial e ao bem-estar social.

A discriminação de preços ocorre quando produtos ou serviços similares, que possuem o mesmo custo marginal de produção, são vendidos por um agente econômico a preços diferentes para compradores (ou grupos de compradores) distintos, com base no *quantum* que cada um deles está disposto a pagar por cada produto ou serviço.[68]

A discriminação de preços refere-se, pois, à habilidade do vendedor de segmentar seus compradores e identificar a elasticidade da demanda de cada cliente ou grupo de clientes, determinando o preço máximo que cada um está disposto a pagar (o chamado preço de reserva). Ademais, para a implementação de tal estratégia, a empresa necessita limitar a arbitragem pelos consumidores, isto é, prevenir que os clientes que pagam o preço menor revendam os produtos ou serviços àqueles que pagam o preço mais elevado.[69]

A discriminação de preços costuma ser classificada pela literatura especializada em discriminação de primeiro grau ou perfeita e discriminação de terceiro grau ou imperfeita.[70] Na discriminação perfeita, tradicionalmente tida como um conceito teórico, a empresa cobra de cada cliente o preço máximo que ele está disposto a pagar (ou seja, o preço de reserva). Nesta hipótese, o vendedor maximiza seus lucros pela captura de todo o excedente do consumidor. Por sua vez, na discriminação imperfeita, o agente econômico segmenta os consumidores em categorias mais amplas (de acordo com características comuns daqueles), às quais são cobradas preços distintos. Aqui, embora não se apodere de todo o excedente do consumidor, o vendedor detém quantia maior àquela que capturaria caso o preço fosse fixo.[71]

Cabe também distinguir a discriminação de preços do preço dinâmico, hoje realidade em muitos mercados.[72] A primeira, como já aduzido, refere-se à cobrança de preços diferentes para consumidores (ou grupo de consumidores) distintos, de acordo com estimativas de seus diferentes preços de reserva. A seu turno, o preço dinâmico envolve a modificação do preço em virtude de alterações na oferta e/ou na demanda. Todavia, esta distinção pode tornar-se difícil à medida que as empresas adotam estratégias mais complexas, de modo a obscurecer se a modificação do preço foi em resposta a mudanças das condições de mercado ou à sensibilidade dos consumidores.[73]

---

[68] ORGANISATION FOR ECONOMIC CO-OPERATION AND DEVELOPMENT (OECD). Price Discrimination – Background note by the Secretariat. Disponível em: https://one.oecd.org/document/DAF/COMP(2016)15/en/pdf. Acesso em: 25 jul. 2018f. p. 6; EZRACHI, *Op. cit.*, p. 85.

[69] FORGIONI, Paula A. *Os Fundamentos do Antitruste*. São Paulo: Revista dos Tribunais, 2012. p. 300-301; EZRACHI, *Op. cit.*, p. 85-87.

[70] Faz-se referência, ainda, à discriminação de segundo grau, pela qual uma empresa estabelece diferentes preços para versões distintas do produto. Nesta hipótese, a discriminação é indireta, eis que a escolha da versão é feita pelo próprio consumidor e não pelo vendedor (ORGANISATION FOR ECONOMIC CO-OPERATION AND DEVELOPMENT (OECD), *Op. cit.*, 2018f, p. 7).

[71] EZRACHI, *Op. cit.*, p. 85-88; ORGANISATION FOR ECONOMIC CO-OPERATION AND DEVELOPMENT (OECD), *Op. cit.*, 2018f, p. 7.

[72] MEHRA, *Op. cit.*, p. 3727.

[73] EZRACHI, *Op. cit.*, p. 87-88.

Como já afirmado, com a IoT há um maior rastreamento dos hábitos das pessoas, com uma maior coleta de dados, o que permite um aperfeiçoamento do *big data* e do *big analytics*, bem como dos algoritmos inteligentes (*self-learning algorithms*). Desta forma, com mais dados sobre os consumidores, os algoritmos de preço preveem melhor as preferências e comportamentos daqueles, o que permite às empresas otimizarem as publicidades comportamentais, promoções individualizadas e preços personalizados. Assim, as empresas estão cada vez mais próximas ao preço de reserva dos consumidores, sendo capazes de segregá-los em grupos cada vez menores, com base em sensibilidade ao preço e comportamento de compra similares, sobretudo devido ao *data mining*.[74] Logo, neste cenário, a implementação de formas de discriminação de preços mais sofisticadas, muito mais próximas daquelas de primeiro grau, já é uma realidade.[75]

A obtenção dos dados dos consumidores ocorre por variadas formas: cartões de fidelidade, registros de compra, *wi-fi*, recognição facial, sinais emitidos por smartphones etc., frequentemente sem o conhecimento das pessoas.[76] Com a disseminação da IoT, a coleta de dados é ainda mais intensificada, eis que o rastreamento ocorre com todos os objetos com que lidamos no cotidiano, mesmo em atividades outrora *off-line*.

Entretanto, mesmo neste novo cenário a discriminação perfeita não é provável de ser implementada na grande maioria dos mercados, ao menos num futuro próximo. Em primeiro lugar, a identificação do preço de reserva é uma tarefa hercúlea, que envolve uma infinidade de elementos, de sorte que para sua determinação seria necessário acesso a infinitos dados.[77] Com uma maior disseminação da IoT esta realidade pode vir a ser alterada, permitindo a criação de um "algoritmo mestre"[78] que possa determinar o preço de reserva de cada consumidor.

Por outro lado, vale ressaltar que os postulados da economia clássica, de acordo com os quais o homem é um ser racional e egoísta, têm sido questionados pela economia comportamental, que assevera a complexidade dos indivíduos. Desta forma, a vontade humana é imperfeita, variados vieses podem afetar a decisão e em muitos casos as pessoas se importam com justiça e equidade.[79] Logo, questiona-se se um algoritmo

---

[74] Neste sentido, o exemplo da Apple é bastante ilustrativo: os usuários de iPhone são categorizados em sua plataforma de anúncios (iAd), a partir dos dados coletados, em segmentos com características e comportamentos similares, para que sejam determinados os anúncios que cada um receberá. Segundo a Apple, cada um destes grupos contém no mínimo 5.000 pessoas (https://support.apple.com/en-us/HT205223. Acesso em: 27 jul. 2018), o que é um montante extremamente reduzido, sobretudo ao se considerar que entre 2007 e 2017 foram vendidos em todo o mundo cerca de 216 milhões de aparelhos iPhone (https://www.statista.com/topics/870/iphone/. Acesso: 27 jul. 2018).

[75] EZRACHI, *Op. cit.*, p. 90-96. Os referidos autores citam inúmeros exemplos de tais práticas, tanto em mercados tradicionais como digitais. Referem-se, *v.g.*, à Staples, que se utilizava de algoritmos para determinar preços diferentes de acordo com a estimativa de distância do consumidor de uma de suas lojas rivais. Sua concorrente Office Depot também admitiu usar o histórico de navegação de seus clientes e sua localização geográfica para modificar as ofertas. Já a Allstat utilizava um algoritmo para variar o preço de seguros de acordo com a probabilidade de cada cliente comparar preços antes de comprar o produto. Outro exemplo caricato envolve a Target, que rastreia os consumidores por meio de programas de fidelidade, tal quais inúmeras outras lojas de varejo. Em 2012 a Target descobriu que uma adolescente estava grávida antes de seu pai, com base em uma fórmula que leva em consideração cerca de 25 produtos adquiridos.

[76] *Idem*, p. 94-96.

[77] *Idem*, p. 96-99.

[78] DOMINGOS, Pedro. *O Algoritmo Mestre:* Como a Busca pelo Algoritmo de Machine Learning Definitivo Recriará Nosso Mundo. São Paulo: Novatec, 2017.

[79] KAHNEMAN, Daniel. *Rápido e Devagar:* Duas Formas de Pensar. Rio de Janeiro: Objetiva, 2012. p. 513-515; THALER, Richard H. *Misbehaving:* The Making of Behavioural Economics. London: Penguin Books, 2016. p. 257-260.

(ainda que muito sofisticado) seria de fato capaz de determinar o preço de reserva, notadamente porque este é variável (por exemplo, em situações de vulnerabilidade) e pouco previsível (o próprio consumidor pode não saber o quanto está disposto a pagar por um bem, possui limitações cognitivas e problemas de autocontrole).[80]

Porém, embora a discriminação de preços perfeita não seja ainda factível, têm-se empreendido, como afirmado, formas mais sofisticadas de discriminação imperfeita, falando-se em discriminação de preços quase perfeita. Sob este prisma, emerge uma nova categoria de discriminação de preços, que agrega o *big data* e os algoritmos à economia comportamental: a discriminação comportamental de preços. Com efeito, as empresas rastreiam os dados pessoais dos consumidores (os quais no contexto da IoT são produzidos a todo momento e em todos os locais) para identificar seus vieses, sensibilidades, hábitos, desejos etc. Com base nestas informações, é possível cobrar de cada consumidor um preço mais próximo do que ele está disposto a pagar, bem como levá-lo a adquirir produtos de que não necessita ou que não deseja. Os vendedores podem personalizar seus anúncios para que atinjam as pessoas em momentos críticos, com apelos emocionais e os preços "certos". Desta forma, há um aumento do lucro dos agentes econômicos, tendo em vista que se incrementa o consumo (modificando a curva da demanda para a direita e discriminando os adquirentes), com a redução do excedente do consumidor.[81]

Ora, como aduzido, a economia comportamental realça a limitação da racionalidade e do autocontrole das pessoas. De fato, os homens frequentemente tomam decisões que não são de seu melhor interesse, ou seja, eles não fazem o que é realmente bom para eles, não escolhem o que realmente desejam. Assim, decisões ruins permitem que as pessoas sejam "pescadas como tolas".[82]

Cientes da possibilidade desta "pescaria", os agentes econômicos buscam utilizar nossos vários vieses cognitivos e tendências psicológicas para nos manipular através do inconsciente. Para tanto, os anunciantes desenvolveram métodos científicos e estatísticos para aproveitarem-se das vulnerabilidades humanas à "pesca", o que, com o desenvolvimento do *big data* e dos algoritmos inteligentes, permite um aprimoramento de discriminações de preço.[83]

A economia comportamental fornece inúmeros exemplos de vieses dos consumidores que podem ser explorados pelas empresas para a implementação da discriminação comportamental de preços. Cita-se, por exemplo, o uso de iscas (*decoys*), pelas quais o posicionamento dos produtos influencia a decisão dos consumidores, tendo em vista que eles costumam escolher os bens com base nas vantagens relativas a outros produtos. Já pelo direcionamento de preços as empresas apresentam diferentes produtos

---

[80] EZRACHI, *Op. cit.*, p. 97-98.
[81] EZRACHI, *Op. cit.*, p. 101-105.
[82] AKERLOF, George A.; SHILLER, Robert J. *Pescando Tolos*: A Economia da Manipulação e Fraude. Rio de Janeiro: Alta Books, 2016. p. 1. De acordo com os referidos autores, o conceito de pescaria de tolos "está relacionado a levar as pessoas a fazerem coisas que são de interesse do pescador, mas não de interesse do alvo. Está relacionado a fisgar, deixar cair uma isca artificial na água, sentar e esperar até que o peixe cauteloso nade, cometa um erro e seja pego. Há muitos pescadores e eles são tão astutos na variedade de iscas que, pelas leis da probabilidade, todos nós seremos pegos mais cedo ou mais tarde, por mais cautelosos que tentemos ser. Ninguém está livre" (p. ix).
[83] AKERLOF, p. 7, 45-53; EZRACHI, *Op. cit.*, p. 101-105.

para consumidores de distintos grupos demográficos, sobretudo no ambiente *on-line*, o que permite levar os clientes a pagarem um valor mais próximo de seus preços de reserva. Por sua vez, pelo incremento da complexidade, os agentes econômicos podem manipular a demanda ao tornar mais difícil a avaliação da qualidade e do preço dos produtos ofertados. As empresas também podem explorar o autocontrole limitado dos consumidores, encorajando compras impulsivas e cobrando preços maiores daqueles com paciência diminuta. Finalmente, pelo enquadramento *(framing)* é possível manipular as escolhas dos consumidores por meio da forma pela qual as ofertas são formuladas, de sorte a enquadrar a discriminação de preços como alguém pagando menos, em vez de focar na existência de preços mais elevados para certos grupos. Deste modo, as empresas encobrem a discriminação como uma estratégia de otimização de preço ou preço dinâmico, de sorte a incutir nas pessoas a ideia de que os preços mudam rapidamente, o que faz a variabilidade daqueles ser muito mais aceitável por parte dos consumidores.[84]

Neste sentido, muito embora as práticas de discriminação comportamental de preços possam ter inúmeras repercussões jurídicas (*v.g.*, direito constitucional, defesa do consumidor[85]), o foco deste trabalho é investigar se elas também podem configurar uma infração concorrencial.

Não sendo um ilícito pelo seu objeto, é preciso examinar, por meio da regra da razão, os efeitos que a discriminação comportamental de preços pode acarretar no mercado, de sorte a verificar suas eventuais eficiências e/ou efeitos nocivos. De fato, a literatura econômica ressalta que os efeitos da referida prática são ambíguos e variáveis de acordo com as condições específicas do mercado em tela.[86]

Por um lado, a discriminação de preços pode ser concorrencialmente positiva (inclusive para os consumidores), gerando eficiências e ganhos de bem-estar social. Com efeito, tais práticas podem aumentar o *output*, facilitando a recuperação de altos custos fixos e permitindo que determinadas empresas operem lucrativamente. Aduz-se, ainda, que a discriminação de preços incrementa a concorrência entre firmas em mercados oligopolistas. Além disto, ao aumentar os lucros das empresas, as referidas condutas podem gerar eficiências dinâmicas, encorajando a concorrência por meio de investimentos em inovação. Ademais, a discriminação pode buscar objetivos não comerciais, como fins de justiça e equidade social.[87]

Todavia, a prática em tela pode produzir inúmeros efeitos anticompetitivos, sobretudo quando leva à exploração dos consumidores (cobrando preços maiores e provocando o aumento do consumo), à exclusão de concorrentes, ao aumento de barreiras

---

[84] THALER, Richard H.; SUNSTEIN, Cass R. *Nudge:* Improving decisions about health, wealth and happiness. London: Penguin Books, 2009. p. 19-41; EZRACHI, *Op. cit.*, p. 106-113. Estes últimos fornecem uma série de exemplos concretos pelos quais tais vieses são empregados pelas empresas para discriminar consumidores.
[85] Por exemplo, o Departamento de Proteção e Defesa do Consumidor (DPDC), órgão do Ministério da Justiça, condenou recentemente a empresa Decolar.com em multas de R$7,5 milhões pela prática de cobrança de preços diferenciados (*geo-pricing*) e de rejeição de vendas (*geo-blocking*), de acordo com a região em que o consumidor se encontra (TEIXEIRA, Matheus. Decolar.com é multada por cobrar preços diferentes de acordo com a região. Disponível em: https://www.jota.info/jotinhas/decolar-multada-cobrar-precos-de-acordo-com-a-regiao-18062018. Acesso em: 01 ago. 2018).
[86] ORGANISATION FOR ECONOMIC CO-OPERATION AND DEVELOPMENT (OECD), *Op. cit.*, 2018f, p. 12; EZRACHI, *Op. cit.*, p. 117-118.
[87] ORGANISATION FOR ECONOMIC CO-OPERATION AND DEVELOPMENT (OECD), *Op. cit.*, 2018f, p. 9-12; EZRACHI, *Op. cit.*, p. 117-120.

à entrada ou à expansão e à manutenção de outras práticas abusivas ou exclusionárias, o que pode levar à monopolização. Tais riscos são mais suscetíveis de se concretizarem quando a discriminação é praticada por um monopolista, de forma muito complexa e/ou ignorada pelos consumidores, bem como quando sua implementação é custosa para a empresa.[88]

Ademais, quando a discriminação é fundada no *big data*, nos algoritmos inteligentes e nas técnicas fornecidas pela economia comportamental, estes efeitos nefastos podem ser potencializados. Como visto, a internet das coisas permite que os agentes econômicos coletem dados sobre os comportamentos, desejos e sensibilidade a compras, o que possibilita a exploração dos vieses humanos. Desta forma, passa-se a empreender formas mais sofisticadas de discriminação (comportamental), com base nos dados pessoais dos indivíduos (frequentemente obtidos de forma questionável), na grande generalidade dos casos com o objetivo de manipular a demanda para atingir objetivos unicamente econômicos.[89]

Além disto, a discriminação comportamental também pode agravar a desigualdade social. Ora, tais práticas fazem produtos com altos preços parecerem razoáveis, bem como incentivam os consumidores a comprarem bens que eles não pretendiam adquirir. Desta forma, há um aumento dos gastos, reduzindo valores que poderiam ser destinados à aposentadoria, à formação de reservas ou ainda às necessidades básicas, o que evidentemente causa um impacto mais elevado para aqueles com rendas menores, aumentando a desigualdade.[90]

Destaque-se, ainda, que tais práticas são empreendidas de forma pouco transparente, os agentes econômicos aproveitando-se das inúmeras assimetrias informacionais existentes no mercado para exercer seu poder de mercado, a partir dos dados que detêm. Dentre as assimetrias de informação, destaquem-se aquelas existentes entre as empresas e os consumidores. De fato, se de um lado os agentes econômicos coletam dados e utilizam algoritmos, tendo consciência (ainda que não de forma tecnicamente precisa) que eles são utilizados para uma melhor discriminação de preços, de outro, os consumidores estão no escuro, muitas vezes nem tendo conhecimento de que estão sendo discriminados. Com efeito, sabe-se que há inúmeras informações desconhecidas: quem coleta os dados e de que forma, quais dados são coletados, qual o uso destes dados, quais outros potenciais destinatários dos dados, quais as categorias nas quais os consumidores são classificados, como controlar o uso dos dados etc. Ademais, por meio da redução da transparência dos preços e do aumento dos custos de pesquisa, as empresas vão buscar reduzir as opções dos consumidores de migração para concorrentes.[91]

Assim, é evidente que, uma vez verificada a produção de efeitos anticompetitivos irrazoáveis (isto é, não justificados por eficiências), a discriminação comportamental de preços configurará um ilícito antitruste. Neste sentido, é fundamental que seja perquirido se distorções da demanda por meio da utilização do *big data* e de algoritmos configuram um abuso de poder de mercado, lesando o ambiente competitivo e aumentando os lucros das empresas dominantes, com a redução do bem-estar dos consumidores.[92]

---

[88] EZRACHI, *Op. cit.*, p. 118-119.
[89] *Idem*, p. 119-120.
[90] *Idem*, p. 120.
[91] *Idem*, p. 113-115.
[92] ORGANISATION FOR ECONOMIC CO-OPERATION AND DEVELOPMENT (OECD), *Op. cit.*, 2018f, p. 15.

Para esta análise, devem ser considerados se a prática discriminatória tem o objetivo unicamente de capturar o máximo de riquezas dos consumidores (não gerando uma melhoria na qualidade do produto ou serviço, nem fomentando objetivos sociais) e se ela é exercida de forma não transparente e pela manipulação dos vieses cognitivos dos indivíduos, com impactos negativos no ambiente competitivo e social, na confiança nas empresas, na privacidade, na autonomia e até mesmo na liberdade das pessoas.[93]

Ressalte-se, porém, que as autoridades antitruste, quando enfrentam a questão da discriminação de preços, costumam centrar-se nas práticas direcionadas a concorrentes verticais no *downstream,* mas não a consumidores finais.[94] Como visto, com o crescimento da internet das coisas deve haver um impulso de condutas discriminatórias, em detrimento sobretudo dos consumidores. Desta forma, caso não haja uma ação das agências de defesa da concorrência para punir tais práticas, estas se tornarão a regra em muitos mercados, com grandes prejuízos à economia e aos consumidores.[95]

VI IoT e regulação

VI.1 Aspectos gerais

Assevera Klaus Schwab que o maior desafio atual é compreender e modelar a nova revolução tecnológica a partir de uma visão compartilhada, abrangente e global sobre seus impactos econômicos, sociais, culturais e humanos. Segundo o autor, é preciso partir do pressuposto de que as novas tecnologias não são uma força externa, sobre a qual o homem não possui qualquer controle. Ao revés, trata-se de ferramentas feitas por e para pessoas. Desta forma, não estamos adstritos a uma escolha binária entre "aceitar e viver com ela" e "rejeitar e viver sem ela", sendo necessário estabelecer um conjunto de valores comuns que norteiem as escolhas políticas, bem como realizar mudanças que permitam desencadear todo o potencial da Quarta Revolução Industrial, de sorte que a inovação e a tecnologia sejam focadas na humanidade e no interesse público.[96]

Por sua vez, Ian Bogost adverte que a sociedade contemporânea parece ter caído em uma teocracia computacional, que substitui Deus pelo algoritmo. Com efeito, a humanidade tem adotado uma relação com a cultura algorítmica baseada na fé, produzindo duas cegueiras: (i) reputar qualquer mudança social computacional como predeterminada e inevitável, o que justificaria uma abstenção de intervenção estatal; e (ii) obnubilar que os sistemas computacionais são abstrações, criadas pelo homem. Estes erros fazem os computadores serem considerados deuses e seus resultados escrituras.[97]

Sob este prisma, consoante aduzem Ezrachi e Stucke, as inovações tecnológicas não são intrinsecamente boas, ruins ou neutras, tudo dependendo da forma que elas

---

[93] EZRACHI, *Op. cit.*, p. 129-130.
[94] Apesar de o §3º do art. 36 da Lei nº 12.529/2011 ser meramente exemplificativo, destaque-se já existir expressa previsão legal, em seu inciso X, para que o CADE atue para sancionar práticas de discriminação comportamental de preços, direcionadas a usuários finais ("discriminar adquirentes ou fornecedores de bens ou serviços por meio da fixação diferenciada de preços, ou de condições operacionais de venda ou prestação de serviços").
[95] EZRACHI, *Op. cit.*, p. 130.
[96] SCHWAB, *Op. cit.*, p. 11-14, 22, 112-114.
[97] BOGOST, Ian. The Cathedral of Computation. Disponível em: https://www.theatlantic.com/technology/archive/2015/01/the-cathedral-of-computation/384300/. Acesso em: 03 jun. 2018.

são empregadas pelas empresas. A nova economia é bastante complexa, revelando imperfeições das novas dinâmicas do mercado, com uma série de efeitos nefastos para o bem-estar dos consumidores e da economia. De fato, o uso do *big data* e dos algoritmos vem modificando o paradigma da concorrência para pior, com colusões mais sofisticadas e duradouras (frequentemente fora do alcance das autoridades), variedades de discriminação de preço mais refinadas e monopólios fundados em dados, que, ao controlar plataformas-chave, prescrevem o fluxo das informações das pessoas e as exploram.[98]

Desta forma, uma análise cuidadosa das novas dinâmicas concorrenciais demonstra que é uma miragem acreditar que os mercados *on-line* propiciam um ambiente mais competitivo. Ao revés, as novas estratégias que emergem visam à maximização dos lucros das empresas, em detrimento do bem-estar social. Neste sentido, não se faz possível tolerar tais falhas de mercado apenas pelo fato de ocorrerem na economia digital, sendo necessário um equilíbrio entre regulação e inovação.[99]

Afinal, consoante asseverado por Lawrence Lessig, "*code is law*", de sorte que a arquitetura técnica (*design*) das tecnologias decorre de escolhas e valores de seus elaboradores/utilizadores.[100] Neste contexto, a internet das coisas não pode ser uma *black box*, isenta de qualquer controle sobre seu uso e funcionamento. Entendimento diferente permitiria chancelar uma irresponsabilidade organizada ou o chamado *mathwashing*, isto é, a isenção de responsabilidade jurídica dos agentes econômicos que delegam suas decisões e escolhas para as máquinas.[101]

Entretanto, como já aduzido, muitas das ferramentas do Direito, em geral, e do antitruste, em particular, revelam-se inadequadas para lidar com as questões decorrentes desta nova realidade. Neste sentido, devem ser discutidas questões desde a Teoria Geral do Direito, como a ética e a criação de uma categoria de personalidade jurídica para a inteligência artificial, a outras afeitas especificamente ao antitruste, como o desenho de remédios para ilícitos praticados na nova economia. Na sequência, serão apresentadas breves reflexões sobre uma destas problemáticas mais relevantes: o regime jurídico de responsabilidade concorrencial.

VI.2 IoT e o regime de responsabilidade concorrencial

A questão acerca do regime de responsabilidade antitruste (em sua tríplice dimensão clássica: cível, administrativa e criminal) aplicável a infrações concorrenciais decorrentes do uso da IoT é das mais áridas e centrais na matéria, exigindo-se uma profunda análise dos operadores do Direito.

Em relação à responsabilidade civil, a regra geral estabelecida pelo art. 927 do Código Civil aduz que ela é subjetiva. Contudo, o parágrafo único do referido dispositivo prevê a possibilidade de responsabilidade objetiva "nos casos especificados em lei,

---

[98] EZRACHI, *Op. cit.*, p. 27-29.
[99] *Idem*, p. 31-32.
[100] LESSIG, Lawrence. *Code:* Version 2.0. New York: Basic Books, 2006. p. 110.
[101] FRAZÃO, Ana. Algoritmos e Inteligência Artificial: Repercussões da sua utilização sobre a responsabilidade civil e punitiva das empresas. Disponível em: https://www.jota.info/opiniao-e-analise/colunas/constituicao-empresa-e-mercado/algoritmos-e-inteligencia-artificial-16052018. Acesso em: 17 maio 2018a.

ou quando a atividade normalmente desenvolvida pelo autor do dano implicar, por sua natureza, risco para os direitos de outrem". Desta forma, na seara civil, é possível a responsabilização dos agentes econômicos que praticam atos anticoncorrenciais de forma objetiva, com fundamento na teoria do risco.[102] Além disso, em se tratando de relação de consumo, é também possível invocar a responsabilidade objetiva pelo fato do produto e do serviço, nos termos dos arts. 12 a 17 do Código de Defesa do Consumidor.

Por sua vez, a responsabilidade civil pela prática de infração à ordem econômica dos administradores das empresas (art. 37, inciso III, da Lei nº 12.529/2011), bem como das demais pessoas físicas referidas no art. 37, inciso II, da Lei nº 12.529/2011, exige a comprovação de culpa ou dolo, sendo, portanto, subjetiva.[103]

Já em relação à responsabilidade antitruste administrativa, em que pese combatida por parte da doutrina,[104] a jurisprudência majoritária do CADE indica que ela é objetiva em relação às pessoas jurídicas.[105] Desta forma, prescinde-se, para a configuração da infração concorrencial, da comprovação do elemento subjetivo (dolo ou culpa) do agente da suposta conduta ilícita, sendo apenas necessário demonstrar a existência do ato (ainda que lícito), do resultado antijurídico (efeitos anticompetitivos irrazoáveis) e do nexo causal entre ambos.

Quanto à responsabilidade administrativa das pessoas físicas, há consenso doutrinário e jurisprudencial acerca do regime jurídico subjetivo, de sorte que se faz necessária a comprovação de culpa ou dolo dos indivíduos para a configuração do ilícito.[106]

Finalmente, em relação aos crimes contra a ordem econômica, notadamente o delito de cartel, em relação aos quais apenas pessoas físicas podem ser sujeitos ativos, não há disputas acerca do regime de responsabilidade subjetiva.[107] Afinal, o tipo subjetivo

---

[102] MAGGI, Bruno Oliveira. *O Cartel e seus Efeitos no Âmbito da Responsabilidade Civil*. 221 f. Dissertação de Mestrado em Direito Civil – Faculdade de Direito, Universidade de São Paulo, São Paulo, 2010. Disponível em: http://www.teses.usp.br/teses/disponiveis/2/2131/tde-28012011-140203/pt-br.php. Acesso em: 20 maio 2018. p. 172-175. De acordo com Daniel Caselta, a exigência do art. 927, parágrafo único do Código Civil é atendida no caso da responsabilidade civil por danos decorrentes de ilícitos concorrenciais tendo em vista que o art. 36 da Lei nº 12.529/2011 prevê a responsabilidade objetiva pela infração à ordem econômica e que o art. 47 da mesma lei assegura o direito dos prejudicados por tais infrações ao ressarcimento dos prejuízos decorrentes (CASELTA, Daniel Costa. *Responsabilidade Civil por Danos Decorrentes da Prática de Cartel*. São Paulo: Singular, 2016. p. 126-127).

[103] CASELTA, *Op. cit.*, p. 127-128

[104] Neste sentido, por exemplo, OSÓRIO, Fábio Medina. *Direito Administrativo Sancionador*. São Paulo: Revista dos Tribunais, 2011. p. 353; FRAZÃO, Ana. *Direito da Concorrência*: Pressupostos e Perspectivas. São Paulo: Saraiva, 2017. p. 259-267. Para esta última, faz-se necessário comprovar a reprovabilidade da conduta a partir de um critério abstrato de diligência, a culpa normativa, buscando-se cotejar a conduta observada com padrões de conduta socialmente exigíveis dos agentes, ainda que em face de suas circunstâncias específicas.

[105] Ressalte-se, inclusive, a existência de Ação Direta de Inconstitucionalidade perante o Supremo Tribunal Federal questionando a expressão "independente de culpa", constante no então art. 20 da Lei nº 8.884/1994 (reproduzido no art. 36 da Lei nº 12.529/2011). Em 21.09.1995, o pedido de medida liminar de suspensão do aludido dispositivo foi indeferido por unanimidade de votos (STF, T.P., ADI 1.090, Rel. Min. Néri da Silveira, Data de Julgamento: 05.08.1994, Data de Publicação: DJ 05.05.1995). Tendo em vista a mudança da lei objeto da ADI, houve aditamento da exordial em junho de 2012 pelo seu autor, a fim de se evitar a prejudicialidade do feito, o qual segue aguardando um pronunciamento final pelo STF.

[106] Ressalte-se que, muito embora apenas o art. 37, inciso III, da Lei nº 12.529/2011, referente aos administradores, exija a culpa ou dolo, entende-se que o mesmo requisito deve ser exigido das "demais pessoas físicas" mencionadas no art. 37, inciso II, da Lei nº 12.529/2011 (MARTINEZ, Ana Paula. *A Repressão a Cartéis*: Interface entre Direito Administrativo e Direito Penal. São Paulo: Singular, 2013. p. 145).

[107] Com efeito, vige no Direito Penal o princípio da responsabilidade penal subjetiva, de acordo com o qual não se pode responsabilizar criminalmente por uma ação ou omissão quem tenha agido sem dolo ou culpa: não há delito ou pena sem dolo ou culpa, tal qual disposto nos arts. 18 e 19 do Código Penal (PRADO, Luiz Regis. *Curso de Direito Penal Brasileiro*: Parte Geral – Arts. 1º a 120. São Paulo: Revista dos Tribunais, 2010. p. 145-146).

é representado pelo dolo, exigindo-se a comprovação da consciência e da vontade de realizar o tipo objetivo do delito por parte do agente.[108]

Contudo, é preciso um exame mais profundo quanto às premissas que balizam os fundamentos da responsabilidade antitruste em suas três dimensões (administrativa, cível e penal), de sorte a verificar se elas se mantêm hígidas no atual contexto da economia digital ou se, ao revés, é preciso repensar os critérios jurídicos para a responsabilização de pessoas jurídicas e físicas por ilícitos concorrenciais decorrentes do uso da IoT.

Neste sentido, uma questão emergente refere-se à possibilidade de, nas hipóteses em que atualmente impera a responsabilidade subjetiva, afastar a exigência do elemento subjetivo nos casos em que humanos delegam decisões para máquinas.[109] Afinal, trata-se de condutas efetuadas por máquinas e não propriamente humanas (ao menos de forma imediata).[110]

Alternativamente, ainda que se mantenha a responsabilidade subjetiva nos casos que contemporaneamente a preveem, sugerem-se alternativas para o controle de práticas decorrentes da internet das coisas. Neste sentido, pode-se pensar na reprovabilidade da conduta a partir da teoria do defeito de organização, de acordo com a qual os agentes econômicos devem criar, manter e supervisionar uma organização compatível para controlar e monitorar os riscos assumidos. Desta forma, ao transmitir a decisão às máquinas sem os devidos cuidados, poder-se-ia constatar a ação culposa das pessoas jurídica e de seus gestores.[111]

Outra opção seria considerar a reprovabilidade da conduta por meio da violação ao dever de diligência, eis que se faz necessário que o agente econômico tome os devidos cuidados com o uso das tecnologias. Assim, poderia haver responsabilização da empresa e de seus gestores quando há o emprego de tecnologias sem o conhecimento de como elas operam (violação ao dever de diligência por tomar decisão não informada), bem assim quando não são adotadas as medidas adequadas para evitar ilícitos (violação ao dever de diligência por ausência de controle de risco).[112]

---

[108] PRADO, Luiz Regis. *Direito Penal Econômico*. São Paulo: Revista dos Tribunais, 2016. p. 59; MARTINEZ, *Op. cit.*, p. 186-192, 208-210.

[109] Destaque-se de logo, porém, que está hipótese não pode sequer ser cogitada no que tange à responsabilidade penal das pessoas físicas, eis que no Direito brasileiro constitui cláusula pétrea constitucional o princípio da culpabilidade, dentro do qual se encontra o princípio da responsabilidade penal subjetiva ou da imputação subjetiva, nos termos dos arts. 1º, inciso III, 4º, inciso II, 5º, *caput* e incisos XLVI e LVII, todos da Constituição Federal, bem assim no art. 11 da Declaração Universal dos Direitos Humanos (PRADO, *Op. cit*, 2010. p. 146).

[110] ŠMEJKAL, *Op. cit.*, p. 13; FRAZÃO, *Op. cit.*, 2018a. Este regime de responsabilidade objetiva implicaria uma imputação automática à pessoa jurídica por ato ilícito decorrente de decisões algorítmicas (ŠMEJKAL, *Op. cit.*, p. 15), nos mesmos moldes da *vicarious liability*, que prevê a responsabilidade do preponente ou empregador por ato de seu preposto ou empregado, desde que estes ajam em nome e em benefício daqueles (FRAZÃO, *Op. cit.*, 2017. p. 275-277).

[111] FRAZÃO, *Op. cit.*, 2018a.

[112] *Idem*. Veja-se que o defeito de organização pode ser entendido como uma violação ao dever de diligência, posto que este último é compreendido atualmente como uma "obrigação de instituir e manter uma organização idônea para lidar com o risco assumido, inclusive no que diz respeito à prevenção de ilícitos" (FRAZÃO, Ana. Dever de Diligência – Novas Perspectivas em Face de Programas de Compliance e de Atingimento de Metas. Disponível em: https://www.jota.info/opiniao-e-analise/colunas/constituicao-empresa-e-mercado/dever-de-diligencia-15022017. Acesso em: 19 maio 2018b).

VII Considerações finais

Ainda que revele um grande potencial de benefícios para as pessoas, a internet das coisas traz uma série de preocupações, nos mais variados campos do Direito. Especificamente no que se refere ao antitruste, observa-se que as discussões já em curso a respeito da aplicação do método concorrencial tradicional à economia digital são ainda mais relevantes e sensíveis para mercados de IoT.

Neste sentido, como visto, em relação ao controle de estruturas, as autoridades de defesa da concorrência parecem ainda não ter compreendido a dinâmica deste novo mercado, as análises sendo efetuadas como se tratassem de mercados tradicionais. Tal postura tem conduzido a uma grande concentração do mercado, com potenciais efeitos nefastos para a concorrência.

Já em relação ao controle de condutas, muitos são os questionamentos acerca de novas formas de implementação de práticas tradicionais, bem assim sobre outros comportamentos anticompetitivos inéditos, o que sem dúvidas também traz grandes desafios para as agências antitruste.

Assim, ainda que seus fundamentos continuem válidos, o Direito da Concorrência precisa indubitavelmente ser repensado sob o prisma da economia digital. Não se pode afastar ou atenuar a aplicação do antitruste sob o argumento maniqueísta de que a nova economia não acarreta efeitos negativos para o mercado. Ao revés, é necessário assegurar que as novas tecnologias, dentre as quais a internet das coisas, estejam efetivamente a serviço das pessoas, para o que o antitruste tem um papel decisivo a ser desempenhado.

Referências

AKERLOF, George A.; SHILLER, Robert J. *Pescando Tolos:* a Economia da Manipulação e Fraude. Rio de Janeiro: Alta Books, 2016.

AUTORITÉ DE LA CONCURRENCE; BUNDESKARTELLAMT. Competition Law and Data. Disponível em: http://www.autoritedelaconcurrence.fr/doc/reportcompetitionlawanddatafinal.pdf. Acesso em: 15 maio 2018.

BAJARIN, Tim. The Next Big Thing for Tech: The Internet of Everything. Disponível em: http://time.com/539/the-next-big-thing-for-tech-the-internet-of-everything/. Acesso em: 03 jun. 2018.

BANCO NACIONAL DO DESENVOLVIMENTO (BNDES). Produto 8: Relatório do Plano de Ação – Iniciativas e Projetos Mobilizadores – 2017. Versão 1.1. Disponível em: http://www.ipdeletron.org.br/wwwroot/pdf-publicacoes/39/relatorio_final_planodeacao_produto_8.pdf. Acesso em: 03 jun. 2018.

BOGOST, Ian. The Cathedral of Computation. Disponível em: https://www.theatlantic.com/technology/archive/2015/01/the-cathedral-of-computation/384300/. Acesso em: 03 jun. 2018.

BOWEN, Peter *et al.* Choosing the Right Platform for the Industrial IoT. Disponível em: http://www.bain.com/publications/articles/choosing-the-right-platform-for-the-industrial-iot.aspx. Acesso em: 12 jul. 2018.

BRYNJOLFSSON, Erik; MCAFEE, Andrew. *The Second Machine Age:* Work, Progress, and Prosperity in a Time of Brilliant Technologies. Nova York: W. W. Norton & Company, 2017.

CAPOBIANCO, Antonio; GONZAGA, Pedro. Algorithms and Competition: Friends or Foes? *Competition Policy International*, v. 1, n. 2, 2017.

CASELTA, Daniel Costa. *Responsabilidade Civil por Danos Decorrentes da Prática de Cartel.* São Paulo: Singular, 2016.

CASS, Ronald A. Antitrust for High-Tech and Low: Regulation, Innovation, and Risk. *Journal of Law, Economics & Policy*, v. 9, n. 9.2, p. 169-199, 2013.

CASTRO, Bruno Braz de. *Eficiência e Rivalidade:* Alternativas para o Direito da Concorrência nos Países em Desenvolvimento. 252 fls. Tese de Doutorado em Direito – Faculdade de Direito, Universidade Federal de Minas Gerais, Belo Horizonte, 2017. Disponível em: http://www.bibliotecadigital.ufmg.br/dspace/handle/1843/BUOS-ASUFJG. Acesso em: 11 jul. 2018.

DOMINGOS, Pedro. *O Algoritmo Mestre:* Como a Busca pelo Algoritmo de Machine Learning Definitivo Recriará Nosso Mundo. São Paulo: Novatec, 2017.

DONOVA, Tony. Morgan Stanley: 75 Billion Devices Will Be Connected To The Internet Of Things By 2020. Disponível em: http://www.businessinsider.com/75-billion-devices-will-be-connected-to-the-internet-by-2020-2013-10. Acesso em: 03 jun. 2018.

EUROPEAN COMMISSION. Case M.7217 – Facebook/WhatsApp. Disponível em: http://ec.europa.eu/competition/mergers/cases/decisions/m7217_20141003_20310_3962132_EN.pdf. Acesso em: 17 jul. 2018.

EVANS, Dave. The Internet of Things: How the Next Evolution of the Internet Is Changing Everything. Disponível em: https://www.cisco.com/c/dam/en_us/about/ac79/docs/innov/IoT_IBSG_0411FINAL.pdf. Acesso em: 01 jun. 2018a.

EVANS, Dave. The Internet of Everything – How More Relevant and Valuable Connections Will Change the World. Disponível em: https://www.cisco.com/c/dam/global/en_my/assets/ciscoinnovate/pdfs/IoE.pdf. Acesso em: 03 jun. 2018b.

EZRACHI, Ariel; STUCKE, Maurice E. *Virtual Competition:* The Promise and Perils of the Algorithm-Driven Economy. Cambridge, Massachusetts: Harvard University Press, 2016.

FEDERAL TRADE COMMISSION (FTC). Internet of Things: Privacy & Security in a Connected World. Disponível em: https://www.ftc.gov/system/files/documents/reports/federal-trade-commission-staff-report-november-2013-workshop-entitled-internet-things-privacy/150127iotrpt.pdf. Acesso em: 03 jun. 2018.

FORGIONI, Paula A. *Os Fundamentos do Antitruste.* São Paulo: Revista dos Tribunais, 2012.

FRAZÃO, Ana. Direito Concorrencial das Estruturas. *In:* COELHO, Fábio Ulhoa (Org.). *Tratado de Direito Comercial.* v. 6. São Paulo: Saraiva, 2015.

FRAZÃO, Ana. *Direito da Concorrência*: Pressupostos e Perspectivas. São Paulo: Saraiva, 2017.

FRAZÃO, Ana. Algoritmos e Inteligência Artificial: Repercussões da sua utilização sobre a responsabilidade civil e punitiva das empresas. Disponível em: https://www.jota.info/opiniao-e-analise/colunas/constituicao-empresa-e-mercado/algoritmos-e-inteligencia-artificial-16052018. Acesso em: 17 maio 2018a.

FRAZÃO, Ana. Dever de Diligência – Novas Perspectivas em Face de Programas de Compliance e de Atingimento de Metas. Disponível em: https://www.jota.info/opiniao-e-analise/colunas/constituicao-empresa-e-mercado/dever-de-diligencia-15022017. Acesso em: 19 maio 2018b.

GAL, Michal S.; ELKIN-KOREN, Niva. Algorithmic Consumers. *Harvard Journal of Law and Technology,* v. 30, n. 2, p. 309-353, 2017. p. 313.

GARBEE, Elizabeth. This is Not the Fourth Industrial Revolution. Disponível em: http://www.slate.com/articles/technology/future_tense/2016/01/the_world_economic_forum_is_wrong_this_isn_t_the_fourth_industrial_revolution.html. Acesso em: 05 jul. 2018

INDUSTRIAL INTERNET CONSORTIUM (IIC). The Industrial Internet of Things Volume T3: Analytics Framework. Disponível em: https://www.iiconsortium.org/pdf/IIC_Industrial_Analytics_Framework_Oct_2017.pdf. Acesso em: 08 jul. 2018.

I-SCOOP. The Industrial Internet of Things (IIoT): the business guide to Industrial IoT. Disponível em: https://www.i-scoop.eu/internet-of-things-guide/industrial-internet-things-iiot-saving-costs-innovation/#The_definitions_of_Industrial_IoT_and_IIoT. Acesso em: 08 jul. 2018.

KAHNEMAN, Daniel. *Rápido e Devagar:* Duas Formas de Pensar. Rio de Janeiro: Objetiva, 2012.

KUILWIJK, Kees Jan. Big Data, the Internet of Things, and Competition Law. Disponível em: https://www.akd.nl/Downloads/PublicatiesPDF-NL/07-06-2016_BIG%20DATA_COMPETITION_LAW_KJKuilwijk.pdf. Acesso em: 02 jun. 2018.

LA DIEGA, Guido Noto; WALDEN, Ian. Contracting for the 'Internet of Things': Looking into the Nest. *European Journal of Law and Technology,* v. 7, n. 2, p. 1-38, 2016.

LESSIG, Lawrence. *Code:* Version 2.0. New York: Basic Books, 2006.

MAGGI, Bruno Oliveira. *O Cartel e seus Efeitos no Âmbito da Responsabilidade Civil.* 221 f. Dissertação de Mestrado em Direito Civil – Faculdade de Direito, Universidade de São Paulo, São Paulo, 2010. Disponível em: http://www.teses.usp.br/teses/disponiveis/2/2131/tde-28012011-140203/pt-br.php. Acesso em: 20 maio 2018.

MARTINEZ, Ana Paula. *A Repressão a Cartéis*: Interface entre Direito Administrativo e Direito Penal. São Paulo: Singular, 2013.

MEHRA, Salil K. Antitrust and the Robo-Seller: Competition in the Time of Algorithms. *Minnesota Law Review,* v. 100, n. 4, p. 1323-1375, 2016.

MONTEIRO, Gabriela Reis Paiva. *Big data e Concorrência*: uma avaliação dos impactos da exploração de big data para o método antitruste tradicional de análise de concentrações econômicas. 145 fls. Dissertação de Mestrado em Direito – Escola de Direito do Rio de Janeiro, Fundação Getulio Vargas, Rio de Janeiro, 2017. Disponível em: http://bibliotecadigital.fgv.br/dspace/handle/10438/20312. Acesso em: 15 jul. 2018.

OHLHAUSEN, Maureen K. The Internet of Things and The FTC: Does Innovation Require Intervention? Disponível em: https://www.ftc.gov/sites/default/files/documents/public_statements/internet-things-ftc-does-innovation-require-intervention/131008internetthingsremarks.pdf. Acesso em: 01 jun. 2018.

ORGANISATION FOR ECONOMIC CO-OPERATION AND DEVELOPMENT (OECD). The Internet of Things: Seizing the Benefits and Addressing the Challenges – Background report for Ministerial Panel 2.2. Disponível em: http://www.oecd.org/officialdocuments/publicdisplaydocumentpdf/?cote=DSTI/ICCP/CISP(2015)3/FINAL&docLanguage=En. Acesso em: 25 maio 2018a.

ORGANISATION FOR ECONOMIC CO-OPERATION AND DEVELOPMENT (OECD). The Digital Economy. Disponível em: http://www.oecd.org/daf/competition/The-Digital-Economy-2012.pdf. Acesso em: 10 jul. 2018b.

ORGANISATION FOR ECONOMIC CO-OPERATION AND DEVELOPMENT (OECD). Big Data: Bringing Competition Policy to the Digital Era – Background note by the Secretariat. Disponível em: https://one.oecd.org/document/DAF/COMP(2016)14/en/pdf. Acesso em: 13 jul. 2018c.

ORGANISATION FOR ECONOMIC CO-OPERATION AND DEVELOPMENT (OECD). Considering non-price effects in merger control – Background note by the Secretariat. Disponível em: https://one.oecd.org/document/DAF/COMP(2018)2/en/pdf. Acesso em: 13 jul. 2018d.

ORGANISATION FOR ECONOMIC CO-OPERATION AND DEVELOPMENT (OECD). *Algorithms and Collusion* – Background Note by the Secretariat. Disponível em: https://one.oecd.org/document/DAF/COMP(2017)4/en/pdf. Acesso em: 03 maio 2018e.

ORGANISATION FOR ECONOMIC CO-OPERATION AND DEVELOPMENT (OECD). Price Discrimination – Background note by the Secretariat. Disponível em: https://one.oecd.org/document/DAF/COMP(2016)15/en/pdf. Acesso em: 25 jul. 2018f.

OSÓRIO, Fábio Medina. *Direito Administrativo Sancionador.* São Paulo: Revista dos Tribunais, 2011.

PEREIRA NETO, Caio Mário S. et al. O Direito da Internet das Coisas: desafios e perspectivas de IoT no Brasil. Disponível em: https://www.jota.info/opiniao-e-analise/artigos/o-direito-da-internet-das-coisas-desafios-e-perspectivas-de-iot-no-brasil-09012018. Acesso em: 12 maio 2018.

PRADO, Luiz Regis. *Curso de Direito Penal Brasileiro:* Parte Geral – Arts. 1º a 120. São Paulo: Revista dos Tribunais, 2010.

PRADO, Luiz Regis. *Direito Penal Econômico.* São Paulo: Revista dos Tribunais, 2016.

RODRIGUES, Eduardo Henrique Kruel. *O Direito Antitruste na Economia Digital*: Implicações Concorrenciais do Acesso a Dados. 117 fls. Dissertação de Mestrado em Direito – Faculdade de Direito, Universidade de Brasília, Brasília, 2016. Disponível em: http://repositorio.unb.br/handle/10482/20530. Acesso em: 27 maio 2018.

ROSS, Alec. *The Industries of the Future.* Nova York: Simon & Schuster, 2016.

SALCEDO, Bruno. Pricing Algorithms and Tacit Collusion. Disponível em: http://brunosalcedo.com/docs/collusion.pdf. Acesso em: 15 maio 2018.

SCHWAB, Klaus. *A Quarta Revolução Industrial.* São Paulo: Edipro, 2016

SCHWALBE, Ulrich. Antitrust Policy and Industry 4.0 – Keeping the Market Competitive in a Digital Economy. Disponível em: http://www.grur.org/uploads/tx_meeting/02-Schwalbe-Grur_Bruessel.pdf. Acesso em: 02 jun. 2018.

ŠMEJKAL, Václav. Cartels by Robots – Current Antitrust Law in Search of an Answer. *InterEULawEast: Journal for the International and European Law, Economics and Market Integrations*, v. IV, n. 2, p. 1-18, 2017.

STF, T.P., ADI 1.090, Rel. Min. Néri da Silveira, Data de Julgamento: 05.08.1994, Data de Publicação: DJ 05.05.1995.

STUCKE, Maurice E.; GRUNES, Allen P. *Big Data and Competition Policy*. Oxford: Oxford University Press, 2016.

TEIXEIRA, Matheus. Decolar.com é multada por cobrar preços diferentes de acordo com a região. Disponível em: https://www.jota.info/jotinhas/decolar-multada-cobrar-precos-de-acordo-com-a-regiao-18062018. Acesso em: 01 ago. 2018.

THALER, Richard H.; SUNSTEIN, Cass R. *Nudge:* Improving decisions about health, wealth and happiness. London: Penguin Books, 2009.

THALER, Richard H. *Misbehaving:* The Making of Behavioral Economics. London: Penguin Books, 2016.

WEBER, Rolf H.; WEBER, Romana. *Internet of Things:* Legal Perspectives. Berlin; Heidelberg: Springer, 2010.

WOHLSEN, Marcus. What Google Really Gets out of Buying Nest for $3.2 Billion. Disponível em: https://www.wired.com/2014/01/googles-3-billion-nest-buy-finally-make-internet-things-real-us/. Acesso em: 17 jul. 2018.

WROBEL, Gregory G. Connecting Antitrust Standards to the Internet of Things. *Antitrust*. v. 29, n. 1, p. 62-70, 2014.

Informação bibliográfica deste texto, conforme a NBR 6023:2018 da Associação Brasileira de Normas Técnicas (ABNT):

GUIMARÃES, Marcelo Cesar. Repercussões concorrenciais da internet das coisas. In: FRAZÃO, Ana; CARVALHO, Angelo Gamba Prata de (Coord.). *Empresa, mercado e tecnologia*. Belo Horizonte: Fórum, 2019. p. 309-334. ISBN 978-85-450-0659-6.

O USO DE ACORDOS DE COMPENSAÇÃO *(OFFSET)* COMO INSTRUMENTOS DE INOVAÇÃO TECNOLÓGICA EM UM CONTEXTO DE ESTADO EMPREENDEDOR

RONALDO BACH DA GRAÇA

I Introdução

Na busca do desenvolvimento, países carentes de tecnologia podem passar por grandes dificuldades para verdadeiramente oferecer ferramentas que possibilitem uma melhor qualidade de vida em seu território. O desenvolvimento econômico mostra-se necessário para potencializar a qualidade de vida, que depende de recursos financeiros que são finitos e escassos.

O presente estudo tenciona se aprofundar no problema de qual seria o papel do Estado em desenvolvimento no aprimoramento tecnológico, a partir da perspectiva de inovação de um Estado empreendedor e algumas características do modelo ora apresentado. A pesquisa pretende fomentar o desenvolvimento econômico de um Estado em desenvolvimento a partir de uma perspectiva de modelo de um Estado empreendedor com várias necessidades e limitados recursos.

O método da análise segue uma abordagem descritiva e lógico-intuitiva, estudando o Estado empreendedor como modelo de inovação, a tripla hélice da inovação, as dificuldades de inovar decorrentes de restrições advindas de acordos internacionais, requisitos para uma efetiva inovação, o *offset* como caminho mais barato para fomentar a inovação pelo desenvolvimento tecnológico. Serão ainda abordados o chamado capitalismo de laços e teorias libertárias em razão dos importantes argumentos que carregam para um debate apropriado.

Trata-se de um tema pouquíssimo explorado no Brasil com rara bibliografia em português e que se mostra de extrema importância como ferramenta de desenvolvimento do Estado, sua população, seus empreendedores, seu meio acadêmico A contribuição da ciência do Direito para o tópico abordado é incontestável, visto que é desejável que a principal solução proposta seja materializada em um contrato, por vezes complexo.

O artigo contribui com a sociedade na razão em que veicula uma proposta efetiva e relativamente barata como solução para o problema proposto. Por certo a solução apresentada não é única, mas, efetivamente, será uma das mais baratas e com melhores possibilidades de ganho se bem conduzida, aproveitando-se das oportunidades oferecidas pelo instituto da compensação contextualizado com os argumentos ora apresentados.

Em verdade, o ideal é que a proposta apresentada pela pesquisa seja aliada a outras formas de inovação e desenvolvimento e, para se chegar ao entendimento pleno do modelo proposto, é desejável que se entenda, inicialmente, o modelo de inovação adotado por um Estado empreendedor.

II O Estado empreendedor como modelo de inovação

O conceito mais aceito de inovação possui relação com sua utilidade econômica, razão pela qual se pode diferenciar inovação de invenção. Enquanto invenção pode ser considerada como uma mera solução original; a inovação pode ser considerada uma invenção com uma viabilidade econômica e de mercado, ou seja, trata-se de uma invenção que gera lucro por meio do mercado.

A partir do conceito posto, aduz-se que economistas influenciam largamente na aceitação deste conceito com o viés econômico agregado. Um dos mais influentes do século XX, Schumpeter, antes de meados do referido século, já associava inovação com uma sinergia entre recursos que permite gerar novos produtos, novos processos, novos mercados, novas formas de organização, novas formas de matéria-prima.[1] Bem mais tarde, na década de 80, o italiano Dosi ainda tratava a inovação como instituto de resolução de problemas, mas com a utilidade específica de gerar valor.[2] Em síntese, pode-se afirmar que a inovação, por definição, gera ou agrega valor, a depender de ser uma inovação disruptiva ou incremental.

A inovação pode ser encarada por meio de diferentes perspectivas. Pode-se exemplificar pela possibilidade de ela ser encarada pela ótica da *res* pública (um prisma estatal), social, econômica. Vozes clássicas da economia, partidários de uma linha endógena de conhecimento, consideram a inovação como algo indispensável para a pujança econômica de um Estado. Colocam a tecnologia agregada à inovação como um fator que multiplica, de forma diretamente proporcional, a resultante da função de produção.

O conhecimento, quer seja empírico, quer seja científico; formal ou informal; é uma força que contribui exponencialmente com a inovação de um povo: técnica e tecnologia são instrumentos que, agregando valor ao conhecimento, geram inovação. Na hipótese, as especificidades da inovação são consequência da vocação e do esforço de um povo pelo conhecimento, podendo ser setoriais, geográficas, sociais, culturais, institucionais.

O recente modelo sul-coreano de inovação pode ser tomado como paradigma. Passou de um país agrário na década de 50 para o país economicamente pujante e desenvolvido que se conhece hoje. Por certo, fatores políticos externos influenciaram no referido desenvolvimento, todavia trata-se de um desenvolvimento modelar estudado

---

[1] SCHUMPETER, J. A. *A teoria do desenvolvimento econômico*. São Paulo: Nova Cultural, 1988.

[2] DOSI, G. The nature of the innovative process. *In*: DOSI, G. et al. *Technical change and economic theory*. London: Pinter, 1988.

por pesquisadores do porte de Linsu Kim. O pesquisador conclui sobre a importância da intervenção estatal no modelo de desenvolvimento coreano.[3]

Existe um conceito schumpeteriano em que a economia não deve estacionar e portanto depende da disponibilização de novos produtos, métodos de produção e/ou oportunidades comerciais. Outro keynesiano, em que os Estados devem fazer aquilo que os indivíduos não estão dispostos a fazer, mas que é relevante para a sociedade. Paul Berg (Nobel de química de 1980) constatou que as indústrias nos anos 50 e 60 foram alimentadas por investimentos realizados pelos Estados em ciência básica. A partir destas afirmações, Mariana Mazucatto propõe que o papel do Estado não seria o de apenas corrigir os defeitos do mercado ou financiar pesquisa e desenvolvimento pela intervenção macroeconômica. A autora afirma que o Estado deve empreender assumindo riscos que os particulares não estão dispostos a correr, e deve ainda trabalhar pela criação de novos mercados. A autora destaca que o papel do Estado não pode ser limitado a uma intervenção macroeconômica de correção de "defeitos"; ou ainda de financiamento da pesquisa e desenvolvimento públicos. Defende, portanto, que o Estado deve assumir riscos e criar mercados.

Os produtos inovadores da Apple lançados nos últimos anos decorrem, em grande parte, de tecnologias que foram frutos de investimentos em que o Estado americano assumiu os riscos de desenvolvimento tecnológico. Particulares não costumam assumir tamanho risco sem que o retorno esperado seja praticamente assegurado. Trata-se de investimentos por vezes sistêmicos e de longo prazo, o que praticamente inviabiliza o investimento privado no desenvolvimento. As inovações presentes nos produtos da empresa de Steve Jobs foram desenvolvidas, como regra, com dinheiro do Estado americano, procurando a resolução de problemas ligados a área de defesa. O capital de risco investido em tais soluções resultou em tecnologias como as telas sensíveis ao toque, formas inovadoras de armazenagem de dados, a internet, o GPS, as tecnologias do SIRI (assistente pessoal virtual), bateria de lítio. No caso, a Apple se mostrou um efetivo integrador das tecnologias até então implementadas com risco de desenvolvimento de terceiros.

A bateria de lítio teve significativo financiamento do Departamento de Energia estadunidense (DoE); o SIRI foi originado em um pedido da DARPA (Agência de Projetos de Pesquisa Avançada de Defesa) ao Stanford Research Institute (SRI) para desenvolver um assistente virtual para uso militar; a tecnologia da internet também teve financiamento da DARPA; o Departamento de Defesa (DoD) financiou o GPS (Sistema de Posicionamento Global). Além das tecnologias já citadas, a colaboração entre as agências americanas permitiu o desenvolvimento de computadores, jatos, energia nuclear civil, *lasers*, biotecnologia, tecnologias "verdes" (financiadas em grande parte pela ATPA-E),[4] apenas para citar algumas. Mesmo o financiamento de projetos aparentemente financiados por um departamento civil – como o desenvolvimento da bateria de lítio pelo DoE – possui conexão com as forças armadas estadunidenses. As antigas baterias de níquel-cadmio utilizadas pela defesa desde a primeira grande guerra possuem diversas limitações amenizadas na tecnologia mais recente das baterias de lítio, muito

---

[3] KIM, Linsu. *Da imitação à inovação*: a dinâmica do aprendizado tecnológico da Coreia. Campinas: Unicamp, 2005.
[4] BLOCK, F. L. Swimming against the current: the rise of a hidden developmental state in the United States. *In*: *Politics and society*, 36, n. 2, p. 169-206, jun. 2008.

mais úteis nos equipamentos militares. Exemplos coreanos também possuem, *v.g.*, vastos estudos acadêmicos. Bancos estatais como o KfW (banco de desenvolvimento alemão), o BNDES (Banco Nacional do Desenvolvimento) e o banco de desenvolvimento chinês são exemplos de outros órgãos que têm estado por trás de investimentos públicos de risco em inovação e empreendedorismo.[5]

Neste ponto faz-se uma ressalva nos casos de investimentos do BNDES: o banco tem investido em inovações, mas não parece ter adotado uma política de proteger as pesquisas de forma que deem lucro no país. Pode-se exemplificar este erro crucial com os investimentos em pesquisas farmacêuticas em que os beneficiários puderam ser vendidos com as tecnologias adquiridas para empresas transnacionais sem quaisquer restrições, como se pode constatar pela observação das aquisições de empreendimentos beneficiários dos investimentos do banco por empresas estrangeiras. Tal fato acaba tornando tais investimentos pouco úteis para a sociedade que os financia.

A história nos mostra que grandes inovações, em regra, exigem tempo, paciência, planejamento, disciplina, estrutura. Investimentos privados em inovação costumam ser escassos e imediatistas. Por isso as empresas têm dependido cada vez mais dos investimentos governamentais. Somente depois da fase de maior risco do investimento, os particulares se mostram dispostos a comprometer recursos próprios em inovação. Em síntese, pode-se afirmar o *link* efetivo entre o governo, inovação, tecnologia e empreendedorismo.

Ademais, é parte de um capitalismo administrado o fato de os governos regularem e formarem mercados por diferentes modos.[6] O Estado empreendedor pode ser fundamental no processo de crescimento econômico por meio de regulação favorável e pelo fomento aos mercados que alavanquem a economia de uma sociedade.

No Brasil, o Estado empreendeu abertamente e com êxito desde a era Vargas, com a exploração de bens como aço e petróleo, com a criação da Companhia Siderúrgica Nacional (CSN) em 1941, Vale em 1942, Petrobras em 1953.[7] No entanto se faz relevante o entendimento de que empreender por meio do desenvolvimento de tecnologias inovadoras pode trazer benefícios mais efetivos para a sociedade, em razão da possibilidade de maior retorno econômico.

Entendido o modelo de um Estado empreendedor, sugere-se uma forma de potencializar investimentos em inovação por meio da proposta da tripla hélice de inovação.

III A tripla hélice da inovação

O modelo da tripla hélice da inovação tem sido divulgado principalmente por Henry Etzkowitz e Loet Leydesdorff,[8] pesquisadores precursores no assunto. No modelo

---

[5] MAZZUCATO, Mariana. *O Estado empreendedor*: desmascarando o mito do setor público *vs.* Setor privado. São Paulo: Portfolio-Penguin, 2014.
[6] CHANG, Ha-Joon. *Economia*: modo de usar. Um guia básico dos principais conceitos econômicos. São Paulo: Portfolio-Penguin, 2015.
[7] MUSACCHIO, Aldo; LAZZARINI, Sérgio G. *Reinventing State Capitalism*. Leviathan in Business. Brazil and beyond. Cambridge: Harvard University Press, 2014.
[8] TRIPLE HELIX RESEARCH GROUP BRAZIL. *Sobre a triple helix*. Disponível em: http://www.triple-helix.uff.br/sobre.html. Acesso em: 6 ago. 2016.

proposto as hélices que geram o desenvolvimento por meio da inovação são o Estado, os empreendedores com suas empresas e o meio acadêmico. O Estado promove a inovação, que por definição desembocará em desenvolvimento econômico que será regulado pelo próprio Estado. O Estado financia as pesquisas com o capital de risco que os demais atores não disporão. O investimento resultará em inovação tecnológica a ser aplicada pelo setor produtivo no seu próprio desenvolvimento. O desenvolvimento fomentado será apoiado sinergicamente pela academia indutora e difusora de conhecimentos e pelo setor produtivo que possui interesse em inovar em produtos, serviços, matérias-primas, processos, novas formas de organização, para a aquisição de novos mercados.[9] Em outras palavras, os interesses comuns entre os três vetores da hélice fazem com que o Estado invista na busca tecnológica em favor do bem comum dos jurisdicionados, se tornando fonte geradora de empregos e renda de qualidade. Ao Estado interessa o aperfeiçoamento tecnológico local, que ainda reflete na segurança do país: é natural o aumento do potencial defensivo e ofensivo decorrente da inovação tecnológica. À empresa interessa a tecnologia e a inovação para que possa auferir mais lucro. Ganhar mais dinheiro em decorrência de novas tecnologias possibilita que as empresas gerem novos postos de trabalho e aumentem a renda de todos os envolvidos. O governo é beneficiado pela geração de impostos e pela melhoria de qualidade de vida decorrente da abertura de novos postos de trabalho. Ao meio acadêmico interessa inovar para que as universidades possam desenvolver novas pesquisas úteis para toda a sociedade. É uma forma das universidades captarem novos recursos financeiros sistêmicos, recursos humanos, desenvolverem pesquisas, parcerias, difundirem conhecimentos. Nesta perspectiva a universidade age como um ator ativo de desenvolvimento pela geração da inovação. Trata-se de um sistema tripartite que se fortifica e que se retroalimenta, aproveitando todos os envolvidos de forma especial, mas também todo o país.[10]

Neste ponto é conveniente uma observação. Conforme já abordado, em países que deram certo economicamente, como os Estados Unidos, a indústria que mais fomenta a inovação é a indústria de defesa. Este fato é compreendido pela razão de que uma das armas da guerra é a inovação tecnológica: a novidade pode ser um grande aliado tanto para a defesa quanto para o ataque. Note-se que a inovação de interesse acontece nos mais diversos campos. Existente a inovação para aplicação militar, procura-se verificar se pode haver a aplicação econômica da inovação no meio civil. Trata-se do que se chama do uso dual da tecnologia: a tecnologia utilizada em aplicações militares e civis. É natural que a tecnologia em uso no meio militar seja mais complexa e mais completa, afinal será utilizada para surpreender as forças oponentes.

Com a constatação, a indústria de defesa costuma ser uma beneficiária contumaz deste processo. Pode-se exemplificar com as tecnologias já citadas no tópico anterior, como GPS, assessor virtual, tela sensível ao toque, a internet e seus protocolos, e outras não citadas, como a criptografia, a tecnologia dos rádios, as telas mais finas como telas de LCD, os chocolates revestidos com uma casca de açúcar – que os soldados poderiam levar no bolso sem derreter. Saindo dos Estados Unidos, apenas para citar um exemplo

---

[9] ETZKOWITZ, Henry; LEYDESDORFF, Loet. *The* Triple Helix-University-Industry-Government Relations: A Laboratory for Knowledge-Based Economic Development. *EASST Review*, 14, 14-19, 1995.
[10] ETZKOWITZ, Henry; LEYDESDORFF, Loet. *Emergence of a Triple Helix of university – industry – government relations*. Disponível em: https://doi.org/10.1093/spp/23.5.279. Acesso em: 6 ago. 2017.

alemão, o desenvolvimento de muito da tecnologia utilizada pelo Volkswagen Fusca foi pensado para atender necessidades do exército alemão.

No Brasil, os investimentos em inovação – mesmo os governamentais – não costumam ser sistêmicos. Ainda assim, como as forças armadas brasileiras são órgãos de Estado, e não de governo, pode-se identificar em maior proporção, com relação aos investimentos realizados, modelos exitosos de inovação que geram empregos de qualidade e renda para o Estado e para os brasileiros. A Força Aérea Brasileira (FAB) investiu e investe há décadas em um sonho: voar com uma aeronave nacional. Isto implica a utilização de recursos que costumam ser dos primeiros a serem contingenciados em tempos de crise no Brasil. Ainda assim, por sua permanência no tempo, e em razão de investimentos da FAB, conseguiu-se inovar a ponto de que fosse criada a aeronave nacional. Primeiro de carga, depois vieram os aviões de transporte de pessoal, e hoje o caça brasileiro já é uma realidade. Todos EMBRAER, desenvolvidos com tecnologia de integração dominada por brasileiros. Trata-se de uma das tecnologias mais valorosas existentes no Brasil. Fruto de investimentos contínuos da força aérea. Existem exemplos ainda na marinha do Brasil e no exército brasileiro.

Mazzucato sugere que, em decorrência do investimento estatal, seria razoável que o Estado recebesse mais uma fonte de receitas relevante, além dos impostos, que pudesse ser utilizada para reinvestir na inovação de capital de risco que precisa: receber dinheiro dos *royalties* decorrentes dos produtos que se utilizam da tecnologia por ele desenvolvida. A autora argumenta que se os Estados Unidos recebessem apenas 1% de *royalties* dos produtos Apple, por exemplo, já haveria expressiva verba para reinvestir em inovação e, como ela cita, "tecnologia verde". A autora argumenta que em decorrência da socialização dos riscos e da privatização das recompensas, o Estado empreendedor também poderia ter sua "fatia do bolo".

Outros aspectos merecem ser tomados em conta para que a inovação seja facilitada por meio de um sistema tributário que permita a competitividade do produto ou serviço para exportação. Por vezes, políticas públicas podem fomentar a exportação de produtos que gerem empregos de qualidade e renda, concorrendo para a melhoria da renda e da qualidade de vida no país.

Ao tempo em que são desenvolvidas tecnologias com riscos assumidos em grande parte pelo Estado, deve-se passar para a etapa de combate à desigualdade. O combate à desigualdade é outro aspecto importante de se fomentar por uma sociedade. O Estado pode intervir no mercado para a criação de riqueza, mas será desejável que tal riqueza seja distribuída de forma sustentável, para que o Estado cumpra seu principal papel, que é o almejado bem comum da sociedade que o financia e dirige em um país democrático.[11] A distribuição de riquezas pode ser potencializada por uma política de combate à desigualdade.

Stiglitz sugere o combate à desigualdade por meio da promoção da eficiência econômica, o que poderia ser implementado por meio de políticas públicas que fomentem (1) mercados competitivos; (2) restauração do equilíbrio à propriedade intelectual; (3) olhar atento do Estado às práticas financeiras; (4) internalização dos riscos pelos

---

[11] DALARI, Dalmo de Abreu. *Elementos de teoria geral do Estado*. São Paulo: Saraiva, 1998.

agentes privados, com escopo na eficiência econômica.[12] Mazzucato não parece desmentir o autor quando propõe que grande parte do risco seja assumida pelo Estado quando se observa que Stiglitz tem como meta a eficiência econômica. As conclusões dos dois autores podem ser conciliadas, tendo como norte o bem da sociedade como um todo, sem que as empresas percam a efetividade econômica que gera empregos, impostos e renda.

Entendido o modelo da tripla hélice, é desejável que se tenha contato com algumas das ameaças ao desenvolvimento, como acordos e normas que podem refletir negativamente na inovação de um país.

IV Chutando a escada

Dentro da estratégia de inovação – que por definição agrega valor econômico à invenção, não se deve olvidar as observações retratadas por Chang na obra "Chutando a escada: a estratégia do desenvolvimento em perspectiva histórica". O autor sul-coreano realiza pesquisas no campo do desenvolvimento econômico. Uma das conclusões do autor pode ser condensada com a afirmação de que os países não desenvolvidos, aí incluídos os países em desenvolvimento, são pressionados pelos países desenvolvidos, para a adoção de políticas de desenvolvimento que os prejudica: políticas macroeconômicas restritivas. O autor afirma que os países desenvolvidos, como regra, chegaram ao pleno desenvolvimento aplicando políticas que são tidas como não aceitáveis por grande parte deles nos dias de hoje. Assim sendo, os países subiram as escadas do desenvolvimento tecnológico e, lá do alto, chutaram a escada, para que os outros países se desenvolvam com maior dificuldade. Na prática os desenvolvidos têm pregado que os países não desenvolvidos devem adotar políticas de desenvolvimento que eles mesmos não adotaram ao se desenvolverem, como regra.[13] A pesquisa do autor destaca que livre mercado e livre comércio são um mito.

O termo "chutando a escada" é atribuído ao economista alemão Georg Friedrich List, que defendeu o desenvolvimento econômico local por meio da proteção contra a concorrência econômica de economias mais avançadas por meio de um "protecionismo educador" que permita o êxito do desenvolvimento da economia nacional não desenvolvida. Chang justifica seus argumentos afirmando categoricamente que os países desenvolvidos não seriam o que são hoje se adotassem as políticas que eles mesmos querem impor aos não desenvolvidos, por meio de leis de comércio e outros acordos internacionais aceitos muitas vezes para que sejam evitadas sanções em desfavor dos economicamente mais pobres. Pode-se exemplificar as práticas condenadas pelos países desenvolvidos que eles mesmo utilizaram no seu desenvolvimento: (1) subsídio à indústria; (2) proteção tarifária; (3) programas de investimento público em infraestrutura e manufatura; (4) financiamento para aquisição de tecnologia alienígena tanto por meios legais (como intercâmbio de estudo) quanto por meios ilegais (como espionagem

---

[12] STIGLITZ, Joseph. *Rewriting the rules of the American Economy*. An agenda for growth and shared prosperity. New York: W.W. Norton & Company, 2016.
[13] Apenas em meados do século XIX, os ingleses adotaram uma política de livre comércio, com seu mercado menos protegido, oportunidade em que a sua supremacia industrial era evidente. Com pouco mais de dois por cento da população mundial, em 1870, as terras inglesas respondiam por quase a metade do comércio mundial de manufaturados.

industrial, contrabando de maquinário, não reconhecimento de patentes estrangeiras); (4) apoio financeiro do Estado para pesquisa e desenvolvimento (P&D); (5) facilitação de parcerias público-privadas. Alguns países têm dificultado ainda a transferência de tecnologia para seus concorrentes potenciais, incluindo mão de obra escassa decorrente de especialização; ademais, países como o Reino Unido chegaram a abrir mercados à força. O autor destaca que, em favor do progresso econômico, deve-se olhar para o aprendizado histórico.[14] Com importantes reverências ao seu posicionamento, alguns criticaram seus argumentos. Em 2007 são publicados contra-argumentos sobre as principais críticas pelo próprio autor.[15]

Dos argumentos de Chang se pode aduzir que países como o Brasil, em decorrência da aceitação de tratados como o acordo sobre aspectos dos direitos de propriedade intelectual relacionados ao comércio (TRIPs), possuem, naturalmente, uma dificuldade maior do que os países hoje desenvolvidos pelo simples fato de estarem sujeitos a normas diferentes, e que retardam o desenvolvimento no tempo, considerados válidos os argumentos até então apresentados.

Ratificando Chang no que concerne à propriedade intelectual, Stiglitz ressalva que não há evidências empíricas de que a propriedade intelectual proporcione uma curva inovativa ascendente; ao revés, evidencia o autor que estudos sugerem que direitos de propriedade intelectual robustos tendem a impedir a inovação. Para o desenvolvimento da inovação, o autor aponta, além da necessidade de um regime de proteção à propriedade intelectual equilibrado e diferenciado, que o Estado deve apoiar a ciência básica e a tecnologia,[16] reforçando ainda o que propõe Linsu Kim sobre o ponto.

Outro ponto de destaque é o fato de que para inovar é, quase sempre, necessário dominar uma etapa anterior à da inovação: a imitação. Esta prática pode ser, por vezes, limitada, mas é um estágio sem o qual a inovação será mais improvável.

V Da imitação à inovação

Para que se possa entender melhor o impacto de acordos como o TRIPs no desenvolvimento de países como o Brasil, convém citar o ensinamento de Linsu Kim de que se chega à inovação por estágios. Um deles é a imitação. Em outras palavras, para ser um bom inovador, é preciso, antes, saber imitar. Kim chegou a tal conclusão depois de analisar dezenas de empreendimentos sul-coreanos. O autor exalta o papel do Estado identificando vocações preexistentes e desenvolvendo aptidões tecnológicas que serão de proveito da inovação que o Estado pretende alcançar por meio de seus talentos humanos e empreendimentos. Linsu conclui que a imitação é um dos degraus a se percorrer para se chegar à inovação a partir da experiência vivida pelo modelo sul-coreano, em particular nas indústrias de automóveis, eletrônicos e semicondutores. O governo chegou a fomentar meios de que fosse implementada engenharia reversa de bens de interesse.

---

[14] CHANG, Ha-Joon. *Chutando a escada*: a estratégia do desenvolvimento em perspectiva histórica. São Paulo: UNESP, 2004.

[15] CHANG, Ha-Joon. *Bad samaritan*: the myth of free trade and the secret history of capitalism. London: Random House/Bloomsbury, 2007.

[16] STIGLITZ, Joseph. *Op. cit.*, 2016.

O governo ainda providenciou sistemas de apoio técnico e criou institutos de tecnologia e centros científicos. O Estado havia percebido a importância de se investir em todo tipo de educação: ensino fundamental, médio e superior, dando grande importância à qualidade de todos estes. Uma boa base de ensino foi tida como um dos fundamentos da inovação. Privilegiou as áreas mais importantes para a indústria que pretendia fomentar, também no ensino técnico. Fomentou a acumulação e o desenvolvimento de aptidões tecnológicas dentro das empresas. Linsu Kim ainda observa que a transferência de tecnologia (ToT) não deve ser encarada como uma alternativa a esforços de aprimoramento de tecnologia dos países em processos de *catching-up*.

Nesse contexto, a inovação tem sido a principal força motriz de Estados industrializados. O desenvolvimento econômico advém de um processo de aquisição de aptidões tecnológicas. Por trás de rápido desenvolvimento, como nos modelos sul-coreano, tailandês, de Cingapura ou Hong-Kong, são percebidas, invariavelmente, altas taxas de investimento em capital físico e humano com o escopo de alavancar a produção. Outras características apontadas por economistas, além da inovação, são o espírito empreendedor com a assunção de riscos e o aprendizado efetivo. Quando se coloca que a imitação é base da inovação, deve-se considerar que esta não significa necessariamente uma cópia ou um clone ilegal. Pode-se imitar sem se envolver com violações de patentes ou pirataria de *know-how* registrado. Por vezes é possível produzir uma cópia barata sem que esta seja uma falsificação. Pode se tratar de produção autorizada ou ainda da produção de itens sem patentes ou com patentes expiradas (o mesmo vale para direitos do autor ou marcas registradas).[17] Mais da metade das inovações patenteadas foi legalmente imitada no período de quatro anos a contar de seu aparecimento.[18]

Outro aspecto a ser considerado é a proposta de Stokes de que a inovação deva ser pesquisada a partir de duas perspectivas: uma mensurando o avanço do conhecimento sem aplicação imediata; e outra aplicando o aprendizado como forma de resolver problemas de mercado. A melhor perspectiva engloba os melhores avanços do conhecimento teórico com uma aplicação prática em vista para que os empreendedores possam explorá-la. O autor chama esta perspectiva aqui sintetizada de *O Quadrante de Pasteur*, em homenagem às pesquisas do renomado pesquisador. Assim sendo, a pesquisa científica pode atender às demandas da sociedade, reforçando o possível pacto entre as comunidades científicas e a comunidade representada na classe política. Stokes ressalta que a pesquisa aplicada a resolver problemas postos pela sociedade fortalece o incentivo que se pode oferecer com investimentos públicos. Assim agindo, será possível ao Estado traçar práticas sustentáveis que levem determinada sociedade à inovação.[19] De certa forma, todos os investimentos realizados para o cumprimento de políticas públicas, e para resolver problemas de um Estado democrático, ao menos em tese, cumprirão a referida função, visto que o Estado democrático tem por principal finalidade servir a sociedade que o financia.

---

[17] KIM, Linsu; NELSON, Richard R. *Tecnologia, aprendizado e inovação*: as experiências das economias de industrialização recente. Campinas: Unicamp, 2005. p. 9-22.
[18] MANSFIELD, E. R&D, pattents and productivity. *In*: GRILICHES, Z. (Org.). *R&D and innovation*. Chicago: University of Chicago, 1984. p. 142-143.
[19] STOKES, Donald E. *O quadrante de Pasteur*: ciência básica e a inovação tecnológica. Campinas: Unicamp. 2005.

Estudado o contexto até agora apresentado, propõe-se o *offset* como um possível instrumento do Estado empreendedor para alcançar êxito na inovação dentro de algumas circunstâncias ora apresentadas.

VI O *offset* como proposta

Como já se pôde perceber, pode haver momentos em que normas restritivas como as da Organização Mundial do Comércio (OMC) podem retardar a possibilidade de inovação em um país em desenvolvimento. No entanto, como mesmo os países desenvolvidos desejam ter maior liberdade quando se trata do relacionamento com a indústria de defesa, as restrições relacionadas à defesa são bem diferentes da regra geral. Em tal contexto podem entrar em cena os chamados Acordos de Compensação Tecnológica – *offsets* tecnológicos oriundos de aquisições de defesa.

Os acordos de compensação – *offsets* são instrumentos que possibilitam o reequilíbrio da balança comercial em decorrência de aquisições de grande vulto. Quando o país importa quantias vultosas, ele gera emprego, renda, desenvolvimento econômico no estrangeiro, decorrentes das aquisições de grande vulto. Para compensar este desenvolvimento alienígena, o Estado adquirente pode pedir uma compensação – *offset*.

Tal compensação, focada como regra no reequilíbrio da balança do Estado comprador, pode ser de diversas modalidades. Num país em desenvolvimento, em razão das características que lhe são próprias, a modalidade mais desejável de *offsets* costuma ser o que se conhece por *offsets* tecnológicos. Em síntese, pode-se aspirar à transferência de tecnologia sem a sujeição às restrições que são comuns de se encontrar na OMC, exatamente por se tratar, na hipótese, de compensações de defesa.

Espera-se que um *offset* tecnológico gere, além de empregos de qualidade no país beneficiado, transferências de tecnologia que impliquem maior renda e qualidade de vida para os cidadãos que contribuem com o Estado importador. Nem sempre as compensações são de defesa. Elas podem ser oriundas de outras compras públicas, como, por exemplo, aquisições na área de saúde. No entanto, vale lembrar que aquisições que não são de defesa podem ter maiores restrições em razão de acordos internacionais.

Pode-se concluir que:

> As compensações – ou *offsets* – são práticas que visam a reduzir impactos econômicos negativos na balança comercial de países que realizam importações de grande vulto. O Estado comprador, em geral, busca mitigar o desequilíbrio da balança comercial negociando com o fornecedor estrangeiro a geração de benefícios de natureza comercial, industrial ou tecnológica. Dentre esses, os acordos de compensação tecnológica costumam ser os mais complexos, seja pelo maior número de variáveis, seja pelos interesses por vezes antagônicos dos contratantes. Os *offsets* podem ser importante ferramenta de desenvolvimento de setores econômicos, mas sua efetividade depende de modelagem contratual adequada.[20]

---

[20] GRAÇA, Ronaldo Bach da. Contracapa. *In:* ÁLVARES, J. G.; VIEIRA, A. L. *Acordos de Compensação Tecnológica (offset):* teoria e prática na experiência brasileira. Rio de Janeiro: Lumen Juris, 2017.

No Brasil, a Lei nº 8.666/93, a Lei de Licitações, prevê a possibilidade de *offsets*, que nas compras de defesa são obrigatórios em compras a partir de determinados valores mais altos nas aquisições de produtos importados.[21] Apesar de haver um valor, a partir do qual os *offsets* passam a ser obrigatórios nas aquisições de defesa brasileiras, as compensações podem ser pedidas, a critério da força adquirente, em qualquer compra da defesa de produtos importados.

É desejável que o agente público que coordena os pedidos de compensações seja especializado por diversas razões, a principal delas é saber como melhor empregar os créditos referentes às aquisições estrangeiras. O profissional deve saber claramente, por exemplo, diferenciar transferência de tecnologia de transferência de conhecimento. Isto é importante, pois nas propostas de compensação ofertadas pelos fornecedores estrangeiros, por vezes, tais conceitos são confundidos. E há uma enorme diferença entre os referidos institutos. Por certo a necessidade de conhecimentos não se esgota neste tópico, que vai merecer mais alguns comentários.

Transferências de conhecimento (ToK) podem ser importantes para aprender a montagem e desmontagem de equipamentos, manutenção, nacionalizar linhas de produção; no entanto, somente com a transferência de tecnologia será possível entender como é o funcionamento interno dos equipamentos. Para um país em desenvolvimento é fundamental receber ToT sempre que possível. Ou seja, é desejável que um país em desenvolvimento use os créditos de compensação para adquirir o que não costuma estar à venda pelos fornecedores estrangeiros: tecnologia de interesse; e só se vai conseguir acessar a referida tecnologia em razão da aquisição de equipamentos em aquisições vultosas.

Outros pontos de importância para a gestão de *offsets* tecnológicos, num rol meramente exemplificativo, são ligados à inovação, negociação, gestão de projetos. Trata-se de um instituto em que as negociações tendem a ser complexas, continuadas e – por vezes – caracterizadas pela assimetria informacional.

Pode-se concluir parcialmente que os *offsets*, em especial os de defesa, se bem conduzidos, podem trazer importante retorno financeiro e social para os Estados adquirentes de produtos importados em aquisições vultosas. Por não estarem sujeitos, como regra, a restrições decorrentes de acordos internacionais, as compensações de defesa em países em desenvolvimento devem ser utilizadas estrategicamente pelos Estados interessados, pelo bem da população que o financia por meio dos impostos.

Acordos de compensação, por serem instrumentos estratégicos, normalmente são classificados mundo afora, e, portanto, o acesso a eles tende a ser restrito. É natural que seja assim, afinal, tratam de assuntos sensíveis, por vezes, ao país como também para os demais signatários dos acordos de compensação. Por vezes podem conter informações estratégicas para o Estado e para os demais envolvidos. O referido sigilo, característica deste tipo de contrato, deve ser encarado como uma proteção ao Estado e aos demais signatários.

Existem instrumentos na referida modalidade de contrato que têm por objetivo a mitigação dos riscos típicos. A garantia bancária é somente uma das espécies dos referidos instrumentos. A negociação que precede a assinatura do acordo vai fomentar

---

[21] Nesta hipótese a obrigatoriedade se dá não em razão da Lei de Licitações. Esta apenas autoriza o instituto.

as garantias necessárias aos envolvidos. Em contratos que envolvam transferência de tecnologia tais garantias ganham ainda mais destaque em razão da possibilidade de atraso ou outros problemas na transferência acordada.

A negociação nesta espécie de acordo costuma ser conduzida de forma pessoal, em que pese a possibilidade de consulta a algoritmos [de negociação], potencializando a qualidade e a vantajosidade dos acordos, por meio de heurísticas e estatísticas de apoio. A possibilidade (já citada) de assimetria informacional é outro ponto importante a ser considerado. Em países como o Brasil, em que o trato com a coisa pública se dá, em regra, com grande transparência, a quantidade de informações disponíveis aos agentes privados, estrangeiros ou não, impõe ao agente público a presunção de que há assimetria informacional a seu desfavor como regra. Friedman, de certa forma, justifica tal assimetria quando defende que a transparência é também fundamental em uma democracia, em que pese ele ter referenciado a assertiva em outro contexto. Stiglitz ressalva ainda que da posse da tecnologia decorre [ainda mais] assimetria informacional,[22] desequilibrando ainda mais as relações que envolvem acordos de transferência de tecnologia.

O fato de o acordo de *offset* ser sigiloso não prejudica a *accountability*, até porque todos os contratos públicos no Brasil estão sujeitos aos controles interno e externo; no entanto a principal razão que faz com que o sigilo não prejudique a "prestação de contas" é o fato de serem produtos de extensa negociação entre o Estado e "concorrentes" como um dos vetores de avaliação de propostas. Ademais a escolha dentre os possíveis beneficiários deve atender a critérios ditados tanto pelo Estado quanto pelo fornecedor estrangeiro, como regra.

Apesar de não serem nem mais nem menos suscetíveis de corrupção de que quaisquer outros contratos administrativos, convém que seja abordada agora a efetividade demonstrada pelo "capitalismo de laços" do qual Sergio Lazzarini discorre para que o assunto seja tratado sinergicamente com o tema em estudo. Frise-se ainda que *offset* é algo extremamente diferente de "brinde" em razão de grandes compras. Se assim for confundido, poderá trazer prejuízo ao invés de benefícios para a sociedade que dele deveria aproveitar.

O modelo apresentado, como tudo o que envolve dinheiro público, requer alguns alertas. Conhecê-los implica a possibilidade de se defender contra eles.

VII O capitalismo de laços: risco de tudo o que envolve dinheiro público

Lazzarini discorre sobre um fenômeno que denominou de "capitalismo de laços": um *emaranhado de contatos, alianças e estratégias de apoio gravitando em torno de interesses políticos e econômicos* (relações sociais de empresários com o poder político). Para o autor, o Estado brasileiro, por ocasião das privatizações iniciadas no governo de Fernando Collor (com a venda da Usiminas), não abriu mão de ser um Estado empresário, onde os poderosos são mutuamente beneficiários de uma política de troca de favores. Para o autor, os governos desde então optaram por um modelo em que, ao contrário do que se

---

[22] STIGLITZ, Joseph. *Op. cit.*, 2016.

espera com privatizações, aumentou sua participação nos empreendimentos privados por meio de medidas como a participação de dinheiro público, como o proveniente do BNDES, ou de capitais de fundos de pensão que possuem laços com o governo. Em outras palavras, as influências do governo nas entidades privadas foram reforçadas, mesmo parecendo contraditório em razão do contraste de privatizações que seguiram acontecendo depois do governo Collor.[23]

Pode-se materializar a assertiva com a afirmação de que o BNDES possuía, em 1990, participação direta ou indireta em 30 grandes empresas. Em 2009 o número triplicou. Com isso, a influência do Estado nas empresas não diminuiu, apesar das privatizações. Outra constatação do autor são os cruzamentos societários: apresentam um índice maior do que em outras economias, sejam desenvolvidas ou emergentes. A realidade apresentada pode indicar que o país possui um ambiente menos competitivo, visto que os proprietários de empresas no Brasil têm se juntado a fim de mitigar seus riscos. Ademais, os referidos empreendedores, ainda que não possuam laços diretos com o governo em uma das empresas, podem ter tais laços com o governo por via transversa. Tais aglomerações empresariais podem dificultar a sadia concorrência, sem falar no fato de que o Estado tem investido em empresas sem necessidade, invertendo os investimentos esperados nas próprias políticas públicas, que, ao menos em tese, deveriam priorizar necessidades básicas.[24]

O autor propõe cautela em hipóteses em que grandes conglomerados empresariais se juntam em consórcios ou pirâmides de controle a fim de diminuírem seus riscos em concorrências como licitações. Quando, *v.g.*, três grandes empreiteiras se juntam em um consórcio para concorrerem em uma licitação, a concorrência será relativizada. Conclui ainda que as empresas mais lucrativas do país possuem vínculos com financiamentos de campanha dos políticos: em detrimento do mérito empresarial na função principal da empresa, tais investimentos tendem a privilegiar, em desfavor da sociedade, os financiadores de campanhas ou seus coligados. Ademais, o empresário nacional, como regra, possui um ambiente muito pouco propício para empreender, dificultando o progresso econômico privado. Todo o contexto apresentado favorece a corrupção, já evidenciada no país.[25]

Lazzarini conclui por fim que pode ser altamente lucrativo cultivar laços com o governo e (1) devem ser estabelecidos claros critérios para que os investimentos governamentais sejam alocados, talvez em razão do impacto social dos investimentos; (2) as empresas devem ser desencorajadas de realizar financiamentos de campanha; (3) devem ser evitadas as práticas anticompetitivas; e (4) o Estado deve manter um ambiente mais favorável aos setores produtivos.[26]

Conclui-se que a relação em que o empreendedor se imiscui com os políticos, e que pode tornar empreendimentos dentre os mais lucrativos, prejudica a sociedade, que paga impostos e financia os investimentos com critérios questionáveis de bancos como o BNDES; mas prejudica em especial funcionários vinculados a grupos de pensão que investem seus recursos em razão de escolhas políticas em detrimento de investimentos

---

[23] LAZZARINI Sergio G. *Capitalismo de laços*: os donos do Brasil e suas conexões. Rio de Janeiro: Elsevier, 2011.
[24] LAZZARINI Sergio G. *Op. cit.*, 2011.
[25] *Ibidem*.
[26] LAZZARINI Sergio G. *Op. cit.*, 2011.

criteriosos em locais em que há uma perspectiva de lucro compatível com o que se espera de um fundo previdenciário.

Na prática, o que interessa do assunto na presente pesquisa é o fato de que é desejável que se evite a influência do capitalismo de laços no papel do Estado empreendedor. É defensável que o Estado, para o bem da sociedade, empreenda e assuma riscos; no entanto as escolhas dos beneficiários diretos não podem estar pautadas senão em políticas públicas que privilegiem os investimentos mais desejáveis para a sociedade e que considerem a vocação social, intelectual, econômica, os investimentos basilares e sistêmicos escolhidos de forma bem clara e a partir de critérios objetivos e com parâmetros de mérito e rendimento. Se, ao revés, o Estado privilegiar empreendedores em razão de favores políticos que prestaram no passado como financiamentos de campanhas políticas, investimentos impregnados de ideologias de servidão ao governo e não à sociedade, a comunidade será a principal lesada.

Na hipótese da implementação possível de acordos de compensação, os benefícios e beneficiários devem ser escolhidos a partir dos claros objetivos os quais o Estado precisa atingir para melhor servir a sociedade. Os limites da discricionariedade devem passar pelo filtro da ética e dos demais princípios e leis que regem contratos administrativos, dentre os quais os princípios e normas constitucionais aplicados ao caso concreto.

O investimento em inovação deve respeitar ainda as condicionantes como o investimento necessário e sistêmico na estrutura sobre a qual se pretende alicerçar toda a base para a resolução dos problemas a serem resolvidos, como a educação de qualidade em todos os níveis, e a possibilidade de retorno dos investimentos que não sejam de risco a partir de um estudo de viabilidade criterioso e com critérios amplamente aceitos, como o de métodos como PMBOK ou Prince2, apenas para que sejam citados exemplos. Deve-se, em última análise evitar a influência do governo em exercício nas estratégias empresariais, decorrentes de clientelismo; e a mitigação da competição em razão de alianças e conflitos societários. Em síntese, deve-se evitar o capitalismo em que o êxito do empreendedor não advém de seu mérito como administrador, mas em razão de um contexto de *lobby* com troca de favores.

Para a consecução desta aspiração social, é conveniente que todo investimento decorrente de políticas públicas avalizadas pelo Legislativo do Estado brasileiro seja realizado, como regra, com total transparência e critérios mensuráveis.[27] No Brasil, com o mandamento de que a propriedade cumpra sua função social, a visão Friedmaniana de que a obrigação das empresas é apenas alavancar seus lucros[28] soa destoante com a ordem constitucional de 1988. A responsabilidade social das empresas deve também ser assumida: a empresa deve lucrar, mas deve ser instrumento de progresso para toda a sociedade.

A intervenção estatal possui oposição. Saber a opinião destes pesquisadores a partir de uma análise crítica é conveniente para testar a proposta e aprimorar suas potencialidades caso sejam adotadas.

---

[27] REICH, Robert. *Supercapitalism*: the transformation of business, democracy and everyday life. New York: Random House, 2007.

[28] FRIEDMAN, Milton. *Capitalism and Freedom*. Chicago: University of Chicago, 2002.

VIII Teorias libertárias: o contraponto

As teorias libertárias pregam que a intervenção estatal deve ser restrita ao mínimo suficiente para a manutenção da lei e da ordem social. Alguns destes teóricos afirmam que um planejamento estatal centralizado desemboca em totalitarismo e opressão; sendo que o controle da economia pelo Estado acaba por escravizar os cidadãos, além de torná-los dependentes. Ademais, um programa intervencionista do Estado violaria o Estado de Direito, a igualdade e a democracia. A necessidade de decisões rápidas a respeito de alocação de recursos em um planejamento impediria as decisões de consenso, típicas de um Estado democrático; e as intervenções estatais – invariavelmente – restringiriam e diminuiriam as liberdades individuais. Sempre em nome de um belo ideal, mas com consequências desastrosas para a democracia.[29] A crença de que o Estado possa liderar as atividades em nome da justiça social não teria fundamento para tais teorias. Em razão da teoria apresentada, acreditam que o intervencionismo estatal tem sempre um viés totalitário. O socialismo é apresentado como um exemplo de totalitarismo em razão da intervenção maciça do Estado na vida social em favor de algum ideal de justiça social, seja ele qual for. O liberalismo nunca foi realidade no Brasil.

Keynes faz um contraponto argumentando que algumas ações de intervenção estatal de risco poderiam ter suas consequências relativizadas pelo respeito moral ao indivíduo. Frise-se que o autor não prega contra o capitalismo, para quem é o sistema mais efetivo com o qual a humanidade já teve contato; no entanto prega a união do altruísmo social pelo Estado com a livre-iniciativa como um aperfeiçoamento do capitalismo. Por meio da intervenção estatal na economia, se teria a oportunidade de corrigir falhas de mercado.[30] Keynes prega a intervenção do Estado com fins na manutenção da paridade entre a demanda e a capacidade produtiva. Argumentos monetaristas, mais recentes, não desmentem Keynes no sentido da necessidade de alguma intervenção estatal como aperfeiçoamento do capitalismo de mercado. Frise-se ainda que o referido autor discorreu sobre a importância da relação entre renda, consumo e investimento, apontando a importância dos investimentos para o aumento da renda e da consequente possibilidade de aumento do consumo e qualidade de vida – esta última dedução de seus argumentos.

Keynes aponta a importância da inovação quando afirma que novas tecnologias aliadas a investimentos podem ser um dos instrumentos para que o "pleno emprego" seja alcançado. O pesquisador afirmou que o investimento, aí incluindo o estatal, apenas se mostra suficiente para a obtenção do pleno emprego quando o espírito humano é estimulado por inovação tecnológica, euforia financeira ou outros eventos incomuns. Mesmo Hayek, posterior a Keynes, mostrou-se favorável a alguma intervenção estatal, ainda que tenha demonstrado grande divergência quanto ao grau, intensidade e meios. Hayek, normalmente avesso à intervenção do Estado, admite a possibilidade de intervenção estatal nos mercados para a defesa de direitos individuais.[31]

Ainda em contraponto às teorias libertárias, pode-se afirmar que em todas as grandes e bem-sucedidas economias, o Estado desempenhou e desempenha um papel fundamental como interventor: as forças do mercado são verdadeiras e moldadas por

---

[29] HAYEK, F. A. *O caminho da servidão*. São Paulo: Instituto Ludwig von Mises Brasil, 2010.
[30] KEYNES, John Maynard. *Teoria geral do emprego, do juro e da moeda*. São Paulo: Atlas, 1992.
[31] HAYEK, Friedrich. A. *Op. cit.*, 2010.

meio de políticas públicas, materializadas ou não em leis, regulamentos e instituições.[32] Em tais economias é possível se afirmar que a sociedade tende a ter maior qualidade de vida em razão da intervenção estatal em favor da sociedade. Quanto às políticas públicas e às instituições, considere-se que costumam ser, em alguns casos, pilares onde a sociedade se apoia para realizar julgamentos mais precisos, tomar melhores decisões.[33] A partir de tais assertivas, pode-se aduzir que a intervenção estatal pode ser, por vezes, mola propulsora de um desenvolvimento social desejável, desde que seja contextualizada em medidas e políticas planejadas e com objetivos previamente planejados, justificados e seguidos.

O planejamento e a justificação ora aludidos podem ser fundamentados no fato de que o ser humano tende a fazer escolhas com boa probabilidade de acerto quando há experiência, informação e pronto *feedback*.[34] O *Project Management Body of Knowledge* – PMBOK – é outro instrumento de reconhecidas boas práticas de mercado que fundamentam tal afirmação.[35]

Analisando as diferentes correntes e outros fatos já apresentados, é possível aduzir que a intervenção estatal no sentido de que seja implementado um Estado empreendedor é uma intervenção admissível em uma democracia em razão do bem que pode proporcionar para a sociedade. Ademais se podem constatar exemplos em que o modelo deu certo dentro de sistemas democráticos e capitalistas. Espera-se que, com investimentos contínuos do Estado nas bases do sistema de inovação, como na educação de qualidade, o "milagre econômico" que tem acontecido na Coreia do Sul desde a década de 50 se repita melhorando a qualidade de vida e concorrendo com o bem comum aristotélico.

O liberalismo se refletiu na arquitetura jurídica dos mercados evidenciando que mesmo o Estado liberal deveria assegurar minimamente a força obrigatória dos contratos, a vida, a propriedade. Pode-se perceber, no entanto, pela análise dos fatos ocorridos no século XIX, que a regulação jurídica se mostrou muito mais sofisticada.[36] Tal sofisticação pode ser entendida, dentre outras razões, pelo fato de que o mercado funciona melhor com regularidade e previsibilidade, sendo esta entendida como objetividade e controle contínuo, e aquela como o superamento da individualidade,[37] ambos antagônicos a uma não intervenção estatal.

A construção política do mercado e seus reflexos jurídicos se apresentam, por vezes, hostis a visões da vida, projetos de sociedade; na conformação da economia. Em que pese a origem medieval do instituto, a *lex mercatoria* não constitui fonte originária do Direito – apesar da evidente influência –, visto que sempre pressupôs um ordenamento estatal que lhe deixava espaços para o seu funcionamento.[38]

A partir de todo o contexto já apresentado, pode-se chegar a algumas conclusões relevantes para a presente pesquisa, expostas a seguir.

---

[32] STIGLITZ, Joseph. *O preço da desigualdade*. Lisboa: Bertrand, 2013.
[33] KAHNEMAN, Daniel. *Rápido e Devagar*. Duas formas de pensar. São Paulo: Objetiva, 2011. p. 514.
[34] THALER, Richard; SUNSTEIN, Cass. *Nudge*. London: Penguin Books, 2009.
[35] PMI. *Um Guia do Conhecimento em Gerenciamento de Projetos (PMBOK)*. Pennsylvania: Project Management Institute, Inc., 2013.
[36] RIPERT, Georges. *Aspectos jurídicos do capitalismo moderno*. Campinas: Red Livros, 2002.
[37] IRTI, Natalino. *L'ordine giuridico del mercato*. Milano: Laterza, 2004.
[38] IRTI, Natalino. *Op. cit.*, 2004.

IX Conclusão

A iniciativa privada tende a ser eficiente para a consecução de alguns objetivos, no entanto não se deve esperar que o mercado assuma um risco muito grande em pesquisas em que o retorno econômico é incerto. Em vista do argumento ora apresentado, Mazzucato indica a possibilidade de investimento estatal para suprir o vácuo do investimento da iniciativa privada quando o assunto é pesquisa de inovação. A autora observa que um Estado empreendedor pode potencializar sobremaneira ganhos econômico-sociais em seu território ao investir naquilo em que a iniciativa privada não está disposta.

A autora cita muitos exemplos dos Estados Unidos, país que tem investido de forma contínua e sistemática em inovação e tem colhido resultados econômicos altamente expressivos. Investimentos sistêmicos e expressivos acabam por inviabilizar a possibilidade de investimentos privados na seara ora apresentada. Por vezes, tecnologias altamente lucrativas e inovadoras, como GPS, internet, telas sensíveis ao toque, assistentes virtuais, tecnologias de propulsão a jato, tecnologias nucleares (para citar apenas algumas), foram originadas de pesados e sistêmicos investimentos realizados pelo Estado e com propósitos estratégicos, muitas vezes ligados à arte da guerra.

A inovação influi em uma das armas de guerra: o fator surpresa, que pode desequilibrar as partes em combate. É desejável que as armas de guerra possuam tecnologia de ponta que surpreenda nos campos de batalha ou em sua preparação, razão pela qual muitas pesquisas inovadoras, disruptivas ou incrementais, apareçam a partir de demandas de defesa.

Descoberta a inovação de defesa, dela se serve a indústria de defesa apenas inicialmente, visto que muitas das tecnologias do referido setor possuem aplicação dual, isto é, na indústria militar e na indústria civil. Com isso há grande potencial para que investimentos atrelados à inovação em defesa sejam aproveitados por diversas outras indústrias do Estado empreendedor, gerando empregos de qualidade, renda e desenvolvimento.

Por certo os investimentos em defesa não são o único caminho, apesar de oferecerem muitos exemplos exitosos também nos aspectos econômicos. Investimentos ligados ao atual modelo de governança da internet, por exemplo, tiveram expressivos investimentos decorrentes de necessidades comerciais estadunidenses, apenas para citar um exemplo.

Ao investir em inovação, a proposta é de que sejam utilizados modelos que potencializam os resultados positivos. Em tal contexto foi oferecido o modelo da tríplice hélice ou da tripla hélice, onde o Estado entra como investidor em um dos vetores da hélice, o meio acadêmico desenvolve pesquisas e difunde conhecimento em outro vetor e o mercado (principalmente a indústria), como terceiro vetor, encontra uma forma de aplicação de massa ou, ao menos, lucrativa das inovações apresentadas, demandando cada vez maior aperfeiçoamento e cada vez mais inovação.

Neste sistema de tripla hélice, os vetores atuam sinergicamente se complementando – incentivando que a hélice continue em movimento e que a sociedade dela se beneficie de forma contínua e cada vez mais intensa. Trata-se de um modelo de inovação sinérgico e exitoso. No modelo as partes se demandam continuamente com o lucro de toda a sociedade que investe no processo.

Por certo existem fatores que têm limitado o poder de inovar. Linsu Kim observa que, para inovar, existe um processo anterior, que é o de imitar. Tratados internacionais, acordos e contratos têm limitado, por vezes, o desenvolvimento tecnológico dos menos desenvolvidos; e este é apenas um dado do problema daqueles que pretendem o desenvolvimento contínuo. Aqui não se argumenta da justiça ou injustiça do modelo. Ele é tratado na pesquisa apenas como uma possibilidade a ser considerada quando se pensa na necessidade de inovação.

Neste contexto, o acordo de compensação – *offset* – é apresentado como uma possibilidade de que o Estado empreenda com recursos voltados inicialmente para o consumo, de forma a angariar meios de investimentos no seu próprio desenvolvimento decorrente de importações substanciais nas compras públicas. O acordo de compensação é um instrumento de reequilíbrio da balança comercial ao longo do tempo decorrente de uma compra muito grande no exterior. Se for um *offset* tecnológico, ideal para Estados em desenvolvimento, tal reequilíbrio da balança pode agregar valores tecnológicos relevantes, que podem ser potencializados pelo modelo da tríplice hélice.

O capitalismo de laços entra neste contexto como uma ameaça a ser vencida pela sociedade para que o ideal social – o bem comum – seja alcançado da forma mais perfeita possível. Tal possibilidade também é um dado do problema ora analisado. Trata-se de um risco sempre presente quando se trata com o dinheiro público, relacionado à troca de favores, privilégios e outras práticas anticompetitivas. As soluções propostas pelos autores já citados, dentre os quais se destaca Sergio Lazzarini, podem ser observadas também nos modelos de acordos de compensação. O sigilo típico desta espécie de contrato pelo mundo não chega – por si só – a ameaçar os objetivos da comunidade com esta forma de contratar, mas – como qualquer contrato público – merece os cuidados já sugeridos pelos pesquisadores.

Teorias libertárias pregam, como regra, a não intervenção estatal, mas mesmo autores libertários, por vezes, admitem alguma forma de intervenção em casos específicos. Ademais, majoritariamente os pesquisadores têm apontado para a conveniência da intervenção estatal no contexto apresentado, afinal chega-se à conclusão pela leitura da pesquisa que nas grandes e bem-sucedidas economias o Estado atuou como interventor para fomentar a inovação, pesquisas, mercados.

Em um Estado em desenvolvimento como o Brasil, as instituições estatais possuem um papel insubstituível de contínuo investimento na inovação tecnológica, respeitando sua vocação, prioridades e outros planejamentos de políticas públicas. O Estado empreendedor pode se utilizar do modelo de negócios do acordo de compensação para ter mais um grande aliado no fomento do desenvolvimento que gera inovação, desenvolvimento tecnológico, empregos de qualidade, renda, impostos e reequilíbrio da balança comercial. O direito materializa sua participação nos acordos de compensação pelo contrato, prática usual no trato do instituto.

Junto com outros institutos, espera-se que a almejada qualidade de vida e bem-comum sejam alcançados pelo Estado e pela comunidade, fraternalmente como propôs o constitucionalista Carlos Ayres Britto.[39]

---

[39] BRITTO, Carlos Ayres. *O humanismo como categoria constitucional*. Belo Horizonte: Fórum, 2012.

Referências

BLOCK, F. L. Swimming against the current: the rise of a hidden developmental state in the United States. In: *Politics and society,* 36, n. 2, p. 169-206, jun. 2008.

BRITTO, Carlos Ayres. *O humanismo como categoria constitucional.* Belo Horizonte: Fórum, 2012.

CHANG, Ha-Joon. *Bad samaritan:* the myth of free trade and the secret history of capitalism. London: Random House/Bloomsbury, 2007.

CHANG, Ha-Joon. *Chutando a escada:* a estratégia do desenvolvimento em perspectiva histórica. São Paulo: UNESP, 2004.

CHANG, Ha-Joon. *Economia:* modo de usar. Um guia básico dos principais conceitos econômicos. São Paulo: Portfolio-Penguin, 2015.

DALARI, Dalmo de Abreu. *Elementos de teoria geral do Estado.* São Paulo: Saraiva, 1998.

DOSI, G. The nature of the innovative process. *In:* DOSI, G. et al. *Technical change and economic theory.* London: Pinter, 1988.

ETZKOWITZ, Henry; LEYDESDORFF, Loet. *Emergence of a Triple Helix of university – industry – government relations.* Disponível em: https://doi.org/10.1093/spp/23.5.279. Acesso em: 6 ago. 2017.

ETZKOWITZ, Henry; LEYDESDORFF, Loet. The Triple Helix-University-Industry-Government Relations: A Laboratory for Knowledge-Based Economic Development. *EASST Review,* 14, 14-19, 1995.

FRIEDMAN, Milton. *Capitalism and Freedom.* Chicago: University of Chicago, 2002.

GRAÇA, Ronaldo Bach da. Contracapa. *In:* ÁLVARES, J. G.; VIEIRA, A. L. *Acordos de Compensação Tecnológica (offset):* teoria e prática na experiência brasileira. Rio de Janeiro: Lumen Juris. 2017.

HAYEK, F. A. *O caminho da servidão.* São Paulo: Instituto Ludwig von Mises Brasil, 2010.

IRTI, Natalino. *L'ordine giuridico del mercato.* Milano: Laterza, 2004.

KAHNEMAN, Daniel. *Rápido e Devagar.* Duas formas de pensar. São Paulo: Objetiva, 2011. p. 514.

KEYNES, John Maynard. *Teoria geral do emprego, do juro e da moeda.* São Paulo: Atlas, 1992.

KIM, Linsu. *Da imitação à inovação:* a dinâmica do aprendizado tecnológico da Coreia. Campinas: Unicamp, 2005.

KIM, Linsu; NELSON, Richard R. *Tecnologia, aprendizado e inovação:* as experiências das economias de industrialização recente. Campinas: Unicamp, 2005.

LAZZARINI Sergio G. *Capitalismo de laços:* os donos do Brasil e suas conexões. Rio de Janeiro: Elsevier, 2011.

MANSFIELD, E. R&D, pattents and productivity. *In:* GRILICHES, Z. (Org.). *R&D and innovation.* Chicago: University of Chicago, 1984.

MAZZUCATO, Mariana. *O Estado empreendedor:* desmascarando o mito do setor público *vs.* Setor privado. São Paulo: Portfolio-Penguin, 2014.

MUSACCHIO, Aldo; LAZZARINI, Sérgio G. *Reinventing State Capitalism.* Leviathan in Business. Brazil and beyond. Cambridge: Harvard University Press, 2014.

PMI. *Um Guia do Conhecimento em Gerenciamento de Projetos (PMBOK).* Pennsylvania: Project Management Institute, Inc., 2013.

REICH, Robert. *Supercapitalism:* the transformation of business, democracy and everyday life. New York: Random House, 2007.

RIPERT, Georges. *Aspectos jurídicos do capitalismo moderno.* Campinas: Red Livros, 2002.

SCHUMPETER, J. A. *A teoria do desenvolvimento econômico.* São Paulo: Nova Cultural, 1988.

STIGLITZ, Joseph. *O preçó da desigualdade.* Lisboa: Bertrand, 2013.

STIGLITZ, Joseph. *Rewriting the rules of the American Economy.* An agenda for growth and shared prosperity. New York: W.W. Norton & Company, 2016.

STOKES, Donald E. *O quadrante de Pasteur*: ciência básica e a inovação tecnológica. Campinas: Unicamp. 2005.

THALER, Richard; SUNSTEIN, Cass. *Nudge*. London: Penguin Books, 2009.

TRIPLE HELIX RESEARCH GROUP BRAZIL. *Sobre a triple helix*. Disponível em: http://www.triple-helix.uff.br/sobre.html. Acesso em: 6 ago. 2016.

Informação bibliográfica deste texto, conforme a NBR 6023:2018 da Associação Brasileira de Normas Técnicas (ABNT):

GRAÇA, Ronaldo Bach da. O uso de acordos de compensação (offset) como instrumentos de inovação tecnológica em um contexto de Estado empreendedor. *In*: FRAZÃO, Ana; CARVALHO, Angelo Gamba Prata de (Coord.). *Empresa, mercado e tecnologia*. Belo Horizonte: Fórum, 2019. p. 335-354. ISBN 978-85-450-0659-6.

INOVAÇÃO PREDATÓRIA: UM NOVO OLHAR DO DIREITO DA CONCORRÊNCIA SOBRE AS INOVAÇÕES NA NOVA ECONOMIA*

PAULA BAQUEIRO

Introdução

A inovação, como elemento crucial para o estímulo do processo competitivo e do desenvolvimento econômico, sempre foi objeto de preocupação por parte do Direito da Concorrência. A relação entre inovação e competição é intrincada, uma vez que possuem entre si um íntimo vínculo de causa e efeito recíprocos, no sentido de que a inovação estimula a competição, ao mesmo tempo em que a competição estimula a inovação.

Nesse sentido, o Direito da Concorrência, adotando a inovação como uma de suas principais finalidades, sempre esteve no empenho de promover medidas e políticas que não apenas não comprometessem a inovação, mas que servissem, em verdade, como importantes instrumentos para incentivá-la e fomentá-la. Entretanto, a incorporação da inovação na análise antitruste é revestida de dúvidas e preocupações.

Especialmente no cenário da Nova Economia, definida por um arranjo de mercados nos quais o conhecimento, a propriedade intelectual, a internet e o desenvolvimento de alta tecnologia são fatores centrais, a inovação assume papel central e suscita novos problemas concorrenciais. Para além disso, as dinâmicas e estruturas dos mercados característicos da Nova Economia, marcados por efeitos de rede, baixos custos marginais, altas barreiras à entrada, competição dinâmica, entre outros, também suscitam novos desafios para a abordagem antitruste, que ainda é predominantemente focada em uma análise tradicional neoclássica inapta para abarcar a nova realidade.[1]

Nesse contexto, os agentes de mercado passam a se valer de novas estratégias competitivas relacionadas às criações e transformações tecnológicas e demandam agora que a inovação seja percebida com novos olhares pelas autoridades da concorrência. Nesse sentido, requer-se que a inovação passe a ser analisada a partir de referenciais

---

[1] Em: EVANS, David S. Antitrust and the New Economy. *In:* EVANS, David S. (Ed.). *Microsoft, Antitrust and the New Economy*: Selected Essays. Boston: Kluwer Academic Publishers, 2002, p. 253-264.

concorrenciais e seja tomada como um parâmetro competitivo legítimo, a fim de que a ordem concorrencial e o bem-estar dos consumidores sejam devidamente tutelados pelo Direito da Concorrência.

Com essas observações e ponderações em foco, o presente trabalho pretende abordar o fenômeno da inovação predatória como estratégia anticompetitiva de que os agentes de mercado se valem para limitar ou excluir a concorrência. Sobretudo nos setores da Nova Economia, a inovação predatória pode reverter efeitos perversos para a ordem concorrencial. O problema gera implicações graves à concorrência e provoca a reflexão sobre a necessidade de renovação do Direito da Concorrência, uma vez que suas teorias e soluções usuais precisam ser revisitadas a fim de se conferir uma resposta adequada à questão.

O presente artigo é dividido em duas seções. A primeira delas busca abordar a interação entre inovação, concorrência e antitruste, apontando as principais transformações geradas pela crescente importância da inovação no processo competitivo, especialmente nos setores de alta tecnologia e plataformas digitais. A centralidade da inovação no processo competitivo suscita novos comportamentos e estratégias concorrenciais, que ensejam novos desafios para a análise antitruste e despertam a atenção para a necessidade de submeter a inovação à análise antitruste.

A segunda seção trata especificamente do fenômeno da inovação predatória e busca apontar os desafios e preocupações que o tema desperta. Nesse sentido, aponta-se para: a dificuldade de inserir a avaliação da qualidade da inovação na análise antitruste; a necessidade de definição de um conceito jurídico próprio que delimite o problema e auxilie em sua identificação; a insuficiência das abordagens antitruste tradicionais para responder à questão.

Para ilustrar a ocorrência do fenômeno, alguns casos da jurisprudência norte-americana são relatados no intuito de testar o conceito adotado e permitir que se suscitem possibilidades e proposições de avanço no tema. Ao final da segunda seção, então, indica-se, como tratamento jurídico apropriado para lidar com o problema, a proposição de uma regra da razão estruturada para avaliar inovações sob uma ótica concorrencial.

I Inovação, competição e antitruste: repensando as interações

A inovação, em um sentido amplo, envolve o desenvolvimento de novos processos, novos produtos ou novos melhoramentos organizacionais para uma indústria, e pode assumir variadas formas e tipos, tendendo, entretanto, a reverter, no geral, nos efeitos comuns de reduzir custos de unidade de produção e distribuição, e de expandir a demanda de mercado.[2] Nesse sentido, sobretudo nos setores modernos da economia, a inovação funciona como uma força catalisadora de mudança e reflete impactos significativos no crescimento industrial.[3]

Para Schumpeter, um dos pioneiros sobre o tema, as inovações (*new combinations*) são tidas como desafios ao cenário econômico, porque impõem uma série de rupturas,

---

[2] SENGUPTA, Jati. *Theory of Innovation*: A New Paradigm of Growth. Cham: Springer International Publishing Switzerland, 2014. Cap. 1.

[3] SENGUPTA, Jati. *Op. cit.*, p. 10.

tais como a introdução de novos bens ou de novas qualidades dos bens; a introdução de novos métodos de produção; a abertura de novos mercados; a conquista de novas fontes de recursos; e a realização de novas organizações em uma indústria.[4] Para o autor, são essas inovações – essas rupturas – que definem o processo do desenvolvimento econômico, que não ocorre em um cenário de estabilidade ou mudanças graduais.

A inovação, portanto, como motor de rupturas econômicas, está diretamente relacionada ao que Schumpeter viria a denominar de *destruição criativa*. A destruição criativa é um fato característico do capitalismo – que, por natureza, "é uma forma ou método de mudança econômica e não apenas não é, mas jamais pode ser estático"[5] – e é definida como "um processo de mutação industrial que incessantemente revoluciona a estrutura econômica a partir de dentro, incessantemente destruindo a estrutura antiga, incessantemente criando uma nova".[6]

Após o processo de destruição criativa, a economia passa por um momento de adaptação às novas estruturas, seguido por um momento de estabilização e rotina.[7] As novas rotinas introduzidas pela inovação assumem o lugar das anteriores, até que uma nova ruptura desestabilize a ordem e o equilíbrio alcançado.

É nesse momento de restabilização e equilíbrio que o empreendedor da inovação bem-sucedida obtém a chance de aumentar seu poder de mercado e superar os antigos agentes, por meio da proteção concedida pela propriedade intelectual – nesses casos, usualmente, patentes e registros de desenho industrial. Então, o inovador exitoso usufrui do seu "monopólio" artificial até que seja superado pela próxima inovação.

A motivação básica para a inovação, portanto, são as expectativas de lucro. Uma das possibilidades de obter lucro por meio da inovação, segundo Sengupta, é a existência de aprendizagem pela prática (*learning by doing*), por meio da qual as primeiras empresas inovadoras conseguem reduzir a curva de aprendizagem e ganhar uma vantagem de custo, que, sendo grande, pode permitir a seleção de preços e, assim, impedir temporariamente a entrada de novos competidores.[8]

A propósito, a aprendizagem pela prática é um aspecto relevante também na teoria schumpeteriana, na medida em que ocasiona o processo de *acumulação criativa*, paralelo ao processo de destruição criativa gerado pela inovação.[9] A acumulação criativa é uma externalidade positiva da inovação, que funciona justamente como um dos seus incentivos. Nesse sentido, Sengupta pontua que as inovações são incorporadas pelas novas empresas, que concretizam novas ideias para o mercado, em um processo

---

[4] SCHUMPETER, Joseph. *The Theory of Economic Development*: Inquiry into Profits, Capital, Credit, Interest, and the Business Cycle. Nova Jersey: Transaction Publishers, 1983, Ed. 2, versão epub. Cap. 2.

[5] SCHUMPETER, Joseph. *Capitalism, Socialism and Democracy*. Londres: Routledge, 2003. p. 82: "Capitalism, then, is by nature a form or method of economic change and not only never is but never can be stationary".

[6] SCHUMPETER, Joseph. *Op. cit.*, 2003, p. 84: "[A] process of industrial mutation – if I may use that biological term – that incessantly revolutionizes the economic structure from within, incessantly destroying the old one, incessantly creating a new one. This process of Creative Destruction is the essential fact about capitalism. It is what capitalism consists in and what every capitalist concern has got to live in".

[7] SENGUPTA, Jati. *Op. cit.*, p. 66.

[8] SENGUPTA, Jati. *Theory of Innovation*: A New Paradigm of Growth. Cham: Springer International Publishing Switzerland, 2014. p. 67. "One is the existence of learning by doing by which the first movers among the innovating firms race down the learning curve to gain a cost advantage. If the cost advantage is large, its possessor may select to set prices low enough so as to deter new entry of other competitors":

[9] SENGUPTA, Jati. *Op. cit.*, p. 72.

cumulativo, pelo qual o aprendizado gera experiência e a experiência gera novos empreendimentos.[10]

Outro incentivo relevante para a inovação é a expectativa da exploração exclusiva sobre o bem concedido pela proteção da propriedade intelectual. Os direitos de exclusividade concedidos pela propriedade intelectual, seja por meio de patentes, direitos autorais ou desenhos industriais, permitem que a empresa inovadora usufrua de um considerável período de tempo de exploração única sobre o produto ou serviço criado ou melhorado, impedindo a entrada de novos competidores e viabilizando o ganho de lucros.

Neste ponto, a realidade da Nova Economia, fortemente determinada pela inovação e pela propriedade intelectual, reacende e renova problemas relacionados ao Direito da Concorrência. A inovação é um elemento que modifica radicalmente as estruturas de mercado – seja pela criação de novos mercados, pelo aumento de produtividade, pela criação de novas barreiras à entrada, pelos efeitos de rede, pela redução de custos marginais – e introduz uma dinâmica de competição distinta da dos mercados tradicionais.

As empresas da Nova Economia se engajam em uma competição dinâmica, *por mercados*, em corridas do tipo *"winner-takes-all"* ("o vencedor leva tudo"), com foco em investimentos em propriedade intelectual, a fim de produzir inovações que lhes confiram liderança no mercado para, assim, reduzir ou eliminar atuais e potenciais concorrentes.[11] De outro lado, a concorrência estática, *nos mercados*, baseada na competição por preços e qualidade do produto, passa a ter importância reduzida nesses cenários.

A competição dinâmica, conforme conceituada por Evans e Schmalensee, baseia-se na teoria schumpeteriana e diz respeito ao processo competitivo centrado na corrida por inovação, que se torna o principal fator de constrição e impulso das estratégias concorrenciais.[12] Os mercados de alta tecnologia da Nova Economia são permeados por esse tipo de competição, em que a possibilidade de que um concorrente inove e adquira liderança no mercado pressiona os outros concorrentes a investirem em pesquisa e desenvolvimento e liberarem suas inovações com agilidade.

Nesse mesmo contexto, em que as interações estratégicas nos novos mercados tornam-se mais velozes e agressivas, D'Aveni identificou o fenômeno da *"hypercompetition"* (hipercompetição) como sendo a nova prática de competição nessa conjuntura. A hipercompetição seria o resultado da dinâmica das manobras estratégicas entre rivais inovadores ao redor do globo. Na conjuntura da hipercompetição, "a frequência, o arrojo e a agressividade do movimento dinâmico pelos *players* aceleram para criar uma condição de constante desequilíbrio e mudança".[13]

---

[10] SENGUPTA, Jati. *Op. cit.*, p. 70. "Innovations are as a rule embodied in new firms which carry on new ideas for the market. This is a cumulative process. Learning begets experience and experience begets new ventures in knowledge capital".

[11] EVANS, David S.; SCHMALENSEE, Richard. Some Economic Aspects of Antitrust Analysis in Dynamically Competitive Industries. *In:* JAFFE, Adam B.; LERNER, Josh; STERN, Scott (Ed.). *Innovation Policy and the Economy*. Cambridge: MIT Press, 2002, vol. 2. p. 1.

[12] EVANS, David S.; SCHMALENSEE, Richard. *Op. cit.*, p. 12-15.

[13] D'AVENI, Richard. *Hypercompetition*: Managing the Dynamics of Strategic Maneuvering. New York: The Free Press, 1994. p. xiii.

Os curtos ciclos de vida de produtos e seus *designs*, as novas tecnologias, a entrada frequente e inesperada por agentes externos, seguida do reposicionamento por agentes existentes, e as redefinições radicais dos limites dos mercados são fatores que D'Aveni indica como ameaças constantes à estabilidade da economia e determinantes do caráter da hipercompetição.

Em vista dessa situação de incerteza, dinamismo e hostilidade competitiva, o autor atenta para a insuficiência das leis antitruste atuais em lidar com essa realidade. Se as interações competitivas se desenvolvem em uma dinâmica inédita, como apontam D'Aveni e outros teóricos, é preciso que o Direito da Concorrência lance mão de abordagens que sejam capazes de apropriadamente enfrentar o fenômeno.

No mesmo sentido, Evans e Schmalensee verificam que o ideal de competição perfeita, em mercados de competição dinâmica, é inadequado para garantir o bem-estar do consumidor e o desenvolvimento econômico. A aplicação das normas de Direito da Concorrência deve levar em conta as diferenças entre as indústrias da Nova Economia e as indústrias tradicionais, a fim de que as políticas de defesa da concorrência reflitam as características dos setores que são dinamicamente competitivos, em contraposição aos estaticamente competitivos.[14]

Para os autores, as indústrias da Nova Economia impõem uma série de dificuldades ao Direito da Concorrência no que diz respeito à definição de mercado relevante e à identificação do poder de mercado e posição dominante. A abordagem tradicional[15] é imprópria para endereçar um conjunto de peculiaridades da Nova Economia, quais sejam: a potencialidade de inovações disruptivas e a criação de novos mercados; a irrelevância de fatores duráveis na produção intelectual, como capacidade de produção e sistemas de distribuição; o aumento do valor de um produto por meio de efeitos de rede; a importância do capital intelectual de uma empresa e dos investimentos em pesquisa e desenvolvimento; as corridas para substituição de líderes.[16]

A realidade do processo competitivo é radicalmente distinta nesses mercados e desperta a atenção para a causa principal dessa drástica mudança: a inovação. A inovação, com crescente relevância nos mercados de alta tecnologia e de plataformas digitais, é um elemento que constantemente modela e remodela as condições de mercado, afetando o comportamento dos participantes do mercado. Não à toa, o cenário econômico atual já identifica os chamados "mercados inovadores" e como as estratégias competitivas se desenvolvem peculiarmente nesses ambientes, requerendo renovações da análise competitiva.[17]

Todavia, a análise antitruste, no sentido arguido, tem falhado em acompanhar as mudanças promovidas nas estratégias e comportamentos concorrenciais pela crescente atuação da inovação na competição entre agentes econômicos. A competição

---

[14] EVANS, David S.; SCHMALENSEE, Richard. Some Economic Aspects of Antitrust Analysis in Dynamically Competitive Industries. *In*: JAFFE, Adam B.; LERNER, Josh; STERN, Scott (Ed.). *Innovation Policy and the Economy*. Cambridge: MIT Press, 2002, vol. 2. p. 14.

[15] Guardadas as peculiaridades das normas, em geral, a abordagem para identificar definição e poder de mercado em setores tradicionais envolve: a definição de mercado relevante, no qual a empresa opera com produtos e regiões; o cálculo da parcela de mercado da empresa em questão; e a inferência de relevante poder de mercado, considerando se a parcela de mercado é alta.

[16] EVANS, David S.; SCHMALENSEE, Richard. *Op. cit.*, p. 16-18.

[17] Ver: GLADER, Marcus. *Innovative Markets and Competition Analysis*. Edward Elgar Publishing: Northampton, 2006.

nos e *por* mercados é fortemente determinada pela inovação, que se torna o elemento principal fomentador de competição – os *players* se veem impelidos a se engajarem em investimentos de pesquisa e desenvolvimento e em corridas por inovação.

Nesse cenário, a corrida incessante por inovação cria um ambiente marcado por *práticas de inovação* – tidas aqui como *criações, transformações e renovações tecnológicas constantes* – que despontam como novas *estratégias competitivas* e que reivindicam uma atenção específica por parte das políticas e análises antitruste. Essas práticas podem ser pequenas alterações de *design* técnico ou físico de um produto, ou também modificações substanciais e restaurações completas de *softwares*.

Sobretudo em mercados de alta tecnologia relacionados à internet, caracterizados por efeitos de sistemas – pelos quais o valor de um componente do sistema depende dos componentes complementares desse sistema[18] –, as sucessíveis alterações e transformações de produtos levantam preocupações relevantes no que concerne a questões de interoperabilidade e compatibilidade entre produtos concorrentes em *follow-on markets*.

Frente a isso, alguns teóricos já notam a potencialidade competitiva das criações, transformações e renovações tecnológicas e começam a dedicar estudos sobre as práticas de inovação que retiram compatibilidade e interoperabilidade entre produtos concorrentes, observando quais são os efeitos danosos que essas inovações podem provocar para a concorrência nos mercados relacionados à internet.[19]

Assim, considerando que a inovação anda cada vez mais próxima e associada à concorrência, fazendo surgir novas práticas, modalidades e estratégias de competição, é preciso agora notar a inovação a partir de novos olhares e reconhecer que também ela deve ser analisada por referenciais concorrenciais. A inovação não pode estar alheia ao escopo da análise antitruste. Em verdade, é importante tomar a inovação como um legítimo padrão para análises concorrenciais, uma vez que ela condiciona dinâmicas de competição e estruturas de mercado distintas, que incitam a necessidade de revisitar e, possivelmente, reformular os pressupostos e abordagens tradicionais do Direito da Concorrência.

Nesse sentido, a seção seguinte deste trabalho se propõe a analisar um fenômeno que se situa nesse mesmo contexto. A "inovação predatória", como problema emergente dos mercados de alta tecnologia da Nova Economia, suscita justamente as observações e preocupações levantadas neste tópico, no que dizem respeito às práticas e estratégias competitivas que envolvem inovações.

Analisar a legitimidade de comportamentos inovadores é certamente uma tarefa complexa, sobretudo ao se levar em conta que as medidas e políticas adotadas pelo Direito da Concorrência, na busca por conter condutas anticompetitivas, podem tanto inibir quanto estimular a inovação, ao afetar os seus incentivos e expectativas de lucros.

Contudo, a importância crescente da inovação e sua relevância para a competição não permitem que o Direito da Concorrência negligencie a complexidade dessa

---

[18] EVANS, David S.; SCHMALENSEE, Richard. Some Economic Aspects of Antitrust Analysis in Dynamically Competitive Industries. *In:* JAFFE, Adam B.; LERNER, Josh; STERN, Scott (Ed.). *Innovation Policy and the Economy*. Cambridge: MIT Press, 2002, vol. 2. p. 10.

[19] Nesse sentido, ver: VAN ARSDALE, Suzanne; VENZK, Cody. Predatory Innovation in Software Markets. *Harvard Journal of Law and Technology*, v. 29, n. 1, 2015, p. 243-290; DELVIN, Alan; JACOBS, Michael. Anticompetitive Innovation and the Quality of Invention. *Berkeley Technology Law Journal*, v. 27, n. 1, p. 1-55, 2011.

análise. A inovação precisa ser submetida a parâmetros concorrenciais, porque certos comportamentos inovadores repercutem gravemente na competição. O esforço deste trabalho, neste caminho, é demonstrar os riscos gerados à competição quando a análise antitruste não se empenha e não se detém sobre as potencialidades pró ou anticompetitivas de uma inovação.

A inovação predatória, como conduta anticompetitiva gerada por práticas de inovação questionáveis, impõe desafios e preocupações ao Direito da Concorrência. Esses desafios e preocupações serão apresentados no tópico subsequente, concernentes à necessidade de conceituação jurídica do problema, de identificação das condições que propiciam o fenômeno, de reformulação das teorias e soluções tradicionais propostas pela defesa da concorrência, a fim de ventilar a temática e propor o debate.

II Inovação predatória: desafios, preocupações e possibilidades

A relação entre inovação e concorrência não é de simples acomodação, sobretudo no contexto da Nova Economia, em que a inovação desponta como elemento central e impõe uma série de desafios ao Direito da Concorrência.

O problema a ser enfrentado na sequência insere-se no mesmo contexto e situa-se como mais uma forma de tensão entre inovação e antitruste. A inovação, por ser motor do processo de destruição criativa, sempre implica a retirada de concorrentes – seja porque um novo mercado foi inaugurado com a inovação, seja porque o incumbente foi substituído pelo empreender bem-sucedido na inovação. Esse é um efeito esperado, e faz parte do desenvolvimento econômico que seja assim.

A questão se agrava, contudo, quando entra em jogo a avaliação da qualidade da inovação, bem como o questionamento de que ela seja abusiva e tenha tão somente o intuito de excluir concorrentes, sem representar melhorias significativas para o consumidor ou para o processo produtivo. É certo que a exclusão de concorrentes é uma *consequência comum* do processo inovador, mas poderia uma inovação ter o *propósito e o objeto* anticompetitivo de retirar concorrentes, sob o pretexto de trazer alguma melhoria?

A complexidade e gravidade desta pergunta são acentuadas no contexto das constantes e rápidas criações e transformações tecnológicas que definem os mercados de alta tecnologia e as plataformas digitais. É característica desses mercados a habilidade de continuamente modificar e modernizar os produtos que já foram adquiridos por consumidores e se encontram em circulação, por meio de atualizações remotas e automáticas de *software*, o que proporciona uma série de oportunidades para tanto incrementar quanto reduzir a competição.

Nesse contexto, impõe-se como primeiro desafio às políticas antitruste o reconhecimento da existência de comportamentos inovadores que podem representar danos à concorrência e que, assim, devem ser coibidos. É preciso reconhecer o fenômeno como um problema concorrencial, que merece esforços direcionados para sua identificação, conceituação e resolução, por mais complexas que essas questões venham a ser. O cenário da Nova Economia, como já argumentado, é propício para o surgimento de comportamentos predatórios relacionados à inovação, e a tendência é de que se tornem cada vez mais comuns.

Nesse sentido e intuito, o presente estudo se presta a enfrentar os primeiros questionamentos sobre o tema. Para tanto, nos tópicos seguintes desta seção, serão abordados os tópicos referentes, primeiramente, à necessidade de conceituação e definição jurídica do fenômeno, baseando-se em conceito já fornecido pela doutrina; em segundo lugar, alguns casos da jurisprudência norte-americana serão analisados, a fim de testar a adequação do conceito proposto e refletir sobre métodos para sua identificação; por fim, partindo da análise dos casos, algumas propostas de como lidar com o fenômeno serão sugeridas.

II.2 Inovação predatória? Compreendendo o termo e delineando um conceito

Ao se aproximar do tema, o primeiro estranhamento diz respeito à própria nomenclatura: uma inovação predatória não seria uma contradição em termos? Esse estranhamento é esperado, em certa medida, pois decorre da ideia comumente difundida de que a inovação é sempre inerentemente boa e benéfica.[20]

Uma percepção menos ingênua e mais crítica, por outro lado, permitirá enxergar que, de diversos modos e por diversas razões, as inovações podem ter seu propósito benéfico subvertido e, ao invés de funcionarem como fatores pró-competitivos, podem, em verdade, assumir caráter fortemente anticompetitivo.

Nessa perspectiva, inovações predatórias não deixam de ser inovações, ainda que tragam efeitos danosos à concorrência e percam o caráter positivo. Por decorrência, mesmo as inovações que tragam melhorias significativas ao produto ou deem origem a algo novo podem ser predatórias, se desenvolvidas com o objeto e propósito únicos de retirarem competidores do mercado, de modo que as repercussões concorrenciais negativas superem consideravelmente os eventuais benefícios do invento.

Por essa razão, a posição aqui adotada difere daquela adotada por Schrepel,[21] que, baseado no conceito de inovação fornecido pelo Manual de Oslo da Organização para Cooperação e Desenvolvimento Econômico (OCDE),[22] defende que as inovações predatórias não são reais inovações, mas apenas práticas anticompetitivas disfarçadas de inovações.

O entendimento aqui defendido, por outro lado, pretende abordar as inovações predatórias como inovações – ainda que mínimas e pouco relevantes –, em vez de desqualificá-las como meros disfarces e embustes. De fato, os "disfarces" de inovação não ensejam debates tão complexos quanto as inovações genuínas, quando tidas como predatórias. O real conflito que se trava diante do Direito da Concorrência é com a real inovação, que suscita maiores complexidades e desafios quanto à sua abordagem e eventual condenação.

---

[20] Indica-se, como estudo elucidativo sobre os possíveis malefícios das inovações e a necessidade de avaliá-las de maneira mais crítica, o artigo: EDGELL, Robert A; VOGL, Roland. A Theory of Innovation: Benefit, Harm, and Legal Regimes. *Law, Innovation and Technology*, vol. 5, n. 1, p. 21-53, 2013.
[21] SCHREPEL, Thibault. Predatory Innovation: The Definite Need for Legal Recognition. *SMU Science & Technology Law Review*, jul. 2017.
[22] "An innovation is the implementation of a new or significantly improved product (good or service), or process, a new marketing method, or a new organizational method inbusiness practices, workplace organisation or external relations". *In:* OCDE. *Oslo Manual.* 3. ed. Paris: OECD Publishing, 2006. p. 47.

Esse posicionamento – de inserir tanto inovações significativas e triviais como passíveis de serem abusivas – se justifica na medida em que também acomoda inovações genuínas sob o termo de inovações predatórias, considerando que aquelas também podem resultar em efeitos anticompetitivos que superem as eventuais vantagens da inovação. Nesse sentido, o conceito de inovação predatória se amplia e se complexifica, exigindo análise mais cuidadosa, uma vez que inovações genuínas podem estar em jogo.

Entretanto, por razões metodológicas, o presente estudo restringirá sua análise a casos em que as inovações elaboradas são tidas como mínimas ou triviais, o que facilita tanto a identificação e conceituação do problema quanto as possíveis estratégias para abordá-lo e resolvê-lo. Ainda, pontua-se que o recorte aqui adotado limita-se a pensar a inovação predatória no contexto dos mercados de alta tecnologia e de plataformas digitais, sem pretensão de se estender a outros setores da Nova Economia.

Neste primeiro momento, então, anuncia-se como conceito preliminar, baseado apenas na intuição que o próprio termo indica, que as inovações predatórias são aquelas inovações – significativas, triviais ou "falsas" – que geram efeitos anticompetitivos excessivos em face do avanço prometido pelo invento, que findam por limitar ou excluir a concorrência de modo abusivo. Nos tópicos seguintes, será traçado e fornecido o conceito próprio adotado por este trabalho.

II.2.1 Desafios iniciais para lidar com o fenômeno

Apenas com a noção "intuitiva" citada, mesmo sem ter delimitado o conceito próprio, é pertinente traçar alguns dos desafios iniciais acerca do tema, que servem como auxílio para compreender o problema e as razões pelas quais a inovação predatória ainda recebe pouca atenção das teorias econômicas e jurídicas.

Primeiramente, a comum associação de que inovações sempre revertem efeitos positivos para a sociedade e para o desenvolvimento econômico finda por impedir um verdadeiro exame das consequências decorrentes da inovação, que, em verdade, tanto podem ser positivas quanto negativas, em termos concorrenciais. Como anteriormente argumentado, por estar ligada ao processo de destruição criativa, a retirada de concorrentes por meio da inovação é um resultado esperado, que não desperta o empenho e o cuidado para se inquirir sobre a qualidade e a possível abusividade dessa inovação.

Relacionado a isso, desponta como mais uma barreira ao estudo da inovação predatória o tradicional tratamento e foco proposto pelas teorias antitruste aos problemas concorrenciais. Muito se debruçou sobre o processo competitivo estimulado por meio de preços, conferindo especial atenção à formação de monopólios e aos acordos de preços entre competidores, assim dedicando esforços a pensar medidas cabíveis para solucionar essas condutas anticompetitivas.

Por decorrência, questões centrais sobre o papel da inovação no processo competitivo e suas potencialidades para condutas abusivas foram deixadas de lado. De fato, a avaliação de aspectos concorrenciais em uma estrutura de competição dinâmica, como trabalhado na seção anterior, envolve um empenho mais complexo do que em situações estáticas, de modo que é mais simples, realmente, detectar condutas abusivas na determinação de preços, de estratégias de exclusividade, de recusa de contratar, dentre outras, por exemplo, do que no surgimento de inovações.

Claramente, isso não é razão ou justificativa para se esquivar do assunto. Determinar a qualidade de uma inovação é uma tarefa intrincada e delicada, sobretudo ao considerar que a proteção concedida pela propriedade intelectual não funciona como garantia de efeitos pró-competitivos. Entra em jogo uma diversidade de variáveis de difícil apreensão e conciliação, que tornam arriscadas tanto a punição quanto a não punição de uma inovação predatória. Uma preocupação já sinalizada por Sidak, nessa direção, é a necessidade de se levar em conta que mesmo uma inovação predatória pode apresentar aumentos de eficiência e de bem-estar do consumidor.[23]

A combinação desses fatores conduz a uma resistência generalizada em tratar do tema, elaborar os conceitos pertinentes, desenvolver métodos para endereçar a questão e empenhar esforços para sua resolução. Não à toa, mesmo quando o termo primeiro despontou em decisões judiciais nos Estados Unidos,[24] ainda no final da década de 1970, envolvendo problemas de *technological tie*, os teóricos pouco produziram ou discutiram sobre as condições em que o fenômeno surgia e sobre sua abordagem.

A preocupação e o interesse agora reacendem, em vista do ritmo das criações e transformações tecnológicas na Nova Economia, que potencializa a possibilidade de que as inovações venham a ser manejadas como estratégias anticompetitivas. Nesse cenário, o problema se agrava e, frente à crescente emergência de situações que envolvem o tema, é inadiável o estudo do fenômeno, a fim de que se forneçam métodos e remédios para dele tratar.

Na sequência, portanto, será apresentada e defendida a necessidade de um conceito jurídico próprio para lidar com o fenômeno, que não mais pode ser associado como coincidente do conceito de *technological tie*, uma vez que as formas de manifestação e implicações da inovação predatória ultrapassam o cabimento daquele conceito.

II.3 A necessidade de um conceito jurídico próprio

Os primeiros casos na jurisprudência norte-americana a tratar de inovações predatórias recorreram ao conceito de *technological tie*. A definição de *technological* ou *technical tie* deriva do conceito geral de *tying arrangement* (também com as nomenclaturas *tying*, *tie*, *tie-in* ou *bundle*), que é definido como a venda necessariamente conjunta de dois produtos separados, não podendo um ser comprado sem o outro.[25] Em português, o termo equivalente seria o da venda casada.

De maneira geral, o *tie* ou a venda casada pode ocorrer por decorrência de características específicas dos produtos, que forçam o consumidor a comprá-los conjuntamente, sob pena de perderem funcionalidade isoladamente; ou por decorrência de uma obrigação contratual, por meio da qual o comprador fica obrigado a adquirir os dois produtos conjuntamente.[26]

---

[23] SIDAK, Joseph Gregory. Debunking Predatory Innovation. *Columbia Law Review*, v. 83, n. 5, p. 1121-1149, jun. 1983. Neste trabalho, o autor argumenta que o modelo desenvolvido por Ordover e Willig para lidar com problemas de *technological tie-ins* é falho, dentre outras razões, por desconsiderar justamente tais efeitos.

[24] *Computer Prods. v. IBM Corp.*, 613 F.2d 727 (9th Cir. 1979); *Foremost Pro Color, Inc. v. Eastman Kodak Co.*, 703 F.2d 534, 545 (9th Cir. 1983).

[25] HOVENKAMP, Erik; HOVENKAMP, Herbert. Tying Arrangements. *In*: BLAIR, Roger D.; SOKOL, Daniel (Ed.). *The Oxford Handbook of International Antitrust Economics*. Oxford: Oxford Publishing, 2015. p. 329.

[26] HOVENKAMP, Erik; HOVENKAMP, Herbert. *Op. cit.*, p. 330.

Por sua vez, como modalidade específica da venda casada, o *technical* ou *technological tie* é definido como a venda casada decorrente da interoperabilidade e/ou do *design* técnico entre dois produtos, que findam por forçar o consumidor a usá-los conjuntamente, ainda que ele não seja contratualmente obrigado a isso.[27]

A prática pode reverter efeitos anticompetitivos, na medida em que o agente dominante no mercado do produto principal alavanca o seu poder de mercado no mercado do produto casado, de modo que o consumidor acaba forçado a comprar os dois produtos do agente dominante no mercado do produto principal. Isso pode ser feito por meio da recusa em arranjar meios de interconexão com produtos de outras empresas ou por integrar um produto ao produto do agente dominante.

Um exemplo clássico de *technological tie* na jurisprudência norte-americana é o caso *Berkey Photo, Inc. v. Eastman Kodak Co.*,[28] no qual a Kodak simultaneamente introduziu a câmera *Pocket Instamatic* e um novo cartucho de filme específico para a câmera. Desse modo, até que um competidor pudesse duplicar a câmera ou o filme, um comprador da nova câmera da Kodak estaria efetivamente compelido, por imposição do *design* tecnológico, a também comprar o novo filme da empresa.

Diferentemente, o caso *California Computer Prods, Inc. v. IBM Corp.*,[29] embora tratado sob o mesmo conceito, apresenta particularidades que delineiam a distinção entre a venda casada por razões técnicas e a inovação predatória, conduzindo à conclusão de que as duas estratégias devem ser abordadas em conceitos e regimes jurídicos próprios, eliminando as incongruências e incertezas que a venda casada por razões tecnológicas, como subespécie da venda casada, ocasiona.

No referido caso, a empresa *California Computer Products* ("*CalComp*") processou a IBM por monopolização e tentativa de monopolização de vários mercados relacionados a produtos de discos de computadores. A *CalComp* alegou que a IBM violou leis antitruste ao reduzir preços dos produtos periféricos para computador, ao conferir novo *design* aos produtos e ao aumentar o preço de produtos para a CPU (unidade processadora central). Os produtos em questão envolviam produtos periféricos para discos de computadores que se conectam com a CPU, seja em um sistema combinado ou como componentes externos que se ligam à CPU.

Sobre as alegações do novo *design* atribuído aos produtos, a *CalComp* postulou que a IBM modificou tecnicamente os modelos das unidades de disco, das CPUs e dos controladores com o único propósito de inibir a competição com outros produtores de unidades de disco compatíveis com as da IBM. Mais especificamente, as alegações da *CalComp* centravam-se sobre a decisão da IBM de modificar a interface entre os computadores e integrar o controlador da unidade de disco em uma de suas CPUs.

A *CalComp* queixava-se de que tal integração não melhorava a performance e servia apenas para causar problemas de compatibilidade com produtos de terceiros

---

[27] SCHREPEL, Thibault. Predatory Innovation: The Definite Need for Legal Recognition. *SMU Science & Technology Law Review*. p. 38, jul. 2017.

[28] *Berkey Photo, Inc. v. Eastman Kodak Co.*, 603 F.2d 263 (2d Cir. 1979). Disponível em: https://law.justia.com/cases/federal/appellate-courts/F2/603/263/105215/. Acesso em: 03 nov. 2017. O caso não aborda, especificamente, uma inovação no mercado de alta tecnologia, mas serve para esclarecer a aplicação do conceito de venda casada por razões técnicas.

[29] *California Computer Prods, Inc. v. IBM Corp.*, 613 F.2d 727 (9th Cir. 1979). Disponível em: https://law.resource.org/pub/us/case/reporter/F2/613/613.F2d.727.77-1563.html. Acesso em: 01 nov. 2017.

competidores, que, assim, se tornariam obsoletos, frente à impossibilidade de interoperabilidade. A requerente chega a usar o termo "manipulação tecnológica" para descrever a estratégia da empresa requerida.

Há, de fato, uma clara aproximação entre o caso da Kodak e o caso da IBM, no que diz respeito à integração, por razões técnicas, de dois produtos ofertados pela empresa dominante, que finda por inviabilizar a compatibilidade entre o produto dominante e os produtos fornecidos por outros concorrentes. Não obstante, é também notável uma importante distinção entre os dois: no caso da Kodak, tanto o produto principal quanto o produto casado (respectivamente, câmera e filme), tendo sido lançados simultaneamente, assumiram claramente o tipo de venda casada – tendo sido julgada como lícita pelo Segundo Circuito.

Por outro lado, no caso da IBM, a integração entre os produtos foi promovida em momento posterior ao seu lançamento. Ou seja, a alteração na interface deu-se de modo a vedar a compatibilidade com produtos de seus concorrentes, que antes eram compatíveis e que poderiam servir como substitutos aos produtos periféricos ofertados pela IBM.

Parece, claro, portanto, que, ainda que possuam entre si algum caráter de semelhança, os casos cobrem condutas distintas. É com essa mesma percepção que Schrepel também defende o estabelecimento de um regime jurídico diferenciado para lidar com a inovação predatória, conferindo-lhe o seguinte conceito próprio: "a alteração de um ou mais elementos técnicos de um produto, com vistas a limitar ou eliminar a competição".[30] A estratégia, seja por meio da modificação em uma plataforma digital ou por meio da modificação do *design* técnico do produto, tem o objetivo de remover a compatibilidade das tecnologias próprias com as de concorrentes.

A princípio, esse conceito também será apreendido e utilizado neste trabalho. Com ele em mente, fica mais simples perceber que a conduta exercida pela IBM, diferentemente da exercida pela Kodak, não se trata de uma venda casada por razões técnicas, mas, sim, de uma conduta que pode ser subsumida ao escopo da inovação predatória. Todavia, a distinção entre as condutas não é simplória e as estratégias podem, realmente, ser confundidas. Em vista disso, alguns autores argumentam pela desistência do uso da categoria específica do *technological tie* na doutrina norte-americana, por reconhecerem que o regime aplicado tem um arsenal limitado, é tratado incongruentemente na jurisprudência, tem contornos confusos e gera grande incerteza jurídica.[31]

Cabe aqui pontuar que o enquadramento de uma conduta no conceito de inovação predatória não significa, imediatamente, a sua ilicitude e seu caráter predatório. Como será argumentado na sequência, somente a avaliação cautelosa dos efeitos positivos e negativos de uma inovação que, em um primeiro momento, se insere no conceito de inovação predatória determinará se a conduta é efetivamente predatória.

Nesse sentido, já neste ponto se defende que o tratamento de casos que envolvam potenciais inovações predatórias não poderá se valer da aplicação de uma regra *per se*, mas, sim, da regra da razão, pois apenas com a apreciação e ponderação entre os efeitos

---

[30] SCHREPEL, Thibault. Predatory Innovation: The Definite Need for Legal Recognition. *SMU Science & Technology Law Review*, p. 4, jul. 2017.
[31] SCHREPEL, Thibault. *Op. cit.*; WALLER, Spencer Weber; SAG, Matthew Sag. Promoting Innovation. *Iowa Law Review*, vol. 100, p. 2223-2233, 2015; VAN ARSDALE, Suzanne; VENZK, Cody. Predatory Innovation in Software Markets. *Harvard Journal of Law and Technology*, v. 29, n. 1, p. 243-290, 2015.

anticompetitivos e os efeitos positivos promovidos pelo invento será possível determinar a predação na conduta e sua eventual punição. Também esse ponto será tratado com maior profundidade nos tópicos seguintes desta seção.

Importa no momento reconhecer que o tratamento usual concedido – ou seja, a aplicação do conceito de venda casada – pela jurisprudência norte-americana aos casos de inovação predatória é inapropriado e insatisfatório. Há uma série de situações de inovação predatória que o conceito de *technological tie* não está apto a cobrir, o que ocasiona, por vezes, um tratamento indevido do tipo, e, por outras, que sequer haja um tratamento quanto à conduta.

Além disso, a ausência de um conceito jurídico próprio conduz a um cenário de insegurança jurídica, ao propiciar uma abertura irrestrita de interpretações e qualificações para as condutas apresentadas. O Direito da Concorrência, dessa maneira, vê-se carente de instrumentos que provejam respostas satisfatórias aos problemas que passam a despontar com recorrência na Nova Economia.

Para exemplificar a recorrência de situações que poderiam vir a ser rotuladas como práticas de inovação predatória – merecendo, assim, a adequada investigação quanto aos seus efeitos e justificativas –, passa-se agora à breve enunciação de algumas ocorrências reais que demonstram a emergência do problema na atualidade.[32]

1) Em 2011, o *Google* lançou o algoritmo Panda, um dos componentes responsáveis pela seleção e ranqueamento de resultados obtidos na busca orgânica (sem anúncios pagos), no intuito de refinar os resultados e retirar *sites* de baixa qualidade dos lugares mais altos da página de busca. Após o lançamento do algoritmo, uma série de sites que antes aparecia nos primeiros resultados orgânicos perdeu espaço e reclamou ao *Google*.[33] Depois do lançamento, o algoritmo sofreu uma série de modificações e continua suscitando reclamações.

2) Em 2012, o *Twitter* limitou a faculdade de seus usuários de utilizarem aplicativos diversos para acessarem a plataforma ao mesmo tempo. Esses aplicativos permitiam a inclusão de atributos adicionais ao serviço proposto pelo *Twitter*, que poderiam, eventualmente, competir e superar as funcionalidades iniciais propostas pela empresa.

3) Em 2014, foi lançada pelo *Google* a funcionalidade do *shopping box*, associada ao *Google Shopping* – plataforma para comparação de preços –, que passou a fornecer, na página de resultados de pesquisa do mecanismo geral de buscas do *Google*, uma "caixa", anterior aos resultados orgânicos e patrocinados, com uma lista de *sites* de comerciantes com produtos anunciados.[34] A inovação gerou reclamações por parte dos *sites* de comparação de preços – concorrentes do Google Shopping –, que não poderiam figurar na "caixa" e, assim, perderam considerável tráfego nos seus *sites*, com vários deles chegando a sair do mercado.

4) Em 2016, o *Instagram* bloqueou o aplicativo chamado *Being*, que permitia o acesso ao conteúdo do *Instagram* sem precisar utilizar esta plataforma. O intuito de impedir que os usuários acessassem o serviço por meio do aplicativo de terceiros relaciona-se com os rendimentos obtidos com propaganda.

---

[32] Os casos 2, 4, 5 e 6 foram retirados do artigo: SCHREPEL, Thibault. Predatory Innovation: The Definite Need for Legal Recognition. *SMU Science & Technology Law Review*, jul. 2017.

[33] Ver: https://en.wikipedia.org/wiki/Google_Panda#cite_note-5 e https://searchenginewatch.com/sew/news/2105023/google-losing-war-scraper-sites-help. Acesso em: 25 nov. 2018.

[34] Ver: http://www.marketingtecnologico.com/Artigo/google-shopping. Acesso em: 25 nov. 2018.

5) Em 2016, a Apple lançou uma atualização de *software* que retirou a funcionalidade do botão central de aparelhos que houvessem sido consertados por terceiros. A pressão da mídia e dos consumidores fez a empresa restaurar a funcionalidade em uma atualização subsequente.

6) Em 2016, a Apple anunciou a remoção da entrada "*Jack*" – a conexão de áudio – de seus aparelhos celulares. O formato universal permite a compatibilidade de todos os fones de ouvido com qualquer aparelho eletrônico destinado a tocar música.

A apresentação dos casos descritos não tem o intuito de dizer sobre a legalidade ou ilegalidade das práticas exercidas, mas, sim, o intuito de ilustrar uma série de situações reais e atuais em que as empresas se valem de criações e alterações de elementos técnicos de um produto, seja por meio da modificação do *design* técnico ou da modificação da plataforma digital, com vistas a limitar ou eliminar a competição, podendo acarretar efeitos negativos à concorrência e ao bem-estar do consumidor.

As situações apresentadas também servem para reiterar o entendimento de que as inovações predatórias demandam regime e conceito jurídicos próprios, vez que uma diversidade de condutas cai fora do escopo de venda casada – que exige a existência de dois produtos ou serviços para ser identificado –, restando à autoridade da concorrência sem abordagem apropriada identificar e lidar com o fenômeno. É imprescindível, portanto, o estabelecimento de um regime próprio e autônomo para lidar com o fenômeno da inovação predatória.

No tópico seguinte, serão abordados e comentados alguns casos da jurisprudência norte-americana que lidam com casos de inovação predatória. Com isso, objetiva-se, primeiramente, verificar a aplicabilidade do conceito estabelecido por Schrepel, adotado por este trabalho, juntamente com outras pontuações e observações de outros teóricos sobre o tema. Objetiva-se, também, verificar como é a aproximação da autoridade ao tema, qual a abordagem conferida e quais são as conclusões e resoluções alcançadas.

Os casos a serem comentados por esta autora são acessados tanto por via direta – por meio de consulta ao material próprio do processo ou da decisão – quanto por via indireta – por meio da apresentação dos casos em outros textos acadêmicos.[35] Instruindo-se com essas fontes, os relatos serão feitos na sequência.

II.4 Casos na jurisprudência norte-americana

A análise dos casos tentará responder às seguintes perguntas: 1) O conceito de Schrepel se aplica? Em que medida pode ou deve ser reformulado?; 2) Em que termos é feita a acusação e quais são os ilícitos apontados?; 3) Alguma das condutas é nomeada como "inovação predatória", seja pela representação ou pelos julgadores?; 4) Quais são as afirmações feitas pelos julgadores quanto à qualidade e legitimidade da inovação em questão?; 5) A regra da razão é utilizada? Empreende-se algum teste para balancear os efeitos da inovação e determinar sua legalidade?

---

[35] O método escolhido foi a opção mais viável em vista da dificuldade de acessar o material processual de alguns dos casos mais importantes envolvendo o tema.

Considerando o recorte temático dado ao presente estudo, priorizou-se a seleção de casos que versassem sobre problemas relacionados aos setores de alta tecnologia e de plataformas digitais. Também, restringiu-se a análise à jurisprudência norte-americana, pela disponibilidade do material. O estado da discussão em outras jurisdições – tal como na União Europeia – vem se desenvolvendo de maneira distinta, igualmente digno de análise própria, mas não pôde ser inserido e apresentado neste trabalho.

II.4.1 *California Computer Prods, Inc. v. IBM Corp.*[36]

A *CalComp* entrou no mercado de produtos para computador em 1960, desenvolvendo produtos periféricos, e, em 1969, ao adquirir a empresa *Century Data Systems* (CDS), entrou também no mercado de unidades de disco e controladores, que eram compatíveis com as CPUs da IBM e de outros fornecedores. A IBM, por sua vez, já havia alcançado a liderança técnica na indústria de computadores na década de 1950, sendo pioneira no desenvolvimento de vários produtos eletrônicos processadores de dados, incluindo os produtos de disco.

O caso, já brevemente relatado, iniciou-se em 1973, com a acusação da *CalComp* de que a IBM teria violado leis antitruste, ao aproveitar-se indevidamente de sua posição dominante, nos termos das seções 1 e 2 do *Sherman Act*, por monopolização e tentativa de monopolização. Mais especificamente, i) ao empreender prática de preço predatório nos produtos periféricos para computador; ii) ao modificar o *design* de CPUs, unidades de disco e controladores, sem resultar em vantagem tecnológica, apenas retirando a compatibilidade com produtos competidores; iii) e ao elevar o preço das CPUs.

Sobre a modificação de *design*, em específico, a *CalComp* denominou a estratégia de "manipulação tecnológica",[37] argumentando que as inovações não trouxeram melhoria à performance e à interação dos produtos. A mudança na interface entre os computadores e integração do controlador da unidade de disco à CPU, argumentava a *CalComp*, tiveram o único propósito de inibir a competição, uma vez que inviabilizou a compatibilidade e interoperabilidade que antes existiam entre as unidades de disco de outros produtores e as da IBM.

O Nono Circuito rejeitou às alegações da *CalComp* no ponto e sustentou que a integração foi um passo para a redução de custos, consistente com a tendência do mercado, o que permitia que a IBM reduzisse o preço para funções equivalentes.[38] Concluiu, assim, que a IBM tinha o direito de redesenhar seus produtos para fazê-los mais atraentes aos consumidores, seja para reduzir custos de produção ou para melhorar a performance.

---

[36] O relato do caso valeu-se das fontes: *California Computer Prods, Inc. v. IBM Corp.*, 613 F.2d 727 (9th Cir. 1979). Disponível em: https://law.resource.org/pub/us/case/reporter/F2/613/613.F2d.727.77-1563.html. Acesso em: 01 nov. 2017; e JACOBSON, Jonathan; SHER, Scott; HOLMAN, Edward. Predatory Innovation: an Analysis of Allied Orthopedic v. Tyco in the Context of Section 2 Jurisprudence. *Loyola Consumer Law Review*, v. 23, p. 1-33, 2010.

[37] "CalComp characterized these design changes as "technological manipulation" which did not improve performance". In: *California Computer Prods, Inc. v. IBM Corp., Op. cit.*, par. 75.

[38] "The evidence at trial was uncontroverted that integration was a cost-saving step, consistent with industry trends, which enabled IBM effectively to reduce prices for equivalent functions". In: *California Computer Prods, Inc. v. IBM Corp., Op. cit.*, par. 75.

Dessa maneira, o Nono Circuito reafirmou o veredito da Corte Distrital e decidiu pela legalidade das condutas praticadas pela IBM, por compreender que a empresa não detinha poder de mercado nos mercados em questão, de modo que não realizou práticas predatórias ou abusivas.

II.4.2 *Caldera, Inc. v. Microsoft Corporation*[39]

A empresa Caldera entrou no mercado de desenvolvimento de sistemas operacionais (SO) em 1996, ao adquirir a empresa Digital Research (DR). Em 1988, a Microsoft já havia alcançado posição monopolista no mercado de sistemas DOS com o MS-DOS. Em 1987, não obstante, a DR desenvolveu o sistema operacional DR DOS, competidor direto do sistema MS-DOS da empresa Microsoft, porque era compatível com programas escritos para o MS-DOS e incluía uma série de recursos adicionais não disponíveis no MS-DOS.

O processo foi iniciado em 1996, quando a Caldera alegou que a Microsoft tomou atitudes anticompetitivas com relação ao sistema DR DOS, a fim de retirá-lo do mercado, apontando que a empresa havia incorrido em violações às seções 1 e 2 do *Sherman Act*, e às seções 1, 2 e 3 do *Clayton Act*.

Especificamente, foram levantadas cinco alegações: i) a Microsoft distribuiu falsos anúncios sobre seus novos produtos de SO para atrasar a adoção do consumidor ao DR DOS; ii) firmou contratos de exclusividade com fabricantes de equipamentos originais para desencorajar a inclusão do DR DOS em seus sistemas; iii) intencionalmente programou o SO do Windows para ser incompatível com o DR DOS com o propósito de eliminá-lo como concorrente; iv) excluiu a DR do processo de testes com o *Windows* para impedir que a DR fizesse versões compatíveis com o SO antes do lançamento; v) integrou aplicações do *Windows* e DOS no sistema *Windows 95* para eliminar o mercado de OS em separado.

Ainda, quanto à venda casada, a Caldera alegou que a Microsoft combinou o MS-DOS e o Windows como um único produto no sistema operacional *Windows 95*, embora pudessem ser separados, e que essa integração não significava benefícios tecnológicos em relação aos produtos separados.

O caso não chegou à resolução de mérito pela Corte, tendo a Caldera e a Microsoft entrado antes em acordo sobre a disputa. Ainda assim, a Corte fez relevantes pontuações quanto ao caso no memorando, em específico sobre as alegações de venda casada, que aqui são pertinentes de serem relatadas.

Em se tratando da venda casada, a Corte rejeitou o método estabelecido no caso *Jefferson Parish*,[40] da Suprema Corte norte-americana, adotando considerações próprias para analisar a legalidade do *tying*. Nesse sentido, a Corte determinou que o parâmetro

---

[39] O relato do caso tomou como fontes os seguintes textos: Caldera, Inc. v. Microsoft Corp., 72 F. Supp. 2d 1295 (D. Utah 1999). Disponível em: https://law.justia.com/cases/federal/district-courts/FSupp2/72/1295/2336233/. Acesso em: 6 nov. 2017; JACOBSON, Jonathan; SHER, Scott; HOLMAN; Edward. Predatory Innovation: an Analysis of Allied Orthopedic v. Tyco in the Context of Section 2 Jurisprudence. *Loyola Consumer Law Review*, v. 23, p. 1-33, 2010.

[40] Os critérios do teste são: i) existência de dois produtos distintos; ii) que produto atado seja condição necessária para obter o produto principal; iii) que o arranjo afete um volume significativo de comércio; iv) que o acusado detenha poder de mercado no produto principal.

apropriado para avaliar a acusação de venda casada por razões técnicas era verificar se a integração dos dois produtos resultou em melhoramento tecnológico válido, não insignificante, a ponto de criar um novo produto.[41]

A Corte pontuou, ainda, com base no precedente *Transamerica Computer Co., Inc. v. IBM Corp.*, que o padrão para examinar inovações tecnológicas deve levar em conta os efeitos que a inovação traz para a competição. Nesse sentido, observou que, em casos envolvendo inovações tecnológicas, o Circuito concedia grande deferência ao argumento da tecnologia, mas não às atuais normas de Direito Antitruste.

Assim, a Corte enuncia: "Certamente, uma empresa deve poder construir uma melhor ratoeira, e as cortes não devem privar a empresa da oportunidade de fazê-lo ao dificultar a inovação tecnológica. Não obstante, o direito antitruste foi desenvolvido por uma boa razão, e, assim como as cortes têm o potencial de suprimir avanços tecnológicos por duvidar do *design* de um produto, também a inovação pode ser suprimida se empresas forem autorizadas a esmorecer a competição por meio da integração ilegal de produtos e escapar da responsabilidade antitruste ao alegar um "plausível" avanço tecnológico".[42]

II.4.3 *Intel Corporation*[43]

O caso *Intel Corp.* iniciou-se em 2009, por meio de reclamação administrativa[44] feita pela *Federal Trade Commission* (FTC ou "Comissão"), na qual se alegava que a empresa Intel havia incorrido em métodos e práticas ilegais desde 1999, período em que a Intel tomou atitudes para manter seu monopólio no mercado de CPUs e para criar um monopólio no mercado de GPUs (unidade processadora de gráfico). As acusações recaíram sob o escopo da Seção 5 do *Federal Trade Commission Act*.[45]

A Intel adquiriu monopólio no mercado de microprocessadores em 1999 e não possuía competidores relevantes, em vista das altas barreiras de entrada e da saída de

---

[41] "Therefore, the Court embarks on its own analysis in applying a standard that is consistent with established antitrust tying authority, yet appropriate for cases involving technological innovations. The Court finds that if the evidence shows that a valid, not insignificant, technological improvement has been achieved by the integration of two products, then in essence a new product has been created". In: *Caldera, Inc. v. Microsoft Corp.*, 72 F. Supp. 2d 1295 (D. Utah 1999), 1325.

[42] "This is a case dealing with technology, and the Court recognizes the need to promote pro-competitive conduct in the technology world. Indeed, technological innovation is an important defense in defending antitrust allegations. (...) Thus, acknowledging the importance of promoting technological innovation, the Court is cautious in completely relying on the analysis contained in cases such as *Jefferson Parish* and *Multistate Legal Studies*, which involved medical services and bar-review courses. However, the Court finds that the D.C. Circuit has given too much deference to the technology argument and not enough to current antitrust law. Certainly a company should be allowed to build a better mousetrap, and the courts should not deprive a company of the opportunity to do so by hindering technological innovation. Yet, antitrust law has developed for good reason, and just as courts have the potential to stifle technological advancements by second guessing product design, so too can product innovation be stifled if companies are allowed to dampen competition by unlawfully tying products together and escape antitrust liability by simply claiming a 'plausible' technological advancement". In: *Caldera, Inc. v. Microsoft Corp.*, 72 F. Supp. 2d 1295 (D. Utah 1999), 1323. Grifou-se.

[43] O relato do casou utilizou como fonte: *Intel Corp.*, No. 9341 (F.T.C. 2009). Acesso em: 7 nov. 2017. Disponível em: https://www.ftc.gov/enforcement/cases-proceedings/061-0247/intel-corporation-matter.

[44] Disponível em: https://www.ftc.gov/sites/default/files/documents/cases/091216intelcmpt.pdf. Acesso em: 7 nov. 2017.

[45] "Unfair methods of competition in or affecting commerce, and unfair or deceptive acts or practices in or affecting commerce, are hereby declared unlawful".

um número considerável de produtores que antes atuavam no setor, havendo apenas a *Advanced Micro Devices* (AMD) e a *Via Technologies* (Via), que não constrangiam sua atuação.

Entretanto, ao lançar a CPU Athlon, em 1999, e a CPU Opteron, em 2003, a AMD desestabilizou a liderança da Intel em vários segmentos dos mercados de CPU. Fabricantes de equipamentos originais reconheceram a superioridade dos novos produtos da AMD em performance e qualidade da CPU. Com essa ameaça, a Intel se engajou em uma série de práticas anticompetitivas, a fim de impedir ou atrasar a adoção dos produtos rivais pelos clientes.

Primeiramente, a empresa reclamada firmou acordos anticompetitivos com fabricantes de equipamentos originais, com o objetivo de limitar ou acabar com o uso dos produtos concorrentes. A Intel ameaçou aumentar preços, terminar com colaborações tecnológicas e reduzir apoio aos fabricantes que contratassem com competidoras. Ofereceu, ainda, parcela de mercado e descontos aos fabricantes que encerrassem contratos com seus concorrentes.

Outra tática utilizada pela Intel foi a utilização de sua posição relevante nos mercados complementares. Assim, a empresa redesenhou o compilador e a biblioteca de *software*, em 2003, com o intuito de reduzir a performance de CPUs competidoras. A FTC alegou que muitas das mudanças promovidas pela Intel em seu *software* não traziam benefício técnico legítimo e que foram feitas apenas para reduzir a performance dos competidores.

Com relação ao mercado de GPUs – que vinha ameaçando o mercado de CPUs, ao adicionar novas funcionalidades, e o próprio monopólio da Intel –, a Comissão alegou que a reclamada também adotou posturas anticompetitivas de desabilitar a interoperabilidade entre GPUs concorrentes (tais como a Nvidia, AMD, Via) e as novas CPUs da Intel.

Em sua resposta,[46] a Intel se defendeu das acusações feitas na reclamação administrativa, negando ter exercido a maior parte das condutas alegadas. Argumentou contra a alegação de que estivesse impedindo a inovação e participação dos concorrentes no mercado, afirmando que a competição nos mercados em questão é robusta, envolvendo altos investimentos em pesquisa e desenvolvimento. Afirmou, nesse sentido, que a própria Comissão alegava o melhoramento das funcionalidades e performances das GPUs, e argumentou que, da mesma maneira, também suas concorrentes tiveram a oportunidade de desenvolver novos e melhores produtos.

Argumentou que a Intel não tem o dever de ajudar seus competidores e que a realidade da concorrência naquele mercado – com grandes investimentos, aumentos dramáticos na qualidade de produto e reduções não paralelas de preços – não foi devidamente retratada pela Comissão. Desse modo, a FTC estaria a querer punir uma inovação que trouxe benefícios aos consumidores e que foi pró-competitiva.

Em agosto de 2010, a FTC determinou os termos de consentimento para desfecho do caso.[47] Na Seção V do termo, a Comissão endereçou a questão das modificações

---

[46] Disponível em: https://www.ftc.gov/sites/default/files/documents/cases/091231respanswertocmplt.pdf. Acesso em: 7 nov. 2017.

[47] Disponível em: https://www.ftc.gov/sites/default/files/documents/cases/2010/08/100804inteldo_0.pdf. Acesso em: 7 nov. 2017.

técnicas do *software*, determinando que a Intel não poderá modificar seu produto relevante se tal modificação: i) degradar a performance do produto relevante vendido por um competidor e ii) não promover um real benefício ao produto relevante vendido pela empresa. Determinou, ainda, que cabe à reclamada o ônus de demonstrar que a inovação promovida observa o cumprimento do termo.

II.5 Apontamentos preliminares

Os casos relatados retratam posturas distintas de se lidar com um mesmo problema. O lapso temporal entre eles não parece significar uma evolução no entendimento e na abordagem do fenômeno, de uma maneira geral, embora seja possível perceber alguns avanços na identificação do problema. Passa-se agora a responder às perguntas propostas em tópico anterior.

Nos três casos, o conceito de Schrepel parece ser adequado para enquadrar o problema. Em todos os casos, verificou-se a mudança de algum componente técnico que retirou a compatibilidade antes existente com produtos competidores. No primeiro, a IBM modificou o *design* técnico de CPUs, unidades e controladores de disco, integrando-os, de modo a retirar a compatibilidade com concorrentes. No segundo, a Microsoft também se valeu de modificações técnicas em seu sistema operacional, integrando o MS-DOS com o Windows, de modo a inviabilizar a compatibilidade com o sistema operacional concorrente. No terceiro, a Intel alterou disposição técnica do seu *software*, que retirou a interoperabilidade com produtos de terceiros.

Assim, parece apropriado que "a alteração de um ou mais elementos técnicos de um produto, com vistas a limitar ou eliminar a competição" seja uma definição da conduta que pode vir a ser uma inovação predatória. Importa perceber, neste ponto, que a inovação predatória se dá em momento posterior à primeira criação do bem ou serviço, figurando como uma modificação ou incremento posterior, o que permite, em certos casos, notar mais claramente seu caráter e intuito anticompetitivo. Isso não deve obstar que, em estudos futuros, sejam analisadas ocasiões em que uma primeira criação seja predatória, de modo a retificar o conceito então adotado.

Com relação ao segundo questionamento, pode-se dizer que os termos da acusação variam, sendo comumente apontados os ilícitos de abuso de posição dominante, como monopolização ou tentativa de monopolização – indicados nos três casos. O tipo de venda casada por razões técnicas é indicado tanto no caso da IBM quanto no caso da Microsoft. No caso Intel, todavia, o que se alegou sobre a inovação foi comportamento abusivo ou predatório, sem recorrer à definição de *technological tie*.

Sobre a terceira pergunta, quanto ao uso do termo "inovação predatória", embora a *CalComp* tenha se utilizado do termo "manipulação tecnológica", nenhum dos casos se refere expressamente à conduta como sendo desse tipo, o que demonstra a resistência ou desconhecimento da jurisprudência para se valer do termo, ainda que, à época dos casos, o fenômeno já recebesse alguma atenção da doutrina e academia e fosse assim nomeado. Fala-se em comportamento predatório nos três casos, mas sem assim qualificar a inovação.

Por outro lado, relativamente ao quarto questionamento, quanto às afirmações sobre a qualidade da inovação, nos três casos os órgãos julgadores, em uma medida ou outra, fizeram pontuações sobre a qualidade da inovação em questão. No caso da *IBM*, o Nono Circuito afirmou que a inovação no *design* técnico, ao integrar produtos, trazia benefícios, já que causava redução de custos. No caso da *Microsoft*, por não ter havido uma resolução no mérito, a Corte não chegou a se pronunciar propriamente sobre a inovação, mas fez importantes observações, que serão destacadas na sequência. No caso *Intel*, a FTC afirmou que a inovação não representava real avanço tecnológico.

Na última questão proposta, a respeito da regra da razão e da análise empreendida, as condutas não são tratadas como ilícitos por objeto, sendo analisadas por meio da regra da razão. Não obstante, os casos demonstram que a regra da razão é utilizada superficialmente, sem que se estabeleça algum tipo de teste capaz de balancear os efeitos positivos e negativos da conduta, para então determinar sua legalidade. Nesse sentido, o caso *Microsoft* aponta para uma preocupação importante, ainda que incipiente, que não foi demonstrada nos outros dois casos.

A Corte, como relatado, ainda que não tenha procedido ao julgamento de mérito, observou a importância de se definir um método capaz de avaliar os efeitos de uma inovação tecnológica, atentando para a possibilidade de que uma inovação abusiva possa reverter efeitos negativos à competição e à inovação em geral.

Essa observação, conquanto introdutória, é crucial para se pensar um regime próprio para lidar com a inovação predatória. Uma inovação não pode ser declarada predatória sem que haja um devido balanceamento de seus efeitos, sob pena de se excluir uma inovação que, em verdade, traga benefícios consideráveis aos consumidores. Nesse sentido, é preciso incrementar a análise promovida com a utilização da regra da razão, que também deve ser readequada aos novos contextos com os quais deverá lidar.

Ainda, os casos reforçam a necessidade de se consolidar o conceito de inovação predatória, deixando de lado a aplicação do tipo da venda casada por razões técnicas (*technological tie*) – conceito de contornos confusos e indefinidos, além de insuficiente para lidar com a diversidade de casos envolvendo alterações e integrações tecnológicas.

Reitera-se, nesse contexto, portanto, a indispensabilidade de estabelecer conceito e regime próprios para o tratamento da inovação predatória, que exige análise detida pelas autoridades da concorrência e lhes impõe o esforço de pensar em métodos de análise adequados para identificação do problema e tipificação da conduta. A utilização da regra da razão não pode desonerar a autoridade de examinar atentamente os efeitos da conduta, como ocorreu nos casos apresentados.

Todavia, a análise de três casos não permite, de fato, traçar um panorama geral do tratamento jurisprudencial e doutrinário conferido ao problema – e essa não foi a pretensão –, mas permite que se façam os apontamentos preliminares aqui explanados, servindo também para suscitar possibilidades e proposições de avanço no tema.

Nessa perspectiva, o tópico seguinte apresenta, de maneira breve, uma possível proposição, com vistas à reestruturação de uma regra da razão que possa instruir melhor o devido tratamento jurídico a ser deferido para a inovação predatória, indicando seus possíveis elementos.

II.6 Proposição: estruturação de uma regra da razão especializada

A regra *per se* e a regra da razão são metodologias de análise do Direito da Concorrência e, assim sendo, figuram como padrões construídos pelas autoridades da concorrência ao julgar condutas potencialmente lesivas à ordem econômica. As regras não constituem, portanto, categorias distintas de ilícitos, mas padrões probatórios que determinam ao órgão antitruste, a depender da conduta em questão, uma análise mais ou menos detalhada das variáveis envolvidas.[48]

A regra da razão, como método de análise, exige exame mais detido e detalhado dos fatores envolvidos, como a estrutura de mercado em que a conduta foi praticada, os efeitos potenciais e concretos da restrição, os propósitos que conduziram à prática, as eficiências produzidas, e mais.[49] Sendo uma estratégia concorrencial relativamente nova e recente, que envolve sempre uma multiplicidade de variáveis, é esperado e mais adequado que a inovação predatória seja analisada por meio da regra da razão, uma vez que impõe à autoridade antitruste a obrigação de um exame integral e completo dos seus efeitos anticompetitivos.

De fato, há custos associados à utilização da regra da razão – tais como os altos custos de informação e litigância, ocasionados pela demora do processo e da complexidade do exame requerido – que podem pesar contrariamente à sua aplicação, sobretudo no contexto dos mercados de alta tecnologia da Nova Economia, com suas rápidas transformações. Contudo, por se tratar de inovação, um tema delicado às políticas antitruste, também não parece viável e recomendado que se alcance um patamar de convicção que permita submeter uma potencial prática de inovação predatória à regra *per se*, em vista das particularidades dos efeitos gerados em cada caso e dos graves danos de se inviabilizar uma inovação positiva.[50]

A regra da razão, nesse contexto, demonstra-se como melhor metodologia para proteger a inovação, na medida em que assegura liberdade para as empresas investirem em pesquisa e desenvolvimento, criando novos produtos e serviços sem as constrições de uma indevida influência de interesses anticompetitivos no processo.[51]

A aplicação de uma regra da razão generalizada, não obstante, por não se mostrar como exame sensível às particularidades dos mercados de alta tecnologia, deve também ser afastada, por acarretar altos custos, imprecisão e inadequação da análise. Nesse sentido, uma proposição pertinente para enfrentar a questão é a adoção de uma regra da razão aperfeiçoada para lidar com casos relacionados à inovação nos mercados da Nova Economia.

Alguns teóricos já vêm se dedicando ao tema e sugerem algumas estruturas e balizas próprias de análise por meio da regra da razão, com testes e elementos específicos para determinados setores.[52] De fato, o desenvolvimento de presunções e de estruturas

---

[48] FRAZÃO, Ana. *Direito da Concorrência*: pressupostos e perspectivas. São Paulo: Saraiva, 2017; HOVENKAMP, Herbert. *The antitrust enterprise*: principles and execution. Massachusetts: Harvard University Press, 2005.

[49] Por sua vez, a regra *per se* é caracterizada por padrão probatório menos rigoroso, que desonera a autoridade antitruste de um exame mais aprofundado, funcionando como um conjunto de presunções e atalhos probatórios firmados com a experiência de análise em torno de uma conduta, que permitirá, no futuro, a consolidação de uma convicção quanto aos efeitos nocivos da prática. Ver: FRAZÃO, Ana. *Direito da Concorrência: pressupostos e perspectivas*. São Paulo: Saraiva, 2017. p. 290-291.

[50] Nesse sentido: SCHREPEL, Thibault. A New Structured Rule of Reason Approach for High-Tech Markets. *Suffolk University Law Review*, v. 50, p. 103-131, 2017.

[51] SCHREPEL, Thibault. *Op. cit.*, p. 116.

[52] Por exemplo, Van Arsdale e Venzk estruturam uma regra da razão voltada especificamente para as modificações de *softwares*. Ver: VAN ARSDALE, Suzanne; VENZK, Cody. Predatory Innovation in Software Markets. *Harvard Journal of Law and Technology*, v. 29, n. 1, p. 243-290, 2015.

atualizadas para refletir a realidade econômica de determinados setores da Nova Economia desponta como alternativa interessante para lidar com a inovação predatória.

Todavia, a elaboração de novas presunções e balizas para estruturar uma regra da razão específica envolve um cotejo importante entre *trade-offs*, no que diz respeito à proteção a ser visada e privilegiada pelo Direito da Concorrência: seja a proteção aos consumidores, seja a proteção aos concorrentes; seja a proteção de curto prazo; seja a proteção de médio a longo prazo.[53] Essa discussão certamente remeterá aos objetivos da defesa da concorrência, que servirão de guias para embasar o tratamento a ser conferido à inovação predatória.

Neste momento, então, novamente tomando Schrepel como referência teórica, serão apontadas aqui algumas das propostas feitas pelo autor no sentido de estruturar uma nova regra da razão para lidar com inovações predatórias, pontuadas com observações de outros referenciais teóricos. Essas propostas serão comentadas na sequência, levando em conta o mencionado cotejo entre *trade-offs* na estruturação da regra da razão, considerando os propósitos do Direito da Concorrência como possíveis guias e bases para essas escolhas.

Primeiramente, ao tratar da análise adequada para abordar condutas que envolvem inovação, Schrepel aponta para a necessidade de se estruturar um padrão baseado em evidência empírica. O Direito Antitruste é influenciado por diversas escolas de pensamento, das quais derivam diferentes posicionamentos para a resolução de um problema concorrencial. Contudo, a filiação ideológica não pode prevalecer, devendo-se privilegiar as evidências empíricas que possam guiar a resolução do caso.

O autor também destaca a importância de considerar a inovação de uma maneira diferenciada, uma vez que ela desempenha papel crucial nos mercados de alta tecnologia. Em um mesmo sentido já argumentado neste trabalho, Schrepel nota que o foco principal das análises concorrenciais sempre foi o parâmetro "preço", mas que agora, no contexto da Nova Economia, é preciso considerar a inovação como um legítimo parâmetro para o antitruste.[54] Em sentido aqui já argumentado, a inovação precisa estar submetida a referenciais concorrenciais.

Em cenários de competição disruptiva não basta identificar e provar elementos como efeitos de rede, *lock-ins* e custos de transferência – a inovação é fator central a ser levado em consideração. Tomar a inovação como marco para uma regra da razão estruturada estimula a proteção à inovação e desperta a atenção dos órgãos da concorrência quanto aos comportamentos inovadores puramente anticompetitivos.[55]

Destacando esses dois elementos como chaves para a análise, Schrepel propõe, com base na regra da razão estruturada por Eastbrook, uma reformulação com três filtros analíticos para uma regra da razão atualizada e especializada para os mercados de alta tecnologia.

---

[53] Retomando analogia já feita neste trabalho, esses *trade-offs* também se fazem presentes na análise da conduta de preço predatório.

[54] "Prices do not always control the competition among companies in the New Economy where innovation is a central element. If courts do not consider innovation to be a legitimate antitrust standard, empirical analyses will fail to demonstrate the benefit of free markets. Many courts have not integrated innovation into their antitrust analyses because the concept is deemed too complex". *In:* SCHREPEL, Thibault. A New Structured Rule of Reason Approach for High-Tech Markets. *Suffolk University Law Review*, v. 50, 2017, p. 103-131. p. 20.

[55] SCHREPEL, Thibault. *Op. cit.*, p. 20.

O primeiro filtro é o equilíbrio de mercado. Para o autor, a parcela de mercado é um critério útil para avaliar o poder de mercado, mas que, sozinha, não se tem mostrado tão acurada. Por outro lado, se o equilíbrio de mercado é estável, isso pode implicar altos custos de transferência, efeitos de rede e altas barreiras à entrada, o que significa que práticas anticompetitivas terão maior impacto no mercado. Do lado contrário, se o equilíbrio é instável, será mais provável que os efeitos anticompetitivos sejam corrigidos. Inserir esse filtro na análise, por integrar a noção de inovação disruptiva, permite melhorar a avaliação das parcelas de mercado em mercados de alta tecnologia.

Em noção similar, também Evans e Schmalensee afastam a abordagem antitruste tradicional de definir o poder de mercado a partir da parcela de mercado, tendo-a por indevida para abarcar a realidade da Nova Economia. Os autores destacam que essa abordagem desconsidera um elemento essencial do poder de mercado nesses setores, que é a ameaça real ou potencial de inovações drásticas para tomada de liderança.[56]

Nesse sentido, Evans e Schmalensee consideram um fator que Schrepel não menciona: o papel da *concorrência potencial* em mercados inovadores. Os autores apontam que, em setores inovadores, como o de alta tecnologia, os competidores não são constrangidos apenas pelos concorrentes no mercado. Em verdade, há também uma forte constrição por parte de concorrentes desconhecidos, que podem investir em pesquisa e desenvolvimento e adentrar o mercado com uma inovação. Em vista disso, para os autores, a inquirição quanto ao poder de mercado na Nova Economia deve incluir uma séria análise quanto ao vigor da competição dinâmica e potencial.[57]

Ainda quanto à concorrência potencial, também Sidak e Teece destacam que ela desempenha um papel ainda mais importante nos cenários de competição dinâmica, de modo que a determinação da parcela de mercado indicada pela análise neoclássica falha em considerar o real cenário competitivo nos mercados de alta tecnologia. Defendem, portanto, que a definição do poder de mercado considere a potencialidade de novos competidores.[58]

Ainda quanto à definição de poder de mercado, uma importante pontuação feita por Salomão Filho concerne à dispersão e alocação de informação. Sobretudo em mercados da Nova Economia, marcados pela importância do capital intelectual, a assimetria de informações e conhecimento pode causar distorções significantes no mercado. Desse modo, tomar em consideração a concentração de informação e conhecimento pode ser um fator relevante para determinar o poder de mercado e a possibilidade de abuso nesse domínio.[59]

O segundo filtro estabelecido por Schrepel é o poder de discriminar. Diz respeito à habilidade da empresa de implementar estratégias anticompetitivas que sejam particularmente danosas e possam causar a total exclusão de um competidor. O filtro consiste em avaliar a possibilidade de uma empresa abusar do seu poder, em vez de

---

[56] EVANS, David S.; SCHMALENSEE, Richard. Some Economic Aspects of Antitrust Analysis in Dynamically Competitive Industries. In: JAFFE, Adam B.; LERNER, Josh; STERN, Scott (Ed.). *Innovation Policy and the Economy*. Cambridge: MIT Press, 2002, vol. 2. p. 18.

[57] EVANS, David S.; SCHMALENSEE, Richard. *Op. cit.*, p. 20.

[58] SIDAK, Gregory J.; TEECE, David J. Dynamic Competition in Antitrust Law. *Journal of Competition Law & Economics*, n. 5, 2009, p. 581-631. p. 614-615.

[59] FILHO SALOMÃO, Calixto. *A Legal Theory of Economic Power*. Edward Elgar Publishing: Northampton, 2011. p. 34-36.

abusar da sua posição dominante. O poder de discriminar se distingue do poder de mercado, porque trata dos recursos essenciais ao processo de inovação que uma empresa pode ter, sem que ela necessariamente tenha grande participação de mercado.[60]

O poder de discriminar está claramente associado aos direitos de propriedade intelectual que um agente econômico detém. Uma preocupação relevante neste ponto, levantada por Salomão, refere-se à possibilidade de que um participante de mercado, ainda que não possua posição dominante monopolística, possa impedir a introdução e reprodução de novos produtos e, por consequência, impedir que o consumidor tenha oportunidade de escolha entre produtos similares ou substitutos.[61]

Um conceito que também pode ajudar a instruir uma análise sobre o poder de discriminar é o de *oportunidade tecnológica*, abordado por Sidak e Teece. A oportunidade tecnológica, também relacionada à noção de concorrência potencial, é definida como "a taxa pela qual mais ou menos avanços externos e cumulativos em ciência e tecnologia geram possibilidades de inovação rentável" e refere-se à possibilidade de que novos competidores se engajem em projetos de transformações e inovações tecnológicas. Desse modo, quanto maiores as oportunidades tecnológicas, maiores as chances de progresso tecnológico, o que incrementa os incentivos para inovar e competir.[62]

O terceiro filtro de Schrepel considera a relação entre o falso positivo[63] e os incentivos para inovar, fazendo uma ponderação entre o risco anticompetitivo da inovação e o bem-estar promovido pela inovação. Os órgãos julgadores precisam estar especialmente atentos para a importância dos falsos positivos em mercados inovadores, que podem requerer maior tolerância em casos de tentativa de monopólio, mas que definitivamente demandam vigilância contínua em casos de manutenção de monopólio e outras condutas que possam ameaçar futuras inovações. O autor propõe a utilização de alguns testes de eficiência para fazer tal ponderação.

Assim, Schrepel conclui que uma regra da razão estruturada com esses três filtros se mostra mais apta a impedir falsos positivos e a elevar o nível de segurança jurídica do que uma regra da razão pura poderia fazê-lo. Esses filtros também facilitam a tarefa dos requerentes de demonstrarem a natureza anticompetitiva da conduta.

Entretanto, a ponderação entre efeitos positivos e negativos da inovação não é um critério livre de controvérsias. Há quem defenda, como Teece,[64] que determinar a legitimidade de escolhas em inovação em regimes de rápida mudança tecnológica, a fim de reconhecer se seus efeitos positivos ultrapassam os negativos, requer mais do que uma análise econômica e que as autoridades da concorrência estão mais propensas a cometer erros do que acertos nessa análise, uma vez que são altos os requerimentos de informação para determinar a anticompetitividade de uma conduta num mercado dinâmico, não devendo as autoridades se engajar nesse exame.

---

[60] SCHREPEL, Thibault. A New Structured Rule of Reason Approach for High-Tech Markets. *Suffolk University Law Review*, v. 50, p. 103-131, 2017.

[61] FILHO SALOMÃO, Calixto. *Op. cit.*, p. 74-76.

[62] SIDAK, Gregory J.; TEECE, David J. Dynamic Competition in Antitrust Law. *Journal of Competition Law & Economics*, n. 5, 2009, p. 581-631. p. 599; p. 608-609.

[63] O falso positivo consiste na condenação de uma conduta lícita.

[64] TEECE, David J. Antitrust Analysis in High Technology Industries. *In:* TEECE, David J. (Ed.). *Managing Intellectual Capital*: Organizational, Strategic, and Policy Dimensions. Oxford University Press: Oxford, 2002. p. 159-190.

De outro lado, há quem defenda, como Delvin e Jacobs,[65] o estabelecimento de um teste para determinar a validade da inovação tida por anticompetitiva. Os autores também propõem novas balizas para guiar a análise da regra da razão em casos de inovação predatória. Nesse sentido, os autores determinam quatro principais considerações a serem levadas em conta.

A primeira dessas considerações argumenta que, para lidar com inovações, é preferível um sistema que favoreça falsos negativos,[66] considerando que os riscos de vedar uma inovação benéfica são mais custosos, geralmente, do que os riscos de permitir uma inovação com efeitos anticompetitivos abusivos. Por conseguinte, as empresas requeridas deverão assumir o ônus de provar as vantagens técnicas que a inovação traz.[67]

Na sequência, Delvin e Jacobs defendem que os órgãos julgadores não devem distinguir entre inovações triviais e significantes, por acarretar insegurança jurídica e desincentivo a inovar, já que a linha divisória entre essas inovações é tênue, além de que a maior parte das inovações geradas em setores de alta tecnologia consiste em incrementos adicionais a um produto já existente.[68]

A terceira pontuação dos autores empreende um exame quanto à melhoria material da inovação que elimina a escolha do consumidor. Nesse sentido, a inovação impugnada que impede competidores de fornecer produtos rivais e, assim, elimina a possibilidade de escolha do consumidor por produtos deve ser submetida ao escrutínio do órgão julgador quanto à qualidade do melhoramento material, não apenas técnico da invenção. Pontuam, ainda, que esse exame quanto à qualidade da inovação deve ser realizado apenas nos casos em que a inovação elimine a escolha do consumidor.[69]

A quarta e última consideração de Delvin e Jacobs diz respeito à imunidade antitruste que deverá ser conferida à alteração de um produto que apenas limite, mas não exclua a habilidade dos competidores de oferecer produtos rivais ao consumidor. A ideia que embasa essa postura busca um equilíbrio entre concorrência e bem-estar do consumidor, por tomar em conta que os efeitos excludentes serão mais improváveis frente à possibilidade dos competidores de criarem produtos substitutos e garantirem a variedade de escolha.

Após essas explanações, a conclusão mais óbvia a que se chega é de que são muitas as possibilidades, ponderações e proposições. A apresentação das novas estruturas e análises sugeridas não serve para esgotar o assunto, mas para ilustrar novas orientações e avaliações que possam melhor instruir a análise de condutas que envolvam inovações na Nova Economia.

Como anunciado ao início desta seção, contudo, a reflexão e sugestão de novos critérios e parâmetros de avaliação devem tomar em consideração os *trade-offs* que se encontram em jogo ao privilegiar um ou outro parâmetro no que concerne à proteção envidada pelo Direito da Concorrência. Nesse sentido, é importante que tais reorientações

---

[65] DELVIN, Alan; JACOBS, Michael. Anticompetitive Innovation and the Quality of Invention. *Berkeley Technology Law Journal*, v. 27, n. 1, p. 1-55, 2011.
[66] O falso negativo consiste na absolvição de uma conduta ilícita.
[67] DELVIN, Alan; JACOBS, Michael. *Op. cit.*, p. 40-42.
[68] DELVIN, Alan; JACOBS, Michael. Anticompetitive Innovation and the Quality of Invention. *Berkeley Technology Law Journal*, v. 27, n. 1, p. 1-55, 2011.
[69] "The material-improvement standard that this Article advocates, however, would only apply when a defendant's action eliminates consumer choice". *In*: DELVIN, Alan; JACOBS, Michael. *Op. cit.*, p. 41.

e proposições sejam instruídas pelos objetivos do Antitruste e se mostrem cientes da ponderação entre proteções a que se sujeitam. Assim, tomando, a princípio, as proteções que Salomão Filho[70] lista como objetivadas pelo Direito da Concorrência – a proteção da ordem concorrencial; a proteção dos consumidores; e a proteção dos concorrentes –, algumas reflexões merecem ser feitas.

De maneira breve, a proteção da ordem concorrencial está relacionada à proteção do interesse institucional em uma ordem econômica na qual prevaleça a concorrência, compreendida como regime adequado para a garantia dos interesses de consumidores e de agentes de mercado.[71] A proteção ao consumidor, por sua vez, é tutelada indiretamente, por meio da proteção da ordem concorrencial, e relaciona-se à ideia de que o consumidor é o destinatário econômico final da defesa da concorrência e sua justificação última, pois é sobre ele que recaem os danos das condutas anticoncorrenciais – como o aumento de preços, a perda de qualidade e variedade, a redução da inovação, etc.[72] Por fim, a proteção aos concorrentes, do mesmo modo que a proteção ao consumidor, é tutelada mediatamente pelo Direito da Concorrência, por meio da garantia de um ambiente concorrencial livre de condutas ilícitas e anticompetitivas.[73]

Esses interesses, embora intimamente relacionados, muitas vezes impõem um esforço de harmonização por parte das políticas e das autoridades concorrenciais. Pensar em soluções e proposições para a configuração de um tratamento jurídico especializado para a inovação predatória certamente demandará o esforço de harmonização entre interesses dos consumidores e dos concorrentes, ponderando sobre a eficácia e o prejuízo de curto a longo prazo. Além disso, harmonizar interesses de consumidores e concorrentes precisa levar em conta não somente a variável "preço" – que, como argumentado ao longo deste estudo, tem guiado uma abordagem tradicional do Direito da Concorrência, que precisa ser ultrapassada –, mas também as variáveis de qualidade e variedade, sobretudo em questões relacionadas à inovação.

Desse modo, as proposições apresentadas neste trabalho, em uma medida ou outra, tiveram de efetuar uma ponderação entre os interesses em jogo, seja para equilibrá-los, seja para privilegiar um sobre o outro, em determinadas situações. Por exemplo, dar preferência a um sistema que favoreça falsos negativos em detrimento da condenação de inovações que não limitem a escolha do consumidor, como sugerem Delvin e Jacobs, é uma tentativa de conciliar a ordem concorrencial, que se beneficia pela promoção da inovação, com o interesse do consumidor, que não terá a variedade de escolha afetada.

Na mesma noção, evitar os falsos positivos, como propõe Schrepel, é uma maneira de assegurar a inovação e fomentar um ambiente competitivo com segurança jurídica aos concorrentes. De outro lado, a posição de abstenção sugerida por Teece desperta atenção e preocupações quanto aos efeitos de longo prazo sobre a ordem concorrencial e os interesses do consumidor, favorecendo, de maneira aparentemente imprudente, a promoção irrefreada da inovação.

Um tratamento jurídico apropriado para lidar com o fenômeno da inovação predatória certamente terá que considerar as pontuações e preocupações aqui enunciadas,

---

[70] SALOMÃO FILHO, Calixto. *Direito Concorrencial*: as Condutas. Malheiros: São Paulo, 2003.
[71] SALOMÃO FILHO, Calixto. *Direito Concorrencial*: as Condutas. Malheiros: São Paulo, 2003, p. 61-80.
[72] SALOMÃO FILHO, Calixto. *Op. cit.*, p. 81-92.
[73] SALOMÃO FILHO, Calixto. *Op. cit.*, p. 93-94.

a fim de prover um melhor arcabouço analítico para identificar e deter condutas anticompetitivas sem acarretar falsos positivos, desincentivo à inovação e desproteção aos consumidores, aos concorrentes ou à ordem concorrencial.

A inovação predatória suscita incontáveis desafios ao Direito da Concorrência, que por vezes demandam uma revisitação aos conceitos e aos métodos já firmados no ramo. A inquietação que o fenômeno provoca, contudo, é salutar para o desenvolvimento e a evolução das políticas de defesa da concorrência. Nesse sentido, as ponderações e proposições aqui feitas sugerem a necessidade de repensar e estruturar uma regra da razão específica para abordar condutas relacionadas à inovação, levando em conta os interesses que o Direito da Concorrência deve tutelar.

Conclusão

O fenômeno da inovação predatória impõe ao Direito Concorrencial uma série de novos desafios e preocupações que reivindicam a revisitação e reflexão dos pressupostos e abordagens tradicionais consolidados na análise antitruste. Os desafios e preocupações preliminares traçados neste trabalho apontam para a necessidade de definir conceito e regime jurídicos próprios, que delimitem o fenômeno, auxiliem em sua identificação e forneçam ferramentas aptas a abordá-lo e solucioná-lo.

É preciso revisitar a análise usual e repensar os métodos tradicionais de se delimitar mercados, de se definir poder de mercado e posição dominante, de se identificar condutas potencialmente predatórias. Também, é preciso refletir e se empenhar no desenvolvimento de critérios e instrumentos que sejam adequados para endereçar a realidade de mercados marcados pela inovação. As possibilidades de formulação e reformulação são várias, de modo que importa refletir sobre as escolhas efetuadas frente aos interesses tutelados pela defesa da concorrência, levando-se em conta os efeitos almejados em curto e longo prazo. É preciso, portanto, ponderar sobre os métodos que venham a favorecer consumidores em curto prazo, mas que os desfavoreçam em longo prazo; e sobre métodos que protejam os interesses dos concorrentes, mas prejudiquem a ordem concorrencial em longo prazo.

A inovação predatória é um desafio recente que desencadeia uma série de implicações ao Direito da Concorrência, no que tange ao desenvolvimento econômico, ao fomento da inovação, ao bem-estar do consumidor e à tutela da concorrência. Há muito a ser estudado e explorado, no intuito de esmiuçar suas peculiaridades, suas formas de manifestação, suas repercussões e as possibilidades de endereçar e solucionar o problema, e os esforços empenhados neste trabalho se prestam, em última instância, a evidenciar o problema e a suscitar o debate.

Uma conclusão é certa: a inovação precisa estar submetida a referenciais concorrenciais, sob pena de que o Direito da Concorrência venha a se tornar um instrumento ineficaz em tutelar a ordem concorrencial. A inovação predatória, nesse sentido, é um sintoma desse problema – é uma estratégia anticompetitiva que se vale da inovação como seu instrumento principal e que, como tal, não pode estar ausente no escopo da análise concorrencial.

Referências

D'AVENI, Richard. *Hypercompetition*: Managing the Dynamics of Strategic Maneuvering. Nova York: The Free Press, 1994.

DELVIN, Alan; JACOBS, Michael. Anticompetitive Innovation and the Quality of Invention. *Berkeley Technology Law Journal*, v. 27, n. 1, p. 1-55, 2011.

ELLISON, Glenn; ELLISON, Sara Fisher. Lessons About Markets form the Internet. *Journal of Economic Perspectives*, v. 19, n. 2, p. 139-158, 2005.

EVANS, David S.; SCHMALENSEE, Richard. Some Economic Aspects of Antitrust Analysis in Dynamically Competitive Industries. *In*: JAFFE, Adam B.; LERNER, Josh; STERN, Scott (Ed.). *Innovation Policy and the Economy*. Cambridge: MIT Press, 2002, vol. 2.

FRAZÃO, Ana. *Direito da Concorrência*: pressupostos e perspectivas. São Paulo: Saraiva, 2017.

GLADER, Marcus. *Innovative Markets and Competition Analysis*. Edward Elgar Publishing: Northampton, 2006.

HOVENKAMP, Erik; HOVENKAMP, Herbert. Tying Arrangements. *In:* BLAIR, Roger D.; SOKOL, Daniel (Ed.) *The Oxford Handbook of International Antitrust Economics*. Oxford: Oxford Publishing, 2015. p. 329-350.

HOVENKAMP, Herbert. *The antitrust enterprise*: principles and execution. Massachusetts: Harvard University Press, 2005.

JACOBSON, Jonathan; SHER, Scott; HOLMAN; Edward. Predatory Innovation: an Analysis of Allied Orthopedic v. Tyco in the Context of Section 2 Jurisprudence. *Loyola Consumer Law Review*, v. 23, p. 1-33, 2010.

OCDE. *Oslo Manual*. 3. ed. Paris: OECD Publishing, 2006.

SALOMÃO FILHO, Calixto. *A Legal Theory of Economic Power*: Implications for Social and Economic Development. Edward Elgar Publishing: Northampton, 2011.

SALOMÃO FILHO, Calixto. *Direito Concorrencial*: As Condutas. Malheiros: São Paulo, 2003.

SCHREPEL, Thibault. A New Structured Rule of Reason Approach for High-Tech Markets. *Suffolk University Law Review*, v. 50, p. 103-131, 2017.

SCHREPEL, Thibault. Predatory Innovation: The Definite Need for Legal Recognition. *SMU Science & Technology Law Review*, jul. 2017.

SCHUMPETER, Joseph. *Capitalism, Socialism and Democracy*. Londres: Routledge, 2003.

SCHUMPETER, Joseph. *The Theory of Economic Development*: Inquiry into Profits, Capital, Credit, Interest, and the Business Cycle. 2. ed. Nova Jersey: Transaction Publishers, 1983, versão *epub*.

SENGUPTA, Jati. *Theory of Innovation*: A New Paradigm of Growth. Cham: Springer International Publishing Switzerland, 2014.

SIDAK, Gregory J.; TEECE, David J. Dynamic Competition in Antitrust Law. *Journal of Competition Law & Economics*, n. 5, p. 581-631, 2009.

SIDAK, Joseph Gregory. Debunking Predatory Innovation. *Columbia Law Review*, v. 83, n. 5, p. 1121-1149, jun. 1983.

VAN ARSDALE, Suzanne; VENZK, Cody. Predatory Innovation in Software Markets. *Harvard Journal of Law and Technology*, v. 29, n. 1, p. 243-290, 2015.

Informação bibliográfica deste texto, conforme a NBR 6023:2018 da Associação Brasileira de Normas Técnicas (ABNT):

BAQUEIRO, Paula. Inovação predatória: um novo olhar do Direito da Concorrência sobreas inovações na nova economia. *In*: FRAZÃO, Ana; CARVALHO, Angelo Gamba Prata de (Coord.). *Empresa, mercado e tecnologia*. Belo Horizonte: Fórum, 2019. p. 355-382. ISBN 978-85-450-0659-6.

SOBRE OS AUTORES

Ana Frazão
Advogada e Professora de Direito Civil, Comercial e Econômico da Universidade de Brasília (UnB). Graduada em Direito pela UnB, Especialista em Direito Econômico e Empresarial pela Fundação Getúlio Vargas (FGV), Mestre em Direito e Estado pela UnB e Doutora em Direito Comercial pela Pontifícia Universidade Católica de São Paulo (PUC-SP). Líder do Grupo de Estudos Constituição, Empresa e Mercado (GECEM).

Angelo Gamba Prata de Carvalho
Advogado. Professor voluntário na Universidade de Brasília. Mestrando no programa de pós-graduação em Direito da Universidade de Brasília (PPGD/UnB). Vice-líder do Grupo de Estudos Constituição, Empresa e Mercado (GECEM).

Carlos Eduardo Goettenauer
Mestrando em Direito na Universidade de Brasília sob orientação da professora Ana Frazão.

Fernanda Garcia Machado
Doutoranda em Direito pela Universidade Nova de Lisboa. Especialista em Políticas Públicas e Gestão Governamental e ex-Coordenadora-Geral de Análise Antitruste do CADE. Graduada em Direito pela Universidade Estadual Paulista, com pós-graduação em Direito Público pelo Instituto Brasiliense de Direito Público e Especialização em Defesa da Concorrência pela GVLaw.

Heloisa Meirelles Bettiol
Advogada. Graduada em Direito pelo Centro Universitário de Brasília.

João Paulo de Faria Santos
Mestre em Direito pela Universidade de Brasília e doutorando em Direito Econômico pela Universidade de São Paulo. Advogado da União.

Levi Borges de Oliveira Veríssimo
Advogado. Pós-graduando em Direito Administrativo e pós-graduado em Direito Imobiliário pelo Instituto Brasiliense de Direito Público (IDP). Graduado em Direito pela Universidade de Brasília (UnB). Membro do Grupo de Estudos Constituição, Empresa e Mercado da Universidade de Brasília.

Lucas Pereira Baggio
Advogado. Graduado em Direito e pós-graduado em Direito Empresarial pela Pontifícia Universidade Católica do Rio Grande do Sul (PUCRS). Mestre em Direito pela Universidade Federal do Rio Grande do Sul (UFRGS).

Marcelo Cesar Guimarães
Graduado em Direito pela Universidade Federal de Pernambuco. Mestre em Direito pela mesma instituição, com estágio de pesquisa na *Université du Québec à Montréal*. Assessor na Representação do Ministério Público Federal junto ao Conselho Administrativo de Defesa Econômica (MPF-CADE).

Marcelo H. G. Rivera M. Santos
Advogado. Graduado em Direito pelo Centro Universitário de Brasília (UniCeub). Mestrando em Direito pela Universidade de Brasília.

Maria Cristine Branco Lindoso
Mestranda em Direito pela Universidade de Brasília (UnB). Advogada.

Mariana Rocha Tomaz
Graduada em Direito pela Universidade de Brasília (UnB).

Mônica Tiemy Fujimoto
Bacharel em Direito pela Universidade de São Paulo (USP), mestranda em Direito na Universidade de Brasília (UnB), na linha de pesquisa Transformações na Ordem Social e Econômica e Regulação. Advogada.

Paula Baqueiro
Bacharel em Direito pela Universidade de Brasília. Assessora em Gabinete do Tribunal do Conselho Administrativo de Defesa Econômica. Integrante do Grupo de Estudos Constituição, Empresa e Mercado.

Raphael Carvalho da Silva
Doutorando em Direito pela Universidade de Brasília. Mestre em Ciência Política pela Universidade de Brasília. Consultor Legislativo da Câmara dos Deputados, na área de Direito Constitucional.

Ronaldo Bach da Graça
Advogado e negociador internacional. Graduado em Comunicações pela Academia Militar das Agulhas Negras e em Direito pela Universidade do Estado do Rio de Janeiro, com especializações (dentre as quais Direito & Tecnologia, Direito empresarial e Direito Público), mestrado em Operações Militares pela Escola de Aperfeiçoamento de Oficiais e mestrado em Direito e Políticas Públicas pelo Centro Universitário de Brasília (UniCEUB). Foi professor nas seguintes IES: Escola de Comunicações e no Centro de Instrução de Guerra Eletrônica (onde coordenou a pós-graduação). Especialista em Acordos de Compensação e Contratos Complexos, inclusive Contratos Complexos de Defesa. Professor de Direito, Inovação e Negociação na Faculdade SENAC/DF e de Direito no UniCEUB/DF, onde é responsável pelo Grupo de Pesquisa Fundamentos Jurídicos das Relações em Rede. Membro do GETEL/UnB.

Thales de Melo e Lemos
Advogado na área de Direito Concorrencial. Graduado em Direito pela Universidade de Brasília. Membro do IBRAC e da Comissão de Defesa da Concorrência da OAB-DF.